한국연구재단 학술명저번역총서
서양편 802

# 위기 관리 ❷
## 노상강도, 국가, 법과 질서

POLICING THE CRISIS:
Mugging, the State, and Law and Order

스튜어트 홀 · 채스 크리처 · 토니 제퍼슨
존 클라크 · 브라이언 로버츠 저 | 임영호 역

박영사

간략목차

　유명하지만 의외로 잘 읽지 않은 책이 간혹 있다. 문화연구 분야에서는 〈위기 관리〉가 그런 책이 아닌가 한다. 내용이나 문장 자체가 복합하고 난해할 뿐 아니라, '국면 분석'이란 연구방법의 특성 때문에 1950－70년대 영국의 구체적 상황을 잘 모르면 내용을 이해하기 어렵기 때문이다. 분량이 상당히 많고 시장성이 높지 않아 일반 출판사에서 선뜻 소화하기 쉽지 않은 탓에 그동안 번역서로도 나오지 않았다. 그러나 한국연구재단의 명저번역 지원사업 덕분에 문화연구의 지성사에서 공백으로 남아있던 오랜 숙제 하나를 해결하게 되어 마음이 홀가분하다.

　번역은 반역이라고들 한다. 그만큼 번역자의 노력과 창의적 작업이 필요하다는 뜻이다. 이 책은 다양한 갈래의 이야기가 서로 얽히고설켜 읽기 좋게 풀어내기가 쉽지 않았다. 그래서 가독성을 높이는 데 중점을 두고 일단 길고 복잡한 문장을 짧게 나누어 읽기 쉽게 바꾸었다.

　이 저술은 이론서가 아니다. '국면 분석'이라는 접근방식이 시사하듯이 이론에 근거하기는 하지만 이론은 배후에 물러서 있고 구체적인 상황에 대한 세밀한 검토와 분석이 주를 이룬다. 그래서 수많은 사건과 인명, 지명, 일화가 역사적 맥락과 얽혀 있어 이에 대한 해설이 꼭 필요한 부분에는 200여 군데 역주를 붙였다. 또한 구체적인 맥락 분석에 주력하다 보니 책에는 수많은 고유명사가 등장하는데, 비슷한 이름들을 혼동하지 않도록 가능하면 완전하게 표기하는 것을 원칙으로 했다.

　막상 번역을 해놓고 보니 책 분량이 예상보다 많아졌다. 그래서 편의상 1부와 2부는 1권으로, 3부와 4부는 2권으로 나누어 출판하게 됐다.

문화연구를 공부하는 사람들에게 도움을 주기 위해 번역을 시작했는데, 정작 도움을 가장 많이 받은 사람은 번역자인 듯하다. 번역을 하면서 개인적으로도 많은 공부가 됐다. 어떤 이론 공부든지 고전을 읽는 과정은 필수적이지만, 특히 이론과 현실 분석이 어우러진 책이라면 한국 현실에 비추어 이해하는 데 좀 더 유익할 것이다. 이 책은 1970년대 영국 사회의 맥락에 대한 구체적인 분석이지만, 현재 한국 사회에도 시사하는 부분이 적지 않다. 이 번역이 그러한 방향으로 기여하는 바가 조금이라도 있었으면 한다.

임영호

# 제3부

# 제7장

# 범죄, 법과 국가

가장 단순한 수준에서 보자면 '노상강도'라는 용어는 범죄를 지칭한다. 그러므로 '노상강도'에 대한 대응은 사법적 권력의 정상적 행사로 이해할 수 있다. 이는 '노상강도'에 대한 상식적인 견해이며, 이 견해가 강력한 설득력을 갖고 있음을 인정할 수밖에 없다. 하지만 우리가 지금까지 입증하려 했듯이 범죄—범죄 통제 식의 관습적 시각은 하나의 설명으로서는 완전히 부적절하다. 다시 말하지만 '노상강도'가 다음과 같이 직접적이고 상식적인 수준에서 갖고 있는 지칭적 의미는 널리 통용되고 있다. 즉 선량한 피해자를 대상으로 이득을 위해 때로는 돌발적인 폭력으로 자행되는 길거리 범죄 패턴이라는 것이다. 그러나 이 용어가 어디서 유래했고, 어떻게 해서 상식적 의미로 사용되기 시작했으며, 이 용어를 통해 어떤 의미와 연상작용이 가동되는가 하는 질문을 제기하는 순간, 그 단어가 갖고 있는 의미의 자명함과 투명성은 모호해지게 된다. 여기엔 너무나 자명해 보이는 것 이상의 의미가 있다. 대략 1971년과 1972년 사이에 경찰은 점차 심각해지는 범죄의 위협에 경각심을 갖게 되었고, 이에 대한 대중적 자각 역시 특히 일부 도시 지역에서 높아진 상태다(10장을 보라). 그러나 이 시기에 어떤 집단이 가장 많이 연루되었고 어떤 집단을 표적으로 삼아 경찰이 동원되었는가 하는 질문을 던지는 순간 우리는 예상한 것보다 더 큰 곤경에 스스로 빠져 있음을 다시 한번 깨닫는다. 흑인들이 '노상강도'에 점차 더 많이 가담했기 **때문**에 게토 구역에서 흑인 청년층과 경찰의 관계가 아마 지금 같은 파국에 도달**했을 것**이라고 가정해 보자. 이는 설득력이 떨어지는 추론이다. 경찰과 흑인 간의 관계가 오랜 기간에

걸쳐 점차 악화하기 시작한 것은 1970년대 초반이 아니라 1960년대 말이
었는데 시기적으로 '노상강도' 공황 이전의 일이다. 하원의 경찰·이주민
관계특별위원회(Select Committee on Police/Immigrant Relations)에 제출된 증거
자료는 두 집단 간의 신뢰관계가 양쪽에서 모두 심각하게 훼손되는 데 기
여한 쟁점들을 두루 언급하는데,[주 1] 이 중 '노상강도'는 두드러진 요인이
아니다. 데릭 험프리의 책 〈경찰 권력과 흑인(Police Power and Black People)〉
에 보고된 많은 사례는 '노상강도' 공황이 발생하기 전에 일어난 것이다.
[주 2] 여기서 어떤 식으로든 단순한 발생 순위를 매길 수 있다면, 경찰과
흑인의 관계 악화가 제일 먼저고, 그다음이 '노상강도' 증가가 될 것이다.
이 순위 매기기는 아직 인과관계에 따른 순서라 할 수는 없으며, 상황들
의 연쇄적 순서를 정하기엔 적절한 매개요인이 모두 빠져 있다. 그러나
우리가 보기에 위에서 제기해본 가상의 순서 매기기가 지금 널리 수용된
상식적 견해보다는 사실 더 설득력이 있다. '노상강도' 공황은 불쑥 튀어
나온 게 아니라 경찰과 흑인 공동체 간의 관계에 의해 지속적으로 조성된
극단적 긴장, 적개심, 의심이라는 장에서 발생했다. 범죄만으로는 공황의
형성과정을 설명할 수 없다.

　　1972-3년 사이의 기간에 '노상강도'에 대해 형성된 공포는 일단 등
장하고나자 공중의 불안감이라는 정서를 건드린 게 분명하다. 다시 말해
표면상으로만 보면 길거리 범죄가 증가했고, 공중이 점차 경계심을 갖게
되었으며, 이 경계심이 정부와 사법당국의 대응을 촉발한 것처럼 보인다.
바로 이것이 상식적인 견해이다. 만일 '노상강도' 사례가 그 부류로서는
처음으로 생겨난 공황이고 공중에게 조성된 불안감이 길거리 범죄 증가라
는 '확실한 증거'에 근거한 게 분명하다면, 이 견해는 훨씬 더 신뢰할 만할
것이다. 그러나 사실은 그렇지 않다. 전후 시기 전체에 걸쳐 **연쇄적으로** 발
생한 '도덕 공황'은 그 시기를 휩쓴 젊은이들의 일탈과 반사회적 행태에
초점을 맞추었다고 앞서 지적했고, 이 부분은 잠시 후 더 자세히 검토할
예정이다. 이 주기에서 '노상강도'는 상대적으로 뒤늦게 발생한 사건이다.
실제로 노상강도는 '범죄율 상승'에 대한 전반적인 도덕 공황 한복판에서

발생한다. 그러나 이전에 존재하지도 않던 현상을 갑자기 출현시킨 것이
긴커녕 이미 널리 퍼져 보편화한 현상에 **초점을 맞추고** 있음이 확실하다.
여기서 '범죄'를 모든 보편적 사회악 배후의 원인으로 보려는 사전 성향
과 '노상강도'라는 민중의 악마를 구체적으로 만들어내는 행위가 **안성맞**
**춤처럼 들어맞는 것**은 실로 진실이라 하기엔 거의 너무나 완벽하고 편의
적으로 보인다. 하지만 그렇다면 왜 사회는 범죄 공황에 빠질 성향을 사
전에 **이미 갖고 있었는가** 하는 질문을 던져보아야 한다. 우려할 만한 구체
적 사안이 '노상강도'라는 항목의 '확실하고' 설득력 있는 숫자 형태로 발
견되고 생산될 때 사회가 반응하는 방식과 이 선유 성향이 어떤 관련이
있을까? 이러한 질문들을 접할 때 우리는 상식의 틀에서 벗어나 외부로
눈을 돌릴 수밖에 없다. 이 질문들은 관습적인 범죄―범죄 통제의 시각
안에서는 해결할 수 없는 질문을 제기하게 된다. '노상강도'에 대해 우리
가 갖고 있던 순진하고 상식적인 지혜도 뒤집어 놓는다. 이 지혜는 명쾌
해 보일지는 몰라도 설명으로서는 부적절하다. 상식적 설명을 뒤집어보거
나 달리 보거나 하면, 그때마다 우리는 진실에 조금 더 가까이 가는 것
같다. 따라서 '노상강도' 현상을 새롭게 검토하는 작업에서 그 현상을 훨
씬 더 폭넓은 역사적 지형 위에서 살펴볼 뿐 아니라 말하자면 뒤집어서,
즉 그 현상이 갖고 있는 역설의 관점을 통해 살펴보아야만 했다. 만약 어
떤 이름표가 범죄 이전에도 존재했고, 국가 사법 기구가 공동체 특정 부
문과의 투쟁에 점차 빠져든 후 범죄자가 생산되기 시작했다고 치자. 게다
가 사회는 공황의 대상이 될 범죄의 구체적 사례를 발견하기도 전에 '범
죄 증가'의 이 측면에 대해 공황 상태에 빠질 만한 선유 성향을 뚜렷하게
드러낸다고 가정하자. 그렇다면 먼저 범죄가 아니라 가장 논란의 여지가
커 보이는 부분, 즉 **범죄에 대한 반응**에 주목할 필요가 있다. 따라서 우리
는 이제 다음과 같이 가장 역설적인 형태로 문제를 제기한다. 범죄에 대
한 어떤 사회의 반응이 범죄 패턴의 등장보다 먼저 발생하는 일이 과연
가능한가 혹은 역사적으로 설득력이 있는가 하는 질문이다.
　　이러한 질문을 던진다고 해서 단순히 [기존 상황을] 부인하고자 하

는 것은 아님을 강조하고 싶다. 누가 처음 어떤 범죄를 언제 저질렀는가 하는 질문 이외의 문제로 '노상강도'의 설명을 반드시 시작해야 하기는 하지만, 그러한 범죄가 존재한 적이 없다는 주장으로 이어지지는 **않는다는** 것이다. 단지 경찰이나 어떤 다른 국가 기구가 '노상강도'와 길거리 범죄를 아무 근거도 없이 날조해냈다는 식으로 우리는 보지 않는다. 실제로 1971년과 1973년 사이에 그리고 그 이후에도 거리나 다중이용 공간에 있던 사람들이 흔히 폭력적인 신체적 타격과 함께 강도나 소매치기를 당하거나 물품을 **빼앗겼다**는 사실은 의심의 여지가 없다. 강탈 과정에서 수많은 피해자가 폭력을 당했고 일부는 중상을 입었다. '노상강도'는 통제 문화의 머릿속에서 '완벽하게' 꾸며낸 것이 아니었다. 단지 지배계급의 음모에 불과한 것도 아니다. 더구나 노상강도는 폭력이 뒤따를 때에는 종종 피해자에게 심각한 신체적, 정신적 결과를 초래했는데, 많은 피해자는 노령이거나 경험의 충격을 제대로 극복하지 못하기도 했고, 수중에 이 세상의 부를 거머쥔 수준의 부자는 거의 없었다. 이는 곱씹어 보기에 그다지 아름답지 못한 사회적 전개 양상이며, 우리도 이에 대한 '변명'의 여지가 있다고 주장하려는 것은 아니다. 실로 우리의 취지는 결코 개인적, 도덕적 판단을 내리는 데에 있지 **않다**. 그러나 어떤 오해의 여지도 차단하기 위해, 우리는 '노상강도'가 국가에 의해 발명되었다고 믿지 않는 것처럼 길거리 범죄가 낭만적인 일탈의 모험이라고 믿고 있지 않음을 분명히 밝혀둔다. 사회 질서나 심지어 부르주아식 삶의 기조에 균열을 가져온다면 **어떤 것이든 바람직한 일**이라고 주장하는 정치적 입장도 있다. 이것 역시 나올 만한 주장이긴 하지만 우리 견해는 아니다. 무엇보다도 우리가 아는 한 기존의 어떤 사회 질서도 어떤 개인이 자신과 같은 피예속 계급의 다른 개인을 등치는 식의 착취를 통해 변화된 적이 없다. 단순히 말해 우리의 주장은 이처럼 개인이라는 준거틀 속에서 혹은 개인적 비난이나 칭송이라는 기존의 상식적 계산 내에서 전개되지 않는다. **어떤 주어진 역사적 구조를 고려하지 않은 채** 그 구조 안에서 개인이 행한 행동을 비난하는 것은 어떤 부담도 지지 않은 채 도덕적 양심만 행사하려는 손쉽고 익숙한 방안이나 마찬가지다. 이는 자유주의가 최후의 도피처로나 삼는 방안이다.

　　하지만 아직 다음과 같은 사항은 전혀 증명되지 않았다고 주장하고 싶다. (a) 이전의 그 어떤 시기보다 1972－3년 사이에 그러한 범죄가 **더 많았다.** 혹은 (b) 어떤 증가율도 범죄 통계에 집계되는 공식 숫자와 정확하게 일치한다. 이 지점에서는 주장을 너무 성급히 전개하지 말고 단지 대안적 **시나리오**만 제시하도록 하자. 이 시나리오는 범죄 통계의 속성, 제시 방식과 '용도'에 대해 우리가 앞서 가한 비판(1장을 보라)도 함께 고려하면서 살펴보아야 한다. '노상강도'와 같은 범죄는 이미 주장했듯이 전통적이고 오래 지속된 길거리 범죄 형태와 유사점이 많다(실로 지금은 이 범죄가 분명 가벼운 범행 형태에 불과한 소매치기에까지 적용된다).[주 3] '노상강도' 같은 범죄는 쉽사리 당국과 공중의 집중적 관심사가 **될 수도** 있는데, 이는 그 숫자가 증가하기 때문이 아니라 아주 뚜렷이 구분되는 새로운 사회 집단이 연루된 것처럼 보이기 때문이다. 예컨대 도시 노동계급 구역의 길거리 범죄 중 대다수를 갑자기 백인 중상층 계급 사립학교1 남학생들이 저지르기 시작했다거나, 길거리 범죄 대다수가 자행되는 현장에 갑자기 "얼스터(Ulster) 해방과 통일 아일랜드 공화국(United Irish Republic)2을 위해"라는 구호를 내건 피켓이 등장했다고 가정하자. 물론 이 예들은 가상의 상황이고 다소 억지스러운 설정이기도 하다. 그러나 단순히 **자행되는 범죄 숫자의 증가**만으로는 왜 공중의 관심이 갑자기 '극적인 새로운 범죄 유형'

---

1　여기서 'public school'이란 지역, 종교, 부모의 직업과 무관하게 등록금을 납부한 사람에게 입학 기회가 주어진다는 의미지, 일반적 용례처럼 국가나 지방자치 단체가 운영한다는 뜻이 아니다. 그래서 사립학교로 번역하는 편이 더 정확하다. 영국에서 사립학교는 이후 명문대 진학으로 이어질 가능성이 높아 주로 지배계급 출신의 상징처럼 통한다. — 역주
2　아일랜드는 1921년 영국에서 공화국으로 분리 독립했는데, 이 과정에서 종족이나 종교 측면에서 두 나라가 중첩되는 북아일랜드 문제가 쟁점이 되었다. 북아일랜드를 포함해 아일랜드섬 전체를 하나의 국가로 유지한 채 건국해야 한다는 민족주의 정서에 호소한 정파가 바로 아일랜드 공화주의(Irish Republicanism)다. 반면에 연합주의자(Unionists)는 북아일랜드를 영국 영토로 둔 채 일단 독립하자는 현실주의적 입장을 폈다. 아일랜드 공화주의는 주도권을 잃고 이후 무력투쟁으로 전환해 아일랜드공화군(Irish Republican Army), 즉 IRA라는 무장투쟁 집단의 등장으로 이어진다. — 역주

에 초점을 맞추게 되었는지 설명해줄 수가 없다는 주장에 힘을 실어준다. 범죄자들의 사회적 구성에 유의미한 변화가 일어났기 때문일 수도 있고, 아니면 그 범죄가 명시적인 정치적 목적과 의미를 갖추게 되었기 때문에 이 현상이 발생했을 지도 모른다. 여기서도 상식적인 시각은 회의적인 검토 작업을 그리 오래 버텨내지 못한다.

바로 이러한 이유로 우리는 지금까지 '노상강도' 공황에 관해 통용된 전통적 설명의 시각을 따르지 않기로 했다. 분명 누군가 조만간 책을 내서 정확하게 몇 건의 '노상강도'가 자행되었고 피해자는 누구였으며 가해자는 누구였는지 알려주게 될 수도 있다. 우리의 설명은 아직 허술할 수밖에 없는 새로운 명제 제시를 시도하기보다는 가장 논란의 여지가 큰 측면에서부터 문제를 검토하려고 한다. 사회가 '노상강도'에 지금 그러한 것처럼 대응하는 이유는 무엇이며 어떤 시점에 그리하는가? 정확히 말해 이는 무엇에 대한 반응인가? 일단 상식의 장악력이 무너지고 나면 모든 증거는 어떤 가설을 가리키게 되는데, 앞서 언급한 출발점은 이 최초의 가설에서 유래한다. 이 가설은 다음과 같다. **반응의 대상이 될 '노상강도'가 실제로 존재하기도 전에 사회적—범죄 현상으로서의 '노상강도'에 대해 격렬한 반응이 발생하는 것처럼 보인다**는 것이다. 이 출발점의 변경으로 일어나는 사항, 즉 새로운 관점이 초래하는 지형 변화를 정리해 보자. 1970년대 초반 영국은 왜 '범죄'에 대한 도덕적 혼란 상태에 빠졌을까? 왜 '통제 문화'가 잠재적인 '노상강도'의 위협에 그 정도로 예민해져 가동되며, 왜 이러한 선제적인 예민화가 공동체에서 그처럼 특수한 사회적, 종족적 집단을 겨냥해 발생할까? 왜 '노상강도'라는 관념 자체가 일반 공중과 언론에서 그처럼 엄청난 사회적 공포와 불안을 야기할까? 요컨대 '노상강도'와 그에 대한 반응에서 억압되어 있는 사회적, 역사적 내용은 무엇일까? 이는 사회 통제의 속성, 범죄의 이데올로기, 국가와 그 장치의 역할, 이 주기가 등장하는 역사적, 정치적 국면에 관해 무엇을 이야기해주는가? 이 질문들은 '정상적' 범죄와 그 범죄의 '정상적' 예방이라는 '정상적' 지형에서 멀리 떨어져 있는 사회의 측면과 수준을 가리킨다. 아마 가장 즉각적으로 납득이 안 가는 특징은 (심지어 공식 추정치를 근거로 하더라도) '위협'의 규모와 그 위협을 예방하고 억제하기 위해 취해진 조치의 규모 간에 뚜렷한 격차가 존재한다는 점이다. 이 격차만 보더라도 우리는 새로운 설명의 차원들을 시도할 수밖에 없다.

　이러한 변화는 종종 전통적인 범죄학적 관점에서 상호거래적(transactional) 범죄관에 입각한 주장으로의 이동을 특징으로 한다. 즉 오늘날 '노상강도' 는 주로 일탈에 대한 이름 붙이기의 산물이자 '노상강도범'과 법 집행 기관 간의 상호거래적 조우의 결과로 간주된다. 그러한 상호거래 과정이 실제로 현장에서 작용하고 있음은 의심의 여지가 없다. 그리고 이 과정은 일탈에 대한 상호거래적 설명이 아주 예리하게 지적한 대로 일부 증폭 효과를 가져왔을지도 모른다. 구체적으로 런던 지하철에서 범죄성 특이점을 감시하고 예방할 목적으로 결성된 노상강도단속반은 예방적 경찰 활동뿐 아니라 자원의 전문화와 집중화를 통해 피해자들이 신고한 '절도', '강도', '소매치기' 등의 일상적 사례를 단순히 통계로 집계만 했을 때보다 더 많은 사례를 적발했고 이에 따라 '더 높은' 범죄율을 기록했다. 만일 교통경찰이 소매치기와 날치기가 런던 지하철에서 늘어난다고 믿고 날치기꾼을 체포하려고 사복 차림으로 잠복근무했다면 분명히 몇 명은 찾아냈을 것이다. 이 숫자에는 경찰의 일반적 기준으로 의심스럽거나 위협적이거나 적대적으로 보이는 젊은이들, 애매한 행동으로 결국 경찰이 '날치기'라는 편의적 범주로 분류해버린 이들도 포함된다. 요컨대 경찰 활동 강화 기간을 시작하는 것만으로도 저절로 범죄량은 급속하게 증폭될 수도 있다. 범죄 통제와 감시의 강도를 증가시키는 데서 발생하는 또 다른 효과는 흔히 잠재적인 범죄자들의 영역을 일소해버리는 것인데, 이들의 외모, 태도, 행동 양식조차 법 위반으로 해석될 여지가 있다는 것이다. 체포와 구형에 대한 두려움의 저지 효과와는 별도로, 범죄 예방과 통제는 이러한 의미에서도 때때로 **효과를 본다.** 그러나 만일 정치적 '상황 정의'가 충분히 그 방향으로 설정된다면, 경찰 통제 강화는 또 다른 대안적 효과를 낳기도 한다. 즉 스스로 '법과 질서' 세력들과 일종의 지속적인 전투 상태에 있다

고 여기는 젊은이들은 꼭 범죄자로 이미 판정받은 자가 아니라 할지라도
날치기에 **전념할** 수도 있다. 왜냐하면 날치기는 말하자면 '법'과 그것이
보호하는 사회 체제와의 지속적인 투쟁의 장으로 정의되기 때문이다.
1973년 이후의 시기에는 흑인 청년층과 경찰 간에 계속되는 갈등이라는
맥락에서 '노상강도'가 실제로도 이러한 부류의 준정치적 의미를 **띠게 되
었다**는 징후가 보인다. 이를 달리 표현하자면 경찰과 범죄자 간의 '거래'
의 결과로 범죄의 숨겨진 사회적 내용이 점차 전면에 드러났을 수도 있으
며, 그 후 이 내용은 일부 범죄자에 의해 긍정적 의미로 전유될지도 모른
다. 이러한 진화가 일어났다는 징후도 있다. 하나는 1972−3년과 1975년
사이에 젊은 흑인 '노상강도범'이 자신의 직접 경험에 관해 이야기하는
방식이 **바뀐다**는 것이다. 다른 하나는 '노상강도'가 뜨거운 관심사가 된
지역에서 활동하는 사회복지사와 공동체 운동가가 그 문제에 관해 논의
하는 방식에서 나타난다. 이처럼 방식은 다양하지만 '노상강도범'과 경찰
의 상호작용에서 한쪽이 다른 쪽에 대해 내리는 상황 정의가 바뀌어가는
양상을 보면 중요한 점을 발견해낼 수 있다(1975년의 스파게티 하우스 '사건'The
Spaghetti House 'affair'은 흑인 남성 세 명이 런던의 이탈리아 레스토랑에서 수많은 사람을 납치
해 인질로 잡으면서 어떤 시점에서 단순히 범죄자라기보다는 정치적 행동가로 자처한 사건
이다. 비록 '노상강도'가 포함된 사건은 아니지만 이 시기에 흑인 범죄의 정의가 변화하고
여기서 '사회적' 내용이 부상하는 것을 가장 뚜렷이 보여주고 가장 널리 알려진 사건 중의
하나다).

하지만 대체로 우리는 '노상강도'에 대해 전통적인 범죄 차원의 해석
대신에 '상호거래적' 범죄 분석이 아니라 좀 더 역사적이고 구조적인 견
해를 취하기로 선택하였다. 이 시기에 '노상강도범', 잠재적 강도범, 피해
자, 체포자 사이에 현장에서 작동하는 즉각적인 거래에, 말하자면 외부로
부터 영향을 미치는 뚜렷한 역사적, 구조적 세력들이 있다고 주장하고자
한다. 수많은 비슷한 연구에서 이 거대하고 광범위한 세력들은 단순히 언
급되고 인용되는 데 그칠 뿐이다. 하지만 이 세력들이 분석 대상 현상에
미치는 직접적, 간접적 영향은 모호하고 추상적으로 '배경'의 일부로만

남아 있다. 우리가 보기에 이른바 이 '배경 이슈들'은 실제로 현재 나타나고 있는 '노상강도' 현상의 구체적인 형태를 **생성**하고, 1972-3년부터 현재에 이르기까지 취한 경로를 내내 추동해 온 바로 그 핵심 세력들이라고 믿는다. 그러므로 우리가 주목하는 것은 바로 이처럼 영향력을 행사하는 맥락이다. 즉 범죄자-통제류의 구체적인 사건과 그 사건이 발생하는 역사적 국면 간의 다른 모순된 연계관계를 단순화나 환원론에 빠지지 않은 채 엄밀하게 밝히고자 한다. 물론 상호거래론적 시각 역시 중요하고 핵심적인 통찰을 담고 있으며, 우리는 거기서도 도움을 받았다. 이 시각은 한쪽에 범죄가 있고, 다른 쪽에 범죄 예방이 있다는 식의 도식은 말이 안 되며, 오로지 범죄와 통제 양자 간의 **관계**만 존재한다는 사실을 환기해준다. 또한 일탈은 사회적, 역사적 현상이지 '자연적' 현상이 아니며, 행동이 '일탈적'으로 되려면 '범죄'로 인정되고 범죄라는 이름이 붙어야 하며 '범죄'에 대한 반응이 있어야 한다는 점도 일깨워준다. 어떤 사회의 규범, 규칙, 법을 위반하려면 사회가 존재해야 하고, 규범을 강제하고 위반자를 처벌하는 일을 임무로 삼는 통제 제도가 존재해야 한다. 그러나 상호거래적 시각은 이러한 이름 붙이기와 대응 과정을 주로 미시적 거래 수준에서 파악하고 이 거래에서 법과 법 위반자 간의 관계가 구성된다고 보는 경향이 있다. '사회 질서'가 실로 이처럼 수많은 상호작용 속에서 반복해서 구성되고 지속된다는 점을 부인하고 싶지는 않다. 다만 법 위반으로 규정되는 행위는 어떤 조건하에서 전체 사회구성체로부터 파생되어 나오기 마련인데, 그 사회구성체의 안정과 결속 유지에서 법적 기관들이 범죄 통제를 통해 수행하는 더 장기적이고 거시적인 역할을 고려할 수 있는 시각이 필요하다고 느낄 뿐이다. 우리는 또한 법 위반과 범죄라는 원래 행위가 마치 어떤 근거나 진정성도 갖지 않은 것처럼 이야기를 풀어나가지 않기를 간절히 원한다. 왜냐하면 이렇게 하면 이상한 우회로를 통해 확실한 기능주의의 시각으로 되돌아가는 격이 되고 말기 때문이다. 그러한 시각에서는 결국 사회란 통합되고 완벽하게 합의를 이룬 '전체'에 불과하며, 그 내부의 위반, 불일치와 적대관계는 자신이 무슨 행동을 하는지 알지 못하는 이들의 행동의 결과일 뿐이다. 뒤집어서 보자면 이들의 행동은 통제자에 의한 상상적 구축물이며, 이 때문에 일탈은 단지 국가의 악몽에 불과하게 된다. 다시 말해 문제를 역설 형태로 표현하면 다음과 같다. 모든 것을 일목요연하게 정리하자면 노상강도범은 강도질을 했고, 경찰은 노상강도범을 체포했으며, 법원은 이들을 수감시켰고, 그게 전부다라는 식의 상식적 시각을 거부하는 게 중요하다. 그러나 일부 노상강도범은 강도질을 **했고**, '노상강도'는 그 나름의 투쟁 유형에서 발생한 실제의 사회적, 역사적 사건**이었으며**, 거기에는 우리가 해석할 필요가 있는 그 나름대로의 합리적 이유와 역사적 '논리'가 있다는 점을 주장하는 것도 중요하다.

이 모든 사항은 좀 더 세분화되고 역사적으로 맥락화된 분석의 필요성을 가리킨다. 비록 잠정적이라 할지라도 다음 두 가지 범죄를 구분하는 데서 시작해야 한다. 수단에서 '일탈적이지만' 사회의 전반적인 구조와 '규범'에 동조하는 범죄가 있고, 다른 한편으로는 비록 변덕스럽고 불완전하다 할지라도 기존 질서를 겨냥한 사회적 투쟁이나 저항의 요소를 표현하는 것처럼 보이는 범죄가 있다. 잠정적이긴 하지만 다음 두 가지 상황도 구분할 필요가 있다. 하나는 범죄 활동의 규모와 범죄를 억제하기 위해 취한 조치의 규모가 대략 서로 균형을 이루는 상황인데, 여기서 범죄 통제는 국가에 의한 '정상화된 억압'(normalised repression)의 한 부분이자 재산과 개인, 공적 질서의 보호로 이해하는 편이 좋다. 다른 하나는 '위협'의 속성과 '억제'의 규모 간에 극단적인 불일치가 존재하는 상황이거나, 어떤 부류의 범죄 사례가 갑자기 증가하거나 **새로운** 양상을 띠는 것처럼 보이는 상황이거나, 법적 억압과 통제의 속도가 급격하게 빨라지는 상황이다. 왜냐하면 과거에도 그랬고 현재도 그렇지만, 후자의 계기들은 정상적 범죄 구조에 대한 정상화된 억압의 작동으로 억제할 수 있는 범위를 넘어서 더 광범위한 역사적 중요성을 띠는 계기들과 시기적으로 일치하는 경향이 있었다. '정상을 넘어서는 경계'가 발동되는 그러한 계기들에는 '정상을 넘어서는 통제'가 따르게 되며, 과거를 돌이켜 보면 그 계기들은 엄청난 사회적 동요, 경제 위기와 역사적 균열의 시기를 반복해서 예고해왔다.

## ▌ '정상적' 범죄와 사회적 범죄

　범죄, 정치운동과 경제적 변혁 간의 복잡한 관계는 사회사학자의 주목을 충분히 받을 자격이 있는데도 그러지 못했다. 물론 홉스봄, 루드, E. P. 톰슨(E. P. Thompson) 등의 최근 저작이 이 문제에 관해 참신하면서도 환영할 만한 자극을 제공한 것은 사실이다. [이것들 간의] 연계가 물론 단순하지는 않다. 이 연계가 마치 단순하고 선형적인 것처럼 여긴 채 역사적 시간을 관통하는 단순한 진화론적 궤적을 그려내는 일은 불가능하다. 18세기와 19세기에는 식량 폭동이나 농촌의 저항, 기계 파괴 혹은 도시 '폭도'의 행동을 보든, 불법 정치 집회나 개혁운동, 차티스트(Chartist)3의 대규모 소요, 노동조합이나 노동계급 정치투쟁의 탄생을 살펴보든 대중적 저항과 공적 질서 유지 간의 연계를 발견하기가 상대적으로 쉽다. 그러나 비록 당시에는 파악하기 어려웠다 할지라도 지금 돌이켜보면 [그 사건이 지니는] 사회적, 정치적 내용은 상대적으로 뚜렷하고 논란의 여지도 없다. "왕립 공원은 인민의 레크리에이션과 오락을 위한 곳"이라는 이유로 1860년대의 개혁운동이 하이드 파크에서의 자유 발언권을 박탈당했을 때 강제조치가 단지 '공적 질서'의 성격을 띠기보다는 정치적 조치라는 사실을 의심하는 사람은 거의 없었을 것이다. 1886년 2월 트라팔가 광장 투쟁 직후의 지지 집회에서(검은 월요일Black Monday) 존 번즈(John Burns)는 청중을 대상으로 "나의 친구, 동료 노동자와 형사들이여"라고 불렀다고 전해진다.4 역설적이긴 하지만 이 시기에 철저하게 '부르주아'식 집회의 자유를 옹호

---

3　차티즘(Chartism)은 영국에서 1838년과 1857년 사이에 정점에 달했던 참정권 요구운동이다. 주로 노동계급 남성들이 주도해서 전국적인 운동을 전개했다. 일부 예외는 있지만 주로 서명과 대중집회 등을 통해 정치권에 압력을 행사하는 합법적 방식으로 전개된 것이 특징이다. ─역주

4　존 번즈(1858-1943)는 영국의 노동조합 운동가이자 사회주의자로서 나중에는 정계에 진출해 자유당 하원의원으로도 활동했다. 1884년 이후 사회민주연맹의 일원으로서 여러 시위를 주동하면서 급진적인 연설로 유명해졌다. 1887년 11월 13일 그는 본문에서 언급한 트라팔가 광장에서의 불법집회 때문에 선동 혐의로 체포되었는데, 이 시위는 '피의 일요일'이라 불리는 격렬한 폭력 충돌로 이어졌고, 번즈는 6주 동안 투옥되기도 했다. ─역주

한 것은 사회주의자, 급진주의자, 도시 비정규직 빈민층의 행동이었다. 하지만 엥겔스는 군중의 정치철학을 그다지 높게 평가하지 않았는데, 군중은 '이스트 엔드'(East End)의 가난한 악당들'이자 작업을 마치고 나면 '브리타니아여, 승리하라!'(Rule Britania!)5를 부르며 이스트 엔드로 돌아가는 '건달이 넉넉히 섞인 집단'에 불과했다.[주 4] 번즈는 '일종의 선동' 죄로 '처벌을 받는 것으로 끝났다'(그리고 나서 풀려났다). 하지만 트라팔가 광장 주변 건물에 분노를 표출한 사람들은 대거 재물손괴죄로 기소되었고 하나의 처벌 후에 다른 처벌이 이어지는 식으로 보복을 당했다. 이 시기 내내 분명히 대중적 저항에 대한 정치적 억제로 보이는 조치들은 '공적 질서'와 그에 따른 제재라는 모호한 명분으로 가해졌다.[주 5] 대중적 투쟁이 정치 형태보다는 주로 '범죄' 형태를 띠는 곳이라면 연계 찾기는 더 어려워진다.[주 6] 심지어 '범죄'로 규정되는 행동이 아무리 잠재적이라 해도 뚜렷하게 사회적이거나 경제적 내용을 갖고 있는 곳에서라면,[주 7] 직업적 범죄가 사회적 불안정과 밀접하게 얽혀 있거나 그러한 불안정의 실제적 혹은 상징적 전조로 등장하는 곳에서라면 [연계 찾기가] 훨씬 더 어려워진다.[주 8]

　　역사학자들은 또한 '일반적 범죄'(ordinary crime)와 '사회적 범죄'(social crime)를 구분하기 시작했다. 홉스봄은 "지배적인 사회적, 정치적 질서와 그 가치에 대해 의식적이고 거의 정치적인 도전을 표현했다는 의미에서 '사회적'으로 분류할 수도 있을 범죄 행동 유형"을 언급한다. 그러면서 "그러한 사회적 범죄성이 다른 범죄 형태(이 모든 것은 물론 더 폭넓은 사회학적 의미에서는 '사회적'으로 규정할 수도 있다)와 뚜렷하게 구분할 수 있는 것인지"[주 9] 질문을 던진다. 차이점도 중요하지만 확정적 의미에서 그렇게 주장하기는 대단히 어렵다. 톰슨은 18세기의 범죄를 언급하면서 이렇게 말

---

5　'브리타니아여, 승리하라'는 1740년 제임스 톰슨(James Thompson)의 시에 토마스 아른(Thomas Arne)의 곡을 붙인 노래로 애국주의의 성격을 강하게 띤다. 영국 해군과 육군에서 자주 사용되었지만, 대중적으로도 널리 불려졌다. 이 곡은 당시 전제군주국이 일반적이던 유럽에서 입헌군주국으로서 대양 진출을 모색하던 신생 제국 영국의 기상을 반영하여, 중상주의와 민족주의, 자유주의의 정신을 혼합한 시대정신을 표현했다는 평가를 받는다. ─역주

했다. '정상적' 범죄와 '사회적' 범죄의 "양극단 사이에서 강조점의 차이는 실제로 존재하지만" "두 종류의 범죄 사이의 깔끔한 구분 개념"을 뒷받침할 만한 증거는 없다.[주 10] 정상적 범죄와 사회적 범죄는 인간 계급을 영구히 귀속시킬 수 있는 고정된 상태나 '자연적' 범주가 아니다. 이 범주 혹은 저 범주로 할당하는 행위 그리고 실로 '범죄자'라는 꼬리표의 사용 자체도 흔히 더 폭넓은 억압과 통제 전략의 일부에 불과하며, 오직 일부 측면만이 어떤 정상적 의미에서 범죄 예방과 통제 행사에 속한다. 18세기의 '범죄' 정의를 당연시하는 것은 18세기의 재산권과 계급 정의를 당연시하는 것과 같다. 만일 우리가 범주보다는 과정을 검토하는 것이라면, 개개인이 범죄에 빠져들고 벗어나는 경로는 엄청나게 다양하다. 더 나아가 어떤 역사적 시기에는 어떤 계급의 사람들이 스스로 처한 상황에 직면해 현재 '범죄'로 규정되는 행위를 집단적 전략의 일부로 취하게 되는데, 이는 대단히 섬세한 역사적 판단과 재구성을 필요로 하는 문제다. 무엇보다 중요하게는 실체로서의 '범죄 하위문화'를 연구할 때에는 별생각 없이 심각한 역사적 오류를 범하기 쉽다. 즉 좀 더 근본적인 용어의 의미에서 계급 전체를 구성하는 분파들과 층위들의 좀 더 광범위하고 포괄적인 역사로부터 사회학적 범주를 분리해서 보아서는 안 된다. 그러한 관점에서는 바로 전략, 입장, 해결책 등 투쟁의 전체 레퍼토리가 분석에서 이해의 바탕이 되어야 하고 '범죄화'(criminalization)의 구체적인 경로를 취하게 되었거나 그 길로 떠밀려간 그 계급 분파들을 다시 조명하는 지침으로도 되어야 한다. '범죄'를 주어지고 자명하고 비역사적이며 논란의 여지가 없는 범주로 간주하는지에 따라 혹은 범죄가 적절한 계급사에 대한 좀 더 복합적인 설명과 '실제 관계'를 구성하는 데 사용하는 잠정적인 범주 구실을 하는지에 따라 범죄 하위문화 개념은 탐구에 유용한 출발점이 될 수도 있고 무용지물이 될 수도 있다. 실로 이는 범죄 하위문화 연구에 적용되는 부분일 뿐 아니라 간단히 말해 계급 문화와 '하위문화' 연구에도 적용된다. 이것들은 역사적으로 분화되어 나오기 전에 속해 있던 더 넓은 계급이라는 문제틀과의 관련 속에서 파악해야 한다.[주 11]

　이 점은 19세기 런던의 사회사에서 나온 예를 들어보면 쉽게 이해가 된다. 동부 런던의 범죄 '결사체'(fraternities)는 분명히 당시 런던의 더 폭 넓은 계급 생태계, 계급 문화와 계급 구성체의 일부였다. 이것들을 특수한 범주로 단정해버린다면 한 마디로 도시 노동계급과 도시 빈민의 역사에서 핵심적인 측면에 대한 이해를 포기하게 될 것이다. 역사적 측면에서 '범죄'란 당시 노동계급의 문화적 레퍼토리의 일부를 잘 표현해준다. 즉 다른 계급 구성원들이 다양한 대안적인 개인적, 집단적 '해결책'을 찾아내는 동안, 노동자이자 비정규직 빈민층의 일부 구성원들은 계급 관계 전체를 특징짓는 모순된 경험과 착취적 관계를 어떻게 '체험'(lived)했는지를 보여준다. 물론 독특한 활동, 영역, 지하세계, 직업적 전문성과 '업종'을 갖춘 독특한 범죄 네트워크는 존재했다. 그 언저리에 그리고 때로는 바로 그 내부에 일부 남성과 여성, 어린이들은 종종 아주 자의식적으로 추구하는 진짜 '범죄 커리어'라고 묘사할 수밖에 없는 일에 종사하기도 했다. 그럼에도 불구하고 신체적, 물질적 생존의 기본 요소를 확보하는 과정에서 노동자 빈민층의—특히 도시 인구의 상당한 부분을 이루는 수많은 극빈층 가정과 비정규 남녀 및 아동 노동의—활동이 당국이나 형사라면 '범죄성' 혹은 불법이라 부를 것이고 실제로도 그러한 '숙련도'를 종종 갖추었다는 점을 인정하지 않는다면 터무니없는 설명이 되고 말 것이다. 이스트 엔드 지역 빈민층 어린이들이 형편없는 가계 수입에 보탬을 주는 방식에는 노역, 심부름, 편지 배달, 길거리 공연, 구걸, 유효기간 지난 식품 구매, 재활용품과 상한 과일 수집 등 수많은 활동이 포함되었다. 빈곤 선상의 막다른 지점으로 밀려난 가정의 어린이에게는 꼭 필요한 물품을 합법적으로 손에 넣는 것과 할 수 있을 때 어쩔 수 없이 훔치는 행위 사이에는 아주 미세하고 종종 거의 느끼지 못할 정도의 차이만 존재할 뿐이었다. 실용적 목적으로만 보면 그 차이는 '합법성'과 '불법성' 간의 차이라기보다는 생존과 순전한 곤궁의 차이였다.[주 12] 이전 세기에 농촌 빈민층이 일반적으로 생존을 꾸려가면서 택할 수밖에 없던 방식을 기술하면서 톰슨은 이렇게 말했다. "만약 이것이 '범죄 하위문화'

라면 잉글랜드 서민층 전체가 이 범주에 속한다."[주 13] 이와 비슷하게 만일 이스트 엔드 빈민층이 생존을 위해 할 수밖에 없었던 모든 일이 '범죄'라면, 이 세기 초반에 중간계급을 전율하게 만든 '노동'계급과 '위험한' 계급 간의 구분은 실제로도 물질적인 토대를 갖고 있었던 셈이다. 1880년대와 1890년대 공직자들에게 꾸준히 골칫거리로만 여겨지던, '선량한 사람들'과 해악만 끼치는 '떠돌이 밑바닥 계층'(casual residuum) 간의 구분 역시 마찬가지다.[주 14] 노동－빈곤－실업－범죄의 변증법은 거의 19세기 전반에 걸쳐 노동계급 중심의 런던을 규정하는 지형이었는데, 여기서 '범죄'를 떼어내 다른 데로 돌린다면 실로 부실하기 짝이 없는 설명이 될 것이다. 심지어 이것들 간의 상호연계가 자명해 보이지 않을 때에도 혹시 그런 일이 일어날지도 모른다는 두려움은 내내 지배계급의 사고를 강하게 얼어붙게 만들었다('검은 월요일' 후 런던 실업자 시위에 뒤이어 발생한 대공포에 관한 스테드먼 존스의 설명을 참고하라).[주 15] 범죄와 빈곤, 생존, 궁핍 사이의 회색지대에서 점차 벗어나 전업 범죄 커리어로 뛰어든 사람도 일부 있었다는 사실은 의심의 여지가 없다. 그리고 이스트 엔드 사람들은 어떤 감정과 태도가 복합적으로 뒤섞인 상태에서 자신들의 상황과 행위의 '의미를 깨닫고' 나서는 다음과 같은 차이점을 파악했다. 다른 사람들이 아침 일찍 출근하는 동안 매일 밤 '일'하러 나서는 '전업' 전문 절도범은 비정규직 빈곤층의 '간헐적'(casual) 범죄와 자신을 구분하기 위해 때때로 '정직한' 도둑으로 자처했다고 한다. 범죄, 노동과 빈곤을 아우르는 이 이야기는 19세기 전반에 걸쳐 런던 노동계급의 삶에서 주된 주제였다. 그러나 다양한 계급 층위들의 내부적 분화와 더불어 전체 계급 위치의 복합적 총체를 세분화된 반응과 대응책(이는 우리가 다른 곳에서 '노동계급의 레퍼토리'라고 부른 것이다)의 연속선상을 따라 계속해서 [세세하게 구현해] 설명해주지 않는다면 범죄, 노동과 빈곤에 관한 전체 이야기는 재구성해서 들려줄 방도가 전혀 없다.[주 16]

    범죄와 그 사회적 맥락 간의 관계에 관한 이 첫 번째 주장은 두 번째 주장과 밀접하게 연계된다. 즉 '범죄'가 시기별로 (공식적인 이데올로기든 통념적 이데올로기에서든) **정의되는** 방식이 천차만별이라는 점은 자명하면서도 종종 간과되는 사항이다. 이 점은 범죄 행위의 사회적 조직화가 실제로 역사적 시기별로 변화해왔으며, 인구 집단 부문별로도 범죄를 대하는 태도가 달라진다는 사실을 보여준다.[주 17] 또한 지배계급이 법적 규제와 정치적 통제를 실행하는 과정에서 그리고 때로는 그러한 조치의 근거를 조성할 목적으로 다양한 집단과 행동에 **적용하는** 범주 자체도 변화해왔음을 보여준다. **범죄화**는 당국이 통제할 필요가 있다고 간주하는 집단의 행동에 범죄라는 이름표를 붙이는 행위다. 그렇다면 범죄 구조와 범죄에 대한 대중의 태도에서 일어나는 변화뿐 아니라 범죄화가 사법적 통제 행사를 정당화하는 과정에서 수행하는 역할도 고려해야 한다. 앞서 주장한 것처럼 '범죄자'라는 이름표에는 매력적일 정도로 단순한 무엇인가 존재하는데, 바로 공중의 감정에서 모호함을 해소해준다는 것이다. 1886년과 1887년의 런던 시위에서 자유롭게 집회할 권리 보장을 호소한 행위는 중간계급의 모호한 정서에 먹혀들어 갔음에 틀림없다. 그러나 '두어 시간 동안 폭도의 손에 장악된 … 웨스트 엔드(West End)'의 광경을 목격한 〈더 타임스〉의 태도는 의심의 여지조차 없었다. 범죄 이슈는 명쾌한 반면, 정치적 갈등은 양날의 칼과 같이 애매하다. 그러나 정치적 시위가 생명과 재산을 위협하는 폭도의 난동으로 귀결될 것이라며 지배계급이 사람들에게 설득할 때에는 잘 먹혀들어 가는데, 대중이 '강경 조치'를 지지하는 것이 그 효과의 예에 포함된다. 그러므로 정치적, 경제적 갈등의 '범죄화'는 사회 통제 행사에서 중심적인 측면이 된다. 여기에는 종종 집중적인 이데올로기적 '작업'이 뒤따르게 마련인데, 효과를 볼 때까지 사건에 대한 이름표를 바꿔본다든지, 준거틀을 이동, 확대한다든지, 어떤 이름표 붙은 집단을 표적으로 삼아 다른 집단의 지지를 확보한다든지 하는 조치가 필수적이다(아마 다음과 같이 짝짓기한 대립구도를 통해 조성한 변화에 관해 짤막한 이데올로기적 억압의 역사를 구성해볼 수도 있을 것이다. 자격-무자격, 노동하는 계급-위험한 계급, '진정한 노동계급'-잉여계급, 선량한 층-불량한 층, 온건파-과격파).

    백 년도 넘는 과거에 집행된 악명 높은 〈블랙법, 즉 범죄규제법(Black

Act))6 도입에 관한 연구에서 톰슨은 다음과 같이 썼다.

> 쟁점이 되는 부분은 그러한 범죄자 패거리가 존재했느냐 (존재하긴 했다)
> 하는 문제가 아니라 이 용어를 법에서 벗어나 있는 사람들의 집단에 모두 보
> 편적으로 적용했다는 점이다 … 왜냐하면 '범죄자'라는 범주는 대상자를 인간
> 으로 보지 않는 효과를 낳을 수도 있고 … 그다음에는 이 범주 때문에 우리가
> 정확하게 어떤 결론을 받아들일 태세를 갖추게 되기 때문이다 … '얼굴을 검은
> 칠로 위장한 집단'(Blacks)의 행태는 '평화로운 사람들에게 진짜 위험'이 되었
> 고, 그러므로 '블랙법'의 조항들은 이 시점에는 정당한 사유를 갖춘' 것으로 된
> 다. '무슨 조치가 필요했던 것이다.'[주 18]

이름 붙이기와 범죄화의 사용이 사회 통제의 정당화 과정에 필수적
부분이라는 사실은 분명 과거에만 국한되지 않는다. 정치 영역에서 이는,
내부에서 온 것이든 외부에서 온 것이든, 전형적인 '적색 위협'(Red Scare)
에 대한 두려움, 색출, 음모론 형태로 되풀이해서 나타났다. 바로 범죄 측
면의 이름 붙이기와 이데올로기적 이름 붙이기의 수렴에서 영감을 받아
법적 통제가 지속적으로 유지된 다른 최근의 사례도 넘쳐난다.[주 19] 물론
모든 수렴 사례가 이름 붙이기의 수렴인 것은 아니다. 일부는 실제로 일
어난 역사적 전개 과정에 해당한다. "정치 집단이 전통적으로 범죄에 해
당하는 전략과 스타일을 자의식적으로 채택하는"[주 20] 명확한 역사적 사
례도 많이 있다. 20세기 초반 아나키스트 신디컬리즘 운동의 주변부에서
활동하던 보노 갱(Bonnot Gang)7을 비롯한 여러 비밀 결사체에서 시작해

---

6 1720년 해외 식민지 투자회사인 남해회사(South Sea Company)의 파산으로 영국 내에서
  많은 투자자가 손실을 입고 경제적 혼란이 일어났다. 이처럼 어수선한 상황에서 일부 불법
  사냥꾼 무리가 약탈 행위를 저질러 사회적 이슈로 떠올랐다. 이에 대응해 1723년 의회는
  블랙법을 통과시켜 모든 범죄 행위에 대해 가혹한 처벌 제도를 도입하였다. '블랙'이라는 명
  칭은 범죄자 무리가 얼굴에 검은 칠로 위장한 채 약탈 행위를 벌인 데서 유래했다. 이 법으
  로 생겨난 가혹한 처벌 제도는 19세기에 이르러서야 완화되었다. ─ 역주
7 '보노 갱'은 1911년과 1912년 사이 프랑스와 벨기에에서 활동하던 아나키스트 범죄 집단
  을 말한다. 이들은 정치적 이념의 구현 방안으로 불법적 수단도 마다하지 않았는데, 당시 경
  찰조차 갖고 있지 않던 자동소총과 자동차 등 최신 기술을 활용한 것이 특징이다. 처음에는

분노의 여단, 바더-마인호프 집단(Baader-Meinhof)8과 다른 더 현대적 형태의 '정치적 갱'에 이르는 사례가 여기에 속한다. 그리고 만일 이것들을 정치 활동이 범죄 활동으로 수렴된 대표적 사례로 간주한다면, 이와 똑같이 다른 방향으로, 즉 범죄 활동에서 정치 활동으로 옮아간 최근의 중요한 사례도 다수 존재한다. 이 중 가장 명백한 두 가지 사례만 든다면 말콤 엑스(Malcolm X)[주 21] 자서전이라든지 최근 미국의 감옥 운동에서 일어난 흑인 범죄자들의 정치화[주 22]가 있다.

좀 더 단순하게 표현하자면 계급 사회에서는 자본과 재산권 보호의 필요성에 입각해 빈곤층과 무산층은 실제로 법을 위반하든 않든 간에 어떤 점에서는 **항상** '법의 반대편'에 있다. 즉 "범죄에 대한 제재는 사유재산의 최후의 보루다." (의식적인 '사회적' 동기로 행해진 범죄든 아니든 상관없이) 모든 범죄 통제는 앞서 말한 더 거시적이고 광범위한 '사회적 권위' 행사의 한 측면을 이룬다. 그리고 계급 사회에서 이는 필연적으로 권력과 재산을 보유한 층이 없는 층에 대해 사회적 권위를 행사하게 된다는 뜻이다. 이 점을 18세기에서 다시 한번 뚜렷하게 확인할 수 있는데, 당시에는 법이 계급 지배와 권위의 수단으로 훨씬 더 공개적이고 노골적으로 사용되었다. 톰슨은 〈휘그와 헌터(Whigs and Hunters)〉에서 다음과 같은 주장을 펼치는 것으로 보인다. 변장을 하고 얼굴에 검은 위장칠을 한 채 왕립 공원과 사냥터에서 사슴과 다른 사냥감을 잡던 밀렵꾼과 이들을 노린 휘그의 '사냥꾼들'(이들은 영국 형사 관련 법으로 도입된 사례 중 가장 포괄적이고 가혹한 조치인 블랙법의 지원을 받고, 집권 세력인 월폴Walpole 파벌의 후원을 받았으며, 왕정복고과

언론에서 '자동차 강도단'으로만 불려졌으나 단원 중 한 명인 쥘 보노(Jules Bonnot)가 대중 일간지 <르 프티 파리지엥(Le Petit Parisien)>과 인터뷰를 한 후에는 유명세를 타 '보노 갱'으로 통했다. ─역주

8  바더-마인호프 집단은 1970년 당시 서독에서 결성된 극좌파 무장 투쟁 집단인 적군파 분파(Red Army Faction, 독일어로는 Rote Armee Fraktion)를 지칭하는데, 단체의 명칭은 핵심 인물이던 안드레아스 바더(Andreas Bader)와 울리케 마인호프(Ulrike Meinhof)의 이름에서 따온 것이다. 이 적군파 분파는 30여 년 동안 폭파, 요인 암살과 납치, 은행 강도, 경찰과의 총격전 등으로 주목을 끌었는데, 1977년 무렵에 활동의 절정에 달했다가 1998년 해체를 선언했다. ─역주

Jacobite9와의 밀약이나 수상한 야간집회 따위와도 관련이 있다는 소문도 들린다)은 18세기 내내 관습적 권리, 전통과 이를 점차 잠식하는 부르주아식의 재산과 법률 개념 사이에 전개되던 장기적이고 근본적이며 지속적인 투쟁을 수행했다는 것이다.[주 24] 영국의 삶과 사회가 부르주아적 형태로 '재구성'되는 과정은 '문명화의 영향력'보다는 테러와 폭력의 선별적 사용에 더 의존했는데, 산림에서 행해진 범죄는 단지 이 과정에 관한 더 장기간의 이야기에 등장한 하나의 일화에 불과했다.[주 25]

> 또 다른 측면에서 보면 이는 단지 '범죄' 확대 문제에 그치지 않으며, 재산에 대한 의식이 강한 소수 특권층이 입법권을 통해 공유지나 산림의 활동과 사용권, 산업에서의 [노동자] 부수입 등을 절도나 범죄로 재규정하는 문제도 비슷한 정도의 중요성을 띤다. 왜냐하면 범죄가 급증하는 것처럼 보이는 만큼 법령도 증가하기 때문이다 … 그리고 재산을 지고의 가치로 여기는 소수 지배 특권층의 이데올로기는 무엇보다도 법의 이데올로기와 실행에서 그 가치를 가시적이고 물질적 형태로 구현한다.[주 26]

법이 이 거시적 목적과 늘 단순하고 완벽하게 일치하도록 작동하지는 않았다는 사실 그리고 사법적 공포에는 종종 자비가 곁들여 전달되기도 했다는 사실이 다음과 같은 주장을 훼손하지는 않는다. 즉 더 긴 역사적 궤도를 보면 법 개념과 실행의 변화와 부르주아 재산 개념과 구조의 변화는 18세기 동안에는 '대략적으로 조화를 이루면서' 전개됐다. 또한 법은 새로운 구조에 민중이 순응하도록 강제할 뿐 아니라 재산에게 이데올로기적 지배력, 즉 그에 합당한 권위를 확보해주는 특별한 수단 중의 하나가 되었다. "법원은 공포, 고통, 죽음을 다루지만 도덕적 이상, 자의적 권력의 통제, 약자에 대한 자비도 갖추었다. 법원은 이러한 행위를 통해 법의 계급적 이해관계를 상당 부분 위장할 수 있게 되었다. 이데올로

---

9　영국사에서 왕정복고파는 명예혁명으로 축출된 스튜어트 왕가의 제임스 2세와 그 후손들을 지지하는 세력을 말하는데, 1688년부터 1750년대까지 세력을 유지했다. 왕정복고파는 왕권이란 신에게서 받은 신성한 권리이므로 함부로 바꿀 수 없다고 주장했다. ㅡ역주

기의 두 번째 장점은 보편성을 띤다는 것이다."[주 27] 그러므로 '얼굴에 검은 칠을 한 밀렵꾼 무리'를 둘러싼 위기상황이 발생했을 때,

> '위기상황'을 조성한 것은 다음과 같은 요인들이었다. 우선 당국에 대한 공개적인 모욕이 반복되었다는 점이다. 왕실 재산과 사유재산에 대해서도 동시적으로 공격이 가해졌고, 특히 '존 왕' 치세하에서 연합 형태를 띤 운동이 사회적 요구를 더 강화하고 있다는 인식이 싹텄다. 또한 소요 지역에서 왕당파 신사 계급(gentry)이 공격 대상이 되고 질서 유지를 위한 이들의 시도 역시 가련할 정도로 중구난방으로 이루어지면서 계급 전쟁에 가까운 무엇인가가 발생하는 징후가 보였다는 것이다.[주 28]

앞서 인용한 바 있는 더글러스 헤이(Douglas Hay)의 논문 "재산, 권위와 형법"에서는 좀 더 넓은 지형 위에서 이것들을 연계해 다음과 같은 주장을 펼친다. 18세기에는 "공포만으로는 이 목적들을 달성할 수 없었을 것이다. 공포는 권위의 [바탕이 되는] 원자재였지만, 계급 이익과 법의 구조 자체가 이를 훨씬 더 효과적인 권력의 도구로 변모시켰다."[주 29] 18세기 내내 "권위의 도구이자 가치 주입 장치로서 법은 계속 대단히 중요한 위치에 있었다"[주 30]라고 헤이는 결론을 내린다. "지배계급은 권력을 국가 속에 조직화한다. 국가에 의한 제재는 폭력이지만 아무리 불완전하다 할지라도 폭력의 정당화는 이루어지며, 이 때문에 국가는 이데올로기에도 관여하게 된다."[주 31] 그렇다면 이 시대에는 법이 (농업 자본주의의 정치적 대표자인) 특정한 부류의 소수 특권 지배층에 봉사하는 특정한 부류의 공적 질서 유지에서뿐 아니라 특정한 재산 개념을 위한 공적 '교육자'로서도 주된 역할을 했다. 말하자면 나머지를 교육시킨다는 더 큰 목적을 위해 일부를 교수형에 처하는 조치가 이에 속한다. 그리고 이러한 권위에 대한 교육자로서의 성격은 부분적으로는 바로 법의 위엄, 법의 자의성, 법의 화려한 갑주와 의례 속에 내재해 있었다. 이 장치들은 '권위'라는 개념 바로 그 자체의 구현체이자 톰슨이 지적하듯이[주 32] "대중문화에서도 핵심에 자리하는" 의식들(ceremonies)로서, 사법기관의 의례, 치안판사들의 순

시, 공개적 처형, 음악과 축포 등을 통해 마치 도덕적 영향력을 과시하려
는 듯이 처신하면서 공적으로도 실로 법의 핵심적 **위치에** 자리 잡고 있었
다(영국의 대중적 이데올로기에서는 '개별적 법'에 대해서는 아니라도 '법 일반'에 대해서
는 강한 존경심이 존재한다고 이야기할 때, 법이 어떻게 그 위치에 도달했고, 누가 법을 그
러한 위치에 배치했으며, 어떤 목적으로 그리했는지 기억해 보는 게 좋을 것이다). 만일
18세기에는 재산이 만물의 척도가 되었다고 한다면, 법은 가장 효과적인
잣대 중 하나였다. 법은 재산 주변에 정교한 존경의 타래로 장식을 두르
고 강제적 의무도 부여했는데, 헤이는 바로 이 '재산' 개념의 속성에 대해
서도 우리에게 환기해준다. 어디서든 그랬듯 법은 그 시대의 가장 뛰어난
법조인 중 한 명인 윌리엄 블랙스톤(William Blackstone)이 정의한 바로 다음
과 같은 개념이다. 즉 "재산권만큼 인류의 상상력을 보편적으로 자극하고
애정을 차지하는 것은 없다. 혹은 [재산권은] 한 인간이 우주의 다른 어
떤 개인도 완전히 배제한 채 세상 외부의 사물을 대상으로 주장하고 행사
할 수 있는 유일하고 전제적으로 지배할 수 있는 영역"[주 33]이라는 것이
다. 재산권은 단지 계급 지배를 법적으로 공고화하는 문제만은 아니었다.
피터 라인보(Peter Linebaugh)는 똑같은 시대에 관한 글에서 다음과 같이 말
했다.

> 18세기 자본의 시각에서 범죄를 살펴볼 때 비로소 우리는 '자본과 노동 간의
> 영원한 투쟁'에서 범죄가 차지하는 중요성을 가장 잘 깨달을 수 있다 … 18세
> 기의 범죄는 '자유롭게' 이동하는 노동력의 조직화와 조성, 국내 시장 형성, 임
> 금 변화와 떼놓을 수 없이 연결된 [전체의 한] 측면이다. 즉 범죄는 18세기
> 자본제적 발전의 결과이자 주된 과제의 일부였다.[주 34]

하지만 톰슨이 주장했듯이 "소규모 치안 재판소나 사계 법원에서 치
안판사들은 밀렵, 폭행, 목재 절도에도 … 닭서리에도 유죄 판결을 내렸
다. 순회재판에서 판사들은 위조화폐범, 폭동꾼, 양 도둑에게도 안주인의
실크와 은수저를 훔쳐 달아난 하녀에게도 형을 선고했다. 판사들이 다양

한 출신 하위문화에 따라 사람들을 구분해가며 형을 선고했는지 확인한
연구는 아직 없다.”[주 35]

　법의 계급적 성격, 정의의 계급적 집행, 이 양자와 자본의 객관적 필
요성과의 접합, 재산 분배 그리고 법을 통한 피예속 무산 계급 ‘교육’이라
고 그람시가 부른 현상은 복잡한 문제들이다. 사회구성체의 다양한 수준
간의 어떤 필연적인 ‘기능적 부합’ 혹은 자연적 상응관계를 가정하고 그
위에서 이것들의 전개 양상을 선형적 진화 형태로 추적할 수는 없다. 18
세기의 복합체에서는 법이 너무나 노골적인 역할을 수행했지만, 이후 세
기에는 이 복합체가 엄청날 정도로 변모되었다. 그렇다고 해서 법이 꾸준
하게 개선되었다는 뜻은 아니다. 실제로 왕당파의 위협이 존재하던 동안
그리고 나폴레옹 전쟁이 끝난 직후의 봉기 시기에는 어느 편인가 하면 법
은 더 강압적이고 가혹해졌다. 더구나 법의 전개 양상은 단순히 범죄와
법이라는 측면에서만 이야기할 수는 없다. 왜냐하면 농업 자본이 지배하
던 사회구성체에서 법이 수행하던 역할에 비교해 자유방임주의 그리고
이후에는 독점 산업 자본주의에 특징적인 헤게모니 양식의 구성에서 바
로 법, 사법 기구, 국가의 **위상**(position)이야말로 크게 변화한 것 중 하나
이기 때문이다. 여기서는 어떤 단순한 “진화론적 순서 승계의 법칙”도 관
찰할 수 없다.[주 36] 법은—점진적이고 당연히 **불균등하게**—그 실행에서
덜 자의적이고 더 ‘불편부당하고’ 더 합리적이며 더 ‘자율적’으로 바뀐다.
피비린내 나는 처벌 규정도 현대화한다. 가령 농촌 신사 계급과 치안판사
간의 일체감도 점차 덜 직접적으로 바뀌며, 정규직이고 전문화된 경찰력
이 군대, 기마 농민 의용병단(yeomanry), 아마추어 법 집행관을 대체한다.
19세기의 모든 결정적인 정치적 전환점에서는 ‘법 집행 기구’와 그다음엔
법 자체까지도 나서서 그 당시에 무엇이 되었든 간에 기존 체제의 최후의
보루이자 요새라는 핵심적인 역할을 했다는 점은 여전히 사실이다. 의회
개혁 요구 투쟁, 노동조합 결성, 1820년대의 혼란, 차티스트 운동, 개혁을
요구하는 1860년대의 대규모 대중 시위, 1880년대의 실업자 소요, 세기말
새로운 노동조합 운동에 뒤따른 혼란, 제1차 세계대전 전후 정점에 달한

폭력 투쟁 등이 이러한 전환점에 해당한다. 그러나 무엇보다도 점차 강력해지는 노동계급의 존재를 의식해서 법은 유산계급의 특권을 위해서가 아니라 '공적 질서'와 전체의 이익에 보편적으로 호소해 이 과업을 더 간접적이고 '불편부당하게' 수행하면서 스스로 정당화를 도모해야만 했다. 법은 끊임없이 좀 더 불편부당한 위치로 물러서야만 했다. 법이 한 세기 전에 그랬던 것처럼 상당히 직접적인 **교육적** 역할을 계속해서 수행했는지는 논란의 여지가 있다.[주 37] 이 위치는 자본의 양식 변화라는 틀 속에 놓고 볼 때에야 비로소 제대로 평가할 수 있다. 즉 산업 자본 체제가 점차 토지 자본을 누르고 부상하게 됨에 따라 법의 역할과 위상이 가장 직접적인 준거틀로 삼아야 하는 대상, 바로 새로운 지배계급 무리의 동맹을 조직화하는 중심부로서의 자본제 국가 자체의 본질과 위치를 포함해 그 영향력하에 있는 모든 것도 바꿔놓기 때문이다. 이처럼 장기적인 변화과정에서 '법치주의'와 '권력 분립'의 좀 더 엄격한 적용을 통해 사법 기구가 점진적으로 '자율화'되는 데서 발생하는 모순된 효과를 간과해서는 안 된다. 왜냐하면 이 변화가 법과 그 행사의 계급적 속성을 계속해서 은폐했다고는 해도, 동시에 빈민층과 힘없는 층에게 **실제적**이고 상당한 정도의 정의를 보장해주고 일상적 법적 실천을 자본가의 직접적인 영향권에서 떼어놓았기 때문이다. 노동계급 운동은 법치주의, 표현과 집회의 자유, 작업장에서 파업과 조직 결성 권리 등의 신장을 단순히 '부르주아에 의해' 너그럽게 '주어진 양보'로 치부할 게 아니라 스스로 이룩한 승리로 간주해야 한다. 그러한 진전은 물론 어느 정도는 핵심적 지점과 계기에서 벌어진 지속적인 투쟁을 통해서만 얻을 수 있었던 결과물이다. 지금은 과거를 돌이켜보면서 바로 이처럼 파열된 역사의 갈등 부분을 지워버리고 법이 이룩한 문명화의 진전이라든지 법이 '폭력 극복'에 기여했다는 식의 위안이 되는 신화만 조장되고 있다. 결국 민법의 관행은 계약의 신성불가침을 전제로 삼고, 형법은 사유재산을 옹호하며 사회운동과 정치적 저항에 직면해서는 사회 안정과 질서를 위해 억압적인 '공적 질서'를 위한 작업을 수행한다는 점에서, 법은 계속해서 어느 정도는 국가에 봉사했다. 18세기와 비교할 때 성격은 다르지만 법과 부르주아 사회구성체, 산업자본의 진전 간의 접합은 더욱 복잡해진다. 그러나 이것들 간의 모든 연결이 중단되었다거나 연계가 완전히 해체되었다는 주장을 견지하기란 아마 불가능할 것이다. 존 그리피스(John Griffith)가 최근 주장했듯이 "사법부의 정치적 중립성은 혼동과 은폐를 초래하기 때문에 신화이자 우리 지배자들이 좋아하는 허구 중 하나다. … 우리의 정치 체제는 은폐 위에서 번성한다 … 물론 사법부가 자신의 편향을 정치적, 도덕적, 혹은 사회적인 것이라 부르지는 않는다. 공익이라 부른다."[주 38] 우리는 잠시 후 이와 같은 모순된 전개 양상 중 일부를 검토하게 될 것이다. 이 전개 양상은 법 내부의 역사에 속한다기보다는 자본제 국가라는 '광역 단위'(regional)의 역사와 변화하는 헤게모니 양식에 속한다. 그러나 현재와 마찬가지로 과거 역사를 보더라도 범죄와 범죄 예방은 별개의 자율적 영역들이 아니기 때문에, 지금쯤이면 '사회적' 범죄만이 역사적 설명이 필요한 것은 아니라는 주장은 충분히 설득력 있게 이해되었을 것이다.

## ▌ '통제 문화'에서 국가로

물론 어떤 수준에서 보면 '법 일반'(The Law) ― 법 체제, 경찰, 법원과 감옥 체제 ― 은 명시적으로 현대 자본제 국가에서 사법 조직의 본질적 부분이다. 그러나 이는 주로 기술적이거나 순수하게 제도적 측면에서만 그러할 뿐이다. '급진적 범죄학'의 상당 부분을 포함해 대다수의 범죄학 이론들도 국가에 관한 개념이나 이론을 갖고 있지 않다. 전통적 이론에서는 법의 작동을 통해 국가 권력이 행사된다는 사실은 형식적으로만 인정될 뿐 그 작동 양식은 문제의 여지가 없는 것처럼 취급된다. 법 체제의 시각 내부에서만 본다 하더라도 이는 그다지 만족스럽지 못한 설명이다. 그리고 일단 시각을 넓혀 사법적 수준과 국가의 다른 수준, 기구 간의 관계를 포함하게 되면 분명히 우리에게는 기존의 틀보다는 좀 더 발전된 틀이 필요하다. 케케묵고 지겹게 되풀이되는 자유민주주의 이론의 상식적 지혜가 제공하는 기존의 틀은 모든 이데올로기 중에서도 가장 영국적인 영국식 입헌주의(British constitutionalism) 형태로 제시되고 있다. 알프레드 데닝 경(Lord Alfred Denning) 자신도 인정했듯이,

> 이론적으로 사법부는 정부와 피통치 계급 사이에 존재하는 중립적인 세력이다. 판사는 어느 쪽에게도 기울어지지 않은 상태에서 법을 해석하고 적용한다 … [하지만] 영국의 판사들은 그러한 거리두기를 결코 실행한 적이 없다 … 형법에서 판사들은 최소한 행정부가 법과 질서의 집행에 몰두하는 것만큼이나 스스로 거기에 관여된 것처럼 여긴다.[주 39]

이 연구의 이전 단계에서는 '노상강도'와 관련된 다양한 통제 장치, 즉 경찰, 사법부, 미디어 간의 관계를 구체적으로 검토했다. 에드윈 레머트(Edwin Lemert)는 특정한 범죄와 관련해 그러한 기관들 간의 일사불란한 행동을 지칭하기 위해 '사회적 통제 문화'(societal control culture)라는 용어를 사용했다. 레머트의 용어로 '사회적 통제 문화'란 "집단의 이름으로 일탈자들을 지원, 교정, 처벌 혹은 조종하는 법률, 절차, 프로그램과 조직"을 말한다.[주 40] 이 정의는 좀 더 급진적인 범죄, 일탈 이론을 개발하는 데 유용한 출발점을 제공해준다. 이는 다양한 통제 기관들 간의 관계가 범죄의 지목과 통제에서 차지하는 핵심적인 중요성을 강조한다. 이 맥락에서 '문화'라는 용어는 또한 어떤 중요한 수준에서는 이 기관들이 통제 기능에서뿐만 아니라 서로 공유된 '세상에 대한 정의'(definitions of the world), 공통된 이데올로기적인 시각에 의해 연결된다는 점을 일깨워주는 역할을 한다. 무엇보다도 좀 더 엄격하게 '상호거래적'인 이론은 권력의 척도에서 대략 비슷한 지위를 차지하는 다양한 '상황 정의' 간의 밀고 당기기에 일탈과 범죄가 의존한다고 보는 반면에, 레머트가 강조하는 부분은 다음과 같은 사실을 환기해준다. 즉 만일 이름 붙이기가 일탈의 식별과 통제에서 중요한 측면이라면, 누가 누구를 대상으로 이름을 붙일 권력을 갖고 있는가 하는 질문―이 때문에 베커가 '신뢰성의 위계'[주 41]라 부르게 된 것―이 더

더욱 큰 중요성을 갖는다는 것이다. 따라서 '사회적 통제 문화' 개념은 제
도적 기반을 갖추고, 이데올로기적 지원도 받고, 시간 경과에도 불구하고
어느 정도 안정성과 연속성을 띠며, 법을 만드는 자와 어기는 자 간의 엄
청나게 불균등한 권력 분포를 반영한다. '상호거래적' 이론이 애초부터
역사적, 물질적 공백 상태에서 작동하고 권력 개념을 (따라서 대립, 투쟁, 갈
등, 저항, 적대관계라는 상호보완적 개념들도) 누락시키는 경향이 있다는 점을 감
안하면, 사회적 통제 문화 개념은 이 경향을 중립화한다는 점에서 이론적
으로 상당히 중요하다.

하지만 '통제 문화'식 접근은 우리 목적에는 엄밀성이 너무 떨어져
보인다. 이 시각은 권력의 중심부들을 찾아내 사회 통제 과정에서 그것들
이 차지하는 중요성을 확인한다. 그러나 이것들의 위치를 **역사적으로** 확
인하지 않으며, 따라서 중요한 변동과 변화의 계기들을 지목할 수가 없
다. 다양한 국가나 정치 체제 유형을 적절하게 **구분**하지도 않는다. 특정
한 부류의 법 질서를 필요로 해서 도입하는 사회구성체의 종류를 구체적
으로 가려내지도 않는다. 국가 장치의 억압적 기능이 합의 기능과 어떤
관련이 있는지도 검토하지 않는다. '다원적' 사회라 하더라도 일부는 다
른 사회보다 더 다원적이고, '대중 사회'(mass societies)에서는 권력이 엘리
트층 사이에 분포되어 있으며 '민주적 사회'에서는 견제 권력이 작동하기
마련인데도, 이처럼 수많은 다양한 사회 유형을 모두 '사회적 통제 문화'
개념과 양립 가능한 것처럼 만들어버린다. 사회적 통제 문화는 역사적으로
구체성을 띠는 개념이 아니다. 요컨대 국가 이론에 근거한 이론이 아니고,
자본제 발전의 특정 단계의 국가(예컨대 '후기 자본주의late capitalism' 시대의 계급 민
주주의 국가들) 이론에 근거한 것은 더더구나 아니다. 이러한 이유로 우리는
이 이론을 일반적인 기술 용도일 때를 제외하고는 모두 폐기했다.

그 대신에 우리는 '법 일반'을 고전적인 국가 이론의 지형으로 되돌
려 놓는다. 법과 범죄, 사회 통제와 동의, 합법성과 불법성, 순응, 정당화
와 저항이라는 일반적인 문제들은 자본제 국가와 계급 투쟁의 문제에 속
하고 궁극적으로 그러한 문제와 관련지어 명쾌하게 제기되어야 한다. 민

사상이든 형사상의 역할이든 일상적이든 '예외적' 양식이든 부르주아 사회구성체에서의 법은 근본적인 헤게모니 양식 문제와 핵심적으로 연결된다고 우리는 주장했다. 여기서 다루고자 하는 국가 형태는 후기 자유방임주의 혹은 복지국가 형태의 국가다. 이 국가 형태는 앞으로 좀 더 자세하게 '헤게모니의 위기'로 규정하게 될 특정한 역사적 국면에서, 특정한 정치 체제 유형(즉 완벽하게 발전된 의회민주주의)에서 그러한 체제를 통해서 정착된 것이다. 우리 연구의 이 부분에서는 '노상강도' 현상을 이 분석 **수준**의 맥락에서, 가령 특정한 헤게모니 양식 유지 혹은 해체에 기여하는 요소인 국가, 정치적 법적 장치, 정치적 심급, 동의, 정당화, 강제와 지배 양식과 관련지어 체계적으로 다루고자 시도한다.

국가와 범죄의 이러한 연계에 관한 논의를 채워나가면서 우리는 특히 마르크스주의의 국가 이론 그리고 법, 범죄, 국가 간의 관계에 관한 마르크스주의 이론을 활용해 작업을 시도했으며 그러한 이론의 발전에도 기여하도록 노력했다. 아쉽게도 마르크스와 엥겔스의 저작에서는 이러한 부류에 관해 충분히 정교화된 이론을 찾아낼 수가 없다. 물론 그러한 이론의 요소들은 존재하지만 원하는 대로 인용하거나 활용할 수 있는 상태가 아니어서 오늘날의 상황 전개에 비추어 반드시 새롭게 만들어내야 한다. 마르크스주의가 아직 완벽하게 개발되지 않은 영역에서 흔히 그렇듯이, 단순한 공식들은 흔히 우리 목적에는 너무 단순하거나 너무 환원론적이다. 예컨대 대략적으로 말하자면 부르주아 사회에서 법적 규범과 규칙은 부르주아 경제관계를 반영하고 지지한다거나, 아니면 계급 사회에서 법은 계급 지배의 도구가 될 것이라는 발상은 그러한 이론에서 최초의 기초적 단계는 될 수 있으나 너무 일반적이고 추상적이고 환원론적이며 너무 개략적이고 시대 구분식의 형태라서 그다지 큰 도움이 되지 않는다. 유용하긴 하지만 적절한 출발점은 못 된다는 것이다. 그러므로 필연적으로 몇몇 일반적인 이론적 질문을 거쳐 우회해 가는 위험을 무릅쓰고라도 이후 분석에서 의존할 법, 범죄, 국가 개념을 더 자세하게, 또 명시적으로 밝힐 필요가 있다.

　　마르크스는 관념론적 사고 형태의 비판에서 유물론 이론의 기원을 찾아내는 연구를 하다 보니 다음과 같은 결론에 도달했다고 언급했다. "법적 관계나 정치적 형태는 그 자체만으로나 이른바 인간 정신의 일반적 발전과정의 토대 위에서는 파악할 수 없을 것이며, … 삶의 물질적 조건에서 유래를 찾을 수 있다"라는 것이다. 그 조건의 총체성을 헤겔과 프랑스, 영국의 이론가들은 '시민사회'라고 불렀는데, [마르크스가 보기에] 시민사회의 해부는 "정치경제학에서 모색해야 한다"는 것이다. 이 사회관계의 복합체 ― (그람시가 "상부구조의 두 거대한 층위"라고 부른) 시민사회와 국가 ― 에 영향을 주는 핵심적인 결정 수준은 물질적 삶의 생산과 재생산 양식이었다. 이 일반적인 명제는 다음과 같이 역사적으로 구체화돼야 한다. "각 생산양식은 그 자신의 구체적인 법적 관계, 정치 형태 등을 생산해낸다."[주 43] 그렇다면 다른 상부구조 형태들과 마찬가지로 법도 "특정한 생산양식을 영속화"하는 데 기여한다. 하지만 "법이 기존의 분배 조건 보존에 행사하는 영향력과, 이를 통해 법이 생산에 미치는 효과는 **별도로** 검토해야 한다."[주 44] "그러나 정말 어려운 사항은 생산관계가 **불균등하게** 법적 관계로 발전해가는 방식이며, 그러니까 로마 민법이 … 오늘날의 생산과 맺는 관계를 예로 들 수 있다"라고 마르크스는 〈정치경제학요강〉의 서문에서 되풀이한다(강조점 필자 추가).[주 45] 여기서 구절을 그대로 옮기자면 마르크스는 생산양식의 수준이 장기적 혹은 '시대 구분별'(epochal)로는 법적 관례를 결정한다고 주장하는 **동시에** 어떤 단순하거나 투명하거나 즉각적인 상응관계가 작동하지는 않고 '상대적 자율성'이 작용한다고 주장하고 있음은 분명해 보인다. 엥겔스가 경제 발전과 법의 관계를 논의하면서 지적한 내용을 보면, 그가 후기 마르크스의 '불균등' 개념의 차원 중 적어도 한 가지에서는 마르크스의 주장에 동조하는 것처럼 보인다. 〈민법(Code Civil)〉처럼 "부르주아 사회의 고전적인 성문법"이라도 프랑스에서는 성공적이었고 프러시아에서는 자본제 발전에 잘 맞지 않은 반면, 영국에서는 '낡은 봉건적 법률'에도 부르주아적 내용이 부여된다고 엥겔스는 지적한다. 또 다른 맥락에서 엥겔스는 다음과 같은 지적을 했다. "일단 국가가 사회와의 관계에서 독립적인 권력이 되고 나면 당장 더 진전된 이데 올로기를 생산해낸다. 실제로 직업 정치인, 공법 이론가, 민법 법조인 사 이에서는 경제적 사실과의 연결이 완전히 단절된다. 특정한 각 사례에서 경제적 사실이 법적인 재가를 받으려면 법률적 동기 형태를 갖추어야 하 기 때문이다 ….”[주 46] 여기서 마르크스주의 분석의 핵심적인 문제가 제 기된다. 즉 법적 관계와 사회구성체의 다른 수준들 간의 “불균등한 상응 관계”의 성격을 어떻게 이해할 것인가? 국가는 “외관상 사회를 초월한” 존재로서 모순된 적대관계를 중재하는 독립된 권력의 외양을 취하는 동 시에 “궁극적으로 이런저런 계급의 패권이나 … 생산력과 교환관계의 발 전”에 봉사할 수도 있다는 사실을 어떻게 파악해야 하는가?[주 47]

마르크스와 엥겔스는 〈독일 이데올로기(The German Ideology)〉에서 지배 자는 “자신의 권력을 국가 형태로 구성해야 하는 외에도 그 의지에 … 국 가의 의지인 법으로서의 보편적 표현을 부여해야 한다”라고 강조한다.[주 48] 그러므로 국가는 계급 투쟁과 무관하지 않다. 그보다 국가는 지배계급 동 맹이 “자신의 관념에 보편성의 형태를 부여하고 그 관념들을 유일하게 합 리적이고 보편적으로 타당한 것처럼 재현할” 수 있게 해주는 구조이거나 그러한 구조인 것처럼 **된다**.[주 49] 또한 레닌은 국가란 “계급 적대의 화해 불가능성의 산물이자 표현”이라고 주장했다. 나아가 “국가는 계급 간의 충돌을 중재함으로써 이러한 억압을 합법화하고 영속화하는 ‘질서’를 창 조해낸다”라고 주장했다. 언뜻 보기에 여기서도 똑같은 역설이 반복된다. 즉 국가는 계급 적대관계의 산물인데도 계급 투쟁을 중재하는 것처럼 보 임으로써 계급 질서를 영속화한다는 것이다.[주 50] 따라서 “계급들을 초월 한” 국가의 중재와 유화 역할은 그 자체가 자본제 사회에서 생산적 삶이 역사적으로 전개되는 과정의 특정한 계기에서 국가가 본질적으로 지니는 계급적 속성이 **드러나 보이는** 형태 중 하나다. 역설적으로 표현하자면 특 정한 계기에서 “최후의 심급에서의 [국가의] 결정”은 그 ‘상대적 자율성’ 속에서, 자율성을 통해 가장 효과적으로 그리고 실로 **유일하게** 행사된다 (알튀세르는 이 “연쇄의 양쪽 끝을” 동시에 파악해야 한다고 아주 적절하게 주장한다). 생산양식, 국가 형태, 법의 성격 간에 어떤 단순하고 즉각적인 '상응관계'가 작동하는 것을 부정하려고 할 수밖에 없고 사회구성체의 다양한 수준 간의 관계가 '불균등한' 성격을 띨 수밖에 없음을 강조해야 하긴 하지만, 그러다 보면 그것들 간의 불균등한 상응관계의 엄밀한 특성을 반드시 '숙고'해야만 할 필요성 자체가 때로는 완전히 망각될 수도 있다. 풀란차스는 사회구성체의 다양한 수준 간의 비상응관계(즉 경제적, 정치적, 이데올로기적 계기의 '상대적 자율성')를 아주 설득력있게 발전시킨 인물이다. 심지어 그런 풀란차스조차도 "사적 자본주의[의 지배]는 비개입주의 국가를 초래하고, 독점 자본주의는 개입주의 국가를 초래한다"[주 51]라는 고전적인 전제로 필연적으로 되돌아갈 수밖에 없었음을 유념할 필요가 있다. 풀란차스가 발전시킨 '상대적 자율성'을 자주 인용하면서도 그의 분석이 풀란차스 스스로 이처럼 "경향적 결합"(tendential combinations)이라 부른 현상을 전제로 이루어졌음을 인식하지 못하는 사례가 너무 잦다.

그러나 계급 투쟁은 어떻게 해서 국가를 거쳐 계급 투쟁의 유화라는 현상으로 새롭게 나타나게 되는가? 우리의 주장은 마르크스가 '현상' (appearance)이라는 용어와 그 유사어들을 사용한 용례에 의존한다.[주 52] 마르크스는 항상 '현상'을 **명쾌한** 의미로 사용한다. 만일 우리가 '거짓된 현상'(겉모습)(false appearance)이라는 단어를 단지 시각적 환상이나 인간의 상상력 속의 판타지라는 의미로 이해한다면, 마르크스가 사용한 '현상' 개념은 그 [일상적] 단어의 상식적 의미와 다르다. 마르크스의 저작에서 '현상'이라는 용어는 설명-기술(darstellung) 혹은 재현(representation)의 이론, 즉 사회구성체는 다양한 수준과 실천으로 구성된 복합적인 통일체라는 이론을 함축하는데, 그러한 복합적 통일체에서는 어떤 관계가 다양한 수준에서 만들어내는 효과들 사이에는 어떤 필연적인 일치나 상응관계가 존재하지 않는다는 것이다. 따라서 이러한 의미에서 '현상'은 존재하지 않는다는 이유 때문이 아니라 표면적 효과를 실제적 관계로 착각하도록 유도한다는 이유로 거짓된 것이다. 그람시가 표현했듯이 "'외관적'(apparent)과 '현상'이란 용어들은 바로 이러한 의미지 다른 뜻은 전혀 아니다 …

모든 체제는 역사적 타당성을 지니고 필연적이라는 주장과 함께 모든 이데올로기 체제는 소멸하기 쉬운 속성을 갖는다는 주장을 이 용어들은 담고 있다."[주 53] 따라서 자본제 생산 영역에서 자본과 노동력의 불균등한 교환은 교환 영역에서는 합당한 '가치'대로 이루어지는 상품 간의 '등가교환'인 것처럼 **현상적으로는 비쳐지고**(appears as) 또한 그렇게 구현된다. 따라서 생산에서 잉여가치의 불평등한 추출은 임금 계약 수준에서는 "일한 만큼 주어지는 공정한 임금"처럼 보이게 된다. 그러므로 자본제 국가가 자본을 위해 수행하는 '재생산' 작업도 정치적—법적 수준에서는 (계급투쟁을 초월한 위치에서 투쟁을 중재하는 식으로) 국가의 계급적 중립성의 모습을 띠게 된다. "이러한 적대관계가 파괴적인 투쟁에서 자신뿐 아니라 사회까지 소모시키지 않도록 갈등을 중재하고 '질서'의 테두리 안에 묶어두기 위해 외관상 사회를 초월한 위치에 있는 권력이 필요해진다."[주 54]

우리는 마르크스의 '재현' 이론이 〈자본론〉에서, 예를 들자면 '임금형태'의 논의에서 작동하고 있음을 볼 수 있다. 부르주아의 상식 수준이든 정치경제학에서든 일상생활에서 임금은 자본가와 노동자 간의 '등가교환' 형태로 '경험되고' 이론화되는데, 이 거래는 노동시장의 '보이지 않는 손'에 의해서만 조정될 뿐이다. 마르크스의 주장에 따르면 이러한 형태의 '등가교환'은 사실상 '심층적으로는' 자본가가 잉여가치 형태로 잉여 노동을 추출하는 생산관계에, 즉 자유롭지도 평등하지도 않은 관계에 근거한다. 하지만 이 관계들은 외관상으로는 평등한 시장관계로 '체험된다'. 교환 영역에서 임금관계는 다른 관계를 '대변'하면서 동시에 은폐하는 관계다. 물론 그렇다고 해서 임금 관계가 상상력에 의한 허구이거나 상상적 구성물은 아니라는 사실은 분명하다. 자본에게 임금 관계는 실체적이면서도 필요한 관계이다. 임금은 존재하는 것이다. 실제로 노동력이 가정, 즉 '재생산' 영역에서 존속을 통해 재생산될 수 있도록 자본이 스스로 일부를—'가변' 자본으로—지불할 때에는 임금 형태를 취하기 때문에, 임금은 자본제 '생산관계'에도 절대적으로 필요하다. 또한 임금이라는 수단이 유인으로 작용해 임금노동자는 하나의 노동시장에서 다른 노동시장으로 옮겨가고, 이에 따라 생산의 다양한 갈래로 흩어지게 된다. 따라서 임금은 생산적 자본의 일부이자 자본이 노동력 재생산을 위해 지불하는 자본의 필수적인 일부다. 하지만 자본제적 조건하에서 임금은 오직 순환 영역에 속하는 것처럼 보이는 '형태'를 취하고 이에 따라 '공정한 노동'에 대한 '합당한 보상'으로만 비쳐지게 된다. 이 영역에서 자본이 취하게 되는 겉모습(즉 화폐)은 노동자에게 지불된 액수는 그가 이미 생산한 것의 일부에 불과하다는 사실을 노동자 자신에게 은폐하거나 왜곡한다. 그리고 이 지불액은 생산의 주기가 계속되는 데 필요한 노동력을 노동자가 재생산할 수 있게 해주기 때문에 자본가에 유리하다는 사실도 은폐된다.

> 꼭 필요한 한도 내에서 노동계급의 개인적 소비는 그러므로 자본이 노동력의 대가로 준 생존 수단을 자본이 착취에 동원할 싱싱한 노동력으로 재전환하는 것이다. 이는 자본가에게 너무나 필수불가결한 그 생산수단, 바로 노동자 자신의 생산과 재생산인 것이다 … 노동계급의 유지와 재생산은 자본의 재생산에 필수적 조건이며 언제까지나 그렇게 되어야만 한다.[주 55]

일찍이 마르크스는 "화폐 액수가 생산수단과 노동력으로 전환되는 것은 … 시장에서, 순환 영역 내부에서 발생한다"라고 지적한다. 하지만 여기에 다음과 같이 덧붙인다. "축적과정의 단순하고 근본적인 형태는 그것이 초래하는 순환이라는 사건에 의해, 그리고 잉여가치의 분할에 의해 은폐된다."[주 56] 자본의 거래는 "산물의 상품 형태와 상품의 화폐적 형태에 의해 가려진다"라고 마르크스는 주장한다. 이러한 연계관계에 대해 "부르주아 경제학자는 … 현상 형태와 외관적으로 보이는 모습을 구분하지 못하는 편협한 사고"를 갖고 있다고 마르크스는 말한다. "자본 재생산의 구체적 조건들"뿐 아니라 "순환 영역에 있는 동안 자본이 취하는 … 형태들" 역시 "이러한 형태들에 가려 드러나지 않는다."[주 57]

그러므로 자본이 자신의 순환을 완결짓고 "끝없이 재생되어 계속 흐르기" 위해서는 항상 이 순환의 그물망을 그리고 그 수준에서 자본의 변형을 초래하게 되는 형태들을 **거쳐가야 한다**. 따라서 비록 동시에 "자본의 내부적 메커니즘의 작동을 은폐"하는 것이 바로 교환 **형태들**이라 할지라도 순환 영역은 자본의 순환에 **필수적**이다. 교환 형태들은 교환에서 오직 가치 실현의 한 '계기'로만 드러나기 때문에 분명 자본가와 노동자 전체 간의 생산관계를 **제대로** 표현하거나 포착할 수가 없다. 하지만 마르크스는 바로 이 교환 영역에 관해서 다음과 같이 주목한다. "이 영역의 경계 내에서 노동력의 판매와 구매가 전개되는데, … 이 영역은 사실 인간의 천부적 권리의 에덴동산(Eden)이나 마찬가지다. 오직 여기서만 자유, 평등, 재산권과 벤담이 지배한다."[주 58] 요컨대 상부구조 영역(정치, 법, 이데올로기)을 조직하는 모든 개념과 담론은 다름 아니라 자본이 순환에서 취하는 이처럼 일방적인 외관으로부터 생겨난다.

　　우리는 마르크스가 〈자본론〉에서 임금에 관해 진술한 사물의 비유에 근거해 자본제 국가 문제를 숙고하도록 해보아야 한다. 국가는 외관상 어떤 특정 계급 이익에서도 독립해 있고 '일반의 이익', '보편적' 권리와 의무를 구현하는 정치적ー법적 기구로 구성된 것처럼 보이지만, 바로 이 국가라는 형태(그리고 자본제 생산양식에서 일정한 발전 단계에 도달한 후에는 **유일한** 형태)를 통해 특정한 계급 이익이 **'일반적 이익'인 것처럼 보장될** 수 있다.

　　〈브뤼메르 18일(The Eighteenth Brumaire)〉을 비롯한 여러 역사적 저술에서 마르크스는 정치 영역과 법적 체제가 생산양식에서 이처럼 '상대적 자율성'을 띠게 되는 양상을 구체적이고 자세하게 분석했다. 1851년 12월 프랑스에서 위기 상황이 도래하고 어떤 한 계급이나 계급동맹이 국가권력 장악에 실패하게 되어 결국 '보나파르트주의'적 난국10에 이르게 된

―――――
10 나폴레옹 보나파르트의 조카인 루이 나폴레옹은 1848년 선거를 통해 프랑스 제2공화국 대통령으로 선출되었다. 루이는 현직 대통령의 재선 출마를 금지한 헌법 조항을 개정하려고 노력하였으나, 루이와 갈등관계에 있던 의회는 이를 거부하고 루이가 도입한 투표권 확대 등의 조치도 무력화해버렸다. 루이는 1851년 12월 2일 친위쿠데타를 일으켜 의회를 해산했고, 자신의 임기 연장과 권력 강화 외에도 남성의 보편적 투표권 보장 등 개혁적 조치를 담은 새 헌법을 국민투표를 통해 통과시켰다. 그는 이듬해 그나마 유지되던 공화국을 폐지하고 제2제국의 황제 자리에 올랐다. 보나파르트주의는 처음에는 19세기 프랑스에서 보나

사태는 당시 프랑스 생산양식의 **낙후성**을 반영했다고 마르크스는 주장했다. 프랑스 생산양식의 '저발전' 상태는 '보나파르트주의'의 정치적 해결책이 효과를 발휘하는 데 한계를 설정했다는 것이다. 그러나 그 상태가 정치 위기에서 각 계기의 구체적인 계급적 내용을 결정하지는 못했다. 이 계기들은 결국 "한 개인의 전제주의"로 회기하기 전까지는 각기 다양한 계급 세력 간의 균형을 모도하려는 시도를 대변하는 다양한 체제 형태―사회적 공화국, 민주 공화국, 의회 공화국―를 차례차례 취해갔다고 마르크스는 주장했다.[주 59] 계급 세력들의 관계와 그들 간의 투쟁은 이처럼 다양한 체제 형태로 나타났는데, 이 체제 형태들은 **정치** 수준에서 생성되었고 해결책의 각 단계는 그때마다 다른 국가 형태를 낳았다. 각 형태는 자기 나름의 방식대로 "질서정연하게" 프랑스 국가를 독립된 권력으로 발전시켰다고 마르크스는 덧붙였다. 시도된 각 계급 동맹이 독자적인 지배를 유지할 능력이 떨어진다고 판명될수록, 독자적인 지배를 위해 강력한 국가가 더 필수적이었다. 하지만 결국 이 국가를 다스리고 그 토대로부터 지배할 수 있는 능력을 갖춘 계급 동맹은 없었다. 나폴레옹과 그의 '사상'의 지배를 통해 자신의 이익을 보장받는 데 최종적으로 가장 근접한 계급은 결과적으로 후진적이고 쇠퇴하는 계급 분파, 즉 보수적인 소규모 자작농 부문이었다. 이 계급은 혼자 힘으로 지배를 할 수도 없고 자신의 이름으로 국가를 장악할 수도 없었다. 그래서 나폴레옹을 '통해서 지배'를 시도했다. 사실 나폴레옹은 한동안 이 집단을 통해 지배하는 데 성공했다. 이 계급 분파는 나폴레옹 치하에서 "집중적인 번성"을 누렸다고 마르크스는 기술한다. 그러나 결국 프랑스에서 생산력과 자본제 관계의 발전을 진전시키기보다는 지체시켰음에 틀림없다. 마르크스의 성숙한 역사 저술 중에서도 정치 심급에 관해 가장 뛰어난 분석인 〈브뤼메르 18일〉은 따라서 국가 형태와 사회구성체의 다른 수준 간의 "불균등한 상응관계"의 복잡성

---

파르트 가문과 그의 통치 스타일을 복원하려는 사람들을 일컫는 용어로 사용되었다. 하지만 이후에는 권위주의적이고 카리스마적 지도자의 주도하에 대중 영합적 수사와 군부의 지원, 보수주의 이념 등을 옹호하는 정치운동을 지칭하는 일반적인 용어로 사용된다. ― 역주

에 관해 이례적일 정도로 명쾌한 통찰을 제공한다. 결국 보나파르트주의식 '해결책'을 채택하게 된 정치 위기는 프랑스 생산양식의 모순된 발전 양상에 의해 촉진되었다. 위기 상황에서 '작동하는' 계급과 계급 분파의 복합성은 그 발전이 저발전된 단계, 즉 프랑스 경제에서 산업자본이 아직 지배적 위치에 오르지 못하고 몇몇 다양한 생산양식이 아직 불균등하게 결합된 상태였다는 사실에 상응했다. 따라서 프랑스 생산양식의 발전 수준은 프랑스 역사의 그 계기에서 가능한 정치적 해결 형태에 일정한 결정적 **한계**를 설정했다. 마르크스는 '보나파르트주의'의 독특한 성격을 분명히 막다른 상황의 해결책으로 파악했지만, 이는 또한 다음과 같은 점에서 연기이기도 했다. "이에 따라 프랑스는 한 계급의 전제주의에서 벗어났으나 결과적으로 한 개인의 전제주의 밑으로 후퇴했다."[주 60] 이 '해결책'은 생산력의 발전을 진전시키는 게 아니라 더 지체시킨다. 그러므로 [마르크스의] 글은 어떻게 해서 정치 영역이 사회의 경제적 운동과 "연결되어 있으면서"도 동시에 "상대적으로 독립적"일 수 있는지를 탁월하게 설명해준다. 이 글은 사회구성체의 정치적—법적 수준의 상대적 자율성이자 최후의 심급에서의 결정 문제를 '숙고'하는 데 훌륭한 교훈을 주는 사례다.

## ▌국가의 법적, 정치적 질서

우리가 여기서 주로 관심을 두는 곳은 자본제 국가의 법적, 정치적 측면들이다. 현대의 자본제 국가가 주로 정치적 수준에서 구성되는 것은 사실이나, 여기서 다루지는 않겠지만 직접적인 경제적 기능을 포함해 다른 기능도 무수하게 수행한다. 그러므로 다음에 다룰 내용은 아주 개략적인 형태일지라도 현대 국가의 작동양식에 관한 **일반적인** 설명을 대변하는 것처럼 받아들여서는 안 된다. 여기서 우리의 초점은—정치, 법, 이데올로기 영역과 시민사회와 관련 조직 내부에서—헤게모니가 확립되는 과정에서 국가가 하는 역할에 반드시 국한되어야 할 것이다.

그람시의 저작은 우리가 국가와 그 기능에 대해 갖고 있던 개념을 상당히 확장시켰다. 그람시는 자본제 국가란 "시민사회를 경제구조에 순응시키는 도구"라고 말한다. 말하자면 국가는 자본제 사회관계의 생산과 재생산의 계속된 확장을 옹호하도록 사회적, 정치적 삶의 **형태를 형성하는** 데서 중요한 역할을 수행한다. "상대적으로 복잡한 사회구성체가 발전한 이래로 기본적인 생산관계를 조직화하고 공고히 하는 데에 어떤 발전된 영토적, 법적 권위 형태가 필요해진 것이 사실인 한, [이는] 국가의 일반적 기능"[주 61]이라고 간주할 수도 있다. 그러나 **자본주의하에서** 국가가 이 역할을 수행하는 방식과 규모는 역사적으로 구체성을 띠며 지금까지 알려진 어떤 다른 사회구성체 유형과도 구분된다. 자본주의는 역사적으로 '자유로운 노동'의 등장과 지배에 근거한 최초의 생산양식이다. 즉 [자본주의 하에서] 노동은 강제력, 의무, 신분, 관습의 전통적, 법적, 정치적 구속에 얽매이지 않고 (가내생산 체제하에서의 노동과 달리) 자신의 생산수단을 갖고 있지 않으며 '자유로운' 형태로 자본과 생산관계를 맺게 되므로 오직 계약과 노동시장, 노동력의 판매와 구매에 의해서만 조직된다. 이와 비슷하게 상품교환이 일반화한 사회에서는 마찬가지로 시장관계만이 지배하고 각 개인은 다른 사람의 이익에 '서로 무관심한' 것처럼 보이는데, 이 사회에서 화폐와 상품의 교환 역시 사회 발전에서 아주 특수한 역사적 단계를 나타낸다. 첫 번째 측면은 사적인 자본제 생산 영역의 확장에 속하고, 두 번째는 이른바 '시민사회' 지형의 확대에 해당한다. 비록 이러한 형태의 사회에서 경제적 수준은 엄청난 결정력을 발휘하지만, 사적 자본과 시장으로 이루어진 그러한 사회를 특징짓는 사회관계는 오직 생산 영역 내부에서만 유지되고 재창조되고 재생산될 수는 없다. 자본제 생산과 그 사회관계의 재생산을 위한 조건은 사회구성체의 **모든** 수준들―경제적, 정치적, 이데올로기적 수준―을 통해 구현(접합)되어야 한다. 따라서 예컨대 **경제적** 영역에서 사적 자본과 '자유노동'에 근거한 사회는 사유재산과 계약이란 **법적** 관계를 반드시 필요로 한다. 그러므로 이 사회는 이 관계를 제도화한 법전을 필요로 한다. 이 경제적 동기가 '법적 동기' 형태를 취할 수 있도록 해주는 법적 이데올로기라든지 경제 관계에 법적 표현과 재가를 부여할 수 있는 법적 장치가 그 예다. 자본제 생산에 관한 한 중요한 것은 자본과 노동력의 교환과 잉여 추출이다. 그러나 이 노동력은 물리적으로 재생산되어야 한다. 새로운 노동자 세대가 늙거나 사망한 노동자 자리를 대신해야 한다. 노동자는 매일 새롭게 생산적 노동을 할 수 있도록 충분히 휴식한 후 돌아와야 한다. 경제적 생산은 이처럼 노동력의 물리적이고 문화적인 재생산에 의존하는데, 이 측면이 이루어지는 장은 생산 내부에 있지 않고 실제로는 ('생활 임금living wage'11이란 수단을 통해) 가정의 소비 영역 내부에서, 따라서 부분적으로는 성적 분업을 통해 수행된다. 노동력은 자본제 생산에서 기술적 분업의 진전이 요구하는 지식과 숙련도 수준에서도 재생산되어야만 한다. 점차 이 '과제'는 생산 내부에서가 아니라 교육 체제라는 별도 영역을 통해서 수행되는데, 교육 체제에 대해서는 갈수록 국가가 별도 기구로서 관리를 강화해간다. 또한 노동은 "도덕성, 시민적 직업적 양심의 규칙"을 지키도록 가르쳐야 하는데, 이 규칙은 "실제로는 사회−기술적 분업의 존중에 관한 규칙이자 궁극적으로는 계급 지배가 확립한 질서의 규칙"[주 62]을 의미한다. 이러한 이데올로기적 순응성을 조성하는 '과업'은 점차 문화적 기구의 업무가 되었는데, 이에 대해서도 국가는 점차 조직적인 영향력을 더 강하게 행사하게 된다. 그러므로 심지어 자본제 생산의 운동 법칙에 의해 중층결정된 사회구성체에서도 그러한 생산 혹은 이른바 **사회적 재생산**의 조건은 흔히 외관상 '비생산적으로' 보이는 시민사회와 국가 영역에서 지탱된다. 근본적으로는 생산관계에서 구성되는 계급들 역시 이러한 '사회적 재생산' 과정을 둘러싸고 각축을 벌이게 되는 한, 계급 투쟁은 시민사회와 국가의 모든 영역에서 존재하게 된다. 바로 이러한 의미에서 마르크스는 국가를 "사회의 공식적 이력서",[주 63] 즉 "인간의 실천적 갈등의 목차"라고 불렀다. 국가는 "모든 사회적 갈등, 요구와 이해관계를 공적인 관점에서(sub specie rei

---

11  생활임금이란 노동자가 실질적으로 인간적인 삶의 수준을 누릴 수 있도록 최저임금만으로 보장하기 어려운 주거비나 교육비 등을 감안해 책정한 사회적 성격의 임금을 말한다. 19세기 말 미국에서 처음으로 등장한 개념이다. ─역주

publicae)(즉 정치적인 관점에서) 표현한다."[주 64] 그람시는 이 표현을 고쳐서
국가를 본질적으로 "조직적이고 연결적"인 존재라고 불렀다.

　　그람시가 보기에 국가가 부과하고 표현하는 '질서'의 유형은 매우 구
체적인 특정 유형, 즉 **결속의** 질서(an order of cohesion)다. 물론 결속은 한
가지 이상의 형태로 달성할 수 있다. 결속의 한 가지 측면은 분명히 무력
과 강제에 의존한다. 자본제 재생산에 근거를 둔 체제에서 노동은 필요하
다면 **규율하에** 노동하도록 해야 한다. 부르주아 사회에서 무산자는 사유
재산을 존중하도록 훈육되어야 한다. '자유로운 개인'으로 구성된 사회에
서 인간은 국민국가라는 포괄적인 틀 자체를 존중하고 거기에 복종하도
록 훈육되어야 한다. 강제는 "국가의 질서"에 필요한 한 가지 외관이나
측면일 뿐이다. 법과 법적 제도는 이처럼 강제된 사회적 규율의 '예비군'
이 가장 뚜렷하게 제도적으로 표현된 것이다. 그러나 사람들이 스스로 규
율을 지키도록 학습할 때 사회가 더 매끄럽게 작동한다는 사실은 분명하
다. 아니면 모든 사람이 공통으로 필요한 사회적, 정치적 질서에 자발적
으로 동의한 결과로 규율이 확립된 것처럼 보이거나 적어도 모든 사람의
동의를 얻은 상태에서 강제의 예비적 행사가 이루어질 때에도 그렇다.

　　이러한 측면에서 국가는 법적 혹은 강제적 측면이나 역할 외에도 다
른 중요한 측면이나 역할도 갖고 있다고 그람시는 주장했다. 바로 리더
십, 지도, 교육과 훈육의 역할로서 무력에 의한 '지배'가 아니라 '동의 생
산'(production of consent)의 영역이다. "현실에서 국가는 바로 문명의 새로
운 유형이나 수준을 조성하는 경향이 있는 한 '교육자'로 파악되어야 한
다 … 국가는 계획에 따라 작동하고 설득하고 자극하고 권유하며 '처벌'
한다"라고 그람시는 주장했다. 외관상 강제의 장으로 보이는 법적 체제
역시 이 점에서는 적극적이고 교육적인 역할을 수행한다.

　　　일단 어떤 삶의 방식이 '가능'해지는 조건이 조성되고 나면 '범죄적 행위나
　　　비행위'는 도덕적 함의를 갖는 징벌적 제재를 받아야 한다 … 법 일반은 국가
　　　가 수행하는 모든 긍정적이고 문명적인 행위의 억압적이고 부정적인 측면이

다. … 범죄 행동이 처벌받는 (그리고 일종의 제재 형태로서 '여론'을 끌어들이는 것 같은 독창적인 방식으로 처벌받는) 것과 마찬가지로 칭송할 만하고 공적이 있는 행동은 보상을 받는다.[주 65]

그람시는 이러한 동의의 관리를 단지 속임수나 간계로 간주하지 않았다. 자본제 생산이 확장하려면, 가능하다면 사회적, 도덕적, 문화적 활동의 전 지형을 그 영향력하에 끌어들이고 그 요구에 맞게 개발하고 재구성할 필요가 있었다. 국가는 "새로운 문명의 유형이나 수준을 창조"한다고 그람시가 말했을 때 의미한 바는 바로 이 역할이다. 법은 "이러한 목적의 수단이 될 것"[주 66]이라고 그람시는 덧붙였다.

자본제 국가는 강제(지배)와 동의(지도)라는 두 가지 권력 유형의 행사를 **모두** 포함한다고 그람시는 분명하게 인식했다. 심지어 국가의 강제적 측면도 정당성 있게, 즉 다수의 동의를 얻어서 강제한다고 인식될 때 가장 잘 작동했다. 국가는 두 가지 유형의 지배를 통해 자신의 권위를 강제한다. 실로 두 유형은 국가의 각 기구 내부에 내재해 있다.[주 67] 그럼에도 불구하고 강제는 말하자면 "동의의 갑옷"으로 놔둔 채 리더십과 동의를 통해 '정상적으로' 작동할 때 자본제 국가가 가장 잘 기능했다고 그람시는 주장했다. 왜냐하면 그렇게 되면 국가는 더 교육적이고 '윤리적이며' 문화적인 역할을 자유롭게 수행하여 사회적 삶의 전체 구조를 점진적으로 생산 영역과 조화를 이루도록 유도할 수 있었기 때문이다. 자유민주주의 국가는 정교한 대의구조를 갖추었고, 의회와 정당 결성을 통해 사회적 이해관계를 조직화하고, 노동조합과 사용자 연맹으로 경제적 이해관계를 대변하고 여론 표현의 공간을 갖추었으며, 시민 생활에서 수많은 사적 조직에 대해서도 조직적인 영향을 미칠 수 있다. 이러한 국가는 대중의 동의에 근거를 둘 때 가장 이상적인 **국가** 형태, 가장 완벽한 [국가 기능의] 결정체를 달성할 수 있다. 이 장치들은 그람시가 이름 붙인 대로 '헤게모니'를 행사하는 데 필수적인 전제조건이었다. 헤게모니는 그 어떤 자동적으로 달성되는 조건도 아니었다. 이탈리아의 정치 풍토에서 이 헤게모니가 **존재하지 않았다**는 바로 그 사실 때문에 그람시는 거기에 집중적으로 주목하게 되었던 것이다. 그러나 헤게모니는 자유주의적 부르주아 사회가 '선망'하는 조건이었다. 그리고 헤게모니 달성, 즉 계급 이익의 보편화는 **점차적으로 국가의 매개를 거쳐가야 했다**. 그람시는 "구조에서 복합적인 상부구조 영역으로의 결정적인 이행"을 언급했다. 지배적인 계급 분파가 생산에서 자신의 권위를 시민사회와 국가 영역으로까지 **확장**할 수 있을 때에야 비로소 헤게모니를 행사한다고 말할 수 있을 것이다. 국가를 통해 특정한 계급 분파 간의 결합—'역사적 블록'(historic bloc)—은 "사회 전반으로 증식되어 경제적, 정치적 목표의 조화뿐 아니라 지적, 도덕적 통일을 초래하고 이익 기반적 지평이 아니라 '보편적' 지평 위에서 투쟁의 대상이 될 질문들을 제기하고, 이에 따라 근본적인 사회 집단이 일련의 피예속 집단들에 대한 헤게모니를 구축할 수 있게 된다."[주 68]

　　그람시는 사회구성체에 대한 근본적인 결정 수준이 "최후의 심급에서는" 생산관계 수준에서 구성된다고 파악했다. 따라서 자본제 생산의 기본 계급은 "기본적 사회 집단"이라고 언급한다. 그러나 그람시는 **어떤 하나의**(a) 혹은 **유일한**(the) 지배계급이라는 단순하고 동질적인 구성체란 존재하지 않는다고 인식했다. 그리고 다양한 역사적 조건하에서는 생산에서 그러한 '기본 계급'의 객관적 이익이 그 계급의 **특정한 분파**나 계급 분파 간 동맹의 정치적, 이데올로기적 리더십을 통해서만 실현될 수 있을 것이라고 파악했다. 따라서 그람시가 보기에 국가는 그러한 지배적 동맹의 바로 그 **결성**에서 핵심적인 중요성을 지녔다. 여러 **종속** 집단들의 이익을 특정한 동맹의 권위하에 결집하고 이에 따라 그 동맹이 모든 **집단 총체**(ensemble)에 대해 행사하는 사회적 권위를 확대하고 확장할 수 있게 해주는 '블록'의 토대를 형성하는 데서도 국가는 마찬가지로 중요성을 띤다. **종속된** 사회계급들을 '회유'하여 지배적 동맹의 권위를 지지하도록 하는 일도 국가라는 지형 속에서 가능하다. 만일 사회구성체의 결속을 해치지 않고 계속 무력을 적나라하게 행사하지 않고도 헤게모니를 확보할 수 있다면, 사회적, 정치적 토대에 대한 동의를 확보해주는 데 대한 일정한

'비용'을 지배계급에게 부담시켜야 할 수도 있을 것이다. 필요하다면 오로지 국가만이 더 편협한 지배계급 이익집단에게 이러한 정치적 비용을 부과할 수 있을 것이다. 자본제 국가의 자유주의 형태는 이처럼 복잡한 헤게모니 행사에 맞게 변형되었다고 그람시는 믿었을 것임은 틀림없다. 정치적 대의, 정당, 여론의 작동에서, 그리고 그러한 것들을 통해 국가 복합체 내부에 종속된 사회 집단들의 욕구와 이익을 공식적으로 대변할 여지가 존재했다. 이 수단들을 통해 이 사회 집단들의 충성과 동의를 헤게모니적 분파에 '붙들어 매어 둘' 수도 있었다. 이와 비슷하게 '법치주의'는 모든 시민의 평등을 확립하고 법에게 자율적 지위를 부여하며, 헤게모니를 장악한 계급 권력의 법적으로 확립된 틀 안에서는 법이 어떤 중요한 업무도 수행할 수 있게 해준다. 경제적 수준에서도 다음과 같이 비슷한 일이 일어났다.

> 헤게모니라는 현실은 의심할 여지 없이 다음과 같은 전제를 갖고 있다. 헤게모니 행사 대상인 집단들의 이익과 경향을 고려해야 하고 어느 정도 타협된 균형점을 모색해야 한다는 것이다. … 주도적 집단들은 조합적-경제적 부류의 희생을 감수해야 한다. 그러나 또한 그러한 희생과 타협이 본질을 건드릴 수 없다는 점에는 의심의 여지가 없다. 왜냐하면 헤게모니가 윤리적-도덕적 성격을 띠긴 하지만 경제적이기도 하며 경제 활동의 결정적인 핵심부의 주도적 집단이 행사하는 결정적 기능에 반드시 근거해야 하기 때문이다.[주 69]

점점 더 그러한 '불균등한 균형점'의 형성은 국가 고유의 '임무'가 되었다.

그러므로 국가는 특정한 계급의 협소한 **지배**를 전체 사회구성체에 대한 '보편적인' 계급 리더십과 권위로 확장시키는 데 핵심적인 도구다. 국가의 '임무'는 또한 사회적 집단 총체의 안정성과 결속을 확보하면서도 계급 권력을 이처럼 확대하고 일반화할 수 있게 하는 것이다. 자본주의 사회에서 국가의 **상대적 독립성**(경제로부터 정치의 '상대적 자율성')은 이러한 결속과 통일의 '임무'에 **필요조건**이다. 이러한 이유로 자본제 국가를 "지배

계급의 집행 위원회"로 보는 견해는 그다지 도움이 되지 못한다. 이 견해
는 국가의 본질적으로 계급적인 속성을 정확히 지적하지만 자본주의 하
에서 국가에 특유한 특징, 즉 독립성의 토대를 보지 못한다. 이렇게 되면
국가의 정치적 수준이 생산력의 '요구'나 어떤 지배계급 분파의 협소한
계급적 이익을 항상 그리고 **직접 표현한다**고 '해독'하려는 유혹에 빠지기
쉽다. 이러한 해독은 기본 계급이 정치 수준에서 자신과 다른 지배적, 혹
은 '통치' 계급 분파의 매개를 거쳐 권력을 행사할 수 있다는 사실을 망
각하게 한다. 영국의 산업 부르주아가 19세기의 상당 부분 동안 토지 귀
족이 지배하는 의회를 **통해서** '지배'했다는 사실 또는 영국 노동계급이 오
랜 기간 동안 자유당(the Liberal Party) 급진파를 통해서 정치적으로 대표되
었다는 사실도 이해하기 어렵게 된다.

　　페리 앤더슨은 영국의 산업 자본가 계급이 결코 '통치' 계급이 될 수
없다고 말했고,[주 70] 마르크스와 엥겔스는 19세기 영국이 지구상에서 가
장 부르주아적인 국가였다고 주장했는데,[주 71] 자본주의하에서 국가가 취
하는 '독립' 형태의 토대를 제대로 파악해야만 비로소 이 두 주장을 조화
시킬 수 있게 된다. 그렇지 않다면 이처럼 당혹스러운 사실은 부르주아는
혼자 힘으로 지배할 수 없는 유일한 '지배계급'이었다는 마르크스의 주
장과 관련이 있었다, 이 주장은 영국과 프랑스에 관한 마르크스와 엥겔스
의 저술에 종종 명확하게 표현되어 있다.[주 72] "마치 중세 시기 동안 봉건
귀족이 정치 권력을 장악했던 것처럼 … 부르주아가 정치 권력을 독점적
으로 장악할 수 있는 나라가 유럽에 전혀 없다는 것은 [거의] 역사적 발
전의 법칙"[주 73]이라고 엥겔스는 생각했다. 그 이유는 다양한 자본이 점차
서로 경쟁을 벌이게 되고 이 내부 갈등은 이질적인 부르주아 분파 간의
내부 투쟁을 통해 나타나는 경향이 있다는 데에 있다. 따라서 **자본 자체**,
즉 사회적 자본은 강력하고 개입주의적인 국가를 반드시 필요로 하게 된
다. 그러한 국가는 '이상적인 총 자본가'로 기능할 수 있고 "'수많은 개별
자본' 간의 … 상충하는 이해관계에 관해, 그러한 이해관계와 맞서 자본
제 생산양식 전체의 보호, 공고화, 확장이라는 이익에 봉사"할 수 있어야

한다.[주 74] 국가는 "자본주의의 기계이자 … 국가 자본 전체가 이상적으로 의인화된 존재"[주 75]라고 엥겔스는 말했다.

그렇다면 그람시의 관점에서 보면 국가는 실체이거나 심지어 특정한 제도들의 복합체라기보다는 사회구성체의 특정한 장이나 수준이다. 즉 최종적 분석에서 상부구조적인 것이라 하더라도 어떤 다른 구조도 대체할 수 없는 구체적인 형태와 '임무'를 갖춘 존재다. 국가는 **조직하는 존재**(organizer)다. 경제적 기능 측면에서 국가는 자본을 위해 조직화하는 데 기여하며, 자본주의가 자유방임에서 국가 독점 형태로 옮아감에 따라 이러한 경향은 더욱 강화된다. 국가는 자본의 재생산이 이루어질 수 있는 조건을 확보하고 사회를 수익성 있는 투자가 가능한 장소로 유지한다. 그러나 국가는 또한 사법적 기능을 통해 "자본제적 교환을 조직화하고 상업적 만남이 이루어질 수 있도록 실질적인 결속의 틀을 제공하는 일련의 규칙들"[주 76]을 마련한다. 국가는 문화 영역과 교육 체제를 통해 이데올로기적으로도 조직화하는데, 이 체제는 봉사하고자 하는 대상인 생산의 수요가 발전해감에 따라 또다시 점진적으로 확장되고 복잡해진다. 이러한 이데올로기적 조직화는 커뮤니케이션 수단과 미디어, 여론의 조율을 통해서도 이루어진다. 국가는 복지국가의 '매개된' 구조를 통해 점차 사회의, 특히 가정과 빈민층의 시민적, 사회적 삶도 조직화해 나간다. 무엇보다도 국가는 **정치를 통해**, 즉 "정치적 계급 갈등에서 질서 유지"를 통해서 정당과 정치적 대의 체제를 조직화한다.[주 77] 이처럼 정치와 법의 수준에서 이루어지는 헤게모니적 지배의 조직화는 실로 무엇보다 자본제 국가의 기능에 고유한 것이다. 국가 활동의 정치적, 법적 측면을 통해서 국가는 특정한 부류의 정치 질서를 보장하고 특정한 부류의 법적 질서를 강제하며 특정한 부류의 사회 질서를 유지해 자본에 봉사한다.

국가장치의 복합체를 이러한 방식으로 구축하는 데서 발생하는 한 가지 효과는 계급관계의 경제적 측면이 드러나지 않게 한다는 것이다. 계급들은 마치 "개별 시민"으로만 구성된 것처럼 정치적으로 대변된다. 시민과 국가의 관계는 법에서 (법적 주체로) 그리고 정치 제도를 통해 (정치적 주체로) 규정된다. 국가는 특정한 이익 간의 추악한 투쟁에서 거리를 둔 초월적 존재로서 이 모든 개인적 의지—이것은 '일반적 의지'(general will)다—의 저장소인 것처럼 행세한다. 국가는 계급적 주체를 **국가 자신의** 주체로, 자신은 '[국민]국가'(nation)로 재구성한다. 정치적-법적 영역은 다른 공적 이데올로기의 중심적인 준거점을 설정한다. 이 영역의 다음과 같은 이데올로기적 개념들은 다른 것보다 우월한 지위를 차지한다. 즉 자유의 언어, "평등, 권리, 의무, 법치주의, 법치국가, 국민국가, 개인, 일반의지 등 요컨대 역사적으로 부르주아 착취가 채택해서 지배에 활용한 모든 구호가" 대단한 중요성을 띠게 된다.[주 78] 자본주의하에서는 심지어 철학, 종교, 도덕 담론 등 다른 이데올로기 영역까지도 핵심 개념을 정치적-법적 영역에서 빌어다 쓴다고 풀란차스는 주장한다.

　　따라서 자유주의적인 자본제 국가의 '자율성'은 지배계급 동맹 간의 계승에 의한 지배에 **보편적** 형태를 부여한다. 이처럼 국가를 '일반 이익'으로 '보편화'하는 것은 대중적 대의와 대중적 동의에 근거를 둔다는 점에 의해 보강된다. 역사적으로 자본제 국가는 보편적 참정권에 기반한 최초의 국가다. 부상하던 노동계급은 계속된 정치 투쟁을 통해 차츰 '정치사회'에 자리를 잡았고 20세기 초반에 이르러 공식적으로 그 속에 편입되었다. 때로는 격렬한 저항에 부딪히면서도 이처럼 점진적이고 불균등하게 모든 정치 계급을 국가의 공식적 틀 안에 끌어들인 결과, 국가의 대의적 토대는 (그리고 이에 따라 국가의 정당성까지도) 단번에 확대되어 국가가 어떤 특정한 계급적 이익으로부터도 점차 '자율적인' 것처럼 보이게 됐다. 그러자 자본제 국가 형태의 근본적인 재편이 뒤따라 일어났다. 그 후부터 국가는 **동의를 통한** 작업에 의해 헤게모니를 조직화할 수 있는 '무대'를 제공하는 일만 할 수 있게 되었다. 따라서 국가가 '동의의 조직자'로서 수행하는 작업은 더 까다롭고 논란의 여지가 커질 뿐 아니라 더 중요해지게 된다. 동의를 얻을 때에만 국가는 의무와 복종을 같이 이끌어낼 수 있다.

　　법은 또한 이러한 일반적 재편의 일부로서 점진적으로 '자율화'하지만 동의와 순응의 등식에서 핵심적인 일부로 계속 남아 있게 된다. 법은 자본제 국가의 더 강제적인 측면이 작동하는 장소다. 그러나 법 역시 궁극적으로는 대중적 대의에 근거하고 입법부인 "의회를 통해 인민의 의지"에 기반을 두기에, 이러한 강제 행사가 계속 정당성을 지니게 된다. '법치주의'의 엄격하고 공정한 준수 그리고 (오래전 몽테스키외Montesquieu가 선언한) '권력 분립'의 고전적 교의는 국가에 대한 시민 관여라는 계약을 공식적으로 표현한 것이자 이에 따라 법의 불편부당성이 뿌리내린 토양이기도 하다. '권력 분립'은 법적 기구의 계급적 성격을 은폐하는 경향이 있기 때문에, 이 기구를 비판하는 사람들은 국가, 자본의 요구, 지배계급과 법 사이에 항상 존재하는 **우연의 일치**를 과장하려는 잘못된 유혹에 빠지곤 했다고 앨런 헌트(Alan Hunt)는 언급했다. 우리는 이처럼 단순한 뒤집기가 왜 용납할 수 없는 일인지 그 이유를 밝혔는데, 바로 충분한 혹은 적절한 설명을 제공하지 못한다는 것이다. 예를 들면 이 시각은 법이 때로는 어떻게, 왜 특정한 지배계급 분파의 명백한 이익을 거슬러가며 개입하게 될 수도 있는지 설명해줄 수 없다. 이러한 문제점에 직면해 표현주의적 견해는 음모 이론으로 되돌아가게 된다. 노동계급은 종종 법이 **자신들에게도** 어느 정도 생명, 신체, 재산의 보호를 제공해준다고 믿는데(그리고 이 믿음을 단지 '허위의식'으로 치부해버릴 수는 없는데), 앞서 언급한 견해는 이 믿음의 물질적 토대도 설명할 수 없다. 앞서 언급했듯이 18세기의 국가는 당시 부상하던 농업 자본제 국가의 동맹체, 즉 "낡은 부패세력"(Old Corruption)을 근간으로 했는데, 이 무렵 법의 자의적이고 노골적으로 계급적인 성격은 이 세력을 지탱하던 **제한된** 동의와 참여의 토대를 반영했고 그 국가의 불완전하게 발전된 '부르주아적' 특징도 보여주었다. 국가의 정치적 토대가 광범위할수록 그 속의 거대한 '무투표권' 계급의 존재는 더 강력해지며, 법은 분명히 느리고 불균등하기는 하겠지만 일상적 작용을 통해 점점 더 지배계급 중 통치 분파의 계급적 이익의 직접적인 영향으로부터 공식적으로 분리되는 방향으로 옮아갔다. 자본제 국가에서 법적 심급의 이러한 '재구성'은 매우 복잡한 변증법을 통해 일어난다. 정치적 계급 투쟁이 전개되면서 법은 더 독립적인 모습을 띠게 될 수밖에 없다. 이러한 양상 덕분에 노동계급이 때때로 자신의 방어와 보호를 위해 전유할 수 있는 법적 '공간'이 어느 정도 마련된다. 말하자면 법에게 자본 자체를 감찰하고 이에 따라 규제할 수 있는 자유도 어느 정도 부여된다. 이처럼 '위로부터의' 감독과 재구성이라는 임무는 어떤 계기에서는 지배계급 분파들이 꼭 필요로 하지만 자신의 이름으로 수행할 수 없고 항상 내키지도 않는 기능이다. 그러므로 법의 '자율화'는 법이 자본제 생산양식 발전을 위해 핵심적인 어떤 법적 임무를 수행하는 일을 중단한다는 의미는 아니다. 어떤 면에서 법은 이제 그러한 일을 할 수 있는 더 많은 자유와 정당성을 갖게 된다. 그렇지만 엄청나게 변형된 법적 구조와 법 이데올로기를 통해 다른 방식으로 이 임무를 수행해야만 한다는 뜻이다. 요컨대 자유주의적 자본제 국가에서 법 기구가 이렇게 '완결성'을 갖추게 된 것은 좀 더 고도의 수준에서 보면 달리 극복할 방안이 없던 모순의 해결책 모색에 의해 진전된 과정이었음을 의미한다. 그래서 '법치주의' 자체와 마찬가지로 이 해결책은 계속 모순된 존재일 수밖에 없다.

     다음 논의에서는 이러한 변증법적 움직임이 국가 내 법 기구의 위상에 미치는 영향을 줄곧 염두에 두고 있어야 하는데, 무엇보다도 그 움직임이 초래하는 모순된 결과를 들 수 있다. 정당과 계급을 '초월해 있는' '법 일반'은 때때로 자본 자체의 분파들에게도 법적 권위를 강제할 수 있고 또 그렇게 해야 한다. 법은 자본가의 '불법적'인 거래에 대해 보편적인 법적 규범과 제재를 가해야 한다. 따라서 "법원 판결이 국가 권력 보유자의 마음에 항상 들지는 않는다."[주 79] 법은 모든 '법적 주체'에게까지 영향력을 확대해야 하므로 모든 사람이 법 질서 유지에 실체적 이해관계를 갖게 한다. '법치주의' 외에도 법적으로 인정된 다른 권리의 집행에서 노동계급이 상당한 이득을 얻었음을 간과한 채 그러한 이득을 성급하게 일방적으로 매도만 해서는 안 된다(예컨대 톰슨의 주장은 유려하지만 그 자체로는 다소 편파적이다).[주 80] 다른 한편으로는 꼭 은밀하게만은 아니고 종종 완벽하게 공개적이며 '정당한' 방식으로도 법이 자본에게 장기적으로 기여하는 측면을 간과해서는 안 된다. 법적 형식에는 자본의 핵심적 관계인 사유재산, 계약 등이 아로새겨져 있음은 그다지 은밀한 비밀도 아니다. 법이 불법적인 전유 형태를 판별하는 경계를 정해준다면 곧 법적 형식을 공개적이고 가시적으로 만들어 규범화하고 적극적으로 인증하게 되는 셈이다. 법은 생명과 신체를 보호한다. 그러나 동시에 공적 질서도 보호한다. 그 조항에 따라 법은 종종 노골적인 계급 대결의 계기에서는 바로 그러한 안정과 결속을 굳건히 한다. 만일 그러한 안정과 결속이 확보되지 않는다면, 자본의 꾸준한 재생산과 자본제 관계의 전개는 훨씬 더 위태롭고 예측불가능하게 될 것이다. 법은 내부에 있든 외부에 있든 그 적에 대항해 사회를 보호한다. 법은 기존의 사회관계, 예를 들면 사회적, 성적 분업에서 유래하는 관계를 보편적 규범 수준에까지 고양시킨다. 엄격한 법적 논리, 즉 증거와 입증 자료라는 법적 규범 안에서 작동함으로써 법은 법의 **실행에서** 균형과 불편부당성을 훼손하는 계급관계의 측면을 끊임없이 배제한다. 법은 자신의 형식적 시각으로 보아 평등할 수 없는 것도 평등화한다. 아나톨 프랑스(Anatole France)의 유명한 표현을 빌리자면 "거룩한 불편부당성에 의해 [법은] 부자든 가난뱅이든 똑같이 파리의 다리 밑에서 노숙하지 못하게 막는다." 법은 '계급 주체'를 개별적 인간이라는 이름으로 부른다. 알튀세르의 구절로는 끊임없이 "주체를 호명"(interpellates the subject)해 법적 주체로 만든다.[주 81] 법은 심지어 기업 구조도 '사람'으로 취급한다. "법적 규정이 자본제 사회를 구성하는 사회관계를 창조하지는 않는다. 그러나 법은 이 사회관계를 원칙으로 천명하고 강제하여 이 관계를 보강할 뿐 아니라 기존의 형태로 [존재하는 것을] 정당화하게 된다는 사실은 강조할 필요가 있다"[주 82]라고 헌트는 우리에게 환기해준다. 따라서 법은 국가 내에서 가장 불편부당하고 독립적이며 특정 이익의 작동을 초월한 그 모든 것을 대표하게 된다. 법은 보편적 동의를 가장 공식적으로 재현한 것이다. 법의 '지배'는 사회 질서, 즉 '사회' 그 자체를 나타내게 된다. 그러므로 법에 대한 도전은 사회 해체의 징후나 마찬가지다. 그러한 국면에서 '법'과 '질서'는 동일하면서 서로 떼놓을 수 없는 존재가 된다.

## ▎ 헤게모니 양식, 헤게모니의 위기

지금까지는 자본제 국가의 어떤 일반적인 특징을 다루었다. 자본주의 발전의 초기 단계에서 국가는 자본주의 체제를 위해 작업을 수행하는데, 이 작업은 신흥 부르주아의 자제에게 관료제나 정치 기구 내에 일자리를 주선해주는 식이 아니라 다음과 같은 다른 수단을 통해 이루어진다. 첫째, 과거나 지나간 삶의 양식에서 유래해 자본의 '자유로운 발전'에 방해가 되고 속박과 제약이 되는 구조, 관계, 관습, 전통의 파괴를 통해서다. 둘째, 국가는 부상하는 계급들을 새로운 사회관계에 맞게 적극적으로 훈육하고 조성하고 형성하고 계발하고 권유하고 교육하는 작업을 시행하여 자본제 축적과 생산이 '자유롭게' 전개되기 시작할 수 있도록 한다. 이 작업은 다음과 같이 좀 더 어려운 이슈들을 접근하는 데 필요하며 거칠긴 하지만 **필수적인** 출발점이다. 이러한 이슈로는 우선 자본주의의 역사적 전개 전 기간 동안 이 '작업'을 실행하는 다양한 국가 **유형** 문제가 있고, 자본의 발전과정에서 다양한 계기에 발생하는 온갖 **임무** 문제가 있으며, 이에 따라 지배계급 동맹이 국가의 매개를 통해 확립하고 구축할 수 있게 되는 다양한 **헤게모니 양식** 문제가 있다.

역사적으로 볼 때 자본주의 생산양식과 양립 가능한 정치 체제는 엄청나게 다양했다. 그렇다고 해서 이 점이 **그 어떤** '정상적인' 형태이든 자본제 국가에는 일정한 메커니즘이 필수적이라는 그람시의 주장을 훼손하지는 않는다. 여기서는 '정상적'이라는 단서조항이 중요하다. 비록 파시즘과 퇴행적 단계의 자본주의 관계가 정확히 어떤 성격을 띠는지는 여전히 상당한 논란거리이긴 하지만, 자본주의는 정상적 양식 중 상당 부분이 중단되는 상태인 어떤 아주 **예외적인** 국가 형태(가령 파시스트 국가)와도 양립 가능할 뿐 아니라 그러한 국가 형태에 의해 반드시 '구출'되어야 할 때도 있다는 점은 인정해야 할 것 같다. 그람시에게는 이러한 '예외적' 계기들의 중요성을 이해할 만한 사유가 있었는데, 바로 그러한 국가 중 하나, 즉 무솔리니의 파시스트 이탈리아 국가가 자신을 투옥시켰기 때문이다.

그렇지만 이처럼 '예외적인' 가능성을 염두에 두면서도 자유주의와 포스트 자유주의라는 '정상적' 국가 양식 개념은 유지할 필요가 있다. 그리고 이 필요성은 핵심적으로는 실제로 어떤 방식으로 조직화되든 자본제 국가가 동의 양식과 강제 양식의 **결합**을 통해, 그러나 **동의**를 핵심적인 정당화의 지지대로 삼은 상태에서 시민적 삶과 시민사회에 대한 지배를 도입하고 정착시키려는 방향을 지향한다는 점과 관련이 있다. 이처럼 '동의를 통한 지배'가 어떻게 실제로 여러 아주 이질적인 국가 유형의 토대가 될 수 있는지 혹은 어떤 특정한 국가 형태가 위기의 계기에 처했을 때 어떻게 하나의 주된 존재양식(modality)에서 다른 형태로 옮아갈 수 있는지는 영국의 역사적 전개에서 세 가지 핵심적 계기의 예를 대략 살펴보면 설명할 수 있을 것이다.

　19세기 중반 영국에서 '순수하게' 비개입주의적 자유방임식 국가 개념은 허구에 불과했다는 사실이 점차 분명해졌다. '자유주의' 국가의 전성기, 즉 대략 1840년대 말 차티즘이 패배한 시점에서 대공황(the Great Depression)이 시작하는 시점까지의 국가는 경제 문제와 시장에서는 '비개입'의 입장을 지향했으면서도 그 기간 내내 상당한 교육적, 규제적 세력의 기능을 수행했다. 칼 폴라니(Karl Polanyi)가 주장하듯이 19세기 중반의 경제적 자유주의자에게 자유방임이란 필요하다면 국가 개입을 통해서 실현할 목적이지 현존하는 사물의 상태를 기술한 개념이 아니었다.[주 83] 급진적 공리주의자들은 벤담의 주장을 따라서 바로 자유로운 개인주의가 번성할 수 있는 조건을 확보하기 위해 국가 개입이 필요하다고 믿었던 게 분명하다. 이 시기는 물론 산업 자본이 점차 토지 자본을 포함해 다른 모든 자본 양식을 누르고 국내에서는 지배적인 생산양식으로 정착되던 무렵이다. 그리고 자본이 지구 표면 전체를 향해 엄청나게 생산력의 확장을 보여, 마르크스가 예측했고 홉스봄이 최근 〈자본의 시대(The Age of Capital)〉에서 아주 생생하게 묘사한 저 '전지구적 그물망'(global net)이 처음으로 조성된 시기이기도 하다.[주 84] 마르크스가 대규모의 '기계적 생산'(machino-facture)이라 부른 혁신의 도입은 기존 생산의 토대를 변화시키는 동시에 기존의 노동양식도 바꿔놓고 노동력 내부도 재구성한다. 이 시기에 국가의 역할은 '최소한'이기도 했고 결정적이기도 했다. 여전히 산업 자본의 성장을 구속하던 전통적인 경제 제도의 상당 부분이 바로 국가와 의회를 통해서 해체된다. 곡물법(the Corn Law)12 폐지안 통과라는 중요한 사건은 여기서 무수한 핵심적인 사례 중 하나다. 법은 새로운 노동계급을 꾸준하고 정기적이고 관리되고 끊김 없는 임금노동 체제에 익숙해지도록 적극적으로 '훈육'하는데, 가장 공세적 단계에 이른 경제적 자유주의가 구 빈민법(old Poor Laws)13의 '온정주의'를 비난한 것이나 심지어 빈민과 극빈층까지 직접 '생산적 노동'의 그물망으로 끌어들인 것은 또 다른 핵심적 예다. 잠재적 노동력 중 임금 노동의 습관에 가장 거부감이 큰 부문까지도 이렇게 길들이는 데 형법과 처벌 체제가 어떻게 관련되는지 마르크스는 주목한다.[주 85] 동시에 국가는 처음에는 사실 조사를 통해, 그다음엔 행정적 개입, 규제, 점검을 통해 노동 **여건**(당시의 공장 입법) 그리고 산업적 대격변의 **결과**(도시의 건강, 위생, 도시 개혁)에도 관여하기 시작한다. 이 임무의 상당 부분은 '회복' 지향적이었는데, 만일 그러한 조치가 없었다면 자본주의는 그렇게 자율 규제적이지도 '자동'이지도 못했을 것이다. 이 중 몇몇 —

---

12  '곡물법'은 1815년 영국에서 국내 농업 보호를 명분으로 곡물 수입 제한과 더불어 관세 부과를 위해 도입된 법이다. 당시 영국에서 'corn'이란 옥수수뿐 아니라 모든 곡물을 지칭하는 용어였다. 이 법은 대지주의 영향력이 크던 중상주의 시절 영국의 정치 지형을 반영하는 제도인데, 반면에 노동자들의 생활비를 상승시키는 효과로 다른 경제 부분, 특히 산업에는 큰 부담으로 작용했다. 그러다가 1845년 시작된 아일랜드 대기근을 계기로 도시민들의 강한 저항에 부딪혀 이 법은 1946년 폐지되었다. 이 조치는 영국 자본주의에서 자유무역으로의 전환점을 상징하는 사건으로 통한다. ─ 역주

13  영국의 빈민법은 중세 후기의 종교적 구호 전통에서 시작되어 16세기 튜더 왕조 시기에 빈민구호 체제로 정립되었으며, 제2차 세계대전 후 체계적인 복지국가 제도가 등장할 때까지 존속했다. 빈민법은 크게 구 빈민법(Old Poor Law) 시기와 신빈민법(New Poor Law) 시기로 양분할 수 있다. 구 빈민법은 엘리자베스 1세 재위기인 1601년 통과된 엘리자베스 빈민법(Elizabeth Poor Law)에 근거하는데 전국을 1만5천여 군데의 교회 교구로 나누어 빈민 감독의 재량하에 해당 구역의 빈민을 관리하는 산발적이고 느슨한 제도였다. 하지만 1834년의 신빈민법 통과 이후에는 여러 교구를 묶어 빈민 관리 구역(poor law union) 단위로 정비하고, 빈민구호소(workhouse)를 대거 지어 부랑자와 거지를 수용하는 등 중앙집권적이고 상대적으로 체계적인 관리 체계로 바뀌었다. ─ 역주

예를 들면 아동과 여성 노동에 관한 공장 법제, 그다음엔 노동시간의 결정적인 제한—은 국가가 산업 자본의 즉각적인 단기적 이익을 **거슬러 가며** 성취한 것이다. 여기서 국가는 점점 커져가는 노동계급의 힘, 권력, 조직화된 존재를 수용할 수밖에 없게 되고 노동계급의 대대적인 봉기 없이 자본의 지배가 지속되도록 안정화하는 '균형점'을 제공하는 입법 조치를 **외관상** 자본의 희생을 감수한 채 시작한다. 우리는 이 사례에서 국가가 자본을 **위해**, 또 자본에 **대항해서** 하는 '작업'과 그 모순된 결과를 볼 수 있다. 왜냐하면 노동일 수의 통제는 자본이 잉여 확대를 위해 사용하는 핵심적 수단, 즉 노동일 연장이라는 수단을 거부하기 때문이다. 일단 이 방법에 대한 차단장치가 설치되고 나면 자본은 '산' 노동과의 관계에서 '죽은' 노동(기계)의 확장을 통해 노동 생산성을 증가시키는 식의 또 다른 '자기 확장' 양식으로 옮아간다. 이 변화는 '절대적' 잉여가치 추출에서 '상대적' 잉여가치 추출로의 전이로서 자본주의 발전에서 완전히 새로운 주기의 시작을 촉진한다. 그러니까 국가의 '상대적 자율성'은 자신이 감독하는 바로 그 생산양식에 일부 모순된 결과를 초래한다.

이 시기에 **동의**의 핵심 메커니즘을 제공하는 것은 바로 **정치**다. 지배적인 경제 계급은 정치 체제를 통해서 헤게모니를 행사한다. 토지 자본 분파가 이 과업을 자신의 이름으로나 몸소 하는 게 아니라 정부나 정치의 장악을 통해 수행하는 것이 얼마나 중요한지는 이미 살펴보았다. 마르크스의 표현을 빌리자면 '경제적으로 지배적인 계급'에서 '정치적으로 통치하는 카스트'로의 이동으로 이루어진 이러한 권력 대체는 19세기 중반의 정치에서 일어난 동맹관계의 변화를 이해하는 데 매우 중요하다. 또한 이 시기 내내 노동계급이 어떻게 해서 정치적으로는 마르크스와 엥겔스가 휘그-급진 동맹(the Whig-Radical alliance)의 '꼬리'나 부록으로 부른 세력에 의해 공식적으로 대표되게 되었는지 이해하는 데에도 매우 중요한데, 이 사실은 새로운 산업 대중의 '정치적 재교육'에 가장 커다란 영향을 미치게 되었다. 양자 어느 쪽에서든 이 시기는 의회 제도 개혁을 둘러싼 두 가지 거대한 투쟁에 의해 틀 지워진다. 산업 부르주아는 먼저 자신과 그

'하수인'들에게 참정권을 부여하고 그다음에는 19세기 전반에 걸쳐 점진적으로 노동계급에게도 참정권을 확대할 수밖에 없게 된다. 이 과정 역시 모순적이다. 한편으론 개혁조치들이 노동계급을 공식적인 정치적 대의 체제로 끌어들이며, 이 때문에 자본의 이익을 위해 정치 권력을 노골적으로 행사하던 관행을 수정하게 된다(따라서 참정권 확대의 각 단계에는 격렬한 저항이 따르게 된다). 하지만 다른 한편으론 대중 참정권 확대(이 조치는 다음 세기 초반에 이를 때까지 완성되지 않음을 유념해야 한다)가 대중적 동의의 기반을 조성해 경제적, 정치적 권력에 정당성을 부여하게 된다. 이 조치는 마침내 자본의 체제를 '보편적 동의'라는 안정된 토대 위에 올려놓는다. 국가 작동 영역 전반의 **대대적인 확장**이 이루어지지 않았다면 이러한 일은 일어날 수조차 없었을 것이다. 왜냐하면 계급 간의 치열한 투쟁을 초월해서 '그들을 중재'하는 존재로 자처할 수 있는 '보편적' 국가에서만 또한 그러한 국가를 통해서만 국가는 공식적인 정치 권력의 확장을 근저에 깔고 그 정점에서는 제한된 계급 지배의 행사를 지향하면서 양자를 연계할 수 있게 될 것이기 때문이다. 그렇다면 이처럼 모순된 전개 양상에서 국가 자체는 재구성되고 확장될 뿐 아니라 내부 구성이나 작동 영역까지도 완전히 바뀐다. 이 과정은 그 시기에 이미 가시적으로 드러났지만 아직 앞으로 다가올 변화의 조짐 수준을 넘어서지 못했다. 이 시기에 교육 개혁도 전개되어 산업적 노동과정이 점차 복잡해지는 데 대응해 숙련도와 지식 보급에서 국가의 역할을 점차 확대하는데, 이 역할 역시 국가 확장의 한 측면이다. 그러나 이 '임무' 중 상당 부분이 이후에는 국가권력의 전담 영역이 되지만 이때에는 여전히 본질적으로 '시민사회'와 관련 민간 기구의 주도에 맡겨져 있었다. 19세기 중반의 중요한 이데올로기적 과업이던 빈민층 교화, 온정주의 복지 전통, 가정 생활의 신조, '인품'과 자력갱생의 기풍 배양 등은 국가 자체가 아니라 종교와 민간 부문 자선단체와 기관의 몫이었다. 이미 정착되기 시작했지만 이와 똑같이 중요한 것은 국가 중앙권력과 지역 정부 주도권 간의 섬세한 균형잡기다. 이처럼 서로 관련되면서도 '자율적인' 여러 기관과 탈중심화된 관계의 복합체가 존재하지 않았다면,

자유방임주의 시대의 고전적인 자유주의 국가는 사실상 겉으로 드러난 모습처럼 '자유롭지'도 '부수적'이지도 못했을 것이다.

빅토리아 시대 중반의 '비개입주의' 국가에서 우리 시대에 정착된 '개입주의' 국가에 이르기까지 국가 개입의 복잡한 역사를 여기서 더 이상 자세히 검토할 수는 없다. 그러나 물론 이 기간이 중요한 **이행**기에 해당한다는 사실은 맞다. 이미 앞서 [이러한 이행이] 절대적 잉여가치에서 상대적 잉여가치로의 이행이자 자본주의가 잉여 생산과 축적 보장의 새로운 양식의 토대를 마련하는 데 필수적인 변화라고 규정했는데, 이 이행은 영국 사회 구석구석을 철저하고 대대적으로 변화시키는 데 내부적 자극이 된다. 외부적으로는 최초의 격렬한 확장 단계에 이어 자본의 이윤율 하락, 그리고 서로 경쟁하는 국가 자본들의 등장도 마찬가지로 변화를 자극했다. 최초의 자극은 국내 자본주의 생산과정의 엄청난 변화로 이어져 현대 자본주의의 토대를 마련한다. 즉 노동 생산성 증가, '물질적 세력'으로서 과학과 테크놀로지의 직접 생산 적용, 노동과정 자체와 노동 체제의 변형과 노동의 실질적 포섭 그리고 중앙집중화, [시장] 집중, 수직적 통합을 통한 자본 구조의 대대적인 재구성 등이 이러한 변화의 예다. 두 번째 자극은 국가 자본 간의 경쟁 격화, 자본 수출 가열, 해외 시장과 원료 확보 경쟁으로 이어지는데, 이 때문에 먼저 제국주의의 '절정기', 그다음에는 제1차 세계대전과 공황기가 뒤따른다. 이 양자가 결합해 자본주의의 속성, 그리고 이에 따라 국가의 속성, 위상과 작동양식에서 **전환기적 변화** (epochal shift)를 이루게 되는데, 이는 레닌이 자유방임 자본주의에서 '독점' 자본주의로의 이행이라고 부른 현상에 해당한다. 그러한 이행기에 국가의 작동 양식은 두 가지 전선에서 모두 변화한다. 제1차 세계대전 전후의 혁명적 격동기에는 조직화된 노동과의 직접 대치에서 자본제 국가는 노동을 직접 진압하거나 숙련도를 희석시키거나 '위로부터' 노동을 재구성하거나 노동의 조직화된 방어장치를 파괴하려 시도하거나 하는 방식을 통해 아마 적어도 차티즘의 위협 종식 이래로 이전의 어떤 시점에서 수행했던 것보다 더 노골적으로 강제적 기능을 수행한다. 노동과의 이러한 대

치에서 법은 결코 역할을 회피하거나 엄격한 중립을 지키지 않는다. 이러
한 현상은 '경기 위축'(retrenchment) 시대에 이를 때까지 지속되고 '총파
업'(the General Strike)14 강제 진압에서 정점에 달하는데, 노동운동이 여기
서 회복하는 데에는 20년이나 걸렸다. 하지만 이와 동시에 다른 국가 영
역을 통해 노동계급 타도보다는 포섭 조치가 가동된다. 뛰어난 제도 설계
자인 로이드 조지(Lloyd George)15가 교묘하게 추진한 것처럼 '복지국가'의
이른 출범과 '사회적 임금' 인상은 전혀 다른 **양식**을 통해 작동하기는 했
지만 강제 체제와 똑같은 목적을 지향했다. 바로 노동계급이 (정치적으로뿐
아니라 사회적으로도 확대된 의미에서) **참정권을 보장**받으면서도 동시에 **억제**될
수 있는 **조건**을 확립하는 것이다. 국가 확장은 이 과정에서 다시 한번 핵
심적 요인인데, 무력과 동의를 결합해 노동계급에 대한 헤게모니를 구축
하려는 시도로 당장은 **실패하지만** 장기적으로는 성공의 토대를 마련한다.
이 시기는 처음부터 끝까지 전체가 '노동' 문제에 꼼짝없이 사로잡힌 시
기였다. 바로 이 이행 단계에서 자본제 국가는 비록 계급 투쟁을 지도할
수는 없어도 **지배**할 능력은 갖추게 된다.

　　어떤 차이점이 생겨났는지 알려면 전후 '복지' 자본제 국가의 규모,
위상, 속성에서 일어난 변화를 살펴보기만 하면 된다. 자본제 국가는 이
이행기 동안 철저하게 재구성되었는데, 이 재구성은 영국을 '성공한' 자
유방임 자본주의 사회구성체에서 '실패한' 독점 자본주의 사회구성체로
바꿔놓는 원인이 된 바로 그 과정에 의해 일어난 변화이기도 하다. 국가

---

14　1926년 영국에서 전국노동조합연맹의 주도로 5월 3일부터 9일간 전개된 노동자 총파업을
　　말한다. 당시 석탄 광산업의 수익성 악화로 영국 전역에서 대대적인 탄광 폐쇄와 임금 감축
　　이 시행되었는데, 이에 대한 반발이 총파업으로 이어졌다. 교통과 중공업 부문 중심으로 모
　　두 170만 명이 파업에 참가했다. 결국 파업은 실패로 끝났지만 이때 노동세력의 결집 경험
　　은 1929년 총선에서 노동당이 처음으로 집권하게 되는 토양이 되었다. ─역주
15　로이드 조지는 자유당 소속의 정치인으로 영국 복지국가의 청사진을 마련한 인물로 알려져
　　있다. 1908년 자유당 애스퀴스 내각 때 재무장관으로서 해군 군축에서 조달한 자금으로 복
　　지 확대안을 제안하고 불로소득 징세 계획을 추진해 강한 인상을 남겼다. 제1차 세계대전
　　중인 1916년부터 수상으로 전쟁을 이끌었다. 그는 특히 전후 여성 투표권 부여와 더불어
　　최저임금제와 건강 보험 제도 등의 복지제도를 정착시켰다. ─역주

개입이 확대된 영역들만 대략 살펴보더라도 이 점은 쉽게 파악할 수 있다. **첫째**, 1945년 이후 시기에는 국가 자체가 사회의 경제적 관계에서 직접적이고 주된 요인이 되었다. 국가는 부실하고 자본 잠식 상태이지만 중요한 기반 산업, 공공 시설을 '공적 소유'로 인수했고 '비생산적', 서비스, 복지 부문뿐 아니라 생산 부문에서도 대규모 고용주가 되었다. **둘째**, 국가는 신케인즈주의 기법을 이용해 자본에게 맡겨두면 더 이상 감당하기 어려운 임무를 직접 떠맡았다. 즉 수요 수준을 규제하고 투자에 영향을 주고 고용수준을 보호하고 나중에는 임금과 가격 동향을 관리하며 경기 침체가 초래하는 '희생'의 차등적 부담 양상을 감시하기 위해 직접 개입해 경제의 주요 움직임을 감독하는 일이었다. 말하자면 국가는 위기를 관리하고 자본제 생산과 축적의 '일반적 조건'을 감독하며 이윤율을 수호하는 전반적 기능을 대거 확대했다. **셋째**, 삶과 고용의 안정성 확대를 요구하는 노동계급의 압력을 포섭하고 대중적 동의의 기반 위에 자신을 공고화하기 위해 국가는 과세와 '사회적 임금'을 통해 엄청나게 폭넓은 복지를 제공하는 책임을 떠맡았고, 이렇게 해서 사회적 잉여의 일부를 재분배하는 동시에 자신의 행정적 관료제를 대거 확장할 수 있었다. **넷째**, 경제 부문의 기술적 수요, 분업 강화, 노동과정에서 좀 더 호환성이 높은 숙련도에 대한 요구 등에 맞추어 국가는 기술을 비롯해 다양한 종류의 교육(이와 연계된 과학적 연구와 개발 영역을 포함해서)의 대대적인 확장을 장려했다. **다섯째**, 국가는 이데올로기 영역에서도 더 두드러진 역할을 하게 되었다. 가령 노동자를 자본제 생산과 소비로 통합하려 하거나 조직화된 노동계급을 '사회적 파트너'로서 경제 관리에 영입하려 시도했다. 또한 정치적, 사회적 동의 관리라든지 '성장', 기술적 합리화, '일 잘하는' 실용적 정치 등의 이상 전파라든지 참여와 '모든 사람에게 평등한 기회' 확대가 보장되는 사회 이미지의 전파 등이 이에 해당한다. 이 외에도 새로운 '혼합' 자본주의 경제의 정당성을 강화하는 다른 여러 방식은 이전에 비해 간접적이기보다는 훨씬 더 직접적인 국가 책임이 되었다. 정치 커뮤니케이션 분야, 문화 영역과 미디어에 대한 국가 개입은 이처럼 방대한 이데올로기적 개입의 수많은 특징 중 하나다. 국가의 이러한 이데올로기적 개입이 취한 또 다른 형태는 정치 자체를 탈정치화하고 이를 통해 가능하다면 해체하고, 만일 해체가 불가능한 곳이라면 노동계급 정치, 노동 기구와 조직을 포섭하려 시도하는 것이었다. **여섯째,** 국가는 합리화를 촉진하기 위한 적극적인 조치를 통해서뿐 아니라 공동 위원회와 계획 기구의 행정적 메커니즘에서는 간접적인 영향력 행사를 통해 핵심적 경제 부문에서 자본의 통합과 집중화를 강력하게 추진했다. **일곱 번째,** 국가는 국가 권력의 주된 행사 방식이 정부의 정치나 의회 영역에서 행정이나 관료 영역으로 옮아가도록 막후에서 지원했다. **여덟 번째,** 국제적 기관과 기구 복합체 참여를 통해 국가는 일부 국가의 통화 위기 시에 지원을 제공하고 특화된 생산과 무역의 자유시장 지대를 설치해 국제적인 자본제 경쟁 전체의 전지구적 효과를 조율하려고 시도했는데, 이 시도는 체제 전체가 경제적으로 안정을 유지하도록 하기 위한 것이다. 물론 자본주의 국민국가 수준의 이러한 노력은 국가 간에 새로 격화된 경쟁에 의해 끊임없이 훼손되기도 했고 국가 내부에나 국가와 별도로 존재하는 거대한 다국적 기업 형태의 자본(바로 국가 내부의 국가들)이 성장하면서 타격을 입기도 했다.

줄어드는 세계 시장을 둘러싼 경쟁이 격화하고, 주 생산지인 개발도상 국가의 무역 양상이 자본주의 모국에 불리한 방향으로 변화하고, 선진국에서 이윤율의 하락 경향이 나타나고, 호경기와 불경기 주기가 요동을 치며, 주기적 통화 위기가 나타나거나 인플레이션 수준이 악화하는 등 체제의 한계가 점차 뚜렷해짐에 따라 국가의 **가시성**도 증가했다. 국가는 설혹 그런 적이 있었다 할지라도 이제는 '야경꾼' 역할을 완전히 청산했다. 국가는 점차 개입주의 세력으로 변해, 자본 자체가 더 이상 제대로 관리하지 못할 경우 자본을 관리하고 이를 통해 **경제적 계급 투쟁을 점차 자신의 영역으로 끌어들이게** 되었다. 이러한 사회적, 경제적 역할이 커짐에 따라 이전처럼 국가가 노골적으로 직접 나서 **정치적** 계급 투쟁을 관리하려는 시도는 사라졌다. 노동계급도 체제에 '기득권'을 갖도록 노동계급과 점차 '타협'을 이루어내는 일도 바로 국가의 몫이었다. 조직화된 노동

운동 역시 경제가 그 운동을 지탱하는 주요한 공동의 버팀목이 될 수 있
도록 관리하는 작업에 포섭되는데, 이 조치도 국가 영역에서 이루어졌다.
또한 자본의 장기적인 성장과 안정에 유리하도록 주기적인 양보와 주기
적인 억압 사이의 균형을 조절하는 일도 바로 여기서 이루어졌다. 사회의
생산과 경제적 삶의 영역에서 자본의 이러한 조건을 확보하기 위해 국가
자체도 점차 경제적 생산 자체뿐 아니라 그 생산을 가능하게 해주는 '사
회적 균형 달성'(social equations), 즉 사회적, 문화적 **재**생산 영역에도 관여
하게 되었다. 영국에서는 경제적 여건이 극도로 나쁠 뿐 아니라 물질적
기대치도 높아지고 협상과 저항, 투쟁에서 강경한 전통을 갖고 있는 강력
하고 흔히 조합적인 노동계급을 상대로 이러한 이행의 완수를 시도할 수
밖에 없었다. 따라서 체제의 각 위기는 점차 국가관리의 위기, 즉 **헤게모
니의 위기** 형태로 표면화했다. 점차 국가는 경제적, 정치적 계급 투쟁의
모든 압력과 긴장을 스스로 흡수하고는 결국 실패가 자명해지면서 파국
에 이르고 마는 것처럼 보였다. 국가는 위기에 빠진 자본주의의 정치적,
경제적 요구들을 감독하는 훨씬 더 거창하고 더 자율적이며 직접적인 역
할을 떠맡았기에, 계급 투쟁의 형태는 점진적으로 재편되어 마치 갈수록
모든 계급과 국가 **간의** 직접적인 갈등처럼 보이게 되었다. 점차 다양한
위기는 국가 **전체**의 일반적인 위기 형태를 띠고, 원래 출발점에서의 위기
는 더 상부에 있는 법적, 정치적 질서 수준 자체로까지 빠르게 확산하게
된다.

　　이처럼 새로운 '개입주의' 자본제 국가 형태에서는 대중적 동의 확보
가 이전에 비해 더 뚜렷하게 정당성의 **유일한** 토대가 된다. 이 새로운 국
가 유형 안에서 생겨나는 정부와 정치 체제는 정치적 대의를 통해 확립
되는 공식적 협의 과정의 결과물이자 그 과정에 책임을 지도록 되어 있
다. 바로 이 과정 때문에 국가는 '인민의 주권적 의지'(sovereign will of the
people)에 귀를 기울이고 이에 따라 그 의지를 대변하게 된다. 이 '의지'가
주기적 간격을 두고 시행되는 선거 체제를 통해서만 표현되는 것은 사실
이다. 일반 유권자층은 오직 산발적인 압력을 통해서만 제도화된 관료제

에 영향을 미칠 수 있기에, 정부와 행정의 복잡한 업무는 점차 그러한 압력에서 벗어나게 된다. 그런데 이처럼 국가를 통한 권력 집중은 여론의 작동과 자유언론의 독립성에 의해서 저지할 수 있다고들 한다. 그러나 정부가 의견 형성 기구를 직접 흡수하지 않더라도 '대중적 동의'를 형성하는 과정에 아주 강력한 효과를 미친다는 사실은 분명하다. 직접적으로는 스스로 내리는 결정과 시행하는 정책을 통하거나 공적 지식과 전문성의 출처를 독점적으로 활용할 수도 있고, 간접적으로는 매스 미디어와 정치 커뮤니케이션, 그 밖의 문화 체제를 이용할 수도 있다. 그러고 나서 정부는 이렇게 형성된 동의에 귀 기울이는 척하는 셈이다. 행정적 권력의 중심은 점진적으로 의회에서 행정부로 이동하고 국가 자체의 궤도 주변과 점차 그 내부에 조직된 강력한 인적 조직으로 옮아갔다. 이와 같은 변화에 비추어볼 때 현대 경제와 국가의 방대한 조합적 기구와 일반 유권자층 사이에 명백하게 드러난 권력 불균형을 설명할 수 있도록 민주적 자유주의 이론의 단순한 버전들은 수정되어야만 했다. 그러므로 오늘날 '동의'란 거대하지만 서로 경쟁하는 조합적 실체들이 상대방의 영향력을 서로 무력화하거나 '상쇄'하게 될 것이라는 사실에 달려 있다고들 말한다. 이제 동의에 대해 세 번째이자 더 폭넓은 의미가 부여되는데, 이러한 측면의 동의는 '사회학적'이라 부를 수도 있을 것이다. 그리고 바로 이 형태의 동의야말로 국가의 자의적 권력 행사를 막는 데 필요한 안전장치를 제공한다고 한다. 여기서 도출되는 시사점은 현대의 민주적인 대중 사회에서 권력이 실질적으로 분산되어 있다는 것이 아니라 인민의 절대다수는 공통된 가치, 목표, 신념 체제, 즉 이른바 '핵심적 가치 체제' 내에 통합되어 있다는 것이다. 공식적인 대의가 아니라 바로 이러한 **가치의 합의**(consensus on values)야말로 그처럼 복잡한 현대 국가에 필수적인 결속력을 제공해준다. 그러므로 지배적이고 강력한 이해관계가 '민주적'인 것은 어떠한 점에서든 이해관계가 '인민의 의지'에 의해 통제되기 때문이 아니라 궁극적으로는 이 이해관계도 이러한 '합의'를 준거로 삼고 어떤 식으로든 그 합의에 의해 구속되어야 하기 때문이다.

　　이제 현대의 조합적 자본주의 국가의 보이지 않는 조정자나 '숨은 손'으로서의 합의는 비록 다원주의 정치 민주주의 이론에 나오는 내용과 정확히 일치하지는 않지만 그래도 핵심적인 중요성을 지닌다. 이 합의는 영국 국가의 전후 역사에서 핵심적인 역할을 수행했다. 1950년대의 사회적 통합과 결속의 시기를 정치적으로 지탱한 것은 바로 합의였다. 이 중도 기반 정부의 토대가 된 '공통의 대의'가 점차 허물어지자, 합의에 대한 갈망, 합의 모색, 합의 도출이 모든 정치적 문제와 주장의 궁극적인 잣대로 더욱 부각되었다. 그러므로 합의는 현대 국가의 작동 양식에 중요하다. 우리는 이를 사회의 **동의**가 확보되는 형태로 정의하고자 한다. 그러나 동의는 **무엇을 위해** 확보되는가? **누구에 의해** 확보되는가? 동질적이라는 의미에서 어떤 단순한 '지배계급'도 존재할 수 없기는 하지만, 현대 자본주의 사회에서 이른바 '권력의 민주화'가 경제적 수준에서는 자본의 기본적 분파와 그 대리인을 사실상 대체하지 못했고, 정치적 수준에서는 자본을 조직화하는 지배계급 동맹의 세습적 지배층도 대체하지 못했다. 계급 분파의 이러한 연합체는 어떤 하위계급 이익집단과 더불어 블록으로 조직되면서 자본주의 정치 계급 권력의 지속적인 토대를 형성하게 된다. 그리고 바로 그러한 집단들은 확대된 국가 영역을 활용해 자신의 권력을 조직화할 수 있게 된다.

　　만일 어떤 지배계급 동맹이 논란의 여지가 없는 권위를 확보하고 조직의 모든 수준을 좌지우지할 수 있게 된다면, 즉 정치 투쟁을 장악하고 자본의 요구를 보호하고 확장하며 시민 영역과 이데올로기 영역에서도 권위를 갖고 주도할 수 있게 되고 강제적 국가 기구의 강제적 권력을 장악해 자신의 방어에 활용한다면, 그리고 이 모든 일을 동의의 기반 위에, 즉 '동의'의 지지를 얻은 상태에서 달성할 수 있다면 헤게모니 혹은 헤게모니적 지배의 시기를 확립했다고 말할 수 있다. 따라서 합의가 진정으로 의미하는 바는 특정한 지배계급 동맹이 국가를 통해 피예속계급에 대해 완전한 사회적 권위와 결정적인 문화적, 이데올로기적 리더십을 확보해 사회적 풍토의 전체 방향을 자신의 모습대로 형성하고 문명의 수준을 자본의 새로운 추동력에 필요한 수준으로 고양시킬 수 있게 되는 상태를 말한다. 이 지배는 한동안 피예속 계급들의 물질적, 정신적, 사회적 우주를 자신의 지평 내로 제한할 수 있게 된다. 자신을 자연화하여 모든 것이 자신의 지속적인 지배에 유리하도록 '자연스럽게' 보이게 한다. 그러나 이 지배는 동의에 의해 달성되었기에, 말하자면 폭넓은 합의에 근거하기에 그 지배는 보편적이고 (모든 사람이 원하는 것이고) 정당한 (강제력에 의해 확보된 것이 아닌) 것처럼 보일 뿐 아니라 그 지배가 실제로는 착취에 근거한다는 점은 **보이지 않게 된다.** 합의는 지배의 반대말이 아니라 지배와 보완적인 또 다른 얼굴이다. 합의야말로 소수의 지배를 다수의 동의에 가려 드러나지 않게 만드는 것이다. 합의는 계급 투쟁의 국면적 장악으로 구성되거나 거기에 기반을 둔다. 그러나 이러한 장악은 '합의'라는 매개 형태를 거쳐 대체되고, 모든 갈등이 **소멸**하거나 진정된 모습으로 다시 등장한다. 아니면 합의 이론에서 한때 '이데올로기의 종언'이라는 제목으로 당당하게 자리 잡았던 이념 형태로 나타나기도 한다. 해럴드 맥밀런(Harold Macmillan)의 보수당은 아주 광범위한 사회적 층의 수렴을 기반으로 1959년 세 번 연속해서 선거에서 승리를 거두었다. 그 결과 모든 경제적, 사회적 추세가 '자연스럽게 그리고 자생적으로' 맥밀런이 정치 현장을 계속해서 장악하는 것을 선호하는 듯하고, 그를 통해 그의 정치적 보호하에 득세한 자본 분파의 지배를 선호하는 것처럼 보일 정도였다는 사실은 그리 놀랍지 않다. 또한 맥밀런은 (분명 자기 충족적인 예언이 될 것이라 희망하면서) '계급 투쟁은 끝났다'라고 선언했는데, 이 역시 놀랄 만한 일은 아니다. 아마 이 정치인은 나지막한 목소리로 '그리고 우린 뜻을 이루었어'라고 덧붙였을 것이다.

그람시는 "국가와 시민사회"라는 글에서 "사회계급(혹은 계급 분파)들이 자신의 표현으로 더 이상 인정하지 않는 … 전통적 정당과 결별하게 되는 … 역사적 삶에서의" 그 지점을 언급한다. 그러한 갈등 상황은 분명히 그 기원의 계기가 생산 양식 자체의 경제적 구조 내부 깊숙이 존재하긴 하지만, 정치적 수준에서는 "정당의 지형에서 시작해 … 국가 유기체 전체로 번져나가는" 경향이 있다. 그람시의 주장에 의하면 그러한 계기의

내용은,

> 지배계급 헤게모니의 위기다. [이 위기는] 지배계급이 어떤 주된 정치적 과업을 위해 폭넓은 대중의 동의를 요구하거나 강제적으로 얻어내는 데 실패하는 바람에 일어나기도 한다 … 아니면 엄청난 규모의 대중이 … 갑자기 정치적 수동 상태에서 어떤 행동으로 이행하고, 전체적으로 볼 때 비록 유기적으로 공식화되진 않았지만 혁명에 이르게 되는 요구를 내걸었기 때문에 발생하기도 한다. '권위의 위기'를 거론했는데, 이 위기는 바로 헤게모니의 위기 혹은 국가의 일반적 위기다.[주 86]

전쟁 직후 시기의 자발적이고 성공적인 '헤게모니' 이후로 영국에서는 실로 헤게모니의 위기, 혹은 바로 그람시가 정의한 대로 '국가의 일반적 위기'가 심화되었다고 주장하고자 한다. 이 위기는 고전적 방식대로 처음에는 '권위의 위기' 형태를 띠었다. 그리고 앞서 기술한 대로 이 위기는 처음에는 '대변되는 층과 대표자'로 이루어진 정당의 지형에서 시작해 바깥으로 퍼져나갔다.

헤게모니의 위기는 어떤 사회의 정치적, 경제적 풍토에서 심각한 균열의 계기이자 모순의 축적을 나타낸다. '헤게모니'의 계기에서는 모든 것이 자발적으로 작동해서 특정한 계급 지배 형태를 유지하고 강제하면서도 동의 생산 메커니즘을 통해 그러한 사회적 권위의 토대가 드러나지 않도록 한다. 반면에 동의의 균형이 흐트러지거나 적대적인 계급 세력들이 엇비슷한 균형을 이루어 어느 쪽도 위기의 해결책을 선포할 만한 영향력을 확보하지 못하게 되는 계기에서는 **정치적 리더십과 문화적 권위의 토대 전체가 노출되고 도전받게 된다**. 계급 세력 관계의 일시적 균형이 무너지고 새로운 세력이 등장하게 될 때에는 오래된 세력들은 지배의 레퍼토리가 고갈된 상태가 된다. 그러한 계기가 반드시 혁명적 국면이나 국가 붕괴를 의미하지는 않으며 그보다는 '철의 시대'(iron times)의 도래를 예고한다. 이 계기에서는 국가의 '정상적' 메커니즘이 폐기되는 것도 아니다. 그러한 계기에서 계급 지배는 **헤게모니 양식**의 변형을 통해 행사될 것이다. 그리고 이 헤게모니를 달성하는 주된 방법 중 하나는 국가 작동을 동의 중심에서 강제의 축 쪽으로 옮겨놓는다는 측면에서 실행된다. 그렇다고 해서 국가 권력의 '정상적' 행사를 중단하지는 않는다는 점에 주목할 필요가 있다. 즉 때때로 완전히 예외적인 국가 형태로 불리는 상태로의 이동은 아니다. 역설적으로 표현하자면 후기 자본주의 국가의 '정상적' 형태에서 '예외적인 계기'로 이해하는 편이 더 낫겠다. 이를 '예외적으로' 만드는 것은 국가 권력의 정상적 레퍼토리 내에서 이미 마련된 강제적 메커니즘과 기구에 더 많이 의존한다는 점 그리고 이처럼 균형의 중심을 강제의 축 쪽으로 옮겨놓는 조치를 지원하기 위해 **권위주의적** 합의를 강력하게 조율해낸다는 점이다. 그러한 계기에서는 실패하고 취약해진 자본에 꼭 필요한 사회적 결속을 위해서나 더 대규모의 경제적 과업을 위해 필요한 조치를 달성하는 데에는 국가의 '상대적 자율성'만으로는 더 이상 충분하지 않다. 그러므로 국가 개입 형태는 더 노골적이고 더 직접적으로 바뀐다. 따라서 그러한 계기들은 또한 '가면 벗기'(unmasking) 과정을 특징으로 한다. 국가의 결속력과 그 법적 권위는 최종적으로는 강제와 무력이라는 예비군에 의존하기 마련인데, 자유주의적 동의와 대중적 합의의 가면은 이 점을 무심코 드러내게 된다. 또한 평상시라면 국가의 다양한 지부와 기구, 예컨대 법 일반에 드리워져 있던 중립성과 독립성의 가면도 벗겨지게 된다. 이 조치는 '헤게모니의 위기'를 더욱 '극단화'하는 경향이 있다. 왜냐하면 차츰 국가는 어쩔 수 없이 공공연히 자신의 이름으로 투쟁과 **지시**의 영역으로 끌려 들어가고, 파열된 사회구성체를 붙들어 맬 '결속제'를 제공하려면 무슨 일을 해야 하는지를, 또 국가의 실체가 무엇인지를 이제는 과거 일상적 활동에서 보여주던 것보다 더 노골적으로 드러내기 때문이다.

다음 두 장에서는 영국 국가에서 역사적으로 전개된 '헤게모니의 위기'라는 맥락에서 노상강도 현상을 명쾌하게 파악하려 시도한다. 노상강도에 대한 대응은 이처럼 중요한 '헤게모니의 위기'가 뚜렷이 표현되는 형식 중 하나이며 앞으로도 계속 그러할 것이라고 우리는 주장할 것이다.

## 주와 참고문헌

1   Deedes Report.

2   Humphry, *Police Power and Black People*.

3   D. Humphry, *Sunday Times*, 31 October 1976을 보라.

4   Steadman-Jones, *Outcast London*.

5   다음 문헌들을 보라. Hobsbawm, *Labouring Men*; F. Mather, *Public Order in the Age of the Chartists* (Manchester University Press, 1959); G. Rude, *Wilkes and Liberty* (Oxford University Press, 1962); G. Rude, *The Crowd in History* (New York: Wiley, 1964); G. Rude and E. J. Hobsbawm, *Captain Swing* (London: Weidenfeld & Nicolson, 1969); F. O. Darvall, *Popular Disturbance and Public Order in Regency England* (Oxford University Press, 1934); E. P. Thompson, 'The Moral Economy of the English Crowd in the Eighteenth Century', *Past and Present* 50, February 1971; F. Tilly, 'Collective Violence in European Perspective', in *Violence in America*, ed. H. Graham and T. Gurr, Task Force Report to the National Commission on the Causes and Prevention of Violence (1969); J. Stevenson and R. Quinault eds, *Popular Protest and Public Order* (London: Allen & Unwin, 1974).

6   예를 들면, E. J. Hobsbawm, *Bandits* (Harmondsworth: Penguin, 1972); Thompson, *The Making of the English Working Class*; E. P. Thompson, *Whigs and Hunters* (London: Allen Lane, the Penguin Press, 1975); D. Hay, P. Linebaugh and E. P. Thompson, *Albion's Fatal Tree: Crime and Society in Eighteenth Century England* (London: Allen Lane, the Penguin Press, 1975).

7   R. Samuel, 'Conference Report', *Bulletin* 25, Autumn 1972, Society for the Study of Labour History; L. Taylor and P. Walton, 'Industrial Sabotage: Motives and Meanings', in *Images of Deviance*, ed. Cohen을 보라.

8   예를 들면, Steadman-Jones, *Outcast London*; Chevalier, *Labouring Classes and Dangerous Classes*; G. Lefebvre, *The Great Fear of 1789* (New York: Vintage, 1973).

9   E. J. Hobsbawm, 'Conference Report', *Bulletin* 25, Autumn 1972, Society for the Study of Labour History.

10  Hay, Linebaugh and Thompson, 'Preface', in *Albion's Fatal Tree*, p. 14.

11  Clarke *et al.*, 'Subcultures, Cultures and Class'를 보라.

12  H. Mayhew *et al.*, *London Labour and the London Poor*, vol. IV (London: Griffin, Bohn & Co., 1862)를 보라.

13  Thompson, *Whigs and Hunters*, p. 194; 또한 E. P. Thompson, 'Patrician Society,

Plebeian Culture', *Journal of Social History* 9(4), 1974도 보라.

14 Chevalier, *Labouring Classes and Dangerous Classes;* Steadman-Jones, *Outcast London*을 보라.

15 Steadman-Jones, *Outcast London.*

16 Clarke *et al.*, 'Subcultures, Cultures and Class'를 보라.

17 M. Mcintosh, 'Changes in the Organization of Thieving', in *Images of Deviance*, ed. Cohen; M. Mcintosh, *The Organisation of Crime* (London: Macmillan, 1975)을 보라.

18 Thompson, *Whigs and Hunters.*

19 Cohen, 'Protest, Unrest and Delinquency'; Horowitz and Liebowitz, 'Social Deviance and Political Marginality'; Hall, 'Deviancy, Politics and the Media'; Rock and Heidensohn, 'New Reflections on Violence'; T. Bunyan, 'The Reproduction of Poverty', unpublished MS, 1975를 보라.

20 Cohen, 'Protest, Unrest and Delinquency'.

21 Malcolm X and A. Haley, *The Autobiography of Malcolm X* (Harmondsworth: Penguin, 1968).

22 G. Jackson, *Soledad Brother* (Harmondsworth: Penguin, 1971); E. Cleaver, *Soul on Ice* (London: Panther, 1970)를 보라.

23 P. Linebaugh, 'Conference Report', *Bulletin* 25, Autumn 1972, Society for the Study of Labour History.

24 L. Radzinowicz, A *History of English Criminal Law and Its Administration from 1750*, vol. I (London: Stevens & Sons, 1948)을 보라.

25 Ibid.; Thompson, *Whigs and Hunters;* Hay, Linebaugh and Thompson, *Albion's Fatal Tree*를 보라.

26 Hay, Linebaugh and Thompson, 'Preface', p. 13.

27 D. Hay, 'Property, Authority and the Criminal Law', in *Albion's Fatal Tree*, Hay, Linebaugh and Thompson, p. 55.

28 Thompson, *Whigs and Hunters*, p. 191.

29 Hay, 'Property, Authority and the Criminal Law', p. 25.

30 Ibid.: 58.

31 Ibid.: 62.

32 Hay, Linebaugh and Thompson, 'Preface', p. 13.

33 W. Blackstone, *Commentaries on the Laws of England*, vol. II (London: T. Cadell, 1793-5); Hay, 'Property, Authority and the Criminal Law'에서 재인용.

34 Linebaugh, 'Conference Report'.

35 E. P. Thompson, 'Conference Report', *Bulletin* 25, Autumn 1972, Society for the Study of Labour History, p. 10.

36 K. Marx, 'Introduction: Late August-Mid-September 1857', in *Grundrisse;* L. Althusser,

'Contradiction and Overdetermination', in *For Marx*, Althusser; Poulantzas, *Political Power and Social Classes;* S. Hall, 'Marx's Notes on Method: A "Reading" of the "1857 Introduction"', *Working Papers in Cultural Studies No. 6*, C.C.C.S., University of Birmingham, Autumn 1974를 보라.

37 Hay, 'Property, Authority and the Criminal Law'를 보라.

38 J. Griffith, 'The Politics of the Judiciary', *New Statesman*, 4 February 1977.

39 Ibid.에서 재인용.

40 E. M. Lemert, *Social Pathology* (New York: McGraw-Hill, 1951).

41 Becker, 'Whose Side are We on?'

42 K. Marx, 'Preface to Critique of Political Economy', in *Marx-Engels Selected Works*, vol 1.

43 Marx, *Grundrisse*.

44 K. Marx, *Critique of Hegel's Philosophy of Right* (Cambridge University Press, 1971).

45 Marx, *Grundrisse*.

46 Engels, 'Ludwig Feuerbach and the End of Classical German Philosophy', p. 359.

47 Ibid.

48 Marx and Engels, *The German Ideology*.

49 Ibid.: 66.

50 V. I. Lenin, *The State and Revolution* (London: Lawrence & Wishart, 1933: 13).

51 Poulantzas, *Political Power and Social Classes*, p. 150.

52 N. Geras, 'Marx and the Critique of Political Economy', in *Ideology in Social Science*, ed. Blackburn; J. Mepham, 'The Theory of Ideology in Capital', *Working Papers in Cultural Studies No. 6*, C.C.C.S., University of Birmingham, Autumn 1974; M. Nicolaus, 'Foreword', in *Grundrisse;* Hall, 'Marx's Notes on Method'; J. Ranciere, 'The Concept of Critique', *Economy and Society* 5(3), 1976를 보라.

53 Gramsci, *Selections from the Prison Notebooks*, p. 158.

54 F. Engels, 'Socialism: Utopian and Scientific', in *Marx-Engels Selected Works*, vol 2.

55 K. Marx, *Capital*, vol 1, ch. 23 (London: Lawrence & Wishart, 1974: 572).

56 Ibid.: part VII.

57 Ibid.: ch. 23, pp. 568-9; part VII, p. 565.

58 Ibid.: ch. 6, p. 176.

59 Marx, *'The Eighteenth Brumaire of Louis Bonaparte'*.

60 Ibid.

61 Engels, 'Socialism'을 보라.

62 Althusser, 'Ideology and Ideological State Apparatuses', p. 127.

63 Marx, *The Poverty of Philosophy*.

64 Marx가 A. Ruge에게 보낸 서신.

65 Gramsci, *Selections from the Prison Notebooks*, p. 247.

66 Ibid.: 246.

67 Althusser, 'Ideology and Ideological State Apparatuses'를 보라.

68 Gramsci, *Selections from the Prison Notebooks*, pp. 181-2.

69 Ibid.

70 Anderson 'Origins of the Present Crisis'.

71 Thompson, 'The Peculiarities of the English'; Johnson, 'Barrington Moore, Perry Anderson and English Social Development'를 보라.

72 K. Marx and F. Engels, *On Britain* (Moscow: Foreign Languages Publishing House, 1962).

73 Engels, 'Socialism'.

74 E. Mandel, *Late Capitalism* (London: New Left Books, 1975: 479).

75 F. Engels, *Anti-Dühring* (London: Lawrence & Wishart, 1954: 386).

76 Poulantzas, *Political Power and Social Classes*, p. 53을 보라.

77 Ibid.: 53.

78 Ibid.: 211.

79 A. Hunt, 'Law, State and Class Struggle', *Marxism Today*, June 1976.

80 Thompson, *Whigs and Hunters*, p. 258 ff.

81 Althusser, 'Ideology and Ideological State Apparatuses'.

82 Hunt, 'Law, State and Class Struggle'.

83 K. Polanyi, *The Great Transformation* (Boston: Beacon Press, 1957).

84 E. J. Hobsbawm, *The Age of Capital* (London: Weidenfeld & Nicolson, 1973).

85 D. Melossi, 'The Penal Question', *Capital, Crime and Social Justice*, Spring/Summer 1976을 보라.

86 Gramsci, *Selections from the Prison Notebooks*, p. 210.

# 제8장

# 법과 질서형 사회: '동의'의 고갈

이 장과 그다음 장에서 우리의 목표는 정확히 어떤 의미에서, 또 어떤 역사적 맥락에서 '노상강도'에 대한 반응이 영국 국가의 전반적인 '헤게모니의 위기'에서 한 측면을 구성한다고 말할 수 있는지 입증하는 것이다. 우리는 '노상강도'를 특별한 출발점으로 삼기 때문에 헤게모니가 획득되고 상실되는 바로 그 수준에서, 즉 사회구성체의 시민적, 정치적, 법적, 이데올로기적 복합체, 바로 '상부구조'에서 설명을 제시하려 한다. 이 때문에 어쩔 수 없이 영국의 위기에 대한 설명은 상부구조에서 하향식으로 전개된다. 따라서 우리의 분석은 근본적인 경제적 운동보다는 정치적 계급 투쟁에서 변화하는 세력관계, 이데올로기적 지형 변화, 국가 기구 내에서와 국가 기구 간의 균형 변화 등에 더 주의를 기울인다. 이러한 전개방식은 필요하긴 하지만 초점이 일방으로 치우친 셈이다. 전후의 위기에 관해서는 우리의 좀 더 직접적인 관심사와 결부될 만한 적절한 국면 분석이 아직 존재하지 않는다. 자본의 구성과 구조 변화, 계급 재구성, 기술적 분업과 노동과정 수준에서의 영국 사회구성체 분석은 최근에야 겨우 시작되었다. 이 분석은 이러한 한계 내에서 진행될 수밖에 없어, 우리의 설명 역시 이 한계에 따른 공백을 반영한다. 그렇다고 해서 헤게모니가 자본제 관계 구조에서의 근본적 모순과 무관하지는 않다. 사실은 정반대다. 그람시가 의도한 헤게모니는 위기가 생산의 삶에서의 물질적 토대에서 "상부구조의 복합적 영역"으로 "이행"한 현상을 포함한다. 그럼에도 불구하고 헤게모니가 궁극적으로 확보하는 것은 자본의 지속적 재생산을 위한 장기적인 사회 여건이다. 계급 세력 간의 관계가 자본제 생산의 적대적 관계에서 근본적 형태임을 감안할 때, 상부구조는 그 관계가 등장해 우여곡절 끝에 해결로 이르게 되는 전개과정에 '무대'를 제공한다.

　　다음 분석에서 우리가 '노상강도' 공황과 연결짓고자 하는 주된 움직임은 자본제 국가에 의해 계급 투쟁의 '합의적' 관리가 좀 더 '강제적'인 관리로 옮아가게 된 현상이다. 분석은 제2차 세계대전 직후 시기에 이루어진 특정한 헤게모니적 균형 상태 형성, 그 상태의 잠식과 결렬, 그 후 좀 더 강제적이고 비헤게모니적인 '정당한 무력' 사용의 등장 등을 추적한다. 이 과정은 다음과 같이 대략적인 시대 구분을 거치게 된다. 전후 냉전 상황에서 자본주의 안정화의 조건으로 합의가 구축되던 시기, 1950년대의 철저한 헤게모니 확립 시기, 이 자발적 동의라는 '기적'의 해체, 좀 더 어렵고 파란만장하고 불규칙하긴 했지만 사회민주적 레퍼토리에 의존해 본질적으로 합의의 '노동주의적'[1] 변종 결성 시도, 사회적·정치적 갈등 등장과 경제 위기 심화, 좀 더 가시적인 계급 투쟁 형태 전개와 더불어 합의 고갈, 1970년대에는 국가를 통해 좀 더 '예외적인' 계급 지배 형태에 의존하려는 시도 등이 그러한 단계다. '노상강도'와 그에 대한 반응은 연대기적으로뿐 아니라 구조적으로도 지배계급 헤게모니의 파열에서 이 마지막 움직임과 연결되어 있다.

　　우리가 선택한 분석적 재구성 형태 안에서는 한 국면의 시대 구분

---

1　노동주의(Labourism)는 영국 노동당의 이념과 실천을 지칭하는 데 사용되는 용어다. 노동당의 이념은 분류하자면 중도 좌파에 가깝다. 하지만 당내에는 좀 더 온건한 중도에 가까운 사회민주주의 분파와 좀 더 급진적인 사회주의 분파가 존재하면서 정책 결정에서 다른 목소리를 냈다. 원래 노동당은 노동조합운동의 목소리를 정치적으로 대변하는 목적으로 시작되었다. 하지만 실제로 당헌에 '사회주의'의 요소가 들어간 것은 1918년 제4조 '공동소유' 조항이 처음으로, 이는 노동당이 주요 산업 국유화 정책을 추진하는 근거가 되었다. 하지만 1950년대 말 당내에서는 이 조항의 타당성에 이의를 제기하는 목소리가 많이 나왔는데, 재무장관을 지낸 게잇스켈이 대표적 인물이다. 1959년 실제로 이 조항을 삭제하려는 시도가 있었으나 실패했다. 이 조항은 35년 후 토니 블레어 시절에 자유시장주의 색채가 농후한 '제3의 길'이 대세로 떠오르면서 삭제되었다. 노동당은 케인즈주의 경제 이론에 영향을 많이 받아 전통적으로 정부의 시장 개입, 세금을 통한 부의 재분배, 노동자 권리 보호와 보편적 복지 등을 정책으로 채택했다. 물론 1980년대 말 이후에는 이러한 사회주의적 정책 요소는 퇴조하고 시장 중심적 정책이 대거 채택되었다. — 역주

문제가 제기되지만 이론적으로 해결되지는 않는다. 주제 배열에서는 '역사'의 전개 속도와 리듬이 사실상 서로 다를 수밖에 없는 구조적으로 이질적인 세력들을 시대구분할 때 이것들이 사실상 어떻게 중첩되는지는 독자들이 식별할 수 있기를 바란다. 여기서는 오직 간헐적으로만 입증하기는 했지만, 이러한 의미에서 위기의 깊이는 순전한 순서나 시간대적 정체성에서보다는 오히려 모순과 단절의 축적에서 발견할 수 있다. 위기가 전유될 때 취하는 정치적, 법적, 이데올로기적 형태들은 어떤 것이 지배적 계기인지 보여주긴 하지만 분석을 한정하는 수준까지 제시하지는 않는다. 이 형태들은 우리가 핵심적으로 초점을 맞출 부분을 제시해주는데, 바로 국가와 국가를 통한 계급 권력의 조직화다. 너무나 오랫동안 외면해왔지만 최근에 와서 마르크스주의에서 핵심적인 이 문제는 점차 주목받게 되었다. 우리도 이 문제가 중심적이라는 데 동의한다. 그러나 우리 자신의 분석 논리와 상반되는 것처럼 들릴지 모르나 '국가'가 편리한 만능주머니로 전락하는 일은 경계해야 한다. 예를 들면 풀란차스의 저작은 우리 작업에 큰 자극을 주고 시사점도 많이 주긴 했지만, 때로는 반대 극단으로 치달아 자본주의의 '경제적 해부'에 해당하지 않는 사실상 모든 것을 국가 지형에 흡수해버리는 것처럼 보인다. 이러한 접근방식은 보존해야 할 핵심적 구분을 흐리고 모호하게 한다. 우리의 내러티브가 지칭하는 많은 계기는 물론 국가에 반영되고 국가를 통해 동원되는, 바로 변동하는 계급 권력의 존재양식을 가리킨다. 이 계기들은 어떤 표면적 형태들의 '부재'를 가리키는데, 우리 분석이 적어도 바로 이러한 표면 형태 배후에 존재하는 움직임을 적시할 수 있을 정도로 충분히 깊이 파고 들어가기를 희망한다.

## ▌변화하는 '공황' 형태

　　다음에는 '헤게모니의 위기'를 간략하게 설명하면서 '세력관계'에서 작용하는 다양한 계기들과 함께 이데올로기적 의미작용도 다룰 것이다.

분석에서는 두 갈래를 결합해서 논의했다. 앞서 주장했듯이 위기의 이데
올로기 차원은 중요하다. 공식적으로 민주적인 계급 사회에서 권력 행사
와 지배 확보는 앞서 주장했듯이 궁극적으로 대중적 동의의 등식에 의존
한다. 이는 단지 물질적, 정신적 사회 재생산 수단을 통제하는 집단의 이
해관계와 목적에 대한 동의일 뿐 아니라 그 집단이 생성한 사회적 현실의
해석과 재현에 대한 동의이기도 하다. 그렇다고 여기서 공모론적 해석을
의도한 것은 아니다. 알튀세르가 주장했듯이,

> 지배계급은 순전한 효용과 간계로 이루어진 외적이고 투명한 관계를 자신
> 의 이데올로기인 지배 이데올로기로 유지하지는 않는다. 18세기 동안 '부상하
> 던' 계급인 부르주아가 평등, 자유, 이성이라는 인본주의 이데올로기를 개발했
> 을 때, 이 계급은 자신의 요구에 보편성의 형태를 부여했다. 왜냐하면 이 계급
> 은 오직 착취를 위해 해방시킬 바로 그 인간들을 바로 이 목적을 위한 교육에
> 의해 자기편으로 끌어들이기를 희망했기 때문이다.[주 1]

따라서 "부르주아는 자유의 이데올로기 속에서 자신과 자신의 존재
조건 간의 관계를 **경험한다.** 즉 이 관계는 **자신의** 실제적 관계(자유주의적 자
본제 경제 법칙)지만 상상적 관계의 성격을 띠는 관계다(자유 노동자를 포함해
모든 인간은 자유다)." 이 국가 형태의 토대인 대중적 동의는 노동계급이 공
식적인 정치적 대표권을 획득한 자유민주주의 체제에서는 더욱더 중요하
다. 그러므로 그러한 사회에서 계급 투쟁은 국익 보장을 위해 국가가 할
수 있는 일과 없는 일을 **규정한다.** 자본제 국가는 대중적 대의제의 정당
성에 확고한 토대를 두면서 **동시에** 인구 대다수가 존재한다고 믿지도 않
는 국가 토대에 대한 위협을 저지하기 위해 가혹하고 이례적 조치를 취할
수는 없다. 그러므로 국가는 스스로 참고해야 하는 그 '동의'를 지속적으
로 형성하고 구조화해야 한다.

매스 미디어는 화젯거리와 논란이 되는 주제에 관해 공중의 의식을
형성하는 데서 유일하지는 않지만 가장 강력한 세력에 **속한다.** 그래서 사

건에 대한 미디어의 의미작용은 '동의'가 획득 혹은 상실되는 하나의 핵
심 지형을 제공한다. 다시 말하자면 앞서 주장했듯이 영국에서 미디어는
공식적으로도 제도적으로도 국가의 직접적인 간섭이나 개입에서 독립해
있다. 그러므로 권력층에 유리한 해석을 재생산하도록 사건을 의미작용하
는 것은 국가의 다른 지부와 일반적 작동 영역에서처럼 공식적인 '권력
분립'을 통해서 이루어진다. 커뮤니케이션의 장에서 이 작업은 균형, 객
관성, 불편부당성의 전범에 의해 매개된다. 국가가 설혹 원한다 해도 바
로 어떤 특정한 문제에 관해 공중의 의식을 어떻게 조율할지 직접 지시할
수는 없으며, 다른 시각들도 당연히 접근권과 표현할 권리를 어느 정도
갖는다는 뜻이다. 비록 이 의미작용은 고도로 구조화되고 제약을 받는 과
정이긴 하지만(앞의 제3장에서 우리의 분석을 참고하라), 그 결과 '지배 이데올로
기의 재생산'은 문제와 모순이 가득한 과정으로 되고, 이에 따라 의미작
용 영역을 재창조하는 일은 이데올로기 투쟁의 장으로 바뀐다. 그렇다면
전후의 위기가 의미작용되는 방식의 분석에서 지배계급이 공중을 기만하
려는 명백한 목적을 위해 체계적으로 생성한 일면적 해석 꾸러미를 발견
하게 될 것이라고 기대할 수는 없을 것이다. 이데올로기적 심급은 이렇게
해서는 파악할 수 없다. 아무튼 이 시기에는 지배계급 자신도 부상하는
사회적 위기에 관해 스스로 퍼뜨리던 정의를 실제로 믿었다고 주장할 만
한 증거도 충분히 존재한다. 그럼에도 불구하고 이미 설명했듯이 미디어
가 공적인 의미작용 과정에서 지배적 해석보다는 자기 나름대로 구성하
고 굴절시킨 해석을 선호할 때조차도 지배계급 동맹이 지지하는 위기 해
석의 재생산이 철저하게 또 거기에 유리하게 이루어지도록 하는 메커니
즘이 작용하는 경향이 있다. 물론 여기서도 위기의 성격, 원인, 정도에 관
해서 단순한 합의는 존재하지 않는다. 그러나 전반적인 경향은 지배 이데
올로기에 의해 위기가 이데올로기적으로 구성된 방식이 미디어에서 동의
를 확보하고 이에 따라 여론이 지속적으로 참조하는 '현실'에서도 실제적
토대를 이루는 것이다. 이렇게 해서 권력의 편대에서 신뢰성을 얻은 위기
개념에 대해 '동의'가 달성되고, 이를 통해 대중의 의식도 이 버전의 사회

현실에 뒤따르는 통제와 저지 조치를 지지하도록 설득된다.

우리가 '일차적 규정자'라 부른 핵심 대변인들의 진술 그리고 미디어를 통한 그 진술의 재현은 우리의 재구성 작업에서 중심적인 부분을 이룬다. 그러나 관련 기간 동안 국가와 정치 기구 내에서 진행된 헤게모니의 성격 변화에서 이 행위자들이 어떤 역할을 했는지 이해하려면 무수하게 많은 중간적 개념들을 도입할 필요가 있다. 우리 분석은 국가 장치와 헤게모니적 지배 형태 유지 수준에서 전개되기 때문에, 이 문제는 앞서 **도덕 공황**으로 기술한 현상 분석과 관련이 있다. 언뜻 보면 '국가'와 '헤게모니' 개념들은 '도덕 공황'과 개념적으로 다른 영역에 속하는 것처럼 비친다. 우리 의도의 일부는 분명히 '도덕 공황'을 좀 더 깊숙이 자리 잡은 역사적 위기가 표출된 하나의 현상 형태로 맥락화하고 이를 통해 그 위기에 더 큰 역사적, 이론적 구체성을 부여하는 데 있다. 하지만 이처럼 개념을 다른 더 심층적인 분석 수준에 재배치한다고 해서 그 개념이 쓸모없다며 완전히 폐기되지는 않는다. 그보다는 '도덕 공황'을 위기의 주된 표면적 표출 형태의 하나로 규정하고, 어떻게 그리고 왜 위기가 그러한 의식 형태로 **경험되게** 되었는지, 위기가 관리, 억제되는 방식 측면에서는 국면적 위기를 '도덕 공황'이라는 대중적 형태로 치환한 것이 어떤 성과를 달성하는지를 설명하는 데 이 개념은 도움이 된다. 그러므로 우리는 '도덕 공황' 개념을 분석에 필요한 한 부분으로 유지하고 그 개념을 역사적 위기가 "경험되고 투쟁 대상이 되는" 핵심적 이데올로기 형태 중 하나로 재정의하려 했다.[주 2] 노동계급은 극도로 불투명한 수단에 의해 대부분 "자신의 등 뒤에서" 일어나는 과정으로 끌려 들어가서, 국가권력 작동에 정당성, 신뢰성, 합의를 부여하는 방식에서 일어나는 모순된 사태 진전을 경험하고 거기에 반응하게 된다. 그런데 '도덕 공황' 개념을 고수하면서 생기는 효과 중 하나는 바로 그러한 불투명한 수단을 꿰뚫어 볼 수 있게 된다는 점이다. 거칠게 표현하자면 '도덕 공황'은 '말 없는 다수'가 국가 측의 점차 강제적인 조치를 지지하도록 설득하고 국가의 '통상 수준을 넘어서는' 통제 행사에 정당성을 부여하는 수단이 되는 주된 이데올로기적 의식 형태 중 하나로 우리에게 보이게 된다.

　우리가 분석하는 시기의 초기에는 논쟁적인 공적 관심사의 어떤 핵심적 주제를 둘러싸고 '도덕 공황'이 연이어 발생하는 경향이 있다. 이 시기에 공황은 정치적 이슈(청년, 관용성, 범죄)보다는 사회적, 도덕적 이슈에 더 집중되는 경향이 있다. 이 공황은 전형적으로 지역의 반응과 공중의 동요에 초점을 두어 그러한 반응을 촉발하는 극적 사건 형태를 띤다. 흔히 지역 차원의 조직화와 도덕적 선도 활동의 결과, 통제 문화의 더 광범위한 권력이 경계심을 곤두세우고 (여기서 미디어는 핵심적 역할을 한다) 동시에 동원되기도 한다(경찰, 법원). 그 후 해당 이슈는 좀 더 광범위하고 더 골치 아프지만 덜 구체적인 주제들의 '징후 성격을 띠는' 것으로 간주된다. 이 이슈는 책임과 통제의 위계에서 위로 올라갈수록 더 부각되고, 아마 도덕 운동가들을 일시적으로 달래고 공황 감각도 누그러뜨리기 위한 공식 조사나 성명을 유발할 수도 있을 것이다. 우리가 중간기로 여기는 1960년대 후반에 이르면 이 공황은 이전보다 더 빠른 속도로 서로 앞다투어가면서 연이어 발생한다. 이 공황들(마약, 히피, 언더그라운드, 포르노그래피, 장발 학생, 게으름뱅이, 반달리즘, 축구 훌리건주의)에게는 전반적인 '사회에 대한 위협'이라는 비난이 점점 증폭되어 전가되었다. 공황의 단계 전개 속도가 너무나 빨라져 **지역** 차원의 영향 단계를 건너뛰는 사건도 무수하게 등장한다. 대마초 흡입자를 진압하러 마약 단속반을 투입하는 데는 풀뿌리 차원의 거센 압력조차도 필요하지 않았다. 오히려 미디어와 '통제 문화'가 그러한 현상 발생을 더 경계하는 듯했다. 미디어는 징후에 해당하는 사건을 신속하게 포착하고, 경찰과 법원은 밑으로부터의 상당한 도덕적 압력이 없어도 재빨리 반응한다. 이처럼 순서 전개가 가속화한 것은 골치 아픈 사회적 주제에 대한 감수성이 고양되었음을 시사하는 경향이 있다.

　이후 단계에 이르면 실로 여러 도덕 공황이 사회 질서에 관한 **일반적 공황** 속에 '함께 의미 배치'되는 현상이 나타난다. 영국에만 국한된 현상은 아니지만 그러한 나선은 우리가 '법과 질서' 캠페인이라 부르는 대응을 낳는 경향이 있었다. 히드 그림자 내각은 1970년 총선 직전 이러한 부류의 캠페인을 설계한 바 있고, 이 캠페인은 닉슨과 애그뉴가 1968년 백악관에 입성하는 데도 원동력이 되었다. 이처럼 의기투합해 캠페인이 결집되는 것은 공황 과정에서 변화의 중요한 이정표가 된다. 이제 공황의 경향은 국가 정치 복합체 자체의 핵심부에 자리 잡고 그 유리한 위치로부터 사회에서 합의에 어긋나는 모든 걸림돌을 좀 더 효과적으로 "법과 질서 자체에 대한 전반적인 위협"으로, 그리고 이에 따라 (국가가 대표하고 보호하는) 일반적 이익을 무너뜨리는 존재로 규정할 수 있다. 이제 공황은 위에서 아래로 작용하는 경향이 있다. 1970년 이후의 법과 질서 캠페인 주도자들은 국가의 안정성에 대한 일반적 위협 가능성에 대비해 사회통제 기구와 미디어의 경각심을 효과적으로 일깨운 듯하다. 사소한 반대 형태들은 신경이 곤두서고 경각심이 든 통제 문화에게 '속죄양'으로 삼을 만한 사건의 빌미를 제공하는 듯하다. 그리고 이러한 상황은 국가 기구를 차츰 거의 영구적인 '통제' 태세를 취하도록 몰아간다. 도식으로 정리하자면 도덕 공황에서 단계의 순서 변화는 다음과 같이 제시할 수 있다.

(1) *별개의 도덕 공황들* (가령 1960년대 초의 '모드족'과 '로커족')
    극적 사건 → 공중의 동요 → 도덕 선도 운동 (경각심 발동) → 통제 문화의 행동

(2) *'십자군 운동' ─별개의 도덕 공황들을 결합 배치해 '초고속' 전개 순서를 만들어냄* (가령 1960년대의 포르노그래피와 마약)
    경각심 발동 (도덕적 선도 운동) → 극적 사건 → 통제 문화의 행동

(3) *포스트 '법과 질서' 캠페인: 순서가 뒤바뀜* (가령 1970년 이후의 노상강도)
    경각심 발동 → 통제 문화의 조직화와 행동(비가시적) → 극적 사건 → 통제 문화의 강화된 행동 (가시적)

그러나 ─미디어와 미디어가 의존하는 자원에서─ 이러한 전개 순서의 변화를 지탱하는 의미작용 메커니즘은 무엇일까? 어떤 '의미작용의 나선'(signification spirals)이 도덕 공황의 생성을 지탱하는가?

## 의미작용의 나선

**의미작용의 나선**이란 본질적으로 사건의 위협을 상승작용시키는 사건의 의미작용 방식이다. 의미작용의 나선 개념은 어떤 일탈 사회학자들이 개발한 '증폭의 나선'(amplification spiral)과 비슷하다.[주 3] '증폭의 나선'은 반응이 어떤 조건하에서는 일탈을 감소시키지 않고 오히려 증가시키는 효과를 낳는다고 주장한다. 증폭의 나선은 **의미작용 영역 내부에서 이루어지는 자기 증폭적 시퀀스**다. 의미작용 자체가 전개되는 경로 내에서 의미작용이 다루는 행동이나 사건이 **상승작용**해 좀 더 위협적으로 보이게 된다는 것이다.

의미작용의 나선은 항상 다음 요소 중 적어도 몇 가지는 포함하는 것으로 보인다.

(1) 특정한 관심사의 확인

(2) 전복적 소수파의 확인

(3) 이름 붙이기에 의해 이 특정한 이슈를 다른 문제와 '수렴' 혹은 연결

(4) 일단 넘어서면 위협의 상승작용에 이르게 해주는 '문턱'(thresholds) 개념

(5) (우리 사건에서는 흔히 모범적 사례인 미국을 언급하는 식으로) 만일 아무런 조치도 취하지 않는다면 골치 아픈 시대가 도래할 것이라는 예언

(6) '단도한 조치'의 촉구

여기서 나선을 상승작용시키는 메커니즘은 두 가지 핵심 개념, 즉 '수렴'(convergence)과 '문턱'이다.

**수렴**: 우리 용례에서 '수렴'은 둘 이상의 행동이 의미작용 과정에서 연결되어 암시적으로나 명시적으로 양자 사이의 병행관계가 설정될 때 발생한다. 그러니까 '훌리건주의'의 스테레오타입적 특징은 이미 사회적

으로 통용되는 지식의 일부인데, '학생 훌리건주의'는 '학생' 시위를 이와 별개 문제인 훌리건주의와 연결시킨다. **새로운** 문제점을 공중에게 이미 친숙한 오랜 문제점의 맥락에 배치하면 새로운 문제가 어떻게 분명히 새로운 의미로 기술되고 설명될 수 있는지를 여기서 알 수 있다. 훌리건주의라는 상상을 활용하면 이 의미작용은 별개의 두 행동을 그들에게 **전가된** 공통분모를 근거로 해 동일시하게 된다. 양자는 모두 '분별없는 폭력'이나 '반달리즘'을 포함하기 때문이다. 이와 연관된 또 다른 수렴 형태는 일련의 사회 문제 전체를 열거한 후 '더 근본적이고 내재하는 문제점의 일부', 즉 '빙산의 일각'으로 매도해버리는 것이다. 그러한 연결 역시 암시된 공통분모를 기반으로 해서 날조될 때가 특히 그러한 사례에 속한다. 두 사례에서 모두 궁극적인 효과는 **증폭**인데, 이는 기술된 실제 사건의 증폭이 아니라 사회에 비친 '위협의 잠재력'이라는 측면에서의 증폭이다. 그러한 수렴은 **오직** 의미작용을 하는 관찰자의 눈으로 볼 때에만 발생하는가? 이 수렴은 순전히 허구적인가? 물론 사실 중요한 수렴은 지배 문화가 '정치적 일탈'이라 기술할 만한 일부 영역에서만 발생하고 실제로도 그랬다. 1960년대 말 미국에서 정치적 주변성과 사회적 일탈 간의 구분은 '점차 무용지물화'해버렸다고 어빙 호로위츠(Irving Horowitz)와 마틴 리보위츠(Martin Liebowitz)는 지적했다.[주 4] 이와 비슷하게 스튜어트 홀은 1960년대 말과 1970년대 영국 저항 정치의 일부 영역에 비추어보면서 다음과 같이 주장했다. "사회적으로 일탈 행위와 정치적 일탈 행위 간의 뚜렷한 구분은 점점 유지하기 어려워졌다."[주 5]

　　예를 들면 정치 집단이 일탈적 라이프스타일을 채택하거나 일탈자들이 정치화할 때 수렴은 발생한다. 수동적이고 개인주의적으로만 파악되던 사람들이 집단 행동을 취할 때(예컨대 권리 주창자), 혹은 단일 이슈 캠페인 지지자들이 더 광범위한 선동에 착수하거나 공통의 대의를 선택할 때에도 수렴은 발생한다. 이데올로기적이거나 상상적 수렴뿐 아니라 (1968년 5월의 노동자와 학생 간의 수렴처럼) 실제적 수렴도 있다. 하지만 의미작용의 나선은 실제 역사 발전과의 필연적 상응관계에 의존하지 않는다. 그처럼 아주 실제적인 연계를 정확하게 재현할 수도 있고, 수렴의 성격이나 정도를 과장해 신비화할 수도 있으며, 완전히 날조된 정체성을 창조할 수도 있다. 예를 들면 1970년대에 게이 해방 운동에 관여한 일부 동성애자는 **실제로** 급진주의나 마르크스주의 좌파에 소속되었다. 하지만 모든 동성애자 개혁가가 '마르크스주의 혁명가'라고 단정한 의미작용은 실제의 수렴을 이데올로기적 방향으로 굴절시킨 셈이 될 것이다. 이러한 과장은 그럼에도 불구하고 그것이 갖는 진실의 핵심에 신뢰성이 달려 있을 것이라는 데는 의심의 여지가 없다. 그러한 굴절은 또한 잘못된 재현이 될 것인데, 표방하는 정치적 신념이 없는 무수한 개혁가를 그릇되게 재현할 뿐 아니라 성적 이슈에 대한 전통적 '좌파'의 태도는 마르크스주의자 측에서조차 비판한다는 사실까지도 잘못 재현하게 될 것이다. 그러한 굴절은 복잡한 현상을 논란이 되는 부분의 측면에서만 의미작용했다는 바로 그 이유 때문에 '이데올로기적'이 될 것이다. 이는 또한 기존 정치 질서에 가장 골치 아프고 위협적인 한 요소만 지나치게 과장하기 때문에 '상승작용'을 동반하게 될 것이다. 앞서 언급한 '학생 홀리건주의'의 예도 거의 비슷한 방식으로 작동하는데, 이번에는 두 가지 거의 완전히 다른 현상을 연결해 동일시하는 식이다. 그러나 이 사례는 이슈를 좀 더 친숙하고 전통적이고 비정치적인 (홀리건주의) 문제의 관점에서 재의미작용 시켜서 ― 부상하는 학생운동이 제기한 ― 그 이슈의 정치적 틀을 바꿔놓는다. **정치적** 이슈를 **범죄** 이슈로 옮겨놓는 방식(폭력이나 반달리즘과의 연결)으로 당국의 정치적 대응보다는 법적 혹은 통제식 대응을 손쉽게 만든 것이다. 이처럼 틀의 치환은 이슈를 **범죄화**해서 탈정치화를 달성할 뿐 아니라 다양한 갈래로 구성된 복합체에서 가장 우려되는 요소, 즉 폭력적 요소만 추려낸다. 따라서 재의미작용 과정은 또한 복잡한 이슈를 단순화하는데, 이는 예컨대 엄격한 주장에 의해 입증했어야 할 내용을 (가령 모든 학생 시위는 무분별하게 폭력적이라는 주장) 생략을 통해 '단순하게 만드는' 방식으로 이루어진다. 따라서 그 운동의 '본질적으로 홀리건주의'는 입증된 진실처럼 통하게 된다. 그러한 의미작용은 또한 그 속에 은폐된 전제와 이해 방식(예를 들면, 정치와 폭력 사이의 극도로 복잡한 관계를 지칭하는 전제나 이해 방식)을 내장하고 있다. 마지막으로 어떤 정치적 이슈를 그 이슈의 가장 극단적이고 폭력적 형태를 통해 의미작용함으로써 의미작용은 '통제식' 대응을 낳고 그 대응을 정당하게 만든다. 공중은 법의 강력한 무력이 정당한 정치 시위자에게 자의적으로 행사되는 것을 보기 꺼려할 수도 있다. 그러나 누가 법과 '훌리건 무리' 사이를 중재하려 할 것인가? 그러므로 상상적 수렴은 이데올로기 기능을 수행하며, 그 기능은 특히 공중과 국가에 의한 강제적 대응을 부추기고 정당화한다는 측면에서 실제로도 효과를 낳는다.

　　**문턱**: 골치 아픈 사건에 대한 공적인 의미작용에서는 사회적 관용의 한계를 상징적으로 표시하는 어떤 문턱이 존재하는 것 같다. 어떤 사건이 이 문턱의 위계에서 더 높은 곳에 배치될수록 이 사건이 사회 질서에 미치는 위협도 심각해지고 강제적 대응도 더 강경하고 더 자동적으로 된다. 예를 들면 **관용성**은 문턱이 낮다. 이 문턱을 침해하는 사건은 전통적인 도덕 규범(가령 혼전 섹스의 금기)에 위배된다. 그러므로 이 사건은 도덕적 제재와 사회적 비난을 가동시키지만 반드시 법적 통제를 받지는 않는다. 그러나 흔들리는 '관용성'의 경계를 수호하기 위해 벌어지는 투쟁과 도덕적 십자군 운동은 만약 '관용적' 행동의 일부 측면이 **또한** 법을 위반해 **법적 문턱**을 넘어선다면 더욱 확고해질 수도 있다. 법은 도덕적 비난의 애매한 영역을 명쾌하게 정리하고 법적으로 허용되지 않는 행위와 도덕적으로 비난받는 행위 사이를 구분한다. 따라서 진보적 성격이든 규제적 성격이든 새로운 입법은 전통적 도덕 감정의 부침, 가령 낙태 문제를 둘러싼 변화를 민감하게 보여주는 척도다.[주 6] 법적 문턱의 침범은 어떤 행동의 잠재적 위협 문제를 제기한다. 허용되지 않는 행동은 도덕적 합의에만 위배되지만, 불법적 행동은 법적 질서와 그 질서가 소중히 여기는 사회적 정당성에 대한 도전이다. 하지만 사회 질서 자체의 근본적 토대나 그 핵심 구조에 도전을 제기하는 행위는 거의 늘 **폭력의 문턱**을 포함하거나 적어도 그 문턱을 거침없이 넘어가려는 것처럼 의미작용된다. 이 문턱은 사회적

관용의 한계치 중에서도 가장 높다. 폭력적 행위는 앞으로 (정당한 폭력을 독점하는) 전체 국가 자체의 존속을 위협한다고 간주할 수 있기 때문이다. 어떤 행위는 물론 그 어떤 정의를 적용하던 폭력이다. 무장 테러리즘, 암살, 봉기 등이 그렇다. 이보다 훨씬 더 논란의 여지가 큰 것은 꼭 폭력을 옹호하거나 폭력으로 이르지는 않지만 이들이 국가에 제기하는 도전의 근본 속성 때문에 '폭력적'으로 간주되는 모든 범위의 정치 행위다. 그러한 행위는 거의 늘 그 행위가 갖고 있는 **사회적 폭력의 잠재력** 측면에서 의미작용된다(여기서 폭력은 '극단주의'와 거의 동의어다). 최근 로버트 모스(Robert Moss)는 "폭력의 정복은 현대 민주 사회의 대표적인 업적이다"라고 주장했다.[주 7] 여기서 "폭력의 정복"이란 폭력의 소멸이 아니라 **정당한** '폭력'을 독점적으로 행사하는 국가에게 폭력이 국한된다는 뜻임에 틀림없다. 그러므로 '폭력적'으로 의미작용될 수 있는 모든 위협은 광범위한 사회적 무정부 상태와 무질서의 지표, 즉 아마도 계획된 음모의 빙산의 일각임에 틀림없을 것이다. 그렇게 의미작용된 어떤 저항 형태든 즉시 법과 질서 이슈가 된다.

> 범죄 차원이든 정치적이든 심각하고 지속적인 폭력 난무에 직면해 국가가 이 기본 기능을 완수하지 않는다고 여겨지면 우리는 한 가지는 확신할 수 있다. 즉 조만간 일반 시민들이 법을 스스로 장악하거나 위험에 더 잘 대처할 새로운 정부 형태를 지지할 태세가 될 것이라는 점이다.[주 8]

의미작용의 나선에 적용되는 몇몇 문턱은 그림 8.1에서처럼 그림으로 표시할 수 있다. 사회 갈등의 이데올로기적 의미작용에 수렴과 문턱을 함께 사용하면 **상승작용**이라는 본질적 기능이 작동한다. 사회에 대한 한 가지 종류의 위협이나 도전은 언뜻 유사해 보이는 다른 현상과 함께 의미 배치될 수 있다면 더 크고 위협적으로 보인다. 특히 만일 한 가지 상대적으로 무해한 행동을 좀 더 위협적 행동과 연결하면 암시되는 위협의 규모는 좀 더 광범위하고 확산된 것처럼 보이게 된다. 마찬가지로 '관용적' 경계에서 발생하는 도전을 필연적으로 '더 높은' 문턱에 대한 도전에 이르는 것처럼 재의미작용하거나 제시하게 된다면 사회에 대한 위협은 상승작용을 일으킬 수도 있다. 어떤 사건이나 행위자 집단을 그 본질적 특성, 목적, 행동 계획 측면에서 취급할 뿐 아니라 문턱을 넘어 그 사건이나 집단이 초래할 (혹은 덜 결정론적으로는 이르게 할) **수도 있는** 것처럼 '반사회적 잠재력'을 투사하면 애초의 사건이나 집단은 "더 큰 쐐기의 날카로운 모서리"처럼 취급할 수 있게 된다. 만일 '장발'과 '자유분방한 섹스'를 마약 흡입의 필연적인 선행 징후로 보거나 모든 마리화나 흡연자를 잠재적인 헤로인 중독자로 의미작용하거나 모든 대마초 구입자가 (즉 불법 행위에 연루된) 초보 마약 거래자라면, 저항문화의 '관용성'은 훨씬 더 위협적으로 보이게 된다. 마찬가지로 (마약이 복용자의 이성을 추락시키기 때문이든, 습관을 지속하기 위해 강도질을 부추기기 때문이든) 마약 복용이 필연적으로 모든 이용자를 '폭력 성향'으로 내몬다면 불법성으로 이를 위협은 헤아릴 수 없는 상승작용을 일으킨다. 이와 비슷하게, 평화로운 시위도 만약 항상 폭력 충돌의 잠재적 시나리오로 기술된다면 더 위협적으로 변한다. 중요한 요지는 여러 이슈와 집단이 문턱 너머로 투사되면 이들을 겨냥해 정당한 통제 캠페인을 전개하기 더 수월해진다는 것이다. 이 과정이 사회에서 갈등이 의미작용되는 방식의 정규적이고 일상적 일부가 된다면, 이는 실로 '이례적

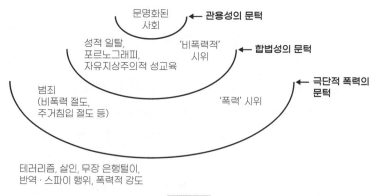

**그림 8.1**

수준을 넘어서는 통제'조차도 언제든 취할 수 있는 그 자체의 동력을 조성하게 된다.

　다음에는 동일한 문제틀(problematic)의 두 가지 측면으로서 '예외적 형태'의 국가 등장 그리고 이 사태 진전에 그림자처럼 따라다니기 마련인 위기의 이데올로기적 의미작용을 다룬다. 물론 시기를 전반적으로 재구성하는 데에는 훨씬 더 광범위하게 여러 신문을 참고했고 종종 다른 출처에서도 인용하기는 하지만, 논의의 간결함을 위해 참고자료를 대부분 〈선데이 익스프레스〉와 〈선데이 타임스〉 두 신문에서 따왔다. 이 두 신문은 충분히 차이가 있어 (하나는 '대중지'고 다른 하나는 '고급지'이며, 하나는 보수적이고, 다른 하나는 진보적이다) 기간 내내 의미작용의 범위와 전개 순서를 파악하고 강조점에서 내부적 불일치를 지적하는 데에는 유용하다.

## ▌전후의 헤게모니: 합의 구축

　분명히 헤게모니라는 사실은 헤게모니 행사 대상이 되는 집단들의 이익이나 경향을 고려해야 한다는 점을 전제한다. 또한 어떤 타협이 균형점을 형성해야 한다는 점, 달리 말하자면 주도 집단은 경제적-조합주의적 부류의 희생을 감수해야 한다는 점도 전제한다. 그러나 그러한 희생과 타협이 본질을 건드릴 수 없다는 점 역시 의심의 여지가 없다. 왜냐하면 헤게모니가 윤리적-정치적이긴 하지만 경제적인 것이기도 해야 하며, 경제 활동의 결정적 핵심에서 주도 집단이 행사하는 결정적 기능에 필연적으로 근거해야 하기 때문이다(그람시).[주 9]

　사회주의는 계급운동이 아니다 … 노동계급의 지배도 아니다. 공동체 조직이다(램지 맥도널드Ramsey Macdonald).[주 10]

　계급 전쟁은 끝났다(해럴드 맥밀런Harold Macmillan).[주 11]

　전후 영국에서 지배계급 헤게모니의 재구축은 아주 간략하게라도 자본주의 세계의 국제적 안정화라는 맥락에서 파악해야 한다. 여기서는 세 요인이 핵심적 중요성을 지닌다. 경제적 측면에서는 1930년대의 전 세계적 불황과 그 후 이어진 전면전에 의해 조성된 상황을 배경으로 자본의 내부적 구조 개편과 추가적으로 자본의 글로벌한 팽창에 의해 전 세계적 규모로 자본주의 안정화가 달성되었다는 것이다. 그 결과 전례 없는 생산 증가의 시기가 도래했는데, 이는 아마 체제의 역사에서 일찍이 경험한 것 중 가장 지속적인 성장기였을 것이다. 정치적 측면에서 이 시기에는 특히 유럽에서 경제 문제에 대한 국가 역할 증대에 근거해 의회 민주주의의 철저한 안정화도 이루어진다. 물론 이 사태 진전은 경제 불황이라는 특이 상황에 대한 특이한 정치적 대응으로 파시즘의 성장에 의해 의문의 대상이 되기도 했다. 이데올로기 측면에서는 공산주의 세계의 도전에 직면해 서구 민주주의들이 전열을 가다듬고 냉전 상황에서 소비에트 세력에 대항해 '자유 기업'의 교의가 재단장되어 탄생했다. 영국은 자신만의 특별한 방식으로 또 자신만의 역사적 위치의 한계 내에서 '특이한 경로'로 이 안정화에 진입했는데, 여기에는 두 집권당도 ─ 전례없는 헤게모니 지배 시기인 1951년까지의 시기에는 노동당, 그 후에는 보수당 ─ 서로 다르기는 하지만 모두 중요한 기여를 했다.

　　1945년에서 1951년 사이의 노동당 정부는 흔히 사회민주주의의 분수령을 이루고 평화롭고 의회정치 방식의 사회주의 이행에 토대를 놓은 것으로 파악되지만, 사실은 무엇인가의 시작이라기보다는 마무리를 대변했다. 그렇게 되자 대중적 전쟁의 이례적 조건하에서 성숙했던 모든 것은 심지어 전성기인데도 이미 저물기 시작했다. 노동당은 복지국가를 건설했고, 일부 사양 산업을 공적 소유로 전환했으며, 엄격한 긴축조치 행사에 의해 전시 경제를 평화시 생산으로 가까스로 이행시켰다. 노동당은 자신이 재건하지 않은 생산 체제에 어떤 인간적인 사회개혁 사상도 접목하려 했다. 하지만 리처드 H. 토니(Richard H. Tawney)가 이전에 언급했듯이 양파를 한 겹씩 벗겨낼 수는 있지만, 호랑이 가죽을 한 줄씩 벗겨낼 수는 없다. 완전 고용은 유지되었다. 그러나 계급 간의 실제적인 소득 재분배는 전쟁 후가 아니라 전시에 발생했고,[주 12] 노동계급은 전후인 1948년에는 크립스(Cripps)2식의 혹독한 임금 동결의 충격과 1949년에는 한국전 인플레이션으로 유발된3 대대적인 통화 평가 절하를 감내했다. 이러한 여러 정황은 노동주의자의 실험에 외부적 행동 반경을 설정했다. 냉전기 동안 영국은 노동당 주도로 확고하게 미국 편에 섰는데, 이 선택은 정치 풍토 주변에 일종의 '베를린 장벽'을 세우는 효과를 가져왔다. 중도에서 좌측 으로 기울어지는 그 어떤 것이든 정상적 세계에서 벗어나 금방 크레믈린 의 수중에 떨어질 위험에 처한 것처럼 여겼다. 잡지 〈인카운터(Encounter)〉 와 문화자유회의(Congress for Cultural Freedom)4는 '자유세계'의 이 반경 언 저리에서 순찰을 돌았다. 모든 정치적 해결책은 한계 내에 억제되었다. 전 서유럽에 걸쳐 냉전은 모든 주요 정치 경향을 중도로 몰아가는 효과를 낳았고, 정치 풍토는 의회민주주의와 '혼합 경제'의 핵심 기관을 중심으 로 안정화되었다. 비록 영국에서는 선거 측면에서 좌파가 집권했지만, 이 데올로기적으로나 정치적으로나 '좌파'는 이미 쇠퇴하고 있었다. 재무장 계획을 위해 '무상 의료'를 희생한 것은 막다른 골목에 해당했다. 1951년 의 패배는 노동당을—그리고 이와 함께 사회민주주의적 간막극 전체를— 표류시켰다.5

---

2  제2차 세계대전 종결 후 영국의 긴축정책을 추진한 리처드 스태포드 크립스(Sir Richard Stafford Cripps)에게서 따온 표현이다. 크립스는 1947년부터 1950년까지 노동당 애틀리 내각에서 재무장관으로 경제 정책을 주도했다. 장관으로서 그는 이른바 '내핍의 시대'(age of austerity)라 불리는 이 시기에 긴축정책이란 악역을 맡아, 소비를 억제하기 위해 전시 배급제를 유지했으며 수출을 장려하고 임금 동결로 완전 고용을 유지하려 애썼다.—역주

3  한국전쟁이 1950-53년인 것을 감안하면 시기적으로 오류인 듯하다.—역주

4  문화자유회의는 1950년 서베를린에서 창설된 반공운동 단체로서 1979년까지 활동했다. 전성기 때는 전 세계 35개국에서 활동을 벌이기도 했다. 1966년 이 단체 설립과 자금 조 달에 CIA가 개입했음이 폭로되었다. <인카운터>는 1953년부터 1991년까지 영국에서 발 간되던 문학-정치 잡지였는데, 문화자유회의의 핵심 인물인 멜빈 라스키(Melvin Lasky)가 1958년부터 편집장을 맡았다. 이 잡지 역시 문화자유회의의 자금을 받아 운영되었음이 밝 혀졌다.—역주

5  1950년 한국전 발발과 미국-중국 간의 위기 고조는 유럽 국가들에게 재무장에 대한 압박을 고조시켰다. 냉전의 본격적인 시작으로 소련의 침공에 대한 두려움도 퍼져갔다. 영국 정부는 1950년 8월 국방 예산을 23억 파운드에서 36억 파운드로 대폭 확대 편성했다. 국방예산 증가는 다른 복지 예산 지출에 대한 압박을 증가시켰다. 이에 따른 삭감 조치 중 특히 정치 적 이슈화한 것 중 하나가 바로 전 국민 의료보험 중 치과와 안경에 대한 지불 제한이었다. 이를 계기로 노동당 내에서도 정책 노선을 둘러싸고 강경파와 온건파 사이에 분열이 가속화

하지만 이 핵심적인 간막극 시기에 전후 합의의 토대가 마련되었다. 요약하자면 이렇다. 복지국가 구축, '혼합 경제'식 해결책에 맞게 자본주의와 노동운동 개조, 냉전에서 '자유기업' 편에 동참 등이다. 이 조치들은 새로운 부류의 사회계약에 한계를 설정했는데, 그 주된 효과는 노동운동을 자본주의 안정화의 틀 내에 한정시킨 것이다. 대공황의 쌍둥이 유령이 추방된 후 노동운동은 고용 안정과 복지의 토대 위에서, 사적 자본이 속도를 정하는 혼합 경제의 틀 안에서, 또 자본제 국가 의회 구조의 틀 안에서 계급 투쟁의 해결책 모색에 헌신했다. 일부의 평가와 반대로 이러한 동화의 궤도는 출발 때부터 노동주의의 특징이었지만,[주 13] 이를 공개적으로 인정하는 바람에 전후 사회민주주의의 전면적인 수정이 순조롭게 진행됐다.

노동당이 씨앗을 뿌렸지만 수확을 거둔 쪽은 보수당이었다. 양당은 각자 나름대로 합의 구축에 힘을 보탰다. 두 당은 복지국가를 새로운 자본주의에 '필요한 사회적 비용', 말하자면 수정 원칙으로 수용했는데, 바로 이것이 '인간의 얼굴을 한' 자본주의다. 완전 고용 원칙에도 똑같은 원리가 적용되었다. 이러한 양보에 의해, 그리고 프레데릭 울턴 경(Lord Frederick Woolton)과 '새로운 인간들'의 개혁된 정당 주도 아래 보수주의는 나름대로 대가를 치르고 중도 영역으로 진입했다. 비록 보수당은 1951년 통제를 철폐하고 자유 기업을 복원하겠다는 공약으로 재집권했지만, 그 성공은 낡은 '보수주의'의 재포장보다는 새로운 보수주의의 승리를 의미했다.[주 14] 새로운 보수당은 국가가 고용과 수요의 전반적인 관리를 책임져야 한다는 데에 수긍했다. 철강과 설탕의 사례처럼 제조업 자체를 위협할 때를 제외하면 소규모 공공 부문의 국유화는 이 '새로운 인간들'에게는 큰 문제가 아니었다. 이 새로운 인간들은 이 부문 역시 다시 궤도에 올려놓는 데 성공했다. 자유 기업 자본주의의 원칙에 지배되는 경제로 귀환할 여건을 확보하는 동시에 이러한 방식으로 '미래의 편에' 섰다. 복지와 완전 고

---

했다. 더구나 1950년 총선 결과 노동당은 정권을 유지하긴 했지만, 야당과의 의석 격차는 한 자리 숫자로 줄었다. 애틀리 수상은 난관 타개를 위해 1951년 총선을 다시 실시했지만 패배해 정권을 잃었다. ─ 역주

용 부문의 양보는 그냥 자본주의 부활에 필수적인 정도의 대중적 정당성
을 확보해주었다. 예언자적으로 '벗스켈주의'(Butskellism)6라는 이름이 붙
은 이 중도의 기반 위에서 대중 소비자 자본주의의 확장이 시작되었다.

　　간혹 분석가들은 노동당이 자본주의의 유례없는 확장의 토대 마련에
기여한 것을 일종의 음모로 해석하려는 유혹에 빠졌다. 이 기여는 그러한
부류의 것이 전혀 아니다. 복지는 실로 노동계급의 노골적 희생하에 수행
된 고삐 풀린 자본주의에 대한 타격이었다. 완전 고용은 오랫동안 실업수
당과 구직 신청 행렬에 익숙한 계급에게는 의미 있는 성취였다. 중요한
것은 이 혁신들이 자본주의 발전 논리에 거스르지 않고 그 논리 안에서
수행되었다는 점이다. 그리고 이 때문에 자본 측에서는 이 혁신들이 나타
내는 손실을 **실행과정에서** 핵심적인 정당화의 기반으로 **재정의**할 수 있게
되었다. 자본주의는 종종 그러한 의도치 않은 결과에 의해서도 발전했고,
확장된 노동계급의 힘에 의해 의제화하고 노동계급이 극복해야만 하는
모순에 의해서도 진전을 이루었다. 이러한 모순된 구조를 흡수하면서 영
국 자본주의는 19세기 후반 시작되어 자유방임에서 독점 단계에 이르는
긴 경로를 따라 스스로 재편될 수밖에 없었다. 그리고 그 과정에서 자본
제 국가 자체와 노동계급의 정치적 구조도 재구성해야만 했다. 테일러주
의(Taylorism)7와 '포드주의'(Fordist)8 혁명은 20세기 초반에 시작되어 (공황기

---

6　벗스켈주의는 1950년대 영국 정치에서 유행하던 용어로, 보수당과 노동당이 모두 지지한
　　중도적 경제 노선을 의미한다. <이코노미스트>지가 노동당 재무장관이던 휴 게잇스켈(Hugh
　　Gaitskell)과 그다음 보수당 내각의 재무장관 랩 버틀러(Rab Butler)의 이름을 이어 붙여 만
　　든 신조어다. 이 노선은 혼합경제, 강한 복지국가, 완전고용을 위해 케인즈주의식 수요 관리
　　정책 등을 특징으로 한다. ― 역주
7　테일러주의는 과학적 경영(scientific management) 이론이라고도 불리는 데 초창기 중요한
　　경영 이론 중 하나다. 생산과정에서 작업의 흐름을 진단하고 분석하여 노동 생산성을 높일
　　수 있는 최적의 방식을 찾아내려 한다. 1880년대와 1890년대에 미국에서 프레데릭 테일러
　　(Frederick Taylor)가 철강 산업에서의 연구를 토대로 창안하였고, 1910년대에 특히 큰 영
　　향을 미쳤다. ― 역주
8　포드주의는 넓게는 대량생산과 대량소비 체제를 근간으로 하는 경제적, 사회적 체제를 의미
　　한다. 전후 경제 호황기를 누린 미국의 체제를 중심으로 형성된 선진 자본주의의 이데올로기
　　라고도 불린다. 생산 체제 측면에서 포드주의는 상품의 표준화와 자동화를 통한 대량생산, 작

에 이어) 두 세계대전 사이에 확대되었고 전후 시기에 완성되었다. 이 혁명
은 새로운 생산 방법을 아주 폭넓게 도입해 생산성과 노동강도를 엄청나
게 높이는 결과를 낳았다. 케인즈주의 경제 규제 수단이 점진적으로 채택
되면서 자본 자체의 이익을 위해 자유방임주의 교의도 폐기할 수 있게 되
었을 뿐 아니라 자본주의의 현대적 발전을 위해 완전히 새로운 제도적 틀
까지도 재편할 수 있는 수단이 마련됐다. 두 조치 덕분에 확장되고 개입
주의적인 '국가 규제자'의 통치 아래에서 고임금, 대량생산, 국내 소비자
지향적인 현대 경제가 실현될 수 있었다. 그리고 또한 전후 경제 팽창의
토대도 마련됐다. 케인즈주의 수단에 의한 규제 덕분에 통제되지 않은 호
경기와 불경기를 반복하는 자본주의의 경향이 한동안 상쇄될 수 있었다.
값싼 노동 경제의 폐기와 시장에 의한 실업 통제 폐기 덕분에 국내 소비
자 상품의 대량 시장이 대대적으로 확장될 수 있었다. 이러한 생산 호경
기의 토대는 값싼 에너지와 새로운 테크놀로지의 활용에 근거한 전후 '경
영자주의'(managerialist)9 기업 노선이었다.[주 15] 이러한 종류의 자본주의가
발전하려면 자본제 국가의 대대적인 재편이 필수적이었다. 따라서 '개입
주의 국가' 확장은 통상적으로 복지국가 형성과 연계지어 생각할 때 드러
나는 것보다는 훨씬 더 근본적인 자본의 경제적 기능에 의해 가동되고 그
와도 관련이 있다. 이 개입주의 국가는 더 이상 '경쟁적 자본'의 국가가
아니었다. 이 국가는 대대적인 조정과 조화의 제도적 틀을 필요로 하는
자본 형태를 감독했으며 필요하다면 개별 자본가의 희생도 감수했다. 이
점진적인 조화 모색을 수행하는 영역은 흔히 위상이 고양된 국가로서 마

---

업과정의 세분화와 컨베이어 벨트 시스템에 의한 조립, '생활' 임금 지급으로 노동자의 구매
력 촉진 등을 특징으로 한다. 포드주의는 대량 생산 테크놀로지 혁신으로 가능해졌기 때문에,
대표적인 성공 사례인 자동차 산업 혁신을 주도한 포드의 이름을 따서 그렇게 불린다. — 역주
9  경영자주의는 전문경영인, 그리고 이들이 사용하는 개념, 방식의 가치에 대한 믿음을 표현
하는 이론이다. 특히 1993년 윌라드 엔트만(Willard Enteman)의 저서 <경영자주의: 새로
운 이데올로기의 부상(Managerialism: The Emergence of a New Ideology)>의 출간으로
유명해진 개념이다. 이 이론이자 이념은 조직의 효율적인 관리를 위해 전문 경영인에 의한
통제와 책임성, 측정 등을 중시하는데, 넓게 보면 소유권에 의한 간섭과 노동자의 저항에
맞서 경영인의 가치를 대변하는 이데올로기라고 보기도 한다. — 역주

르크스가 '구체적 세력'으로서의 **사회적 자본**이라 부른 그러한 자본의 국가였다.[주 16] 시장 자체, 소비, 자본 간에 걸친 전략 조율 등은 자본제 국가 자체에 부여된 핵심적이고 전략적인 과정이 되었다. 그리고 노동계급 포섭과 억제의 조율 역시 마찬가지였는데, 노동계급의 정치적 힘을 포섭해야 하기는 하지만, 이들의 임금은 더 이상 실업과 임금 삭감을 통해 쉽게 통제할 수 없기에 이들 역시 다른 방식으로 규율하에 두어야 했기 때문이다.

1950년대에는 노동과정과 그에 따른 분업구조에서 중요한 변화가 일어났고, 이에 힘입어 체제는 다시 한번 새로운 규모로 비용절감을 통해 생산성 향상을 도모했다. 그러나 소비와 교환 수준에서 화폐 임금 상승과 소비자 상품 급증은 이러한 중요한 변화를 은폐하는 역할을 했다. 이 변화는 또한 대량시장, 할부 구입, 지불시기 조절 등을 통해 노동계급이 선거에서 보수당을 지지하도록 유도했다. 체제의 행운과 보수당의 행운은 이제 서로 떼놓을 수 없을 정도로 연결되었다. 이렇게 새롭게 형성된 생산력 향상 과정에서 노동당 혁신의 모든 흔적은 재구성되고 재규정되어 새로운 '민중의 자본주의'(people's capitalism)와 강력한 보수당 대중주의를 지지하도록 조치되었다. 앤소니 이든(Anthony Eden)의 증언을 들어보자. "우리의 목적은 전 국가적인 재산 소유 민주주의다. … 사회주의의 목적은 소유권을 국가 수중에 분배하는 데 있는 반면, 우리 목적은 실행 가능하다면 최대한 많은 개인에게 소유권을 배분하는 것이다."[주 17]

이상의 내용은 전후 합의 구축에서 첫 번째 부분이었다. 두 번째는 해럴드 맥밀런의 대단히 절묘한 주도하에 진행된 합의의 정치적 구현, 즉 '풍요의 정치'(politics of affluence)였다. 1955년 보수당은 "성공에 투자하라"라는 구호로 국민에게 접근했다. 맥밀런의 "이보다 더 좋을 수는 없었다"라는 구호는 1957년 브래드포드(Bradford) 연설에서 처음 공개되었다. 이 구호는 점점 더 강한 확신과 엄청난 홍보적 열정이 가미되어 1959년의 중요한 선거 전초전에서 지속되었는데, 끝없이 상승곡선을 그리는 듯한 국가적 행운의 강력하고 흥분되는 경험을 속류적인 기회주의를 활용해 직접 포착한 것이다. "지금까지는 좋았습니다. 앞으로 더 좋아지도록 합시다. 보수당에 투표하시오." 유권자들은 실제로 그렇게 했다.10 이 무렵 보수당은 모든 유리한 사회적 추세와 스스로 동일시했다. "요컨대 노동의 속성 변화, 완전 고용, 새집, 텔레비전, 냉장고, 승용차와 선정적 잡지에 근거한 새로운 생활 방식 등 모든 것이 우리의 정치적 강점에 영향을 미쳤다"라고 휴 게잇스켈(Hugh Gaitskell)11 씨는 인정했다. "보수당은 새로운 노동계급에게 우리보다 더 잘 맞춰 주었다"라고 또 다른 노동당 각료(패트릭 고든 워커Patrick Gordon-Walker)는 언급했다. 맥밀런 씨의 이력서는 더 간결하고 요점에 더 충실했다. 이는 "비교적 잘 통했다"라고 맥밀런은 말했다. 이 밖에도 맥밀런의 연설은 "계급 전쟁은 이제 무용지물"이라는 점을 입증했다. 노동당은 영혼의 칠흑 같은 어둠 속으로 내팽개쳐졌다. 어떤 단기적인 선거의 승패가 아니라 전후 자본주의의 사회학 전체가 이제 자신에게 불리해진 듯했다.

　세 번째 단계는 '풍요로운 사회' 이데올로기의 —종교의— 생산에 의해 구성되었다. 이 이데올로기가 성공한 이유는 주로 누구도 통제할 수 없는 경제적 세력이 뒷받침하는 것처럼 보였다는 데 있었다. 이 이데올로기는 새로운 형태의 자본주의 부활이 초래한 사회적 삶의 직접적인 변화에 어느 정도 근거도 두고 있었다. 호경기, 좀 더 급속한 사회적 이동성의 시작, 계급 구분의 일시적 완화는 계급 투쟁의 격렬함을 단기적으로 감소시키는 효과를 낳았다. 주거의 변화, 새로운 공영 주택 단지에서 노동계급 삶의 패턴 변화, 국가 교육 확대로 일부의 기회 확장 등도 비슷한 효과를 초래했다. 노동계급의 생활수준은 밑으로부터는 복지에 의해 영구적으로 보강되고, 위로부터는 화폐 임금 상승으로 자극받는 것처럼 보였

---

10　1959년 총선에서 노동당은 다시 보수당에게 패배했다. 정권을 잃은 1951년 총선에 비해 득표율은 48.8%에서 43.8%로, 의석수도 47.2%에서 40.1%로 줄었다. —역주
11　휴 게잇스켈은 노동당 정치인으로 애틀리 내각에서 에너지 장관(1947-50)과 재무장관(1950-51)을 지냈다. 노동당에서는 중도에 가까운 인물로 후임인 보수당 랩 버틀러와 유사한 경제 정책을 펴 '벗스켈주의'라는 신조어를 만들어내게 한 인물이다. —역주

다. 폴 애디슨(Paul Addison)이 올바르게도 "온건한 사회적 애국자"[주 18]라
고 부른 자들의 지도 아래 거대 노동조합도 혼합 경제식 해결책을 지지하
고 나서자, 어떤 구조적 변화도 일시적으로 중단되었다. 체제를 전복하기
보다는 그 내부에서 압력을 가할 때 얻을 게 더 많아 보였다. 자본은 이
제 노동계급의 생활 수준을 갉아먹기보다는 지탱하는 것처럼 보였다. 새
로운 법인 기업들은 자체 조달한 재원에 의존한 확장 계획, 새로운 테크
놀로지, 공적 정신에 충만한 잘나가는 경영 엘리트를 갖추고 있어, 이 체
제의 과거 냉혹한 기업가와는 동일한 반열로 보기 어려워졌다. 좀 더 심
층적 수준에서 보면 새로운 테크놀로지와 노동과정 개조는 기술적 분업
에서 새로운 구조를 낳았고, 노동계급 내에서도 새로운 직업 층과 문화를
창출했다. 국가와 제3 부문의 부상은 중간계급의 규모를 확대했다. 중간
계급도 노동 외에는 팔 것이 전혀 없는 사람들이지만 전쟁 이전의 숙련
노동자에 전형적이던 것과는 다른 작업 조직 방식에 의존했다. 이러한 사
회 변동은 가깝게는 사회적 삶의 영역에서 계급 관계의 많은 전통적 패턴
을 흔들어놓고, 몇몇 태도와 목표를 재편시키고, 노동계급 의식과 유대의
일부 안정된 형태를 해체했으며, 전쟁 이전 사회의 익숙한 몇몇 이정표에
해당하는 것들을 폐기해버렸다. '북부'의 오래되고 쇠퇴하는 산업 지역과
'남부'의 새롭고 붐비는 '과학적' 산업 간의 구분은 새로운 것이 낡은 것
을 불균등하게 대체해간다는 인상을 부각시켰다. 미디어는 생생한 시각적
측면에서 사회 변화의 표면적 흐름을 포착해 기정사실로 못 박고 예기치
않은 사회적 혼란을 즉각적으로 반영해 주었다. 그러나 핵심적 요인은 이
러한 변화가 서로 결합해 초래한 효과인데, 부분적으로는 노동계급과 노
동운동을 체제의 한계 내에 묶어두게 되었다는 점, 즉 노동계급 정치를
자본제 발전의 논리 안에 국한시켰다는 점이다. 이 부분적인 포섭은 격렬
하고 도구적인 임금 투쟁의 호전성과 양립 불가능한 것은 결코 아니며,
말하자면 체제에서 값어치만큼 얻어내는 전략인 셈이다. 이 전략은 체제
내에서 좀 더 개인화되고 사유화된 '목적 달성'을 추구하는 방식 때문에
한동안 빛을 보지 못했으나 이제는 '다른 수단에 의해' 수행하는 계급 투

쟁 형태로 통했다. 정치에서 중도적 합의 방향으로의 표류는 고전적인 계
급 투쟁 형태의 파편화를 낳았고, 장기적으로는 투쟁 장소를 제도화된 전
선에서 좀 더 국지화하고 신디컬리즘 유형에 더 가까운 작업장 정치로 옮
겨놓는 결과를 초래했다. 중도에서는 실제적 성취 측면에서 보든, 실현되
지 않은 희망 측면에서 보든 사람들을 결집시킨 요인이 그들을 구분한 요
인보다는 더 강력해 보였다. 이러한 근거로 일반적 합의는 자생적으로 발
생하여 그다음엔 스스로 무한 재생산되는 것처럼 보였다. 영구적인 보수
주의 헤게모니가 달성된 것이다.

　　전후 여건에 관한 이데올로기적 해석은 점차 자리를 잡아갔다. 당시
의 들뜬 경제적 분위기에서 예기치 않은 사회 변동은 새로운 '무계급', 소
비자, 탈자본주의 사회의 상징인 것처럼 이데올로기적으로 규정되었다.
지속적이고 파편화된 방식으로 경험된 사회 변동의 불균등성은 이데올로
기적 형태로 해소되었는데, 바로 풍요의 신화였다. 변화 속도가 점차 빨
라지면서 변화 자체가 국가적 집착 대상이 되었다. 이제 주도적인 자본주
의 국가가 된 미국이라는 관념은 여기서 위안이 되는 준거점을 제공했다.
앤소니 크로스랜드(Anthony Crossland)12 씨의 '사회주의의 미래'라는 비전
조차도 다름 아니라 할로우 신도시(Harlow New Town)13와 미국 중서부 외
딴 교외주거 도시의 혼합물을 닮았다. 합의는 이처럼 당혹스러운 사회 변
혁의 격류 위에서 이데올로기적으로 구축되었다. 자본주의의 성격이 바뀌

---

12　앤소니 크로스랜드(Anthony Crossland)는 영국 노동당 정치인이자 유명한 진보 지식인이
　　었다. 그는 노동당 내에서도 상대적으로 우파에 가까운 사회민주주의 분파의 대표적인 대변
　　자였다. 크로스랜드는 노동당 내에 남아 있던 전통적인 마르크스주의 요소의 타당성에 의문
　　을 던졌고 특히 당헌 4호('공적 소유')가 시대에 뒤떨어졌다고 비판하면서, 그보다는 빈곤
　　제거와 공적 서비스 개선이라는 실용적 정책에 더 중점을 두어야 한다고 주장했다. 1956년
　　에 출간한 <사회주의의 미래(The Future of Socialism)>는 당 내외에 큰 반향을 일으켰다.
　　이에 영향을 받아 휴 게잇스킬 등이 1959년에 추진한 당헌 4조 삭제 시도는 실패했지만,
　　이후 당내 우파에 큰 영향을 미쳤다. — 역주

13　영국에서는 제2차 세계대전 이후 런던의 인구 과밀을 해소하기 위해 근교에 여러 신도시를
　　건설했다. 할로우 신도시는 이 때 건설된 현대적인 신도시의 하나로 1947년 마련된 청사진
　　에 따라 계획도시로 건설되었다. — 역주

었고 호경기는 영원히 지속될 것이라고 사람들은 확신해야만 했다. 대다
수에게 분명히 밀레니엄은 아직 도착하지 않았기에, 부와 권력의 불평등
한 분포라는 실제와 미래에는 실현될 것으로 기대하는 평등의 '상상적 관
계' 사이의 격차를 메워줄 이데올로기가 꼭 필요했다. 모순된 현실은 영
원히 남아 있는 다가올 진보의 환상으로 이렇게 굴절되어 실재적인 무엇
인가에 접목되었다. 하지만 이렇게 해서 그 합리적 핵심까지도 변질해 버
렸다. 모든 사회적 신화가 그렇듯이 '풍요'는 그 나름대로 진실의 토대를
갖고 있었는데 바로 자본주의 구조의 변형, 자본제 국가와 그 정치의 재
구성이었다. 그러나 이 풍요는 이 적대적 현실을 지속적으로 합의의 방향
으로 굴절시켰다. 그리고 현재의 유리한 측면만, 즉 모순이나 역사적 단
절 없는 '추세'만을 근거로 미래를 추론했다. 신화는 탈역사화하고 탈정
치화한 발언임을 바르트는 우리에게 일깨워준다.[주 19] 신화는 자신이 의미
작용하는 대상의 역사적 성격과 적대적 내용, 자신의 일시적 존재조건,
자신의 역사적 초월 가능성을 억압한다. 불연속성을 연속성으로, 역사를
자연으로 바꿔놓는다. 전후 자본주의 재건의 모순된 현실에 미친 풍요 신
화―'풍요의 종교'―의 영향은 바로 그러한 완벽한 이데올로기적 대체
에 의해 달성되었다. 그 틀 안에서 독점자본주의는 '포스트 자본주의 시
대'로 재현되었다. 자본주의적 재산의 법인화는 '경영자 혁명'이 되었다.
복지국가는 '빈곤의 근절'로 둔갑했다. 화폐 소득 증가는 '부의 재분배'가
되었다. 자본제 생산과 순환의 근본적인 리듬에 맞추어 정치가 중도로 수
렴된 현상은 '이데올로기의 종언'으로 자리바꿈했다. 정치적 목표의 하향
은 '정치적 리얼리즘', 즉 가능성의 예술로 칭송되었다. 목표로 설정된 이
데올로기적 봉쇄는 이제 완료되었다. 무엇보다 여기서 뒤따르는 변화는
미지의 곳에서 자생적으로 생겨나는 것처럼 보였다. 선하고 진실한 사람
이라면 누구나 자연스레 합의에 의해 하나로 뭉쳐 똑같은 목표를 지지하
고 똑같은 가치를 추구하려는 경향이 있는데, 거기서 그런 변화가 발생한
다는 것이다. 벌어서 소비하고 성공하고 자족적 세상에서 사적 공간을 마
련하는 따위가 그 예인데, 이는 민주화된 소유적 개인주의의 새로운 형태

였다. 그러나 물론 해럴드 맥밀런이 이 '눈물 없는 합의'를 교묘하게 의인
화한 존재이긴 했지만—봐, 해냈잖아!(look, no hands!)—이 모든 과업에
는 대단히 숙련된 정치적, 경제적 관리가 필요했다. 풍요의 환상을 떠받
치는 주된 경제적 추세는 지속되어야 했다. 무력한 다수에게 여전히 권력
을 휘두르는 소수의 지속적 헤게모니에 유리한 사회적 추세도 마찬가지
였다. 무엇보다 사람들을 합의의 강철 테두리로 **기존 체제**에 붙들어 매
둘 수 있도록 체제에 대한 대중의 제도적 헌신의 안정화가 필요했다. 첫
째는 자본의 지속적인 실현을 위한 조건의 경제적—이제는 국가가 떠맡
은—관리자의 임무였다. 둘째는 노동당을 자본주의의 대안적 정당으로
근본적으로 개조하는 작업을 통해 달성되었다. 세 번째는 주로 풍요 이데
올로기의 대상이었다. 맥밀런과 그 수행단은 바로 이 마지막 임무를 주재
한 셈인데, 거의 무대 기획 수준의 **대중적 동의 생산**이었다.

　　물론 봉쇄는 결코 완성되거나 확보되지 못했다. 부분적인 이유로는
그 경제적 토대가 구조적으로 부실했다. 영국은 범세계적 자본주의 호경
기에 동참했지만 주요 경쟁국보다는 더 느리고 조심스럽게 참여했을 뿐
이다. 오랜 제국주의 유산에다 산업 하부구조는 낡았고 기술 혁신 속도도
느려 영국은 눈에 띄게 불리한 위치에 있었다. 경제적 측면에서 영국은
일류 신생 자본주의 강대국이 아니라 삼류 탈제국주의 국가였다. 노동의
상대적 강세 덕분에 한동안 임금이 점진적으로 상승하도록 하는 수준에
서 협상이 타결되었기 때문에 인플레이션이 나타나기 시작했다. 물론 궁
극적으로는 인플레이션이 실질 임금을 갉아먹었다. 그래서 "인플레이션은
**합의**의 경제적 적이다."[주 20] 비용 증가는 이윤 수준도 갉아먹기 시작했
다. 낮은 투자율과 투자 수준과 결합해 영국의 경쟁적 위치는 하락해 전
세계 제조 상품 시장 점유율도 떨어졌다. '비가시적 수출'14에 대한 과도
한 의존은 경쟁국에 비해 성장률의 극적인 격차를 낳았다. 지배계급 중

---

14　비가시적 수출은 물리적 형태를 띠지 않은 상품 수출을 말한다. 금융, 보험, 관광 등의 업종
　　이 이에 해당한다.—역주

금융 분파가 득세하는 바람에 단기 이윤 추구를 위해 자본의 정기적인 해
외 유출이 초래됐고, 파운드화의 세계 통화 지위를 끝까지 고수하게 됐
다. 기술 투자 실패는 자본 재구성 속도를 늦추고 이윤율 하락을 초래했
다. 보수당의 경제 관리자들은 예산과 선거 기회를 연동시키는 데는 어떤
단기적으로 탁월한 재주를 보였다. 그러나 모든 '전진'에는 '정지'가 따르
기 마련이고, 각 '정지'에는 구조적 경기 침체의 만연을 유발하는 치명적
인 인플레이션 패키지가 뒤따랐다. 국가는 국가 경제를 이윤 창출이 가능
한 투자의 장으로 유지하기 위해 어쩔 수 없이 개입을 점차 강화했다.

　　더구나 합의는 대단히 역설적인 현상들을 가로질러 구축되었다.
1956년 '풍요'의 정점은 다음과 같이 대단히 비합의적인 사건들과 시기가
일치했다. (노동당 내 운동을 자극하는 효과를 낳은) 수에즈(Suez) 모험,15 (공산당에
게 극적인 효과를 미친) 헝가리 혁명, 뉴레프트 탄생, [리처드 호가트의] 〈교양
의 효용〉 출간, 〈성난 얼굴로 돌아보라(Look Back in Anger)〉16와 엘비스 프
레슬리(Elvis Presley) 등이 이 해의 주요 사건이었다. 냉전의 순응주의적 속
박에서 벗어난 급진적 지식인 분파 등장, 반핵운동으로 의회 외적 정치
탄생, 상업적 후원을 받고 번창하는 청년 문화 등장 등 이 모든 것은 합
의의 파도에 떠내려가 '풍요 사회'와 어울리지 않는 현상이었다. 여기뿐
아니라 다른 곳에서도 그랬지만 합의, 풍요, 소비자주의는 근심과 불안감
해소—돈, 상품, 패션의 흐름 속에서의 해결—가 아니라 그 반대를, 즉
심각하고 불안한 도덕적 불쾌감만 낳았다는 사실은 분명해 보였다. 맥밀

---

15　수에즈 모험은 수에즈 위기(Suez crisis) 혹은 제2차 아랍-이스라엘 전쟁이라고도 불린다.
　　1956년 이스라엘이 이집트를 침공하자, 영국과 프랑스도 침공에 동참하였다. 당시 이집트
　　의 나세르 대통령이 수에즈 운하의 국유화를 선언하자, 나세르를 제거하고 운하를 재탈환하
　　기 위해서였다. 하지만 미국과 소련, 국제연합의 압력으로 결국 3국은 철수했고, 영국과 프
　　랑스의 위신은 땅에 떨어진 사건이다. ― 역주
16　〈성난 얼굴로 돌아보라〉는 1956년 존 오스본(John Osborne)이 쓴 연극 대본의 제목이다.
　　이 연극은 노동계급 출신으로 고등교육을 받고 성공했지만 행복하지 않은 삶을 사는 젊은
　　남성과 중산층 출신 부인의 결혼 생활을 리얼리즘 시각에서 다루었다. 이 연극은 상업적으
　　로도 큰 성공을 거두었고, '분노한 젊은이'(angry young men)라는 용어를 유행시키기도 했
　　다. 같은 이름으로 헐리우드 영화로도 만들어져 1959년 개봉되었다. ― 역주

런의 현란한 곡예성 행동은 슈퍼마켓과 고속도로, 주크박스와 제트기, 청바지와 기타, 오토바이와 텔레비전, 길거리 시위, 고등법원 단상에서 이루어진 중간계급의 체계적 학대 등 매우 비에드워드 시대적(un-Edwardian)[17] 세계 위에서 실행되었다. 비록 소비는 실재적이고 효과적인 경제적 동기였지만, 영국인들은 고삐 풀린 물질주의의 복음에 여전히 불편해했다. 고지식한 내각 장관 중 한 사람은 보수당 총회에서 경제적 성공은 "자신 외부의 대의에 봉사하려는 인간 욕망을 충족시키는 데 도움"이 되어야 한다고 경고했다. 그러나 '민중의 자본주의'가 상품의 풍요와 함께 도덕적 목적의식도 전하고 있었는지는 전혀 확실하지 않다. 〈이코노미스트〉가 '현대의 보수주의자들'에게 위로는 "노동자 주택 위로 삐죽 솟아난 텔레비전 안테나"를 쳐다보고, 아래로는 "여름날 착 달라붙는 바지 차림으로 브라이튼(Brighton)[18]으로 가는 주부들"을 바라보면서 그 속에서 "위대한 시"를 발견해 보라고 촉구했을 때 "소득 증가와 할부 혁명으로 가능해진 안락함을 조심스레 쳐다보고는 어렴풋하게나마 노동자들이 … 분수에 넘치게 살고 있다고 느끼는 구식 보수주의자"가 아직 존재한다는 사실은 인정해야 했다.[주 21] 1950년대 말과 1960년대 초반 전당대회에서 풀뿌리 보수당원의 상상력을 장악하도록 가장 치밀하게 계산된 두 가지 주제는 범죄와 이민이었는데, 모두 합의와 성공의 주제가 아니라 분란의 주제였다. 사회에서 상당히 많은 사회 집단은 일부가 벌인 풍요롭고 '진보적인' 중도 쟁

---

17  에드워드 시대는 시기적으로는 에드워드 7세 국왕 재위기인 1901년부터 1910년, 더 길게는 제1차 세계대전이 터진 1914년까지의 시기를 말한다. 에드워드 시대는 제1차 세계대전이 끝난 1920년대의 어려운 시절 사람들이 과거 대영제국의 황금기를 회상하면서 낭만적으로 이상화한 시기를 의미했다. 이 시대에 여성은 멋진 옷차림으로 한가로운 햇살이 비치는 오후의 정원을 거닐었고, 부자들은 부를 과시하는 화려한 삶을 살았다. 당시 영국은 해가 지지 않는 제국으로 불리며 전 세계 식민지의 부를 흡수했고, 번영은 영원할 것이라는 낙관론이 지배했다. 하지만 실제로는 빈부 격차가 극심했고, 노동자들은 권리를 요구하며 노동조합을 결성해 목소리를 내는 등 정치적 격동의 시대이기도 했다. 이 무렵에 노동시간 제한과 의료 보험 등 사회복지 제도가 도입되기 시작했다. — 역주

18  브라이튼은 런던에서 남쪽으로 76km 떨어진 남부 해안에 있는 도시다. 대표적인 관광지로 해변 리조트와 쇼핑, 문화 시설이 잘 갖춰진 곳이다. — 역주

탈전 때문에 자신들이 버림받았다고 느꼈고 밑으로부터 성장하는 물질주의에서도 위협을 느꼈다. "이보다 더 좋을 수 없는 사회" 한복판에서 이 소외된 집단들은 더 확고한 도덕적 목적을 갈망했다. 이 집단들은 도덕적 분노의 선도적 운동에서 중추세력이 되었다.

　　우리의 이야기 전개에서 이 메커니즘은 핵심적인 부분이다. 표면적으로 보면 모든 것이 '잘 풀려가는' 듯했다. '현재 상황'에 대해 일반화된 도덕적 불안감은 공적인 도덕 담론에서 밀려나고 실용적이고 점진적인 합의 정치에서 발 디딜 곳을 찾지 못했기에, 처음에는 사회의 주류 움직임에서 주변적으로만 보였던 주제에서 표현되는 경향이 있었다. 이 반응이 전후 '도덕 공황'의 원천이다. 이 도덕 공황은 처음에는 '청년'과 관련해 촉진되기 시작해 한동안은 사회 변화에 대한 은유이자 사회적 불안감의 지표가 되었다.[주 22] 이 주제의 고도로 가시성 높은 프리즘 속에서 전후 사회 변동의 모든 골치 아픈 특징이 굴절되었다. 청년 속에서 사회 변동은 단순히 투사되지 않고 증폭되었다. 복지국가의 상속자이자 전후 세계의 전조인 '청년'은 곧 황금 시대의 전위이자 새로운 유물론, 새로운 향락주의의 전위 조직이었다. 청년들의 무고한 얼굴에는 모든 사회 변동의 축소판이 아로새겨져 있었다. 예상대로 공중의 반응은 엇갈렸다. 이 양가성은 1950년대 중반 테디보이에 대한 '도덕 공황'에서 표현된다.[주 23] 테디보이족은 상승하는 사회적 야망과 과시적 폭력에다 에드워드 시대 스타일이 룸펜화한 기성복 차림에다 폴 존슨(Paul Johnson)이 이전에 기술한 대로 '정글 음악'에 맞춰 춤을 췄고, '주택가' 번듯한 집에서 몰려나와 괜찮은 외딴집, 댄스홀, 영화관에 모여들어 가끔씩 〈쉬지 않고 흔들어요(Rock around the Clock)〉19의 비트에 맞춰 광란의 파티를 벌이곤 했는데, 공중은 이 백인 하층계급 청년들을 목격하고는 집단적 공포를 표출했다. 폭

19　〈쉬지 않고 흔들어요〉는 1952년 선보인 로큰롤 음악으로 1954년 빌 헤일리와 혜성들(Bill Haily and His Comets)의 음반이 가장 유명하다. 영국과 미국에서 동시에 싱글 차트 1위를 기록할 정도로 선풍적 인기를 끌었으며, 영국에서는 1960년대와 1970년대에도 다시 싱글 차트에 진입했다. ─역주

력과의 연계는 도덕 공황이 성장하는 토대가 되는 **전율**을 제공했다. 몇 년 후 테디보이족의 잔당은 노팅힐 거리로 몰려가 영국 최초로 대규모 인종 폭동을 일으켰다. 〈더 타임스〉 사설("훌리건주의는 훌리건주의일 뿐")은 직설적으로 훌리건주의와 '10대 폭력'을 무법과 무정부 상태로 바꿔 불렀다. 여기서 인종주의의 성장은 간과되었다. 그러나 '문젯거리'로서 흑인의 존재는 암묵적으로 인정되었다.[주 25]

따라서 풍요에 근거한 합의는 불안정한 토대 위에 서 있었다. 아무튼 이 합의의 생애는 단명할 운명이었다. 그리고 1959년 투표에서 맥밀런이 승리를 거둔 직후에 바로 해체되기 시작했다. 1960년대 중반 대대적인 재정 수지 균형의 위기가 발생했는데, 이 위기는 영국의 실질적인 경제적 쇠퇴의 심각성을 드러냈다. 그 후 1961년 셀윈 로이드(Selwyn Lloyd)의 대대적인 예산 '동결',20 내각 숙청,21 쿠바 위기, 영국의 유럽경제공동체(EEC) 가입 실패, 실업률 4% 도달 등의 사건이 이어졌다. 더 광범위한 전선에서는 비판가들이 풍요의 이면을 파헤치기 시작했는데, 그 결과는 갈브레이드(Galbraith), 티트머스(Titmuss), 애버말(Abermarle), 부캐넌(Buchanan), 필킹턴(Pilkington), 밀너 홀란드(Milner−Holland), 크라우서(Crowther), 로빈스(Robbins), 플라우든(Plowden) 등의 보고서와 연구에 기록되었다. 이 모든 글은 '빈곤의 재발견'으로 이르렀다. 문화 전선에서는 기성 체제의 정당성이 냉소주의와 불신의 물결, 특히 '풍자' 운동으로 침수되었다. 1960년 3월 조지 위그(George Wigg)는 〈프라이빗 아이(Private Eye)〉의 기사에 근거

---

20  셀윈 로이드는 보수당 맥밀런 내각에서 재무장관으로 재직하면서 다각적인 경제적 위기에 봉착했다. 재정적자는 커지고 제조업에서 영국의 국가 경쟁력은 하락했다. 특히 1960년에는 재정 적자가 사상 최악 수준으로 번지자 이에 대응해 1961년 7월에서 이듬해 3월까지 교사, 간호사 등 공공 부분 종사자의 임금 동결 조치를 발표했다. 지지율에서 박빙의 우세를 유지하던 보수당으로서는 이처럼 인기 없는 정책은 진퇴양난 상황에서 나온 고육지책과 같았다. ─ 역주

21  1962년 7월 13일 맥밀런 수상이 주요 경제 부처 장관을 비롯해 내각 각료의 3분의 1을 교체한 사건을 말한다. 경제적 실책으로 보수당의 지지도가 하락하고 있었기에, 이를 만회하기 위한 조치였다. 하지만 이 조치가 대규모로 갑작스레 이루어졌다는 점에서 당내외에 논란이 컸다. 하지만 이듬해 프로퓨모 사건이 터지면서 맥밀런은 수상직을 사퇴했고, 이후 선거에서도 패배하고 말았다. ─ 역주

해 "현직 내각 각료가 연루된" 스캔들이란 "사소한 문제"를 제기했다. 이 프로퓨모 사건(Profumo Affairs)22은 '풍요'의 배역을 맡았던 출연진 전체를 무대에 올려놓았다. 서인도인 한 명, 세 명의 콜걸, 부동산 투기업자, 컨트리 하우스와 연줄이 튼튼한 뼈 교정사, 장관 한 명, 소비에트 해군 무관 등이 주역들이었다. 푸로퓨모 사건이 그 추악한 결말에 이르렀을 때 "맥밀런의 밀레니엄"(Macmillenium)도 끝났다. 전형적인 일이지만 정치와 경제에서 시작된 일은 도덕적 분노의 홍수로 정점에 달했다.

## ▌합의: 사회민주주의 변종

　　사회민주주의의 특이한 성격은 민주적-공화주의적 제도가 자본과 임금 노동이라는 두 극단을 제거하는 수단이 아니라 그 대립관계를 완화해서 조화로운 관계로 변형시키는 수단으로서 요구된다는 사실로 요약된다(마르크스).[주 26]

　　1961년과 1964년 사이는 이행기다. 수상 간의 [정권] 이행기가 아니라 국가의 합의 관리에서 두 변종 간의 이행기다. 소비자 호경기에 힘입어 영국의 사회 정치 풍토에 유지되던 자율적이고 자발적인 결속은 이 이행기에 붕괴되었다. 그 대신 노동당은 대안적 레퍼토리에 의존해 '사회민주주의' 변종을 구축하려 했다. 이 변종은 개인주의에 대한 호소에 근거하지 않고 '국익'과 번영에 호소했는데, 이 번영은 앞으로 쟁취해야 하고 국내외에 걸쳐 수호해야 할 대상이며, 이를 위해—특히 노동계급의—허

---

22　프로퓨모 사건은 1961년 맥밀런 내각에서 국방차관이던 존 프로퓨모가 19세 모델 지망생 크리스틴 킬러(Christine Keeler)와 연루된 성 스캔들이 터지면서 시작되었다. 포로퓨모는 혐의를 부인했으나 사실로 밝혀짐에 따라 내각 직위와 의원직을 사퇴하였다. 그런데 킬러가 동시에 소련 해군 무관인 이브게니 이바노프와도 관계를 맺었음이 드러나면서 사건은 안보 문제로까지 확대되었다. 더구나 킬러와 두 사람 사이를 주선한 뼈 교정사이자 상류사회 유명인사인 스티븐 워드의 존재가 드러나면서 여러 가지 문제가 동시에 얽힌 스캔들로 비화했다. 이 스캔들의 여파로 1963년 맥밀런 수상도 사임하고 보수당 역시 명성에 큰 타격을 입었다. 이 사건은 1964년 총선에서 보수당의 패배를 초래한 중요한 이유가 되었을 것이라는 평가를 받는다. — 역주

리띠를 졸라매야만 하는 것이었다. 이 변종은 1970년 히드가 승리를 거둘 때까지 동시대를 지배한다. 사실 두 단계 사이에는 중첩되는 부분이 많았다. 목표 지향적 계획은 윌슨이 아니라 [보수당인] 셀윈 로이드가 도입했다. 오직 성장을 통해서만 '더 많은 것'을 제공할 수 있고 현대화 없이는 노동도 생산적일 수가 없기에, 성장과 현대화는 윌슨 씨가 새로운 사회민주주의적 희망사항으로 재포장하기도 전에 이미 국가적 목표로 자리 잡았다. 이 중첩 부분에 의해 자본주의의 새로운 구조와 현대적 조합주의 국가가 조용히 성숙해 갔지만, 이 중첩 부분은 노동당이 재집권하면서 시작한 '도약'의 성격을 은폐한다.

맥밀런은 엄두도 내지 못했고 오직 노동당만이 시작할 수 있었던 것은 바로 완전한 **조합주의**(corporatism)로 뛰어드는 일이었다. 노동당은 경제 위기를 관리하는 데 달리 적용할 만한 대안적 전략이 전혀 없었다. 노동당은 자본주의 구조를 확고하게 고수하는 입장을 취해 기존의 불평등한 분배를 보장했다. 황금알을 낳는 거위를 죽이지 않으면서 현재의 균형 상태를 더 흔들어놓을 수는 없었기 때문에, 오로지 전반적인 생산의 도약, 즉 성장만이 기존의 잉여 실현과 채산성 메커니즘을 보존하면서 노동계급이 (더) 요구하는 것을 공급할 수 있었다. 비결은 생산성 확대, 즉 노동을 더 생산적으로 만드는 데에 있었는데, 투자가 저조한 여건에서는 노동 착취율을 인상한다는 뜻이었다. 계급 간 이익 갈등의 격화 가능성은 모든 사람을 국익이라는 '좀 더 높은 수준의' 이데올로기적 통합에 포섭하는 방식으로만 완화할 수 있었다. 레오 패니치(Leo Panitch)는 기존 계급 권력의 불평등을 건드리지 않는 '재분배' 이론을 "한 계급 내 사회주의 교의"라고 불렀다.[주 27] 계급 이익을 국익 안으로 포섭하는 것을 패니치는 노동당에 의한 "국가-계급 종합"(nationa-class synthesis)이라고 규정했다. 패니치는 "이 맥락에서 새로운 사회계약이란 불평등한 당사자 간의 계약일 뿐 아니라 계약을 보장하는 측인 국가가 … 계급 간의 이해관계를 초월하지도 중립적이지도 않으며 그렇게 될 수도 없는 계약이다"[주 28]라고 덧붙였다.

그러한 목표를 정치적으로 달성할 수 있는 유일한 방안은 양측을 국

가와 적극적인 동반자 관계로 끌어들이는 것이었다. 즉 '중립적인' 국가
의 불편부당한 중재하에 노동과 자본을 동등한 '이해관계자'로 만들고,
각 측이 국가 경제 목표에 헌신하도록 하고, 공동의 수확에서 가져가는
몫을 각자 규제하도록 설득하며, 자본, 노동, 국민 간 이익의 조화에—물
론 국민은 국가가 철저하게 위장한 형태로 나타난다—근거해 국가의 경
제적 삶의 중심에서 삼자 간의 조합주의적 협상을 타결하는 것이다. 이
방안은 자본 전체의—즉 사회 자본의—공통된 조합적 전략의 토대를 마
련하기 위한 것이다. 각 당사자는 자체적 지지 기반을 갖고 있었고 각자
의무사항도 있었는데 주로 규율의 의무였다. 자본은 기업을 옹호했고 이
윤으로 보상받을 것이다. 노동은 노동자를 옹호했고 더 높은 생활 수준으
로 보상받을 것이다. 국가는 '나머지'를—나라·국민을—대표했고 계약
을 안정시켰으며 공동체에 그 계약을 강제했다. '국가적인 선'을 위해 노
동, 자본, 국가 간에 영구적인 동맹을 맺는다는 이 발상은 사회민주주의
적 합의 구축 실험, 즉 '거대 집단들'의 조합주의적 합의의 핵심적 개념이
자 실천적 토대다. 캘러헌 씨의 '사회계약'은 진퇴양난의 여건에 맞게 각
색했을 뿐 똑같은 전략의 또 다른 변종일 뿐이다. 이 사회계약은 무엇보
다 온 나라를 동의에 맞추어 규율화하고 계급 투쟁을 제도화하는 데에 의
존했다. 자본은 자유 기업가적 이단자를 단속해서 국가적 목표에 헌신하
도록 유도할 것이다. 노동조합은 작업장의 호전적 강경파를 길들일 것이
다. 양자의 적대적 요소는 '중도편에 동참하도록 설득'할 수 있을 것이다.
국가는 '협상'이 타결될 수 있도록 해주는 제도적 틀의 네트워크를 확립
하는 일을 책임질 것이다. 이러한 형태로 국가는 모든 사람에게 최선의
이익을 수렴하는 것처럼 보이면서도 사실은 자본의 장기적 여건을 관리
하는 일을 확실하게 떠맡는데, 필요하다면 개별 자본가의 단기적 시장 차
원의 고려사항을 희생하는 조치도 감수한다.

　이처럼 계급 투쟁을 진정시키고 화합을 유도하는 일은 부분적으로는
자신만의 독특한 이데올로기 생성을 통해 달성되었다. 윌슨식의 레토릭은
자신의 이데올로기를 선포하면서 대표적인 목록을 열거했는데, '현대화'

라든지 '모든 당사자가 단결'해야 한다든지 '육체노동이든 정신노동이든 모든 생산적 노동자'에게 행동을 촉구한다는지 하는 사항이 포함되었다. 모든 당사자 측에 존재하는 '덜 깨인 인간들'에 대한 단호한 비난도 있었는데, 한편에는 시대착오적인 자유기업가가 도사리고 있었고, 다른 한편에는 전투적인 작업장 노동자 대표와 좌파도 있었다. 현대화는 영국의 경제적 쇠퇴를 그 **기술적** 측면으로만 집중해서 표현하는 핵심적인 이데올로기 효과도 발휘했다. 성장은 역사적인 문제를 기술적 문제에 포섭해 버렸다. 이러한 형태의 정치적 '신언어'(Newsspeak)23 내에서는 기술적-실용적 합리성만이 유일하게 남은 정치 형태로 굳어졌다. 이 이데올로기적 수렴은 전후 시기에 새로운 사회적 **블록**을 결성하려는 가장 영웅적인 시도 중의 하나―결정적 변화―에 의해 뒷받침되었다. 바로 현대화를 추진하는 산업 경영인과 새로운 기술적 노동계급 간의 동맹이었다. '새로운 영국'은 "기술 혁명의 차가운 열기 속에서 주조될" 예정이었다. 단기적으로 선거 직전과 직후에는 이 엉성한 사회적 구성 형태가 성공할 듯해 보였다. 경영자, 기술자, 그리고 '빈곤의 재발견'에 의해 조성된 새로운 파편화된 사회 변화 지지층 사이의 일시적 동맹을 엮어낼 수 있을 정도로 새로운 노동주의의 복음은 충분히 유효하고 충분히 모호했다. 이 복음에는 어떤 다른 논리나 역사적 토대도 없었다. 사실 협상 결과를 깨뜨리고 그리하여 타협의 근본적 토대―자본에게 유리한 잉여 생산과 재분배―에 개입하지 않는 한 동맹에서 어떤 측도 자기 몫을 회수할 수는 없었다. 경제적 압력이 심해지자마자 연합은 균열되기 시작했다. 일단 시련에 부닥치고 나자 이 이데올로기는 그 진정한 내부 논리를 드러내고 말았다. 즉 그 논리는 주로 조합주의 국가의 관리하에서 통제된 동의 형태를 구성해 영국 자본주의를 보존하고 위기를 관리하려는 시도였다.

다시 말해 통제된 합의를 구축하려는 이 노력은 당시의 사회운동이나

---

23　여기서 언급한 '신언어'는 조지 오웰의 디스토피아적인 소설 <1984>에서 가상의 전체주의 국가 오세아니아에서 사용되는 언어를 말한다. 지배계급이 국민의 사고와 비판 능력을 저지하기 위해, 단순한 문법과 제한된 단어로 구성한 통제된 언어다.―역주

시대정신과 눈에 띄게 갈등을 빚는 듯했다. 1964년 그해에는 또한 비틀즈(Beatles)가 문화적 저명인사로 떠올랐고, 음반 판매량이 엄청나게 늘어났으며, '비트'와 '모드' 스타일이 유행했다. 킹즈 로드(Kings' Road) 부티크의 장인 자본주의가 번창했으며, 전체 런던이 '스윙 열풍'에 휩싸였다. 고대와 현대를 단순하게 대비해서 보고 오래된 프로테스탄트 윤리에 헌신했으며 윌슨의 '새로운 감리교' 주장에 호응했던 사람들에게는 '모드족'의 나르시시즘, 롤링 스톤즈(Rolling Stones)의 과시적 섹슈얼리티, 패션에서 남성성의 변신, 향락주의의 일반화 등은 엄청난 충격으로 다가왔다. 다시 말해 그간 누적되던 사회적 불안감은 중심부에서 주변부로 자리가 바뀌었고 올바름에 근거한 도덕적 분노 형태를 취했다. 휴일의 해변에서 전개된 '모드족-로커족'의 싸움은 공중의 대대적인 주목을 끌고, 언론의 치열한 과잉보도 대상이 되었으며, 도덕적 선도 운동가, 경찰, 법원의 철저한 사회적 대응 캠페인도 유발했다.[주 29] 이 드라마는 사회의 수호자와 '청년'의 풍요, 권태, 무규율, 향락주의, 반달리즘, '무분별한 폭력' 간에 벌어지는 지속적인 도덕적 투쟁 측면에서 주제화되었다. 이 드라마는 말하자면 윌슨 씨가 다른 곳에서 조율하고 있던 주제들을 암울하게 요약해서 제공한 셈이다.

노동당은 영국 역사상 비전시로는 최대 규모의 재정 적자를 물려받았다. 이에 대한 대응은 비굴하게도 책에 나온 가장 케케묵은 곡으로, 즉 파운드화의 종교로 되돌아간 것이다. "첫 번째 필수사항은 강한 경제다. 오직 강한 경제로만 우리는 파운드의 가치를 지킬 수 있다"라고 수상은 언급했다. 그러나 밑천이 떨어지자 런던 도심 충직한 영혼들의 회사는 파운드화를 그나마 거래되는 가치대로 팔아치웠다. 노동당은 파운드를 수호하기 위해 나섰다. 유일하게 정부에게 대가를 요구할 수 있는 국제 금융가들은 그 가격을 불렀다. 임금 동결, 공공 부문 지출 삭감, '사회적 패키지' 중단 등 유일하게 노동당의 급진적 분파를 조합주의 전략에 붙들어 둔 것들이다. 정부는 필사적으로 자금을 차입했고, 전국노동조합연맹을 설득해 명문화된 임금 정책을 수용하도록 했다. 1966년 총선에서는 여유있게 승리를 거두었다. 그 후 소득 정책은 노동당의 신약성경에서 중심적인 항목이 되

었다. 노동당 정책의 칼날은 방향을 틀어 노동조합을 겨냥해 임금 협상의
무질서와 억제적 관행을 표적으로 올렸다. 추가적으로 규율에 대한 요구가
따랐다. 그런데 이 복고주의 캠페인 한가운데서 선원 파업이 터졌다.

 선원 파업은 전략 전체를 불확실성 속으로 몰아넣었다. 여기에 걸린
이슈는 "우리의 국가적인 가격과 소득 정책" 그 이상이라고 수상은 말했
다. 파업 참가자들의 격퇴만이 해외 투자자에게 우리가 "정책의 효과를 실
현하려는 확고한 결심"을 갖고 있다고 확신시킬 수 있을 것이다. 그 후 윌
슨 씨는 사회 통제의 주요 패러다임을 가동했는데, 이 패러다임은 미디어
의 도움에 힘입어 그 시점 이래로 현재까지도 노사 갈등에 관한 이데올로
기적 의미작용을 지배하게 되었다. 윌슨 씨는 위협 수준을 전국적 규모로
까지 격상시켰다. 파업은 '국가와 공동체를 적으로 돌리기' 때문에 국익에
맞서는 행위라고 말했는데, 이는 실로 치명적인 수렴이었다. 이렇게 해서
이 수렴은 비유적으로 공모가 되었을 뿐 아니라 실제로 **공모**로 의미작용할
수도 있었다. "정치적 동기에서 시작해 똘똘 뭉친 이 인간들은 … 이제 배
후에서 압력을 행사하기로 작심해, 노동조합원과 가족들에게 엄청난 고난
을 강제하고 산업의 안전과 국가의 경제적 복지를 위험에 빠뜨리고 있다."
10년이 지난 후에도 거듭해서 계급 투쟁은 이데올로기적으로 이러한 관점
에서, 말하자면 국가 타도 음모, 무고한 사람들을 인질로 잡기, 전복적 파
벌과 무고한 노동자와 가족, 즉 유혹하는 자와 유혹에 넘어간 자들이라는
도식 안에서 재구성되도록 되어 있었다. 실질적으로 국가가 민족 자체가
되어버린 합의의 세계에서 갈등은 어떻게 이와 달리 설명될 수 있겠는가?
미디어가 지칠 줄 모르는 지지를 보낸 이 두 쌍둥이 악마―극단주의와 온
건파―의 대장정은 전후 시기 바로 이 지점에서 시작되었다.

 단기적으로만 보면 '적색 공포'는 성공을 거두었다. 선원들은 타협했
다. 그러나 노동계급의 개혁 정당으로서 노동당의 신뢰성은 이 '승리'와 더
불어 사라져버렸다. 윌슨 씨의 '역사적 블록'은 해체되었다. 이보다 더 나
쁜 소식은 파운드화 하락이 다시 시작되었다는 사실이다. 두 차례의 디플
레이션 패키지가 시행되었다. 노동당은 이제 그다지 신빙성은 없지만 경제

위기의 마지막 관리자이자 영국 자본의 가장 낙후된 부분들의 수호자 자리를 고수했다. 사회민주주의적 합의의 마술은 조용히 사라지기 시작했다. 매 시간이 지날 때마다 처칠을 점점 더 닮아가고 있던 윌슨 씨는 이제 **관리된 합의 결렬**(managed dissensus)이라고 기술할 수밖에 없는 상태를 주재했다.

## ▌ 합의 결렬로의 추락

> 지배계급 헤게모니의 위기는 … 자신이 요청했거나 아니면 폭넓은 대중의 동의를 강제적으로 탈취할 때의 목적이던 어떤 주요한 정치적 과업에 실패하는 바람에 발생한다. … 혹은 … 거대한 대중이 … 정치적 수동성 상태에서 갑자기 어떤 행동으로 바뀌어 비록 유기적으로 공식화되지는 않았지만 합쳐서 결국 혁명으로 이르게 되는 그러한 요구를 내걸었기 … 때문에 발생할 수도 있다. '권위의 위기'에 관한 이야기가 돌고 있다. 이 위기는 바로 헤게모니의 위기거나 국가의 일반적인 위기다(그람시).[주 30]

1966년은 그람시가 기술하기로는 '동의의 계기'에서 '무력의 계기'로 넘어가는 이행에서 일종의 초기 전환점에 해당한다. 이 이행은 정치와 국가 영역에서만큼이나 도덕적 권위와 시민사회 영역에서도 관찰할 수 있다. 1950년대와 1960년대 초의 좀 더 유연하고 개방적인 분위기는 공식 차원에서 바로 로이 젠킨스가 내무부에 재직하던 동안 취한 자유화 개혁 조치에서 전형적으로 나타났는데, 검열, 이혼, 낙태, 자격증 제도, 주일 엄수제(Sunday Observance)24 개정 등의 영역에서 그러한 조치가 시행되었다. 그러나 1960년대 중반에 이르면 그간 무고한 현상으로 간주되던 "런던 스윙 열풍"이 대중주의적인 공적 도덕성 수호자들에 의해 "영국의 외설화"로 재규정되었다. 도덕적 역풍이 시작된 것이다. 경찰연맹은 임금

---

24　이는 주일엄수법(Sunday Observance Act of 1780)을 지칭하는 듯하다. 일요일에는 어떤 건물이나 방을 공적인 오락이나 토론 행사로 사용할 수 없다는 규정으로, 전통적인 종교적 영향력의 잔재를 보여주는 제도였다. 원래 8개 조항으로 구성되었으나 1960년대에 이 중 4개 조항이 삭제되었다. ─ 역주

인상 거부, 사형제 폐지 위협, 해리 로버츠(Harry Roberts)의 경관 3인 살인 사건 등에 분노해 경찰이 "범죄와의 전쟁에서 패배"하고 있다고 경고했다. 사형제 논쟁은 실로 대중적 반응의 핵심 지점 중 하나가 되었다. 좀 더 광범위하게는 무어 살인 사건(Moor murders)25은 외설화한 사회의 필연적 결과로 해석되었다. 파멜라 핸즈포드 존슨(Pamela Handsford-Johnson)이 〈죄악론(On Iniquity)〉[주 31]에서 설득력있게 전개한 주장을 신문과 공중의 대변인들이 요약해 다시 퍼날랐다. 전직 런던광역경찰청 수장인 리처드 잭슨 경(Sir Richard Jackson)은 일요신문에 실린 권위 있는 연재 기사에서 "범죄자에 대한 공중의 값싼 감상주의와 정서, 경찰, 법원, 모든 기성 질서 형태를 겨냥한 악성 선전이 급격히 성장하는 데 대해 그리고 기이하고 출신을 알 수 없고 헛소리만 늘어놓는 … 멍청하고 물러터진 자유주의자 무리에 대해" 혐오감을 드러냈다.[주 32] 같은 신문에서 퍼시 하워드(Percy Howard)는 "관용성 혁명의 지도자들"에게 무어 살인 사건의 도덕적 책임이 있다고 비난했다("브래디와 힌들리에게만 죄가 있는가?").[주 33] 전반적으로 미디어는 '관용성'의 문턱을 중심으로 이 그럴듯한 주장들을 서로 엮어내기 시작했을 뿐 아니라 리처드 경이 이용한 교과서적인 설명도 함께 채택했다. 나약하고 멍청한 '자유주의자들'이 무고한 공중을 타락으로 몰고 가고 도덕적 삶이 죄악의 소굴로 빠져들게 되면서, 그 여파로 '골수 중심 세력들'이 설쳐댄다는 것이다. 도덕 영역에서 제기된 이러한 실례의 음모론적 형태는 정치 영역에서 수상 자신이 조작하고 있던 설명적 비유와 짝을 이루었다. '전복적 소수자'와 '자유주의적 멍청이' 사냥이 시작되었다.

　　'관용성' 영역에서 자유주의에 불리하게 흐름이 역전된 상황은 다른 전선에서도 재연되고 있었다. 1950년대에는 미국의 사례가 다가올 모든 좋은 것의 선구자였던 반면, 1960년대에는 미국의 '위기'가 선례를 보여주었다. 학생 운동, 베트남전 반대 운동, 인권 운동과 흑인 시위 격화, 히피

---

25　무어 살인 사건은 1963년 7월부터 1965년 10월까지 이언 브래디와 마이라 힌들리라는 젊은 남녀 커플이 맨체스터와 그 인근 지역에서 벌인 연쇄 살인 사건이다. 희생자는 10대 아동 다섯 명이었다. 두 사람은 종신형을 선고받고 수감 중 사망했다. ─역주

와 '플라워 파워'(flower-power)26 세대의 성장 등이 그런 선례였다. 1966년
과 1967년 사이에는 이 주제들이 영국 "본토에도" 영향을 미치기 시작했다.
1967년은 영국에서 마약 사용이 히피 세계 전체와 동일시되면서 이에 대한
'공황'이 엄청나게 퍼져갔던 해다.[주 34] 이해 7월 지역마약단속반(Regional
Drug Squads)이 출범했다. 다른 공황과 마찬가지로 이 공황 역시 극적 사건
에서 자극을 받았는데, 바로 6월에 믹 재거(Mick Jagger)27가 마약 소지 혐의
로 재판에 회부된 사건이다. 이보다 스테레오타입에 잘 들어맞고 도덕적
경계를 더 잘 유발할 수 있는 인물은 없었다. 믹 재거는 양성적이긴 하나
노골적으로 성적인 이미지를 드러내고 현란하고 향락주의적이며 결정적
으로는 유죄였다. 앞서 주장한 대로 여기 마약 현장에서 도덕적 선도 운
동가들은 관용성의 범죄적 위험성을 찾아냈다. 그 직후 마리앤 페이스풀
(Marianne Faithful)28이 마약 과다복용 후 체포되었고, 또 다른 롤링 스톤 멤
버가 처음으로 인디언 대마초 흡연죄로 9개월 징역형을 받았다. 신문은 이
를 "본보기성 순교"로 묘사했다. 젠킨스 씨는 자유주의화 정책의 일환으로
1965년 인종관계법(Race Relations Act) 통과를 밀어붙였다. 그러나 1964년 스
메스윅 지역구 선거는 전후 시기 처음으로 영국의 공식적인 선거 정치에
서 노골적인 인종주의가 등장한 계기가 되었다. 폴 풋(Paul Foot)의 연구가
분명하게 기록하듯이 인종주의의 병폐는 노동당 운동의 기반 자체에까지
깊숙이 침투했다.[주 35] 여기서도 젠킨스 씨의 자유주의는 사건들에 의해
빠르게 압도되어 버렸다. 케냐의 아시아 여권 소지자로서 첫 번째 무리가
곧 도착하기로 예정된 시점에 반이민 로비 단체가 처음으로 출전 태세를

---

26　꽃은 히피 문화의 상징이었다. 플라워 파워는 폭력과 억압에 대응해 비폭력적이고 자연과
　　사랑에 의해 대안을 마련한다는 비폭력주의를 의미한다. — 역주
27　믹 재거는 롤링 스톤즈의 멤버로 혹은 솔로로 50년 이상 활동한 영국의 대표적인 가수다.
　　음악 외적인 행동으로도 악명을 떨쳐 저항문화의 상징적 인물로도 알려졌다. — 역주
28　마리앤 페이스풀은 영국의 가수이자 작곡자, 배우다. 1960년대에 'As Tears Go By'가 히트
　　하면서 이름을 떨쳤고 당시 미국에 진출해 성공한 몇몇 영국 가수 중 한 명이었다. 롤링 스톤
　　즈의 파티에 참석했다가 롤링 스톤즈 매니저에 의해 가수로 발탁되었고, 나중에 믹 재거와
　　연인 관계로도 유명세를 탔다. 1960년대에는 영화에도 출연해 인기를 끌었다. — 역주

취했다. 포웰 씨는 "미국과의 비교는 정확하지 않지만 … 경악스럽다"라고 논평했다. 시릴 오스본 경(Sir Cyril Osborne)은 "영국 국민들은 인종적 자살을 감행하기 시작했다"라는 우정 어린 경고를 날렸다. [이전 보수당 정권에서 식민지 영연방관계부 장관을 지낸] 던컨 샌디스(Duncan Sandys)29 씨는 "수백만에 달하는 혼혈아가 태어나면 … 부적응자 세대가 탄생할 것"이라며 공포를 드러냈다. [보수당 의원인] 존 코들(John Cordle) 씨는 "30년이 지나면 우리는 커피 피부색 나라가 될 것이다"라는 친절한 추정까지 덧붙였다. 이 모든 발언은 보수당의 공식 영역 핵심 깊숙이에서 우러나온 것이다.[주 36] 런던경제대학(London School of Economics)에서 애덤스 씨를 학장으로 임명하는 건을 놓고 갈등이 벌어졌을 때 신문은 즉시 이 논란을 "소수의 학생 선동가" 탓으로 돌렸다.[주 37] 미국의 베트남전 개입을 반대하는 시위가 영국에서 시작되었을 때 퀸틴 호그(Quintin Hogg) 씨는 "분노의 장치가 능률적으로 작동한다"라고 언급하면서, "이 장치는 공산주의자들이 이 문제를 추진할 때 활성화되었다. 그렇지 않았을 때는 늘 조용하거나 효과적이지 못 했다"라고 논평했다.[주 38] 이제는 문턱을 넘어가는 표류도 시작되었다.

## ▌ 1968년(1848년): 대격변-국가의 분열

　　　유령이 유럽 위를 떠돌고 있다. … 바로 공산주의의 유령이다. (Marx & Engles, 〈공산당 선언Communist Manifesto〉).[주 39]

　　　유령이 유럽 위를 떠돌고 있다. 바로 학생 봉기의 유령이다. (Danny & Gabriel Cohn-Bendit, 〈용도 폐기된 공산주의Obsolete Communism〉).[주 40]

　　1968년은 말하자면 바다가 갈라지는 것처럼 현저한 대격변의 해다. 그 선구자(1848년)와 마찬가지로 1968년은 불완전하고 미완성인 '혁명'의 해였다. 혁명의 지각을 흔드는 영향력은 사회, 정치 풍토의 주된 지형에

---

29　원문에는 'Sandy'라고 되어 있는데, 이는 'Sandys'의 표기 오류인 듯하다. —역주

서 시작해 다른 곳으로도 번져나갔다. 그 변화의 소용돌이는 아직 완전히 끝나지 않았다. 이 소용돌이는 무엇보다 "위로부터의 혁명"을 선동하려는 시도로 구성되었다. 즉 마르쿠제는 노동 대중을 "일차원적" 잠에 빠져 있는 "즐거운 로봇"으로 상상했는데, 이 혁명은 학생 봉기의 '작은 동력'에서 일어난 반란의 불꽃을 정체된 거대한 노동 대중의 원동력으로 전파하려는 시도였다. 이 봉기는 체제 자신의 전위, 즉 가시적인 생산적 토대가 없는 계급 분파인 '룸펜 부르주아'에 의해 설립된 후기 자본주의 문화와 상부구조에 대한 공격이었다. 이 분파가 체제의 어떤 모순과 적대관계를 구현했다면, 그 구현 대상은 바로 후기 자본주의의 '고도의 신경 체계', 즉 과도하게 발달한 '사회적 두뇌'에서 유래했다. 말하자면 상부구조에서 일어난 봉기이자 상부구조의 봉기였다. 이 봉기는 새로운 자본주의의 이데올로기, 문화, 시민적 구조의 급속한 팽창에서 비롯하는 단절과 파열을 집단의지의 행위에 의해 '권위의 위기' 형태로 촉진시킨다.

　　다시 한번 미국이 주도적으로 나섰다. 히피의 '황금의 여름'은 애시드 록(acid rock),[30] 플라워 파워, 염주 목걸이, 카프탄과 나팔바지 차림, '위로는' LSD 마약 도취, '아래로는' 헤이트 애쉬베리(Haight–Ashbury)[31] 등과 함께 일탈의 씨앗을 멀리 그리고 널리 퍼뜨렸다. 미국 중심부(Middle America)의 문화적 경로에서 미국의 '가장 영리하고 뛰어난' 층의 대탈출이 서서히 시작되고, 자유주의적 조합주의 국가가 출범했다. 이와 나란히 자유지상주의에서 기원한 조직화된 학생운동이 전개되고, 이제는 분리주의의 궤도를 선택한 흑인 봉기도 여러 도시에서 일어났다. 노먼 메일러(Norman Mailer)는 오래전에 바로 그러한 국면을 예견했다. "그린위치 빌리지(Greenwich Village) 같은 장소에서 삼각관계식 동거 생활이 완성되었다.

---

30　애시드 록은 싸이키델릭 록이라고도 불리는데, 1960년대 중반 개러지 펑크(garage punk) 운동에서 발전되어 나온 한 갈래로서 느슨하게 묶여서 분류되는 록 음악 장르다. ─ 역주

31　헤이트 애쉬베리는 미국 샌프란시스코의 한 구역을 지칭하는 이름인데, 1960년대 히피 대안 문화의 발생지다. 그러나 저항문화가 상업적으로도 인기를 끌고 유명세를 타면서 사람들이 몰려드는 바람에, 원래 거주자들은 대거 떠나고 이곳은 마약과 범죄 등 우범 지역화되었다. ─ 역주

보헤미안과 비행 청소년이 흑인과 얼굴을 맞대게 되었고, 의식화된 인간
은 미국의 삶에서 하나의 사실처럼 굳어졌다."[주 41] "아주 잠시나마 혁명
적 여건이 조성된" 곳은 미국만이 아니었다.[주 42] 베를린에서 나폴리, 파
리에서 도쿄에 이르기까지 이데올로기적 '공장'인 대학은 놀랄 만한 반전
과 대결의 중심적 존재였다. 연극적이고 기획 연출적 영감을 받아 수행되
어 대결 전술의 완전히 새로운 레퍼토리가 만들어졌다. 일시적으로 거리
의 정치가 전당대회와 투표의 정치를 대체했다. 거리와 공동체는 정치적,
문화적 행사가 이어지는 장이 되었다. 프랑스와 서독에서는 운동이 좀 더
'정통적' 성격을 띠었다. 한편으로는 공산당이 대중 정당으로 굳건하게
자리 잡았고, 다른 한편으로는 마르크스주의 이론의 비판적 흐름이 건재
했다는 점이 차이점의 두드러진 한 차원을 이루었다. 두 나라 모두 좌파
에 의한 조합주의적—자유주의의 이데올로기적 해체로 시작했는데, 바로
'순수한 관용 비판'이었다. 소르본느(Sorbonne) 대학생들의 대대적인 봉기
에 뒤이어 파업과 노동자 시위의 물결이 프랑스 전역에 번졌다. 그러나
비록 이탈리아 바깥에서는 '5월의 사건들'이 노동계급 운동에 생명을 불
어넣는 데 가장 근접했지만, 이 운동들은 본질적으로 여전히 '억압당한
자의 축제', 즉 은유적으로 억압당한 자의 축제였을 뿐이다. 레닌주의식
전위당과 국가 권력 개념보다는 참여, 노동자 통제, 창의성의 혁명적 꿈
이 좀 더 중심적인 역할을 맡고 있었다. 국가의 성채 앞에서 바로 이 망
설임 때문에 결국 혁명은 파멸을 맞게 되었다. 드골주의 국가의 정당성이
프랑스 공산당의 '정당성'과 결합해 기이한 연합 형태로 혁명의 측면을
개혁으로 전환하기로 하는 공모가 이루어졌다. 노동자—학생 사이에 협력
의 징후가 뚜렷해지는 데 대응해 드골 장군이 국민투표 안건에 '참여'를
포함시켰을 때 파리 리옹역 광장에 20만 명의 항의 시위대가 결집했다.
그러자 조르주 퐁피두(Georges Pompidou)32 총리가 '진압' 명령을 내리는데,
거기에 '사정 봐주지 말고'라는 조언도 덧붙였다. 젊은이들—노동자와 학

---

32　퐁피두는 1968년 당시 드골 대통령 밑에서 총리로 재직하고 있었다.—역주

생—이 그 공격을 몸으로 받아냈다. 백만 명의 점잖은 프랑스인들이 드골주의 지지 행진을 벌였다. 협상과 선거가 재개되었다. 드골주의 국가는 아마겟돈(Armageddon)에서 살아남았다. 반혁명이 시작되었다. 얼마 지나지 않아 닉슨—애그뉴의 선거전 승리의 희미한 새벽이 다가옴에 따라 메일러가 말한 '밤의 군대'(Armies of the Night)33는 퇴각했다. '말 없는 다수'의 복수였다. 이 반혁명이 전진하면서 내건 구호가 바로 '법과 질서'였다.

　　1848년 때처럼 영국은 이 대격변에 좀 더 조심스럽고 차분하게 접어들었다. 행진한 노동자도 없었고, 문을 닫은 공장도 없었으며, 경찰 진압봉에 머리가 터진 사람도 거의 없었다. 파리에서는 수도를 분단시킬 정도였으나, 영국에서는 고작 휴게실의 대화를 양극화하는 경향이 있었을 뿐이다. 그럼에도 불구하고 영국은 나름대로 '특이한' 방식으로 '1968년'을 경험했다. 그 후 1970년대를 특징짓는 사회적, 정치적 양극화가 이 지점에서 시작되었다. 다른 곳과 마찬가지로 영국은 체제가 선택한 바로 그 아들 딸들의 '위대한 거부'에 엄청난 충격을 받았다. 이 아이들은 도덕성과 시민사회에 타격을 입히다가 이제는 국가 토대에 도전했다. 국가는 저항을 다짐했고, '말 없는 다수'도 자신들의 일상화된 삶의 방식이 위협받고 산산조각 난 데 대해 공황과 공포를 느꼈기에 치명적인 **충돌**이 일어났다. 이 수렴으로부터 대응과 권위주의로의 표류가 탄생했다. 영국에서 가장 큰 희생자는 자유주의의 해체였다. 학생 좌파에게 허를 찔린 후 지적 자유주의는 싸워보지도 못하고 백기를 들었다. 그중 다수의 뛰어난 신봉자들은 어떤 실제적이고 특정한 자유가 위협받는 지점까지만 학술적 자유 일반에 관해 유창하게 늘어놓을 수 있는 사람들이었기에 재빨리 극우로 전향해 스스로 해당 분야의 기마 순찰대로 변신했다. 위협은 외몽고에서 훈련받은 어떤 게릴라 집단이 아니라 새로운 자본주의 영토를 상속받기로 된 풍요 자체의 자녀, 세상의 수습 관리자에게서 발생한 것이기에 이 반응은 더욱 격렬했다.

---

33　'밤의 군대'는 1967년 10월 펜타곤 시위 행진을 소재로 노먼 메일러가 쓴 논픽션 소설 이름이다. 특히 이 소설은 메일러가 현장 시위 참여 경험을 소재로 쓴 '뉴 저널리즘'의 대표적인 사례로 꼽힌다. 메일러는 이 소설로 퓰리처상 일반 논픽션 부문을 수상했다. ─역주

　　만일 1968년의 거의 대변혁이 국가의 성채를 흔들어놓았다면 시민사
회는 놀랄 정도로 끄떡없었다. 헬멧에 방패를 든 폭동진압 경찰이 머리띠
와 전투 조끼 차림의 학생 대오를 향해 전진하는 이미지나 기관총 총구를
내려다보거나 최루가스 앞에 흩어지는 학생들의 이미지가 밤이 되면 텔
레비전 스크린에 넘쳐나, 집에서 수상기 앞에 앉은 정신 멀쩡한 시민들에
게 구경거리를 제공했다. 이 장면들 자체는 흔히 한쪽으로는 시위대와 경
찰이 대치 중이고, 반대로 그 지척에는 일반 시민들이 잔해 사이를 누비
며 개인 용무를 보러 다니는 장면을 담고 있었다. 실로 많은 글이 이 시
기 대기업 자본주의하에서 시민의 삶에 두드러진 무관심과 사유화에 관
해 나왔는데, 시민의 '사적 세계'와 국가장치와 과정 사이의 대대적인 균
열이 대표적인 주제다. 사적 필요와 욕구, 가족과 가정이란 '작은 세계'를
고수하는 것이야말로 정치, 경제, 행정의 추상적 관료의 침해로부터 사적
세계를 지키는 방어막인 것처럼 보였다. 하지만 그럼에도 불구하고 둘은
밀접하게 관련되어 있고, 하나의 완전함은 다른 하나의 '공백'을 보충하
는 관계에 있었다. '무관심'과 대기업 자본주의 국가의 공고화는 동반자
관계였다. 그렇지만 둘은 서로 무관해 보였다. 중심부에서 국가의 증대된
역할은 주변부에서는 오직 일련의 개인적이고 연쇄적인 불평으로만 경험
되었다. 양자 간의 분리는 공적 이데올로기의 레토릭에 압축적으로 표현
되었다. 낮에는 노동자로 일하다가 귀가하면 밤에는 정치인과 광고주에게
전혀 다른 존재로 불리는데, 바로 소비자다. 정치 자체도 점차 '개인적인
일처럼' 규정되었다(privatised). 희미하긴 했지만 학생 봉기는 개인화된 영
역에 대한 국가의 이 헤게모니를 겨냥한 도전으로 전개되었다. 참여 지향
적 구호처럼 폭력과 충돌의 상당 부분은 시민들을 자신의 무력감에 대해
의도치 않은 공모자로 만드는 보이지 않는 벽을 겨냥했다. 공동체주의의
강조나 권력의 토대까지 재탈환하라는 요구도 그랬다. 마지막으로 이 궤
도는 사유화된 왕국과 교차하거나 그 위장막 안에까지는 침투하지 못했
다. 이 점은 그 운동이 객관적으로 어느 정도 중심성이 결여되었는지를
보여주는 척도였다. 그러나 이 운동의 내용과 형식 그리고 '일상생활의

혁명'을 목표로 설정하였다는 점에서 드러난 새로움은 정통파 혁명가들 (프랑스 공산당은 1968년 강경파들을 '응석받이 모험주의자'로 불렀다)이 생각한 것처럼 부적절한 것이 아니었다. 엄격한 의미에서 '상황주의자'는 거의 없었지만, 상황론은 새로운 국가 권력 형태에 직접적인 관련이 — 단호한 '부정' — 있었으며 혁명 문화에도 엄청난 자취를 남겼다.

　　하지만 학생운동 내부에서 전개된 공격의 궤도는 국가 자체와 미디어에게는 뜻밖의 행운이었다. 미디어와 그 허가받은 대변자들이 복잡한 전체 시나리오를 '폭력'이라는 단순화된 틀로 해결하려는 대대적인 시도에 충분한 실체를 부여했기 때문이다. 그해 4월 그로스비너 광장에서 벌어진 최초의 대규모 베트남전 반대 시위를 목격하고는 〈옵저버(Observer)〉는 뻔뻔스럽게도 "이 학생 시위는 진정한 목표를 추구하는 진지한 정치 운동이 아니다. 고급스러운 축구 훌리건주의에 더 가깝다"라고 언급했다. 그러나 '5월 사건' 이후 언론이 심지어 더 대대적인 10월 시위를 대면했을 때 〈선데이 익스프레스〉는 전형적인 모순된 발언인데도 전혀 개의치 않고 다음과 같이 논평했다. "이는 베트남전 반대 시위가 주류가 아니다. 자신의 목적을 위해 젊고 순진한 사람들을 동원한 냉혹하고도 의도적인 폭력 행사다. 숙련된 좌익 선동가들이 우리 경찰의 평판을 떨어뜨리고 공동체를 공포에 빠뜨리려는 계산된 시도다." 이처럼 모든 반대나 저항 형태를 폭력에 몰두하는 선동가 패거리 색출로 환원시키고 끊임없이 '소수파'와 비교해 '다수파'를 계산해내는 산술적 합의 산출 방식은 영국 학생 시위에 대한 이데올로기적 의미작용 전반의 특징이다. 이 방식은 점차 사회 갈등과 정치적 분란 전 범위를 지배하는 의미작용 패러다임으로 자리잡게 되었다.[주 43] 또한 (앞서 논의한) 의미작용의 나선이 문턱들을 넘어서 외부 반경으로까지 확대되고 있음을 말해준다. 10월에 두 번째로 베트남전 반대 시위가 발생했던 무렵에는 이 시위가 "법과 질서의 세력과 … 무정부 세력 간의 폭력적 충돌"이 될 것이라는 확신이 정치인, 경찰, 미디어의 집단적 사고에서 압도적인 '추론 구조'로 자리 잡았다. 따라서 시위 행진은 대부분 평화롭게 이루어졌음에도(레스터Leicester 대학의 연구인 〈시위와 커뮤니케이션<sup>Demonstrations and Communication</sup>〉에서 입증했듯이)),<sup>[주 44]</sup> 이 확신은 이후에 이어진 보도의 전반적인 양상을 결정하고 뉴스가치를 지배했다. "오늘 런던 심장부는 포위 상태에 있게 될 것이다 … 그런데 무엇을 위해? 베트남에서 일어나는 일에 시위자들이 기분 나빠하기 때문에? 말도 안 돼."<sup>[주 45]</sup> 예측과 달리 폭력이 발생하지 않자 신문은 폭력을 잘 예방했다며 경찰에게 다음과 같이 축하를 보냈다. "경찰이 그로스비너 광장에서 승리하다." "경찰이 훌륭했던 날"<sup>[주 46]</sup> 진압부대를 맞이하며 환호하는 얼굴이 여러 신문 1면에 실렸는데, 정세에 맞춰 이전의 '자유주의적' 젠킨스 씨 후임으로 온 신임 내무장관, 바로 좀 더 고귀한 소명을 맡은 '정직한 짐' 캘러헌이었다.

이처럼 정치 현장의 첨예한 양극화가 진행되던 바로 그 계기에 그리고 관리된 합의에서 좀 더 강제적인 합의의 변종으로 이행이 이루어지던 때에 인종 공황이 새로 등장한 것은 순전히 우연의 일치일 리가 없다. 1967년 포웰 씨는 인종 이슈에 관해 이렇게 발언했다. "우리는 행동을 취해야 하며 그것도 빨리 취해야 한다. 그냥 대서양 너머를 쳐다보며 팔짱을 낀 채 '여기서 그런 일이 일어날 리 없어'라는 말만 하고 있을 수는 없다."<sup>[주 47]</sup> 이제 1968년에 이르러 사회적 반대의 봇물이 터지자 인종은─물론 마지막은 아니지만─현저한 주제로 떠오른다. 인종은 강렬하지만 잠재된 공중의 정서를 반응의 물결에 힘입어 전진시킬 수 있는 주제였다.

학생 운동의 거창하고 추상적인 이슈─'참여 민주주의', '공동체 권력'─에 비해 인종 주제는 구체적이고 직접적이었다. 인종은 사적 시민 중 '말 없는 다수'가 포스트제국주의 도시의 눈에 띄게 쇠락한 구역에서 체험하는 '일상생활'과 직접 관련이 있었다. 인종 주제는 '품위 있는' 중하층 계급 사람들의 실망으로 바뀐 열망과 좌절된 희망을 건드렸다. 이 사람들은 저축한 돈을 맥밀런 씨의 '재산 소유 민주주의'만 믿고 몽땅 투자했는데, 마찬가지로 품위 있는 (그렇지만 흑인인) 가족이 이웃에 이사오면서 재산 가격이 곤두박질치는 참사를 겪었다. 일찍이 이주민 첫 세대로서 1950년대 자메이카 이주민보다 '조용한 삶'을 위해 더 많이 희생을 치른 세대는 없었다. 하지만 객관적으로 이 이주민들은 '풍요의 꿈'의 어두운 측면을 의미하도록 운명지어졌고 풍요의 악몽에서 억압된 내용을 구현하는 존재로 예정되어 있었다. 책망 대상이 된 이주민들의 미국 대형차 취향—모국에서 저발전의 과도한 발전에 대한 직접적인 표현—은 풍요로운 삶을 희화화했다. 이주민들의 토요일 밤 파티는 프로테스탄트 윤리에 내장된 노동 체제와 향락의 금기가 요구하는 희생을 끊임없이 환기시켰다. 구직 행렬에 선 이주민의 존재는 한 세기 동안의 실업과 구직 실패의 기억을 불러냈다. 이 사례는 몇 년간의 '완전 고용'이 경제적 불안정이란 계급적 경험 전체를 청산할 수 없음을 보여주는 증거다. 흑인 이주민은 이 나라의 '잊혀진 영국인'이 아주 빠듯한 삶을 영위하던 도시 쇠락 지역으로 몰려 들어왔다. 이들은 백인 하층 계급과 노동계급적 품위로 이루어진 이 '폐쇄적 작은 섬'에 진입해 자신의 모든 흔적, 외모, 옷차림, 머리 염색, 문화, 관습과 열망으로 자신의 '타자성'을 선포했다. 흑인 이주민의 가시적 존재는 저 제국주의 전성기의 토대가 되었던 한없이 지저분한 지역을 환기시켰다. 인종—이민자 주제의 상징주의는 잠재의식적인 위력으로 '우월한' 인종의 집단 무의식에 배회하던 악마를 손쉽게 가동시켜 반향을 일으켰다. 섹스, 강간, 원시주의, 폭력, 오물의 이미지도 불러냈다. 저 바깥에 흑인도 거의 없고 돈과 권력을 움켜쥔 위대한 교외주거 지역 세상에서라면 하층세계의 '인종 통합'이라는 고상한 견해를 취하는 게 마땅해 보였을지도 모른다. 이 백인 남녀들은 무엇보다 자신들이 갑자기 지위와 권력을 잃고 갑자기 그 단어의 모든 측면에서 **빈곤층**으로 전락할까봐 우려했다. 하지만 백인 빈곤층이 이 모든 어려운 시기를 거친 후 두려워한 것은 자신들도 **흑인**이 될지도 모른다는 사실이다(모든 사회적 층위는 자신 바로 밑의 층위를 꿈, 환상, 혹은 악몽의 재료로 활용한다고 프란츠 파농Frantz Fanon은 주장한다). 양극화와 봉기가 국가 정치체 전반에 충격파를 전하기 시작했을 때 권력층은 자신의 기반인 **기득권 체제**가 **동요하는** 것을 절감했다. 지축이 흔들리는 것을 감지한 셈이다. 그러나 권력층의 가장 똑똑한 대변자들이 유권자층에게 전해주기로 선택한 것은 합의 정치의 '지축'이 **흔들렸다**는 점이 아니라 흑인이 **몰려오고 있다**는 사실이었다. 포웰 씨는 언론인들에게 울버햄튼(Wolverhampton)의 자그마한 백인 노파(실존인물인지는 아무도 확인하지 못했다) 이야기를 들려줬을 때 풍부한 광맥을 터뜨린 셈이었다. 이 노인은 "귀엽게 생기고 눈이 옆으로 째지고 냉소 같은 웃음을 흘리는 아이들"이 "우편함에 분뇨를 밀어 넣고" 인종주의적 모욕을 가하는 것을 견뎌내야 했다고 밝혔다. 혹은 갑자기 이렇게 실토한 "아주 평범한 노동계급 남성"의 슬픈 이야기도 들려줬다. 이 남성은 "나에게 이사 갈 돈만 있다면 이 나라에 머물지 않을 생각이다. … 15년이나 20년이 지나면 흑인이 백인에게 채찍질을 하는 쪽이 될 것이다." 평범한 사람들에게 삶이 갑자기 의미를 상실하고 매사가 궤도를 이탈할 위험에 처하게 되자 이들의 불안감이 대거 표면에 떠오르게 되는데, 이 이야기와 구절은 바로 이 평범한 사람들의 불안감과 직접 교차했다. 버림받은 집단, 통제 문화의 폐쇄성, 만연한 공중의 불안감, 바로 여기에 포웰 씨는 '극적인 사건'을 덧붙인 것이다. 히드 씨가 주동해 잠시 반짝했다 시들해진 "나는 영국을 지지한다"(I'm Backing Britain)[34] 운동의 3일짜리 기적에 대해 포웰 씨가 엄청난 냉소를 퍼부은 것도 놀랄 만한 일은 아니다. 자리에 걸맞게 처신하는 정치인이라면 어떤 이유가 통하고 어떤 주제가 큰 대중적 파도를 가동하고 십자군을 출범시키며 군대를 움직이게 할 것인지 알아야 한다. 포웰 씨는 그 자신이 이전에 "연소물질"이라 부른 주제의 증거를 갖고 있었던 셈이다.[주 48]

　　사실 젠킨스 씨가 통합을 아주 번지르르한 말로 옹호하고 있을 때조차도 지역 수준의 진상을 파악한 대다수 흑인은 '통합'의 약속을 포기한 지 오래였다. 제1세대 이주민은 실제적 희망으로서의 '통합'을 조용히 포기하고 다른 데로 주의를 돌렸는데, 자기 동네에서 자기들끼리 삶을 꾸려

---

34　1968년 초 영국에서 잠깐 동안 경제 회생을 목표로 전개된 애국 캠페인을 말한다. 런던 남서부 교외 주거도시인 서비턴(Surbiton)의 비서직 다섯 명이 자발적으로 30분씩 추가로 근무하고 이를 주변 사람들에게도 권유한 데서 시작된 캠페인인데, 일주일 내에 전국적인 운동으로 확산했다. 해럴드 윌슨 수상이 공식적으로 이를 지지하는 발언을 하면서 운동은 공적 차원으로 확산하는 듯했다. 하지만 기업들이 참여하지 않고 노조도 이에 미심쩍어 했으며 실제 효과도 미미했기 때문에, 운동은 몇 달이 지난 후 흐지부지해졌다. 실패한 경제 회생 운동의 한 사례로 꼽힌다. ─ 역주

가고 자력으로 견딜 만한 삶으로 만들어가는 일이었다. 그러나 영국 교육
의 어려운 경험을 딛고 쇠퇴하는 노동시장에 뛰어든 제2세대의 분위기는
사뭇 달랐다. 자질, 교육, 숙련도, 언어 능력도 더 뛰어나고 문화적으로도
더 동화되었기에 차별과 제도화된 인종주의 현실에 대한 자각도 더 뚜렷
했고 의식도 더 강경했다. 서부 해안 지역에서는 애시드 록이 백인 청년
의 마음을 흥분시키고 있었을지 모르나, 저 아래 게토에서 가장 인기 있
는 음반은 "크게 고함쳐라 … 나는 흑인이고 그게 자랑스럽다"(Shout It
Loud, I'm Black And Proud)였다. 블랙 파워가 마침내 상륙했다. 1967년과
1968년 여름은 미국 흑인 혁명의 사상과 개념들이 흑인 청년 중 가장 깨
어 있고 의식 있는 부문에 침투했다는 점에서 중요한 시기였다. 몇 개월
동안 미디어와 인종관계 관리들은 블랙 파워라는 그렇게 '폭력적'이고 비
영국적인 현상이 '우리의 서인도 친구들' 사이에 뿌리내릴 수 있다는 점
을 믿지 않으려 했다. 늘 그랬듯이 이 미디어와 관리들은 도시 흑인 청년
들의 실태를 묘사하거나 그들에게 영향을 미치려 하는 사람은 누구든 '인
종주의자'이자 '극단주의자'라고 매도했다. 이제 보수당 내에는 잘 조직되
고 열렬한 반이민 로비 조직이 재빨리 마련되었다. 1968년 2월 9일 월샐
(Walsall)에서의 연설에서 포웰 씨는 입국 바우처제를 사실상 폐지하고 케
냐의 아시아인35을 사실상 입국 금지 조치해야 한다고 촉구했다. 이 로비
는 즉시 지지세력을 확보했다. 가장 단기적이고 실용적 차원이며 자기이
익 중심적인 계산에 부응해 노동당 정부는 케냐의 아시아인들을 대상으
로 한 입국 바우처 체제를 도입하는 법안을 의회에서 조용히 통과시켰다.
이 조치는 이민 반대 로비 세력의 입맛만 자극했을 뿐이다. 그해 4월 존
슨 대통령이 베트남 폭격 '중단'과 철수 결정을 발표하자―이 조치들은
모두 반전 좌파에게는 의미있는 승리였다―백인 암살자가 마틴 루터 킹

---

35 영국은 동아프리카를 식민지 인도의 서부 지역과 밀접하게 연계된 경제 요충지로 보고
　 1895년에 동아프리카 보호령을 설치했다. 이와 더불어 인도인 노동자가 대거 이주했는데,
　 특히 우간다 철도 건설에 3만2천 명의 노동자가 투입되었고 그중 일부가 공사 종료 후 현
　 지에 정착했다. 케냐의 아시아인들은 바로 이들을 지칭한다. ― 역주

(Martin Luther King)을 살해했다. 미국에서는 장기간의 약탈, 방화의 악몽이
이어졌는데, 〈타임(Time)〉은 이를 "미국을 그 폭력적인 역사에서도 가장
광범위한 인종적 무질서의 발작으로 몰아넣은 흑인의 광란"으로 묘사했
다. 이 사건은 영국의 흑인 강경파에게도 뚜렷하게 영향을 미쳤다. 인종
관계법안이 상정되기 전날인 4월 20일 포웰 씨는 버밍엄에서 '피의 강'
(rivers of blood)이라는 연설을 했다. "신들은 자신이 파멸시키려는 자들을
먼저 미치게 만든다. 매년 약 5만 명에 달하는 군식구의 유입을 허용하는
것을 보면 하나의 나라로서 우리는 미친 게, 글자 그대로 미친 게 틀림없
다. … 이는 마치 자신의 장례식용 장작에 열심히 불을 붙이고 있는 나라
를 지켜보는 것 같다." 차별은 흑인이 아니라 백인이, 즉 "흑인들이 합류
한 바로 그 무리"가 경험하고 있다고 포웰 씨는 덧붙였다. 안정된 삶에서
느끼는 불안정의 경험을 직접 겨냥해 이처럼 **변화에 대한 두려움**을 불러
낸 것은 포웰 씨의 연설에서 부상한 큰 주제다. 바로 백인에게는 "부인이
출산할 때 병상을 구하지도 못하고, 아이들은 학교에 입학할 자리도 얻지
못하고, 가정과 이웃은 알아보지 못할 정도로 변해버렸으며, 미래의 계획
과 전망은 좌절되어 버렸다." 티베르 강(River Tyber)은 "피의 거품으로 끓
어오르고 있다 … 우리가 대서양 건너편에서 공포스럽게 목격하는 저 비
극적이고 통제 불가능한 현상은 바로 여기서 우리의 자발적 의지에 의해
다가오고 있다 … 실로 이는 거의 문 앞에 도달했다."[주 49]

　　장기적으로 보면 '포웰주의'는 정치체에서 일어나고 있는 더 근본적
인 변화를 드러내는 징후였다. 포웰 씨는 이전에 보수주의란 "인간 사회
전반에, 그리고 구체적으로 우리 사회의 성격에 관해 확립된 견해"라고
썼다. 그러나 점차 1960년대를 거치고 그 후 1968년에 이르면 폭발적인
수준으로 영국 사회의 안정성이 눈에 띄게 **해체**되었다. 이 시기에 윌슨
씨와 히드 씨의 변함없는 실용주의는 새로 부상한 사회 갈등 시대에 합의
정치가 파산했음을 보여주는 살아 있는 증언이다. 그 공백은 우파에 의해
채워졌다. 이후에는 아일랜드, 유럽 공동시장, 자유시장 수호, 상원제 등
을 활용하게 되지만, 포웰 씨는 인종을 '영국스러움'의 정의를 표현하는

**수단**이자 영국을 결집시키는 처방으로 채택했다.[주 50] 인종에 관해 포웰 씨는 흔히 '사실'을 왜곡하고 비논리적이었다는 비판을 받았다. 이 비판은 포웰 씨의 정치적 개입의 요지와 의미를 놓친 것이다. 그의 핵심에 가장 가까운 주제들은— 버크(Burke)식의 전통관, 민족의 '천재성', 헌법 물신주의, 낭만적 민족주의— 월슨이나 히드 식 '논리'처럼 실용적 차원의 원칙을 따르지 않는다. 이 주제들은 좀 더 잠재의식 차원의 민족주의 정서와 열정에 의해 규정된다. 실용주의가 판치는 시대에 실용적 차원의 동기를 건너뛰고— 나름대로 은유적 방식으로— 공포, 불안감, 좌절에, 국가적인 집단 무의식에, 그 무의식의 희망과 공포에 직접 호소하는 대중주의적 레토릭을 찾아낸 것은 포웰 씨의 재능 중 하나였다. 이 레토릭은 합의 정치 자체의 기관실을 직접 가격한 어뢰였다.

간혹 대학 캠퍼스에서 소요가 지속되는 가운데서도 나라 전체는 다른 곳의 사건 전개와 긴밀하게 보조를 맞추면서 눈치 빠르게 우파로 기울어지기 시작했다. 예를 들면 미국에서는 좌파가 전개한 운동이 민주당 내에 균열을 조성했는데, 유진 맥카시(Eugene McCarthy)는 급진파 쪽에, 조지 월러스(George Wallace)36는 우익에 서 있는 가운데 학생, 흑인, 이피족(Yippies),37 데일리(Daley) 시장38의 군대는 여전히 집결지에 진을 치고 있었다. "[민주당 전당대회는] 몇 주가 남았는데 이미 유혈극 기미가 보인다."[주 51] 그러나 이 갈래들을 결집해 말 없는 다수를 움직인 법과 질서의 노선을 마련

---

36  유진 맥카시와 조지 월러스는 1968년 미국 대통령 선거에 모두 출사표를 던졌다. 맥카시는 민주당의 급진적 목소리를 대변해 미국의 베트남전 참전 철수를 주장했다. 반면에 월러스는 민주당 내의 남부 지역과 노동자 계급을 대변해, 법과 질서, 인종분리 정책 철폐 중단을 요구했다. 월러스는 심지어 민주당을 탈당해 제3당인 미국독립당 후보로 나서 최종 선거에서 캐스팅보트를 확보하려 했으나 결국 실패했다. —역주

37  이피족은 청년국제당(Youth International Party)의 구성원을 지칭하는 용어다. 1960년대 미국에서 히피의 한 갈래로 반전운동과 자유언론을 추구한 급진 세력이었다. 1967년 12월에 설립되었으며, 기성체제를 조롱하는 연극적인 이벤트 등 상징정치를 강조했다. 1968년에는 돼지를 미국 대통령 후보로 밀기도 했다. —역주

38  리처드 데일리(Richard Daley)는 노동계급 출신의 민주당 정치인으로 1955년부터 1976년까지 시카고 시장을 지냈다. 1968년 당시 마틴 루터 킹 암살에 항의해 많은 사상자를 낸 폭력 집회를 강경 진압한 인물이다. —역주

한 것은 닉슨-애그뉴 후보자 팀이었다. 이 선례를 보수당 그림자 내각은 놓치지 않았다. 영국에서는 여론 조사 결과 모든 주요 사회 이슈에서 우파가 상당한 격차로 다수파였음이 드러났다. 합의는 양측의 '극단주의'에 의해 모두 타격을 받았다고들 한다.

이 시기는 충격스럽고 경악스러운 일로 점철되어 있어, 아직 언급하지 않은 두 가지 이슈를 지적하는 것으로 매듭지을 필요는 물론 없어 보인다. 이 두 이슈는 1968년 말이 가까워지면서 뚜렷하게 부상해 위기를 더 복잡하게 만들 뿐 아니라 점점 더 현장을 지배하게 된다. 그해 9월 헤일우드(Halewood)의 포드 공장 파업은 1968년을 자동차 산업의 조업 중단으로는 최악의 해로 만들었고 다국적 거대 기업에서 벌어지는 장기적이고 치열한 투쟁 시기의 시초가 되었다. 10월과 11월에는 새로 결성된 북아일랜드민권(Northern Ireland Civil Rights)39 운동이 지역 내 프로테스탄트의 득세와 오렌지(Orange)인40에 의한 차별에 반발해 일련의 좀 더 '세속적이고 실행가능한 동기'에 따른 시위를 조직했는데 이언 페이슬리(Ian Paisley)41 목사와 얼스터 경찰청의 저지에 부딪혔다. 영국 역사에서 얼스터의 소요가 '철의 시대'의 토대를 예고한 것이 이번이 처음은 아니었다.

---

39 북아일랜드민권협회(Northern Ireland Civil Rights Association)가 북아일랜드 소수파의 권익 보장을 위해 벌인 인권 운동을 말한다. 북아일랜드는 창설 때부터 다수파인 프로테스탄트와 (친영파인) 연합주의의 주도하에 소수파인 가톨릭과 공화주의-민족주의자에 대한 차별이 심했다. 이 인권 단체는 1967년 벨파스트에서 정파를 초월한 단체로 결성되었는데, 주로 선거구 획정, 채용, 주거, 경찰의 차별 등 소수파의 삶과 관련된 차별을 개선하는 데 활동 목표를 두었다. — 역주

40 오렌지인 혹은 오렌지 결사(Orange Order)는 프로테스탄트 네덜란드인으로, 가톨릭인 영국 국왕 제임스 2세를 몰아내고 1688년 명예혁명의 주인공이 된 오렌지공을 기념하는 사람들을 말한다. 이들은 오렌지공이 지금의 더블린 부근에서 제임스 왕을 격퇴한 보인(Boyne) 전투를 기념해 행진을 벌이는데, 이 경로가 가톨릭과 아일랜드 민족주의자의 근거지를 통과해 갈등의 씨앗이 되었다. — 역주

41 이언 페이슬리(Ian Paisley)는 북아일랜드의 프로테스탄트 목사이자 북아일랜드 왕당파-연합당 정치인이기도 하다. 북아일랜드에서 강력한 친영국파로서 북아일랜드의 분리주의적 민족주의와 공화주의, 아일랜드인 중심의 민족주의, 가톨릭, 인권운동 등에 대해 극렬한 반대운동을 전개했다. 실제로 1960년대에 여러 사건에 개입해 폭력적인 충돌에도 기여했으며, 이후 30년 동안 북아일랜드 사회 갈등의 단초를 제공했다. — 역주

# ┃ 1969년: '문화 혁명'과 권위주의로의 전환

> 만일 지하세력이 진정으로 지하화해서 적극적 저항운동이 될 의도가 있다
> 면 영국 사회구조의 구체적인 조건 속에서 그 진정한 뿌리를 찾아내려 노력해
> 야 한다. 지하세력은 전체를 결집시켜주는 평화적 조정 과정의 실체를 폭로해
> 야 한다. … 이 속임수를 타파하려는 어떤 시도든 … 그 자체만으로도 '폭력'
> 으로 간주되어 합당한 법적 치유적 과정의 모든 실제적 폭력에 의해 분쇄된
> 다. … 현재 반격이 가능한 유일한 세력은 노동계급이든 중간계급이든 부모들
> 의 문화에서 벗어나려 분투하는 아이들뿐이다. … 이러한 부류의 게임을 중단
> 하려면, 지하세력은 정치적, 문화적 '부문들' 간의 이데올로기적 분열을 근절하
> 는 일로 시작해야 한다.[주 52]

1968년을 그 직전과 뚜렷이 구분하는 균열은 1969년에도 지속된다.
양극화는 좀 더 빠르게 전개되고 새로운 영역으로도 퍼져갔다. 이전 2-3
년 동안 당국과 대중의 반응에 지렛대 구실을 했던 똑같은 주제 중 다수
는 1969년에도 재개되었지만 이제는 국가의 관점에서 볼 때 사회적 해체
가 더 진전된 단계처럼 보였을 그러한 상태였다. 이처럼 위기가 진전된
조건은 예상한 대로 다양한 주제 간의 광범위한 **수렴**을 이데올로기적 특
징으로 한다. 저항, 갈등, 관용성, 범죄의 주제들은 모두 합쳐 하나의 거
대하고 미분화된 '위협'으로 바뀌기 시작했다. 더도 덜도 아니라 사회 질
서의 토대 자체가 이슈가 되고 있다. 추측건대 결국 학생들이 고전적인
혁명 시나리오대로 노동계급의 공장 접수를 부추기지는 않을 것이다. 그
러나 사회를 카드로 만든 집처럼 무너뜨리는 방법은 한 가지만 있는 게
아니다. 관용성의 암이 사회적 도덕성을 점차 잠식할 수도 있고, 아니면
적어도 메리 화이트하우스(Mary Whitehouse) 여사의 집요한 주장에 따르면
그렇다. 〈선데이 익스프레스〉가 믿는 것처럼 조직범죄가 사회에 침투할
수도 있다. (이후에 '비이데올로기적인' 워터게이트의 파도에 휩쓸려 내려가긴 했지만)
미국의 검찰총장 존 미첼(John Mitchell)42이 주장했듯이 '이데올로기적 범

---

42 존 뉴턴 미첼(1913-1988)은 공화당 닉슨 행정부에서 검찰총장과 1968년, 1972년 닉슨의

죄자'(즉 학생 강경파)에 의해 전복될 수도 있다. 노사관계법 제정을 주장하는 십자군이 온 나라에 납득시켜려 하는 것처럼 산업 현장의 전투성에 의해 사회가 '인질화'할 수도 있다. 퀸틴 호그 씨가 그의 일요신문 독자에게 계속 경고하는 것처럼 사회가 '조심스럽게 조절하면서' 죽음에 서서히 이를 수도 있다. 무엇보다 사회가 폭력과 무정부의 분노와 야만적 가해에 피해를 입을 수도 있다. 이 두 주제는 사실 위기의 **문턱** 중에서도 상대적으로 높은 것으로 어떤 특정한 지역, 이슈, 문제, 질문에 위기를 배치하지 않고 점진적으로 **전반적인** 여건을 악화시킨다. 폭력만은 결코 넘을 수 없는 한계다. 폭력은 문명화된 사회 조직이 잔혹한 세력으로 추락하기 시작하는 지점에 해당한다. 말하자면 **법의** 종말이다. 무정부 상태는 그 결과이자 사회 질서의 해체다. 포웰 씨는 그해 9월에 이 점을 다음과 같이 간결하게 표현했다. "폭력과 군중의 법은 자기 마음대로 조직되고 확장된다. 폭력을 조직하고 퍼뜨리는 사람은 당국을 설득해 행동을 바꾸고 좀 더 자비롭거나 관용성 있게 만드는 일을 추구하지 않는다. 이 사람들의 목적은 권위를 부정하고 파괴하는 것이다."[주 53]

다시 한번 흑인—인종 이슈로 돌아가 보자. 포웰 씨와 '급진적 우파' 로비 세력이 주도한 공격에 대해 흑인 공동체의 첫 번째 반응은 충격, 공포, 실망이었고, 두 번째 반응은 전후 흑인 이민사에서 지금까지 유례가 없을 정도의 **철저한** 정치화와 조직화였다. 이때는 전투적인 흑인 단체와 상위 단체 결성(영국 블랙 팬더당British Black Panther Party,43 흑인동맹Black People's Alliance 등), 경찰의 괴롭힘 반대 시위 조직화, 제2세대—물론 이 세대에 국한된 것은 아니지만 특히 이들의—흑인의 '블랙 파워' 궤도 편입, 그리고 좀 더 전투적인 흑인 문화의식의 시대다. 데스몬드 데커(Desmond Dekker)의 라스타

---

대통령선거 대책위원장을 지냈다. 닉슨 행정부 시절 '법과 질서' 정책을 대표하는 인물이기도 했다. 그러나 워터게이트 사건에 연루된 혐의로 유죄판결을 받고 18개월간 감옥 생활을 했다. —역주

43 영국 블랙 팬더는 영국에서 블랙 파워운동의 일환으로서 흑인과 유색인종의 권리 보호를 표방하고 결성되었다. 미국의 블랙 팬더당에 자극을 받아 결성되었으나 직접적인 관계는 없다. 1968년에 결성되어 1973년까지 활동했다. —역주

파리안 음악이자 신비주의 풍에 천년왕국주의를 담은 〈이스라엘인(Israelite)〉
은 당시 흑인 음악 판매 차트에서 정상에 있었고, '레게'가 미디어를 통해,
그리고 역설적이게도 젊은 백인 '스킨헤드족' 사이에 채택되면서 백인 사
회에도 침투하기 시작했다. 당시에는 온갖 종류의 전투적 흑인 조직이 대
대적으로 확장되었을 뿐 아니라 헌신적인 흑인 운동가마다 10여 명씩 동
조자가 있었다고 딜립 히로(Dilip Hiro)는 추정했는데, 여기에 정색하고 반
박하는 사람은 없었다.[주 54] 반면에 백인의 공세도 '강경해지고' 있었다.
공식적인 머리기사와 일화는 포기하고 포웰 씨는 '숫자'에 관한 힘겨운 협
상과 더불어 마찬가지로 어려운 그 귀결, 즉 송환으로 공격을 끌고 갔다.
여느 곳과 마찬가지로 여기서도 주도권은 좋은 취지의 자유주의 중도파
의 손을 벗어나 범위 내에서 좀 더 극단적인 지점으로 거의 완전히 기울어
졌는데, 극단파들은 다시 역으로 중심부에 영향력을 행사했다. 히드 씨가
포웰 씨의 연설은 "한 인종 집단에 대한 인격살인"이라고 비난한 후 스스
로 다음과 같은 주장을 옹호하게 되기까지는 두 달밖에 걸리지 않았음을
폴 풋은 우리에게 환기해주었다. 히드 씨는 이민 허가가 "특정한 장소에
서 특정한 직장용으로, 구체적인 기간에 맞춰" 발급되어야 하고 매년 허
가를 갱신하되 "아무리 가까워도 친척을 데려올 절대적 권리"는 부여하지
말아야 한다는 견해를 지지했다. 이 제안이 바로 1971년 보수당의 영연방
이민법안에 포함된 극악무도한 "영국계(patrial) − 비영국계"44 구분이었다.

　　1969년 미디어가 미국에 관한 실감나는 보도에서 블랙 파워와 흑인
범죄 간의 관계를 생생히 부각하는 바람에 영국인들이 이 문제에 절실하게
공감하게 된 것은 틀림없다. 두 신문에서 무작위로 확인해본 결과 헨리 브
랜던의 "워싱턴의 무장강도와 길거리 범죄 24시",[주 56] 밀레바 로스의 고전
적인 기사인 "나는 환락의 도시에서 범죄와 함께 산다",[주 57] 앨런 브라이
언의 "뉴욕의 악몽"[주 58] 그리고 헨리 페어라이의 〈선데이 익스프레스〉 기

---

44　아버지와 할아버지가 영국 출생일 경우 본인의 출생지와 관계없이 영주권이나 시민권 취득
　　자격이 주어지는 제도를 말한다. − 역주

사들이 그런 내용이었다. 이 기사들은 인종, 정치, 범죄 간에 이어지는 복잡한 연쇄에 영국인의 사고를 고착시켰을 뿐 아니라 영국에 **해당하는** 명백한 교훈도 끌어냈고 가능한 대응 시나리오도 숙고 끝에 만들어냈다. 법과 질서의 공약, [인종주의 정치인] 조지 월레스 주장의 호소력, 청소년 강력범을 성인 재판에 회부해야 한다는 닉슨의 제안 등이 그러한 시나리오였다.

　1969년에 이르면 범죄 자체는 또한 악명 높은 크레이 쌍둥이 형제의 선정적인 재판과 수감으로 영국 내에서 하나의 전환기를 이루게 된다. 이 두 사람은 전문성과 정신 병리의 요소를 함께 갖춘 원형적인 이스트 엔드 악당으로 몇 주 동안 신문 머리기사를 장식했다. 더 중요한 것은 일 년 내내 체온 차트처럼 등락을 거듭하면서 범죄, 권위, 사회라는 문제 전체에 대한 우려가 꾸준히 이어지고 있었다는 사실이다. 그해 2월 히드 씨는 조사 마감일을 1970년으로 정해놓고 사형제 폐지의 효과에 관해 본격적인 연구를 촉구했다. 2월이 끝나기 전에 히드와 퀸틴 호그는 노동당이 '범죄 차단 정책'에 실패했다는 주장을 놓고 캘러헌 씨와 논쟁을 벌였다. 사형, 살인율, 폭력 범죄 증가 곡선, 형량 완화 추이 등 범죄 뉴스 영역에서 이제는 원형화한 이 관심사들이 계속해서 공적 논쟁을 지배했다. 〈선데이 타임스〉는 예리하게도 1969년의 범죄·사형 논쟁이 1970년에 다가올 '법과 질서에 관한 격렬한 논쟁'의 일종의 예행연습이 될 것이라고 예견했다.[주 59] 그해 10월 호그 씨는 다시 범죄 관련 연설에 나서 노동당이 **모든** 도덕성과 권위 침해에 책임이 있다면서 **싸잡아** 비난했다.[주 60] 그해 말 피카딜리 (Piccadilly) 점거 농성45과 그 후 스프링복스(Springboks) 투어 시위46가 있은

---

45　피카딜리 점거 농성은 1969년 9월 당시 히피 운동의 한 갈래이던 런던길거리 코뮌(London Street Commune)이 피카딜리 114번지의 저택을 6일 동안 점거한 사건을 말한다. 이들은 당시 거리나 공원에 넘쳐나던 히피 노숙자 문제를 이슈화하기 위해 점거를 벌였다. 이 사건은 미디어에 의해 대대적으로 보도되어 점거자에 대한 도덕공황이 조성되기도 했다. ─역주

46　이는 1969년 11월 백인 선수로만 구성된 남아프리카공화국 스프링복스팀 럭비 경기에서 벌어진 시위를 말한다. 당시 남아프리카공화국이 시행하던 인종분리주의 정책, 즉 아파르트헤이드에 반대하기 위해, 영연방을 순회 경기 중이던 남아프리카공화국 럭비팀 경기에서 시위가 벌어졌다. 이 시위대는 나아가 이듬해 예정된 남아프리카공화국 크리킷팀 순회 경기 취소를 요구했다. 1970년 투어 저지 캠페인이라고도 불린다. 이 시위를 계기로 억압적 인종 정책 문제가

후 호그 씨의 레토릭은 이제는 친숙해진 강하고 단순한 대립항, 즉 법 대 무정부 상태의 위협으로 격상되었다. 아주 이질적인 것들을 하나의 항목으로 쓸어 담아 '질서'에 대한 위협의 속성을 띠는 것처럼 과장하고 확대하는 그의 버릇은 이미 여기서도 드러난다. "노조, 대학의 선생과 기타 인사들, 학생, 온갖 부류의 시위자, 노동당과 자유당 의원들이 모든 형태의 권위에 대해 그들의 의견을 물어보지도 않고 의도적인 증오를 선언한다면 어떻게 경찰과 법원이 법을 집행할 수 있을 것이라고 기대하겠는가?"[주 61] 별개의 이슈, 범주, 문제들이 허울뿐인 이데올로기적 수렴으로 모호하게 처리되기 시작할 때마다 늘 그렇듯이, 여기서도 더 엄격한 통제 조치가 좀 더 광범위하고 무차별적으로 적용되어야 한다는 압력이 상승작용을 일으킬 것이라 추정해도 좋다. 또한 여기서 표면적으로 언급된 이슈들은 다른 관심사를 이데올로기적으로 감추는 '위장막'이 되기 시작한다고 추정할 수도 있다. 이 증폭 형태들이 확장됨에 따라 자연스레 마지막 방어수단으로서 실제적이면서 추상적 의미에서 모두 법에 대한 호소가 눈에 띄게 전면에 나서게 된다. 잠시 후 관용성과 저항을 놓고 전개 중인 다른 전선으로 눈을 돌려보면 여기서도 법의 구사가 작용하고 있음을 확인할 수 있다. 한편 법과 폭력의 문턱들은 점차 허용가능한 행위와 가능하지 않은 행위 사이에 구분선을 더 뚜렷하게 긋고, 날로 높아가는 사회 갈등의 파도에 침투하고 끼어들기도 하면서, 또한 갈등을 극단적인 이항대립으로 단순화하면서 좀 더 두드러진 역할을 하게 된다. 알렉 더글러스 홈 경(Sir Alec Douglas Home)은 그해 초 〈선데이 익스프레스〉에 얼스터에 관해 기고한 글을 통해 이 점에 관해 좋은 예를 보여주었다. "현대적 여건에서 시민의 폭력은 그냥 사회 혼란 부추기기를 주특기로 삼는 자들에게 길을 열어줄 뿐이다. … 대영제국과 같은 민주주의에서 헌법과 법을 지키는 것은 정부의 자명한 책무다." 같은 달 주제는 상당히 다르지만 전통적으로 훨씬 더 자유주의적이던 출처에서도 비슷한 견해를 발견할 수 있다. 〈선데이 타임스〉의 한 사

---

국제적 이슈화해 남아프리카공화국은 이후 25년간 모든 국제경기 참가를 거부당했다. — 역주

설은 다음과 같이 주장했다. 즉 "노동조합은 법적 제재를 받지 않는다는 '신성시되는 불문률'을 깨뜨리고 나면 파업에 대한 정부 조치는 좀 더 '합리적 분위기'에서 전개될 수 있다." "오직 법적 개혁만이 집단적 합의의 타당성을 강화하고 … 사나운 파업꾼 때문에 수천 명이 일자리를 잃는 사태를 방지하며 … 공식적인 노조 지도부의 재량권을 강화할 수 있다."[주 62] 〈선데이 익스프레스〉는 이후 사설에서 노동조합 문제에 법을 끌어들이는 게 **유일한** 해답은 아니라는 점을 인정하면서도 "무정부 상태의 전형을 옮겨놓은" 최근의 파업 양상을 저지하는 데는 법이 첫 번째 단계라는 인식하에, 유력한 보수당 각료급 의원이 비슷한 효과의 제안을 하기 시작한 데 대해 환영의 뜻을 밝혔다.[주 63] 범죄, 폭력, 혼란, 무정부 상태, 그리고 법이라는 이름으로 호명되는 존재가 디킨스 소설을 연상시키는 암울한 안개처럼 예기치 않은 곳에까지 스며들기 시작한다.

　　마약에 관한 우튼 보고서(Wootton Report)는 1968년 말 간행되었다. 이 보고서는 판결에서 마리화나 소지와 판매를 더 엄격하게 구분하고 대마초를 헤로인 등 다른 위험한 마약과 별도 범주로 재분류해야 한다고 제안했다. 이 보고서의 제안은 온건했고, 계보화는 흠잡을 데가 없었으며, 그 선례(굳이 거론한다면 미국의 보고서는 더 과감했다)도 좋은 예시가 되었다. 하지만 대중지는 여기에 대해 "마약 중독자의 음모"(〈데일리 미러〉), "마약 상습범의 허가증"(〈런던 이브닝 뉴스〉)이라는 이름을 붙였다. 또한 보고서에 관한 토론에 들어갔을 때 다른 측, 즉 의회 측에서도 '음모'를 거론했다. 캘러헌 씨는 보고서의 터무니없는 내용은 '가벼운 마약 옹호파'가 위원회를 오염시킨 탓이라고 비난하면서, "이른바 관용성의 도도한 물결을 차단"하는 데 기여하게 되어 기쁘다는 언급과 함께 보고서 주요 제안을 거부하기로 한 결정을 옹호했다.[주 64] 캘러헌의 그림자인 호그 씨는 그 주인의 발자취만 기꺼이 뒤따라갈 뿐이었다. 이 논쟁의 부침은 그해 내내 여파를 남겼다. 이 '포르노 제작자 천국'을 장려하는 정치인은 누구든 '정치적 자살'을 감행하는 꼴이 될 것이라는 화이트하우스 여사의 경고와 마치 보조를 맞추려는 듯이,[주 65] 관용성 반대 측은 외설법(Obscenity Law) 폐지를 권고하는 예술위원

회(Art Council) 보고서까지도 거부하고 우튼 보고서의 정신과 실제와 정 반
대로 캘러헌 씨가 새로 마약법안을 제안하도록 하는 전과를 거두었다.[주 66]

　　로이 젠킨스가 '관용성'을 '문명'으로, 즉 "과도한 사회적 긴장을 피
한 채 … 중단 없는 사회개혁의 달성"[주 67]으로 재정의하려 했을 때 '공식
적' 차원의 관용성은 이미 정점에 도달한 셈이다. 그 후에도 관용성에 대
해서는 보편적으로 적대적이고 호전적인 언론의 반응이 보장되어 있었다.
그해 8월 말에는 와이트섬(Isle of Wight)에서 열린 영국 최초의 팝 페스티
벌에 모든 저항문화가 집결하자, 미디어는 일찍이 도덕적 분노 층의 상상
력에 따라다니던 모든 관용성의 악마를 총집약해 행사의 이미지를 구축
했다. "10만 팬이 폭동을 일으킬 태세였다", "개를 거느린 보안요원이 출
동하다", "거의 악마 소굴", "히피와 괴짜 천지", "모든 광경은 혼란 그
자체", "누드로 수영하는 히피들", "73명이 마약 혐의로 체포", "벼랑 끝
에서 한 젊은이가 중상을 입은 상태로 발견", "마약 복용", "거의 나체 상
태의 젊은이들" 그리고는 얼마 지나지 않아 "남녀가 벌거벗고 미친 듯이
춤추는 해괴한 행사", "집단 난교 파티의 좋은 핑곗거리" 등의 표현이 따
랐다. '우드스탁(Woodstock)의 악몽'은 미디어에 의해 '지역 주민', '차분한
섬 주민', 즉 벌거벗은 신체 바로 지척에 존재하는 1970년의 '말 없는 다
수'[주 68]와 대비되었다. 그런데도 불구하고 너그러운 판결에, 부패한 지식
인에, 또 다른 '물러터진' 보고서 덕분에 결국 그 필연적인 결과는 누드,
마약, 길거리 난교 파티, '타락의 일상화'가 될 것이라고 도덕 선도 운동
가들이 누누이 경고하지 않았는가? 이 광경이 "히틀러의 독일이 등장할
길을 닦아준 바이마르 공화국의 타락상"과 놀랄 정도로 비슷하다고 화이
트하우스 여사가 우려한 말로 우리에게 환기해주지 않았는가?[주 69]

　　학생 소요의 파도는 1969년에도 잦아들지 않았다. 그해 1월 런던경
제대학은 '보안문 사건'(affairs of the gates)47으로 다시 한번 폐쇄되었다. 사

---

47　1969년 학교 당국이 보안 목적으로 교내 일곱 군데에 철문을 설치한 데 학생들이 분개해
　　시위를 벌인 사건이다. 마치 '수용소 문'을 연상시킨다는 것이었다. 이 때문에 경찰이 출동하
　　고 학생들이 체포되면서 큰 파장이 일었다. ─역주

건은 직원들의 징계와 해고로 끝났다. 이 사건은 또한 우리가 다른 곳에서 '숫자 게임'이라 부른 행태에 가장 적합한 사례 중 하나를 제공했는데, 바로 극단주의로부터 온건파를 분리하고 온건파를 무고한 선의의 어리숙한 사람들로, 극단주의자는 "정치적 동기로 움직이는 소수의 파당"으로 낙인찍으려는 시도였다. 예를 들면 노동당 정부 교육부 장관인 에드워드 쇼트(Edward Short) 씨는 하원에 출석해 그럴듯한 통계를 예시하면서 이렇게 설명했다. "런던경제대학에는 약 3천 명의 학생이 있습니다. 소요 발생과 관련된 학생은 이 중 아마 3백 명 정도 될 겁니다. … 진짜 범행을 저지른 사람은 1%의 절반도 안 되는 소수로 … 학문 세계의 깡패들입니다."[주 70] 마지막으로 쇼트 씨는 기억할 만한 조치로 이 학생들이 "X 브랜드 혁명가"(Brand X revolutionaries)라는 소감을 내비쳤다. "키일(Keele)의 훌리건주의, 반달리즘, 테러리즘" 행위,[주 71] 캠브리지의 "가든 하우스 사건"(Garden House affair),48 워릭(Warwick)에서 일어난 부총장실 서류 집단 열람 사건,49[주 72] 에섹스(Essex)를 거의 마비시킨 태업 사건 등은 아직 미처 일어나지도 않은 상태였다.

다른 곳과 마찬가지로 영국에서도 1968−9년 시기는 정치적으로 분수령에 해당한다. 이 시기에는 사회의 전체적인 기반이 방향을 전환하고 온 나라가 일시적이고 잠정적인 균열이 아니라 장기적이고 지속적인 준포위 상태에 접어든다. 그 후 그 의미와 원인, 결과에 대해 철저하게 숙

---

48 가든 하우스 폭동이라고도 하는데, 1970년 2월 13일 캠브리지의 가든 하우스 호텔에서 일어난 소요 사건을 지칭한다. 당시 그리스 관광청에서 관광 홍보 행사를 가든 하우스 호텔에서 열었는데, 그리스의 군부 통치에 반대하는 학생들이 호텔에 모여 해당 행사를 방해하는 시위를 열었다. 1968년 학생 시위 중 캠브리지에서 일어난 유일한 소요라고 한다. — 역주

49 1970년 2월 3일 워릭대학교 학생들이 학교 본부를 24시간 동안 점거농성한 사건이 있었는데, 이들은 나중에 학교 징계 처분을 받았다. 일주일 후 학생들이 이에 항의해 다시 무기한 농성에 들어갔는데, 이 와중에 학생들이 부총장실에서 학생의 정치 성향과 활동 감시 내용을 담은 비밀 서류를 발견했다. 이 중에는 학생 감시를 위해 '끄나풀'을 침투시켜 활동시켰다는 내용도 있었다. 이 서류는 학교 당국이 학교 경영진, 이사회의 기업가, 지역 정치인들과 내통하면서 학생의 정치 활동에 편집광적으로 대응하고 있음을 드러냈다. 여기에 분노해 학생들의 시위는 워릭뿐 아니라 영국 전역의 대학에도 번졌다. 이 사건은 이후 영국에서 정보공개제를 제도화하는 운동에도 큰 영향을 미쳤다. — 역주

고하거나 청산하는 작업은 이루어지지 않았다. 이 변화가 촉진한 정치적 양극화는 사회를 권위와 그 '적들'이라는 두 진영으로 분열시켰다. 이 엄청난 광경은 고전적인 계급 갈등이나 그와 연관된 정치라는 익숙한 형태를 거부했다는 바로 그 이유 때문에 우파, 중도파, 정치적 무관심층 할 것 없이 모든 이를 매혹시켰다. 그러나 좌파에도 뚜렷한 흔적을 남겼는데, 그 유산은 아직 떨쳐버리지 못한 채 급진적, 혁명적 정치의 스펙트럼에 오늘날까지 아직 살아 있다. 당시 여기에는 결과적으로 두 가지 별개이면서도 서로 관련된 변화가 얽혀 있었다. 하나는 학생 정치의 불꽃을 더 광범위한 유권자층과 저항 영역―'길거리 정치'―으로 전파시킨 것이고, 다른 하나는 저항문화의 부분적인 정치화다. 첫 번째 것은 어떤 무질서한 무정부주의적인 자유지상주의 시나리오와 다소 비슷하고, 두 번째는 때때로 '부르주아 봉기' 형태를 띠었는데, 사실대로 말하자면 고전적인 혁명의 교과서에는 어느 쪽에 대한 처방도 나와 있지 않았다. 첫 번째의 한 가지 사례는 인종 이슈와 관련이 있는데, 1969년 1월의 로데시아 하우스(Rhodesia House)[50] 시위 그리고 10월부터 진행된 스프링복스 럭비 순회 경기 동안 전술적으로 탁월한 1970년 투어 저지(Stop The Seventies Tour, STST)[51] 캠페인을 준비한 것을 들 수 있다. 후자는 이슈의 범위는 좁았지만 자유주의 성향의 젊은 층을 끌어들이기에 충분할 정도로 넓어 단일 이슈 캠페인이 갖고 있는 모든 위력을 집중적으로 선보였다. 이 시위

---

[50] 런던의 로데시아 하우스는 남로데시아 식민지의 런던 주재 고등변무원(High Commission) 건물을 일컫는 통칭이었다. 고등변무원은 대영제국 식민지와 모국 정부 간의 준외교적 업무를 다루기 위해 설치된 기관이었고, 1923년부터 1965년 남로데시아가 일방적 독립선언을 할 때까지 이 건물에 해당 기관이 입주해 있었다. 그 후에는 비공인 국가인 로데시아의 대표부 역할을 하다가 1980년 짐바브웨 공화국이 건국된 후에는 대사관으로 바뀌었다. 로데시아가 백인 위주의 폐쇄적이고 인종차별적 국가였기 때문에, 이 건물은 그 상징성만으로도 시위의 단골 장소가 되기에 충분했다. ─역주

[51] 1970년 여름 예정된 남아프리카공화국 크리켓팀 순회 경기 일정을 저지하기 위해 1969년 9월 10일에 결성된 캠페인을 말한다. 이는 남아프리카공화국 정부의 아파르트헤이드 정책에 반대하기 위해, 백인 선수로만 구성된 럭비팀의 영국 내 경기를 따라다니면서 저지하는 시위 형태로 전개되었다. 앞서 언급한 스프링복스 럭비팀 투어 저지 시위를 말한다. ─역주

는 격렬하면서 때로는 악의에 찬 반응을 유발했는데 당시에는 분위기가
그랬다(스완지Swansea에서는 반시위대 자경단이 시위 참가자들을 거칠게 다루는 것을 경찰
이 방조하는 듯했다. 이 때문에 내무장관이 개입해 럭비팀의 이른바 '진행요원'의 범위를
제한하는 조치를 취해야 했다).[주 73] 1970년 투어 저지 캠페인은 확실히 아주
희안한 세력 간의 연합이었다. 남아프리카공화국 신문인 〈디 비얼트(Die
Beeld)〉는 "좌익인 데다 일하기 싫어하는 난민 장발들 무리"라고 고전적으
로 묘사해 모든 진부한 표현을 다 깔끔하게 포착했다. 그러나 1968년의
사건에 자극받은 아주 상당수의 젊은이는 이 시위의 뚜렷한 반아파르트
헤이드 주장에 끌려 시위의 정치에 참여하게 되었다.

　　저항문화의 정치화는 좀 더 복잡해지고 불균등한 성격을 띠게 되었
다. 지하 신문은 미국의 '무법자 신문'에서 스타일 중 상당 부분을 따왔
고, 히피 순례길과 '사랑의 여름'에서 열정을 얻어 대안적 라이프스타일
을 표방하고 반듯한 사회에 대해 급진적 비판을 전개했지만, 처음에는 저
항의 정치에 대해 이중적 태도를 유지했다. 그럼에도 불구하고 공적 이슈
에 사적인 언어와 감정을 가미해 철저하게 반권위주의적이고 자유지상주
의적인 비슷한 부류의 '정치'가 저항문화에서 견지되었고 '대안적' 기관들
의 네트워크를 통해 전파되었다. 길거리 극장과 공동체 행동가의 참여를
특징으로 하는 예술 랩(Arts Lab),52 자유대학(Free University),53 갠달프의 가
든(Gandal's Garden)54 네트워크가 그런 기관이었는데, 이 기관들은 피터 세

---

52　예술 랩은 1967년 짐 헤인즈(Jim Haynes)가 런던에 설립한 대안적 예술 센터로 1969년
　　가을 폐쇄될 때까지 다양한 대안적 예술 운동을 활성화하는 데 영향을 미쳤다. 이 기관을
　　본받아 영국 전역과 유럽, 호주 등지에도 비슷한 기관이 설립되었다. — 역주
53　자유대학은 비공인 강좌를 개설해 다양한 사람에게 교육의 기회를 제공하는 형태를 띠는데,
　　1964년 캘리포니아대학교 버클리 캠퍼스의 언론자유 운동의 일환으로 시작되었다. 1960년
　　대의 시대정신을 따라 여러 대학에서 비슷한 프로그램을 개설하였다. 교육 내용은 주로 지
　　하운동과 정치교육이 많았다. — 역주
54　갠달프의 가든은 1960년대 말에 활발했던 신비주의 공동체 운동이며 런던 히피 운동의 한
　　갈래로 생겨났다. 강도 높은 마약 대신에 명상과 싸이키델릭이란 환각제를 사용했으며, 같은
　　이름으로 된 잡지와 가게도 운영하였다. 머즈 머레이(Muz Murray)가 운동의 주도적 인물이자
　　잡지 편집인으로 활동했다. 1971년에는 영국 전역에 작은 센터 형태로 확산하였다. — 역주

지윅(Peter Sedgwick)이 "이 공통된 거부와 확신"이라 부른 것을 애비 호프만(Abbie Hoffman)의 '보이지 않는 국가'에 더 가까운 곳으로 바꿔놓았다. 이 기간 어느 때쯤인가 미국의 저항문화는 너무나 현실적인 그 모든 속성을 갖춘 주 정부 경찰대 형태의 '억압적 관용'이란 유령과 부닥치면서 정치적 순수성을 잃었다. 일부는 다시 코뮌 생활과 유기농 식품, 시골로 돌아갔다. 계속해서 '운동'을 건설해나간 사람도 있었다. 그해 9월 시카고 모반 사건 재판(Chicago Conspiracy Trial)[55]이 시작되었을 때 국가의 적의 전 스펙트럼이 한눈에 드러났다. 긴 수감 생활 중 어느 저녁에 애비 호프만은 블랙 팬더 지도자인 바비 실(Bobby Seale)에게 이렇게 설명했다. "이피족은 히피 운동의 정치적 측면이고, 히피는 아직 반드시 정치화되지 않은 집단의 일부야"[주 74]라는 것이다. 하지만 10월이 되자 바비 실은 포승줄에 입막음까지 당한 채로 호프만 판사의 재판정에 출두하고 있었다.

　늘 그렇듯이 영국의 경로는 좀 더 차분했다. 마약, 라이프스타일 파괴, 대안 언론의 경찰 희롱은 저항문화가 법과 처음으로 싸움을 벌일 때 취한 주된 형태였다. 그해 3월 짐 모리슨(Jim Morrison)[56]이 외설죄로 체포되었다. 5월에는 믹 재거와 마리앤 페이스풀이 마약 소지죄로 다시 끌려들어 왔다. 롤링 스톤즈의 브라이언 존즈(Brian Jones)[57]가 익사했는데, 이는 하이드 파크에서 25만 명의 젊은이들이 추모한 대표적인 죽음이었다. 10월에는 경찰이 〈오즈〉를 습격했다. 반듯한 사회와 일탈자 간에 격앙되던 갈등을

---

55　1969년 연방 정부에 의해 공모와 폭동 선동 혐의로 기소된 애비 호프만(Abbie Hoffman), 제리 루빈(Jerry Rubin), 데이빗 델린저(David Dellinger) 등 시카고 7인방의 재판을 말한다. 1968년 8월 말 미국 민주당 대통령 후보자 선출을 위해 민주당 전당대회가 시카고에서 열렸는데, 이를 방해하기 위한 시위가 전개되었다. 당시 존슨 대통령의 베트남 전쟁 개입에 반대하기 위한 시위였는데, 시 당국이 집회를 불허하면서 시위는 경찰과 시위대 간의 무력충돌로 번졌다. 항소까지 간 재판은 공모, 폭동 선동 등 모든 혐의가 기각되는 것으로 끝났다. ― 역주

56　짐 모리슨은 록 밴드 도어스(The Doors)의 리드 싱어이자 작곡가였다. 독특한 음악과 기행에 가까운 삶의 방식 때문에 청년 저항문화의 아이콘으로 통했다. 1971년 7월 3일 목욕 중 심장마비로 사망했다. ― 역주

57　브라이언 존즈는 롤링 스톤즈의 창시자이자 초기에 리더 역할을 했다. 알코올과 마약으로 문제를 일으키다가 1969년 6월 그룹에서 축출되었다. 그 후 한 달도 채 안 돼 27세로 자택 수영장에서 익사했다. ― 역주

보여주는 한 가지 편리한 예이자 동시에 저항문화의 부분적인 정치화가 어떻게 달성되었는지 드러내는 사례는 그해 9월 런던 길거리 코뮌(London Street Commune)에 의한 피카딜리 114번지 점거 농성이었다. 이 점거는 저항문화의 여러 다양한 갈래, 즉 준 아나키스트, 정치적 '강경파', 히피 이탈자, 노동계급 부랑자, 골수 보헤미안, 지옥의 천사들 등을 결집할 수 있도록 의식적으로 '즉흥적' 행사로 계획되었다. 주동자에게는 유감스럽지만 '스킨헤드족'은 마지막으로 농성장 바깥에 등장해 경찰 편에 섰다. 스킨헤드족까지 점거 농성에 참여했다면 점거의 '논리'는 더 완벽해졌을 것이다. 점거 주동자들은 노동계급 정치의 오랜 형태인 농성을 빌려온 후 **새로운 홈리스**—런던의 낙오자 청년 공동체—를 위해 '포스트 자본주의' 여건에 맞게 (멋진 타운 하우스를 점령해) 각색했다. 이 점거는 화이트하우스 여사 같은 전통적 도덕주의자, 헤일셤 경 같은 전통적 정치인, 존 스패로우(John Sparrow) 같은 전통적 학자뿐 아니라 국제사회주의자(International Socialists)58 같은 전통적인 마르크스주의 단체, 짐 래드포드(Jim Radford) 같은 '전통적' 점거자들을 아연케 하도록 계산된 장면이었다. 경찰은 '스킨헤드족'에게 먼저 약간의 '싸움'을 벌이게 한 후 물리력으로 코뮌을 해산시켰다.

실로 반격이 시작되었다. 좀 더 적극적인 도덕적 선도 운동가들은 (상징적으로 BBC부터 시작해) 영국을 '청소'하는 캠페인에 말 없는 다수를 다시 불러 모았다. 현장 더 가까이에서는 경찰을 선동하고 부추겨 특히 마약, 대안 언론, 외설에 대해 행동을 취하도록 했다. 저항문화는 '법'의 계속된 존재에 점차 적응해갔다. '반듯한 사회'가 그냥 투쟁을 포기하고 백기를 들고는 방향을 바꿀 것이라는 희망은 신기루에 불과했다. 이러한 헛된 희망이 그리 오래 살아남았던 것은 단지 저항문화가 전복하려고 목표로 삼았던 사회의 속성을 철저하게 파악하지 못했거나 그 사회의 취약성

---

58  국제사회주의자는 영국의 극좌파 정당이었다. 1950년 사회주의평론집단(Socialist Review Group)으로 창설되어 1967년 국제사회주의자로 바뀌었고, 1977년에는 다시 사회주의노동자당(Socialist Workers Party)으로 이름을 변경했다. 트로츠키주의를 신봉했고 소련과 그 위성국가를 관료주의적 국가자본주의라고 비판했다. ─ 역주

을 간파하지 못했기 때문이다. 런던 길거리 코뮨 선언은 이러한 순진함을 끝장내겠다는 목표를 세운 후, 자신들이 "자본주의의 비참한 길거리"의 권리를 주장하는 이유는 이곳이 "지하세력의 재조직화가 발생할 수 있는 유일하게 가능한 공간"이기 때문이라고 밝혔다.[주 75] 1969년 경찰은 이 비공식적인 길거리 점유를 진압하기 시작했다. 이 때문에 저항문화는 어쩔 수 없이 '짭새들'(the Fuzz)과 갈등을 빚을 수밖에 없었다. '짭새들'은 단일한 세력으로는 그 어떤 곳보다도 더 효과적으로 지하세력을 적극적인 정치적 레지스탕스 운동으로 변모시키는 데 **거의** 성공할 뻔했다. 저항문화는 반듯한 사회, 관습적 태도와 라이프스타일, 소유적 개인주의의 집착을 '적'으로 불렀다. 저항문화는 부르주아 사회의 방어 기구인 경찰이 한 종류의 '억압'을 다른 억압으로 전환시킬 때까지 이 적들이 바로 그 사회의 보호막임을 깨닫지 못했다.

　뒤이어 저항문화 분파의 상당수가 혁명적 좌파 집단과 분파 구성원으로 편입되었는데, 국제사회주의자, 새로 결성된 국제마르크스주의그룹(International Marxist Group),59 아나키스트, 연대(Solidarity),60 온갖 모택동주의 파벌이 이에 속했다. 예를 들면 1969년 이탈리아의 '뜨거운 가을'에서 이미 발생한 것처럼 소수이지만 적극적이고 영향력 있는 좌파가 공산당 주변부 한편에서 부상했다. 반베트남전 연대 위원회와 체 게바라주의와 다른 제3세계에서 발전된 세력에서 더 광범위한 영향이 혁명 전단계의 환경에 흘러들어왔다. **내부**로부터는 라이프스타일 정치, 록 음악, 환각 세계에서 트로츠키주의, 자유지상주의, 정체불명의 공동체 정치에 이르기까지 무한하게 다양한 이념이 등장했다. 논리적 일관성도 없고 이론적 명쾌

---

59　국제마르크스주의그룹은 1968년에서 1983년까지 영국에서 활동한 극좌파 단체다. 이념적으로는 트로츠키주의를 신봉했고, 국제적으로는 제4인터내셔널(The Fourth International)과 연대관계를 맺고 있었다. ─ 역주

60　연대는 1960년에서 1992년까지 영국에서 활동한 소규모 자유지상주의적 사회주의 성향의 조직이었다. 소련의 국가 사회주의를 반대하고 급진적인 반 레닌주의와 노동자 자치를 강조했다는 점에서 1920년대 독일과 네덜란드에서 강성했던 평의회 공산주의(council communism)와 비슷한 성향을 보였다. 같은 이름의 잡지도 발간했다. ─ 역주

함이나 전술적 시각도 갖추지 못한 치열한 행동주의의 시나리오가 당혹할 정도로 온갖 형태로 넘쳐나는 듯했다. 하지만 **바깥에서** 보면 이러한 다양성은 **삶의 방식 전체**를 겨냥한 온갖 갈래의 음모라는 장관을 연출했고, 그 조직의 느슨함, 자발적, 유동적 특징은 바로 그 자체가 안정되고 질서정연한 시민의 삶에 대한 위협, 즉 군중 대왕(King Mob)의 귀환에 해당했다. 대부분 드러나지 않는 피조물의 일부인 영국 지식인층은 있어야 할 자리에서 이탈해, 전통적인 문화적 개입 양식에서도 격리되고 혁명 전 단계의 소용돌이 속에서 떠돌다가 그 자신의 환경 속에 갇혀버렸다. 대중주의 수호자들은 무엇인가 더 터지길 고대했는데, 바로 이 저항세력이 드러내놓고 정치 세력으로 무르익기를 기다린 것이다.

이러한 움직임이 항상 후원자나 적대자가 예상하는 곳에서 발생하도록 되어 있지는 않았다. 〈오즈〉와 〈IT〉는 한목소리로 성 혁명을 '찬성'했지만, 이는 지배적 남성의 위치에서 상상한 혁명이자 '세속인'의 끝없는 환상에 불과했음은 분명하다. 1968년 봄 릴 빌로카(Lil Bilocca)[61]라는 이름의 여성은 저인망 안전 개선을 요구하는 헐(Hull) 지역 어부 부인들의 과격한 캠페인에 앞장섰고, 로즈 볼런드(Rose Boland)는 포드 다게넘(Ford Dagenham) 공장에서 여성들이 기계 작업을 할 권리와 지금까지 남성 전용이던 숙련직 종사 권리를 요구하는 여성 재봉틀 노동자 집단의 파업을 주도했다. 그러나 하나의 **운동**으로서 여성 해방 역시 그 기원이 있었고, 우리가 지금까지 기술한 것과 똑같은 '적대적 환경' 내에서 촉진되었음은 틀림없다. 이 운동이 발전시키기 시작한 급진적 버전의 페미니즘은 같은 편인 '혁명적' 남성들의 남성 우월주의적 마음속에는 애초부터 존재하지 않았다. 전후의 페미니즘은 "혁명 내부의 혁명"으로 시작되었다. 하지만 이 혁명이 미친

61  릴리안 빌로카(Lilian Bilocca, 1929-1988)는 1968년 어부 가족들을 중심으로 어선 종사자들의 위험한 노동여건 개선을 요구하는 운동을 주도한 인물이다(이른바 '머리 스카프를 두른 혁명가'). 특히 그해 1월 2일 헐 어항에서 트롤 어선 세 척이 침몰하는 대참사가 발생해 58명이 사망하고 생존자는 단 한 명에 그친 사건이 계기가 되었다. 빌로카는 고질적인 승선 인력 부족이 사고의 원인이라고 보고 개선을 촉구하는 청원서에 1만 명의 서명을 받아 해럴드 윌슨 정부에 제출하였다. 이후 이 요구사항은 모두 실행되었다. — 역주

영향은 엄청났다. 내부적으로 일반인들 사이에서 페미니즘은 저항문화가 대개 추상적 측면에서만 주장한 바 있는, '개인적인' 것과 '정치적인' 것 사이의 연계관계를 구체화했다. 그리고 가부장제 원칙에 근거한 자본주의 문화의 구체적 형태로서 추상적인 '이데올로기적 억압'을 구현하는 구체적 메커니즘을 지적했다. 외부적으로는 비판을 통해서, 좀 더 터무니없어 보이는 대안적 '현상' 목록의 그 모든 것만큼이나 자본주의하에서 시민사회의 신경 세포에 근접한 이슈들을 건드렸는데, 바로 섹슈얼리티, 가족, 남성 지배였다. 페미니즘은 자본주의 문화가 진입하던 가장 위험한 계기 중 하나에서, 즉 **억압적 퇴행**(repressive degeneration)의 시기에 등장했다.

1969년은 정치 투쟁의 다른 갈래와 구분되는 '문화 혁명'이 자율적인 정치 세력으로서 구현될 수 있었던 마지막 계기였다. 혁명의 격화는 일어나지 않았다. 만약 1970년대에 다가올 투쟁들과 시기가 일치했다면, 더 광범위한 궤도로 포섭되는 것으로도 혁명적 결과를 낳았을지도 모른다. 그런 일은 없었다. 이 시기 급진적 정치의 역사는 곧 놓쳐버린 국면의 역사다. 그러나 왜 그러한 현상의 발생이 **가능했**을까? 지속 가능한 삶의 방식으로서 자본주의의 지탱 능력이라는 측면에서 혁명 격화의 위험이 **의미하는** 바는 무엇이었을까?

저항문화는 두 가지 측면에서 상부구조적이었다. 사회적 구성에서 그 담당자의 대다수는 아마 중간계급 배경이고 전통적 의미에서 숙련 혹은 비숙련 생산노동에 종사하지 않는 부모를 두었을 것이다. 물론 가장 적극적인 가담자 중 일부는 최근에 와서야 사회적 이동성을 경험한 계층 출신이었는데, 이들은 '교육 혁명'의 산물로서 대학생뿐 아니라 대학 진학 준비학교(grammar school) 혹은 새로운 종합 아동 학교,62 예술 학교, 단

---

62  종합(comprehensive) 중등학교는 대학 진학 준비 학교(grammar school)처럼 성적이나 재정적 능력 평가에 근거해 선별적으로 입학을 허가하지 않고, 모든 학생에게 개방된 학교를 말한다. 영국에서는 1940년대에 시범적으로 운영되다가 1965년 노동당 정권 때 교육부 장관 크로스랜드의 주도로 본격적으로 확대되었다. 현재 영국에서는 학생의 약 90%가 종합 학교에 다닌다. 순수하게 학문적 교육에만 주력하는 대학 진학 준비 학교와 달리 종합 학교는 기술, 직업 훈련 과정도 제공하는 것이 특징이다. ─역주

과대학 진학 제1세대일 것이다. 이 구성원들은 계급적 출신이 어디이든 **새로운 유기적 지식인**(new organic intelligentsia)의 잠재적 충원 대상이었다. 사회적 재생산 측면에서 수행할 중요한 임무를 맡아 중간 직책이나 하위 직책을 담당할 수 있도록 훈련받았을 뿐 아니라 자본주의에서 점점 더 복잡해지는 사회적, 기술적 분업구조에 맞춰 (실질적으로) 채용해야 하고 (이데올로기적으로도) 회유해야 할 필요가 있는 사람들이다.

그러나 저항문화의 공격은 현대 자본주의의 상부구조도 **겨냥**했다. 이 문화는 특성상 본질적으로 '반부르주아적'이고 프로테스탄트 인간의 전복을 목표로 하며 이성의 새로운 통치를 불러들여 [첨성학적인] 환락의 물병자리 시대(Aquarian Age of Pleasure)를 주재하게 되기를 추구했다. 이 문화는 무엇보다 의식**에서의** 혁명을 요구했다. 저항문화는 본질적으로 의식혁명이었기 때문이다. 그래서 부르주아적 시민의 삶이 공고화되고 재생산되는 장소인 상부구조, 이데올로기를 전복시키려 했다. 물론 중점적 관심사와 투쟁양식의 비판에서 일관되게 급진적 이상론을 지향하긴 했지만, 상부구조 수준에서 사회적 모순이 축적되고 이데올로기 투쟁이 당분간 '주도권을 장악'하게 되면 이 저항문화가 지배적 경향이 될 수밖에 없다. 이 저항문화는 지배계급의 핵심 분파가 주도하고 어떤 논리를 적용하든 그 분파가 충성을 바쳐야 할 헤게모니 문화를 표적으로 삼는 혁명이었다. 따라서 저항문화는 헤게모니 이데올로기 **내부에서** 심각한 파열을 나타내는데, 줄리엣 미첼(Juliet Mitchell)이 주장했듯이 이는 무엇보다 "이데올로기적으로 지배적인 계급 내부로부터"[주 76] 주도될 가능성이 큰 파열이다. 그람시가 주장했듯이 상부구조는 경제 구조의 장기적 요구에 맞추어 특정한 유형의 문명과 특정한 부류의 '인간'과 '시민', 특정한 '윤리'가 재생산될 수 있도록 보장해주는 기능을 했다. 물론 양자가 기능적으로 서로 딱 맞아떨어질 정도로 일치하지는 않으며 실로 알튀세르가 "때로는 이빨을 가는 정도의 조화"라 부른 수준에 그치기도 한다. 특히 상부구조는 국가 내에 조직화되기 때문에 사회, 정치, 시민사회를 생산양식 자체의 요구와 필수요건에 순응시키는 문제 투성이이자 모순된 과업을 수행하게 된다.

[주 77] 상부구조는 우리가 **사회적 재생산**, 즉 "생산의 사회적 조건의 재생산"이라 부른 그 영역이다. 이처럼 좀 더 확장된 의미에서의 사회를 '결속시키는' 데에는 그 나름대로의 양식과 메커니즘이 반드시 필요하다. 자본제 관계의 내부 조직과 구성을 철저하게 재구조화하는 데는 반드시 그에 따라 사회구성체의 모든 사회적, 이데올로기적 외피의 '재구성'이 필요하며 재구조화가 그러한 재구성을 촉진하기도 한다. 그러한 재구조화는 자유방임주의에서 독점 단계로의 장기적 이행이라든지, 아니면 영국 자본주의가 전후 시기에 처하게 된 것처럼 이 곡선에서 좀 더 혹독한 시기에서 나타나는 특징이 한 예가 될 것이다.

　운동 세력에서는 자체 분석의 경향이 압도적일 정도였음에도 불구하고, 자본주의 사회구성체의 상부구조 수준에서 바로 이 계기에 왜 이 파열들이 발생했는지는 제대로 정리된 적이 없다. '1968년'은 철저하게 파악되지 않은 채 대개 이에 대한 질문 자체도 외면당한 상태로 넘어갔을 뿐이다. 분명히 중간계급은 근면, 품위, 안정의 이데올로기를 통해 도덕적으로나 이데올로기적으로 자신과 체제를 연관짓고 그 체제의 요구에 적응했다. 하지만 이 이데올로기는 전후 풍요로운 호경기의 근간을 이룬 소비와 자기만족에 대한 소구에 의해 이 시기에는 계속 조금씩 타격을 입었다. 부르주아 인간상과 부르주아 가족은 정서적 절제와 내향화된 억압 패턴을 갖고 있고, '프로테스탄트 [노동] 윤리'에 따라 직업에 대한 합리적 헌신과 직업을 통한 성취를 강조하고, 자기규율, 권위의 내면화, 향락의 금기시를 특징으로 하여, 자본주의 생산양식의 발전을 위해 시민사회의 촘촘한 이데올로기적 외피를 형성했다. 그런데 심층적 수준에서 보면 자본주의가 좀 더 진전된 독점 형태로 옮아감에 따라 이러한 부르주아적 인간상과 가족상은 **해체되었다**. 어떤 섹슈얼리티 형태, 어떤 권위와 규율 스타일과 복잡하게 관련된 어떤 합리성 유형은 자본제 생산관계 자체만큼이나 자본주의가 초기 단계에서 자기 재생산 능력을 갖추는 데 필요했다. 실로 이 유형은 생산 영역 바깥에 있지만 그 영역의 지속에 필수적이라는 점에서 동시에 자본의 '사회적 관계'**이기도** 했다. 서로 얽힌 이 갈래들은 전후 시기에 풀어지기 시작했다. (생산적이든 비생산적이든) 노동 영역에서 그리고 무엇보다도 복지 자본주의 형태로 확장하는 국가 영역에서 자본주의는 점진적으로 관료적이고 비인격적인 형태를 띠게 되었다. 그리하여 자유방임주의 국가가 시민사회에 위임했던 영역에 대한 책임과 지휘까지 자본주의 국가가 담당하게 됨에 따라, 사적이고 개인적인 세계도 점점 더 형식적 절차대로 처리하고 규제하게 되었다. 이처럼 점차 개입주의적이고 조합주의적 성격을 띤 국가의 지도하에 '소유적 개인주의'와 '관료적 인간'의 숭배가 만연함에 따라, 일상적 삶이 일사불란하면서도 동시에 공허하게 보이게 되었다. 좀 더 구조적인 수준에서는 선진 자본주의 사회의 복잡한 성격 때문에 모든 구성원이 확실히 그 논리에 동의하고 참여하도록 보장하는 측면에서 가장 근본적인 부류의 문제점이 발생했다. 이 '정당성의 위기'는 이미 앞서 다룬 것이지만 이 맥락에서는 이데올로기 기구의 대대적인 확대, 즉 한스 엔젠스베르거(Hans Enzensberger)의 용어로는 "의식 생산 산업"(consciousness-making industries)의 확장을 의미했다. 더구나 이 산업들은 엔젠스베르거와 여러 학자들이 보여주었듯이 새로운 자본주의의 생산 테크놀로지와 하부구조에 실제적인 물질적 토대를 갖고 있다. 이 산업들은 '제3차 산업혁명'―전자 기술과 저렴한 에너지원에 근거한 산업―에 의한 새로운 개척지와 연계되었을 뿐 아니라 노동과정, 경영의 사회 조직 변화, 자본 자체의 순환 체제와도 보조를 맞추었다. 자본의 재구성에서 미디어와 (이제는 훨씬 더 직접적인 국가 감독하에 있게 된) 교육기구는 핵심적인 '생산적' 지지세력이 되었고 그 덕분에 대대적으로 확대되었다. 과학과 기술이 조직화되고, 과학 기술을 생산에 실용적으로 응용하게 되었으며, 그에 따라 숙련도, 노동, 노동과정의 재구성도 이루어졌는데, 만약 '정신세계'와 '정신적 생산력의 결정적 발전'이 없었다면, 즉 정신적, 이데올로기적 재생산 수단과 기술, '새로운 지식인층'의 규모와 성격에서 발전이 없었다면 생각조차 할 수 없는 일이었다. 그 '새로운 지식인층'은 한편으로는 숙련, 반숙련 노동자라는 점에서 선호되었을 뿐 아니라 자본제 재생산의 기술적 과정과도 과거 그 어느 때보다 더 긴밀하게 또 '유기적으로' 조율되었다. 교육이라는 제3부문에서 시작되어 지식 지평 확장에 의해 형성된 이 '가장 똑똑하고 가장 뛰어난' 사람들은 지적 프롤레타리아화 현상, 즉 탈숙련화의 새로운 질적 유형으로 파악되는 미래 전망과 직면하게 되었다. 일반적으로 "자본의 발전이 더 진전될수록 그 유지에 필요한 재생산 비율은 더 높아진다"[주 78] 그리고 "'선진 자본주의'는 … 그와 병행해 사회적 '두뇌'와 커뮤니케이션 신경망 확장이 없이는 … 불가능하다."[주 79]

저항문화는 이데올로기와 상부구조 수준에서 이루어지는 이 불균등한 발전이 번역되어 표현된 것이었다. 저항문화는 자신을 형성한 바로 그 제도에서 처음 등장해 그 제도를 표적으로 삼았다. 저항문화는 이 기관들이 저항문화의 주도층에게 헌신 대상으로 삼도록 유도한 바로 그 목적과 가치를 공격하고 비판했다. 저항문화는 특히 '귀속감'을 생산하고 동의를 내면화하고 지배 이데올로기를 생산, 재생산하는 제도에 초점을 맞추었다.

> 여성, 히피, 청년 집단, 학생, 취학 청소년 등 이 모든 이는 자신들을 형성한 기관에 의문을 던지고 그 정반대 것을 설립하려고 한다. 집단 코뮌이 부르주아 가족을 대체하고, '자유로운 소통'과 저항 미디어, 반(anti-) 대학 등이 모두 사회의 주된 이데올로기 기관을 공격한다. 공격은 구체화, 국지화하고 타당해진다. 이 공격 대상들은 모순을 만천하에 드러낸다.[주 80]

이 목록은 무한정으로 확장할 수 있을 것이다. 저항문화는 억압의 경험에서 싹튼 것이 아니라 자유주의적 자본제 국가의 '억압적 관용'에서 성장했다. 저항문화는 이 자유주의, 이 관용, 이 다원주의, 이 합의를 **억압적인 존재로 재정의했다.** '합의'를 '강제'로 새로 이름 붙였다. '자유'는 '지배'로 불렀다. 자신의 상대적 풍요는 일종의 소외된 영적 빈곤으로 재정의했다. 지적 소명에 부름 받아 학생들은 스스로 '새로운 부류의 노동자'를 자처하기로 작심했다. 자유주의 '학자 공동체'인 '고등교육 기관'을 관료적인 기술 장치, '멀티버서티'(multiversity)로 새로 이름 붙였다. 사회의 위선에 도전해 그 위장막도 벗겨냈다. 의도치 않은 결과 중 하나는 "합의 전파 기관들"에 도전하면서 그 반대 측면, 즉 "항상 배후에 지원군으로 대기하는 강제적 국가 폭력의 권력"을 풀어놓게 되었다는 점이다.[주 81] 이처럼 저항문화가 지배문화의 위기 **내부에서** 기원한다는 사실은 왜 '저항문화'가 독자적인 정치 구성체로 성립할 수 없는지 설명하는 데 도움이 될 수도 있다. 저항문화의 위력은 부르주아 윤리 전체를 그 내부로부터 '체계적인 역전', 상징적 뒤집기 하는 데 있다고 정의하는 편이 아마 더 나을 것이다. 저항문화가 벌인 가장 치열한 교전 중의 일부는 '다른' 경로의 선택을 통해서가 아니라 부르주아 문화의 모순된 경향을 그 내부로부터 극단으로까지 밀어붙이는 방식을 통해, 즉 **부정**을 통해 그 내부에서 전복을 꾀하는 식으로 수행되었다. 이 점은 '문화 혁명'이 왜 총체적인 '반대'와 포섭이란 양극단 사이를 그렇게 빠르게 오갔는지도 설명해줄 수 있다. 지하세계는 항상 자신의 변증법에 의해 억제되거나 초월될 순간에 처한 것처럼 보였다. 이 세계는 부르주아적 삶에 대한 **총체적 비판** 후에 위기에 처하기도 했으나 대대적인 **이탈**의 특성은 계속 유지했다. 저항문화는 그 지배적 문화 내에서 가장 선진화된 일부 지점에서 지배문화의 '대안'을 투사했기에, 이 투사는 흔히 '유토피아'이자 미래의 단편적인 예행연습의 모습으로 나타났다.

　　자본주의 자체 내에서 전개된 모순된 진전 사항이야말로 그 후에는 자본 중심 사회의 문화와 정신세계에서 일어난 이 질적인 '단절'의 물질적 토대를 제공했는데, 이 '단절'은 부분적으로는 이전의 지배적인 윤리와 새로 부상하는 윤리 사이에 중간 휴지기로 표현됐다. '오랜 수호자들'이 전통적 가치에 대한 공격으로 규정한 일부 측면은 단지 확장하는 자본의 새롭고 모순된 요구에 지배 문화가 철저하게 적응해가고 있음을 보여주는 기호에 불과했다. 예를 들면 마르쿠제는 '관용성'이 그 기원 측면에서 보면 지배 이데올로기의 이러한 **필연적 변형**에서 발생하는 결과일 뿐이라고 규정했는데, 이는 분명히 정확한 지적이다. 다시 말해 억압적 관용의 기호이자 마르쿠제가 '억압적 탈승화'(repressive de−sublimation)라고 부른 현상에 불과하다는 것이다.[주 82] 오직 그 이후에 와서야 '관용성'은 좀 더 지속적이고 전복적인 비판과 실천의 토대가 되었다. 사회가 오직 부분적으로만 의도했던 것을 진지하게 살펴봄으로써 이 실천적 비판은 일부 기존 범주에서 탈피해 그 범주를 뒤집어 놓았다. **해방**의 긍정적 내용은 관용되고 '해방되고' '소신껏 해라는 식' 철학의 부정적 한계 내에서 구체화되었다. 좀 더 최신 유행성 양상으로 구현된 대안 사회의 장인 자본주의는 스타일 혁신의 대가를 부담하는 방식으로 패션 산업에 일부 도움을 주었는데, 이는 말하자면 양다리를 걸친 셈이다. 〈플레이보이(Playboy)〉나 〈플레이걸(Playgirl)〉처럼 이 시기의 산물인 몇몇 새 잡지의 면면을 보면, 자유로운 섹스가 어떻게 기득권 체제에 유리하게 손쉽게 이용당할 수 있는지 알 수 있을 것이다. 물론 여성 운동이 비판을 최대 한계로 밀어붙이자 가족을 옹호하는 역풍이 불었다는 사실은 다른 모든 해방적 추이와 마찬가지로 이 해방 역시 명확하게 규정된 한계를 넘어가지 않도록 설계된 것임을 알 수 있다. 하지만 자본주의 자체에도 반드시 가족 생활의 엄격한 구속을 일부 재구조화할 **필요성이 있었다**는 징후는 많다. 지금 돌이켜보면 풍요의 초기 앞서 나갔던 '청년' 세력과 관련지어지곤 하던 '권위의 위기'는 지배적 문화의 오랜 수호자가 **그 자신의 전통적 문화 형태에서** 일어난 파열에 보인 첫 번째 징후적 반응이었음을 알 수 있다. 자본주의를 그 초기의 윤리와 동일시한 사람들은 전통적 지혜와 삶의 방식을 수호한다는 명분으로 새로운 윤리의 출범에 저항했다. 따라서 이 사람들은 이를 '문화 혁명'의 옹호자들이 외부로부터 (늘 그렇듯이 주로 미국으로부터) 은근슬쩍 사회에 들여온 음모로 여길 수밖에 없었다. 그래서 좀 더 엄격한 부르주아 도덕 체제의 속박이 자본주의 자신의 모순된 '성숙'의 부산물로 **그 내부로부터** 부분적으로 해체되고 있었음을 간파할 수 없었다. 저항문화는 자신이 동맹을 맺은 다른 모든 급진 운동에 침투해 그것들을 영구적으로 굴절시켰지만 어떤 실체적인 정치 세력도 낳지는 못했다. 그러나 이 저항문화의 산물은 다름 아니라 반대자들의 미리 속에 '적'의 유령을 **만들어낸 것이다.** 그 초기 단계가 부르주아 상상력을 요란스럽게 자극했다면―길거리 정치로의 편입을 포함한―두 번째 단계는 부르주아의 이데올로기적 통일성과 헤게모니에 도전하는 듯했고 점차 국가에 대항한 도덕적 공모로 재구성되기도 했다. 이제는 더 이상 그냥 옷과 음반, 흥밋거리와 게임을 구입하고 소비하는 데 그치지 않고 마약, 범죄, 노동 중단, 성적 방종, 성적 난교, 도착 행위, 포르노그래피, 무정부 상태, 방탕, 폭력 등에 접어든 것이다. 저항문화는 도덕적—정치적 오염의 원천이 되어 가능한 모든 형태로 질병을 퍼뜨렸다. 반역의 음모를 꾸미게 된 것이다. 근본적인 의미에서 지배 문화는 이처럼 엄청난 광경을 목격하고는 속수무책이라고 느꼈다.

　　1969년 영국 사회 전반에 퍼져나간 엄청난 파장은 권위주의적 역풍을 초래하는 데 기여했다. 그렇지만 이 파장이 정치체 자체 내부로부터만 발생하지는 않았다. 실로 국제적인 사태 전개를 계속 면밀히 살펴보면 반응을 촉진한 것은 바로 사회 안팎에서 존재하며 균형을 무너뜨리는 경향이 있는 세력들의 수렴이었다. 물론 우리는 주로 국내의 '통제 문화'에 미치는 영향이라는 측면에서만 관심을 두긴 하지만 여기서는 북아일랜드 위기의 진화가 핵심적인 중요성을 지닌다. 이 위기 자체는 4세기 이상에 걸쳐 영국과 아일랜드 간의 역사적 관계를 특징지은 장기적이고 참혹한 억압의 역사적 산물이었다. 이 위기는 영국 경제의 일부 부문과 그 지배계급을 남북 아일랜드의 낙후된 경제적 사회적 삶과 결부시키는 복잡한 경제적 이해관계에서 유래했다. 영국은 얼스터 정치 세력의 권력 공고화를 묵인해왔는데, 위기는 좀 더 직접적으로는 바로 이 세력의 극심한 낙후성에서 비롯했다. 최근 얼스터 역사의 추잡한 일화들은—반동적 영웅들, 일방적 독립 선언을 들먹이는 협박성 위협 등—20세기 보수주의에게 '최고의 순간' 중 일부를 이루었다. 얼스터에 불씨를 당긴 이슈는 프로테스탄트 세력의 손에 의해 가톨릭 소수파의 체계적인 억압과 경제적 약탈이 자행되었다는 점인데, 이 억압은 민족주의와 종교가 근간에 깔려 있긴 하지만 얼스터 노동계급 전체에 대한 더 뿌리 깊은 착취를 드러내는 징후적 형태다. 심지어 이언 페이슬리 목사조차도 물론 "나는 공정하기보다는 영국인이 되고 싶다"라고 덧붙이긴 했지만 1969년 버나뎃 데블린(Bernadette Devlin)63과 행한 유

---

63　버나뎃 데블린은 북아일랜드 민권운동가이자 정치인이다. 아일랜드 공화주의자인 부친의 영

일한 사적 대화에서 가톨릭의 불만에 근거가 있음을 인정했다고 전해진다.[주 83] 정확히 한 세기 전 마르크스가 쿠겔만(Kugelman)에게 보낸 편지에서 다음과 같이 적었던 것도 그리 놀라운 일은 아니다.

> 영국이 아일랜드에 대한 정책을 지배계급의 정책과 아주 확고하게 분리하기 전에는 여기 영국에서 어떤 결정적인 조치도 결코 할 수 없다고 … 나는 확신하게 되었다. … 그리고 실로 이는 아일랜드에 대한 동정심 문제가 아니라 영국 프롤레타리아의 이익이라는 명목의 요구로 시행되어야 한다. 만일 그렇게 하지 않는다면 영국의 인민들은 아일랜드와 맞선 공동전선에 지배계급과 함께 동참할 수밖에 없어 지배계급의 꼭두각시로 남고 말 것이다.[주 84]

북아일랜드 위기에 대한 좌파의 견해는 이 위기가 아일랜드에서 자행된 영국 파시즘의 긴 역사에서 또 하나의 일화에 불과하다는 것이었다. 공식적인 위기관은 이 위기가 아일랜드 공화군(IRA)의 비이성적인 '총잡이와 폭탄 테러범'의 작품에 불과하다는 것이었다. 이 두 견해는 과도한 일반화에 빠져 있다. 위기의 단초를 처음 제공한 것은 민권운동이었다. 이 운동을 주도한 상위 단체인 민중의 민주주의(People's Democracy)는 비판을 수용하여 그 후 실제로 일어난 사태보다는 좀 더 진전되고 사제 폭탄식 논리에만 국한되지 않는 전략을 지지했다. IRA가 북아일랜드 문제에 깊숙이 관여하게 되었지만, 이 개입은 느리면서도 그다지 매끄럽지 못하게 진행되었다. 노동당은 민권 운동의 도전에 직면하자 처음에는 프로테스탄트 권력의 헤게모니하에 자본가 이익의 구조를 보존하면서 가톨릭 교도들의 일상적 처지를 개선할 목적으로 테렌스 오닐(Terence O'Neill) 대위[64]

---

향으로 평생 아일랜드인을 위한 투쟁에 앞장섰다. 1968년 대학 재학 중 학생 주도의 인권운동에 앞장섰다 퇴학당했고, 이듬해에는 아일랜드인과 영국군 사이에 벌어진 보그사이드 전투에서 시민 편에 섰다가 투옥되었다. 1969년과 1974년 사이에는 북아일랜드 중부 얼스터 지역구 의원으로 의회에 진출해 아일랜드인의 권익 보호에 앞장섰다. ─역주

64 테렌스 오닐(Terence O'Neill)을 말하는데, 북아일랜드 수상과 얼스터연합당(Ulster Unionist Party)의 지도자(1963-9)를 지낸 인물이다. 온건한 연합당원으로서 북아일랜드 사회의 여러 분파 간의 분열과 갈등을 조정하려고 애썼다. 그가 물러난 후 후임 수상은 훨씬 강경파인

와 '온건한 개혁'을 지지했다. 바로 이처럼 모순된 개혁주의 시행은 프로
테스탄트 극단주의의 압력으로 참사를 맞게 되었다. 민권운동 행진이 번톨
렛 다리(Burntollet Bridge)에서 데리(Derry) 점거자들에게 습격당했을 때 다름
아니라 기술적으로는 법과 질서의 세력이어야 할 왕립얼스터경찰(Royal
Ulster Constabulary)65이 보그사이드(Bogside)에서 광란을 벌였다. 정치적으로
북아일랜드 의회의 권력이 더 강경한 개혁가인 제임스 치체스터-클라크
(James Chichester-Clarke) 씨의 수중에 넘어감에 따라 이에 힘입어 이러한
일은 일상사가 되어버렸다. 오렌지인의 도발적인 가을 행진의 의례가 가
까워져 옴에 따라 노동당의 딜레마는 완전히 구체화되었다. 개혁은 '합법
적 수단'을 통해 달성되어야 한다고 노동당은 확신했다. 그러나 북아일랜
드의회는 그냥 평범한 헌법 기구가 아니었다. 오렌지인 세력의 권력 망의
상징이었다. 군대를 투입할지, 누가 지휘해야 할지에 관한 문제를 놓고
노동당은 북아일랜드의회의 처분만 바랐고, 북아일랜드의회는 어떤 수단
을 사용하든 소수파 권력을 유지하기로 다짐했다. 다시 한번 프로테스탄
트 세력의 도발은 이 문제의 법적 까다로움을 아예 무시했다. 8월 폭동에
서 얼스터 경찰은 이제 노골적으로 프로테스탄트 행진단을 편들고 나서
보그사이드를 습격해 영국 시민을 대상으로 처음으로 최루 가스를 사용했
고 벨파스트에서는 행진을 반대하는 가톨릭 시위대에 장갑차에서 총격을
가했다. 바리케이드 반대편에서는 '자유 데리'(Free Derry)66가 탄생했고, 가

---

제임스 치체스터 클라크(James Chichester-Clarke)가, 지역구 역시 악명 높은 이언 페이슬
리가 계승해 북아일랜드의 갈등을 더 악화시켰다. 오닐은 제2차 세계대전에 참전해 기갑여
단의 대위로 복무했는데, 이후에도 이때 계급을 따 오닐 대위로 불렸다. — 역주

65 왕립얼스터경찰은 북아일랜드에서 1922년부터 2001년 사이에 운영되었던 무장 경찰 조직
이다. 다른 경찰과 달리 총기로 중무장한 준군사조직이었으며 실제로 민간인에게 고무탄과
플라스틱 총탄을 발사하기도 했다. 주로 프로테스탄트에 연합주의 진영 출신으로 구성되어
무력 충돌이나 시위에서 일방적 편을 드는 것으로 악명이 높았다. — 역주

66 자유 데리는 1969년부터 1972년 사이에 아일랜드 민족주의 세력이 북아일랜드 데리를 점령
하고 자치령을 선포하면서 탄생했다. 북아일랜드 민권운동에서 자극을 받아서 시작되었다. 이
자치령에는 가톨릭 지역뿐 아니라 프로테스탄트 거주 지역인 보그사이드, 크레간(Creggan)
등도 포함되었다. 이 사건은 북아일랜드 전역으로 파급되어 유사한 움직임을 자극했다. 영국
은 결국 군대를 투입하여 데리 점거를 진압했는데, 이 사건은 이후 IRA가 출범해 무장투쟁

톨릭의 대의는 다시 한번 물리적 방어 능력을 갖춘 자들, 즉 아일랜드 임시 공화군(Provisional IRA, Provos)67 수중에 넘어갔다. 8월 14일 영국군이 데리에 진입했다. 8월 15일에는 벨파스트에도 입성했다. 이들의 제한된 목표는 폭력적인 군중들 사이를 '중재하는' 것으로 선언되었다. 이 표현은 영국이 아일랜드에 대해 사용한 무수한 완곡어법 중 하나였다. 사실 영국은 자기 텃밭 격인 '베트남'을 침공한 것이었다. 이 사태를 촉진한 주요인 중 하나는 몰락해가는 정치적, 경제적 토대 위에서 식민지를 이끌면서 자본의 논리 안에서 국가의 '책임 있는 정부' 역할을 하려 할 때 사회민주주의가 갖게 되는 모순된 성격과 내용이었다. 얼스터에서 물 건너 영국의 텔레비전 시청자들은 학생 시위의 시나리오에서 채 회복하지도 못했는데 밤만 되면 '우리 애들'이 전면적인 국내 도시 반란과 대치하는 광경에 이제 익숙해졌다. 이 보도는 영국인들의 마음을 강경하게 만들도록 계산된 광경이었다.

## ▎ 노동계급의 저항: '애썼네, 비밀스러운 옛 친구'

　　중간계급, 귀족층, 불쌍한 억압의 선지자들을 당황케 하는 기호들 속에서 우리는 용감한 친구인 로빈 굿펠로우(Robin Goodfellow), 땅속에서는 아주 빨리 작업할 수 있는 옛 친구, 그 소중한 선구자, 바로 혁명을 간파하게 된다 (Marx).[주 85]

---

을 선언하는 계기가 되었다. ─ 역주

67　IRA는 원래 1919년과 1921년 종전 협정에 이르기까지 아일랜드 독립을 위해 투쟁하던 민병대 조직을 일컫던 용어었다. 그런데 북아일랜드를 제외하고 나머지 지역만으로 아일랜드 공화국이 출범하게 되자 협정을 둘러싸고 내부에서 지지파와 반대파가 나누어졌다. 이 중 '불완전한' 독립에 반대하고 북아일랜드를 포함해 전체 아일랜드 독립을 주장하면서 무장투쟁에 나선 조직이 바로 IRA의 후신이다. 이 IRA는 1969년 탄생해 아일랜드 '임시' 공화군으로 불렸다. IRA는 이후 요인 암살, 폭탄 테러 등을 무수하게 자행해 영국뿐 아니라 아일랜드에서도 불법 테러 조직으로 규정되었다. 그런데 그 직후 내부에서 갈등이 발생해 '공식 아일랜드공화군'(Official Irish Republican Army)이라는 분파가 별도로 떨어져 나갔다. 이 분파는 이름과 달리 훨씬 소수파였고, '노동자 공화국'을 표방하는 극좌적 성향을 띠었다. 임시 IRA는 1997년 7월 영국과 휴전 협정을 맺으면서 투쟁을 잠시 중단했고, 2005년 공식 종전이 선언되면서 무장투쟁을 포기하고 무장 해제하였다. ─ 역주

　　1970년에는 모든 것이 '하나로 결집된다'. 이 해는 분수령이자 전환
점이다. 여기서 모든 모순이 서로 교차하기 시작한다. 당시에는 1968년에
다른 주요 서구 자본주의 사회를 뒤흔들어놓은 대격변을 영국만이 모면
한 것처럼 느껴졌다. 그러나 이미 친숙한 대로 산발적이고 분산되게 조금
씩 영국 역시 근본적인 위기의 용광로에 뛰어들어 그 열기를 결국 거쳤
다. 토대가 흔들렸다. 그리고 나서 안정성, 복고의 세력이 힘을 점차 얻기
시작했다. 이 동력이 가동된 표적은 처음에는 주로 학생 좌파와 저항문화
로 이루어진 것처럼 보였다. 1969년에는 여기에 북아일랜드 갈등이 공개
적인 시가전으로 퇴행한 사태가 추가되었다. 이 별개의 갈래들은 집단 의
식에서 서로 수렴해 느메시스(Nemesis)68의 형상으로 만들어졌다. 바로 시
민사회 자체의 결집, 안정성, 균형이었다. 이에 대응해 통제 문화의 균형
이 처음에는 천천히, 그다음에는 가파르게 좀 더 공개적으로 억압적인 입
장으로 기울어지기 시작했다. 그 후 표면 훨씬 아래에서 들끓고 곪아가고
있던 것이 바로 그 중심으로 분출해 사회에서 세력 관계의 균형 전체를
변형시키고 재규정했다. 이처럼 1960년대 말의 통제 강화에서 1970년의
완벽하게 억압적인 '봉쇄'로 이행하는 과정을 주도하고 영국판 '법과 질
서형' 사회의 산통을 주재하며 사회 갈등과 그 여파로 일어난 시민적 의
견 분열의 전체 양상을 재규정한 것은 계급 투쟁의 역사적 단계가 가시적
이고 공개적이며 상승작용적 형태로 다시 등장하게 되었다는 사실이다.
어떤 사회가 '관용성', '참여' 그리고 '저항'의 궤도를 이탈해 '대안적 사
회'와 '무정부 상태'로 질주하는 것은 물론 가능한 일이다. 그렇지만 노동
계급이 적극적인 호전적 분위기에서 다시 한번 공세를 취하게 되는 계기
에 이르는 것은 이와 전혀 다른 문제다. '공세를 취한다'고 말한다면 이
공세가 한동안 사회의 세력 관계, 저항, 동의에서 부재했다는 뜻이 될 수
도 있다. 이보다 더 사실무근인 말은 없을 것이다. 그러나 노동주의 시기

---

68　그리스 신화에 나오는 정의로운 복수의 여신이다. 도저히 이길 수 없는 적이나 숙적의 의미
　　로 사용된다. ─ 역주

에 계급 투쟁이 취한 **형태**는 1970년대에 접어들면서 이 투쟁이 취하기 ─ 다시 취하기 ─ 시작하는 형태와 달랐다. 사회민주주의 정부가 조직화된 동의 형태를 통해 국가를 관리하려는 시도가 결국 1964년과 1970년 사이에 효력이 다하고 파산함에 따라, 점진적으로 계급 투쟁이 좀 더 공개적으로 나서 더 두드러진 존재감을 과시하고 있었다. 이러한 사태 전개는 충격적인 일이다. 여기서 발생한 효과 중 하나는 시민사회와 그 상부구조 기관 수준에서 등장하는 투쟁을 (주로 '1968년'에 이르기까지의 기간과 그 직후 기간 동안의 위기 형태) 직접 자본과 노동의 지형으로, 그리고 이에 따라 조직화된 후기 자본주의 시대에는 국가 지형으로 옮겨놓게 된 것이다. 마치 교수형처럼 그러한 계기는 우파든 좌파든 지배계급과 그 동조세력의 정신을 놀랄 정도로 집중시킨다. 사실 이 사건이 이 두 진영에 미친 영향은 완전히 정반대다. 일시적으로 사회민주주의적 성격의 정부 지휘하에 있는 국가에서 공개적인 계급 투쟁의 부상은 그러한 정부의 존재 이유에 타격을 입히고 부정하기까지 한다. 조합주의 자본제 국가의 관리를 사회민주주의에게 위탁하는 유일한 근거는 (a) 절박한 긴축 상황에서는 필요하다면 노동계급 자신을 희생하면서 국가에 대한 노동계급 조직의 협력을 확보하기에 더 좋다는 이유이거나 (b) 만일 경제 위기가 닥치게 되면 그 위기를 노동주의의 또 다른 역사적 실패로 규정하고 그렇게 낙인찍는 편이 더 낫다는 점이다. 만일 그러한 정부가 이 계급의 협력을 얻는 데 **실패한** 것이 분명하거나 ─ 1966-70년 사이의 윌슨 정부가 실패했듯이 ─ 경제 위기의 물결을 저지하지 못한다면 그 정부는 생명이 다한 셈이다. 다른 쪽에서 격앙되는 계급 투쟁의 영향은 상당히 다르며, 권력을 장악한 자본제 계급의 진정한 사형집행자가 될 수도 있다. 정치적 위기 시기에 이 진영은 강력하고 저항의 심도가 깊을 뿐 아니라 민중을 자기편으로 끌어들여 안정과 질서를 적극적으로 방어할 수도 있다. 경제적 위기에서는 이 진영이 단호하고 심지어는 잔혹한 조치를 취할 수도 있으며 '가라앉는 배를 구하기' 위한 최후까지의 노력에 '온 나라'를 결집시키기도 한다. 어느 쪽이든 다가오는 계급 투쟁의 전망에 따라 사회민주주의의 힘과 신경은 약화하고 파괴되는 반면, 이 진영의 힘은 헤아릴 수 없을 정도로 강해지고 의지는 굳건해진다. 우파가 시민사회 자체의 점진적인 잠식이라고 부른 현상이 발생하고 (북아일랜드 사례에서는) 주변 지역에서 무장 봉기의 발생 전망과 결합해 노동계급 호전성이 재부상하게 된다면, 지배 '블록'은 훨씬 더 강경하고 더 강제적 입장으로 내몰리는 경향이 나타난다. 히드 정부의 재집권은 시민사회 자체에 번져간 이름 없는 공포, 위협, 불안감에 대응해 이 정부가 제시한 듯한 해결책과 결합해 일종의 절정, 혹은 통제의 급격한 분출을 낳았다. 1970년과 그 무렵 히드 정부가 조직화된 노동계급 호전성을 상대해 아예 시작부터 싹을 잘라버릴 임무를 떠맡은 그러한 계기에서 1960년대의 특징인 장기적인 '권위의 위기'가 마침내 '국가 [자체의] 위기'로 흡수되었다. 여기서 동의의 헤게모니는 마지막 흔적조차 사라지게 된다. 물론 '나라'와 '영국 국민', '국익'에 대한 호소까지 사라지지는 않는다. 이러한 호소는 오히려 더 늘어난다. 그러나 이 이념들에 대한 호소가 강화될수록, 이 이념들이 하나의 지배적이고 유력한 목적 하에서 사회의 모든 갈래를 결집시키는 기존의 의견 합의 같은 것을 지칭하게 될 가능성은 줄어든다. 또한 사실상 거의 완전히 증발해버린 합의를 지칭하는 게 아니라 환기하고 창조하고 출현시키는 데 의미와 목적을 두는 의례적 동작과 환기처럼 보이게 될 가능성이 더 커진다. '이 나라의 노동조합'이라는 미명하에 히드 씨 정부가 달성한 것은 헤게모니 행사에서 엄청난 위기의 계기에 해당한다. 지배 집단은 그 이데올로기적 차양막의 틀 안에서 이해 상충을 통일하고 조화시키는 기능을 거의 소진해 버렸다. 이 집단이 갖고 있는 대응 레퍼토리는 고갈에 가까운 상태였고, 동의의 메커니즘은 치명적인 타격을 입었다. 계급적 이익의 엄격한 강제, 필사적 투쟁, 억압과 통제로의 전환 외에는 남은 게 거의 없다. 이러한 상황은 그람시의 용어로는 억제의 계기, 즉 경찰 조치의, 대중적 대응과 법에 대한 호소의, 국가 모반에 관한 소문의, 공황의, 쿠데타의, 하향식 시저주의(Caesarism)의 계기다. 1970년이 그러한 계기다. 자발적 동의 혹은 (윌슨 씨 정권처럼) 후원받은 동의에 의해 더 이상 결속되지 않는 국가는 어떤 종류든 무력 행사에 의해 강화되어야 하는데, 여기서 히드 씨가 '보나파르트'(Bonaparte) 역을 하는 셈이다.

1970년에는 헤게모니의 이 위기가 국가 자체의 수준에까지 '표류'했음을 지적할 수 있다. 그러나 운동의 전체 궤도, 전체 줄거리에 주목할 필요가 있다. 그 '후기' 조합주의 형태의 조직화된 자본주의는 전 국가 기구, 다양한 국가 지부 간의 관계, 국가 자체와 시민사회 간의 관계 등 그 모든 것의 재구성을 꼭 필요로 한다. 이러한 상황은 "삶의 종합적인 구현 형태에서 가장 사소한 동요에 이르기까지, 시민사회의 가장 일반적인 존재 양식에서 개인의 사적 존재에 이르기까지 시민사회를 얽어매고 통제하고 규제하고 감독하고 교육하는" 국가의 시작이다.[주 86] 그러나 이처럼 팽창된 국가는 그 자체로도 직접 생산 체계의 일부가 될 뿐 아니라 어떤 지배계급 동맹이든 위로부터 계급 투쟁에 개입할 수 있게 해주는 주된 수단이기도 하다. 따라서 자본제 국가의 재구성은 또한 필연적으로 '위로부터' 이루어지는 노동계급 재구성이기도 하다. 하지만 지배 '블록'이 국가의 매개를 경유해 계급 투쟁에 개입한다는 사실은 국가가 '계급 투쟁을 은폐한다'는 뜻이다. 이 전체 과정을 특정 정당들이 정치적 행운의 부침을 겪거나 의회 권력을 번갈아 차지하는 현상과 동일시해서는 안 된다. 우리는 의회 정치 지형에서의 부침을 넘어서, 혹은 그 부침을 꿰뚫어 보고 마르크스가 "시대의 특이한 형세"라 부른 현상을 판별해내야 한다. 자본제 국가와 이 시기 계급 투쟁의 재구성은 더러는 노동주의를 통해서, 더러는 보수주의를 통해서 수행된다. 마르크스가 오를레앙주의자(Orleanists)69를 그냥 정통주의(Legitimists)70나 사회민주주의자와 동일시하지 않았듯이, 이는

---

69　오를레앙주의자는 19세기 프랑스에서 유행하던 정치 이념 분파로 주로 오를레앙 가문의 루이 필립의 왕위 옹립을 지지하고 입헌군주제를 주장하던 온건한 자유주의를 의미했다. 오를레앙주의의 의미는 시대 상황 변화에 따라 의미하는 바가 조금씩 달라졌는데, 초기에는 루이 필립을 중심으로 온건한 입헌군주주의를 의미했다면, 후기(1890년대)에 가서는 군주제 지지 정서가 퇴조하고 온건한 공화주의를 의미하는 방향으로 바뀌었다. ─ 역주

70　정통주의는 프랑스 왕위 계승에서 부르봉 왕조의 정통성과 장자계승 원칙을 주장하던 왕당파적 입장으로, 1830년 7월 혁명에서 부르봉 왕조가 타도되고 방계 혈족인 오를레앙 가문

두 자본의 '정당'을 그냥 똑같은 존재처럼 여길 수는 없다는 것이다. 그러나 〈브뤼메르 18일〉이란 탁월한 글에서 마르크스는 어떻게 정당 간의 계승을 통해 특정한 국가 권력 형태가 정연하게 완성되어가는지 보여준다. 방식은 다르지만 이 시대에 두 주요 의회 정당은 시점을 달리하면서 '후기' 자본주의 국가의 재구성에 기여한다. 이 발전과정은 매끄럽지도 않고 모순이 없는 것도 아니다. 사회민주주의 정당에서는 특히 그렇다. 이 정당은 엄청난 적대를 유발하지 않고는 자본의 국가의 주요 설계자 중 하나가 될 수 없기 때문이다. 사실 영국 사례에서는 보수주의가 이 과업에 적응하는 것도 똑같지는 않더라도 거의 그에 못지않게 우여곡절이 많았다.

그렇다면 역설적으로 조합주의적 관리에서 어떤 핵심 전략의 탄생을 두 정부가 [번갈아] 주재하는 셈이다. 한 가지 핵심 전략은 임금, 때로는 물가를 생산성의 한계 내에 억제하는 것이다. 이 '소득 정책' 전략은 수많은 변종으로 시행되면서 의회에서 양측의 기력을 너무나 탕진시키고 그들이 갖고 있던 통제의 레퍼토리를 고갈시키는 데 기여했다. 1960년대가 끝날 무렵 이처럼 유도된 동의 행사가 실패하자 먼저 노동당 행정부, 그 다음엔 보수당이 법적 규제 수단을 도입해 '그것을 완성한다'. 윌슨 씨는 변덕스럽게 마지막 순간에 물러섰고, 히드 씨는 막판까지 자신만만해 하면서 설쳐댔다. 이 과정은 의회 정치의 '무대 공연' 막후에서 전개되는데, 마르크스도 주장했듯이 실로 여기엔 대가가 따른다. 국가 권력과 그 행사의 그처럼 광범위한 재구성에는 (이미 부분적으로나마 살펴보았듯이) 시민사회와 사법기구에서도 이를 보완하는 근본적인 움직임이 함께 전개된다. 우리가 여기서 관심을 두는 이야기의 주부분인 국가 작동 양식의 질적 변화는—즉 동의에서 강제로의 변화는—따라서 단지 국가 내의 변화가 아니라 헤게모니적 지배 행사의 전체 특성에서 일어난 변화의 복합적 산물이다.

하지만 이 변화과정의 **토대**를 이루는 것은 영국 자본주의의 경제 구조가 갖고 있는 만성적이면서도 점점 커져가는 취약성이다. 전후에는 세

의 필립 루이가 계승한 데 반대해 왕위의 정통성을 부정하고 나섰다. —역주

계 무역이 부활했는데도 불구하고 1954-70년 사이에 세계 제조 상품 수출에서 영국의 점유율은 반 토막이 났다. 투자 수준과 경제 성장률도 꾸준히 낮았다. 미국과 프랑스 같은 안정된 거인과 서독, 일본, 이탈리아 등의 신생경쟁국은 모든 수준에서 영국의 실적을 훨씬 앞질렀다. 1960-72년 사이에 국민총생산 중 비율 기준으로 투자 규모는 일본이 평균 30~35% 성장했는데, 영국은 16~18%였다. 1955-68년 사이에 일본의 연간 성장률은 9.7%, 서독은 5.0%인데 영국은 2.8%다. 1960년대에는 해외 투자 유입이 대거 일어나 일부 자본 부문이 좀 더 '다국적'인 형태로 전환하는 바탕이 됐지만 해외 직간접 투자로의 유출에는 미치지 못한다. 영국 자본주의의 역사적, 구조적 쇠퇴는 의심의 여지가 없다. 이 시기에 일어나는 다른 모든 현상은 이 배경에 비추어 판단해야 한다.[주 87]

　이 시기에 서구 자본주의 체제 전반은 인플레이션 증가와 더불어 심각한 '채산성' 위기를 겪는다. 자본주의 경쟁 격화, IMF와 다른 국제 금융 기구에 의해 고안된 다양한 구제 메커니즘, 다국적 기업 확산, 유럽경제공동체 설립 등은 모두 전후 호경기의 점진적 소멸과 고전적인 이윤율 하락 경향의 시작을 상쇄하기 위해 전 세계적으로 일어난 세계 시장 점유율 확대 모색 과정에서 어느 정도는 유래한다. 영국은 이 각 대응조처에서도 모두 늦었거나 낙후되었다. 그러므로 영국은 그 결과 "채산성 위기의 선두"에 서 있다.[주 88] 여기서 우리가 위기의 더 심층적인 근원에 관한 중차대한 주장으로 뛰어들 수는 없다. 비록 실질적으로는 인플레이션에 의해 점차 잠식당하긴 했지만 분명히 '임금 투쟁'은 지속되고 한동안은 상대적으로 성공적이었다. 이 점은 아래에서 살펴볼 '정치적 해결책'으로 바로 이어진다. 물론 이윤율은 고전적 의미에서 이윤 총량과 다르다(이윤율은 하락해도 이윤 총량은 증가할 수도 있다). 이윤율은 '채산성'이 아니라 자본 자체의 구성 변화와 관련이 있고,[주 89] 국가 부문의 증가된 경제적 역할과도 연관되어 있다.[주 90] 그러나 임금 투쟁 격화는 이윤 점유율에 영향을 미치고 산업이 느끼기에 투자에 투입 가능한 액수를 제한하며, 이에 따라 자본이 장기적 하락을 상쇄할 여력을 제한할 수도 있다.

더 심층적인 원인과 결과가 무엇이든 자본은 1950년대와 1960년대의 임금 상승이 경제의 이미 취약한 경쟁적 토대를 약화시켰다고 본다는 데는 의심의 여지가 없다.[주 91] 임금 상승은 영국이 '정체된 사회'라는 사실의 가장 가시적인 이데올로기적 상징이자 '위기'의 첫 번째 구현 형태가 된다. 노동계급 규율화는 바로 이 축을 둘러싸고 마련된다. 이러한 규율화는 첫째, '자본주의적 계획'에 의해, 그다음엔 '소득 정책'에 의해, 마지막으로 성문법적, 법적 통제에 의해 수행된다. 조직화된 노동계급에 대한 전면 공세는 바로 이러한 중심점을 배경으로 전개된다. 그리고 바로이 '운영장치'를 통해 점차 노동계급에게 위기의 비용을 부담하라는 요구가 제시된다. 그 시기의 정치는 이 축을 중심으로 진행된다.

첫째, 우리는 이 공세의 개요를 정리하고 자발적 제약의 레퍼토리가점진적으로 고갈되어 가는 단계도 정리해야 한다. 현재 자본주의 경제의조합주의적 관리는 "정부와 생산자 집단은 합의에 도달할 수 있고 그 후각 집단이 협정의 자기 몫을 수행할 능력과 의지가 있는지에 달려 있다"라고 사무엘 비어(Samuel Beer) 교수는 주장했다.[주 92] 자본, 노동, 국가 간의 타협은 자본의 장기적 생존과 채산성을 보호하면서 동시에 그러한 성장이 각 요소에게 자기 집단 구성원을 위해 어느 정도 챙길 수 있도록 해주어야 한다. 그러나 근본적으로 노동의 몫은 후순위로 밀려나야 하고 자본의 전반적인 '생산성'에 의해 제약을 받아야 한다.[주 93] 영국이란 국가는일찍이 경험한 적 없는 경제 '정체' 시기인 1956-7년 사이의 심각한 디플레이션 기간에 이르러서야 결국 이 전략으로 전환했다. 급조된 통화 팽창은 보수당이 1959년 총선에서 승리하는 데 충분할 정도의 기간 동안만 지속되었다. 그 후 재정 수지 적자가 다시 등장하고, 물가와 임금은 다시 상승하기 시작했으며, '긴축-이완' 정책이 번갈아 도입되었다. 셀윈 로이드는 바로 이 시기부터 "지표적 자본주의 계획"(indicative capitalist planning)71

---

71　지표적 계획이란 일정 기간 동안 정부가 국가적 실적 성장 목표를 지표 형태로 설정하고 이수치에 맞춰 정책 조치를 선택하는 방식의 경제 성장 전략을 말한다. 설정된 수치는 경제발전 방향의 지표가 되고, 이 수치화된 목표 달성을 위해 인센티브와 규제 조치들이 시행된

으로 전환했다. 그 후 로이드는 (1969년의 인터뷰에서) 제럴드 도프먼(Gerald Dorfman) 교수에게 다음과 같이 실토했다. 이 조치는 "계획 위원회에서 전국노동조합연맹이 정부 행동의 '더 광범위한 함의'를 지속적으로 접하게 하면 영구적인 소득 정책에 대해 이 노동단체의 지지를 확보하는 '교육적 가치'"도 있었다는 것이다. 가장 중요한 점으로는 전국노동조합연맹이 위원회의 의사 결정에 참여하면서도 계속 비타협적 역할을 고수하기는 어려울 것이라고 로이드는 믿었다는 사실이다. 노동계급을 그 계급의 가장 조합주의적인 대표기관을 — 전국노동조합연맹 — 통해 포섭하려는 거창한 '교육적' 공세가 개시되었다.[주 94]

'계획으로의 전환'은 출발이 순조롭진 않았다. 이는 그 대신 1961년의 위기와 경기후퇴로 시작했다. 임금 조항은 공식적으로 폐지되기 전에도 (가장 주목할 만하게는 전기위원회Electricity Council의 판정에 의해) 이미 위반된 적이 있다. 마침내 폐지가 선포되었을 때 국가경제발전위원회(National Economic Development Council, NEDDY)가 출범했고, 전국노동조합연맹도 참여에 동의했다. 국가경제발전위원회는 결코 굉장한 성공작은 아니었다. 이 기구는 '다원적 경기 침체'의 해결책이 아니라 그 희생자이자 징후가 되었다는 주장도 나왔다. 해럴드 윌슨 정권하의 두 번째 단계는 좀 더 명확하게 개입주의적이었다. 이 개입은 양면성도 갖고 있었다. 노동당 정부는 재정 적자가 8억 파운드에 달한다는 사실을 깨닫고는 어떤 대가를 치르더라도 평가절하 없이 파운드화를 수호할 것이라는 중대 결정을 내렸다. 이 결정은 노조와의 협상 문제를 좀 더 시급하면서도 더욱 어렵게 만들었다. 회초리(즉 경기 후퇴)는 늘어나고 당근('성장')은 줄었다. 하지만 노동당에는 한 가지 큰 예비적 강점이 있었는데, 이 요인 덕분에 사회민주주의가 전후 시기 대부분 동안 '타고난' 자본의 정당이 될 수 있었다. 이 강점은 사회민주주의가 노동조합과 오랜 시간에 걸친 동맹 관계였다는 사실이다. '계획'은 행정적 간판격으로 유지되었다(물론 그 계획에서 설득력 있는 목표라 할 만

다. 한국의 1960년대와 1970년대의 경제개발 5개년 계획이 대표적인 사례다. ─ 역주

한 부분을 지금 기억하는 사람은 거의 없겠지만, 실제로 첫째와 마지막 5개년 계획이 이 단계에서 출판되었다). 그러나 좀 더 중심적인 부분은 노조도 당사자로 참여하는 '장기적이고 자발적인 소득 정책'의 **정치적** 구축이 이루어졌다는 점이다.

'장기적이고 자발적인 소득 정책'은 1974년의 사회계약(Social Contract)[72] 전까지의 시도 중에서는 **동의**에 의해 임금과 노동계급에 대한 제약을 행사하고 강제하려는 마지막 종합적 시도였다. 이 단계에서는 노동계급을 규율하는 작업에 노조가 국가와 완벽하게 협력하도록 설득하는 데 맞추어 모든 조치를 강구하였다. 결과는 실패였다. 이 시도는 처음부터 모순투성이 전략이었다. 노동당은 의회주의 이데올로기에 철저하게 사로잡혀 있었다. 노동당은 파운드화 가치 방어가 곧 국가 수호라고 여기고는 자본에서 가장 퇴행적이지만 가장 강력한 진영의 목표에 스스로 융화되었다. 이는 국제 채권자의 가혹한 조건에 굴복한다는 뜻이었다. 따라서 정부가 보기에 나라가 위기에서 회복할 수 있도록 하려면 소득 정책이란 '장기간 중단해야 하는' 일이었다. 생산은 임금보다 우선했고, 노동과의 영구적인 사회계약은 정부가 맘대로 처리할 사항이 되었으며, 이를 통해 위기를 해결하고 정치적 토대도 확보한다는 목표를 단칼에 처리할 수 있다고 보았다. 노조는 정치적으로 이 시각과 밀접하게 보조를 맞추긴 했으나 구조적으로 다른 위치를 점하고 있다. 그람시가 말한 좀 더 '조합주의적'인 위치인 셈이다. 아무리 밀접하게 국가의 궂은일에 얽혀 있다 할지라도 그 구성원의 조합주의적인 경제적 이익을 어느 정도 수호하는 것처럼 보일 수 없다면 노동조합은 존재 이유가 없다. 그래서 전국노동조합연맹은 성장의

---

72 사회계약은 1970년대 해럴드 윌슨의 노동당 정부가 이전의 '소득 정책'을 폐지하고 그 대신 추진한 노동 경제 정책을 지칭한다. 당시의 경제 위기 상황에서 전국적인 노동조합 대표인 전국노동조합연맹은 1971년 노사관계법 개정과 더불어 주택 임대료 동결, 식품 보조 등 노동자에게 유리한 특혜를 시행하는 대신에 자발적인 임금 제한 계획에 협조하기로 약속했다. 이 계약에는 자본가가 세분화된 노동자 집단별로 별도의 임금 협상을 할 수 있으며, 반복된 임금 인상을 막고 미래의 임금 비용을 예측 가능하게 유지할 수 있도록 임금 협상 간에는 12개월의 유예기간을 두고 임금 인상은 물가 상승분에 국한하거나 물가 상승분 예상치에 근거하도록 규정했다. 이 정책 덕분에 영국은 인플레이션 통제를 위해 좀 더 건실한 예산 편성을 할 수 있는 여력을 확보했다. —역주

단기적 재개(그리고 따라서 일자리와 임금의 성장)를 최우선 순위에 두었다. 즉시 투자가 재개되도록 한다는 뜻이었다. 일시적으로는 두 모순된 시각이 동일한 목표에 매여있는 것처럼 보였는데, 노동당과 노동 간 동맹의 등위에 구축된 영구적 확장의 전망인 셈이었다. 그러한 타협안은 실로 공식적으로 서명하고 공개되었는데, 〈생산성, 물가, 소득에 관한 공동성명(Joint Statement on Productivity, Prices and Incomes)〉이 바로 그것이다.[주 95] 이 정책 역시 계획대로 풀리지는 않았다. 파운드화 위기는 1965년 6월 다시 등장했다. 정부는 전국노동조합연맹을 제쳐놓고 임금의 조기 경고 체제를 의무적으로 도입했다. 이에 대한 대응으로 불만에 찬 조지 우드콕(George Woodcock)[73]은 전국노동조합연맹 자체적으로 다시 한번 '자발적으로' 임금을 '정정'해야 한다고 제안했다. 즉 노조가 스스로 알아서 결정할 수 있고, 노조원에게 져야 할 책임이 있으며, 따라서 "협박성 입법을 무력화"할 수도 있다고 우드콕은 말했다.[주 96] 하지만 '정정'은 실제로는 공허한 발언에 불과했다. 그 이유는 아래에서 살펴보겠지만 전국노동조합연맹은 한마디로 그 조치를 실행할 힘이 없었다. 임금 인플레이션은 그 대신 1966년의 방대한 규모의 재정 적자 위기, 선원 파업, 혹독한 디플레이션 패키지로 바로 이어졌다. 이제 전국노동조합연맹은 넋을 놓고 사태를 주시하고 있었다. 전국노동조합연맹은 사면초가 상태였다. 그래서 마지못해 '국익'의 제단 앞에 철저히 순종해 엎드린다는 핑계로 "노동조합주의와 국가 전체의 이익을 고려해 … 정부 제안을 따를 수밖에 없었다"는 데 수긍했다.[주 79] 전국노동조합연맹은 "이 시점에서는 어쩔 수 없이 국가의 필요가 분파의 요구에 우선할 수밖에 없다는 믿음하에 … 내키진 않지만" 교착상태를 수용했다.[주 98]

---

73　조지 우드콕은 1960년부터 1969년 사이에 전국노동조합연맹의 총서기장을 지냈다. 랭카스터의 뱀버 브릿지(Bamber Bridge) 출생으로 12세에 면화공장에서 일을 시작했고, 노동당과 독립노동당(Independent Labour Party) 활동도 했다. 1929년 전국노동조합연맹 장학금으로 옥스퍼드의 러스킨대학에서 공부했다. 1936년부터 전국노동조합연맹에 들어와 연구 경제부를 맡아 활동했는데, 이때 케인즈 경제학뿐 아니라 월터 시트라인(Walter Citrine)과 어니스트 베빈(Ernest Bevin) 등 온건한 노동조합운동가들의 영향을 많이 받았다. ― 역주

　　더 나쁜 상황이 대기하고 있었는데, 바로 임금 동결이었다. 그 차이점을 대다수의 임금 소득자는 간파하지 못했지만 당시로는 '가혹한 제약'이었다. 그리고 통화 가치 절하와 더불어 두 번째 위기가 다가왔다. 추가로 디플레이션과 임금 '무인상 규칙'(nil norm)도 뒤따랐다. 명문화된 동결은 임금 인상을 중단시켰고 실업은 증가했다. 무인상 규칙은 1968년까지 지속되었다. 동결이 공식적으로 해제되었을 때에도 인상 기준은 3.5%에 불과했고, 그나마 몇 가지 예외조항이 허락할 때에만 이 기준을 초과할 수 있었다(이 예외조항 중에는 낮은 임금과 생산성 간의 타협이 의미있는 주요 조항이었다). 이 기간 내내 수상은 "우리 국민은 … 대단한 충성심을 보여주었다"라고 말했다.[주 99] 하지만 엄혹한 경제적 분위기에서 자발성은 세부 부분에서는 빛을 잃은 조합주의 전략에 불과했다. 첫째, 자발성은 경제 위기 자체에 의해 타격을 받았다. 둘째, 자발성에는 대가가 따랐는데, 국가는 지불 능력이 없었다. 우드콕의 지도하에서 전국노동조합연맹은 국가로의 자발적 흡수에 원칙적인 반대의사를 표현하지는 않았다. 그러나 전국노동조합연맹은 협력하는 대신에 조합주의적 보상을 요구했다. 휴 클렉(Hugh Clegg)이 표현했듯이 "노조원이 너무 동요하지 않도록 하는 데 충분할 정도의 경제적 양보를 정부가 노조에게 허락한다는 조건하에서만, 노조는 정부가 꼭 필요로 하는 산업 현장의 평화와 경제적 협력을 제공할 수 있을 것이다."[주 100] 정부는 전혀 그렇게 할 위치에 있지 못했다. 그러나 셋째로, 만약 국가가 그 '대가'를 지불할 여력이 있었다손 치더라도 협상이 타결되었을지는 다소 의문이다. 왜냐하면 사실 이 시기 전체에 걸쳐 정부가 필요로 하는 노동계급 규율화는 전국노동조합연맹의 수중에 있지 않았다. 이 시기에 노동계급의 이익을 수호하고 진전시킨 것은 전국노동조합연맹도 아니고 위대한 노조 지도자들도 아니었다. 진정한 역학은 또 다른 수준으로, 즉 노동조합과 전국노동조합연맹이 권력이나 영향력을 상대적으로 거의 행사할 수 없는 수준으로 넘어갔다. '임금 투쟁의 호전성'을 지탱한 것은 '노조'가 아니라 순전히 일반 노동자의 살벌함과 작업장 노동자 대표(shop steward)의 '무책임함' 간의 극악무도한 연합이었다. '자발성'을 잠식한 것은 바로 이 변증법, 이 숨겨진 물질주의였다. 국가는 전국 노동조합연맹을 자신의 공세에 끌어들이는 데 실패하자 곪아가는 원천 자체에 대한 좀 더 외과적인 탐색을 채택했다. 1950년대 중반부터 1960 년대 말까지 모든 기록된 파업 중 95%가 '비공식적'이라고 고용부는 추산했다. 토니 레인(Tony Lane)과 케네스 로버츠(Kenneth Roberts)가 주장하듯이 노동당 집권 기간 동안 '비공식적 파업'은 위기 이슈의 지위로까지 격상되어, "영국 산업은 특히 [노동 규율 문제에] 취약하다는 견해", 즉 '영국병'과 밀접하게 연계되었다는 해석은 "대중의 의식에 확고하게 뿌리 내렸다."[주 101] 이 시기에 대단히 중요한 사실은 산업에서 계급 갈등의 장소가 경영진−노조 간 분쟁에서 경영진−작업장 분쟁으로 대대적으로 이동했다는 점, 노조−경영진 간의 협상장에서 작업장 조직이 선두에 서는 일반 노동자 투쟁으로 균형이 기울어졌다는 점, '공장 의식과 작업장 노동자 대표가 성장했다는 점이다.

　　노동계급 투쟁의 사회 조직에서 이러한 변동이 일어난 단기적 원인은 찾아내기 어렵지 않다.

> 국내 교역과 국가 간 무역이 1945년 이후 부활하고 국가가 경제 규제 태세에 들어가자, 노동조합은 사실상 두 부분으로 쪼개졌다. 국가적 수준에서 노동조합 지도자는 정치과정의 일부로 정착했다. 정부의 경제 전략에는 노동조합의 협력이 필요했다. 그러므로 노조 지도자는 개인적으로는 '컨설턴트'로, 집단적으로는 정부 보조 기구의 참여자로 회유당했다. 지역 수준에서 노동자들은 자신의 위력이 작업장에 있음을 깨달아가고 있었다. 노조 지부, 지역 노조, 작업장 노동자 대표 위원회는 마치 19세기 사업가와 같은 모든 열정으로 투기를 하고 있었다. 따라서 지도자들이 정부를 도와 질서 정연한 자본주의를 도입하려고 애쓰는 동안, 일반 노동자들은 제값대로 댓가를 받아내기 위해 전통적인 자유방임주의 정책을 따라하고 있었다.[주 102]

　　따라서 노동당 정권하에서 열렬하고 일관되게 추구한 '회유' 정책은 예기치 않았지만 엄청난 결과를 낳았다. 지도자를 따라 국가의 품에 귀순하거나 — 혹은 '풍요로운 노동자 명제'의 일부 변종들이 예측했듯이 — 그냥 지구상에서 사라져 중간계급이 되어버리기는커녕 산업 현장의 일반 노동자들은 자본주의 경영 구조와의 또 다른 적대 지점을 발견하고 그 주변에 유연하지만 가공할 만한 전투적 방어 조직을 설치했다. 대규모 공장 노동에서는 지역적 여건을 잘 활용할 수도 있고 국지적 이점도 이용하는 것이 좋은데, 특히 기계 부문에서는 복잡한 분업의 결과 한 부문에서 10명만 작업을 중단해도 전체 조립 라인이 필연적으로 멈춰서게 된다. 대규모 산업에서 이러한 취약성은 숙련 노동이 부족한 완전 고용, 혹은 거의 완전고용 여건하에서 더욱 커졌다. 의도치 않은 일이긴 하지만 이러한 위험은 미디어와 정당들이 그렇게 꾸준하게 효과적으로 전파한 '풍요'의 바로 그 이데올로기 탓도 있음은 의심의 여지가 없다.

    단체 협상의 공식적 구조에는 "해당 노동조합(들)과 관련 고용주 연맹이나 협회" 간에 전국적 수준에서 이루어지는 정기적이고 제도화된 협상이 포함된다. "그 결과 전국적인 합의는 해당 산업의 임금 단가, 노동시간, 그 밖의 고용 조건을 명시한다. 이론적으로는 이 전국적 협상 과정이 고용관계의 모든 중요한 측면을 결정한다." 하지만 실제로는 "전국적 합의는 중요성이 미미하고 겨우 임금과 조건의 최소 기준만 정한다. 노동자는 괜찮은 조건을 확보하기 위해 작업장 조직에 주로 의존한다."[주 103] 전국적 합의의 실제적이고 일상적인 세부사항을 협상하고 **집행**하는 이 과정에서 중심적인 존재는 작업장 노동자 대표와 작업장 조직이었다. 이 조직 수준의 권력은 곧 일반 노동자가 갑작스럽고 예고 없는 작업 중단으로 작업장 노동자 대표에게 어느 정도 기꺼이 힘을 실어주는지에 달려 있다. 빠르고 예상치 못한 조치일수록 위력은 더 커진다. 따라서 작업장 노동자 대표의 정당성은 노조 구조에서 나오지 않는다. 초기 단계에서 작업장 노동자 대표는 공식적으로는 기껏해야 지엽적이고 주변적인 일부에 불과했지만, 이제는 "생산 지점의 경험과 불만"에 직접 관여하고 가까이 존재한다는 데서 대표로서의 정당성을 얻었다.

    '비공식적인' 불법 파업이 산업 현장에서 계급 갈등의 전형적 형태로서 경영진－노조 협상의 공식적 구조를 압도하게 됨에 따라, 어떤 핵심 산업 부문의 계급 갈등 패턴은 두 가지 광범위한 질문에 의해 좌우되게 되었다. 이 두 질문은 모두 말하자면 '공식적인' 통제 체제와 '비공식적인' 통제 체제 간의 격차에서 유래했다. 첫 번째는 '집행과 조건'의 방향을 따라 제기된 것인데, 어떻게 그리고 정확히 어떤 조건하에서 전국적 협상 내용이 특정한 공장 부문의 구체적인 계기에서 작동하게 되는가 하는 문제다. 이 '국지적인 협상 전선' 배후에는 작업장 권력으로의 전반적인 이행이 계급 투쟁의 틀 안에서 핵심적으로 가동시킨 더 큰 질문이 도사리고 있었다. 바로 노동과정 자체에 대한 "경영진의 권력과 특권" 행사를 노동자들이 직접 제한하고 유보시키고 가능하다면 중단시키거나 격퇴시킬 수 있는 권력이라는 이슈다. 가장 역동적이지만 직접적이고 국지화된 형태로서 이 권력은 정확히 말해 **생산에 대한 통제와 노동 착취율**이란 핵심 이슈였다.[주 104] 전국적인 임금 협정은 최소한의 기준과 수준만 확정했다. 이 협약은 분업 구조를 조율하려 시도하면서 실제 분업 전체를 포괄했다. 현실에서는 모든 일자리와 임시 일자리마다, 분업화 양상에 따라 천차만별이고 공장마다 부문과 부품공장, 보조 작업장 사이에도 차이가 있고, 공장이나 도급제마다 협상으로 정해지는 임금 단가가 다르다. 임금 단가는 전국적 수준에서 문서로 작성되고 서명된 수치가 아니라 현장에서 조직할 수 있는 '개입 권력'에 달려 있었다. 물론 어떤 산업 부문은 다른 곳보다도 이 '공식－비공식' 간 격차의 착취에 더 취약했다. 예를 들면 공공 서비스 산업의 화이트칼라 노동자와 공공 기간 설비업의 육체 노동자는 강력한 '통제 전선'을 구축할 수가 없었고, 따라서 이들의 임금은 제조업과 기계 산업의 주도 부문에 비해 뒤떨어졌다. 작업장 전략이 상대적으로 성공적이었음을 입증하는 지점은－그리고 노동자에 대한 노조 규율의 약화와 자본의 이윤 유출을 가장 잘 상징하게 된 사실은－'비공식적 임금 상승' 현상이었다.

'비공식적 임금 상승'은 어떤 특정한 공장이나 작업장에서 (초과 근무를 제외하고) 얻은 소득과 공식적 임금 협상과 단체 협약에 의해 도달한 임금 수준 사이의 차이다. 그러므로 이 차이는 국지화된 노동계급 권력과 조직이 전국 수준에서 임금과 조건을 놓고 타결한 제도적 타협안을 잠식하는 데 성공한 정도를 나타낸다. 이 시기 비공식적 임금 상승을 보여주는 '그래프'는 시사점이 크다. 대략 1958년 이후 육체 노동자의 실제 주간 평균 소득은 공식적으로 합의된 수준보다 일관되게 더 높을 뿐 아니라 임금 동결 의무화 시점 때까지 양자의 격차는 노동자에게 상당히 유리한 방향으로 벌어진다. 이 숫자만으로도 전체 소득 정책의 실패를 입증할 뿐 아니라 그 실패의 주 원인과 출처까지도 드러내 준다. "노동당 정부가 단기적인 치유 조치로서 소득 정책에 집요하게 주력할수록, 소득 정책은 어떤 맥락에서든 전국노동조합연맹이 효과적인 소득 정책을 실현할 수 없도록 하는 방향으로 작동했다."[주 105]

　　따라서 처음에는 부르주아화와 무관심이라는 자신의 신화에 도취되고 그다음엔 '하나의 나라'라는 자신의 환상과 끈질긴 '온건' 이데올로기의 희생자가 되는 식으로 조금씩 조금씩 지배계급 분파들은 영국 노동계급의 구제 불능의 폭력성, '숨어있는 물질주의'를 직시하게 되었다. 여기에는 확실히 어떤 전체적인 전략도, 반헤게모니적 궤도도 없고, 전략적 리더십도 거의 없으며, '새로운 질서' 수립이나 프롤레타리아 권력 행사의 철학 같은 것도 없었다. 오히려 리더십도 없고, 전략과 장기적인 정치적 시각도 부재하고, 의견의 시장에서 영향력을 행사할 기관도 없고, 그 물질적 실천에 이론적 형태를 제공할 유기적 지식인 동맹도 거의 없이 이 계급은 전통적인 저항 수단 외에는 자본주의의 재구조화와 투쟁할 아무런 무기도 갖추지 못했다. 가령 노동 지도부는 다우닝가 10번지(수상 관저)의 담배 연기 자욱한 경영진과의 회의장만 열심히 들락거렸다. '노동의 정당' 자체는 독선적이고 고리타분한 소리와 윌슨식의 모호한 헛소리의 부담 때문에 거의 흔적도 없이 파산했다. 마르크스주의는 여전히 새로운 급진적 지식인층의 고고한 장난감에 불과할 뿐이다. 이 지식인층은 한마디로 어려운 시절이 오면 자신들의 존재를 지워버릴 태세인 세력들에 맞서 영국 노동계급을 위한 마지막 안전판 구실을 해줄 은밀한 아나키즘식 신디컬리즘의 예비적 충동으로나 퇴행해버린 계급이다. 이 노동계급은

1960년대 내내 은신해 있다가 1970년에 잠시 표면에 모습을 드러내 히드
씨와 희망팔이 패거리를 잠깐 곁눈질해 보니 '번영'의 전망은 아득하고
법의 지엄한 위력으로 무장해 필요하다면 자신과 맞설 태세인 것을 간파
하게 된다.

　　자발성 운동의 부침은 ― 말하자면 '영국병'의 체온 집계표는 ― 1960
년대에 신문 1면을 차지하면서 공중의 주목을 끌었다. 그러나 자발적인
소득 투쟁 중단에 대한 지지 세력이 하나씩 타격을 입고 밀려남에 따라
좀 더 섬세한 대안적 계급 규율 전략이 사회민주주의적 위기 대응의 핵심
을 이루게 되었다. 이 대안들은 대략 두 부류로 구분해볼 수 있다. 첫째,
노동과정 자체에서의 억제 전략이 있었다. 도급제, 실적 등급제(measured-
day work),74 임금 단가와 액수의 엄격한 통제가 어떤 핵심 부문(예를 들면
자동차 산업)에서 일선 정치 투쟁가, 즉 작업장 노동자 대표에 대한 전술적
공격과 결합되었다. 둘째, 거시경제 수준에서의 합리화와 통제 전략이 있
었다. 합병, 인수, '계산된' 파산 촉진이라든지 노동 재배치와 재훈련이
있었고, 해외 자본, 특히 미국 자본을 공개적으로 유치해 대다수 영국 관
리자가 아직 꺼려하는 엄격한 경영, 금융 체제를 도입하는 방식도 있었으
며, 해외 투자와 시장 모색도 한 방안이었다.

　　핵심적인 생산성 연동 협정 ― [정유 회사] 에쏘 폴리(Esso Fawley)의
노사협정 ― 은 1960년에 타결되었다. 그러나 1967년에서 1970년 사이에
는 '생산성 연동 협상의 홍수'라 불린 현상이 발생해 1968년 중반에는 매
월 무려 200건으로 늘어났다. 생산과 무역에서 영국의 위상 쇠퇴라는 맥
락에서 생산성 연동 협정의 목표는 근본적으로는 단위당 비용 감축이었
는데, 이는 노동 강도를 높이거나(즉 착취율 강화) 노조를 통해 노동을 회유

---

74　도급제(piecework)는 생산품 당 임금 단가를 책정해놓고 생산량에 비례해 임금을 지급하는
　　완전한 단기적 성과급제다. 반면에 실적 등급제(measured-day work)는 직무 평가를 기반
　　으로 장기적 성과를 예측한 후 등급별로 고정액을 지급하는 임금 형태다. 매일매일의 성과
　　가 임금에 반영되지는 않고 평균보다 임금이 높게 책정되지만, 장기적으로 일정 수준의 업
　　적 예상치를 기반으로 하는 것이 특징이다. ― 역주

해 인간을 기계로 평화롭게 대체하는 데 (노동 해체) 공모하도록 하는 방식을 취했다. 이 방식은 위로부터 시행된 노동계급과 노동과정 재구성의 주된 수단이었다. 그러나 생산성 연동 협상은 국가적으로 타결된 기준을 넘어 실질 임금 수준이 '상승 압력'을 받는 것을 겨냥한 조치이기도 했다. 여기서 생산성 연동 협상은 임금을 생산성보다 확실히 낮게 그리고 생산성에 고정된 관계로 묶어두려는 취지였다. 성과가 증가하지 않으면 임금 인상도 없다는 것이다. 이는 결정적 무기나 다름없는 전략이었다. 이러한 규율화가 시행되는 핵심적 형태 중 하나는 도급제를 고정된 임금 단가와 액수로 대체한 것이다(따라서 공장별 협상의 여지를 줄이고 임금 인상 압력도 차단했다). 이 조치는 실적 등급제 절차를 광범위하게 이용하게 되는 결과를 낳았다. 여기에는 엄격한 직무 평가, 등급화, 요율 책정, 작업 속도 조절, 그리고는 생산과정 각 부분에 엄격한 '생산 기준'을 부과하는 조치가 포함되었다. 이 조치는 독점 자본으로의 이행 초기에 자본과 노동과정 재구성에서 선구자가 된 '과학적 관리' 기술을 더 발전시킨 것이었다.[주 106] 하지만 그 **정치적** 내용 역시 당시에 간과되지 않은 게 분명하다. 노사관계의 최고 권위자이자 대표적인 파비안주의 강성파인 앨런 플랜더스(Allan Flanders)는 이 조치를 다음과 같이 단순하게 표현했다. "모든 주요한 생산성 연동 협상의 두드러지고 공통된 특징은 결합된 규제를 통해 임금과 노동에 대한 경영진의 통제를 강화하려는 시도다."[주 107]

다른 한편으로 영국의 산업을 좀 더 합리적이고 조합주의적 형태로 재구성하기 위해 단호한 조치가 취해졌다. (다름 아니라) 기술부의 웨지우드 벤(Wedgwood Benn),75 산업재편기구(Industrial Reorganization Corporation)76의

---

75 앤소니 닐 웨지우드 벤(Anthony Neil Wedgwood Benn, 1925-2014)은 노동당 정치인이자 1960년대와 1970년대 노동당 정권에서 내각 각료를 지낸 인물이다. 윌슨 정권 때인 1966년에는 갓 설립된 기술부 장관으로, 1974-9년 윌슨·캘러헌 정권 때는 산업부와 에너지부 장관을 역임했다. 원래 중도적인 성향이었으나 내각 각료 자리를 떠난 1970년대 말부터 좌파 성향으로 선회했다. 그의 정치적 신념과 정책적 주장을 따르는 사람들의 성향을 지칭하는 벤주의(Bennism)라는 용어도 생겼다. ─ 역주

76 산업재편기구는 1966년에 윌슨 행정부가 정부 주도로 설립한 기구로, 영국 산업 경쟁력 강

찰스 빌리어스(Charles Villiers) 같은 국가주의 해결책의 사도와 기술 관료적 인재가 산업재편기구의 냉혹한 철학에 따라 '산업별 거대 기업을 탄생'시킬 수 있도록 유도된 합병, 인수, 퇴출의 대대적인 물결을 주재했다. 국가 후원하에 이루어진 이 독점화 전략에는 경쟁 관계의 자본주의 기업들을 압박하거나 회유하여 자산이 집중된 주요 기업으로 합치고 각 부문의 주요 생산 단위를 완전히 과점적 형태로 합리화하고 슬림화하도록 촉진하는 조치가 포함되었다. 이 정책의 목적은 생산 비용을 낮추고, 노동 배치에서 감축과 합리화를 도모하고 이윤율을 보호하며, 다국적 기업과 '유럽' 시대를 맞아 치열한 국제 경쟁 분위기에서 산업 엘리트의 자신감을 강화하고 개선하려는 것이었다. 그 결과 노동계급의 주요 부문에서 탈숙련화와 부분적인 재구성이 이루어졌다. 1968년 상반기의 인수 합병 호황은 1967년에 이루어진 모든 인수 합병보다 더 활발해(17억 5천만 파운드) 그야말로 합병의 대도약이 일어난 한 해를 기록했다.

이것만으로 충분하지는 않았다. 그 어떤 수준으로도 충분하지 않았다. 계급적 요구의 난제는 결국 직접 장악해야만 하는 일이었다. "영국에서 소득 정책을 안정화하는 데 지불해야 하는 대가는 파업에 맞서려는 의지가 될 것이다"[주 108]라고 현대 기업의 가장 설득력 있는 기관인 〈이코노미스트〉가 일찍이 1963년 6월에 분명하게 예언했다. 탁월한 경제 평론가인 샘 브리턴(Sam Brittan)도 같은 해에 다음과 같이 낙관적으로 예측했다. "역설적이게도 노동당 정부를 옹호하는 가장 그럴듯한 주장 중 하나는 번지르르한 포장을 벗겨내면 노조를 다루는 데에서 노동당이야말로 정면 대결에 임할 태세가 더 잘 갖춰졌을 수도 있다"라는 것이다. 노동주의 레퍼토리에서 마지막 남은 무기인 이 강제적 제약은 사용이 무한정 유보되었다. 이를 지연시킨 주된 메커니즘 중 하나는 왕립노동조합·고용주협회

---

화를 명분으로 대기업 합병을 추진하는 데 주력했다. 실제로 1966년에는 전기 기계 산업에서 영국전기회사(EE)와 제너럴 일렉트릭(GEC) 간의 합병이 성사되었고, 1968년에는 브리티시 자동차와 레이랜드 자동차 간의 통합도 이루어졌다. 1970년 보수당 히드 정부가 들어선 후 폐지되었다. ─ 역주

위원회(Royal Commission on Trade Unions and Employers' Associations), 이른바 도노반위원회(Donovan Commission)의 출범이었다. 도노반은 보고서 작업에 3년을 끌었다. 그러나 마침내 1968년 보고서가 나왔다. 이 보고서는 비공식 파업과 작업장 노동자 대표를 영국 위기의 양대 악마로 명확하게 규정했다. 하지만 도노반은 조치를 보류했다. 질서, 규제, 규율이 그의 구호였는데, 바로 도노반이 "노동 집단과 작업장 대표의 비대한 권력"이라 부른 것을 토니 클리프(Tony Cliff)가 "공장 수준의 합의"라고 적절하게 기술한 조치로 통합하는 일이었다.[주 109] 도노반은 작업장 대표의 역할을 공식적인 경영 구조 **속에** 제도화하고 이에 따라 작업장과 생산라인의 권력을 단일한 구조로 통합하자고 제안했다. 강화된 포섭 전략이었다. 비공식 파업이 법의 보호에서 배제되고 법정에서 고용주의 재량에 맡겨졌다. 그러나 마지막 순간에 노동자들의 비공식적인 '일시적 집결'에 대한 법적 제재 제안은 철회되었다. 노동당의 완고한 고용부 차관이자 성서적 구호를 좀처럼 만들어내지 않는 레이 건터(Ray Gunter) 씨가 노도반에 대한 마지막 촌평을 남겼는데, 바로 "너무 지엽적이고 너무 자발에 맡기고 너무 늦었다"라는 것이다.

도노반 보고서가 나온 지 7개월 안에 보수당은 〈노동에서의 공정 거래(Fair Deal at Work)〉라는 제목으로 노사관계 개혁에 관한 선언을 발표했다. 그리고 정부는 결국 불운한 운명에 처하게 될 종합 대책 발표, 윌슨-캐슬 해프닝,77 〈분쟁 대신에(In Place of Strife)〉 출간 등으로 대응했다. 후자의 문서로 사회민주주의 그리고 절제, 생산적 노력, 도덕성 등의 레토릭은

---

77 이는 윌슨 정부에서 1968년과 1970년 사이에 노동부 장관 겸 부총리를 지낸 바바라 캐슬(Barbara Castle)을 둘러싸고 전개된 사태를 지칭한다. 캐슬은 당시 여성의 임금 차별에 항의해 다게넘 포드 재봉틀 공장에서 벌어진 파업 사태에 개입해 해결했고 그 직후 동등임금법(Equal Pay Act of 1970) 제정을 주도했다. 그런데 1969년 <분쟁 대신에>라는 제목의 백서로 논란에 휘말렸다. 이 백서는 노조의 권력을 축소하는 방안을 담아서 노동조합의 반발과 노동당 내부 갈등을 유발했다. 일부 각료는 항의 표시로 사임으로 위협하기도 했다. 이 사태는 1970년 총선에서 노동당이 패하는 이유 중 하나로 작용했다. 결국 논란 끝에 노동조합과의 협의 결과 논란이 된 조항의 추진을 대부분 중단하는 선에서 사태는 마무리되었다. ─역주

효력이 다했고, 노동당은 머뭇거리다가 결국 강제에 의한 '최종 억제책' 에 착수했다. 〈분쟁 대신에〉는 애매하고 헷갈리게 작성된 문서이지만 사소하면서도 극도로 위험하고 치명적인 개념을 핵심에 담고 있었다. 이 문서 제안자와 옹호자에게는 불행한 일이지만, 경영자들은 이 암시적 핵심을 즉시 포착하고는 내각을 밀어붙여 명백하게 반노조적 규율 시행의 입장을 취하도록 하기 위해 즉시 행동에 나섰다. 이 대응은 이 문서의 내적 논리를 폭로하고 그 사회민주주의적 외피를 부숴버렸다. 윌슨-캐슬의 종합대책은 폐기되고 정부, 전국노동조합연맹, 유권자 그 어느 쪽도 그다지 신뢰하지 않는 문서상의 자발주의 방침이 채택되었다. 선거 결말은 거의 1년 동안 늦춰졌지만, 1964년의 공백기는 진짜로 끝나고 이와 더불어 — 잠정적으로 — 노동당 식의 관리된 합의도 종말을 맞았다.

　　노동당의 사실상 종말을 고한 대결은 고전적이었다. 여기서 한쪽에는 1970년대 내내 작업장 권력에 대항해 경영쪽의 십자군 운동의 선구자가 된 공격적이고 미국식의 포드 경영진이 포진했고, 다른 쪽에는 이 시기 가장 규율 잡히고 강성인 최전선 부대, 즉 다게넘과 헤일우드(Halewood)의 작업장 노동자 대표들이 대치했다. 잠깐 동안 포드 경영진은 공동협상위원회에 참여한 포드 노조들의 지원을 받아 바바라 캐슬(Barbara Castle)의 백서를 본떠 종합적 타협안을 제시하기도 했다. 이 타협안은 '불법적 행동' 이 일어나지 않는다는 조건하에 장기적 임금 인상과 더불어 해고에 따른 소득 감소 보전 장치 마련, 휴가 혜택 확대 등을 결합한 내용이었다. 헤일우드 공장은 파업에 나섰다. 공동위원회는 자신들의 입장을 재확인했지만, 대형 노조들은 — AEF,[78] TGW[79] — 이 파업의 공식화를 선언했다.[80]

---

78　기계주물노동자연합노조인 AEF(Amalgamated Union of Engineering and Foundry Workers)는 현재의 기계전기연합노조 AEEU(Amalgamated Engineering and Electrical Union)의 전신으로 영국의 대표적인 산별연합노조였다. 이 책에서 언급한 시점에는 1968년 1월에 기계, 주물 노조가 합병해 탄생한 AEF로 존재했다. — 역주

79　1922년에 설립된 영국의 운수일반노동조합(Trade and General Workers' Union)을 의미한다. 항만, 도로 운송, 내륙 수로 운송 종사자들을 포괄하는 노조였다. — 역주

80　포드 사태가 격화하면서 회사의 노사 양측이 참여하는 전국 단위의 전국공동협상위원회

노조들이 종합 타협안을 반대하는 노동자 대표들을 지원하고 생산 라인은 멈춰 모든 여건이 노조의 승리를 보장해주는 듯했다. 그런데 〈분쟁 대신에〉의 영감에 충실하게도 포드 경영진은 노조에 대한 금지 명령을 끄집어냈다. 결국 공식 문서가 고등법원에 상정되었을 때 레인 판사는 다음과 같이 발언했다고 전해진다. "나는 오직 한숨만 쉴 따름인데, 그 이유는 이 사안 전체가 단순한 법 문제만이 아니기 때문이다. 이는 법이 위협으로 규정하는 것과 무관하게 사람들이 결국 취하게 될 행동에 의해 복잡하게 얽힌 문제다. … 이 사안은 경영진과 노동 간의 관계에 영향을 받는 것이다."[주 110] 하지만 〈더 타임스〉는 처음부터 이 문제에 대해 냉혹한 해결책을 촉구하면서 정부에게 다음과 같이 조언했다. "이는 위기 상태다. … 만약 노조가 협정을 준수하고 구성원을 통제하도록 하는 문제의 시급성을 정부가 명심할 필요가 있다면 지금이 바로 그때다."[주 111] 그러나 정부도 법원도 이 사태를 분쇄하지 않았다. 3월 20일 체면을 살리는 선에서 타협이 체결되고 사람들은 일터로 돌아갔다.

　　그렇지만 포드 파업은 냉혹한 선택 방향을 드러냈다. 국가는 필요하다면 구체적으로 이 목적을 위해 마련된 일부 법 기구의 지원과 위엄으로 분명하고 단호하게 개입해 분파적 계급 의식과 강성 유물론에 맞서 '국가적 의지'를 집행해야 한다는 것이다. 그렇지 않으면 특히 공식 지도부의 지원을 받은 채 전개되는 작업장의 방어력을 저지할 방도가 없다. 포드 파업은 1960년대의 특징인 '비공식' 파업과 1970년 이후 히드 시대의 특징이 될 '공식적' 파업의 새로운 물결을 이어주는 교량에 해당했다. 무엇보다 이 파업은 계급 투쟁 관리를 위해 국가가 직접 법을 동원하려는 시도의 전조가 되었는데, 이 이후의 전략은 최근의 기억으로는 가장 쓰라린 계급적 대결의 시기 중 하나를 가속화했다. 이 파업은 "1960년대와 1970년대를 가르는 **분수령**"이 되었다.[주 112]

────────

(National Joint Negotiating Committee)가 꾸려졌다. 그 결과 위에서 언급한 타협안이 타결되었고, 이 안은 포드 회사 관련 노조들의 투표에서 가결되었다. 그러나 산별 노조인 AEU와 TGW가 이 합의안을 거부하고 공식 파업을 선언하면서 사태는 더 악화했다. ─역주

하지만 이 이행을 주재할 운명은 윌슨 씨가 아니라 히드 씨의 몫이었다. 포드 분규 타결 직후의 여름에 수상은 '장기적 휴면기'에 들어갔다. 그해 6월 크로이던(Croyden)에서 개최된 전국노동조합연맹 임시총회는 정부의 〈분쟁 대신에〉에 대항해 전국노동조합연맹의 〈행동강령(Programme for Action)〉을 추인했다. 윌슨 씨는 전국노동조합연맹과의 대화에서 '긍정적인 진전'이 있었다고 보고했는데, 단 한 가지 문제가 남아 있었다. 바로 "아마도 소수에 불과할 파괴자들이 우리 수출 산업의 핵심 부문을 망가뜨릴 수도 있는 불법 파업" 문제였다. 그리고는 자정 5분 전에 '엄숙하고 구속력 있는' 합의가 강제의 위협을 대체했다. 강성 노동과의 대결에서 이 마지막 시도가 폐기된 후 임금 인상 요구의 홍수가 이어졌다. 이 요구는 그동안 임금 투쟁에서 선두에 서지 않았던 공공 부문 산업에서 특히 격렬했고, 넘쳐나는 협약 위반 속에서 좀 더 강성인 부문들이 공세에 나섰다. 바로 '저임금층의 반란'(교사, 공무원, 청소부, 병원 보조 노동자)으로 알려지게 된 현상으로, 급속한 물가 상승, 실업 증가, 무성장 시기에 대한 반응이자 1970년에 이어질 '파업 폭증'의 예행 연습이었다. 광야에서 동료들과 함께 노동계급과의 공개적 대결 시기를 준비하고 있던 히드 씨는 이 광경을 목격하고는 심장이 얼어붙었다. 〈분쟁 대신에〉에 대한 히드 씨의 촌평은 앞으로 다가올 더 엄격하고 강경한 투쟁의 모든 약속을 담고 있었다. "권력은 다른 곳에 존재한다"라고 히드 씨는 주장했다.

## 주와 참고문헌

1  Althusser, 'Contradiction and Overdetermination'.

2  K. Marx, 'Population, Crime and Pauperism', *New York Daily Tribune*, 16 September 1859를 보라.

3  예를 들면, L. Wilkins, *Social Deviance: Social Policy, Action and Research* (London: Tavistock, 1964); Young, *The Drugtakers*.

4  Horowitz and Liebowitz, 'Social Deviance and Political Marginalty'.

5  Hall, 'Deviancy, Politics and the Media', p. 263.

6  V. Greenwood and J. Young, *Abortion on Demand* (London: Pluto Press, 1976)를 보라.

7  R. Moss, *The Collapse of Democracy* (London: Temple-Smith, 1976).

8  Ibid.

9  A. Gramsci, 'Modem Prince', in *Selections from the Prison Notebooks*, Gramsci.

10  B. Barker ed. *Ramsay MacDonald's Political Writings* (London: Allen Lane, the Penguin Press, 1972).

11  A. Gamble, *The Conservative Nation* (London: Routledge & Kegan Paul, 1974)에서 재인용.

12  R. Titmuss, *Essays on the Welfare State* (London: Allen & Unwin, 1958).

13  R. Miliband, *Parliamentary Socialism* (London: Allen & Unwin, 1961); T. Nairn, 'Anatomy of the Labour Party', in *Towards Socialism*, ed. Anderson and Blackburn; J. Saville, 'Labourism and the Labour Government', in *Socialist Register 1967*, ed. R. Miliband and J. Saville (London: Merlin Press, 1967); D. Coates, *The Labour Party and the Struggle for Socialism* (Cambridge University Press, 1975) 등을 보라.

14  Gamble, *The Conservative Nation;* N. Harris, *Competition and the Corporate Society* (London: Methuen, 1972)를 보라.

15  G. Kay, *Development and Underdevelopment* (London: Macmillan, 1975); E. J. Hobsbawm, 'The Crisis of Capitalism in Historical Perspective', *Marxism Today*, October 1975를 보라.

16  Kay, *Development and Underdevelopment*에서 재인용.

17  M. Pinto-Duschinsky, 'Bread and Circuses: The Conservatives in Office, 1951-64', in *The Age of Affluence: 1951-1964*, ed. V. Bogdanor and R. Skidelsky (London: Macmillan, 1970)에서 재인용.

18  P. Addison, *The Road to 1945* (London: Cape, 1975).

19  Barthes, *Mythologies*.

20 Kay, *Development and Underdevelopment*.

21 *The Economist*, 16 May 1959; S. Hall, 'The Condition of England', *People and Politics* (Notting Hill Community Workshop Journal), 1960에서 재인용.

22 좀 더 자세한 논의로는 Clarke *et al.*, 'Subcultures, Cultures and Class'를 보라.

23 P. Rock and S. Cohen, 'The Teddy Boy', in *The Age of Affluence*, ed. Bogdanor and Skidelsky를 보라.

24 테디보이 스타일의 분석으로는 T. Jefferson, 'Cultural Responses of the Teds', in *Resistance through Rituals*, ed. Hall and Jefferson을 보라.

25 *The Times*, 5 September 1958.

26 Marx, *'The Eighteenth Brumaire of Louis Bonaparte'*.

27 L. Panitch, *Social Democracy and Industrial Militancy* (Cambridge University Press, 1976).

28 Ibid.

29 Cohen, *Folk Devils and Moral Panics*.

30 Gramsci, *Selections from the Prison Notebooks*.

31 P. Hansford-Johnson, *On Iniquity* (London: Macmillan, 1967).

32 *Sunday Express*, 16 January 1966.

33 *Sunday Express*, 8 May 1966.

34 Young, *The Drugtakers*의 분석.

35 P. Foot, *Immigration and Race in British Politics* (Harmondsworth: Penguin, 1965).

36 P. Foot, *The Rise of Enoch Powell: An Examination of Enoch Powell / 's Attitude to Immigration and Race* (Harmondsworth: Penguin, 1969).

37 Hall, 'Deviancy, Politics and the Media'; Young, 'Mass Media, Deviance and Drugs' 를 보라.

38 *Sunday Express*, 1 January 1967.

39 K. Marx and F. Engels, *The Communist Manifesto* in *Marx-Engels Selected Works*, vol. 1.

40 G. Cohn-Bendit and D. Cohn-Bendit, *Obsolete Communism: The Left-wing Alternative* (London: Deutsch, 1968).

41 N. Mailer, 'The White Negro', in *Advertisements for Myself* (London: Deutsch, 1961).

42 *Sunday Express*, 7 April 1968.

43 Hall, 'Deviancy, Politics and the Media'를 보라.

44 Halloran, Elliott and Murdock, *Demonstrations and Communication*.

45 'End this Menace', *Sunday Express*, 27 October 1968.

46 *The Times* and the *Daily Mirror*, 28 October 1968.

47 'Can we afford to let our Race Problem Explode?' *Sunday Express*, 9 July 1967.

**48** Foot, *The Rise of Enoch Powell*에서 재인용.

**49** E. Powell, M.P., text of speech delivered in Birmingham, 20 April 1968, *Race* X(I), July 1968.

**50** T. Nairn, 'Enoch Powell: The New Right', *New Left Review* 61, 1970을 보라.

**51** *Sunday Times*, 14 July 1968.

**52** Open letter to the Underground from the London Street Commune; P. Stansill and D. Z. Mairowitz eds, *BAMN: Outlaw Manifestoes and Ephemera, 1965-70* (Harmondsworth: Penguin, 1971: 224)에서 재인용(스타일, 관점, 수사를 보면 분명히 피카딜리 144번지 점거 참가자인 'Dr John'의 솜씨로 보인다).

**53** *Sunday Times*, 28 September 1969.

**54** Hiro, *Black British, White British*.

**55** Foot, *The Rise of Enoch Powell*.

**56** 'Living around the Crime Clock', *Sunday Times*, 9 March 1969.

**57** *Sunday Express*, 23 February 1969.

**58** *Sunday Times*, 6 April 1969.

**59** *Sunday Times*, 23 February 1969.

**60** *Sunday Times*, 26 October 1969.

**61** *Sunday Times*, 7 December 1969.

**62** *Sunday Times*, 20 April 1969.

**63** 'Anarchy at Large', *Sunday Times*, 2 November 1969.

**64** *Sunday Times*, 27 July 1969.

**65** M. Whitehouse, *Who Does She Think She Is?* (London: New English Library, 1971: 107).

**66** 이 시기에 관한 분석으로는 Young, *The Drugtakers*를 보라.

**67** *Sunday Times*, 20 July 1969.

**68** D. Phillips, 'The Press and Pop Festivals: Stereotypes of Youthful Leisure', in *The Manufacture of News*, ed. Cohen and Young, pp. 323-33.

**69** Whitehouse, *Who Does She Think She Is?* p. 107.

**70** A. Arblaster, *Academic Freedom* (Harmondsworth: Penguin, 1974: 29).

**71** B. Benewick and T. Smith, *Direct Action and Democratic Politics* (London: Allen & Unwin, 1972: 206).

**72** E. P. Thompson, *Warwick University Ltd.* (Harmondsworth: Penguin, 1970)을 보라.

**73** P. Hain, *Don't Play with Apartheid* (London: Allen & Unwin, 1971)를 보라.

**74** B. Seale, *Seize the Time: The Story of the Black Panther Party* (London: Hutchinson, 1970).

**75** Stansill and Mairowitz, *BAMN*.

76　J. Mitchell, *Woman's Estate* (Harmondsworth: Penguin, 1971).

77　Gramsci, *Selections from the Prison Notebooks;* Althusser, 'Ideology and Ideological State Apparatuses'.

78　Mitchell, *Woman's Estate.*

79　T. Nairn, 'Why it Happened', in *The Beginning of the End,* ed. A. Quattrocchi and T. Nairn (London: Panther, 1968).

80　Mitchell, *Woman's Estate,* p. 32.

81　Ibid.: 32.

82　Marcuse, *One Dimensional Man;* H. Marcuse, *Eros and Civilization* (London: Sphere, 1969).

83　*Sunday Times* Insight Team, *Ulster* (Harmondsworth: Penguin, 1972).

84　In Marx and Engels, *On Britain.*

85　K. Marx, Speech at the Anniversary of the *People's Paper* in *Surveys from Exile,* K. Marx (Harmondsworth: Penguin, 1973: 300).

86　Marx, '*The Eighteenth Brumaire of Louis Bonaparte*', p. 258.

87　예를 들면, A. Glyn and B. Sutcliffe, *British Capitalism, Workers and the Profits Squeeze* (Harmondsworth: Penguin, 1972); D. Yaffe, 'The Crisis of Profitability: A Critique of the Glyn-Sutcliffe Thesis', *New Left Review* 80, 1973; Mandel, *Late Capitalism;* P. Bullock and D. Yaffe, 'Inflation, the Crisis and the Post War Boom', *Revolutionary Communist 314,* 1975.

88　Yaffe, 'The Crisis of Profitability', p. 53.

89　Ibid.

90　I. Gough, 'State Expenditure in Advanced Capitalism', *New Left Review* 92, 1975; Bullock and Yaffe, 'Inflation, the Crisis and the Post War Boom'.

91　Glyn and Sutcliffe, *British Capitalism, Workers and the Profit Squeeze.*

92　S. H. Beer, *Modern British Politics: A Study of Parties and Pressure Groups* (London: Faber, 1965).

93　G. A. Dorfman, *Wage Politics in Britain, 1945-1967: Government vs TUC* (Iowa State University Press, 1973).

94　Ibid.: 101-2.

95　Signed December 1964.

96　R. Hyman, *Strikes* (London: Fontana, 1972: 22)에서 재인용.

97　Ibid.: 121.

98　Dorfman, *Wage Politics in Britain, 1945-1967,* p. 140.

99　H. Wilson, *The Labour Government, 1964-70* (Harmondsworth: Penguin, 1974: 591).

100　H. A. Clegg and R. Adams, *The Employers' Challenge: A Study of the National Shipbuilding and Engineering Disputes of 1957* (Oxford University Press, 1957:

20).

[101] T. Lane and K. Roberts, *Strike at Pilkington's* (London: Fontana, 1971).

[102] T. Lane, *The Union Makes Us Strong* (London: Arrow, 1974: 155).

[103] Hyman, *Strikes*, p. 144.

[104] 다음의 탁월한 연구를 참고하라. H. Beynon, *Working for Ford* (Harmondsworth: Penguin, 1973).

[105] Dorfman, *Wage Politics in Britain, 1945-1967*, pp. 133-4.

[106] H. Braverman, *Labor and Monopoly Capital* (New York: Monthly Review Press, 1975)을 보라.

[107] T. Cliff, *The Employers' Offensive* (London: Pluto Press, 1970: 140)에서 재인용.

[108] *The Economist*, 5 June 1965.

[109] Cliff, *The Employers' Offensive*, p. 126.

[110] P. Jenkins, *Battle of Downing Street* (London: Charles Knight, 1970: 58)에서 재인용.

[111] Beynon, *Working for Ford*에서 재인용.

[112] Ibid.: 243.

# 제9장

# 법과 질서형 사회: '예외적 국가'를 향하여

## ❙ 1970년: 셀즈던인 — '법과 질서형' 사회의 탄생

> 지배적 사회 집단이 그 기능을 다 하자마자 이데올로기적 블록은 무너지는 경향이 있다. 그 후 '자발성'은 훨씬 덜 위장되고 덜 간접적인 형태의 '제약'으로 대체될 수도 있으며 결국에는 노골적인 경찰의 조치와 쿠데타로 이어지게 된다(Gramsci).[주 1]

> 위기는 영구적이다. 정부는 잠정적이다(Marx).[주 2]

1970년 1월 4일 〈선데이 타임스〉는 이렇게 보도했다. "오늘날 영국에서 막 시작된 게토 중에서 버밍엄의 핸즈워스는 고전적인 징후를 보여준다. 열악한 주거, 부실한 교육 체제, 생계가 버거운 가정들, 사회적 편의시설 부재 등이 그 예다. 여기에는 늘 그렇듯이 협잡꾼, 매춘부, 기둥서방도 있다. 제2세대 흑인들은 모든 권위에 거부반응을 보이기 시작한다." 이 예언가적 묘사는 거스 존(Gus John)이 러니미드 재단(Runnymede Trust)에 제출한 보고서에 근거했는데, 이 보고서는 나중에 데릭 험프리와 공저로 〈그들이 흑인이라는 이유로(Because They're Black)〉라는 책으로 출간되었다.[주 3] 이 기사는 지금은 마치 필수사항처럼 되었지만 "할렘이 드디어 버밍엄에도 상륙하나?"(Must Harlem Come to Birmingham?)라는 제목을 붙여 양자를 연결짓는다. 그 후 2주도 채 지나지 않아 포웰 씨가 이 문제를 떠맡고 나서 말하자면 이 질문에 대한 해답을 제시했다. 보수당 당권 도전에 나서 인종 문제를 "어떤 얼버무림이나 핑계도 없이 … 공개된 장으로"

끌어내면서 포웰 씨는 다음과 같이 경고했다. "과거에 [이 문제를] 간과 했다는 죄악 때문에" 영국은 "현재 속도라면 이 세기말 무렵이면 미국과 비슷한 정도가 될 문제점의 위협을 받고 있다"라는 것이다. 열렬한 송환 캠페인의 일부로 삼을 때를 제외하면 이민자가 많은 지역에 대한 특별 지 원 조치는 "궁극적인 효과에서는 절대적으로 해악만 끼칠" 뿐이라고 포웰 씨는 덧붙였다. 포웰 씨는 자신이 20개월 전 인종적 유혈극이 다가올 것 이라고 예언했음을 언급했다. 그렇지만 새로운 예측을 내놓지는 않았다. 그 대신 리즈(Leeds)의 한 변호사, 내무부 차관보(Under-Secretary), 맨체스 터 공동체 관리위원회의 뉴스레터를 인용해, 다른 책임 있는 대변자들도 "영국 어디서든 인종 폭력이 번질 수가 있다"라는 자신의 견해를 공유하 고 있음을 보여주려 했다.[주 4] 약 일주일 전 남아프리카공화국 스프링복 스 팀의 순회경기를 반대하는 춘계 공세가 시작되었다. 평화 시위를 조직 하는 데 기여한 자유당 데이비스 스틸(David Steel) 의원은 "노래를 부르며 깃발을 흔드는 약 40명 정도의 소규모 무리"와 갑자기 맞닥뜨렸는데, 이 무리는 "회전문 건너편에 포진하고는 … 호기심에 찬 구경꾼과 네 줄로 길게 진을 친 경찰관에게 모두 고약한 종류의 욕을 해댔다." 스틸 의원이 이 무리 중 한 사람에게 누가 책임자인지 물었더니 "아무도 우리를 책임 지지 않아"라는 대답이 돌아왔다. "비이성적 과정은 비이성적 반응을 낳 을 것이다"라고 스틸 씨는 주장했다.[주 5]

　　이렇게 분위기가 험악해지는 가운데 보수당 그림자 내각은 셀즈던 파크(Selsdon Park)에서 비밀리에 모였다. 이 집권 준비 모임이 어떤 분위기 와 정신에서 진행되었는지, 이들의 숙의에서 어떤 치열한 선거용 십자군 적 주제가 부상했는지는 착각의 여지가 전혀 없다. 〈선데이 타임스〉의 담 당 기자인 로널드 버트(Ronald Butt)는 이때 부상하던 노선에 "은근한 법과 질서 팔이"[주 6]라는 제목을 붙여주었다. 여기서 미국과의 비교 — 이번에 는 닉슨-애그뉴 캠페인 — 는 더 이상 간접적이거나 암시적이지 않았다. 법과 질서의 주제는 "[보수]당이 공중의 말 없는 다수에게 자신도 그들의 관심사를 공유하고 있음을 재확인시킬 수 있게 해준다." 이 기조는 널리 전개되었다. 그리고 "시위하는 소수파 때문에 개인적 일상사에 몰두하는 사람들이 자유를 간섭" 당했다는 사실을 언급했다. 음모 혐의 활용, 불법 침입 법과 치안판사 권한 강화를 요구하는 위협적인 소음이 발생했는데, 이러한 요구는 곧 터무니없으면서도 널리 통용되는 실제 관행이 된다. 시위 주제는 곧 버트에 의해 '반달리즘과 조직범죄 등장'과 연결되었다. 하지만 셀즈던인(Selsdon Man)은 또 다른 똑같이 중요한 면모도 갖고 있었다. 산업, 경제 정책의 방향을 지향하는 측면이었는데, 여기서는 물론 노조의 권력을 통제하고 비공식 파업을 근절하기 위한 강경한 행동 약속과 함께 영국 산업의 재편과 구조조정을 시장 메커니즘의 엄격한 규율과 결부시킨 서슬 퍼런 조치들이 제안되었다. 대중적이고 대중주의적인 열정의 물결에 고무되어 그림자 내각은 영국의 크고 작은 도시를 순회하면서 유권자층의 지지를 호소하는 선거전 유세에 나섰다.

　　법과 질서 주제의 영향은 즉각적이었다. 사실은 〈가디언〉이 논평했듯이 히드 씨의 '법과 질서'는 닉슨 대통령이 말한 내용—"시민들이 노상강도, 강탈 혹은 강간의 두려움 없이 주변의 거리를 걸어다닐 권리"—과 아주 일치하지는 않았다. 사실은 셀즈던 버전의 법과 질서는 대중적 공포와 스테레오타입의 모호한 꾸러미를 겨냥했는데, 〈가디언〉이 "학생소요, 정치 시위, 관용적 사회, 장발, 짧은 머리 그리고 아마도 조만간 적당한 길이의 머리조차도 포함하게 될 주제들의 잡탕"이라 부른 것이다.[주 7] "어떤 사람이 주장했듯이 시위자에게 음모 혐의를 뒤집어씌운다면 부끄러운 법 남용이 될 것이다 … 관용은 쌍방향적 교통이다"라는 지적은 옳다. 그러나 셀즈던 파크의 희미한 도덕적 여명 속에서 조율된 법과 질서 주제는 〈가디언〉의 분명히 자유주의적이고 분명히 소수파인 독자에게 위안을 주려는 의도로 나오지는 않았다. 거기엔 설득해야 할 말 없는 다수가 없었다. 반면에 〈선데이 익스프레스〉는 셀즈던 파크 비밀회담 직후의 일요일 기사에 다음과 같이 1면 제목으로 뽑을 정도로 그 주제가 강력하다고 판단했다. "보수당이 재집권하면 시위를 진압할 것"(Demo Clamp-Down If Tories Get Back).[주 8] 이 나라의 십자군은 힘을 얻고 있었다. 셀즈던 파크 덕분에 다시 도덕적 에너지가 충만해진 헤일셤 경은 "젊은 훌리건 집단"
이 고등법원 재판 진행을 중단시킨 사건, "젊은이 집단"이 마이클 드 그
러치(Michael de Gruchy)를 구타해 사망케 한 사건, 총기 사용 범행 비율의
증가. "모든 경찰관의 삶에서 밤이면 … 길거리 훌리건이 … 가하는 욕
설, 모욕, 도발 사건을 [견뎌내야 하는] 부분이 증가한 것" 등을 모두 법
과 질서의 주제와 연결시킨다. 이처럼 다채로운 시나리오에는 "야수들의
위협"(The Menace Of The Wild Ones)이란 제목이 붙었다. 이러한 공포는 "꽃
장식 달린 모자와 번쩍이는 치아를 한 가상의 여성"에만 국한되지 않는다
고 헤일셤 경은 청중에게 재확인해주었다. 그리고 조직범죄와 폭력은 "사
적인 거짓말이나 법을 무시한 공적 시위와 분리될 수 없다"라고 주장했다.
'동성애자 괴롭히기'로 종신형을 선고받은 지오프 해먼드(Geoff Hammond),
크리킷 경기장을 파헤치는 행위를 지지한 피터 헤인(Peter Hain),1 웨일즈언
어협회(Welsh Language Society)2와 "자기 의견을 … 법보다 우선하는 … 모
든 사람은 … 우리가 모두 결국에는 의존하는 법 체제 자체에 도전해 사
회 구조에 타격을 입힌다."[주 9] 악몽의 구축은 진지하게 시작되었다. 일주
일도 지나지 않아 미래의 상원의장은 노동당 정부가 금세기 최대의 범죄
물결에 '느긋하게 대처'한다며 혹독하게 공격을 퍼부었다. 헤일셤 경은
내무장관을 불러 "경찰, 간수, 무고한 증인이나 행인을 의도적으로 살해
하거나 공격한 범인은 가석방하지 않겠다"라는 선언을 받아냈다. 그리고
"관용적이고 무법적 사회는 사회주의의 부산물이다"[주 10]라고 덤으로 덧
붙이면서 또 하나의 깜짝 놀랄 만한 수렴을 초래했다. "이 법과 질서의

---

1  피터 헤인은 10대에 남아프리카공화국에서 영국으로 건너와 1970년대 반아파르트헤이드 운
   동으로 유명해진 인물이다. 남아프리카공화국에서 부모의 반인종주의 활동 때문에 탄압을 받
   아 삶의 기반을 잃자 1966년 영국으로 이주했으며, 이듬해 17세의 나이로 아파르트헤이드
   반대 운동에 뛰어들었다. 특히 스프링복스 크리킷 순회 경기 저지 운동단체인 1970년 투어
   저지 운동에서 의장을 맡아 반대 운동을 이끌면서 유명인사가 되었다. 그는 나중에 정치에
   입문해 노동당 내각의 주요 장관직을 역임하는 등 유력한 정치인으로 변신했다. ㅡ 역주
2  웨일즈언어협회는 웨일즈인의 권리를 옹호하고 문화적 정체성 수호를 위해 활동한 압력단체
   이다. 1962년에 창설되어 도로 표지판의 이중언어 표기, 웨일즈어 공용어화, 웨일즈어 텔레
   비전 채널 도입 등을 위해 적극적인 운동을 펼쳤다. ㅡ 역주

문제들은 이 나라의 거의 모든 사람에게 엄청난 관심사다"라고 히드 씨는
〈파노라마(Panorama)〉에 출연해 수용자에게 말했다. 아니면 이들의 친구들
이 약간만 도와준다면 곧 그렇게 될 것이다. 헤일셤 경은 이렇게 덧붙였
다. "이 주제는 시민이 자기 집에서 처자식과 함께 지낼 때, 길거리를 돌
아다닐 때, 여흥을 즐기는 장소에 참석할 때 … 가족과 노년을 위해 사기
당하지 않고 재산을 모으려 할 때, 일하고 놀고 투표할 때 겪는 안전의
문제다."[주 12]

　가장 신중한 평론가조차도 점점 고조되는, 그리고 종종 세심하게 조
장된 집단 히스테리라고 묘사할 수밖에 없는 이러한 분위기에서 워릭대
학교 학생들이 행정 건물을 점거하고 이 '학자 공동체'가 학생에 관해 기
록해둔 개인적, 정치적 파일을 열람하기 시작한 사건이 터졌다. 그리고
한 무리의 캠브리지대학교 학생들은 가든 하우스 호텔에서 그리스 대령
들의 [쿠데타] 성공을 축하하기 위해 열리고 있던 사적인 저녁 모임에서
소란을 피워 중단시켰다. 학생 시위의 이러한 부활은 히드 씨가 대중주의
십자군을 구축하는 데 벽돌 한두 장은 더 보탤 수 있게 했다. 히드 씨는
연설에서 셀즈던인의 두 가지 위대한 주제를 강력하게 짝지으면서 권위
(노조, 대학, 정부) 대 무질서(파업, 농성)의 전 지형을 자세히 검토했다. "거대
한 공장, 철도, 공항이 파업 행위에 의해 멈춰 섰습니다 … 위대한 배움
의 전당이 … 소란을 일으킨 학생들에 의해 중단되었습니다." 그렇지만
이 둘 다 어떤 정치적이고 실로 선거 차원의 결론으로 모아졌다. "우리는
[즉 보수당은] 호구들의 나라가 되지 않을 것입니다."[주 13] 바로 이것이야
말로 히드 씨가 진짜 실행하고자 한 위협이었다.

　그해 초 포웰 씨는 위기의 다른 핵심 기표를 다시 떠올렸다. 그해 4월
에 포웰 씨는 임금 인상을 요구하며 파업 중인 교사들을 "법과 질서의 구
조를 위협하는 노상강탈범"[주 14]이라고 불렀다. 선거 일주일 전 버밍엄의
노스필드(Northfield)에서는 "내부의 보이지 않는 적"에 관해 경고하면서 대
학을 '파괴하고' 도시를 '공포에 빠뜨리고' 정부를 '무너뜨리는' 학생들을
지목했다. 정부를 '전율'에 빠뜨리는 폭도의 '현대적 형태'—시위—의

위력에 대해서도 경고했다. "의도적으로 무질서 그 자체를 위해 선동된 무질서"가 북아일랜드 민간 정부를 거의 무너뜨리는 데 성공한 사건, "일부에서는 의도적인 목적이 전혀 없지는 않아 보이는데" 이 나라에서 "또 다른 종류"(즉 인종)의 "가연물질"을 축적한 사건이 그 예다. 남아프리카공화국 크리킷 순회 경기에 반대하는 반아파르트헤이드 운동에 정부가 굴복한 사례도 지목했다. "조직화된 무질서와 아나키스트적 세뇌의 이 특정한 승리가 총선 캠페인 시작과 시기가 일치한 것은 다행스러운 우연이었을 수도 있다. 많은 사람이 보기에 이 때문에 위장막이 벗겨졌다. 처음으로 사람들은 적과 그 권력의 실체를 직시하게 되었다."[주 15] 그 주 초 울버햄튼(Wolverhampton)에서 포웰 씨는 이민자 숫자가 너무나 일관되게 과소집계 되었다면서 "외무부야말로 이 나라의 적이 침투한 유일한 정부 부서가 아닐까 하는 의심이 들기 시작한다"라고 암시했다. 그가 어떻게 서로 어울리지 않는 주제들을 잘 끼워 맞추는지, 전복과 모반을 모호하게 암시하면서 조직화된 무질서와 '내부의 적'이라는 전형적 주제를 어떻게 활용해 무정부 상태라는 필연적 결과를 국가 자체의 수준으로 격상시키는지 여기서 반복해 설명할 필요는 없다. 그렇지만 **인종** 문제가 포웰 씨의 새로운 시나리오에서 어떻게 더 높은 수준에서 주제화되었는지는 주목할 필요가 있다. 포웰 씨가 노스필드에서 주장한 바에 따르면 문제는 의도적으로 "인종이라는 잘못된 이름으로 불렸다." 인종은 사람들에게 실체를 감추고 혼란을 주는 데 사용되었다. 진짜 표적은 정부와 미디어 내부에 도사린 거대한 자유주의의 음모였는데, 바로 이들이 평범한 사람들을 인질로 잡고, '인종주의자'라 불릴까 봐 두려워 진실을 말하기 꺼리게 유도하며 "글자 그대로 검은색을 흰색이라 말하게 한다"라는 것이다. 바로 인종이었다. 그러나 이제 인종은 "표면적으로 얼토당토않은 일을 반복해 세뇌시키는 이 과정"의 축이자 "사람들에게서 지혜를 빼앗고 자신이 옳다고 생각한 일이 그릇된 것이라고 확신하게 해주는" 비밀병기였다. 요컨대 인종은 말 없는 다수를 향한 침묵과 협박의 공모에서 일부라는 것이었다. 이러한 방향의 공격이 갖고 있는 철저한 대중주의는 사람들의 귀를 솔깃하게 했는데, 특히 서부 미들랜즈에 있는 포웰 씨의 텃밭에서 더욱 그랬다.

　　이 두 연설에서 포웰 씨의 예리한 레토릭은 바로 '적과 그 권력', 유일한 적, 그 공범, '자유주의적 대의의 음모', 음모의 강경한 중심부와 그 나약하고 얼빠지고 현혹된 주변부 등을 중심으로 움직였다. 이 '적'의 모습이 정확히 어떠한지 질문하는 것은 쓸데없는 짓이었다. 요점은 바로 이 적을 마음대로 바꿀 수 있다는 데에 있었다. 어디에나 존재할 수도 있고 사실 어디에도 없는 것처럼 보이기도 했다. "우리나라와 사회의 실질적인 파괴를 노리는 세력에 의해" 이 나라의 존립이 위협받고 공격에 처했는데, 이 위협은 독일 제국이 초대형 드레드노트 전함을 건조하고 있었을 때만큼이나 확실했다. 그런데도 이 나라는 계속해서 "적을 기갑 사단이나 항공 편대의 모습으로만 상상하는" 오류를 범했다. 적은 어디에나 존재하고, 더러는 "학생들의 모습으로", 더러는 얼스터 지역에서 "권력의 도구로서 무질서 자체를 위해 의도적으로 선동된 무질서" 형태로 아마도 정부 자체의 바로 심장부에서도 존재한다는 사실을 이 나라는 깨닫지 못했다. [주 16] '적'을 국가적 삶의 구석구석과 모든 측면에까지 퍼뜨리고 동시에 자유자재로 변신하는 적의 모습을 '내부의 음모'라는 단일한 유령으로 압축해서 정수화하면서, 포웰 씨는 늘 그랬듯이 비범한 수완으로 어떤 핵심적인 시간적 계기에서 일반화한 국가적 공황과 대중주의의 조직적 십자군이 전개하는 운동의 본질을 '법과 질서의 수호자'라는 이데올로기적 형상으로 압축했다. 물론 1970년 상반기에 이 문제에 관해 포웰 씨처럼 포괄적인 준거의 범위와 위력을 발휘한 연사가 없었던 것은 사실이다. 하지만 포웰 씨는 보수당 그림자 내각 지도부 안팎에서 수많은 사람이 기여한 과정에 결론을 내려주었을 따름이며, '말 없는 다수'의 수많은 평범한 구성원이 그 공포스러운 몇 달의 시간 동안 생각하고 느끼고 촉구하던 것을 구체적으로 표현했음을 아주 중요한 사항으로 유념할 필요가 있다. '법과 질서형' 사회의 탄생을 포웰 씨 탓으로만 돌리는 것은 전적으로 잘못된 일일 것이다. 이러한 사회의 출현을 도운 산파는 더 많고 다양했다. 포웰 씨는 단지 놀랄 정도로 화려한 레토릭 구사로 그러한 사회의 등장에 경의

를 표하고 지옥의 업화로 그 존재를 최종 공인해주었을 뿐이다

　　선거 전의 주말이었다. 이 문제에 관해 전혀 동요하는 기미가 없던 윌 슨 씨는 여전히 노동당이 승리할 수 있을 것이라는 환상을 품고 있었다. …

　　1970년 6월 선거는 공식적으로 추가 기울어지고 위치가 뒤바뀌고, '정치 형태의 연극'이 공식적으로 무대에 등장하며, 대립적 계급 간의 세력 관계가 엄청나게 이동하게 된 계기였다. 따라서 이전에 더 심층적 수준에서 시작된 국가 내의 동의와 강제 간 균형의 변화도 나타났다. '헤게 모니 지배'의 특성에서 일어난 이 변화, 혹은 더 적합하게는 1970년 이후 질적으로 새로운 양상을 띠는 헤게모니의 위기의 심화를 간과해서도 안되고, 그 구체적 특징을 잘못 해독하거나 단순화해서도 안 된다.

　　자기 수중에 있는 노동조합 운동의 동의를 얻어 통치한다면 보수당 은 할 수 없는 '자발적 동의에 의한' 규율을 자신은 너끈히 해낼 수 있을 것이라는 의회주의적 환상을 노동당은 갖고 있었다. 보수당은 상황을 더 잘 간파했는데, 부분적으로는 이 옵션이 자신에게는 열려있지 않았기 때문이다. 그러나 각 정당이 선호하는 정치 시각과 사회적 동맹 구성에서의 중요한 차이에 현혹되어 대략 1967년 이후로는 국가가 **구조적으로** 노동운동, 노동계급과 충돌하는 길로 치닫고 있었다는 사실을 간과해서는 안 된다. 이 점은 국가가 어떤 색깔을 띠든, 연성이냐 아니면 강성의 모습을 했든 변함이 없었다.

　　이 점은 6월 선거를 기점으로 하는 이행에서 역설적 특징처럼 보이는 부분으로 이어진다. 선거 자체가 거의 막바지에 이를 때까지 보수당의 재집권 운동은 법과 질서 캠페인이 주도했다. 그렇지만 그 직전 영국 선거 정치의 전통적 이슈들이―인플레이션, 물가, 경제, 임금 등―다시 부각되었다. 선거 자체는 결국 좀 더 합리적이고 차분하고 이성적이며 무난한 기준에 따라 결정되는 것처럼 **보인다**. 선거 전의 '공포' 분위기가 갑자기 좀 더 안정된 선거 이슈로 바뀌고, 막상 선거가 끝나고 나면 '공황'이 사소한 것이었던 듯한 적이 이번이 처음도 아니고 결코 마지막도 아니다. 그렇다면 법과 질서의 고조 전체가 단지 '빈 수레가 요란할 뿐 아무런 의

미도 없는 것'이었는가? 〈선데이 타임스〉의 휴고 영(Hugo Young)이 지적했
듯이 보수당의 선언은 모든 방식의 위협에서의 '일반적 해방'을 제시했지
만 "셀즈던 파크에서 벌인 요란한 허풍에서의 후퇴임에 분명"[주 17]했다는
점도 사실이다. 제기된 위험의 현실과 위험을 지각하고 치유책을 제안하
는 방식의 일반성 사이에 존재하는 큰 간극은 도덕 공황의 한 특징이다.
도덕 공황은 바로 그러한 신뢰성의 격차를 기반으로 자라나기 때문이다.
하지만 다시 집권한 정권이 어떤 신속하고도 단호한 '법과 질서'식 조치
도 취하지 않은 것은 사실이다. 히드 씨처럼 정의에 넘치는 분개자들이
최고 지도자 자리에 오르고, 포웰 씨 같은 근본주의의 사도는 야당석으로
물러나고, 헤일셤 경 같은 도덕 재무장론자는 가발과 관복 차림으로 상원
의장 석에 다가가게 되자, 저 막장 같은 사건 전체가 알고 보니 당 지지
자들의 마음을 행복하게 해주려는 봄날의 막간 여흥에 불과했음은 상상
하기 어렵지 않았다.

　　이 점은 기만적일 수도 있다. 첫째, 영국식 경로의 '특이성'을 기억
해야 한다. 다른 나라에서는 단번에 극적으로 해치우는 일을 영국인들은
부드럽게 부드럽게 실용적으로 조금씩 하는 경향이 있다는 것이다. 영국
이 자신만의 '1968년'에 다소 조심스럽게 다가갔듯이 지금은 조금씩 '법
과 질서'의 분위기를 향해 때로는 전진했다가 때로는 후퇴하며 게처럼 움
직여 비스듬히 아메겟돈 속으로 다가갔다. 둘째, 반응의 **속도**는 늦춰지지
**않는다**. 오히려 빨라지는데, 더 의미심장하게는 방향과 성격이 바뀐다. 이
두 번째 시기에는 **모든** 갈등 이슈가 통제의 위계를 거슬러 올라가 국가
기구 수준에까지 정규적이고 즉각적인 상승작용을 일으키기 시작한다. 여
기서 각 이슈는 정치, 정부, 법원, 경찰 혹은 법 기구에 의해 즉시 전유된
다. 1월 이전에는 상승 나선을 그리던 운동이 — 지역 차원에서 당국에게
억압 강화를 촉구하던 십자군 운동이 — 1970년 중반의 전환점 후에는 자
동적이고 즉각적인 협공 운동으로 바뀐다. 즉 대중적인 도덕적 압력이 아
래에서 가해지고, 위로부터는 억제와 통제의 움직임이 **동시에 발생한다.**
국가 자체도 가동되어 어떤 수많은 모습으로 위장했을지도 모르는 '적'의

등장에 촉각을 곤두세웠다. 억압적 대응도 대기 상태로 있다가 재빨리 진입하고 법을 통해 공식적으로 경찰, 행정 규제, 공적 비난을 동원하며, 이 모든 것이 점점 더 빠른 속도로 이루어진다. 이 양상이 바로 완만한 '통제로의 이행'이란 표현으로 우리가 의미한 내용으로서, 국가 통제와 억압 기구에서 일어나는 일종의 **봉쇄**를 향한 움직임이다. 1970년 6월 이후 시기에 헤게모니 통제의 관리에서 결정적인 메커니즘은 정규적으로 그리고 관행적으로 작동하는 제약 기구에 근거한다. 세력 균형과 세력 관계에서의 이 질적인 **이동**은 심층적인 변화로서 정부위원회의 온건과 후퇴, 책임, 합리성 등 그 어떤 상징적 기호이든 한순간도 이를 은폐할 수 없다.

무엇보다 (그리고 억압의 일상화를 촉진하는 것 외에) 1970년의 법과 질서 캠페인은 심각한 위기 상황에 처한 헤게모니의 수호에 남은 **주된** 그리고 실로 유일한 효과적 수단으로 법, 억제, 성문법적 권력에 대한 의존을 정당화하는 압도적인 한 가지 결과를 초래했다. 이 운동은 강도를 높여서 국가 권력의 억압적 측면이 다방면으로 행사되는 데에 사회가 익숙해지도록 준비시켰다. 그리고 통제의 이러한 일상 관행화를 정상적이고 자연스럽고 따라서 정당하고 불가피한 것처럼 만들었다. 중요한 갈등 영역에서 국가 자체가 '전투에 나설' 의무에 대해 정당성도 부여했다. 첫 번째 표적은 포웰 씨가 말한 "조직화된 무질서와 아나키스트의 세뇌" 세력이었다. 이후 몇 달 동안 국가의 억압적 측면이 최고의 강경함으로 이 아나키스트적 무질서의 구역을 공개적으로, 체계적으로 공략했다. 그러나 이보다 덜 명확하긴 하지만 국가는 허가받은 전투에 나서면서 언뜻 보기에 아나키스트적 무질서라는 적과 요원해 보이는 영역에서도 '보상'을 받았다. 즉 시위자, 범죄자, 농성자, 마약 중독자뿐 아니라 노동계급 자체의 견고한 부대까지도 규율하고 억제하고 강제하고 법과 질서의 틀 안에 끌어 들이려는 시도가 이제 힘을 얻는다. 이 완강하게 버티는 계급—혹은 적어도 그 무질서한 소수—역시 '질서'에 예속시켜야 했다. 만일 여기서 우리의 관심사가 단순히 일시적인 '국가의 음모'를 폭로하는 일이 아니고 더 심층적이고 구조적인 운동이라면, 모든 현상 형태 배후에서 1970년

1월의 공식적인 법과 질서 캠페인 시작과 12월 말의 노사관계법안 출판을 **연결해주는** 것이 정확히 무엇인지 이해하는 일은 대단히 중요하다.

선거 전 기간에 보수당을 실제로 결집시킨 부분은 무질서의 레토릭이라기보다는 좀 더 전통적인 표현으로 '강경할 필요성', 굴복하지 않고 정부의 **권위**를 회복할 필요성을 강조한 것이다. 이 국가적 결속과 권위라는 주제는 좀 더 부정적인 '법과 질서'라는 주제에 긴요한 긍정적 면모를 부여했다. 선거 바로 직전 히드 씨는 다음과 같이 단언하면서 유권자층에게 접근했다. "보수당은 한 나라의 정당입니다. … 다음 보수당 정부는 … 정직한 정부와 건전한 정책으로 나라의 결속을 수호할 것입니다." 목표는 히드 정부가 가장 잘 구현하고 표현한 대로 일군의 공통된―그리고 온건한―목적들을 중심으로 이 나라가 결속되어 있음을 재확인하는 것이었다. 이 '나라의 노동조합' 바깥에 있는 모든 사람은 '극단주의자'로 낙인찍혔다. 농성자와 시위자 등 소수의 행동은 이 경향을 가장 생생하게 구현했다. 그러나 부두 노동자, 광부, 지역 당국의 육체 노동자, 전기 공급 노동자, 청소부 등으로부터 줄줄이 이어진 임금 인상 요구는 새 정부에 엄청난 타격을 입혔는데, 이처럼 점점 거세지는 노동계급 전투성의 '극단주의'는 의심의 여지없이 더 크고 뿌리 깊은 추세였다. 이 극단주의는 곧 새 히드 정부의 경제 전략을 위협했다. 정부의 권위에도 직접 도전했고, 1968년 5월의 망령이 내각 각료들의 집단 정신에서 아직 채 가시지 않은 상태에서 치명적인 '학생―노동자' 동맹의 가능성에 대한 공포도 일깨웠다. 결국 정부의 '법과 질서' 캠페인은 바로 이 측면을 겨냥했다. 취임 후 6주 이내에 신임 고용부 장관인 로버트 카 씨는 임금 인상 요구를 놓고 파업 행동에 직면한 고용주들을 정부가 지원할 것이라고 영국산업연합에 밝혔다. 재무장관 앤소니 바버(Anthony Barber) 씨는 전국노동조합연맹에 분명하게 말했다. "꾸준하고 점진적으로 냉정을 찾아야 합니다. 이제부터 고용주도 단호한 태도를 보여야 합니다."[주 18] 카 씨는 그리고는 결국 노동조합도 책임 있는 기관이니 이 땅의 법을 서슴없이 어기며 행동하지는 않을 것이라는 위안이 되는 생각으로 노사관계법안의 골자를 설

명했다. 법적 제재는 드문 사례에서만 고려하고 있으며, 개인들이 소속
노조의 통제와 권위를 벗어나 행동했을 때에만 개인의 배상 책임이 제기
될 것이라는 생각도 내비쳤다.

　　이처럼 계급 투쟁에 법적 쐐기의 날카로운 면모를 적용한 조치는 미
디어의 압도적 지지를 받았는데, 예를 들면 (지금까지 가장 세밀하게 살펴본 두
신문을 들자면) 〈선데이 익스프레스〉와 〈선데이 타임스〉가 그랬다. 전자는
특유의 집요하고 본능적인 방식으로 표현했고, 후자는 특유의 좀 더 차분
하고 합리적 목소리로 지지를 드러냈다. 두 신문은 노사 분규에 대한 정
부의 모범적인 '설명'에 수긍했다. 〈선데이 익스프레스〉는 부두, 필킹턴
(Pilkington) 같은 유리 공장, 갱도 입구 등 모든 파업의 바탕에 있는 붉은
강성파와 '외부 강성파'(suitcase militants)의 개입을 집요하게 찾아낸 반면,
〈선데이 타임스〉는 노사관계법안의 출판 후 조용히 그러나 단호하게 사
설로 법안에 무게감을 실어주었고 이제는 빠르게 수용되는 정치 교의의
음모론적 버전에 완전하게 의견일치를 보이는 식으로 지지했다. "인플레
이션의 주범이자 법안의 주 표적인 강성분자들의 정체는 이제 백일하에
밝혀졌다."[주 19]

　　위에서 주도한 '법과 질서' 캠페인, 내각 자체의 심장부로부터 노동
계급을 겨냥한 법적 장치 강화, 미디어를 통해 영국의 '골칫거리'에 대한
음모론적 해석의 꾸준한 확산, 현장의 잠재적으로 무질서한 표적을 겨냥
한 느리지만 확실한 통제의 상승작용 등이 결합해 발생하는 효과를 정확
히 측정하는 것은 강제의 셈법에서는 어렵다. 서로 보조를 맞춰 캠페인이
전개되었다는 증거는 없지만 전반적 궤도는 틀림이 없다.

　　그해 7월 멜포드 스티븐슨(Melford Stevenson) 판사는 캠브리지의 가든
하우스 호텔에서 그리스 대령들 반대 시위를 벌인 혐의로 기소된 캠브리
지대학교 학생 중 6명에게 9개월에서 18개월 사이의 형을 내리고 두 명
에게는 보스탈 구류소 수감을 선고했다. 이는 '법과 질서' 캠페인의 중점
사항 중 하나인 정치 시위에 대해 강경한 법적 제재가 작동한 첫 번째 사
례다. 이 조치의 시사점은 그리 상서롭지 못했다. 400명의 시위 참가자

중 (학생감의 도움을 받아) 60명의 신분이 확인되었지만 대표적이고 시범적인 15명만 기소되었다. 이들에게 제기된 혐의는 재판에 이르는 기간 동안 점점 더 위중해졌다. 배심원은 어떤 구체적인 불법 행위를 입증할 수 있는 사람만 유죄 평결을 내렸지만, 첫 번째 유죄 평결을 받은 범행자들은 영리하게도 즉시 수감시켜 버렸다.[주 20] 피고 측 변호사 중 한 명인 스티븐 세들리(Stephen Sedley)는 항소심 패소 후 이렇게 썼다.

> 경찰과 검찰(DPP)3은 스스로 법과 질서에 위협이 된다고 믿는 사람들 — 시위자, 블랙 파워 행동가, 농성자, 학생 — 을 법원을 통해 점차 강경하게 처벌하는 이 추세에 고무되었다. 이처럼 정치적 동기가 작용한 기소 추세는 뚜렷하게 증가세를 보였다. 1970년은 지금까지 본 것 중 최고점이었으며 아마 더 최악도 다가올 것 같다.[주 21]

세들리가 '블랙 파워 행동가'와 법을 언급한 것은 결코 별생각 없이 뱉은 곁가지는 아니었다. 미국으로부터의 뉴스가 꾸준하게 터지면서 영국에서 블랙 파워의 전투성도 가열되었음에 틀림없다. 그러나 인종 문제의 온도가 상승하는 데는 바다 건너로부터의 에너지 주입도 필요 없었다. 그리고 1970년 후반 흑백관계의 심각한 악화가 다시 자극적인 신문 기사 제목으로 떠오른 것은 단순한 모방 과정이 전혀 아니었다. 앞서 살펴보았듯이 이러한 관계 악화는 전혀 새로운 일이 아니었다. **새로운 것은** 전반적인 인종관계 위기가 이제는 거의 예외없이 흑인 공동체와 경찰 간의 충돌이란 특정한 형태를 띠었다는 점이다. 이처럼 악화하는 상황에 관한 존 램버트의 사려 깊은 조사가 1970년에 출간되었다.[주 22] 그 뒤에는 데릭 험프리의 세심하면서도 풍부한 자료에 근거했으며 신랄한 설명을 담은 〈경찰 권력과 흑인〉이 출간되었다. 이 책은 양자의 충돌이 갑자기 가파르게 증가해 1970년 여름 정점에 도달했으며, 1971년과 1972년에도 계속

---

3　DPP(Director of Public Prosecutions)는 잉글랜드와 웨일즈의 가장 고위직 검사다. 검찰총장에 의해 임명되며 Crown Prosecution Office의 수장이다. — 역주

증가 곡선을 그렸음을 명쾌하게 입증했다. 1970년 6월에 설립된 리버풀 공동체 위원회에는 거의 즉시 경찰의 괴롭힘에 관한 흑인의 불만 접수가 넘쳐났다. 이 주제에 관해 머시사이드 라디오(Radio Merseyside)가 제작한 한 시간짜리 프로그램은 "특히 도심에 소재한 어떤 경찰서에서는 가혹 행위, 마약범 조작, 소수집단 괴롭힘이 정기적으로 발생하고 있다"라는 사실을 언급했는데도 지역 경찰 측의 진지한 해명없이 유야무야됐다.[주 24] 8월에는 특히 리즈와 마이다 베일(Maida Vale), 칼레도니언 로드(Caledonian Road) 역에서 흑인과 경찰 사이의 충돌이 일어났다. 노팅힐은 전투가 계속 되는 현장으로 바뀌었다. 경찰은 맹그로브 레스토랑(Mangrove Restaurant)을 거듭해서 급습했는데 — 어느 경관이 법정에서 진술하기로는 — "내가 아는 한" 이곳이 "블랙 파워 운동"의 본거지이기 때문이라고 했다(법정에서 블랙 파워가 무엇인지 아는가 하는 질문에 대해 이 경찰은 이렇게 답변했다. "블랙 파워가 무엇인지 대략 압니다. 이 나라에서 아주 전투적으로 나가기로 계획된 운동이지요." 그것으로 충분한 듯했다).

그해 10월 영국 블랙 팬더는 자신들이 보기에 "흑인 강성파를 '하나씩 처치'하고", "길거리에 나서 시위할 태세가 보이는 흑인을 협박하고 괴롭히고 투옥시키기 위한" 의식적인 작전에 불만을 표하기 위해 회담을 소집했다. 런던광역경찰청은 이 혐의를 부정했다. 그러나 험프리가 논평하듯이 "경찰청 홍보실의 칭송할 만한 고결함은 상황의 현실과 부합하지 않는다."[주 25] 압력은 그칠 줄 몰랐다.

마찬가지로 불길한 움직임이 입법부와 법원 영역에서도 진행 중이었다. 치안 불안에 대한 보수당의 관심 때문에 그림자 내각은 미래의 검찰총장인 피터 롤린슨 경(Sir Peter Rawlinson)을 위촉해 "시위자의 과도한 행위와 싸우기 위한" 새로운 '불법 침입' 규제법을 구상하도록 했다.[주 26] 롤린슨 경이 맡은 이 임무를 부러워할 법조인은 거의 없었다. 그러나 롤린슨 경의 시도가 실패할 것임을 예견할 수 있었다면 적어도 몇몇은 그에게 행운을 빌어주었을지 모르겠다. 불법 침입법 개정은 이 경우 분명히 피터 헤인과 그의 반남아프리카공화국 시위자 활동 저지뿐 아니라 점거 농성 캠페인이

사우스워크(Southwark)와 런던 남동부 다른 지역으로 급속히 확산하면서 이 조항이 악용되는 것을 막기 위한 법적 제어책 마련이란 취지에서 시작되었다. 하지만 이 법 조항 개정 시도는 실패했지만 정부의 결심은 전혀 흔들림이 없었다.[주 27] 그 대신 정부의 결심은 오히려 확고해지고 적용 **범위도 확장되었다**. 뒤이어 고대의 음모법이 부활되어 그 후 2−3년간 저항운동과 강성 노조 활동에 결국 부과되고 마는 법적 강제의 주 형태가 되는데, 이는 이 첫 단계에서 대안적인 "정부 차원의 [법적] 동력" 마련이 대체로 실패한 데서 직접 비롯한 결과였다. 1970년 한 해 동안 '불법적인 폭동성 집회'라는 고대의 관습법적 혐의 조항을 부활시킨 조치는 '법과 질서' 캠페인에 첫 정치적 속죄양을 마련해준 셈이다. 가든 하우스 재판이 표적으로 삼은 캠브리지 대학생들이 바로 이 속죄양이었다.

하지만 만약 이 시각에서 볼 때 '가든 하우스'가 그해에 가장 불길한 재판이었다면, '법과 질서'는 다음 기사가 예시해주듯이 법정에서 또 다른 덜 정치적인 의미도 지녔다. "억제적 판결은 범죄자에 맞추려는 취지가 아니다. 범죄에 맞춘 것이다"라고 월요일 항소심에서 존 애시워스(John Ashworth) 판사는 말했다. "억제적 판결을 내릴 때 각 개인의 배경을 살펴보는 것은 쓸데없는 일이다"라며 대법원 부원장4인 휴버트 파커 경(Lord Hubert Parker)은 공감했다. 이 발언을 염두에 둔 채 판사들은 패싸움에 연루된 18명의 버밍엄 청년에게 똑같이 3년 형을 확정했다. 이 중 세 명은 전과가 없었고, 무기를 소지한 것으로 밝혀진 사람은 아무도 없었으며, 경찰이 주모자 검거에 실패했음을 인정했다는 사실도 참작되지 않았다. 아마도 가장 중요한 점으로는 청년 중 한 명이 싸움 전 한 달 동안 정신과 치료를 받고 있었다는 사실이다.[주 28]

1970년의 모든 사건이 '법'의 문턱을 넘어가고 있었다면, 일부 논평

---

4  이 직책은 원래 영국 사법부에서 정치적 임명직인 Lord Chancellor 다음의 고위직이었다. 대법원에서 서열상 2인자일 뿐 아니라 형사 재판 부분을 모두 책임지는 자리이기도 했다. 2005년 헌정개혁법(Constitutional Reform Act) 도입으로 Lord Chancellor 직책에서 사법부 수장 기능이 폐지됨에 따라 이 직책은 영국 사법부의 최고위직이 되었다. ─ 역주

가들은 1970년대를 점차 지배하게 되는 또 다른 문턱, 즉 폭력의 문턱을 이미 지목하고 있었다. "이 폭력의 세계에서 누가 안전한가?"라는 질문을 던지면서 앵거스 모드는 지금 우리가 '새로운 폭력의 세상'에서 살고 있다는 그의 명제를 입증하기 위해 바로 주변 세상의 예를 열거했다. 예컨대 하원에 최루탄 두 발을 투척한 사건, 미국 의회에서 푸에르토리코인들이 소형 기관총을 '난사한' 사건, 가든 하우스 폭동, 얼스터의 버나뎃 데블린, 남아프리카공화국 크리킷 순회 경기 저지, "남미에서 서구 국가 대사들에 대한 연쇄 기내 폭행과 납치" 등을 들 수 있다.[주 29] 폭력은 "너무나 흔히" "나약한 소수파"가 "다수파를 협박하기" 위해 사용하는 자기 영속적인 정신 질환이라고 모드 씨는 덧붙였다. 1970년에는 불행히도 아직 너무나 말이 없는 다수의 이름으로 국가는 몸소 준비해 반격에 나섰다.

## ▌1971-2년: 법의 동원

히드 정부는 자본주의 위기 관리에서 '새로운 경로'를 시작했다. 이 경로는 윌슨 식의 '자발적 억제' 전략과 뚜렷하게 구별되는 것이었고, 금융, 산업 부르주아의 확고한 중도보다는 보수당 내에서 싹트던 원시적 정서에 훨씬 더 맞춘 것이었다. 영국의 위기에 대한 '최종적 해결책'을 노린 모험주의적 노선이었다. 본질적으로 이 경로는 세 가지 가닥으로 되어 있었다. 첫 번째는 영국 자본주의가 확고하고 돌이킬 수 없이 유럽 통합 노선에 매진하고, 이에 따라 윌슨의 대외 경제 정책에서 시급적이 된 미국과의 '특별한 관계'와 어느 정도 거리를 유지하는 것이었다.[주 30] 두 번째는 영국 자본주의의 국내 경제 전략이었다. 여기서 히드 씨는 강경하면서 거친 공격 노선을 계획했다. 노동당은 산업재편기구를 통해 합병과 독점 유도 정책으로 좀 더 효율적이고 경쟁력 있는 경제적 거대 기업을 탄생시키려 했다. 히드의 시각에서 볼 때 이 정책은 취약하고 경쟁력이 떨어지는 부문을 보호하는 역할만 했을 뿐이다. 시장의 힘을 자유롭게 풀어놓아 궂은 역할을 해내도록 해야 한다고 히드 씨는 믿었다. (히드 정책의 이 측면을 대변하는 도구 구실을 한 무역·산업부 장관 존 데이비스John Davies 씨가 어퍼 클라이드 조선소Upper Clyde Shipbuilders 논쟁에서 아주 명쾌하게 진술했듯이) "도움이 필요 없고 자기 이익을 보살필 능력이 있으며 그렇게 할 자유만을 요구하는 … 절대다수"가 선두에 나서 생산적으로 확장할 수 있도록, 필요하다면 '레임덕'은 파산과 청산에 처하도록 해야 한다.[주 31] 1960년대 전 기간 동안 경제 전략의 핵심이던 자본, 노동, 국가 간의 정교한 '조화' 메커니즘 전체를 포기하고 만일 가능하다면 해체해야 한다는 뜻이었다. 신구를 막론하고 자본의 정치적 이익 관리자들은 1960년대 내내 다우닝 가를 들락거리면서 이미 많은 시간을 투자했는데, 이들에게는 경악스럽고 유감스러운 일이지만 히드 씨는 전국노동조합연맹이든 영국산업연합이든 공개적인 협상장에서 만나지 않았다. 양자가 다시 공개적으로 만나게 된 것은 1972년 중반 개작된 자유방임주의 철학으로의 회귀가 안 좋은 방향으로 표류하기 시작할 무렵이었다. 〈더 타임스〉, 영국산업연합, 국가경제발전위원회, 프레드 캐서우드(Fred Catherwood),5 프랭크 피게리스 경(Sir Frank Figgueres)6 같은 저명인사, 수많은 중앙 경제 부처 공무원, 〈파이낸셜 타임스〉, 영국은행(Bank of England), 심지어 레지널드 모들링 같은 히드 자신의 내각 구성원까지도 입을 떡 벌리고 경악하는 동안, 후기 자본주의의 경제 풍토 관리를 위해 국가가 나서 추진했던 중심적인 제도적 연결고리들이 잠정적으로 스스로 '청산되도록' 방치되었다. 그 대신 어떤 인플레이션의 대가를 치르든 상관없이 성장을 위한 무모하고 마지막 순간의 안간힘에 가까운 조치로 히드 씨는 계획 기구 전체의 해체를 공언하면서 규제 철폐를 시작했다. 그러나 (전후 번영의 짧은 간막극이 끝나고 난 후에는) 자발적 억제 전략이야말로 임금과 이윤에 대한 압력과 노동계급의 정치적 요구를 다스

5　프레드 케서우드(1925-2014)는 보수당 정치인이자 작가다. 1962년 출범한 국가경제발전위원회의 사무총장을 지냈고, 이후에도 경제부 수석 고문 등 여러 경제 관련 기관의 고위직과 유럽의회 의원, 부의장 등을 역임했다. ─역주
6　프랭크 피게리스(1910-1990)는 영국의 공무원으로 1960년에서 1965년 사이에는 유럽자유무역협회(European Free Trade Association) 사무총장으로 유럽과의 경제 협력 촉진을 위한 활동에 종사했다. ─역주

리는 주된 수단이었다. 이제 무엇으로 노동을 억제할 수 있겠는가? 이는 세 번째 갈래로 이어진다. 여기서는 실업, 인플레이션, 물가 상승, 통화 공급 확대가 퍼져나가도록 허용하는 방식으로 노동의 경제적 압력을 억제해야 한다는 것이다. 그러나 무엇보다 **법으로** 노동의 규율을 유지하는 일이 시급했다. 이는 노사관계의 장에서 법원과 벌금의 힘으로 법적 제약의 엄격한 틀을 적용한다는 것인데, 피켓 시위에 대한 공격, 필요하다면 몇몇 본보기성 체포 같은 조치가 여기에 속한다. 이처럼 강제적 노동 규제 진입의 기반을 마련하려면 '단호한 정부'의 강경하고 잔혹한 시범이 있어야 할 것이다. 최후의 수단으로는 한두 차례의 전략적 대결까지 감수해야 한다. 조직화된 노동에는 두 부문이 최전선에 버티고 있었는데, 전력 노동자와 우체국 노동자였다. 이 중 어떤 것이든 시범 사례로 삼아야 할 것이다.

이 정책 노선은 위험도가 높은 전략이었다. 이 때문에 지배계급 내에서 〈더 타임스〉처럼 좀 더 조심스러운 목소리는 히드 씨가 "우리가 지금까지 겪어본 최고이자 최악의 보수당 수장"이 될 팔자라는 역설적 판단을 내렸다.[주 32] 그 후 히드 씨는 입장을 변경해 정반대 노선으로 전환했고, 1974년 이후 윌슨과 캘러헌 정부에서는 '사회계약 체결' 노선으로 이르는 등 노선 전환과 변경이 이루어졌다. 이러한 이후의 사건들로 미루어 보면 히드의 노선은 취약한 영국 자본주의에 필요한 부류의 국가, 정부 전략과는 근본적으로 맞지 않음을 짐작할 수 있다. 히드의 이 노선이 초래한 경제적, 정치적 결과 모두 자본에게는 대참사였음이 곧 드러났다. 자신의 다소 취약한 사회적 토대를 공고화하기 위해 히드는 대규모 세금 감면을 제공해줄 수밖에 없었다. 물가도 '단번에' 낮추지 못했고, 실로 이 기간 동안 인플레이션은 격렬한 속도로 증가하기 시작했다. 소망하던 생산력 급증이 도래하기도 전에 물가 상승은 영국의 경쟁적 위치를 더욱 약화시켰고, 파산은 엄청난 실업 증가를 가져왔다. 시장 세력의 새로운 규제 해제로 이득을 취한 유일한 부문은 금융 자본의 투기 분야로, 대규모의 단기간 투기 자본 이득과 비교할 수 없을 규모의 재산 시장 불로소득을 얻었다. 자본주의 경제 위기의 핵심은 조금도 건드리지 못하면서도

'자본주의의 용납할 수 없는 면모'를 더 더럽히는 대가만 치른 셈이다. 히드의 도박은 통하지 않았다.

그렇지만 정치 전선에서 1971년은 히드에게 좀 더 순조롭게 시작되었다. 1970년 말 전력 노동자의 준법 투쟁은 주목을 끌지 못했는데, 가장 중요하게는 미디어에서 종적을 감추었다. 미디어는 "상황 관련 사실을 찾아내거나 … 병원이 가능한 한 영향을 받지 않도록 노조가 상당한 신경을 썼다는 사실을 … 입증하는 일보다는 투석기, 인큐베이터, 저체온증으로 죽어가는 노파들에 대한 정서로 시청자를 공략하는 데 더 관심"을 두었다.[주 33] 우체부는 15% 임금 인상 요구를 내걸었으나 고립되었고 커뮤니케이션 서비스를 중단시킬 수도 없었기에 44일을 버틴 후에 굴복했다. 똑같은 순간 포드 노동자들은 '동등 임금'을 놓고 벌인 투쟁에서 패배하고 잭 존스(Jack Jones)7 씨, 휴 스캔런(Hugh Scanlon), 헨리 포드 2세(Henry Ford II)의 도움으로 구성된 타협안에 동의해야 했다. 이듬해 봄이 올 무렵 이 패배를 기반으로 히드 전략의 핵심인 노사관계법안이 등장할 무대가 마련되었다.

노사관계법에 표현되었듯이 노동계급과 조직화된 노동에 대한 직접 공격은 계급 투쟁을 엄청나게 격화시키는 효과를 낳았다. 왜냐하면 윌슨 정부의 '자발적 억제' 정책은 노동운동을 분열시키고 혼란스럽게 한 반면, 보수당 정부가 선포한 법적 규제는 심지어 공식 노조 지도부와 전국노동조합연맹조차도 저항으로 끌어냈고, 이에 따라 객관적으로 노동조합 공식 정치의 기반을 좌측으로 기울여놓았기 때문이다. 이제는 (온건한 지도부를 포함해) **전체 노동조합 운동**을 '극단주의'와 '파괴자' 낙인의 궤도로 끌어들이는 것은 미디어의 일상적 관행이 되었다. 이 낙인 대상에는 심지어 전국노동조합연맹도 포함되었는데, 전국노동조합연맹은 내키지는 않았지만

---

7  제임스 라킨 존스(James Larkin Jones, 1913-2009)는 흔히 잭 존스라고 불리며 1960년대와 1970년대 영국 노동조합 운동을 이끈 지도자였다. 1968년부터 1978년까지 운수일반노동조합(TGWU) 위원장으로서 AEU의 스캔런과 더불어 강성 노동 운동을 주도했다. 정부의 가격 임금 정책에 맞선 두 사람의 투쟁은 이후 노동당 내각에서 '사회계약' 체제의 출범을 낳았해. 하지만 일부 인사들은 그의 강성 투쟁의 결과 1978년 겨울 '불만의 겨울'로 불리는 대파업과 이후 보수당 18년 지배의 기반이 마련되었다고 비판하기도 한다. ─ 역주

상황 논리에 떠밀려 제안된 법안에 대해 반대 시위와 '비협조의 날'을 선언할 수밖에 없었다. 2월의 노사관계법 반대 시위는 엄청나고 기록적인 수준의 사건이었다. 온건의 모범인 프레드 헤이데이 경(Sir Fred Hayday)은 3월의 시위자들을 "법과 질서의 붕괴를 조장하는 … 아나키스트이자 직업 소란꾼"으로 묘사했다. 정부가 "계급 투쟁을 훌륭한 일로 만들었다"라고 노동당 하원의원인 노먼 버컨(Norman Buchan)은 나중에 불평하게 된다. 히드 씨는 그냥 밀고 나갔다.

노사관계법은 노조의 공식적 등록을 필수화하고 미이행 시에는 벌금을 부과하도록 했다. 이 조치는 클로즈드 숍(closed shop)8 원칙을 침해했다. "부당한 노사관계 관행"이라는 광범위하고 애매한 영역 — '파업'이라는 뜻이었다 — 도 규정했고 단서 조건, 지연, 잠재적 법적 조치로 노동자가 노동을 철회할 수 있는 전통적 권리도 방해했다. 무엇보다도 이 법은 규율화된 노동 개혁의 핵심 '장치'로 존 도널드슨 경(Sir John Donaldson)이 관장하는 노사관계 법원(Industrial Relations Court)을 설치했다.

노동, 정치적 반대, 대안적 라이프스타일을 겨냥한 법적 수단의 동원 등 이 모든 것은 동일한 일반적 목적을 지향한 듯했다. 바로 더 이상 동의로 얻을 수 없는 목표, 즉 규율 잡힌 사회를 **명령**에 의해 달성하려는 것이었다. 따라서 1971년에는 전 사회가 점차 법 문제에 사로잡히고 마음을 빼앗겼다. 이 법은 오직 한정된 경우만 일상적으로 작동되는 형태로서의 법이라 부를 만한 조치에 해당한다. 여기엔 새로운 법의 구상도 포함되었다. 고대의 케케묵은 법령을 발굴해 새로운 배경에서 활성화하는 수법, 좀 더 관용적 시절이었다면 너그럽게 해석하거나 넘겨버렸을 법을 적용하는 수법, 어떤 중요한 법적 준거틀을 확대 적용하는 수법이 그 예다. 여기에는 법의 실제적이고 실천적 운영을 경직되게 해 더 무거운 본보기성 형을 선고하는 수법도 포함되고, 피고 측이 방어 과정에서 감당하기 어렵게 보석

---

8 클로즈드 숍은 노사관계에서 협약에 의해 고용주는 노동조합 조합원 중에서만 인력을 채용할 수 있고, 고용기간 중 노동자는 의무적으로 조합원 신분을 유지해야 한다는 제도다. 이 제도는 회사 단위의 노동계약에 의해 강제성을 띤다. — 역주

금과 비용 부담 제도를 활용하는 수법, 행정 절차를 통해 법의 영역을 확장하는 수법, 판사가 경찰과 검찰에게 유리하도록 편향되게 규정을 해석하는 수법도 포함됐다.[주 35] 경찰의 모든 '예견적' 활동을 확대하고 강화하는 방안, 가령 특별단속반 활성화, 특별수사 부서에 의한 감시, 정보수집 증가, 새벽의 급습, 과도한 심문, 법정에서 사용됐다면 논란이 될 '구두 표현' 사용, 집회 자유 제한, 시위에 대한 경찰 활동 강화, 영장 남발, 혐의 추측만으로 전 집단과 주민 분파를 '소탕하기', 설득력 없는 사유에 근거해 문헌과 개인 문서 수집 등도 포함되었다.[주 36] 이처럼 국가의 억압적인 법적 수단을 정상을 넘어서고 관행을 초월하는 방식으로 사용하는 것은 모든 [법적] 운영 방식의 변화를 촉진했고, 전반적으로 정치적 필요성을 위해 법 기구를 점차 타락시키고, 좀 더 설득력 있는 공익적 이유에 앞서 시민의 자유, 법적 평등, 법치주의를 꾸준히 잠식하는 것이나 마찬가지인 결과를 낳게 되었다. 분명히 미국의 워터게이트 시기에서처럼 (좀 더 약한 형태인데도 불구하고 영국의 이 시기는 미국과 아주 닮았다) 자본주의 국가의 공식적인 '견제와 균형'이 이처럼 꾸준히 추락한 것은 '가장 고도의' 동기, 즉 음모에는 음모로 대처해야 한다는 믿음에 의해 수행되었음에 틀림없다. 실로 바로 이러한 조직적인 시각과 법적 틀 안에서 음모 개념이라는 이 퇴행이 일어났다.

　　루디 두치케(Rudi Dutschke)라는 독일 출신 학생 지도자는 목숨이 위태로울 수도 있는 피습에서 회복하느라 캠브리지에 있었는데, 사실 그는 법정도 아니고 특별 재판소(tribunal)에 소환되어 재판을 받았다. 이 특별 재판소는 흔히 비공개로 진행되었고 두치케와 변호사가 배제된 채 재판이 열리기도 했다. 두치케를 감청하고 있었음에 분명한, 익명에 신분도 밝히지 않은 증인도 증거로 채택되었다. 누구든 상관없이 학생이나 친구가 두치케를 방문하는 것조차 "정상적 사회 활동을 훨씬 넘어서는" 범위라는 판정이 내려졌다. 두치케는 추방되었을 뿐 아니라 이 선례(이 선례는 심지어 검찰총장조차도 "참고하기에 적절한지 아닌지" 검토를 거쳐야 했다고 말했다)에 근거해 정치적 강성분자와 도시 테러리즘 의심자의 경우 이민 재심 절차에서 거부되었다. 바로 1974년 인신보호 영장의 간헐적 중단과 테러리즘방지법

(Prevention of Terrorism Act)9으로 귀결된 긴 추락의 시작이었다.[주 37]

1960년대 중반 자유주의가 잠시 지배한 기간에는 포르노그래피 관련 법(새로 통과된 외설 출판물법Obscene Publications Act)이 휴면 상태로 방치되고, 이 모호한 영역의 경계와 제한은 대부분 지역 차원의 실제적 집행에 맡겨둔 상태였다. 이는 배리 콕스(Barry Cox)가 "한편에는 지역 경찰과 개인적인 공상적 개혁론자가 있고, 다른 편에는 급진적 서점과 진보적인 문학 기성 체제가 존재하면서 양자 간에 벌어지는 게릴라전"[주 38]이라고 묘사하는 바로 그 상태였다. 그러나 도덕 수호자와 저항문화 간의 투쟁이 상승작용을 일으켜 전면전으로 비화됨에 따라 (캔터베리 대주교가 이름 붙인 대로라면) '관용성에 대한 반발'은 좀 더 조직화된 양상을 띠고 전반적인 '도덕적 오염' 상태에 대한 좀 더 가시적인 공격 형태를 취하게 되었다. 그해 8월 램베스(Lambeth) 치안판사들은 〈작은 붉은 교과서(Little Red Schoolbook)〉의 발행인에게 유죄 선고를 내렸다. 이 시기 동안 외설 출판물 단속반은 지하 출판사를 정기적으로 급습해 이들과 인쇄업자의 성향에 근거해 편지, 구독자 자료, 유죄 혐의가 있어 보이는 그 어떤 것이든 압수했다. 그해 중반 공중 도덕을 오염시키려 공모했다는 혐의로 기소된 〈인터내셔널 타임스(International Times)〉가 항소법원에서 유죄로 확정되었다. 7월에는 〈오즈〉 편집자들이 취학아동 대상판인 〈오즈 28〉과 관련해 동일한 혐의로 법정에 섰다. "이 잡지들에 대한 공중의 불만과 그 [내용의] 함의를 감안할 때 이 모든 출판물에 경찰은 꾸준히 관심을 기울여야 한다. 이 캠페인

---

9 테러리즘 방지법은 1974년 11월 21일 버밍엄 주점에서 발생한 폭탄 테러를 계기로 제정된 한시법이다. 이 테러로 21명이 사망하고 184명이 부상하는 대참사가 발생하자, 당시 로이 젠킨스 내무장관은 IRA의 테러에 맞설 수 있는 강력한 비상법이 필요하다며 이 법안을 제안했다. 법안은 사건 직후인 11월 25일 제안되어 이례적으로 나흘 만에 일사천리로 통과되었다. 이 법은 테러가 의심되는 상황에서는 경찰에게 의심자 검색 등 광범위한 재량권을 부여하는 내용을 골자로 한다. 이 법은 임시법으로 규정의 일몰 시한이 정해져 있었으며, 권한을 매년 갱신하도록 하는 견제 장치가 마련되었다. 하지만 1989년 동일한 이름의 법에서는 한시 조항이 없어졌고, 2000년에는 상시적인 법으로 굳어졌다. 이 법은 정치적으로 논란이 많았으며, 실제로 1989년 BBC에서 방영하기로 한 IRA 관련 영상이 경찰의 반발로 삭제되는 등 검열에도 악용된다는 비판도 받았다. ㅡ역주

배후에는 극좌파 활동이 벌어지고 있지 않나 의심이 된다"[주 39]라고 〈데일리 텔리그래프〉는 고위 경찰간부의 말을 인용해 독자에게 밝혔다. 이전에 모드 씨는 "성적 자유의 극단적인 열성 지지자들은 모든 기준, 권위, 제도의 완전한 파괴에 헌신한 사람들이다"[주 40]라는 숙고 끝에 내린 견해를 밝힌 바 있다. 이 견해는 리처드 네빌(Richard Neville)10과 공동 편집자들이 마치 부르주아 사회의 모든 난맥상을 풀어놓거나 한 것처럼 파악하는 다소 억지스러운 상상력을 발휘한다. 그리고 유명한 〈오즈〉 재판에서도 배심원은 음모 혐의를 사실상 기각했다. 물론 이 편집자들은 의학적 증거 때문에 재구류되어 다른 혐의로 유죄 판결을 받아 "핸즈워스 간수에 의해 머리가 강제로 깎이"[주 41]긴 했다.

따라서 다양한 부서로 구성된 법은 적극적으로 동원되어 검열과 통제라는 비공식적인 정치 작업을 완수하게 되었다. 여기에는 대중주의적이고 풀뿌리 수준의 반응의 파도도 함께 참여했다. 1971년 전속력으로 가동되던 억압적 국가 장치의 법적 동력을 배경으로 도덕 수호자들이 다시 한번 등장해 양자가 서로 맞물리기 시작한다. 조직화된 도덕적 역풍, 법과 질서의 십자군이 시작된 것이다. 이 수렴은 수많은 다양한 지점에서 상징적 형태로 나타난다. 헤일섬 경은 법 기구 바깥에서 그러한 십자군 운동의 선구자로 기여한 인물인데, 이제는 법 기구 최고위직인 대법원장직에 자리 잡았다. 사법적 기구 복합체의 상징적 정상에 서 있는 이 인물은 1960년대 내내 자신의 도덕적 올바름에 대한 투명하고도 확고한 인식으로 이 복잡한 문제들은 몇몇 단순한 도덕적인 불편한 진실로 환원해서 볼 때 가장 잘 파악할 수 있을 것이라고 고집스럽게 주장했다. 이 점은 다른 지점에서도 상징적으로 표현되었다. 예를 들면, 1971년 초 랭카셔 경찰국장과 블랙번(Blackburn) 주교가 공동으로 조직한 빛의 축제(Festival of Light) 행진의 경우 〈선데이 타임스〉가 '법과 신성한 질서의 행진'(Law and

---

10  리처드 네빌은 호주 출신의 작가이자 비평가인데, 1960년대와 70년대에 저항문화 잡지인 〈오즈〉의 편집자로 유명해진 인물이다. 〈오즈〉는 호주와 영국에서 같은 이름으로 발간되었다. ─역주

Holy Order March)이라고 적절하게 이름 붙인 행사에서 이 두 사람은 1만명 남성(여성은 하나도 없었다)의 선두에 섰다.[주 42] 이 올바름의 십자군이 주도한 길거리 집회에는 전통주의 성향의 수많은 교회와 시민 단체가 참여했다. 말콤 머거릿지(Malcolm Muggeridge)는 이듬해 런던의 비슷한 집회 연단에서 "우리 사회의 이 도덕적 파탄에 책임이 있는 상대적으로 소수의 사람들"에게 "그들이 단지 소수의 반동들뿐 아니라 이 불빛을 든 모든 사람과 반대편에 서 있다는 것"을 깨우쳐주려는 데 이 집회의 목적이 있다고 밝혔다.[주 43] 1950년대의 대표적 냉소주의자인 머거릿지는 텔레비전이 다른 텔레비전에 미치는 사악한 도덕적 영향을 질타하는 일을 늦었지만 탁월한 업으로 삼았다. 늦어도 안 하는 것보다야 낫겠지!

헤일셤 경과 모드 씨처럼 도덕적 이슈의 정치적 공명 효과에 숙련된 안목을 지난 사람들만 도덕 질서와 '법과 질서' 간의 연결에 착수한 것은 아니었다. 화이트하우스 여사의 조직인 전국시청자청취자협회는 포르노그래피와 성교육 같은 더 광범위한 문제를 포함하는 방향으로 캠페인 범위를 차츰 넓혀가고 있었다. 협회 기관지인 〈시청자와 청취자(Viewers and Listeners)〉에서 화이트하우스 여사는 "대중판 서적과 잡지, 영화 화면의 외설"이야말로 "폭력에 기여하는 기본적 요인"[주 44]이라는 추론을 펼쳤다. 〈시청자와 청취자〉 가을호는 이렇게 주장했다. "'자유'를 뽐내던 '관용적 사회'는 이제 그 실체를, 즉 가증스럽고 파괴적인 존재임을 드러냈다. 예술은 타락하고, 법은 경멸 대상으로 전락했으며, 스포츠는 반달리즘과 폭력 발발로 얼룩졌다. 늘어나는 낙태, 마약 중독, 정신 질환, 알코올 중독, 성병 유행으로 과부하가 걸린 의료 서비스 때문에 국가 재정은 압박을 받고 있다."[주 45] 이 도덕적 역풍이 점차 노골적으로 정치적 성격을 띠고 있음은 화이트하우스 여사가 공개적으로 항의의 표적으로 삼은 것들을 보면 알 수 있다. 여기에는 이제 "사회를 파괴하고자 할지도 모르는"[주 46] 그 모든 집단들, 제리 루빈(Jerry Rubin),11 히피,[주 47] 버나뎃 데블린, 타리

11  제리 루빈은 1960년대 미국의 대표적 사회운동가, 반전운동가, 저항문화 운동가였다. 이

크 알리(Tariq Ali)12까지 들어가 있다.[주 48]

선도 운동에 나선 중간계급과 '전통주의' 프티 부르주아 분파가 1960
년대 풀뿌리 차원의 도덕적 분노 표현에서 어떤 특정한 역할을 수행했는
지는 앞서 언급한 바 있다. 1970년대에 이르면 도덕적 저항은 소수파이자
주변적 관심사에서 벗어나 모든 신문과 텔레비전 방면에서 실로 대대적
인 홍보거리로 격상된다. 화이트하우스 여사의 자서전인 〈그녀가 생각하
는 자신의 일을 누가 하겠는가?(Who Does She Think She Is?)〉[주 49]를 읽어본
사람이라면 이 선한 여인의 지치지 않는 열정과 헌신이 아니라 1970년에
서 1971년 사이의 기간 동안 화이트하우스 여사가 견해를 표명할 기회를
얻은 공적 행사의 엄청난 숫자, 이 운동가가 누린 홍보 효과, 그 대의에
동원한 저명인사의 면면을 보고 충격을 받게 된다. 화이트하우스 여사의
자서전은 이 협회 초대 회장인 미들랜즈 지역구 하원의원 제임스 댄스
(James Dance)에게 헌정되었는데, 댄스의 견해는 심지어 히드의 보수당 내
에서도 극우에 속했다. 1966년의 첫 총회에서는 보수당 하원의원이자 이
후 히드 정부에서 정보를 담당하게 되며, 현재 〈데일리 텔리그래프〉 편집
자인 윌리엄 디즈(William Deedes)가 연설했다. 머거릿지 씨는 내내 꾸준하
고 밀접한 관계를 유지한 조언자였다(1970년 3월 그라나다 텔레비전이 덴마크 섹
스 박람회Danish Sex Fair 참가단에 화이트하우스 여사를 초청했을 때 디즈는 화이트하우스에
게 "덴마크 신화에서 깨어나요, 메리"라고 조언했다).[주 50] 1971년 4월 화이트하우
스 여사가 프랭크 롱포드 경(Lord Frank Longford)을 마틴 콜(Martin Cole) 박사
의 〈어른 되기(Growing Up)〉라는 성 교육 영화 시사회에 동반자로 초대했을
때 마침 화이트하우스 여사는 롱포드가 상원 차원의 포르노그래피 규제안
을 준비하는 것을 힘들게 돕고 있던 참이었다.[주 51] '선함'에 대한 호소를
특징으로 하고, 다소 특이하긴 하지만 무게감 있는 기득권 냄새를 풍기는
롱포드 위원회(Longford Committee)는 그 직후인 5월에 출범했다. 1971년 위

---

　　피족으로 알려진 청년국제당(Youth International Party)의 창립자 중 한 명이다. ─ 역주
12　타리크 알리는 영국의 진보적 지식인이자 정치 운동가다. 좌파 성향인 <뉴레프트리뷰>의 편
　　집위원이었으며, <가디언> 등 진보 성향의 매체에 많은 글을 썼다. ─ 역주

원회의 중점 사항인 이슈들이 고도의 '우려 사항'으로 부각되자 롱포드 자신도 이 계기에 주의를 기울이게 되었다.[주 52] 케네스 타이넌(Kenneth Tynan)의 〈오, 캘커타!(Oh, Calcutta!)〉13가 논란이 되었을 때 〈선데이 타임스〉의 로널드 버트는 "품위 있게 살고 싶어 하지만 … 이 순간 자신이 혐오하는 외람된 일 때문에 끊임없이 위축될 수밖에 없는 대다수"[주 53]의 존재를 독자에게 환기시켰다. 외설 출판물 단속반이 1970년 오픈 스퀘어 연극 클럽(Open Square Theare Club) 불시단속과 앤디 워홀(Andy Warhol)의 영화 〈플레시(Flesh)〉 압수로 시작해 독자적인 활동에 나서게 된 것도 바로 이 무렵이었다. 그 후 〈작은 붉은 교과서〉, 〈IT〉, 〈오즈〉에 대한 기소가 이어졌다. 토니 스마이드(Tony Smythe)가 이처럼 법과 경찰을 동원한 압력 강화를 "궁극적으로 … 정치적"인 행위로 기술한 것은 아주 적절했다. 요컨대 그 시절은 "억압의 여름"이었다.[주 54]

　　따라서 1971년 시기를 통해 우리는 '법과 질서' 공황이 '예외적인' 국가 형태로 완전하게 제도화되어 가는 변증법적 운동을 축소판으로 볼 수 있다. 편의상 이 운동은 세 가지 서로 밀접하게 연계된 단계로 압축할 수 있다. 첫째, 국가가 법의 방향으로 이동하는 압도적인 경향을 보인다 (이 시기에 이를 지원해 결국 법적 제재를 낳게 하는 입법 활동의 순전한 포괄성은 깜짝 놀랄 만한 수준이다). 둘째, 법 집행 기구가 '비공식' 통제 행사를 가동하고 확장해 일상적 관행처럼 적용한다. 셋째이자 최종 귀결점은 모든 이슈가 이데올로기적으로 '폭력'의 문턱에 수렴되는 경향이 발생한다는 것이다. 여기서는 전 궤도의 특징을 포착하는 한 방안으로 각 단계에서 몇몇 예만 인용한다.

　　예를 들면, 북아일랜드에서는 세 가지 측면 모두 작동하는 것을 볼 수 있다. 얼스터 위기를 오로지 군사적 문제로만 규정함에 따라 결국 재

---

13　〈오, 캘커타!〉는 영국의 드라마 비평가인 케네스 타이넌이 기획한 아방가르드 연극 제목이다. 1969년 뉴욕의 브로드웨이에 데뷔하고 이듬해 런던에서도 개봉되었다. 런던에서만도 무려 3,900회 이상 공연되어 화제를 모았으며, 1976년 브로드웨이 리바이벌 공연은 훨씬 더 장기공연에 관중 동원 기록을 세웠다. 내용은 주로 섹스 관련 주제로 구성되었으며, 남녀 누드의 장시간 노출로 논란이 되었다. ─ 역주

판 없이 무기한 투옥(감금)이 가능하도록 한 비상권한법(Emergency Powers Act, 1971년 8월)이 다시 도입되었다. 이 법은 군에게 준사법적 역할을 부여했고 용의자에 대한 광범위한 급습과 수용소 설치를 촉진했다. 바로 그러한 환경에서 '비공식적' 억압의 법적 행사와 자의적 행사를 나누는 부실한 구분선이 흐려진다. 그리고 한 달도 지나지 않아 '후드 씌우기', 연속 심문, 잠 안 재우기, '백색 소음' 그리고 저 멀리 식민지 전쟁 시절 완성된 여타 '주의 분산 기술'을 포함해 고문 혐의를 조사하기 위해 콤턴 위원회(Compton Commission)가 설립되어야 했다. 물론 히드 씨는 "혐의는 실제로 근거가 없다"며 브라이언 포크너(Brian Faulkner)에게 장담했지만,[주 55] 훨씬 뒤에 (1976년 영국 정부의 협조는 거의 받지 못한 상태에서) 국제법조위원회(International Committee of Jurists)14가 내린 판단과 비슷하게 콤턴 보고서는 ─고문을 좀 더 완곡어법적 이름으로 불렀지만─ 혐의를 대부분 사실로 확정했다. 〈선데이 타임스〉의 루이스 체스터(Lewis Chester)는 (그는 정부의 강한 압력에도 불구하고 여기서 훌륭하고 용기 있는 역할을 했다) 콤턴 위원회 결정 후에 다음과 같이 논평했다. "지금 보면 주장은 … 대부분 근거가 있었던 … 것 같다. 어떤 점에서 이 주장들은 축소해서 진술한 것일 수도 있다."[주 56]

규율화된 사회 질서에 위협이 된다면 무엇이든 '범죄화'하려는 경향, 모든 억제 수단을 '합법화'하려는 (즉 법적 문턱으로 끌어올리려는) 경향은 입법 분야에서도 목격할 수 있다. 새로 제정된 약품오용법(Misuse of Drugs Act)이나 새 범죄피해법 (Criminal Damage Act)처럼 서로 완전히 별개처럼 보이는 분야에서도 그러한 경향이 보이는데, 이 둘은 모두 출발점도 새롭고 범위도 놀랄 정도로 포괄적이다. 첫 번째 법은 불법 소지에 대한 처벌을 약품의 유해성 주장과 연관지었는데, "공급 의도가 있는 불법 소지"에 대한 형량을 마리화나 거래 처벌로만 14년 형을 내릴 정도로 높였다. 하지만 여성의 우울증을 완화하는 중독성 강한 최면제인 이른바 "엄마의 작은

─────────

14  국제법조인위원회(ICJ)는 인권 문제를 다루는 비정부 단체(NGO)로, 세계 각국의 저명한 법조인이 참여하고 있다. 1952년 설립되었으며 스위스 제네바에 본부가 있다. 본문에서 영문 표기는 International Commission of Jurists의 표기 오류인 듯하다. ─ 역주

조력자"는 통제 대상 약품 목록에서 빠졌다. 약품법은 법의 신성함이라는 이름으로 "마약 사용의 상승작용"이라는 논란이 큰 이론을 은밀히 채택했는데, 오늘의 대마초 흡연자는 내일의 헤로인 중독자가 될 것이라는 주장이다. 이 명제는 정부 자체의 자문역들조차도 공식적 조사에서 부정한 것이지만 법의 공식 반포를 막기에는 두 주 정도 늦었다. 범죄피해법은 "재산 피해 범죄에 관한 잉글랜드와 웨일즈의 법을 현대화하고 단순화하며 처벌을 합리화한다."[주 57] 이 법은 사용된 가해 수단과 피해를 입은 재산의 속성을 단순한 한 가지 기본적인 범죄 개념보다 부차적인 요소로 파악했다. 바로 합법적 이유 없이 타인의 재산에 피해를 입혔다는 사실만으로도 최대 10년 형에 달하는 처벌 대상이 되었다. '징벌적 피해'(aggravated damage)는 '종신형' 구형 대상이었다. 점거 농성, 피켓 시위, 시위는 모두 잠재적으로 이 범위 안에 포함되었다.

    1971년 통과된 새 이민법은 똑같은 요소들을 약간 달리 결합한 사례에 해당한다. 이 법은 보수당 우파 내에서 반이민 로비가 꾸준히 세를 불려갔고 게토 지역에서 흑인과 경찰 사이의 선전 포고 없는 전쟁이 급속도록 증가하던 무렵의 맥락 안에서 파악해야 한다. 흑인 클럽과 사교 장소 급습과 늦은 밤거리를 홀로 걸어가는 흑인은 누구든 '의심에 근거한 수색'을 하는 사례가 '흑인 집단 거류지' 구역의 삶에서는 일상화된 일부가 됨에 따라, 그러한 접촉이 일어날 때마다 경찰은 과도하게 몸을 숙여 흑인을 밀어붙이는 것이 길거리의 관행처럼 되었다. 점차 흑인도 경찰을 몸싸움으로 되밀어내는 것이 관행이 되었다. 새 법은 이처럼 일상 관행화한 비공식적 압력에 법이란 외피를 부여했다. 이 법은 '영연방 출신 이주민' 전반의 급증을 견제해 숫자를 억제하려 하면서도 '구 영연방' 출신 백인은 사실상 예외로 두었고, 이를 통해 지금까지 길거리에서 실질적인 재량권 체제의 일부에 불과하던 관행을 합법화했다. 남성 노동자는 계약에 묶어두고 일정 기간 한곳에 체류하며, 허가를 갱신했을 경우에 국한해 입국 허용 숫자를 엄격히 통제했다. 이 법은 특히 여성, 어린이, 피부양 가족, 친족에게 과도하게 불리하게 작용해, 이 중 다수는 입국장에서 분노의 장면을 연출하면서 이별해야 했다. 일부는 밀입국을 시도했다. 불법 입국과의 전쟁, 이민자 공동체에서 불법 체류 용의자 색출도 시작되었다. 원래 법안에는 이민 노동자가 경찰서에 등록하도록 되어 있었으나 의회 논의과정에서 제기된 반대로 이 불쾌한 조항은 삭제되었다. 그러나 토니 버니언(Tony Bunyan)이 주장했듯이 이는 정부 측의 값진 승리였다. 왜냐하면 의회와 무관하게 국가이민정보반(National Immigration Intelligence Unit)이 설립되었기 때문이다 (이는 국가마약정보반National Drugs Intelligence Unit과 함께 창설되었는데, 두 기관은 내무부와 런던광역경찰청이 대대적으로 확장해 창설한 정보 취합, 감시, 기록 전문기관이었다). 질문이 제기되자, 내무부 차관은 이러한 감시 체제 확장을 "통상적으로 의회 통제를 받지 않는 … 경찰 운영 활동"의 일부라고 불렀다.[주 59]

　가장 모순된 사태 진전이자 억압적 국가 기구 내부에서 악몽의 드라마 구축에서 가장 그럴 듯한 근거 구실을 해준 요인은 폭력 주제를 중심으로 한 수렴이었다. 프랭크 킷슨(Frank Kitson) 준장의 〈저강도 작전(Low Intensity Operations)〉은 군을 '폭동 저지'를 완벽하게 수행하는 역할로 전환시키는 데 기여한 책으로 1971년에 출간되었다.[주 60] 이 책은 표면적으로는 군사 전략의 철학적 검토에 맞춰졌지만 북아일랜드 상황의 맥락에서 보면 원래의 수준과 훨씬 동떨어진 실제적 결과를 시사했다. 킷슨의 책은 국내 정치 갈등이 격화되는 시기에 그간 좀체 모습을 드러내지 않던 대상인 군의 '사고'를 들여다볼 드물고 귀중한 기회를 제공해주었다. 이 책은 시민 소요, 폭동, 게릴라전, 전복, 테러리즘, 시민 불복종, 공산주의 혁명전쟁과 반란 등을 구분했다. 핵전쟁이 교착에 빠져든 상황에서 군은 주 목표가 달라졌다는 사실을 진정으로 직시해야 한다고 킷슨 준장은 상당히 명쾌하고 설득력 있게 주장했다. 군의 주 목표는 점차 "전복 … 국민의 한 분파가 당시 국가 통치자들을 전복하기 위해, 혹은 그들에게 원치 않는 일을 강제하기 위해 사용하는 군사력 동원에 가까운 조치" 그리고 "폭동 … 국민의 한 분파가 위에서 언급한 목적을 위해 정부 대상으로 취하는 군사력 사용"으로 바뀔 것이다.[주 61] 특히 (의회를 지지하거나 지지표를 던지는 것 이외의 어떤 정치 행동 형태든 사실상 다 담을 정도로 넓게 정의된) "전복"을 어떤 낮은 계층이 무장 폭동과 테러리즘으로 가차없이 치닫는 길로 접어든 상태로만 파악할 때, 이 둘이 결합된다면 불길한 사태 전개는 불을 보듯 뻔하다. 그러나 이 논리는 빠르게 지지를 얻어갔는데, 단지 전략 교범에서만이 아니었고 얼스터 맥락에서만 그랬던 것도 아니다. 1970년에 영향력 있는 갈등연구소(Institute for the Study of Conflict)가 창설되었다.[주 62] 이 우산 아래에 소장인 브라이언 크로지어(Brian Crozier) 같은 전 세계 반전복 전문가, 리처드 클러터버크(Richard Clutterbuck) 소장, 윌리엄 F. K. 톰슨(William F. K. Thompson) 준장 같은 폭동 대응 권위자, 전직 외무부 외교관, 정보 요원, (전직 말레이 담당 첩보 수장인) 로버트 톰슨 경 같은 군 고위층, 거물급 기업가와 학자가 모두 모여 "산티아고에서 사이공에 이르기까지 전복과 혁명적 폭력"의 '학술적' 분석에 나섰다.[주 63] 이 전문가들은 또한 "행정부, 경찰, 정보기관, 군 등에 방대한 인맥"[주 64]을 개발하는 데도 중요한 역할을 했고, 능력도 발휘했으며, 이 인맥을 통해 전 세계적 전복의 복음을 전파했다.

　얼스터는 이 비전에 신뢰성을 부여한 한 가지 맥락이었다. 북아일랜드 의회 해체와 직할 통치로의 회귀가 1972년까지는 아직 발생하지 않았지만, 1971년은 얼스터 위기가 그 최종적 형태, 즉 영국군과 IRA 간의 도시 게릴라전 양상을 띤 해였다. 콤턴 보고서가 나온 후 〈선데이 타임스〉의 인사이트 팀(Insight Team)의 책에는 영국의 얼스터 개입에 의해 제기된 가장 민감한 이슈는 실로 군의 처신이었다고 주장했다.[주 64] 리처드 클러터버크는 새로 결성된 반폭동 기득권 체제에서 가장 반동적인 인사는 결코 아니었는데도, 이 책을 '반군대'적이고 "IRA에 두루 동정적"이라고 규정했다. 언제 어디서든 정치적 폭력 문제가 불거질 때마다 영국인의 사고에서도 철의 장막이 드리워지기 시작했다. 두 번째 맥락은 클러터버크가 "범세계적인 도시 게릴라"라고 부른 현상인데, 또 다른 전문가인 이언 그레이그(Ian Greig)는 좀 더 간단히 "유혈극의 정치"(The Politics of Bloodshed)라 불렀다. 개발도상국에서 식민지 혁명과 식민지 해방 후 계급 투쟁의 속도가 빨라지면서, 이 특징은 점점 더 무장 투쟁이나 '인민의 전쟁' 형태를 띠

게 되었다. 쿠바, 알제리, 그 후에는 베트남전, 콩고, 그 다음엔 포르투갈
령 아프리카와 남부 아프리카에서 해방운동의 탄생 등이 모두 이 범주에
속했다. 이 투쟁들은 호치민, 지압 장군,[15] 아밀카 카브랄(Amilcar Cabral),[16]
체 게바라의 저술 등 대중적 정치전 수행에 관한 영향력 있는 문헌들을
낳았다. 그 다음 단계, 무엇보다 라틴 아메리카의 무장 해방 투쟁 운동의
물결(우루과이의 투파마로스[Tupamaros],[17] 브라질 마리겔라[Marighela][18]의 운동, 베네수엘라
의 무장 투쟁 등)은 시골의 소규모 게릴라전이 아니라 도시 전위대의 봉기
형태였다. 전자가 본질적으로 토착적이라면, 후자는 선진국 도시 지역의
여건에 좀 더 수월하게 이식이 가능했다. 식민지 모국의 중심지 혹은 인
근에서 게릴라 전술이 채택되고, 취약한 도시에 대한 테러 공격이 자행된

---

15  보 응우엔 지압은 통일 베트남 정부 수립 전까지 베트남의 최고 군지휘자이자 전략가였다.
    부유한 가정에서 태어나 프랑스 유학까지 다녀온 지식인이었지만, 일찍부터 베트남 독립운
    동에 몸담아 1944년 항일 투쟁, 1946년에서 1954년까지는 프랑스와, 1960년부터 1975
    년까지는 미국과, 1976년에는 중국과의 전쟁을 지휘하면서 베트남의 승리를 이끌었다. 특
    히 장비도 열악하고 훈련도 제대로 받지 못한 오합지졸을 이끌고 대단히 비전통적인 전술로
    강대국 군대에 대항하는 방법을 개발했다는 점에서 제3세계 독립운동에 미친 영향이 컸다.
    — 역주
16  아밀카 카브랄(1924-1973)은 아프리카의 대표적인 반식민지 운동가이자 혁명 이론가였다.
    기니비사우와 케이프 베르데의 민족주의 운동과 이후의 독립 전쟁에서 지도자로 활약했다.
    기니비사우가 일방적 독립선언을 하기 8개월 전인 1973년 1월에 암살되었다. 사상적으로
    는 마르크스주의의 영향을 많이 받았는데, 파농이나 체 게바라처럼 제3세계 민족해방운동
    뿐 아니라 사회주의 혁명 사상에도 크게 영향을 미친 이론가로 통한다. — 역주
17  투파마로스는 우루과이에서 1960년대와 1970년대에 활동한 좌파 도시 게릴라 단체였다.
    우루과이는 20세기 초반 남미의 스위스라 불릴 정도로 경제 번영을 구가했으나 2차대전
    후 주 수출품인 곡물가 하락으로 경제가 어려워졌다. 이 상황에서 투파마로스가 탄생해 일
    종의 로빈 후드 역할을 했다. 초기에는 정치 조직화해서 공식 활동을 벌였지만, 1968년 탄
    압이 시작되면서 무장 투쟁으로 전환했다. 우루과이 주재 영국 대사와 금융 재벌 납치로
    유명해졌고, 1970년에 활동은 절정에 달했다. 1972년 군부 쿠데타 후의 탄압으로 조직은
    붕괴되었는데, 1984년 민주화와 더불어 사면 복권이 이루어졌다. — 역주
18  카를로스 마리겔라(Carlos Mrighella, 1911-1969)는 브라질의 마르크스-레닌주의 성향의
    게릴라 전사이자 사상가였다. 군부 독재에 항거해 무장투쟁을 벌였는데, 주로 도시를 기반으
    로 한 게릴자 전을 펼쳤다. 1969년 매복한 경찰의 총격에 사망했다. 그의 사상과 전략을 담
    은 <도시 게릴라 소교범(Minimanual of the Urban Guerrilla)>이 그의 사망 직후인 1969
    년 출간되었고, 이듬해 영어 번역판도 나왔다. 체 게바라가 시골 중심의 게릴라전 전략을 주
    장했다면, 그는 도시 지역의 무장투쟁 전략을 제시해 다른 혁명 운동에도 많은 영향을 미쳤
    다. — 역주

다면, "정치 폭력을 다시 본거지로 불러오는" 과정이 더 가속화할 것이
다. 얼스터와 퀘벡 해방전선은 첫 번째의 사례였고, '검은 9월단'(Black
September)[19]과 팔레스타인해방전선(PLO)[20]에 의한 사업가와 외교관 납치,
항공기 납치, 테러 공격은 두 번째의 가시적 사례였다. 1970년 PLO에 의
한 네 차례 항공기 연쇄 납치는 저명한 강성파 중 한 명인 레일라 칼레드
(Leila Khaled)의 체포로 끝났으나, 그후 도슨 필드(Dawson Field) 비행장으로
여객기가 납치된 후 칼레드는 풀려났다.[21] 캐나다와 우루구아이에서는 영
국 외교관들이 납치되었다. 이 도시 게릴라에 대한 상상은 분명 군, 경찰,
정보 부대에 의해 국내에서 그러한 운동 등장의 가능성에 대한 철저한 대
비가 이루어지는 데 영향을 미쳤을 뿐 아니라 **동시에** 대중의 공포와 유령
을 악화시키는 데도 기름을 부었음에는 틀림 없다. 여기서 고전적인 나선
이 시작되었는데, 도시 테러리스트가 진보적 가면 뒤에 권위주의의 얼굴
을 하고 있다는 증거를 정확하게 제시하는 식으로 통제 대응의 '군사화'

---

19 검은 9월단(Black September Organization)은 1970년대 초에 활동했던 팔레스타인의 테
   러 단체다. 원래 이 단체의 시작은 요르단과 팔레스타인 간의 갈등에서 비롯한다. 1967년
   이스라엘 군이 요르단 강 서안(West Bank) 지구를 점령하면서 팔레스타인 난민이 대거 요
   르단 지역으로 피신한다. 여기서 팔레스타인의 준군사조직인 파다옌(Fadayeen)은 요르단
   군과 합작해 이스라엘을 공격해 전과를 올리면서 아랍 내 위상이 한껏 높아진다. 그 결과
   요르단 국가 내 국가로 자처하면서 국왕 암살을 시도하는 등 요르단 정부와 갈등을 빚었다.
   더구나 1970년 PLO가 항공기를 납치해 요르단 도슨 필드에 착륙시키면서 요르단 정부의
   입장이 난처해졌다. 요르단 군이 이들을 몰아내기 위해 파다옌의 거점인 팔레스타인 난민
   지역에 대한 군사작전을 시작하자, 이에 대한 보복을 목적으로 검은 9월단이 설립되었다.
   검은 9월단은 요르단뿐 아니라 서구에 대한 무차별적 테러로 악명을 떨쳤다. 1971년 요르
   단 수상 와스피를 카이로에서 암살한 일을 비롯해, 1972년 뮌헨 올림픽 기간 동안 이스라
   엘 선수단을 습격해 살해한 일이 대표적인 사례다. 팔레스타인인과 요르단 간의 갈등은 아
   랍국의 중재로 잠시 중단되었으나, 결국 요르단은 이들을 공격해 진압하며, 검은 9월단도
   1973-4년 경 해체되었다. ─ 역주
20 팔레스타인 해방기구는 반 시오니즘을 기치로 내걸고 무장투쟁을 통한 팔레스타인 해방을
   목표로 설립된 단체다. 1964년 창설된 후 초기에는 이스라엘을 대상으로 납치, 폭파 등의
   테러에 주력했다. 요르단에 기반을 두었으나 1970년 검은 9월단 사건을 계기로 추방되어
   레바논으로 거점을 옮긴다. 이 기구는 일종의 우산 조직으로 다양한 성향과 종파의 조직들
   을 산하에 두었다. 원문에는 Palestine Liberation Front로 잘못 표기되어 있다. ─ 역주
21 1970년 9월 PLO가 뉴욕행 여객기 네 대와 런던행 항공기 한 대를 납치했는데, 이 중 세
   대는 요르단 자르카(Zarqa) 부근 도슨 필드 비행장에 강제 착륙했다. ─ 역주

가 이루어진 것이다. 그러한 운동에 대한 공감과 그들과의 일체감의 성장은 더욱 더 "기존 체제 지지를 위한 폭력 사용, 공공질서 유지를 위한 공적 폭력 가동, 정부가 할 수 없거나 꺼려 할 때 대중적 사회 질서 개념 유지를 위한 사적 폭력 사용 등을 재가"하게 되는 경향이 있었다.[주 66]

　그 후에는 폭력에 대한 실제적이면서 살아 있는 이상화가 국내에서, 본거지에서 생겨났다. 바로 이 시점에 영국에서 '분노의 여단' 등장을 낳은 요소들은 여기서 일일이 설명하기에는 너무 복잡한 문제다. 여기에는 다음과 같은 요인들이 포함되어야 한다. 우선 자유지상주의적 좌파 쪽에는 서구의 삶에서 '삶을 소외시키는 조건'과 조합주의적 자본제 착취의 실제 구조 사이에 실제로 연관이 있다는 인식, 배후지에서는 너무나 잘 진행되는 반 제국주의 투쟁을 전략적으로 그리고 전술적으로 국내의 갈등과 연계시킬 수 있을 것이라는 믿음, 사유화된 대내적 무관심의 일상과 대비되면서 더욱 강력해지는 '도시 게릴라'라는 낭만적 이미지와의 상징적 동일시가 그 예다. 그러한 연계가 실제로 만들어질 수도 있을 법한 몇몇 투쟁의 무대도 있었는데, 베트남 전쟁 외에도 아프리카 해방운동이 미국 블랙 파워를 강화하는 역할을 수행했다는 사실이 두 가지 예다. 이는 "전쟁을 다시 고향으로 가져오는" 셈이다. 실제와 은유를 구분해내기 어려운 다른 것도 있었다. 여기서 투쟁의 논리를 그 가장 극단적 결론으로 몰고가려는 외골수식 다짐과 ─ 이는 모든 종류의 대중 투쟁과 고립된 결과로 생겨난 '전위주의'(vanguardism)다 ─ 개혁의 속도가 느려 터진 데 대한 좌절은 결국 도시 테러리스트 갱의 형성으로 귀결되었다. 미국의 웨더맨(Weathermen),22 서독의 바더─마인호프 집단, 일본 적군파,23 분노의 여

---

22　웨더맨은 웨더지하조직(Weather Underground Organization)의 약칭으로 1960년대 말부터 1970년대까지 미국에서 활동하던 자생적 극좌 테러 조직이다. 1969년 미시간대학교 앤아버 캠퍼스에서 학생운동 조직인 SDS(Students for a Democratic Society)의 한 분파 형태로 설립되었다가 1974년부터 미국 제국주의 타도를 위한 무장 투쟁을 선언하고 나섰다. 감옥 습격과 연방 정부 건물 폭파 등 테러 활동으로 유명해졌다. 1973년 베트남 평화협정을 계기로 쇠퇴하기 시작해 1977년 경에는 거의 존재가 유명무실해졌다. ─ 역주

23　일본 적군파는 1960년대 이후 일본을 배경으로 활동하던 신좌파 성향의 도시 게릴라, 테러

단은 이 전위주의의 유혹이 공통적으로 구현된 사례다.

고든 카(Gordon Carr) 씨는 분노의 여단에 관해 설명하면서 "'정상적' 범죄성"에 연루된 사실이야말로 이 집단의 몰락을 입증했다고 주장한다. [주 67] 분명히 카 씨와 존 데이비스(John Davies) 씨 저택을 폭파한 혐의로 11월 법정에 출두한 제이크 프레스콧(Jake Prescott), 그리고 이어서 이언 퍼디(Ian Purdie)를 경찰이 추적할 수 있었던 것은 위조 수표와 도난 은행카드의 사용 흔적 덕분이었다. 더 의미심장한 부분은 이 흔적이 대안적 사회의 인맥을 거쳐 갔다는 점인데, 노사관계법안에 반대하는 자유지상주의적 투쟁, 여성 해방과 권리주창자연맹(Claimants' Union)24 같은 운동 단체가 교차하는 지점인 코뮨, 공동체, 소굴, '현장'들이었다. 카에 의하면 로이 헤이버션(Roy Habershon) 경감은 "폭파에 대한 책임은 분명히 그 영역에 속했기 때문에, 나는 이 사람들 중에서 찾아내야 했다"라고 실토했다. 하지만 경찰은 "자신들이 목격한 참상에 충격을 받았다. … 이들은 어떻게 사람들이 자기 선택에 의해 그런 방식으로 살아갈 수 있는지 이해할 수가 없었다. … 이는 이른바 대안적 사회에 대해 경찰이 이미 갖고 있던 편견을 확대하고 재확인했다." '분노의 여단' 폭파 사건 시작과 종결 시에 나온 모든 공식 발표는 폭파 사건을 핵심적 계급 이슈와 연결지으려 했다. 아일

---

조직이다. 정식 명칭은 '공산주의자동맹 적군파'였고, 1970년 미일 상호방위조약 체결을 반대해 이른바 안보투쟁을 목적으로 일본 공산당 극좌파 중심으로 1969년 창설되었다. 특히 1970년 일본항공 여객기 요도호 납치 사건으로 유명세를 탔다. 조직원이 대거 검거되면서 일부는 해외로 무대를 옮겨 PLO에 합류해 테러 활동에 나섰다. 이스라엘 텔아비브 공항 점거(1972), JAL기 납치(1973), 헤이그 주재 프랑스 대사관 습격(1974) 등으로 국제적으로도 알려졌다. 1990년대 냉전이 소멸하면서 유명무실해졌고, 2001년 중심인물이던 시게노부 후사코가 옥중에서 해체를 선언했다. 이 중 일부는 아직도 지명수배 중이다. — 역주

24 전후 영국에서는 복지국가 도입 후 노동자의 삶이 개선될 것이라는 기대가 있었다. 그런데 브라이언 아벨 스미스(Brian Abel-Smith)와 피터 타운센드(Peter Townsend)가 1965년 출간한 <빈곤층과 극빈층(The Poor and the Poorest)>의 조사에 의하면 빈곤은 오히려 증가했다. 이들은 복지 제도에 의해 보장된 권리와 실제로 집행되는 내역 간에 격차가 있기 때문이라고 주장했다. 이에 자극받아 아동빈곤행동그룹(Child Poverty Action Group)이 결성되었고, 이는 1960년대에 노동계급과의 접점을 모색하던 학생운동에도 영향을 미쳤다. 1969년 5명의 노동계급 출신 학생들이 버밍엄 스파크힐(Sparkhill)에서 처음으로 권리주창자연맹을 설립했고, 이것이 이후 버밍엄 권리주창자연맹의 토대가 되었다. — 역주

랜드, 노사관계법, 롤즈 로이스 공장 폐쇄, 우체국 노동자의 '배신'과 포드 파업 등이 그러한 이슈였다. 하지만 이 전략에 근저가 된 비판이 '추상적' 성격을 띠고 있음은 의심의 여지가 없다. 비바 부티크(Biba's Boutique)와 포드사 회장 저택 폭파 직후 폭탄 전담반이 결성되고, 헤이버션 경감은 기 드보르(Guy Debord)의 헤겔주의적이고 상황주의적인 장광설인 〈스펙터클의 사회(The Society of the Spectacle)〉 독서에 몰두했다. 마침내 판결 결과가 나왔을 때 퍼디와 스튜어트 크리스티(Studart Christie)는 석방되었다. 프레스콧은 분노의 여단의 [공식 성명을 담은] 봉투에 주소를 적은 혐의 부분에25 유죄가 인정되어 멜포드 스티븐슨 판사에게 15년 형을 받았다. 이 듬해 5월 다른 네 명은 다수 평결에 의해 10년 형에 처해졌다.

　어떻게 보든 '분노의 여단'을 둘러싼 일화는 비극적인 사건이었다. 이 사건은 분명히 체제가 인간을 정의롭지 못하게 다룬다는 확고한 믿음에서 발생했다. 그리고 자유지상주의적 사고 틀에서 보면, 국가의 억압은 늘 직접적이고 매개되지 않은 형태로 이루어지기에 직접적이고 매개되지 않은 수단으로만 이에 대처할 수 있을 뿐이었다. 그러므로 '1968년'이란 대격변에 각인된 자유지상주의의 대본에서는 폭탄 사용이 **한 가지** 가능한 해법이었다. 그러나 완전히 혁명적이지 않은 국면에서 완전한 저항의 지향은 궁극적으로 강함이 아니라 고립과 취약함의 상징에 불과했다. 불꽃이 다른 강경파를 점화시키지 못한 점이나 더 광범위한 대중의 선동과 연결되지 못했다는 사실은 전술적 노선의 추상적 성격을 드러냈다. 그럼에도 불구하고 이 일화는 예기치 않은 엄청난 결과를 초래했다. 부지중에 이 일화는 대안 사회의 정치와 국가에 대한 폭력적 위협 간의 떼놓을 수 없는 연관성, 논리적 연쇄를 대중의 의식 속에 공고화했다. 마치 가능성을 필연성처럼 보이게 만든 것이다. 법과 질서의 세력이 자유지상주의의

---

25　당시 재판 과정에서는 프레스콧에게 유죄를 입증할 만한 증거가 불충분한 상황이었다. 그런데 분노의 여단이 언론사에 보낸 공식 성명을 담은 편지 봉투의 필적이 프레스콧의 것으로 판명되었다. 프레스콧은 내용을 몰랐다며 혐의를 부인했으나, 결국 유죄 선고를 받았다. — 역주

네트워크를 무거운 벽돌더미처럼 찍어 누르는 데 필요했던 바로 그 핑계도 그 세력에게 제공했다. 평범한 사람들에게 야간의 폭발은 마치 생생한 자기충족적 예언 같은 것이었는데, 이 사건은 이 평범한 사람들에게 법과 질서의 세력이 어떤 짓이든 '마음대로 해도' 지지해야겠다는 의지를 강화해주었다. 따라서 '분노의 여단'은 부지불식간에 '법과 질서형' 사회로의 이행 과정에서 핵심적인 전환점을 제공해주었다. 국가에 대한 폭력적 음모가 실제로 존재하며 청년들의 대량 일탈에 혹은 그 가까이에 존재한다는 주장을 입증하는 데 필요했을 증거도 제공해주었다. 이 단체는 극단주의에 대한 알맹이 없는 공포에 폭발과 무기 은닉처, 뇌관이라는 상상을 부여해 그 내용을 채워주었다. 말하자면 반응을 새로운 지점으로 격상시켰다.

1971년 후반부는 실로 하나의 '전주'에 해당했는데, 다른 논리에 맞추어 움직이는 아주 이질적 종류의 투쟁의 전주였다. 이 전주는 다음과 같이 극적인 형태로 주로 나타났는데, 바로 클라이드뱅크(Clydebank)의 어퍼 클라이드 조선소(그리고 그 다음에는 플레시즈Plesseys, 피셔 벤딕스Fischer-Bendix, 노턴 빌리어스Norton Villiers, 페이크넘Fakenham 등 다른 곳에서도)의 노동계급 투쟁이 1960년대 말 학생 좌파가 처음 선보인 농성 전술을 채택한 것이다. 물론 이 형태는 노동계급과 중간계급 정치 사이에 모든 방식의 수렴이 이루어졌음을 **시사했을** 수도 있지만, 실상은 1971년과 1972년 사이에 투쟁의 방향이 다른 투쟁 세력과 투쟁의 무대로 결정적으로 넘어가버렸다는 데에 가깝다.

그해 6월 정부는 이전 집권당이 합리화해서 살려놓은 어퍼 클라이드 조선소 폐쇄를 선언했다. 그 다음 달에는 스코틀랜드에서 실업 증가에 항의해 대규모 시위가 여러 차례 일어난 후, 작업장 노동자 대표들이 조선소 폐쇄를 저지하고 일자리를 지키기 위해 조선소를 점거했다. 공산주의 지도부는 주로 강경한 전술보다는 방어적인 이 전술을 아주 탄탄하게 조직했고 노사관계법 반대를 통해 점차 거세지던 히드 정부 반대 운동에 참가하게 된 점점 더 많은 노동자들의 상상력을 사로잡았다. 그후 광부들도 대대적인 임금 인상 요구를 내걸고 전선에 참여해, 히드의 '노선'과 조직화된 노동계급 간의 사생결단식 충돌이 시작되었다.

## ▎ 1972년: '노상강도'의 계기

　　노상강도가 점점 더 만연하고 있는데, 런던에서는 분명히 그렇다. 그 결과 점
잖은 시민은 늦은 밤 지하철 이용을 두려워하고 실로 노상강도에 대한 공포 때
문에 지하도 이용도 무서워한다. 미국에서는 노상강도 공포 때문에 늦은 밤에는
심지어 길거리를 걸어 다니는 것도 두려워한다고 들었다. 이는 억제적 판결을 내
려야만 하는 범죄다. (왕실 고문 변호사 알렉산더 카멜Alexander Karmel 판사).[주 68]

　　어떻게 보든 1972년은 특이한 해다. 전후 지금까지 전례가 없는 부
류의 계급 갈등이 지속적이고 공개적으로 전개된 해다. 다른 분야에서는
충격과 발작, 폭력과 충돌의 해이기도 하다. 사회는 철저히 양극화된 부
문들로 전락하고, 합의는 반영구적으로 냉동고에 처박힌 해이기도 하다.
"폭력으로 시작해 폭력으로 끝난 한 해였다"라고 〈더 타임스〉는 한 해를
평가하면서 침울하게 지적한다.[주 69] 이 해는 피의 일요일로 시작했는데,
당시 보그사이드 민권운동 시위행진이 끝나갈 무렵, 공수여단 제1대대가
잠시 흥분해 마치 '군 폭동'에 버금가는 태도로 가톨릭 군중에게 무차별
적으로 총을 난사해 13명을 사살했다. 그해는 "그 전쟁에서 그리고 일찍
이 그 어떤 현대전에서도 유례없는 가장 대대적인 미군 폭격"에 의해 하
늘로부터 베트남이 산산조각이 났다는 저녁 뉴스로 끝났다. 이 해는 "국
제적 테러리스트의 해"이기도 했다고 〈더 타임스〉는 지적했는데, 테러리
즘은 "더 이상 식민 점령지의 경계 안에 국한되지 않고 … 서구 사회의
취약하고 공개된 결을 강타했다." 이 해는 또한 "노동이 … 자기 요구를
관철하기 위해 강력한 무장 수단에 호소할 태세가 되었고", 노조는 "노사
관계법 반대를 위해 그 법에 의해 규정 집행용으로 설립된 법정을 의도적
으로 무시하는 지점까지 끌고 간" 시기이기도 했다.[주 70] 또한 이 해에는
실로 노동계급이 사실상 어떤 전략적 부류의 정치적 리더십도 없는 상태
에서 순전히 노동조합 저항이 고조된 상태만으로 히드 정부의 대결 전략
전체를 상대로 덤벼들어 굴복시키고 전복시켜 초토화해버렸으며 급격한
방향 전환도 촉진했다. 이 방향 전환은 법을 등에 업은 세 단계의 소득

정책과 비상사태의 칠흑 같은 어둠을 거쳐 결국 1974년 광부들과의 두 번째 대결에서 히드 정부를 정치적으로 파멸시키게 된다. 이 해에는 1919년 이래 그 어느 해보다도 파업 일수가 많았는데, 여기에는 1926년 총파업 이후 최초의 전국적인 광부 파업도 포함되었다.

　　새로운 노사관계법 형태로 법의 강제력이 노동 관리와 경제에 직접 도입되었으나, 야당인 노동당은 답답하게도 아무런 견제 조치도 하지 못했다. 책임을 맡은 전국노동조합연맹 대표도 수정을 이끌어내지 못했고, 자유주의적 수정도 이루어지지 않았으며, 자유주의적 언론 역시 냉정한 대처와 거리가 멀었다. 언론은 오히려 이 전략의 초기 단계에서 히드 씨가 밀고 나가도록 적극적으로 부추겼다. 조직화된 노동은 이에 정면으로 맞서 나갔다. 서슬 퍼런 노동계급의 저항에 이 조치는 도중에 중단되었고 결국에는 폐기되었다. 저항은 부두에서 시작했다. 노동자들은 컨테이너 운용 합리화 조치 도입에 저항해 일자리를 지켜내려 리버풀 부두에 진입하려했고, 컨테이너 기업인 히튼 운송(Heaton's Transport)은 이 요구를 거부했다. 회사는 분명히 새로운 노사관계법의 유혹에 넘어간 듯 법적 권한을 들먹이며 노동자를 분쇄하고 합리화를 강행하려 했다. 부두 노동자들은 진입 차단을 해제하라는 법원 명령을 무시했다. 3월 29일 법원은 노조에 법정모독죄로 5천 파운드의 벌금을 부과했고 4월 20일에는 추가로 5만 파운드를 선고했다. 노조는 납부를 거부했다. 컨테이너 사의 파업은 런던 부두로 번졌다. 주목할 만한 법적 반전이 이어졌는데, 항소법원은 노사관계 법원의 판결과 벌금 부과 조치를 무효화했으나 이 판결은 7월에 대법원에서 다시 기각되고 벌금 부과는 원심대로 유지되었다. 그런데 런던 투쟁을 주도한 세 명의 부두 노동자에게 수감 명령이 떨어졌다. 법은 자신의 명백한 정치적 책무 앞에서 다시 망설였다. 항소법원이 다시 한번 판결을 무효화했을 때, 영국 법 체계에서 신화적 존재에 불과하고 이 사건 이전에는 존재감조차 없었으며 그 후에도 거의 그랬던 공익 소송 대리인(Official Solicitor)[26]이

───────

26　공익 소송 대리인(Office of the Official Solicitor)은 영국 법무부의 한 부서로서, 법적 재

나서 이들을 구제했다. 그러나 노사관계법원 수장인 존 도널드슨 경은 조금도 물러설 기미가 없었으며, 7월 21일 대대적인 시위 장면이 연출되는 가운데 다섯 명의 부두 노동자가 법정 모독죄로 감옥에 수감되었다. 다섯 명의 노동자에 대한 노동계급의 지지는 압도적이어서 전국지 발행을 6일 동안이나 중단시켰고, 그후 예상대로 또 다른 반전이 이어졌다. 다시 운수일반노동조합(TGWU)에 벌금이 부과되고 다섯 명은 풀려난 것이다. 이틀 후 노동자와 노조 지도부 간에 상당한 알력이 드러난 가운데 부두에서도 타협안—존스 알딩턴(Jones–Aldington)의 '현대화' 계획—은 거부되고 전국적 부두 파업이 시작됐다.

법은 속수무책이었다. 법은 그 성공을 노동계급 사이의 분열과 더불어 법정의 재량권과 권위에 의존했다. 그리고 그 힘과 권위는 계급 투쟁에 직접 동원되는 바람에 후광을 잃었고, 다른 하나인 분열 수법은 놀랄 정도의 연대 과시로 극복되었다. 이후 법원이 다시 '말 없는 다수'만 믿고 철도 노동자들에게 14일간의 법적 냉각기를 명령한 후 투표 회부안을 제출하라고 결정하는 도박을 감행했는데, 이 때 철도 노동자들은 5 대 1이 넘는 비율로 쟁의 돌입을 가결해 버렸다. 그후에도 여전히 법원이 (결의를 따르지 않아 지부 모임 참석을 거부당한 조합원인) 착한 제임스 고드(James Goad) 씨 사건을 심리하면서 기계노동조합연맹(AUEW)[27]에 벌금을 부과하고 가처분 시행을 들먹였을 때에도 이 노조는 그냥 납부를 거부해버렸다.

이 사건은 본질적으로 법의 강제력을 무력화하고 노동조합의 단결권을 지키려는 **방어적** 투쟁이었다. 7월에 이르면 정치적 계급 권력과의 정면대결은 이미 시작되었다. 광부들은 5파운드와 9파운드 사이의 대규모

---

판 과정에서 스스로 권리를 대변하기 어려운 사람들을 위해 설립됐다. 정신 장애인이나 보호자가 없는 미성년자, 사망자 신탁뿐 아니라 국제적으로 얽힌 아동 소송 관련 업무도 관할한다.—역주

27  1971년 기계주물노동조합연맹(AEF)이 설계기술협회(Draughtmen and Allied Technicians' Association, DATA), 건설기계노동조합(Constructional Engineering Union, CEU)과 합병해 기계노동조합연맹(Amalgamated Union of Engineering Workers, AUEW)이 탄생했다.—역주

임금 인상을 요구했고 정부는 거부했다. 노조 지도부의 온건한 분파가 '이성이 승리하도록' 도와줄 것이고, 분명히 우체부들에게 그랬던 것처럼 광부들을 고립시키고 수많은 보조 서비스가 파업 행동을 유명무실하게 만들 것이라고 정부는 기대한 게 틀림없다. 이는 다시 한 번 히드 정부의 판단 착오였다. 비록 '온건한' 광산 지역은 쟁의 행동 돌입을 망설였지만, 좀 더 강성인 탄광 부문은 광부 아내들의 강력한 지지와 이 공동체의 전통인 연대를 등에 업고 그대로 밀고 나갔다. 더구나 드물게도 이번에는 노조 지도부도 장기간에 걸친 임금 자제의 결과 광부들의 생활 수준이 한참 뒤떨어질 수밖에 없었다고 강력히 주장하면서 강경하게 이들의 주장을 편들고 나섰다. 지역과 공동체에서도 강력하고 적극적인 지도부가 버티고 있어 파업 행동은 효과적으로 조율되었다. 더구나 광부들은 외부로 공세를 확대해 다른 부문의 연대 행동을 확보했다. 핵심적 투쟁은 공급 물자의 창고간 이동을 차단해서 원점의 파업에 힘을 실어주는 것이었다. 핵심 전술은 다른 관련 노동자 부문의 지지를 확보하고 무엇보다 효과적인 피케팅 시위를 전개하는 것이었다. 학생을 포함해 다양한 원천의 지원을 얻어 광부들은 원정 피켓 시위(flying picket) 전술을 전개했는데, 이 덕분에 압력을 극대화하고 항만, 발전소, 창고 같은 핵심 지점의 가용 세력을 가장 효과적으로 전개할 수 있게 됐다. 그러나 이 방식은 석탄 운송을 피켓으로 방해하려는 투쟁에서 파업을 '법'의 또 다른 측면, 즉 경찰의 공격 선상에 노출시켰다. 이 공개적 대치는 버밍엄의 샐트리(Saltley) 코크 창고 시위에서 정점에 달했는데, 이 때 광부들은 인근 지역에서 원정 온 수백 명 지지 세력의 도움을 받아 대대적인 세를 과시하고 트럭 운행을 멈췄으며 탄광문도 폐쇄할 수 있었다. 경찰 부대가 증강되기 시작하자, 버밍엄 작업장 노동자 대표들은 기계 노동자들에게 도움을 요청해 이들을 불러냈다. 수천 명의 노동자가 작업 도구를 내려놓고는 또 한 번 압도적인 노동계급 연대를 과시하면서 버밍엄 공장들을 멈춰 세웠다. 대규모 인파가 밖으로 나와 피켓 행렬을 불려갔다. 경찰은 물러섰고 이를 따라 정부도 재빨리 후퇴했다. 신속하게 광부들은 '특별한 사례'로 선포되고, 이 패배 상황에서 가능한 한 정부가 체면을 살릴 수 있도록 공익 소송 대리인처럼 윌버포스 조사단(Wilberforce Inquiry)이 꾸려졌다. 이 파업은 탁월한 시위이자 가공할 만한 촉매가 되었다. 이제 정부에 맞선 세력에게 계급적 자신감을 불어넣어 준 사건이었다. 히드 씨는 기존 입장을 철회하고 명문화된 소득 통제라는 대안을 취할 수밖에 없었다. 이 사건은 노동당 내부에서도 좌경화를 촉진했다. 히드 수상은 미래에 어떤 기회가 오면 광부들에게 자신의 길을 따르게 하겠다는 결의를 조용히 다졌을 것이라는 데는 의심의 여지가 없다. 히드 씨는 1974년에 마치 불 속에 뛰어드는 나방처럼 결코 잊을 수 없었던 이 복수로 다시 끌려 들어갔는데, 이 때문에 그의 정치 생명은 끝났다.

광부 저항의 한 가지 결과로 노사관계법에 원정 피켓 시위를 불법화하는 새 조항이 추가되었다. 법적 규제 실패에 대한 대응으로 추가적인 법적 규제를 정교화한 것인데, 이는 이후 1973년 체포와 공모 혐의 조항으로 귀결되었다. 또 한 가지 결과는 히드 씨가 극단적으로 싫어하고 혐오하는 일인데도 불구하고 그렇게 경멸하던 잘 닦여진 경로로 되돌아간 것이다. 바로 조합주의적 타협의 재구축이었다. "철저하고도 허심탄회한 논의"를 위해 새로 마련된 모임에 전국노동조합연맹과 영국산업연합의 다양한 대표를 모시기 위해 내키진 않지만 다우닝가 10번지의 문은 활짝 열렸다. 히드 씨는 2파운드 일괄 인상을 최대치로 제안했고, 전국노동조합연맹은 새로 발견한 전투성의 정신에 따라 이 제안을 거부했다. 다시 한 번 히드 씨의 규제 본능은 살아났다. 히드 씨는 임금과 물가 동결의 명문화로 전환했다. 이렇게 해서 부과된 경제 한파의 1단계는 시의적절하게도 11월에 시작되었다. 이후에는 1973년에 2단계(1파운드 상한선에 4% 인상)가 시행되어 항의성 파업의 물결을 자극했는데, 이번에는 승리를 거둘 법한 전략적 위치에 있지도 않은 주로 저임금과 공공 서비스 부문(공무원, 병원 노동자, 가스 노동자, 교사)이 주도했다. 히드 씨는 꿈쩍도 하지 않은 채 3단계로 진입했고, 다시 한번 법의 위엄과 음모죄 명목의 기소라는 동력에 기댄 채 언제 발생할지 모르는 추가적인 대규모 대결에 대비하려 했다. 쉬루스베리(Shrewsbury)의 건설 노동자들은 원정 피켓 시위 전술로 다시 좋은 효과를 보았으나, 이 중 24명이 재판에 회부됐다. 그러자 광부들이 두 번째 대대적인 인상을 요구하며 나섰다.

북아일랜드에서는 바리케이드와 '출입금지' 표지 뒤에서 IRA가 한동안 경쟁 상대 없이 가톨릭 소수파를 장악하게 되었다. 가톨릭과 군 사이의 밤낮 없는 충돌은 걸거리 싸움과 투석, 상호 욕 짓거리 주고받기로 시작해 점차 정규적인 무장 대결로 악화되어 갔다. 이처럼 급속한 상황 악화는 어떤 필연적인 비극적 결말을 가리키고 있었고, 1월 30일 런던데리(Londonderry)에서 열린 민권운동협회의 행진은 기회를 마련해주었다. 공수부대가 군중을 향해 고무탄을 발사하기 시작했을 때 자유 데리 광장(Free Derry Corner) 집회 준비를 위해 행진 참가자들이 아직도 모여들고 있었다. 그 때 군인들은 고무탄을 실탄으로 교체했고, 산발적으로 서 있던 행인들은 숨을 곳을 찾아서 흩어졌다. 혼란 상태가 진정되었을 때 적어도 13명의 가톨릭 신자가 사망한 채로 길거리에 쓰러져 있었다. '피의 일요일'은 대대적인 폭력 악화의 핑계거리가 되었을 뿐 아니라 이 지역 가톨릭의 마음이 싸늘하게 변해 자발적으로 IRA 보호자에게 의탁하는 계기가 되었다. 투쟁은 이제 제국주의 점령군에 대항한 민족주의-가톨릭-공화주의의 투쟁이라는 철저하고도 단순화된 형태를 띠게 되었다. **본국 내** 공중의 분위기에 심지어 더 큰 영향을 미친 것은 '피의 일요일'에 대한 복수로 앨더샷(Aldershot) 공수부대 본부 장교 식당 바깥에 폭탄을 설치한 사건이었다. 이 폭탄 설치로 6명이 사망했고, 간발의 차로 '저강도 작전' 이론 창안자인 프랭크 킷슨 준장도 목숨을 잃을 뻔했다. 아일랜드의 전쟁은 마침내 '귀환했다'. IRA의 폭파 작전은 이제 본격적으로 시작됐다. "체계적으로 길거리도 하나씩 하나씩, 사업장도 하나씩 하나씩 이들은 도시의 상업 구역을 계속해서 산산조각 냈다. '우리는 해야 할 일을 하고 있을 뿐이다'라고 이들은 말할 것이다. 이들은 그 일에 아주 능숙해졌다."[주 71] 북아일랜드 의회는 폐지되고 영국 정부가 지역을 직접 관할하게 되면서, 테러리스트와 폭탄 투척범과의 직접적인 전쟁 수행과 영국 정부 사이를 구분하면서 매개하던 마지막 벽이 사라졌다. 이에 대응해 오랫동안 벼르고 있던 프로테스탄트 준군사 집단들이 모습을 드러내 독자적인 방어막을 설치했다. 영국군과 신임 북아일랜드 장관인 윌리엄 화이트로(William Whitelaw) 씨는 프로테스탄트의 일방적 독립 선언을 차단하려면 가진 모든 직접적인 수단을 다해 IRA와 가톨릭 저항을 함께 분쇄하려 애쓰는 것 외에는 아무런 대안이 없었다. 잠시 휴전이 타결되기도 했으나 결국 폭탄 투척의 물결이 재개되어 벨파스트에서만 하루 동안 11명의 사망자와 130명의 부상자를 기록하기도 했다. 이는 끝장을 보려는 전쟁이었다.

미디어 역시 대다수의 '민간인 주민'으로부터 '총잡이들'을 격리시키려는 화이트로의 절망적인 전략에 깊숙이 동참했다. 미디어는 영국 시청자들의 마음을 얼어붙게 만들고 이에 따르게 마련인 테러리즘 공포를 일깨우도록 계산된 구경거리를 제공했다. 이에 따르면 테러리즘은 한 나라씩 서서히 번져가는 것으로 인식되어, 느리기는 하지만 이미 확실히 영국 주요 도시의 심장부에까지 다가오고 있었다. 테러로 찌들고 폭발로 파괴된 이 상황 전체가 '미친 짓'이며 '아일랜드'라고 불리는 집단 광기와 비합리주의의 산물이라는 견해는 꾸준히 반복해 전파되었다. 그런데 이 시각은 얼스터 위기를 이해할 수 없는 일이자 이성과 사유가 실종된 일이며 정신 나간 미친 짓으로 의미작용하는 데에 아마 다른 어떤 요인보다도 더 큰 역할을 한 듯하다. 그해 말 남쪽(아일랜드)의 잭 린치(Jack Lynch) 씨 정부는 논란이 된 반테러리스트법안을 상정했는데, 이것이 시초가 되어 서유럽 국가마다 하나씩 차례로 반테러리스트 비상조치법을 도입했다. 마침 그 때 더블린에서 폭탄 테러가 발생해 (이 테러를 IRA 소행으로 돌리기는 어렵다. 그 효과는 IRA의 입장에 부메랑이 되어 돌아올 것이 확실했기 때문이다) 두 명이 사망하고 더 많은 사람이 부상당했는데, 이 때문에 하원에서 반대 목소리는 사라지고 법안은 손쉽게 통과되어 반포되었다. 이 테러는 현재의 비상상황에서는 더블린에서 일어난 첫 번째 폭탄 투척이었다. 이 사건은 미지의 이름을 알 수 없는 어떤 요인 혹은 요인들이 평화롭고 준법 정신 투철한 나라의 무고한 시민들 사이에 괴물을 풀어놓았다는 영국의 시각을 확증해주는 역할을 했다. 올바르고 무고한 사람, 좌절, 위험의 무작위성에 대한 공포, 그리고 폭력 수행의 엄청난 규모 간의 이러한 결합은 지금쯤 영국의 공중이 너무나 집착하게 된 근심거리를 강화하는 데 상당한 기여를 했다.

정치적 납치와 항공기 납치가 1972년의 창조물은 결코 아니었다(1967년과 1971년 사이에 200건 이상의 항공기 납치가 발생했다는 추정치가 나와 있는데, 하지만 이 중 10건만이 정부에 정치적 압력을 가한다는 직접적인 의미에서 정치적 납치였다).[주 72] 그러나 이 해는 특히 몇몇 극적이고 등골을 오싹하게 하는 사례가 눈길을 끌었다. 3월에는 터키 게릴라 단체가 나토(NATO) 기술자 세 명을 납치했다. 이 중 두 명이 영국인이었는데, 매복 과정에서 인질들이 살해되었다. 하지만 5월에는 이러한 유형의 테러 활동이 눈에 띠게 격화되었다. 팔레스타인 게릴라 편에서 활동하던 일본 적군파 세 명이 이스라엘 리다(Lydda) 공항 라운지에서 24명의 승객을 사살했다. 물론 이 테러가 3주 전 똑같은 공항에서 벨기에 항공기 내에 100명을 인질로 잡고 있다가 비행기에 진입한 이스라엘 군인에게 사살된 세 팔레스타인 납치범의 죽음에 대한 복수임에는 틀림없었다. 그렇지만 이 학살은 자살적이고 무차별적이었으며 "서구인의 생각에는 거의 이해 불가능한 행위"[주 73]였다. 아무리 정치적 수단으로서 무차별적 테러를 사용하는 데 눈살을 찌푸린다 하더라도 팔레스타인인들의 입장과 곤경은 분명 '이해 불가능한 행위'는 아니었다. 하지만 실로 팔레스타인인들의 입장과 곤경은 국제적인 테러리즘 성장의 주된 원천이 되었고, 모든 주요 국제 항공사와 공항, 선진국들이 특히 이 위험에 노출되어 있었다. 이 시기에 영국 신문의 머리기사로 포착된 것은 바로 바더-마인호프 집단, 일본 적군파 분파를 비롯해 국제적 음모를 꾸미는 것으로 재빨리 파악된 다른 집단과 나란히 부상해 팔레스타인, 얼스터, 그리고 도시전의 다른 중심지들을 서로 이어주는 '검은 9월단'이었다. 이처럼 대도시가 테러리즘에 취약성을 보인다는 데에 대한 새로운 우려는 '검은 9월단'이 올림픽 선수촌에 난입해 이스라엘 선수단 9명을 인질로 잡고 다른 두 명을 사살한 사건으로 정점에 달했다. 다시 한 번 살펴보자면 여기서 매복이 실패해 총격전이 벌어지고 테러리스트 8명 중 다섯 명과 모든 인질이 살해되었다. 스포츠를 통한 나라 간 우정과 화합을 집중 취재하려고 대기 중이던 전 세계 신문과 텔레비전 서비스는 그 대신 바바리아의 쾌청한 하늘 아래에서 난데 없이 순식간에 발생한 죽음과 중상의 반향을 보도했다. 몇 주 후 서독 항공기가 자그레브 상공에서 납치범의 손에 넘어가자 수감된 테러범 세 명은 석방되었다. 이 지경에 이르자 매달 런던 공항을 오가는 이백만 승객은 모두 트랩을 내려설 때마다 마치 국제적 홀로코스트의 감시망 속으로 바로 걸어 들어가고 있을 지도 모른다는 느낌을 갖게 되었다.

1960년대 중반과 1970년대 중반 사이에 인종과 이민 문제에 관해 어느 정도 큰 변화가 일어났는지는 1966년 10월 던컨 샌디스 씨가 노동당 내무장관 로이 젠킨스에게 케냐에서 새로 유입되는 아시아 이주민의 위험성을 지적하고 난 후 젠킨스로부터 그 불안감을 공론화하는 일은 자제해 달라는 요청을 받았을 때 수긍했다는 사실만 봐도 가늠할 수 있다. "지금 당장은 안정되었다고 사람들이 느끼고 있어, 그 주제는 공중의 표면적인 의식 아래로 잠복해 버렸다"[주 74]라고 1967년 포웰 씨는 논평했다. 그러나 "조만간 이 문제가 공중의 관심사로, 그리고 좀 더 다루기 까다로운 형태로 다시 자리 잡게 되는 단계가 올 것이다"[주 75]라고 포웰은 공언했다. 10월에 포웰 씨는 그 질문을 다시 거론했다. "꿈에도 이 나라에 속한다고 생각해 본 적이 없는 수십만 명의 케냐인이 당신이나 나처럼 이 나라 국적을 갖기 시작했다."[주 76] 〈데일리 미러〉가 1면 머리기사에서 선택형으로 제시한 질문―"이민에 대해, 모두 받아들일 것인가? 아니면 정부의 통제하에?"[주 78]―이 이제 다시 등장했는데, 좀 더 흔하게는 더 극적인 형태로, 즉 "제어할 수 없는 홍수"의 유령으로 혹은 〈선데이 타임스〉가 "범람"[주 78]이라 부른 형태로 나타났다. 1968년 영연방이민법안은 그후 즉시 상정되었는데, 입국과 부양가족의 친지 합류 권리를 더 엄격하게 통제하는 내용을 담았다. 이 법안은 꼴 사납게 서둘러 법으로 통과되었다. 1968년과 1971년 사이의 기간 동안 이민법은 영국에서 인종관계의 바닥 상태를 보여준다. 물론 이 시기에 관심은 이미 입국한 이민자들 때문에 제기된 위협과 이들의 송환 가능성에 주로 집중되었지만, 영국 여권을 소지한 동아프리카 출신 아시아인의 추가 유입 가능성이 갖고 있는 위험은 불에 기름을 붓는 격이었을 뿐이다. 포웰식으로 선수를 치는 주요 방법 중 하나는 숫자를 통제하도록 하는 것이었다. 그리고 새 법의 여파로 입국장에서 이민국 관리들이 신규 이민자, 특히 아시아인을 대하는 방식이 눈에 띄게 더 거칠어졌다.[주 79] 그러나 1972년 8월 4일 이디 아민(Idi Amin) 대통령이 우간다에는 더 이상 4만 명의 영국계 아시아인을 수용할 자리가 없다고 선언했을 때 이전의 예언은 한 치도 어김없이 실현되었다. 몇 주도 지나지 않아 우간다의 아시아인들은 영국 여권 외에는 재산도 거의 챙기지 못한 채 대거 모습을 나타내기 시작했고, 정부는 이들을 수용하고 일자리를 마련해주는 계획을 급조해 실행에 옮겨야했다. 국적 없는 이 아시아인들의 진짜 신분을 둘러 싸고 상당한 혼선이 빚어졌는데, 이 중 다수는 우간다와 영국 정부가 시민권의 효력을 해석하는 방식 차이 때문에 오도가도 못하는 신세가 됐다. 이 시기에 개별 이민자를 놓고 영국과 출신지 사이에 "서로 떠넘기기"가 꾸준한 흐름처럼 늘어나게 되면서, 남겨둔 가족은 이산가족이 되거나 급조된 임시 수용소에서 일종의 잊혀진 존재가 됐다. 8월이 되면 모든 인종 관련 신호가 분명히 '공황 채널'에 맞춰졌다. 딜립 히로가 '해양의 은유'라 부른 홍수, 범람, 파도 등의 은유가 넘쳐났다. 이제 신문은 과거에 인종관계를 의도적으로 강조하지 않은 불공정 행위를 영국 국민에게 다소 범했으며, 따라서 이 이슈에 대한 '평범한' 풀뿌리 수준의 감정과 거리를 둔 것 같다고 스스로 확신하게 되었다. 그래서 이제는 자유주의의 가면을 벗어던지고 건전하고 현실주의적인 솔직한 발언을 한바탕 마음껏 해댔는데, 바로 영국은 침수되고 있다는 주장이었다.

이민자 공동체에 대한 정말 힘든 '괴롭힘' ─ 경찰의 불법 체류자 '낚시 원정', 여권과 서류 집중 검사, 일상 관례처럼 흑인 청년 집단을 '차례로' 검문하기, 과도한 게토 지역 감시, 흑인 사교장 급습 ─ 은 이 시기에 시작된다. 잘 조직된 반 흑인 로비와 요란한 반이민 감정이 정당 지지층 사이에서 성장하고, 보수당 정부가 우파 대상 선거 공약을 지키려 애쓰는 모습으로 돌아선 것도 이 시기부터다. 젠킨스 씨는 1971년 법안에 대해 "대단히 문제가 많은 법안으로 … 원칙도 잘못되고 실행될 경우 치명적일 수도 있다"라고 묘사했다. 그러나 1974년 재집권 후에도 노동당은 그 법을 폐지하지 않았고, 아민의 추방 때문에 예기치 않게 숫자 통제에 실패하고 입국 규정을 위반하는 사례도 빠르게 늘어나면서 이를 둘러싼 공황만 격화되었다.[주 80] 이 국면에 관해 너무 깊이 혹은 너무 까다롭게 따져보지는 않더라도 우간다 출신 아시아인의 새로운 '홍수'에 대한 공황과 '노상강도' 공황이 똑같은 달, 바로 1972년 8월에 발생했다는 점은 눈여겨 볼 만하다.

　　1972년이 되면 '위기'라는 구호는 더 이상 단순히 저널리즘 차원의 과장으로 비치지 않는다. 분명히 영국은 큰 사회적, 경제적, 정치적 위기에 진입하고 있다. 적용한 시각에 따라서 이 위기는 다르게 지각되고 달리 설명된다. 그러나 위기는 더 이상 단지 애들이나 놀래키는 마녀 가면에 그치지 않는다. 위기가 의미작용된 방식은 지금까지 다룬 내러티브 전반과 연계되어 있었다. 우리가 여기서 주로 관심을 두는 시각에서 볼 때 이 측면을 간략히 살펴보지 않고는 1972년의 진정한 풍미를 제대로 전달할 수가 없다. 마치 단일한 이데올로기적 짝인 것처럼 서로 연결되고 모든 이슈, 논쟁, 갈등, 문제 위에 드리우는 두 가지 단순한 추상적 용어가 한 해 내내 압도적으로 두각을 나타낸다. 한해 전체는 말하자면 '폭력'과 '법'이란 이 두 가지 용어로 압축할 수 있다. '골칫거리'에 관해 의미작용하면서 신문 혹은 정치, 정부, 공적 혹은 도덕적 삶의 영역에서 정의를 내리는 대변인들이 사회적 반대나 공적 관심사인 주제를 어떻게 끊임없이 점점 더 널리 서로 수렴하는 은유들로 의미배치했는지 앞서 살펴보았다. 1970년에 이르면 '적'은 단일한 합성 인물이 되었고, 그의 존재는 모든 것 위를 초자연적으로 배회하면서 대규모 사회 무질서의 가능성을 선언한다. 1970년 초 그 기표는 '무정부 상태'다. 그러나 '무정부 상태' ─

사회적 혼란의 일반적 위협—는 아직도 다음 사항, 즉 무정부 세력이 가시적인 폭력의 모습으로 등장한 형태에는 미치지 못한다(물론 양자를 연결하는 뚜렷한 관계는 존재한다). 1972년 시점에서 위기의 공적인 의미작용은 **바로** 폭력이라는 축을 중심으로 작동한다. 이미 주장했듯이 폭력은 최종적이고 궁극적인 문턱이다. 왜냐하면 폭력에서는 무정부 상태가 마침내 그 진정한 색깔대로 등장하는데, 바로 국가 자체를 노린 음모다. 이 폭력은 무장 폭력 사용에 의해 실제적으로 혹은 잠재적으로 전개된 음모다. 그래서 폭력은 사회 질서의 어떤 특정한 측면을 위협하는 데 그치지 않고 사회 질서의 바로 토대 자체를 위협한다. 따라서 폭력은 어떤 파도의 정점, 즉 영국에서 1960년대 중반 이후 '삶의 방식'에 타격을 주고 근저를 흔들어놓은 모든 변화가 자연적으로, 또 필연적으로 도달하게 되는 정점이다. 길이 끝나는 지점이나 길이 갈라지는 곳인 셈이다. 폭력은 이데올로기적으로 궁극적인 수렴이기도 했다. '폭력'은 정의하기가 어렵기로 악명이 높지만 아주 단순하고 쉽고 명쾌해 보이는 이데올로기적 가치가 있는 범주다. (폭력은 '우리'가 모두 궁극적으로 **반대하는** 것이며, 무수하게 다양한 반대와 갈등은 **모두** 폭력으로 환원될 수 있다). 일단 어떤 사회가 '폭력'에 사로잡히게 되면, 이에 따라 폭력은 모든 형태의 위협을 '**절대적인 위협**'(the threat)으로 전환시키는 최소 공통분모가 된다. 1972년에는 위기가 반복해서 그 폭력 측면에서 의미작용되는데, 이 폭력은 특정한 종류의 폭력, 즉 무정부적 폭력이라는 점을 주목해야 한다. 이 폭력은 폭도의 폭력이자 이치나 이성이 없는 폭력이며 (우리가 싫어하는 논거도 포함해) 그 어떤 합리적 근거도 찾을 수 없는 폭력이다. 즉 광기의 폭력, 비합리적 폭력, 재미를 위한 폭력, 무의미하고 이해불가능한 행위다.

　　2월에 〈선데이 익스프레스〉 칼럼니스트인 앤 에드워즈(Anne Edwards)는 피의 일요일에 관해 다음과 같이 썼다. "이러한 부류의 시끄럽고 정신 나간 훌리건주의가 온 나라에서 곪아가고 있다." 정신나간 훌리건주의는 그 '추악한 자매'인 '무의미한 폭력'과 연계된다. "군중의 폭력은 대의에는 추악한 자매가 있다는 주장으로 변명거리를 찾는다는 사실을 아마 우

리는 좀 더 일찍 깨달았어야 할지 모른다. 그 추악한 자매는 그냥 재미로
때리고 부수고 깨고 상처내고 박살내는 것 외에는 아무런 목적도 없는 사
람들이 행하는 의미 없는 가해일 뿐이다."[주 81] 여기서 필자는 폭력의 망
을 관통하는 "연결고리를 찾아낸다". 한 나라 수도의 대사관에 충격을 가
하기, 광부들의 하원의원이 폭력을 옹호하기, 두 청년이 칼로 학생들을
위협하기, 런던 빈민가에서 깡패들이 과부 남편의 사진을 찢어버리기가
하나로 엮이게 된다. 여기서 설명한 사건들은 세련되지도 문명화되지도
인간적이지도 않다. 그 어떤 구체적 측면에서도 정치적이지도 않다. 영국
인들은 정복, 강제노동, 때로는 폭력을 포함해 온갖 수단으로 부와 세계
적 지위를 달성한 국가의 후예이면서도 정작 정치적 폭력이 정당화**되기도**
한다는 사실을 어쨌든 인정하기는 매우 꺼린다. 하지만 이 기사는 그렇게
정교한 주장에 근거하지 않는다. 확실한 사실은 여기서 명제를 전개할 근
거로 사용된 사례가 어떤 확실하거나 구체적인 방식으로가 아니라 오직
**레토릭**이나 이데올로기 차원으로만 '연결된다'는 점이다. 이 역시 동일한
악몽의 일부일 수도 있다. 철저하게 은유적으로만 동일한 역사 현상의 일
부인 셈이다. 실제로 연결고리를 제공해주는 것은 사건들의 유사성이 아
니라 관찰자의 마음속에 내재하는 공황이란 인식의 유사성이다. 사실 거
기에 공통적으로 존재하는 것은 **느낌에 의한 위기 의식**(felt sense of crisis)이
다. 그리고 이 위기의식은 일련의 미끄러짐, 생략, 논평, 은유적 뒤틀기에
의해 '피의 일요일'에 투사된다. 그래서 〈선데이 익스프레스〉 기자는 이
사건에 "깡패들이 대의 배후에 숨어 있을 때"[주 82]라는 제목을 붙였다.
'피의 일요일' 발생 하루나 한 시간 전후에 그 어떤 다른 일이 벌어졌든
상관없이, 논의되는 사건 자체는 **군기 빠진 영국 군인들**의 엄청난 실수였
다. 그러한 견해를 지지하는 데에는 IRA의 군사 정책에 공감하거나 무차
별적 테러를 정치적 무기로 삼자는 주장에 동조할 필요도 없다. 이 사건
의 결과는 영국의 시각에서 볼 때 정치적으로나 군사적으로나 완전한 참
사였다. 그 이유는 주로 가톨릭의 눈에는 만약 그러한 일이 없었다면 확
실하게 입증하기 더 어려웠을 일을 아주 명쾌하게 확인해 주었기 때문이

다. 얼스터 위기를 군사적으로만 규정하는 시각이 이제 출입금지 바리케이드 양쪽에 다 존재한다는 점은 확실해졌다. '식민지' 상황에서 군사적 논리가 지배하게 되면, 좌절에 빠지고 행동에 굶주린 공수부대원들은 오로지 군사적─즉 폭력적─준거틀 안에서 행동해 결국 정치적 이슈를 촉발하게 될 것이라는 점도 분명해졌다. 〈데일리 익스프레스〉의 경쟁지인 〈선데이 타임스〉는 실로 탄탄한 증거에 근거해 그러한 주장을 확고하게 전개한다. 재판장인 위저리 씨가 '피의 일요일'에 관해 작성한 공식 보고서는 'IRA에 유화적'이긴커녕 군의 위장 작업용으로 널리 간주되는데, 심지어 여기서도 그 점을 분명하게 확인할 수 있다.

다음에는 인종과 포웰 씨 같은 까다로운 영역도 배제하지 않고 자유주의적이고 민권 관련 이슈의 전 범위에 걸쳐 결국 개혁적 입장을 과감하게 펴게 된 신문을 살펴본다. 이 신문은 (과거 '자유주의적' 경쟁지이던 〈옵저버〉와 달리) 독립된 입장을 지키기 위해 실제로도 재정적으로도 다소 위험을 감수했다. 똑같은 시기에 〈선데이 타임스〉에 실린 사설은 다음과 같다.

> 마사 크로포드(Martha Crawford), 세라주딘 후세인(Serajuddin Hussein), 존 로(John Law)는 서로 수천 마일 떨어진 곳에서 살해당했다. 죽음을 통해 세 사람은 가공할 만한 공통점을 갖게 되었다. 세 사람은 자신과는 아무 상관도 없는 갈등에서 순전히 무고한 희생자가 되었다. 한 사람은 행인이었고, 다른 한 명은 인질, 또 한 명은 언론인이었다. 무장한 사람도 없었고, 보호받은 사람도 없었으며, 자기 목숨을 아무렇지 않게 희생할 정치 투쟁에 몸담은 사람도 없었다. 한 사람은 주부, 또 한 사람은 기술자, 나머지 한 명은 편집인이었다. 한결같이 어떤 목수의 아들만큼 소박하고 남에게 해 끼치지 않는 삶을 추구했다. 이제 세 사람은 이 시대의 특징이 된 야만의 희생자이자 수많은 희생자 중의 세 명으로 기록된다.[주 83]

이 세심하게 작성된 구절 역시 일종의 단순화를 실행하고 있다. 이처럼 때 이르고 비극적인 죽음은 실제적이고 두렵고 **구체적**이며 정치적인 갈등이 낳은 수많은 결과 중 하나인데, 이 갈등들은 추상성으로 해체되어 순전한 폭력의 수준으로 격상된다. "가공할 만한 공통점"은 잘못 부과된 공통점이다. 이 아주 특수한 죽음들이 여기서 공유할 수 있는 유일한 요인은 죽음이 폭력 사용에서 비롯된다는 점이다. 이 '폭력'과 대비되면서 또 다른 추상화, 즉 희생자들의 전적인 무고함이 배치된다. 이 구절의 거의 익명성이 주로 초래하는 결과는 이런 식으로 끝나게 된 모든 갈등의 순전한 **무의미성**을 강조하게 된다는 것이다. 여기서 모든 결과는 죽음의 불필요함으로 확증되는 '모든 인간'(Everyman)이란 추상적 수준으로 고양된다. 그러나 이 고양은 모든 역사적, 정치적 맥락화를 희생한 채 달성된다. 이 죽음 배후 어딘가에는 〈선데이 타임스〉가 심지어 상징적으로라도 거명할 수 없는 다른 수많은 이름 없는 팔레스타인인의 죽음이 존재한다. 왜냐하면 아주 얼마 전까지만 해도 역사가 이들을 완전히 망각해버렸기 때문이다. 팔레스타인인처럼 착취당한 민족을 대상으로 제도적, 정치적 폭력이 체계적으로 자행될 때 이 폭력이 다시 폭력을 부를 것이라는 점은 그리 억지스런 추론이 아니다. 파농은 이 점에 관해 설득력 있게 썼고, 그의 지적은 진실성을 담고 있다. 팔레스타인 문제를 이처럼 역사적으로 매장하는 은밀한 — 물론 개인적인 것은 아니고 **집단적인** — 공모에서 불행한 일이지만 영국인 중에 "연루되지 않은 무고한 시민"은 남아 있지 않다. 그러나 〈선데이 타임스〉는 이 파농식 논리를 단호하게 배제한다. 신문은 이 주장이 "모든 구체적 측면에서 근거가 없다"고만 본다. [〈선데이 타임스〉의] 이 주장이야말로 한없이 비겁한 행위에 대해 "모든 책임은 전가하고 영웅적 순교만 주장하는 데 사용되는 장치"나 다름없다. 현대의 극단주의자가 금과옥조처럼 여기는 '체제'의 불완전성은 그 어떤 무관한 시민에 대해 어떤 잔혹한 공격을 가할 때에도 핑계가 된다. 이 불완전성은 무오류의 인본주의적이고 자유주의적인 원칙이 된다. 그렇다고 해서 〈선데이 익스프레스〉가 하는 것처럼 두려움과 공포로 우리를 압박해 한마디로 존재하지도 않는 것을 보고 믿게 만들지는 않는다. 그러나 이 사유 역시 나름대로 합리적 방식이긴 하지만 일종의 '비진실'을 자행한다. 정치는 〈선데이 타임스〉 편집실에서 상상하는 것보다 더 힘든 노무 관리자 역할이다. 요르단 서안 지역의 극단주의에게는 '체제의 불완전성'이 꼭 금과옥조로만 보이지는 않는다. 세상은 오로지 고전적인 자유주의의 추상적 세계에서만 이처럼 권리와 의무를 지는 공적 자아와 전적으로 '무관한' 사적이고 비정치적 자아로 손쉽게 구분될 것이다. 폭력의 '정치'는 난데없이 나타나 우리를 깜짝 놀라게 한다. 우리와 '무관하다'는 사실에도 불구하고가 아니라 제국주의의 연쇄를 통해 우리를 집단적으로 또 다른 멀리 떨어진 잊혀지고 방치된 인간 군상으로 이어주는 착취의 연계고리가 부지불식 중에 그렇게 오랫동안 지속되도록 방치되었다는 이유 **때문**에 그렇다. 이 점은 불편한 진실이다. 그 결과는 대면하거나 생각하기에 그다지 아름답지 않다.

폭력의 이분법적 반대 항목은 평화, 사랑도 아니고 배상도 아니다. 바로 법이다. "이는 단순히 정부의 건재함을 입증하려는 재판이 아니다. 우리 사회의 구조 전체를 시험하는 기회다. 영국 국민의 압도적 다수는 평화와 정의를 원한다. 공정하고 합법적으로 시행되는 법만이 결국 평화와 정의를 보장할 수 있다."[주 84] "법은 개정을 필요로 할 수도 있다. 제정자가 의도하지 않은 결과를 낳을 수도 있다. 사회적 효과가 해롭게 나올 수도 있을 것이다. 심지어 완전히 악법이 될 수도 있을 것이다. 그러나 법은 여전히 법이다. 중세적인 국가는 현대적인 사회적 동의를 갖추지 못했다는 이유로 무효라고 여길 수도 있겠지만, 겨우 4개월 된 법도 비슷한 이유로 무시할 수는 없을 것이다. … 그러니까 심지어 악법도 지켜야 한다."[주 85] 한 해 내내 그러한 주장이 계속 이어졌다. "그러나 좋든 싫든 그것도 당분간 법이며, 민주주의 사회의 기본 원리는 싫어하는 법도 합법적으로 바꿀 때까지는 수용한다는 것이다. … 최종적으로 법적 재가가 이루어지지 않는다면, 힘의 지배가 법의 지배를 대체하게 될 것이다."[주 86] "지금 이 나라가 직면한 이슈가 무엇인지는 의심의 여지가 없을 것이다. 그 이슈는 부두와 잉여 부두 노동자 문제와 아무 상관이 없었고 지금도 여전히 그렇다. 심지어 보수당과 사회당 정책 간의 차이와도 아무 관련이 없다. 이 문제는 이 나라가 법에 의해서 움직이는지, 아니면 참혹한 무정부 상태의 힘에 의해 움직이는지에 관한 간단한 질문이다."[주 87] '법'에 대한 이처럼 엄격하고 단순한 호소가 억제하려는 위험은 어떤 것인가? 정치적 암살? 인질 사살? 무고한 사람들의 납치? 민간인에 대한 무차별적 폭탄 투척? 남 몰래 우편 폭탄을 우체통에 투입하는 행위? 길거리에 넘쳐나는 볼세비키 훌리건 무리? 여기서 인용한 사설과 기사 네 편 모두 사실은 히드 정부의 노사관계법을 옹호하기 위해 제시된 것이다. 이 법은 이 나라에서 지배적인 정치 계급 동맹이 노동계급의 조직화된 힘과 단결을 겨냥해 금세기에 시행한 가장 직접적이고 적나라한 계급적 법제 중의 하나인데도 그렇다.

그렇게 철저하고 공개적으로 위기 해결에 법을 동원하는 바람에 히드 씨는 사법부 독립이라는 필수적 허구를 파괴했다는 주장도 나왔다. 모든 발전된 형태의 자본주의 국가에서 갖춰진 사법적 불편부당성은 법적 평등과 자율성의 틀을 마련해 생산관계에서 비롯하는 사회적 경제적 불평등의 지속을 은폐할 수 있도록 해준다고 앤소니 바넷(Anthony Barnett)은 주장했다.[주 88] 그러나 국가가 좀 더 직접 개입할 수밖에 없게 되면, 특히 계급 이익을 공개적으로 옹호하는 데 법을 적극적으로 동원하는 예외적 형태를 취하게 되면, 그러한 개입은 "노동자와 자본가 간의 실제 관계의 '보이지 않는' 불평등을 온 천하에 노출시키는 위험을 초래하게 된다. 현대 자본주의가 필연적으로 경제에 대해 추가로 국가 개입을 필요로 한다는 사실은 … 따라서 부르주아에게 위험 부담을 지우게 된다. 자본의 지배에 대한 대중의 동의는 체제의 신비화에 의존하는데, 이 조치는 바로 그 중심적인 이데올로기적 신비화 자체를 폭로하게 될 위험을 초래한다."[주 89]

1972년 고전적으로 '중립적'인 경제와 노사관계 영역에 법을 도입하면서 왜 대대적인 계급 반응을 진정시키기는커녕 오히려 자극하고 도발하는 기능을 했는지 설명하는 데 이 점은 어느 정도 도움이 된다. 자유주의적 자본주의는 단지 파시즘적 억압의 겉치레에 불과하다는 식의 1960년대 미국 '신좌파'의 정통적 견해는 대체로 잘못되고 과도한 단순화라고 생각한다. 그렇지만 1970년대의 정치, 사회 풍토에서 법 세력과 법원이

취한 좀 더 가시적이고 적극적 존재의 모습은 이전까지 지배적으로 통용
되던 고전적인 선한 국가와 국가 권력 모델로부터 신비화의 껍질을 어느
정도 벗겨내는 효과를 **발휘한** 것도 사실이다. 이 주장은 국가 개입 영역
전반으로 확대할 수도 있을 것이다. 좀 더 단기적이고 현상적인 '위기' 형
태에 의해 은폐되기는 했지만 우리 시기 전반을 통틀어 진행된 근본적인
구조적 변화 중 하나는 실로 자본주의 국가 일반의 위치, 역할, 특징이
대대적으로 재구성되었다는 점이라고 우리는 주장했다. 여기에는 지금까
지 형식적으로 '시민사회'라는 독립 영역에 속한다고 간주되던 영역들―
한편으로는 자본 자체의 경제적 메커니즘, 다른 한편으로는 이데올로기
관계와 사회적 재생산 영역 전체―에 국가가 점차 개입하게 된 현상도
포함되었다. 따라서 갈등과 계급 투쟁의 정치적 관리 수준에서 법과 법원
을 확장한 조치는 또 다른 수준에서는 경제와 자본 확장 여건 전반에 대
한 지휘 통솔에까지 국가를 확장한 조치와 짝을 이루고, 나아가 또 다른
수준에서는 복지와 가정 내 노동력 재생산이란 새로운 영역에까지 이어
진다. 그렇지만 영국 사례에서 자본주의 국가의 이러한 재구성이 취한 **바
로 이** 형태가 영국이 다른 모든 선진 자본주의 국가와 공유하는 선진 자
본주의 생산양식 자체에서 일어난 진전의 특징인지, 아니면 영국이 극도
로 취약한 경제적 토대 위에서, 그리고 자본주의 역사에서 가장 성숙한
산업노동계급과 직면하는 바람에 이러한 재구성을 시도했다는 식의 좀
더 '국가적인' 특징에 고유한 것인지 판단하기는 실로 어렵다. 그러나 분
명히 이러한 변화의 **효과**가 발생했음을 부정할 수는 없다. 물론 나라마다
중요한 차이가 있기는 하지만, (영국처럼) 자본주의가 취약한 곳이든 (미국처
럼) 지금까지 강성했던 곳이든 모두 이 변화가 일어났다는 사실은 우리가
목격하는 변화가 우발적 현상 수준의 움직임은 아님을 시사한다. 이 변화
는 단지 특정한 나라의 정치적 '세력 관계'에서 유래하는 게 아니라 모순
되고 불균등한 발전 시기에 세계 자본주의 체제 자체의 토대에서 발생한
모순에서 비롯한다.

　하지만 좀 더 국면적인 측면을 간과하게 되면 위험도 따른다. 만일

사법적 기구의 변경된 역할을 포함해서 국가의 이 재구성이 실로 우리가 지금까지 분석한 불안정성의 저변을 흐르는 원인의 하나라면, 영국에서는 이 재구성이 상당히 다른 **형태**를 취했다는 사실도 인식해야 한다. 노동당이 이전과 현재 단계에서 선택한 '관리된 합의'는 '국익'의 이데올로기 메커니즘을 절대적으로 중심에 두고 세계를 '온건파'와 '극단주의자'로 양분화하는 이데올로기 전략을 보완책으로 채택했는데, 히드 씨하에서 채택된 것과 형태가 다르긴 하지만 이 조치 **역시** '개입주의 국가' 확장의 결과였다. 그렇다면 차이점은 이례적인 히드의 간막극이 우리가 살펴본 다른 시기와 상반된 개입주의를 대변했다는 점이 아니라 이 시기가 **현대 자본주의 국가 권력의 토대가 된 균형이나 평형 상태의 성격에서 일어난 핵심적인 내부 변화의 결과**에 해당했다는 점이다. 그리고 비록 변화의 기본적인 가락은 더 심층적인 구조 수준에서 유래할 수는 있겠지만, 이 은폐된 억압 체제와 좀 더 노골적인 억압 체제 형태 간의 **이** 차이는 정치적 계급 투쟁 자체의 수준에서 가장 첨예하게 나타난다. 1960년대 중반 이후 정치적 저항이 늘어나고 그 다음엔 1970년 전후 좀 더 전투적인 형태의 노동계급 정치 투쟁이 재개된 데다가 설상가상으로 영국의 경제적 토대 전반이 부실해지는 바람에, 한동안 억압적 국가 권력을 더 동원하고 다양한 형태로 구사하지 않고서는 정치적으로 위기를 도저히 관리할 수 없는 상황이 되었다. 물론 결국 아무런 공도 인정받지 못했지만 히드 씨가 자본주의에 '기여'한 부분은 바로 헤게모니의 위기의 속성에서 일어난 이 중요한 변화를 완성했다는 점에 있다. 두 가지 사항도 추가로 주목할 필요가 있다. 물론 그 후에 좀 더 공정하고 규제되고 '계약적'인 개입주의 형태로 되돌아가긴 했지만, 국가의 법적 부문을 억압적으로 사용하기 시작한 변화가 사라진 것은 아니었다. 합의는 자발적으로 구축되지 않고 계속 강제에 의해 구축되고 있다. 1970년대 중반 관례화된 형태로 구현되면서 합의는 이전의 변종에는 없던 억압적 세력의 모습을 영구적으로 갖게 된 것으로 보인다. 지금까지 충분하게 주목받지 못한 두 번째 사항은 좀 더 권위주의적인 국가 형태의 근저에 어김없이 또 일상적으로 통용되는 위기의 정의에 대해 말 없는 다수의 지지를 이끌어내는 데에도 '법' 적용이 동원력을 행사한다는 점이다. 법을 계급 관계에 직접 개입시키면서 지금까지 법이 효과적으로 행사하던 이를테면 중립적인 '겉포장'이 손상되었을 수도 있다. 그러나 이렇게 되면서 그 반대 효과도 나타났다. 공개적이고 명시적으로 '강력한 국가'를 지지하는 데 '여론'을 적극적으로 동원하는 행위가 좀 더 정당화된 것이다. 그래도 미심쩍은 사람은 '풀뿌리 대상' 라디오 전화 신청 프로그램을 아무거나 하나 선택해 **사회적 규율**을 주장하는 권위주의적 대중주의의 발언이 오가는 것을 들어보라. 아니면 히드 씨 계승자들이 앵무새처럼 되뇌는 말에 조심스럽게 귀 기울여 봐도 된다. 히드 씨는 1972년 결승점에 도달하려 마지막 안간힘을 쓰면서 엄청난 희생을 치렀다. 그러나 이 '이례적인' 시기의 이데올로기적 효과는 그의 정치 생명보다 훨씬 더 오래 남았고 아직도 결코 그 위력을 다하지 않았다.

1972년은 '노상강도' 공황이 완전한 모습으로 처음 등장하는 시점이다. 따라서 더 광범위한 역사적 내러티브가 우리의 좀 더 한정된 관심사와 교차하는 지점이기도 하다. 날짜는 이밖에 특별히 아무런 중요성도 갖지 않는다. '히드식 경로'의 해체와 노동계급 투쟁의 자신감과 전투성 증가라는 측면에서 볼 때 1972년은 단지 중간 지점에 불과하다. 역사적 관점에서 볼 때 '노상강도의 계기'는 이 더 긴 역사에서 단지 **하나의** 계기일 뿐이다.

그렇지만 이 사건의 위치나 타이밍은 우연적이지 않다. 물론 우리는 이 수렴이 마치 아주 엄밀하고 깔끔하게 맞아떨어지는 것처럼 제시하려고 무리하게 시도하지는 않을 것이다. 우리는 하나의 파열 지점에서 수많은 다양한 모순이 축적되는 양상을 폭로하는 데 목표를 두었다. 만일 '노상강도'에 대한 반응이 헤게모니의 위기하에서 국가가 예외적 상태로 표류하는 과정에서 생겨나는 것이라 해도, 이 반응이 어떤 단순한 의미에서 그 진화의 직접적인 **산물**은 아니다. 노상강도에 대한 반응은 범죄 통제, 경찰과 법원, 여론과 미디어 등 법적, 이데올로기적 영역 내에서 그 자신만의 '내적 역사'를 갖고 있다. 만일 이 반응이 '헤게모니의 위기'와 관련이 있다고

해도, 오로지 위기 관리와 관련해 다양한 국가 기구 간의 유동적인 균형과
내부 관계를 **경유해서만** 그리할 수 있다. 이 시기 자본주의 국가의 일반적
역사와 관련해 이 기구들의 내부 역사는 아직 정리되지 않은 상태로 있다.
이러한 작업이 마련되지 않은 상태에서는 어떤 [주장의] 개연성을 너무 무
리하게 밀어붙이지 않는 것이 좋겠다. '길거리 범죄'에 대한 사법부의 예
민한 반응은 전후 시기 다른 계기에서도 발생했을 **가능성이 있다**. 따지고
보면 '범죄율 증가의 등식'은 거의 20년간 관심사 의제의 최우선 순위를
차지했다. 이 시기 거의 내내 사형과 체벌제 부활, 더 엄격한 판결과 더
가혹한 감옥 체제를 촉구하는 일부 여론의 목소리는 나왔다. 적어도 1964
년 스메스윅 선거 후에는 인종도 정당 정치의 카드로 활용되고 있다. 흑
인 집단 거류지뿐 아니라 정치적 반대 견제의 효과 개선과 효율화를 겨냥
한 경찰 부대 재편은 1963년 초 시작되었는데, 여기에는 언뜻 좀 더 표면
적 위협과 전혀 무관해보이는 '조직'상 이유도 있었다. 청년, 가족, 도덕
적 처신을 둘러싸고 발생한 권위의 위기는 1970년대가 아니라 1950년대
에 처음 시작된다. 따라서 '노상강도 공황'의 씨앗은 장기간에 걸쳐 싹을
피우고 있었다. 그렇지만 이 공황은 분명히 이전 시기보다는 일단 1970년
대 맥락에 놓고 볼 때 훨씬 더 그럴 듯해 보인다. 이전의 논의에서 보여
주었듯이 이 현상은 적어도 다섯 가지 핵심적 조건에 달려 있었다. 통제
기구에서 예견적 동원과 '준비 태세' 상태, 미디어를 통해 이 문제에 대한
공식 집단과 공중의 자각 발생, 범죄율을 사회적 권위와 통제의 전반적
붕괴의 지표로 해석하는 식으로 사회 안정성에 대한 '위험 인지', 공중의
경계를 촉발할 수 있도록 극적인 사건('노상강도')에 연루된 취약한 '표적
집단'(가령 흑인 청년)의 규정, 음모론적 악마와 범죄적인 민중의 악마를 공
적 무대에 투사할 수 있도록 해주는 메커니즘의 가동 등이 그 다섯 가지
다. '노상강도 공황'이 촉진하는 계기에서는 이 조건들이 모두 완벽하게
충족된다.

　　이 조건들이 오로지 흑인 범죄와 관련해서만 작동되지 않았다는 점
은 분명히 우리 주장의 일부를 이룬다. 왜냐하면 바로 이 점이야말로 정

치 갈등과 사회적 불만의 **특정한** 구현 형태에 대한 국가의 반응과 헤게모니의 **일반적인** 위기 간의 연결 관계를 시사해주기 때문이다. 그렇다면 '노상강도'에 대한 반응의 성격은 사회가―좀 더 구체적으로는 지배계급 동맹, 국가 기구, 미디어가―경제적, 정치적, 사회적 위기 심화에 대응한 방식 측면에서 볼 때에만 이해할 수 있다고 믿는다. 우리가 맥락화하고자 하는 현상은 가장 직접적으로는 법적―정치적 복합체에서 유래하기 때문에, 이 위기를 두드러지게 국가 수준에서 추적했다. 따라서 전 세계적으로 동시적인 불경기 조건하에서의 자본주의 생산양식이라는 측면에서 좀 더 완벽하고 좀 더 근본적으로 위기를 분석해야 마땅하겠지만, 여기서는 그 한계를 충분히 인지한 채 이 위기를 주로 가벼운 '법과 질서형' 사회의 점진적인 구축 수준에서, 혹은 그러한 형태로만 제시한다.

## ▎ 그 여파: 위기와의 동거

1972년과 1976년 사이의 기간은 좀 더 압축해서 다룰 필요가 있다. 1972년과 1974년 사이의 기간에 촉진된 사태 진전은 결코 아직 그 정점에 도달하지 않았기 때문에, 깔끔하게 결론지은 이야기를 제시한다면 잘못된 일일 것이다. 여기서는 네 가지 주요 측면을 확인할 수 있는데, 정치적 위기, 경제적 위기, 이데올로기적 투쟁의 '무대', 인종 이슈가 영국의 시민적, 정치적 삶의 위기로 직접 호명(interpellation)된 것 등이다. 네 가지 주제는 모두 하나의 유기적 국면 내에서 전개되는 것으로 파악해야 하는데, 이 국면의 척도는 두 가지 요인에 의해 중층 결정된다. 하나는 영국의 경제적 위상의 급속한 쇠퇴이고, 다른 하나는 '저 예외적 국가'라는 정치 형태의 지속인데, 이 국가 형태는 1968년과 1972년 사이에 점차 등장해 적어도 '지속 기간'만 보면 이제는 영구적으로 자리잡은 것 같다.

1972년 이후 히드가 조합주의적 협상으로 되돌아간 것은 처절한 정치적 패배를 맞아 시행된 조치였다. 이 협상은 마지못해 이루어진 것이었다. 어떤 징후로 판단하더라도 히드 씨의 생각에는 마지막 결투가 그냥 연기되었을 뿐이었다. 더구나 1972년과 1973년 사이 전 세계적인 '위기 직전의 반짝 경기' 이후 경기 침체가 심각하게 영향을 미치기 시작하자, 실업률은 증가하고 인플레이션은 바이마르 공화국의 요란했던 수준에 근접했으며 아랍의 유가 폭등으로 세계 자본주의의 전반적 균형은 큰 타격을 입었다. '협상'에서 판돈으로 활용할 거리가 거의 남아 있지 않았다. 그러므로 제1단계는 6개월간 전면적인 임금 동결을 부과했고, 제2단계는 1파운드 상한과 4% 인상으로 제한했다. 1973년 가을에 시작된 제3단계는 좀 더 강성 부문이 '임금 보전'을 할 여지를 두기 위해 설계한 '상대성 조항' 때문에 지상 노동자에게는 35파운드, 지하 노동자에게는 40파운드, 탄광 막장 종사자에게는 45파운드를 달라는 광부들의 강력하고 단결된 요구에 다시 부닥쳤다. 정면 대결이 다가 왔다. 이에 대응해 히드 씨는 이데올로기적 강공을 전개했다. 아랍의 석유 수출 금지 시점에 맞춰 요구를 내건 광부들의 비애국적 행동을 지목했다. 광부들은 "나라를 인질로 잡고 있다"는 것이었다. 미디어는 즉시 이 신호를 포착했다. 따지고 보면 '국익'에 어긋나게 행동하는 사람들에 대한 공격은 균형 있고 불편부당한 뉴스 보도의 전범을 더 이상 위반하지 않는 것처럼 보였다. 1972년부터 지금까지 국가가 추구하는 정책은 어떤 것이든 획일적으로 '국익'과 동일시되게 됨에 따라, 국가가 처한 현실은 미디어에 존재이유를 제시하게 되었다. 일단 이 가까스로 마련된 전략을 위협하는 그 어떤 집단이든—온건파·극단파 계열체의 메커니즘을 통해—상징적으로 정치체에서 추방되고 나면, 미디어는 '중도파'의 편에 서서 공개적으로 격렬하게 개입해도 무방하다고 느끼게 되었다. 물론 '적색 공포'(Read Scare) 현상은 영국사에서 충분히 다루어진 부분이긴 한데, 지금까지 이 수법의 성공 비결은 정치인과 언론의 의견을 교묘하게 조율하는 데 달려 있었다. 그러나 이 시기에 이 현상이 다시 활발하게 등장했다는 점은 눈여겨 볼 만하다. 이 무렵에 신문은 광부 노조 내에서 '정치적 동기로 움직이는 사람들'을 색출하기 위해 다시 심층 취재에 들어간다. 이후(1974년) 신문은 공모해 스코틀랜드 광부 지도자인 마이클 맥개히(Michael McGahey) 씨라는 이름을 거론하며 조직적인 '적색 위협' 사냥에 나섰다. 또한 그후에는(1976년) 웨지우드 벤 씨를 노동당의 '레닌'으로 투사했다. '사회계약'기의 초반 내내 신문은 핵심 노조 내부 선거 결과를 '극단주의자'에서 '온건파'의 축으로 기울여 놓기 위해 거듭해 노골적으로 개입했다. 이후에는 '마르크스주의'의 유령에 매혹되기도 했다. 모두 바람직하고 객관적이고 불편부당한 짓이었다. 간간이 신문은 공산주의 전복 색출가에게 피처 칼럼의 지면을 개방했다. 갈등연구소, 전국자유협회(National Association for Freedom),28 기업이념집단(Aims of Industry Group), 자유기업리그, '함께 일하자 캠페인'(Let's Work Together Campaign) 등이 그런 부류였다. 이후에 이르면 아무런 극단적인 자극이 없어도 신문은 노동당 내부에서 또 다른 '전체주의적 마르크스주의자'의 존재를 색출해낼 수만 있다면 어떤 대변자든 어떤 부류든 1면에서 다루게 되었다.

　　그 후 히드 씨는 오로지 노동계급을 가장 단결된 지점에서 분쇄하겠다는 정치적 동기에 끌려 '최종 해결책'을 동원했다. 이 조치는 치명적인 경제적 결과를 초래해 영국의 경제적 쇠락은 '슬럼프플레이션'(slumpflation)29 상태로까지 추락했다. 광부는 격퇴하고 연료는 아껴야 했다. 한 가지 더 중요사항으로는 위기를 바로 모든 영국 가정의 가슴 속에 투사해 '온 나라'가 광부들과 맞서도록 동원해야 했다. 경제는 3일간 잠정적 '비상사태'에 들어갔고, 나라는 거의 암흑 상태로 곤두박질쳤다. 따라서 광부들의 행동의 '대가'는 단숨에 노동계급과 나라 전체에게 일반화되었다. 이렇게 되면 일반 노동자 사이에 균열이 일어날 것이고, 노동당과 전국노동조합

---

28　전국자유협회는 1975년에 영국에서 설립된 우파 성향의 압력단체다. 설립 당시 반노동조합 캠페인으로 지명도를 얻었고, 거대 기업, 정부, 노조, 아일랜드 테러 등의 위협으로부터 개인의 자유를 옹호하는 운동을 펼쳤다. 1980년대에는 아파르트헤이드를 근거로 남아프리카공화국에 대한 국제경기 참가 규제에 반대해 법적 소송을 벌었고, EU 가입 반대 캠페인, BBC의 '편파성'을 주장하는 운동도 벌였다. 이후 단체 이름을 자유협회(The Freedom Association)로 바꾸었다. ─역주

29　슬럼프플레이션은 경기 침체를 뜻하는 슬럼프와 인플레이션의 합성어로, 불황과 실업 등 경기 하락의 징후와 함께 물가 상승이 동반되는 현상을 말한다. 스태그플레이션과 비슷하지만 좀 더 강도 높은 현상을 지칭한다. ─역주

연맹은 전국광부노동조합에 압력을 가하게 될 것이며, 단기 임금으로 견
뎌내야 하는 여성의 압력이 파업 중인 남성들에게 가해질 것이라 기대했
다. 그러한 균열은 나타나지 않았다. 전국광부노동조합이 결국 압력 끝에
투표를 시행하자, 파업 지지표가 81%에 달했다. '위기 공포'를 생성하는
데는 성공했지만, 2년 동안 히드의 보수주의와 공개적인 전쟁에서 단련된
계급 유대를 깨는 데는 실패했다. 이처럼 완전히 가동된 '적색 공포', '침
상 밑의 빨갱이 색출' 캠페인과 동시에 히드 씨는 의회를 해산하고 2월
선거를 시행했으나 패배했다. 1974년 2월 총선은 "제2차 세계대전 이후
의 그 어떤 선거보다도 더 뚜렷한 계급적 대결"[주 96]이었다. 이 선거는 아
주 완벽한 승리였는데, 노동당의 승리가 아니라 (히드 씨가 퇴진하자 노동당은
취약한 소수당 위치로 되돌아갔다)30 조직화된 노동계급의 승리였다. 노동계급
이 정부를 무너뜨린 것이다.

　　그 후 2년 동안 전개된 정치적 계급 투쟁의 상태는 세 가지 흐름으
로 간략히 요약할 수 있다. 첫째, 광부들의 승리 여파로 1974년 나머지
기간 동안 전투성은 높은 수준으로 지속되었다. 둘째, 주로 '사회계약'(이
는 불편하게도 그 분식적 측면을 환기시키는—'사회적 분식'(social compact)—형태로 되
어 있으니 잘못 붙인 이름이다) 메커니즘의 또 다른 변종을 통해, 심화되는 자
본주의 위기를 사회 민주주의적으로 관리하는 방식으로 되돌아간 것이다.
셋째, 자본주의의 경기 후퇴가 완전히 성숙된 정도로 구현되어 인플레이
션은 극도로 심해지고, 통화는 휘청거리고, 사회적 임금과 공공 부문 지
출은 삭감되고, 생활 수준은 파탄 났으며, 노동계급은 자본을 위해 희생
을 감수해야 했다. 노동당 정부가 이 모든 문제를 관리했는데, 노동당의
중도적인 냉정한 얼굴(캘러헌 씨)은 종말을 예감한 듯 국제 채권자만 쳐다

30  1974년 2월 총선에서 해럴드 윌슨이 이끄는 노동당은 14석이 늘어난 301석을 기록해,
　　28석이 감소한 보수당을 눌렀다. 그러나 투표 중 점유율은 보수당이 오히려 더 높았다. 더
　　구나 1929년 이후 처음으로 어느 쪽도 다수당이 나오지 않은 상태라 양당은 협상에 들어갔
　　으나 결국 히드가 퇴진을 선언했다. 노동당은 불안한 소수 의석으로 내각을 꾸려가다가 그
　　해 9월 또 한 번의 조기 총선을 치러 과반수를 확보하는 데 성공한다.—역주

보았고, 당의 호전적인 얼굴(데니스 힐리Denis Healey 씨)은 지지층인 일반 노동
자를 적대적 시선으로 바라보았다. '사회계약'은 영국 사회 민주주의가
쇠락하는 자본주의의 모순된 효과를 주재하고 이겨내려고 도입한 방안의
가장 최근 형태다. 그 선구자들과 마찬가지로 '사회계약'은 자본주의 국
가 내부에서 마련되고 노동운동의 공식 지도부(집권한 노동당 정부), 노동계
급의 공식 대표자(전국노동조합연맹), 그리고 이 단계에서는 말 없고 냉소적
인 파트너인 자본 자체의 대표자 사이에 타결된 조합주의적 협상의 노동
주의 버전이다. 이 형태에서 자본주의의 위기는 다시 한 번 국가 영역 안
으로 직접 편입된다. '계약' 초기에는 '부의 재분배에서 근본적인 변화를
초래'하려는 조치에 대해 양해가 이루어지고, '사회적 임금' 전체가 이제
는 협상 대상으로 인정되었다. 이 점에서 '사회계약'은 노동계급 요구의
상대적 위력과 응집력을 상징했고, 이에 따라 노동조합은 정부 정책에 대
한 공식적 거부권도 어느 정도 갖게 됐다. 물론 이후 복지와 공공 부문
지출이 심각한 정도로 삭감되는 여건하에서 이 권한은 체계적으로 깎여
나갔지만, 노동계급은 이 삭감을 울며 겨자먹기로 지지했다. 그리고 잠시
저항에 나서기도 했지만, 바로 자기의 편에 의해 빈곤과 실업으로 추락하
는 것을 목격하고는 다시 한번 곤혹스러움과 혼란에 빠져 끝까지 밀어붙
이지는 못했다. 이처럼 현재 사회계약의 불안정한 사회적 토대는 모순된
결과를 낳았다. 이 당은 기계노동조합연맹의 스캔런과 운수일반노동조합
의 존스 같은 좌파 노동조합주의자의 '동의'를 확보할 정도로는 충분하고,
언론이 노동당을 '무책임한 좌익주의자'라고 묘사한 데에 어느 정도 신뢰
성을 확보할 정도로만 공식적으로 '좌파'를 고수했다. 노동당 실용파가
노동계급을 설득해 실업률 증가와 노동계급 생활 수준의 수직낙하를 감
내하도록 밀어붙이고 실질적으로 협박하는 데 충분할 정도로만 이 당은
중도파였다. 이렇게 해서 노동당은 위기 관리를 위해, 자본주의를 위해
스스로 유일하게 '믿을 만한 통치 정당'으로 자처하는 데 필요한 정도로
노동계급과 노조의 지지를 '확보했다'. 반면에 불안정한 균형의 중심부
가까이에 노조가 존재한다는 사실만으로도 정부가 마치 '노동조합 귀족의

손아귀에' 있는 것처럼 보이게 하는 데는 충분하기 때문에 국내 자본의 투자 거부를 정당화하고 해외 통화 투기꾼을 두려움에 떨게도 한다(이 점을 가장 생생하게 보여주는 일부 예로는 폴 존슨[31]처럼 우파로 전향한 사회주의자가 있다).[주 91] 이보다 더 불안정한 정치적 '해결책'은 상상하기 어렵다.

물론 이 진퇴양난적 처지를 '주무른 관리자'는 영국이 결국 심각한 경제적 나락에 빠져들고 말았다는 사실이다. 1975년에 이르면 최초의 전 세계적이고 동시적인 자본주의 경기 후퇴가 강력한 형태로 등장했는데, 인플레이션 급등을 동반한 생산 추락이라는 이례적 형태의 경기 후퇴였다. 세계 자본주의가 어느 정도 심각한 경기 후퇴로 추락할 것인지는 여전히 해답을 알 수 없는 추측에 불과하다. 그러나 그 경기 후퇴가 영국에 미칠 효과는 더 이상 의심의 여지가 없다. 자본주의 동반자 관계에서 '가장 약한 갈대' — 특히 영국과 이탈리아 — 는 돌이킬 수 없는 타격을 입었다. 경기 후퇴 통제를 위한 케인즈주의 장치 전체가 누더기처럼 엉망이 됐고, 경제학자들은 통화 공급이 인플레이션 비율을 낮추는 데 부분적으로 기여하는지 아닌지에 관해서조차 의견을 모으지 못할 정도로 우왕좌왕했다. 이와 동시에 부담을 노동계급에게 전가하려는 시도가 전개된다. 특유의 취약점으로 고전하는 경제에 관해 묘사하고 있는 것이 아니다. 이제 경제는 난타를 당해 빈곤으로 추락하고 있고, 경제 관리자인 정부는 대중적 정치 저항을 유발하지 않으면서 위기를 노동계급에게 전가해 영국 사회민주주의 정부의 신기루, 즉 "우호적인 투자 분위기"를 조성할 수 있기만을 조용히 기도하고 있다. 만약 너무 빠르게 삭감하면 노조는 '사회계약'에서 탈퇴해 사회민주주의의 허약한 사회적, 정치적 토대를 무너뜨릴 수밖에 없을 것이다. 빠르고 과감하게 삭감하지 않는다면 국제 금융가들은 채권을 그냥 회수해버릴 것이다. 만일 세금을 인상한다면 지금 조바심을 내면서 대처 같은 흥분 상태에 있는 중간계급은 대량으로 이민을

---

31 폴 존슨은 영국의 언론인이자 작가다. 초기에는 좌파로 <뉴 스테이츠먼(New Statesman)> 편집자로 활동했으나, 1970년대에 점차 우파로 성향이 바뀌었다. 존슨은 1970년대 말 마가릿 대처의 연설문을 집필한 사람 중 한 명이다. ─ 역주

떠나거나 칠레 스타일의 항의 표시로 압력 밥솥 뚜껑을 흔들어댈 것이다. 만약 세금을 올리지 않는다면 복지국가의 마지막 잔재는—그리고 그와 더불어 노동계급의 순응을 이끌어낼 희망도—사라질 것이다. 1970년대의 영국이라는 나라에서는 국가 위기에 현실성 있는 자본주의적 해결책은 전혀 남아 있지 않았고, 그럼에도 대안적 사회주의 전략의 정치적 토대도 존재하지 않았다. 영국은 심각한 진퇴양난에 갇힌 나라, 즉 멈출수 없는 자본주의적 쇠락으로 빠져드는 국가다.

이러한 상황은 가장 치명적이며 가장 심각한 이데올로기적 결과를 초래했다. 사회 민주주의의 보호하에 영국은 1972년과 1974년 사이에 한참 구축되고 있던 '법과 질서형' 국가에서 어느 정도 물러섰지만, 그 시기에 자본주의 국가가 취한 예외적 형태까지 해체된 것은 아니었다. 교정과 강제의 두 축을 중심으로 한 국가 기구의 가동은 이데올로기적 분위기 전반이 훨씬 더 엄격한 사회적 규율 체제를 선호하는 방향으로 극적으로 악화한 현상과 함께 진행되었다. 후자(사회적 규율)는 이 '예외적인' 상태에 대해 동의가 확보될 때 사용되는 형태이다. 그러한 이데올로기적 충동이 어떤 것인지 정확하게 묘사하기 어렵지만, 그 주된 주제론과 메커니즘을 확인하기는 어렵지 않다.

1972년과 1974년 사이에 '위기'는 마침내—집권 정부, 억압적 국가 기구, 미디어와 일부 여론 표현 부문에 의해—서로 얽힌 계획적이거나 교묘한 **공모**를 꾸며내는 데 활용되었다. 영국은 '영국식 삶의 방식'을 노린 공모라는 발상에 지나치게 집착하게 된 것이나 다름없었다. 이 집착 상태에 필수적인 집단 심리적 대체는 너무나 자명해서 거의 분석이 필요 없을 정도다. 단순히 말하자면 **합의**에 사실상 매료된 사회에서 '공모'는 반대, 저항, 갈등을 설명하려면 필요하며 필수적이기까지 한 형태였다. 만약 사회란 모든 근본적인 혹은 구조적인 계급 갈등이 조정되는 실체로 정의된다고 치자. 정부는 계급적 조정 수단으로 정의되고 조정과 합의를 조직하는 역할을 맡는다고 가정하자. 그리고 자본주의 생산양식의 계급적 성격은 선의를 통해 하나의 통일로 '화합을 이룰' 수 있는 것처럼 제시된다고 하자. 그렇게 되면 분명히 전복을 노리고 정치적 동기를 품은 소수의 사악한 사람들이 달리 해체할 방도가 없는 체제를 무력으로 파괴하려고 공모하기 때문에 갈등이 발생하는 것이 **틀림없다**. '위기'를 어떻게 이와 달리 설명할 수 있겠는가? 물론 대다수의 지배적인 이데올로기 틀과 마찬가지로 이처럼 공모의 유령이 서서히 성숙해가면서 구체적인 결과를 낳게 된다. 위기의 전파는 국가의 논리를 위협하거나 그 논리를 반대하는 것을 모두 공식적으로 억압하는 행위에 정당성을 부여한다. 그렇다면 그 전제는 사회 전체와 국가를 동일시한다는 것이다. 말하자면 국가는 대중적 의지의 조직화되지 않은 합의를 관료적으로 구현한 존재이자 그 의지를 강력하게 조직화하는 중심이며 그 표현이다. 그러니까 국가가 하는 일은 (심지어 '옳지' 않은 일이라 할지라도) 무엇이든 **정당하다**. 그리고 **합의를 위협하는 그 누구든 국가를 위협하는 것이다**. 이렇게 되면 치명적인 붕괴가 일어난다. 이 등식에 기대어 예외적 국가는 번영을 누린다.

　　이 음모론적 세계관은 한 때 〈동서 다이제스트(East–West Digest)〉, 기업이념집단, 경제 리그(the Economic League)[32]를 비롯해 다른 극우 골수파만의 특권이었으나 1974년과 현재 사이의 기간에는 마치 정설 같은 교의처럼 자리 잡았다. 이 세계관은 〈더 타임스〉의 독자투고란에서도 급속히 늘어나고, 〈이코노미스트〉에서도 비중 있게 다루어지고, 교수 휴게실에서도 논의거리가 되며, 상원에서도 토론 주제가 된다. 노사관계 뉴스는 "레이랜드(Leyland) 노조 투표에서 좌파는 희망이 거의 없어"[주 92] 같은 식의 관점에서 체계적으로 보도된다. 윌슨 씨가 크라이슬러(Chrysler) 자동차 회사 분규에 대해 그랬듯이 어떤 노사 갈등이든 "정치화된 노사관계 행동"[주 93]의 결과라면서 비난 대상이 된다. 알런 챌프런트 경(Lord Alun Chalfront) 같은 고위층은 민주주의를 박살내기로 작심한 공산주의 '쓰레기'를 공격하는 선전을 방송에서 퍼뜨릴 자유를 얻는다. 영국에서는 레닌이 말한 혁명의 모

---

32　경제리그는 1919년 영국에서 자유기업에 반대하는 활동을 저지하기 위해 조직되었다. 1980년대 말 언론의 취재 결과. 이 조직은 일종의 반기업적 인사들의 블랙리스트를 작성해 수십년간 공유한 것으로 드러났고, 그 여파로 1990년 의회 차원의 조사까지 이루어졌다. — 역주

든 전제 조건이 이미 충족되었다는 주장에 의해 입증된 명제가 그 전파 대
상이다.[주 94] 북런던의 밀러 박사같은 폴리테크닉 대학 학장들은 그가 '반
항자'로 이름붙인 학생들의 시위를 대면하고는 "연구실에 앉아 있다 보면
'주동자를 교수형에 처해라'라고 말하고 싶어 몸이 근질거린다"[주 95]라고
고백한다. 이제 노골적으로 극우파의 기관지가 된 〈데일리 텔리그래프〉는
공산주의의 "오싹하고 교활한 암적 성장", "소규모 소수파의 배신, 기만,
폭력 … 해외 지령에 의한 속임수"를 추적하는 피처를 컬러 삽지에 싣는
다. 〈버밍엄 이브닝 메일〉은 이 피처가 너무나 권위 있다고 여겨 아예 기
사 전체를 전재한다.[주 96] '도덕 공황'을 부추기는 방법으로 여론도 사회
적 권위주의 태도를 갖도록 지속적이고 끈질기게 **교육시킨다**. 종합적 교
육, 떨어지는 학업 수준과 교실 안의 '빨갱이' 등을 둘러싸고 교묘하게 고
양된 공황은 가장 효과적이고 극적인 예 중 하나다. 이는 어떻게 언뜻
'비정치적으로' 보이는 이슈를 통해서도 우리가 표류해가는 방향인 '철의
시대'에 필수적인 바로 그 정치적 결과에 맞춰 사회 의식의 지형을 준비시
킬 수 있는지를 보여주는 예다. 한편 캔터베리 대주교는 정치적이지 **않고**
종교적이라고 널리 해석되는 진술문에서(노조 강경파는 항상 '정치적'이지 '산업
적'이지 않다) 전국적으로 환멸과 공포 직전의 '불안정감과 불안감'으로 표
류가 일어나는 현상에 대해 영적인 해석을 제시한다.[주 97]

그리 놀랍지도 않은 일이지만 글자 그대로 공모 혐의의 깃발 아래
고대의 악명 높은 법령들이 임시로 복구되고 약간의 손질만 거쳐 '법과 질
서' 회복을 지원하는 법으로 동원되었다. 1971년 시에라 레오네(Sierra Leone)
출신의 몇몇 학생이 자기 나라 대사관을 점거했는데 공모 혐의로 기소되
고 항소까지 했으나 악명 높은 카라마(Karama) 판결에서(1973년 7월) 대법원
장인 헤일섬 경에 의해 기각되었다. 이 판결은 다툼이 있는 갈등 영역에
서 가공할 선례를 낳았고, 의회가 아니라 법원에 의한 실질적인 입법에
해당한 사례로, 의심의 여지없이 법적 추론의 연쇄보다는 정치적 추론을
따랐다. 존 그리피스가 주장했듯이 "이전에는 소수파 집단의 저항은 민사
법원에서만 기소가 가능했는데, 이제는 국가, 경찰, 혹은 조직화된 단체의

권력도 이 집단을 억압하는 데 동원될 수가 있다."[주 98] 이는 대법원장의 다음과 같은 견해를 완벽하게 구현한 셈인데, "방글라데시, 키프로스, 중동에서의 전쟁, 검은 9월단, 블랙 파워, 분노의 여단, 케네디 암살, 북아일랜드, 런던 화이트홀과 중앙형사재판소 폭파, 웨일즈언어협회, 수단(Sudan)의 대학살, 지하철 노상강도, 가스회사 파업, 병원 파업, 태업, 농성, 아이슬랜드식 냉전" 등은 모두 자칫 "더 큰 문제로 번질 수 있는 행동 경로(slippery slope)에서 각기 다른 부분을 방해하거나 방해하려 한다"[주 99]라는 것이다. 공모론적 세계관을 이보다 더 종합적으로 진술할 수는 없을 것이다. "그러한 의미에서 카라마 판결은 정치적 판사에 의한 정치적 판결이었다"라고 그리피스 교수는 언급했다. 이렇게 해서 시작된 나쁜 선례를 통해 다른 사람들도 대거 피해를 입었다. 〈IT〉 편집인들은 "공중의 품위를 해치기 위해 공모한" 혐의로 기소되었고, 〈오즈〉 편집인들은 "공중도덕을 타락시키려는 공모" 혐의를 뒤집어썼다. 프랜시스 베니언(Francis Bennion) 씨와 그의 법 아래의 자유 유한회사(Freedom Under the Law Ltd)는 피터 헤인을 남아프리카공화국 럭비팀 순회 경기를 "방해하고 중단시키려는 공모"죄로 개인 시민이 제출한 고소장을 접수시켰다. 판사는 헤인이 "상당한 공적 관심사, 즉 법과 질서 유지에 관심이 있는 시민들에게 중요한 문제"에 대한 공중의 권리를 불법적으로 침해했다는 데 동의했다. 앨더샷 폭파범과 분노의 여단은 모두 혐의에 '공모죄'가 추가되었다. 사실 BBC 재산에 불법침입하지도 않은 웨일즈언어협회 시위자들도 그랬다. 1972년과 1973년 사이의 분규에서 '원정 피켓' 시위 전술을 성공적으로 채택한 건축 노동자들도 마찬가지였다. 이전에 만난 적도 없는 쉬루스베리 피켓 시위자 사이의 공모를 입증하기는 어렵다고 피고 변호사가 지적하자, 로버트 메이스(Robert Mais) 판사는 "공모를 위해 그들이 모일 필요도 없고 서로 알 필요도 없다"[주 100]라고 환기시켰다. "전체 노동자를 협박하려 공모한 죄로" 데니스 워런(Dennis Warren)은 3년 형을 받았는데, 이 처벌은 "법령에 규정된 직접 협박죄 최대치보다 12배나 무거운 처벌"[주 101]이었다. 지오프리 로버트슨(Geoffrey Robertson)이 주장했듯이 공모 혐의는 억압적 통제 양식을 **일반화하는** 데 최적화되었다. 엄청나게 광범위하고, 틀은 대단히 모호하고, 공모에 직접 연루 여부와 무관하게 집단 전체를 쓸어넣기에 좋고, 확실한 증거가 부족할 때 경찰이 죄를 뒤집어씌우기 편리하고, 연대와 지원의 고리를 깨뜨리고 다른 사람의 참가를 억제하는 용도로 쓸 수 있으며, 삶의 방식 전체, 혹은 투쟁을 겨냥할 수 있다는 점이 그렇다. 로버트슨은 '손수레' 공모, '우정의 방' 공모, '도착' 공모 등 별별 이름으로 된 극단적 사례를 거론했는데, 심지어 케네스 디플록 경(Lord Kenneth Diplock)조차도 이 사례들을 "실제로 한 행위 대신에 했다고 인정한 행위에 대한 혐의로 피고를 기소하는 장치"라고 평가했다. 프란시스 세이어(Francis Sayre) 교수는 공모를 "주 내용이 너무나 모호하고 근본적 성격이 불확실한 교의 … 변덕스런 의견과 부적절한 사고로 된 진짜 모래지옥"으로 불렀다. 하지만 헤일섬 경은 카라마 판결을 옹호하면서 "나는 개인적으로는 경계 부분이 애매한 관습법을 선호한다"라고 실토했다.[주 102] '애매한' 공모법은 1973년과 1974년 노사갈등에서 핵심적 역할을 하게 된다. 그 시기에 공모법은 "국가 정책의 동력"으로 용도 변경되었다. 이 법의 역사는 곧 "계급 투쟁과 임금 규제의 역사"[주 103]라고 세실 H. 롤프(Cecil H. Rolph)는 말했다.

　　경찰 수장 로버트 마크 경 같은 자유주의 성향의 실용주의자라면 경찰과 정치적 반대파 간의 얼룩진 역사를 잘 알기에,[주 104] 이처럼 노골적인 법 동원에서 어느 정도 거리를 둘 것으로들 기대했을지도 모르겠다. 그러나 마크 경 역시 자기 주장을 반증하는 증거가 상당히 있는데도 불구하고, 석방률이 너무 높으며 범죄자들이 "타락한 변호사의 행태"[주 105] 탓에 요리조리 빠져나가고 있다는 비난을 계속했다. 배심원에 의한 재판도 비판 대상에 올랐다(이 비판은 예컨대 제임스 위원회James Committee 보고서로 어느 정도 성공할 기미가 보인다).[주 106] 마크 경은 치안판사들이 "사실상 절도와 범죄를 조장"했고, "선고된 처벌을 보면 훌리건주의와 폭력"을 억제하지도 못했으며,[주 107] "폭력 시위자에게 너무 관대했다"[주 108]라고 비난했다. 이 고위 경찰은 언론에게 폭력 시위에 좀 더 비판적 자세를 취하라고 촉구하면서 다음과 같이 말했다. "경찰은 치안판사가 시위자 불법 폭력에 관대한 것을 보고는 낙담했고, 고소인, 언론인, 정치 운동 할 것 없이 한결같이 괴롭히는 데 질려 덩달아 지나칠 정도로 관용을 베푸는 경향이 있었다는 주장도 가능하다." 공적 영역에서 경찰의 문제점이 무엇인지 묻자, 마크 경은 "파렴치하고 폭력적인 소수와 더불어 성가심"을 주된 문제점으로 들었다.[주 109] 정치적 저항이 증가하는 시기에는 분명히 경찰도 일하기가 힘들기 마련이어서, 정확하게 한계를 지켜야만 억압 세력과 공모했다는 비난에서 자신을 지킬 수 있다. 그 대신 경찰과 내무부 역시 이 시기에는 경계선이 꾸준히 흐려지고 있다는 점을 즐기지는 않더라도 분명히 수긍하게는 되었다. 테러 방지법 같은 비상 입법 때문에 경찰은 의혹과 증거 사이의 모호한 영역으로 진입하게 됐다. 레논 사건33은 공식적 경찰 활동과 특수 부서 활동 사이의 애매한 영역의 존재를 폭로했다. 떠들썩하게 입소문을 탄 무수한 사건을 보면 영국 경찰 병력의 무장이 꾸준히 진행되는 추세임을 알 수 있다.[주 110] 전국인권회의 같은 기구가 언급하는 바람에 충격적인 인권 침해가 드러났는데도, 존 빅스 데이비슨(John Biggs-Davison) 씨 같은 보수당 촌뜨기 의원이 NCCL은 '전국범죄자허가평의회'(National Council for Criminal Licence)로 바꿔 불러야 한다는 등 퉁명스런 대꾸가 돌아왔을 뿐이다. 〈데일리 텔리그래프〉는 "우리가 무엇보다 소중히 여기고 세계가 우러러보는 영국은 자유, 관용, 정의, 지배의 정당성에 대한 본능에서 성장했다"라고 주장했는데, 사실은 그냥 가장 강력한 이데올로기적 이점을 아무렇게나 늘어놓고 있었던 셈이다. 실제적인 '자유'와 '관용'의 존재를 어떻게 실제로 방어할 것인지는 분명히 이 신문의 관심 밖이었다.

계급 양극화의 정점에서 '적색 공포'의 음모가 등장했다고 앞서 이미 언급했다. 물론 이 적색 공포가 최근의 현상은 아니다. 20세기에만도 로

---

33 1974년 4월 케네스 레논(Kenneth Lennon)이란 아일랜드 남성이 총격으로 사망한 채 발견됐다. 레논 씨는 사망하기 사흘 전 전국인권회의 변호사에게 자신이 런던광역경찰청 특수 부서의 협박으로 그동안 IRA 활동을 감시하는 비밀 정보원으로 일했다는 사실을 자백했다. 전국인권회의가 이 문제에 관한 전면 조사를 촉구하면서 이 사건은 정치적 스캔들로 번졌다. 이 사건은 영국 경찰이 공식 업무와 비밀 활동 사이의 회색지대에서 불법적 활동에 연루되어 있음을 드러내 충격을 주었다. ─ 역주

이드 조지가 1919-21년 사이의 시기에 적색공포를 불러내 마치 실재하는 존재인 것처럼 창작한 적이 있다. 노동당 소수 정부 시절에는 지노비에프(Zinoviev) 편지34 형태로 나타났다. 총파업 때도 그랬고, 라스키(Laski) 사건35 때도 그랬다. 냉전이 한창일 때는 한동안 어디에든 존재했다. 그리고 전기 노동조합에 공산주의가 침투한 사실이 드러났을 때에는 공공연하게 존재 사실을 인증받기도 했다. 윌슨 씨는 선원 파업 때 이 공포를 다시 불러냈다. 1974-6년 사이가 사실상 최고의 날이었다. 1974년 선거의 예비운동 기간에 히드 씨는 조바심을 내던 텔레비전 수용자에게 바로아서 스카길(Arthur Scargill)36이라는 실존 인물 형태로 공포의 실체를 제시했다. 그후 적색 공포는 벤 씨와 스캔런 씨 같은 저명 인사를 중심으로 끓어오르기도 하고, 규모가 좀 큰 노조 간부 선거 때는 으레 그림자 처럼 따라다녔다. 그리고 미디어 정치 기자와 평론가 사이에서는 마치 서로 거래하는 공동 화폐처럼 자리 잡았다. 파업이나 노조 선거, 투표에서 강성의 정도에 영향을 미쳐 세력 균형을 좌측으로 기울여놓고 '사회계약'을

---

34 1924년 1월 영국 역사상 처음으로 노동당이 소수 의석으로 집권한다. 그러나 노동당이 소련과 경제협정 등 외교관계를 정상화하려 하자 보수당이 반대하고 나섰다. 10월 8일 보수당은 램지 맥도널드 수상의 불신임안을 가결시켰고, 그 직후 새로 총선이 치러진다. 그런데 선거 4일전 보수 성향의 <데일리 메일>이 당시 모스크바 코민테른 의장 지노비에프가 영국 공산당에게 보낸 서한이라면서 그 내용을 보도했다. 영국 공산당에게 선동 활동을 지령하는 내용이었다. 민감한 시점에 공개된 편지 때문에 노동당은 난처한 입장에 처했고, 결국 선거에서 패배해 정권을 잃었다. 당시에는 이 편지가 진짜라고 믿었으나, 이후 역사학자들은 이를 위조품으로 판정했다. — 역주

35 해럴드 라스키(Harold Laski)는 영국의 대표적인 사회주의 정치이론가이자 노동당 정치인이었다. 1945년 총선 당시 라스키는 노동당 의장으로서 선거 유세 중 폭력 혁명을 언급한 부분이 <데일리 익스프레스>에 보도되어 곤욕을 치렀다. 처칠을 비롯한 보수당은 그를 과격파라며 신랄하게 공격했고, 노동당 역시 라스키를 의장직에서 해임하며 그와 거리를 두기 시작했다. 이후 라스키는 노동당 내에서 아무런 직책도 맡지 못했다. — 역주

36 아서 스카길은 영국의 노동운동가로서, 19세인 1957년에 전국광부노조에 가입한 후 1960년대 말 노동운동에서 주도적 역할을 했다. 1969년의 비공식 파업에서는 주동자 중 한 명이었고, 1972년과 1974년 파업에서도 핵심 역할을 했다. 특히 1974년 파업은 히드의 보수당 정부를 무너뜨리는 데 결정적 역할을 했다. 스카길은 보수적 인물들에게 마르크스주의자라는 비난을 받았다. 그는 1980년대에도 1984-5년 파업을 주도했지만 대처의 강경대응으로 파업은 결국 실패했다. — 역주

위태롭게 **할 만한** 문제가 발생하면, 당장 '간부 속의 빨갱이', '가까이 숨어 있는 트로츠키주의자', '온건파—과격파' 라는 틀에서 재해석하곤 했다. 영국의 경제 여건이 빠듯할수록 '사회계약'의 준수와 전복 간의 균형은 더 예민해지고 음모론적 은유가 정치 담론에 미치는 영향력도 더 커졌다. 윌리엄 틴데일 초등학교의 진보적 교육, 교실 무질서나 교육예산 삭감 반대 선동처럼 언뜻 무관해 보이는 사건들도 즉시 음모론적 셈법의 대상에 오른다. 의회 차원에서 점잖게 제기된 질문처럼 정태적 형태를 띠지 않고 어떤 일에 반대하는 의견이 나오기라도 한다면 즉시 커튼 뒤에 숨은 소수 불온분자들의 수작인 양 대접받게 된다. 노동당을 다룰 때는 완전히 무슨 '좌익 마르크스주의자'가 지역구에서 반란이라도 꾸미는 것처럼 취급한다. 하원의원 이언 스프로트(Ian Sproat) 씨가 퍼뜨린 것처럼, 좌파에 동조적인 노동당 각료들에 관해 악의적인 이야기는 언론에서도 철저하게 살펴본다. BBC는 자력으로 '수용도 군도'에 대한 공황을 퍼뜨리는 데 일조했고 서구에 관한 솔제니친의 짧은 식견을 잘 포장해 영국의 자유 침해에 관한 진지한 논쟁의 근거로 삼기도 했다.

　　음모론적 국가의 적에 대한 이처럼 집단적인 편집 증세는 이 나라의 심각한 이데올로기 양극화에서 가장 노골적인 면에 불과하다. 그 명제들의 모체 내에서 다른 주제도 위세를 떨친다. 그 중 하나가 바로 이 나라는 겉모습과 달리 사회주의식 집단주의의 꾸준한 득세에 이미 제물이 되었다는 비판이다. 이 주제는 국가의 익명적이고 거대한 촉수와 '왜소한 인간', 시민 개인을 잘 대비시켜 많은 사람의 마음을 돌려놓았다. 이 주제는 독점 자본주의 여건에서 개입주의 국가의 진면목을 어느 정도 포착하긴 하지만, 이 대중주의식 술책에서 모호하게 주제화되는 것은 복지국가와 사회 평등 추구 경향에 대한 공격이 서서히 강화된다는 점이다. 복지국가는 오래전부터 우파의 은밀한 이데올로기 공세의 표적이었으며, 지금은 물론 경제적 불황 여건에서 사회 민주주의조차 스스로 대수술을 가할 수밖에 없는 곳이기도 하다. 통화주의의 정통 이론이라는 미명하에 복지국가를 해체하려는 시도는 이제 경제적 바람직성의 외투까지 걸쳤다(독점

자본에게 생존의 사회적, 정치적 여건을 확보해주는 거대 국가 조직이 없어질 경우 이 자본
이 도대체 무슨 짓을 할지 두고 볼 일이다). 이와 관련된 다른 주제는 정부뿐 아
니라 실로 전 사회를 이제는 '노동조합이 운영한다'는 비판인데, 히드 시
절에 노조가 '나라를 인질로 잡고 있다'는 주장으로 시작해 발전시킨 것
이다. 이 주제 역시 이제는 공적인 정통 이론의 수준에 진입했는데, 노동
당의 존립이 바로 노조를 **수중에** 장악할 수 있는 능력에 달린 시대가 되
다보니 묘하게 적절한 지적이 되어 버렸다.

　　좀 더 강력한 이데올로기 공세는 더 엄격한 **사회적 규율**을 지향한 동
시적 변화들에서 발견할 수 있으며, 이 움직임을 배경으로 시민적, 사회
적 풍토에서 전반적인 우경화가 시작되고 있다. 신보수파들은 '벗스켈주
의'를 철회하고 난후 처음으로 평등이란 관념 전체에 대한 노골적인 전면
공격을 시작하고 뻔뻔하게 엘리트주의를 옹호하며 경제 윤리도 전면적으
로 재단장하기 시작한다. 키스 조셉 경(Sir Keith Joseph)은 서슴치 않고 이
이념을 완전하게 철학적으로 정당화하기까지 했다. "왜냐하면 사익은 인
간 행동의 주 동기이므로 … 우리 시대의 어떤 사회 제도든 성공을 거두
려면 개인이나 기업 차원의 이기주의를 억제하고 조화시키고 길들여야
한다. … 가장 교육 수준이 낮은 계급층은 새로운 사상에 덜 개방적이고
과거 경험에 더 집착한다는 사실은 … 확실히 인정할 수 있지 않은가 …?
어쨌든 이기심과 마찬가지로 보수주의도 인간의 조건 속에서 타고난 부분
이다."[주 111] 경제 불황은 "애국주의, 가족, 법의 붕괴, 관용적 사회"[주 112]
같은 '공격적인' 보수주의 주제로 되돌아갈 핑계거리를 마련해준 셈이다.
조셉은 〈뉴스테이츠먼〉 기고문에서 소규모 기업을 옹호했다("기업가는 상상
력을 발휘하고 … 위험도 무릅쓴다 … 수요에도 촉각을 세우는데, 이는 흔히 국민에 대해
민감하게 반응한다는 뜻이다"). 이전의 버밍엄 연설에서는 적당한 가족 수에 절
제된 습관, 근면, 자립을 존중하는 가족을 옹호하고, "흔히 20세가 안 된
엄마, 싱글 부모, 네 번째나 다섯 번째 계급 출신"이며 "아이를 키우기에
는 가장 적합하지 않은데도" 지금은 "모든 신생아의 3분의 1"을 낳는 층
에 대해서는 가차 없이 비판을 퍼부었다. 모두 10년 전이라면 어떤 정치

인도 감히 공개적으로 입에 담지 못한 말이었으나 지금은 완곡하게 '사회적 시장 가치'라 불리는 선전용 발언도 열띠게 가감 없이 그대로 뱉어낸다. 복지국가 해체를 강하게 주장하는 이 주제들은 "10대 임신 … 술주정, 성추행, 사디즘 범죄"처럼 늘상 나오던 부정적 현상들과 서로 얽힌다. 그리고는 이 모든 현상을 복지 철학 탓으로 돌리고, '좌파의 깡패'들이 지지하고 일부 대학 교직원, 바로 "우리 민주주의의 둥지에 들어온 뻐꾸기들"[주 113]이 환영하는 현상인 것처럼 취급한다. "엄청나게 쌓인 사회주의 찌꺼기 더미를 치워버리겠다"며 드러내놓고 역설하기도 한다. 이 공세의 연장선에서 "복지를 축내는 인간과 게으름뱅이"에 대한 공격도 일관성 있게 계속 전개됐는데, 방대한 숫자의 실업자가 사회복지 수당으로 해외 휴양지에서 지낸다는 소문에 도덕적 반발을 드러낸 것이다. 이 태도는 도덕적 타락을 겨냥해 화이트하우스 여사 일당이 주도한("이 훌륭한 여성에게서 영감을 얻읍시다"라고 키스 경은 조언한 적이 있다) 다양한 반박에서도 잘 드러났다. 이 반격은 낙태 반대 캠페인에서 정점을 이루었고, 노동당조차도 여기에는 부분적으로 수긍한 바 있다. 이미 살펴보았듯이 권위주의 분위기가 뚜렷하게 나타난 또 다른 영역은 공교육이다. 진보적 교육에 대한 반발이 완전히 위세를 떨쳐, 윌리엄 틴데일 학교는 마치 커스터 장군의 마지막 진지처럼 비장한 최후 결전의 장으로 선택됐다(로즈 보이슨Rhodes Boyson은 윌리엄 틴데일 사건의 선동자 중 한 명에게 보낸 편지에서 "잘 됐네! 당신 권한이 더 강화됐어. 이젠 대세를 뒤집을 수 있겠네"라고 썼다).[주 114] 대처 여사의 교육 분야 2인자인 보이슨 씨는 물론 이 전선에서 가장 소신이 뚜렷한 기마 순찰병 중 한 명으로, 엘리트 교육과 바우처 제도37를 주장하고 학교 폭력, 반달리즘, 무단 결석, 학업과 문해력 수준 하락 등을 둘러 싼 공황을 자극한 인물이다. 복지국가라는 존재 전체가 "사적인 자유, 개인의 책임, 도덕적 성장"을

---

37  바우처 체제에서는 정부가 학비를 바우처 형태의 크레딧으로 지급하고 학생이나 학부모가 주기적으로 학교를 선택해 지불할 수 있도록 한다. 1950년대에 경제학자 밀턴 프리드먼은 현대적으로 통용되는 바우처 개념을 주장한 바 있다. 바우처 제도는 학교 교육 간의 경쟁을 조성해 교육 성과는 높이고 비용은 절감하는 효과를 볼 수 있다고 프리드먼은 주장한다. — 역주

파괴하고 "하나의 나라로서 우리 국민의 집단적 도덕성을 서서히 갉아먹고" 있다고 보이슨은 역설한다. 이 공포는 "무지하고 좌절하고 목적을 상실한 젊은 친구들"에게 "혁명적 목표를 더 진척시키기 위해 이들의 좌절을 폭력 행동으로"(윌리엄 틴데일 학교의 워커 부인의 진술)[주 115] 분출하는 법을 가르쳐준 '작은 실력자들'의 탓이다. 교육 흑서(Black Papers), 노먼 세인트 존 스테바스(Norman St John – Stevas) 씨 같이 '학부모 세력'을 조종하는 사람들은 이 주제들을 고위층 수준에서 교묘하게 조율한다. 이와 동시에 보수당이 장악한 시의회는 학교 통합을 저지하고 사립과 엘리트 교육 부문을 끝까지 사수하기 위해 (테임사이드<sup>Tameside</sup>에서처럼) 최후의 결전을 선동하고 있다.

　적극적인 권위주의 '사회 복음'을 향한 이처럼 꾸준한 표류에 정치적 힘을 실어주는 것은 전후 처음으로 **보수당 지도부 자체 내부에** 잘 조직되고 소신이 뚜렷한 급진적 우파 분파가 등장했다는 사실이다. 대처 여사와 측근들이 선거에서 당선되면서 이 분파는 더 이상 보수당 주변부와 낮은 당내 위상에 머물지 않는다. 이 분파는 보수당의 지적, 정치적 중심부를 차지했다. 대처 캠프에 포진한 통화주의 교의 추종자들은 인플레이션 주 대응책으로 통화 억제, 공공 부문 지출 삭감, 자유 시장 규율로의 회귀를 주장했는데, 이 교의가 바로 이 분파의 정치적 핑계였다.

　　　정부가 개입해 경제적 결정을 시장에서 제거하고 정치 영역으로 더 많이 끌어들일수록 집단과 집단, 계급 대 계급, 분파 이익 대 공익 간의 갈등을 더 많이 조장한다. 이 나라의 경제 활동에서 그렇게 광범위한 영역을 정치화하면서 이 나라의 사회적 유대를 위협하는 압력이 시작되었다. 요컨대 이 나라가 지금 직면한 문제는 시장 경제의 위기가 아니라 시장 경제에 대한 정부 개입의 위기다.[주 116]

　이 지적 내용은 대처 여사, 키스 조셉 경, 모드 씨, 그리고 보수당 지도부의 여러 실력자가 꾸준히 퍼뜨린 소규모 기업가 옹호, 중하층 계급의 품위, 자립, 자기규율과 상호보완적인 내용이다. 이 이념의 이데올로기적 대변자는 다른 곳에서 목소리를 높이고 있는데, 〈선데이 텔레그래프〉에서 페레그린 워스손(Peregrine Worsthorne) 씨의 칼럼, 패트릭 코스그레이브(Patrick Cosgrave) 씨의 〈스펙테이터(Spectator)〉, 그리고 이제는 사실상 대처의 기관지처럼 된 〈이코노미스트〉가 그 예다. 이 이념을 좀 더 대중주의 차원에서 대리발언해주는 단체로는 클린업 텔레비전(Clean-Up Television), 낙태 반대, 빛의 축제 캠페인, 전국납세자협회 행동단체, 전국자유협회, 전국자영업자연맹(National Federation of the Self-Employed), 전국영세소매상 연합(National Union of Small Shopkeers), 독립중도의 목소리(Voice of the Independent Centre) 로비단 등이 있었는데, 이 단체들 덕분에 우파의 새로운 권위주의는 각성된 중간계급과 프티 부르주아 부문에 대중적으로 상당히 깊이 침투할 수 있게 됐다.

히드 씨는 **온건한** 부류의 '극단주의자'이자 아마도 궁극적으로는 극우보다는 보수 중도 성향의 사람인지라 극단주의 대안을 요리조리 만지작거리기는 해도 어느 한도까지만 그리했다. 그럼에도 불구하고 극단주의가 탄생하는 데 기여했다는 점은 히드 때의 이례적인 단절기의 역설 중 하나다. 히드는 이 위험한 세력을 잘 부려 노동계급을 패퇴시키길 희망한 듯한데(자기와 연합세력의 일부이기도 한 좀 더 중도적인 보수주의 세력의 이익을 위해), 프티 부르주아 우파의 도덕적-정치적 강령을 완벽하게 정교화하는 데는 채 미치지 못한 듯하다. 히드가 노동계급과 전면 충돌―패배할 수밖에 없는 충돌―하는 장면을 목격하고는 당에서 그를 지지하던 중도와 기업계에서 지지파이던 산업주의자 모두 공포에 질려 달아나버렸다. 그러나 히드가 패배하고 1970년에 결집한 기이한 계급 동맹도 해체되고 나자, 진짜 극우는 스스로 독자적인 생명을 얻게 되었다. 이제는 히드와 지지자들이야말로 이처럼 '스멀스멀 다가오는 집단주의' 경향에 뜻하지 않게 기여한 사람으로 조롱거리가 됐다. 대처-조셉-모드의 리더십은 우익으로의 돌파구를 개척하고 극단주의와 공모라는 표류하던 주제들을 하나의 대안적 정치 강령으로 엮어냈다. 영국의 자본은 자신의 장기적인 최선의 이익이 무엇인지 알아차릴 능력이 있기에 1974년 후 다시 한 번 '타고난 관리자'인 사회민주주의 정당에게 위기 관리를 맡겼다는 식으로 이 강령에서는 이야기한다. 그러나 예외적 국가의 이데올로기적, 정치적 분위기가 바뀌면서, 한때 영국 정치 언저리 위를 배회하던 반쪽짜리 유령은 자본의 '다른' 정당인 보수당 덕분에 이제는 완벽하게 정치화되고 실행 가능한 헤게모니 토대 구축의 전위로 자리 잡았다는 식의 이야기도 이어진다. 노동당의 취약한 토대의 수명이 다해가자, 이 역사적 '블록'이 위기의 다음 단계를 계승할 태세를 갖춘다. 이 단계는 많은 사람들이 그다지 대면하고 싶어하지 않을 만한 국면이다.

앞서 다소 자세히 분석한 '영국 이데올로기'의 주제학을 기억하는 독자라면 본질적으로 거대한 프티 부르주아의 이데올로기적 주제에 해당하는 것들이 정치 무대에 다시 등장했다는 사실을 놓치지 않았을 것이다. 불황으로 경쟁의 본능이 강화됨에 따라 프티 부르주아의 시민 윤리가 공중 전반에 더 강하게 호소력을 갖게 되는 것은 확실하다. 교육 민주화의 동력이 제대로 갖춰지지도 유지되지도 않은 상태에서 일부 노동계급 부모는 급속하게 좁아지는 교육 기회를 '학부모 발언권'과 '바우처 제도' 같은 수단으로 자녀에게 돌릴 수만 있다면 그러한 공약에 분명 솔깃해질 것이다. 영세 상인, 행정 사무직 노동자, 박봉 생활자, 영세 사업자 등의 구 프티 부르주아는 법인 기업, 국가, 다국적 기업의 성장으로 확실히 입지가 좁아졌다. 중간계급은 생활 수준이 급격히 떨어졌고 위기가 끝날 때까지 이러한 하락을 더 감수해야 할 지도 모른다. 물론 이들은 우파가 지속적으로 정치 권력을 유지하기 위해 토대로 삼을 만한 지배계급 분파는 아니다. 그러한 계급 동맹에서 중간계급은 목소리를 높이는 하위층, 즉 동맹의 정치적 전위가 될 수도 있다. 그렇지만 급진적 우파 관리하의 '위기 해결' 방안으로 자본의 어떤 분파들과 중간계급을 결합할 수 있을 지는 판단하기 어렵다. 그러나 재조직화된 자본가의 이익이 노동계급을 희생으로 삼은 채 급진적인 경제적 위기 해결책을 밀어붙이기로 작심하고—금세기 유럽사에서도 이전에 그랬듯이—만연한 프티 부르주아 이데올로기,

즉 '저항하는 프티 부르주아'의 이데올로기를 전면에 내세워 움직인다면
[주 118] 가공할 만한 잠정적 대단원의 토대를 마련할 **수도** 있을 것이다. 정
치적 교착 상태와 경제적으로 스태그네이션 여건에서 이처럼 자본주의가
프티 부르주아 이데올로기로 **퇴행**한 것은 1970년 이후 자본주의 국가가
처한 균형 상태를 '예외적' 계기로 만들어주는 특징 중 하나다.

## ▌노란 잠수함 내부에서[38]

　　이 연구에 처음 착수했을 때만 해도 현재 '영국의 여건'을 묘사하는
데 사용한 '위기'라는 단어가 아직 지금 같은 지위를 얻지는 못했다. 이
단어가 지금은 — 거의 너무나 편리하게도 — 유행하는 중이다. '노상강도'
의 역사적 맥락에 관한 작업을 시작했을 때 전반적 상황을 우리의 좀 더
제한된 관심사와 관련지어 이렇게 해독해내기가 대단히 어려웠다. 경제
불황은 적어도 이 점에서는 정신을 집중하는 데 신기할 정도로 도움이 됐
다. 이제는 흔히 어떤 점에서 그러한 '위기'가 존재하는지 명시하지는 않
더라도 '영국의 위기'를 꼭 언급해야만 한다. 그렇다면 우리가 그 전개 상
황을 묘사하면서 '위기'를 어떻게 파악하는지 정의를 내릴 필요가 있다.
첫째, 위기는 영국 자본주의의 위기이자 그 자본주의에게 위기다. 구체적
으로는 급속하게 변해가는 전 세계적, 국내적 여건 속에서 극도로 취약한
탈 제국주의 경제 토대 위에서 스스로 안정화를 추구하는 선진 산업 자본
주의의 위기인 셈이다. 또한 이 위기는 점차 세계적 규모로 전개된 자본

---

38　노란 잠수함(Yellow Submarine)은 1966년 비틀즈가 발표한 노래 제목이다. 그해 비틀즈의
　　베트남전 반대 관련 발언 덕분에 이 노래는 진보 인사들 사이에서 다양한 정치적, 사회적
　　해석을 낳았다. 어떤 작가는 비틀즈의 발언 맥락에 비추어 미국 사회가 핵 잠수함 만큼이나
　　고립되고 도덕적으로 무책임함을 상징한다고 해석했다. 그와 더불어 미래에 대한 믿음과 인
　　류가 더불어 살 수 있는 장소에 대한 열망으로 해석하는 이도 있었고, 우리를 함께 안전한
　　곳으로 데려다줄 노아의 방주 같은 비유로 해석하기도 했다. 이처럼 이 노래는 보는 이에
　　따라 사회에 대한 비판, 미래에 대한 희망, 우정과 공동체 등 다양한 해석을 낳았다. 이 노
　　래는 실제로 당시 반전운동이나 신좌파의 시위용 노래로 애용되었다. ─ 역주

주의 체제의 전반적인 경제 불황의 한 측면으로 자리 잡았다. 자본주의가 이처럼 전 세계적 취약성을 안게 된 이유는 이 책의 범위를 벗어난다. 그러나 역사를 돌이켜 보면 전후 자본주의는 전반적으로 잉여 추출과 실현의 토대인 자본, 노동, 노동과정을 대대적으로 구조 개편하는 대가를 치르고서야 겨우 살아남았음을 명심해야 한다. '후기' 자본주의로 이행하는 과정에 따른 저 엄청난 재구성말이다. 전 세계 모든 자본주의 경제는 양상은 다를지라도 제2차 세계대전 바로 전후 시기에 이 내부적 '구조 개편'을 겪었다. 이 자본주의적 구조 개편 시기에 관한 비교사는 아직 정리한 사람이 없다. 영국도 극도로 빈약하고 취약한 산업, 경제 토대 위에서 그처럼 근본적인 변형을 시도했다고 우리는 주장한다. 이처럼 낙후된 산업 자본주의 경제를 선진 생산적 경제 조건에 맞게 끌어올리려 한 시도의 결과 한동안 온실 같은 온화한 경제 분위기와 여건이 조성됐는데, 사람들은 이를 경험하며 '풍요'인 것처럼 착각했고 그렇게들 불렀다. 그 시도는 극도로 제한적이고 짧은 기간 동안만 효험을 보았을 뿐이다. 이 후기 자본주의의 측면에서 영국은 불균등하게 발전한 상태이자 '이행기' 단계에서 오도가도 못하고 갇혀 있는 형국이다. 이 시기 이후 **모든** 사회 수준에서 이 교착 상태와 미완성 이행의 효과를 피부로 느끼게 되었다. 이 분석에서는 주요하면서도 근저에 흐르는 이 조건을 틈만 나면 지적하겠지만, 이 작업의 범위와 연구자의 역량을 감안할 때 더 덧붙여 발전시키거나 적절한 비중과 차원을 부여하는 일까지는 할 수가 없다. 하지만 그러한 이유로 위기가 전체 국면에도 중심적인 부분이라는 점을 간과해서는 안 된다.

그 다음 둘째로, 그 위기는 경제적 수준의 이처럼 심각한 파열로 조성된 '사회적 세력 관계'의 위기, 즉 정치적 계급 투쟁과 정치 기구에서의 위기다. 여기서 다시 한 번 문제가 극도로 복잡해지는데, 어느 정도는 단순화를 감수할 수밖에 없다. 말하자면 정치 투쟁이 '정치의 무대'로 번져 가는 지점에서 위기는 '정당 일반'의 위기, 즉 지배계급과 노동계급 정당들의 위기로 경험된다. 정치적으로 핵심적인 질문은 세력과 이해관계의 구체적인 '균형 상태'라는 측면에서의 정치와 국가 지형에서 계급 세력들

을 어떻게 특이한 동맹으로 결집하면 '이행'으로 그리고 이행을 통해 헤
게모니적 정치 리더십을 발휘할 수 있는가 하는 점이었다. 여기서는 그람
시가 말한 '정당 일반' 문제가 핵심인데, 의회 권력 게임 수준의 정당이
아니라 근본적 계급 세력의 조직된 정치적 이해관계와 궤도라는 좀 더 근
본적인 수준의 정당이 중요하다는 것이다. 이 시기에 권력을 노리고 맺어
진 역사적 계급 동맹이 어떻게 차례차례 등장했다 사라졌는지, 그러한 동
맹이 어떤 양보의 토대 위에서 구축되었는지도 여기서 세심하게 묘사하
지는 못 했다. 마찬가지로 정당과 블록의 역사 (이 역사는 보수당이나 노동당
자체의 역사나 의회에서 정당 간 상호작용의 역사와는 전혀 다른 것이다) 역시 아직 정
리한 사람이 없다. 그렇다고 여기서 그 작업을 할 수는 없는 노릇이다.
1945년 이래로 그처럼 역사적으로 구축된 계급 '블록'이 실제로 이어졌다
는 사실만 지적할 수 있을 뿐이다. 1945년 노동당의 압승을 엮어낸 특정
한 대중 동맹이나 1950년대 맥밀런의 성공적인 '헤게모니 지배' 시기의
기반이 된 동맹을 떠올려 보면 된다. 1964년 윌슨의 재집권 시도의 배경
이 된 아주 독특한 대안적 계급 동맹도 생각나는데, 이 동맹은 (전문직 혁명
가와 현대적 감각의 자본 경영자를 포함하는) '육체 노동자와 정신 노동자'의 결합
이었다. 또 다른 특이한 사례로는 1970년 히드 씨의 재집권을 지지한 동
맹도 있었다. 그러나 우리의 목적상으로는 이 위기 수준에서 가장 중요한
특징은 의문의 여지없이 '노동주의'의 역할, 특히 노동당의 역할일 뿐 아
니라 노동계급의 조직인 기관들이 갖고 있는 노동주의의 성격이다. 노동
주의는 자본의 대안적 정당으로 등장했으며, 따라서 자본주의 위기의 대
안적 관리자다. 따라서 가장 근본적인 정치 수준에서는—그리고 그 전면
의 정치 문화의 모든 특징에 영향을 미치는 수준에서는—영국 자본주의
가 노동계급에게 **미치는** 위기는 조직화된 노동계급과 노동운동**의** 위기이
기도 했다. 이 위기는 노동계급을 자본주의 국가로 포섭하고 이에 따라
위기 관리의 작은 동반자로 포섭하기 위한 대대적인 투쟁 측면에서 뿐 아
니라 이에 따른 계급 내 분열, 분파적 계급의식, 경제주의, 신디컬리즘,
개혁적 기회주의의 성장 측면에서도 아주 엄청난 효과를 미쳤다. 위기에

대처하고 위기의 정치적 효과를 저지하는 주요 전략이 전통적 지배계급 정당의 레퍼토리에서가 아니라 대개 **사회민주주의적 레퍼토리**에서 끌어온 것이라는 점은 대단히 중요하다. 이 전략이 위기에 대한 저항, 그리고 이에 따라 가능한 위기 해소 형태에 미친 효과뿐 아니라 위기 전개에 초래한 탈구 효과는 아예 셈을 시작해보지도 못한 상태다.

그 다음 셋째로 위기란 **국가의** 위기였다. '후기 자본주의'에 진입하면 자본주의 국가의 철저한 구조 개편이 필요하고 국가 영역과 국가 기구 확대뿐 아니라 시민사회와의 관계도 확장이 필요하다. 국가는 사회의 여러 핵심적 수준에서도 새로운 기능을 수행하게 되었다. 그리고 이제는 간접적으로뿐 아니라 직접적으로도 결정적인 경제적 역할을 한다. 자본의 지속적인 확장 여건을 확보하는 일도 한다. 따라서 국가는 자본의 경제적 관리에서 주된 역할을 떠맡는다. 그러므로 근본적 계급 세력 간의 갈등은 지금까지 주로 경제적 삶과 투쟁의 지형에서 점진적으로만 형성되었고 오직 극단적 갈등 시점에서만 국가 수준으로까지 '격화'되었지만, 이제는 즉시 국가 자체의 지형에 회부되어 모든 핵심적인 정치적 협상 타결의 대상이 된다. '조합주의' 스타일의 위기 관리에서는 국가가 '자본 전체'를 위해 적극적이고 주된 역할을 수행하고 점차 독립 자본들은 이 방식에 동의하게 되는데, 이 '조합주의' 스타일이 경제, 정치 질서 전반에서 일어난 **큰 변화**를 보여준다는 점은 말할 필요조차 없다. 이 방식의 이데올로기적 결과도 엄청나다. 예를 들면 이제 국가는 이 특정한 위기 관리 전략을 뒷받침할 동의를 동원하고 이에 따라 동의와 정당성을 전반적으로 구축하는 데서 적극적인 역할을 해야 한다.

넷째, 이 위기는 정치적 정당성, 사회적 권위, 헤게모니, 계급 투쟁과 저항 형태의 위기다. 이 부분은 동의와 강제라는 핵심적인 질문을 건드리게 된다. 물론 동의 구축과 정당성 확보는 자유주의와 포스트 자유주의 자본주의 국가에서는 정상적이고 당연시되는 메커니즘이고, 국가 여러 기관도 이 수단에 의한 동의 구축에 특히 잘 맞추어 설계되었다. 그러나 동의란 집권한 특정 계급 세력 동맹이 모든 피예속 집단에게 미치거나 행사할 수 있는 '사회적 권위'의 정도나 방식과도 관련이 있다. 요컨대 동의는 어떤 계기에서 지배계급이 주입하고 지속할 수 있는 사회적 헤게모니 형태의 구체적인 특성과 관련이 있다. 이 부분은 '노상강도'에 관한 우리의 직접적인 관심사와 밀접한 관련이 있다. 강제력 행사보다는 동의에 근거한 리더십이라는 의미에서 성공적인 헤게모니 행사 정도는 부분적으로는 바로 전반적으로 성공적인 사회 관리와 관련이 있는데, 경제 여건이 점점 험악해지면서 이 방식은 점점 더 어려워진다. 그러나 헤게모니 행사는 어떤 종류든 일관되고 조직적인 저항 세력의 발전과도 관련이 있으며, **이러한 세력**을 성공적으로 설득하고 중립화하고 포섭하고 격퇴하고 억제하는 정도와도 관련이 있다. 말하자면 계급 투쟁의 억제와 관련이 있는 것이다. 여기서 시대 구분 문제가 필수적인 사항이 된다. 헤게모니를 만들어낸 여건이 아무리 불안정하고 수명이 짧았다고 하더라도, 우리가 보기에 1950년대 중반에는 성공적인 '헤게모니'의 시기가 실제로 성사된 것 같다 (앞서 어떤 여건에서 어떤 대가를 치렀는지는 나름대로 설명했다). 그러나 1950년대 말에 이르면 적어도 자연적이고 '자생적' 형태로서의 이 합의의 시기는 무너지기 시작한다. 그렇게 되면서 국가는 앞서 기술한 표현을 빌리자면 합의 기반 헤게모니의 '사회 민주주의적' 변종에 크게 의존할 수밖에 없다. 이 점 때문에 헷갈리면 안 된다. 1960년대의 자본주의 위기를 관리하려면 노동당이 아무리 '개혁적' 방식을 취한다 하더라도 이 정당을 관리자 자리에 끌어다 앉히는 '대가'를 치를 수밖에 없다는 것은 대단히 중요한 사실이다.

> 의심의 여지없이 헤게모니라는 현실은 헤게모니 행사 대상 집단의 이해관계와 경향을 참작해야 하고 어느 정도 타협된 균형을 도출해야 한다는 점, 달리 말하자면 지도적 집단은 경제적-조합적 부류의 희생을 치러야 한다는 점을 전제로 한다. 그러나 그러한 희생과 타협이 본질을 건드릴 수는 없다는 사실도 의심의 여지가 없다.[주 119]

여하튼 이 시기를 제대로 된 의미에서 합의의 시기, 헤게모니의 시기로 규정할 수 있을 지는 판단하기 어렵다. 이 시기는 우리가 '관리된합의 결렬'이라 규정한 상태, 즉 적절한 의미에서 '헤게모니'을 구성하는확실한 사회적 권위가 더 이상 작동하지 않는 상태에 더 가깝다. 파열과붕괴, 정지와 출발이 이어지고 이데올로기 메커니즘을 전면 가동해 허공에서 '국익'을 창조해내는 대가를 치르고 나서야 가까스로 동의는 확보된다. 그러한 국익은 더 이상 자생적으로 또 자발적으로 획득할 수 없는 것이지만, 일단 확보되면 다시 한 번 동의를 가동시킬 기반이 되어줄 수도있을 것으로들 기대한다. 이 시기는 더 이상 지배계급 헤게모니의 시기가아니다. 그보다는 심각한 '헤게모니의 위기'의 서막이다. 물론 여기서는경제적 생산 관계에서 멀리 벗어나 있는 영역에서도 사회적 모순이 증식하기 시작할 뿐 아니라 다양한 저항, 계급 투쟁, 반대 형태가 다시 등장하기 시작한다. 분명히 이 저항 형태들에는 전반적인 일관성이 전혀 존재하지 않으며, 실로 그 형태들의 초기 구현 양상에서는 표면적으로만 보아서는 정치적인 형태라고 상상조차 할 수 없을 정도로 다른 모습을 취하기도 한다. 아마 영국의 위기에서 특이한 점으로는 1970년 이후 특유하게철저한 종류의 '경제주의', 즉 방어적 노동계급 신디컬리즘의 부활이라는측면 외에도 정치적 계급 투쟁이 사회적, 도덕적, 이데올로기적 저항과반대 형태로 대대적으로 **대체**되었다는 측면이 있을 것이다. 그럼에도 불구하고 다채롭고 변화무쌍한 형태를 취하는 공식 사회—국가, 정치 지도부, 여론 지도자, 미디어, 질서 수호자—는 처음에는 감질나게, 그 다음에는 (1968년 이후) 점점 더 뚜렷하게 **적**의 형상을 **간파한다.** 위기에는 원인이 있어야 하고, 원인은 구조적이거나 공적이거나 합리적일 수는 없다.위기가 지구상에서 최고의 가장 문명화되고 가장 평화롭고 관용적인 사회에서 발생하는 것이라면 비밀스럽고 파괴적이고 비이성적이고 게다가음모이어야 한다. 음모는 추적해서 제거해야 한다. 더 강력한 조지를 취할 필요가 있으며, '정상'을 넘어서는 저항에는 정상을 넘어서는 통제가필수적이다. 지금은 대단히 중요한 계기다. 이 지점에서는 '동의를 통한 헤게모니'의 레퍼토리가 고갈되었기에, 국가의 좀 더 억압적 특징을 관행적으로 구사하는 움직임이 점점 더 두드러지게 작동한다. 여기서는 헤게모니 행사 내부의 시계추가 동의가 강제를 능가하던 데서 강제가 동의를 확보하는, 말하자면 자연적이고 관행적인 형태가 되는 여건으로 결정적으로 기울어진다. 헤게모니 **내부** 균형에서 일어나는 이 변화는─동의에서 강제로─계급 세력들의 양극화 심화(실제일 수도 있고 상상된 것일 수도 있다)에 대한 국가 내부의 반응이다. '헤게모니의 위기'는 정확히 이렇게 표현된다.

　　통제는 서서히 단계별로 점진적으로 시행된다. 통제는 위기의 결과로 생겨난 '말썽 구역'마다 각기 다르게 부과된다. 흥미롭고 의미심장한 일은 통제가 두 가지 수준, 즉 위와 아래에서 부터 동시에 발생한다는 것이다. 그러므로 통제는 갈등과 투쟁의 강제적 관리 형태를 취하는데, 역설적인 것은 이 강제적 관리 역시 대중적인 '동의'를 얻고 정당성을 이미 확보했다는 점이다. 영국 국가가 하나의 '예외적' 상태로 변신할 때 취하는 구체적 형태를 잠시도 놓쳐서는 안 된다. '파시즘'이라는 단순한 구호는 여기서 전혀 쓸모가 없다. 반드시 고려해야 할 모든 것을 편리하게 은폐해버리기 때문이다. 국가 권력 장악, 이를테면 무력 쿠데타로 국가가 바뀌고 억압 세력이 명령과 총의 지배, 공식적 테러, 고문으로 노골적으로 대세를 장악하고 강제하며 억압적 체제가 설립되는 사회가 있다(칠레와 브라질이 그 예다). 그러한 억압적 사회는 좀 더 권위주의적 상태로 가는 조치가 취해질 때마다 강력한 대중적 정당성의 고조가 뒷받침되어야 하므로 시민의 권력과 모든 포스트 자유주의 국가 형태가 굳건하게 유지되면서 대세를 장악하는 그러한 사회와는 상당히 다르다. 하지만 그처럼 **정당성을 갖춘** 강제에 기반한 국가의 점진적 발전 양상을 좀 더 심층적으로 파악할 수 있게 해주는 이론적 분석적 도구도, 비교 대상으로 삼을 증거도 아직 거의 나와 있지 않다. 그러한 자료가 없는 상황을 감안해 좀 더 단순하고 현상 기술적인 용어를 택하기로 한 후 '법과 질서형 사회의 탄생'이라는 이름을 붙였다. 바다 건너 미국을 살펴보거나 서유럽 국가에서 '비상조치 법'이 차례로 도입되는 것을 보면서 이 현상이 특유하게 영국적인 특징인 것은 맞지만 영국에서만 일어난 독특한 사태 진전은 아니라는 사실이 분명해졌다. 이러한 법이 정치 영역에 직접 파급되는 일은 물론 저항 없이 넘어가지는 않았다. 치열한 노동계급의 저항이 일어나 결국 노사관계법을 폐기하고 히드 정부를 정치적으로 몰락시킨 사례는 이 맥락에서 엄청나게 의미심장한 사태 진전으로 두드러져 보인다. 그러나 사회적 삶의 수많은 분과에서 이 현상은 언뜻 무작위적으로 보일지 몰라도 꾸준하게 발생했다. 이 현상은 사회적, 정치적 풍토의 성격 전체를 바꿔놓은 것이다. 이제 뚜렷하게 새로운 이데올로기 분위기가 조성되었다.

　또한 우리는 '사회적 반응의 사회사'라 할 만한 이 움직임을 가장 초기 구현 형태에서 시작해 전 과정을 추적해보려 노력했다. 도식적으로 보면 이 움직임은 풍요 현상과 전후 '안정화'의 해결되지 않은 모호성과 모순에서 시작한다. 물론 처음에는 산발적인 사회적 불안감, 부자연스럽게 빨라진 사회 변동 속도, 사회적 패턴과 도덕적 준거틀의 혼란으로 경험된다. 처음에는 출처를 알 수 없는 사회적 불안감의 급증이라는 모습으로 나타난다. 이 움직임은 다양한 현상으로 빠르게 구현된다. 향락주의적 청년 문화로도, 전통적인 계급 표시의 소멸로도, 고삐 풀린 물질주의의 위험으로도 그리고 변화 자체로도 나타난다. 이후에는 특히 청년 운동의 반사회적 성격, 흑인 이주민에 의한 영국식 삶에 대한 위협, 범죄 '증가율 도표' 등 좀 더 가시적인 표적에 집중되는 것으로 보인다. 더 이후에는 저항문화와 정치적 학생 운동이란 거대한 사회적 소요가 사회적 세력으로 더 조직화됨에 따라 움직임은 이 소요 지점을 중심으로 좀 더 집약된 '사회적 불안감' 형태로 급증한다. 그리고 나선 무엇이 잘못된 것인지를 일방적 용어로 이름 붙여 규정하는데, 바로 사회적 풍토의 **관용성**이 문제라는 것이다. 마지막으로 위기가 심화하고 갈등과 저항 형태가 좀 더 뚜렷하게 정치적이고 좀 더 명확하게 구분된 계급 형태를 취하게 됨에 따라 사회적 불안감 역시 좀 더 정치적인 형태로 구체화한다. 이 사회적 불안감은 노동계급의 조직화된 권력을 겨냥하기도 하고, 정치적 극단주의, 노동조합의 협박, 무정부 상태, 폭동, 테러리즘의 위협을 겨냥해 형성되기도 한다. 그리고는 이데올로기적 계급 투쟁에서 반동의 축을 이루게 된다. 여기서 평범한 공중의 불안감과 국가에 대해 가해진다고 이들이 지각한 위협은 서로 일치하고 수렴한다. 국가는 평범한 공중이 사회에서 상실됐다고 느끼는 바로 그 '방향감각'을 제공하게 된다. 수많은 사람의 불안감은 소수에 대한 통제의 필요성과 조율된다. '모든 사람'의 이익은 지도층의 보호하에 몸을 맡길 때에만 적절한 방어막을 갖게 된다. 이제 국가는 다수를, 즉 '온건파'를 위해 그리고 다수를 지키기 위해 '과격파'에 맞서는 **전쟁**을 공개적으로 정당하게 벌일 수 있다. '법과 질서형' 사회가 은근슬쩍 자리 잡은 것이다.

이 과정을 음모론적으로 해석하지 않도록 거듭 주의하자. 1970년대 사회는 1950년대에 비해 모든 부문과 특징에서 엄청나게 더 양극화한다. 이전의 시점에서 억압되고 대체된 갈등이 표면으로 드러나 나라를 분열시킨다. '위기'란 지배계급 공모자 머릿속에서만 위기인 것은 아니다. 위기란 그보다는 이 시기의 계급 투쟁이 취하는 형태다. 하지만 중요한 것은 권력층이 이 위기와 그에 맞선 저항과 반대 세력을 이데올로기적으로 **지각하고** 위치 규정하는 방식에 특유한 왜곡과 굴절이 발생한다는 점이다. 그리고 이 잘못된 지각은 위기에 대한 대중의식의 그릇된 인식에 파급되어 그 인식의 근거를 형성하게 된다는 점 역시 중요하다. 이데올로기는 현실적 관계의 굴절이나 왜곡된 재현이자 계급 투쟁의 대체이지 마치 동화에서 불러낸 신화 같은 것이 아니다. '법과 질서형' 사회를 유도하고 지지하며 마침내 실제로도 실현하는 '위기의 이데올로기'는 가짜가 아니라 **실제 위기**를 지칭한다. 실제 위기가 지각되고 통제되는 방식은 정치적, 이데올로기적 왜곡의 씨앗을 갖고 있다. 그 다음 마지막으로 이 위기는 이데올로기에서 발생하는 이데올로기의 위기다. 1950년대의 '합의' 이데올로기는 갈등과 경제적 쇠퇴가 심화하는 시기에는 분명히 적합하지 않다. 일반적으로 핵심적인 포스트 자본주의적 주제들을 중심으로 구성된 이 이데올로기는 국가 통합과 '국익' 이슈를 중심으로 조직되어 좀 더 논란의 여지가 큰 이데올로기에 밀려난다. 그렇게 되면서 지배적 이데올로기 틀에도 단절이 발생할 뿐 아니라 설득력, 일관성, 효과는 편차가 있을 지라도 한 없이 다양한 저항적 대항 이데올로기가 생겨나 그간 당연시되던 정통적 가치에 도전을 제기한다. 이데올로기적 파열과 변형이 이루어지는 그 계기는 결코 순탄하지 않다. 필수적인 이데올로기적 '작업'이 모습을 드러내고, 단절과 탈구 역시 마찬가지다. 무엇보다 사회의 점진적 양극화와 자본주의 '위기'를 이 상호 경쟁적인 이데올로기적 구성물의 틀 안에서 어떻게 의미작용하고 해석하는가 하는 문제가 발생한다. 바로 헤게모니의 위기에서 무게 중심이 동의에서 강제로 옮아가는 변화가 공개적으로 의미작용되는 메커니즘을 분석하는 작업은 대단히 중요하다. 즉 이 변화가 단순히 신화, 공포, 상상이 아니라 보통 사람이 경험한 현실에 근거하고 그 현실과 연계된 것처럼 제시해 **정당성을 확보하는** 방식을 분석할 필요가 있다. 실제로 이데올로기적으로 '법과 질서형' 사회로 이동하는 데는 아주 구체적인 부류의 과정이 따른다. 핵심적으로는 우리가 분석한 시기의 초반에는 이 이행이 이를테면 **대체 효과**에 의해 지탱된다. 위기와 그 위기가 다수의 사회적 경험(즉 사회적 불안감)에 수용되는 방식 간의 연결은 주로 **도덕 공황**의 연쇄라는 모습을 취하는 허위 '해결책'을 줄줄이 거쳐간다. 마치 사회적 불안감이 급등하는 각 단계마다 어떤 그럴 듯하게 불안감으로 가득한 주제에 공포를 투사하고 그러한 주제로 구체화해서 일시적 휴지기를 찾게 되는 것과 마찬가지의 양상이다. 가령 악마를 찾아내고 민중의 악마를 확인하고 도덕 캠페인을 전개하며 기소와 통제로 앙갚음하는 식, 즉 **도덕 공황의 주기**가 그러한 위안을 주는 양상이다. 이렇게 투사된 사회적 불안감의 '극복 노력'은 어떤 것도 효력이 그리 오래 가지 않는다. 청년에 대해 느끼는 '불편함'은 테디보이, '모드족'과 '로커족'을 감옥에 보낸다고 수그러들지 않는다. 그 다음엔 훌리건주의, 반달리즘, 장발, 마약, 난교 등에 관한 불안감으로 다시 부상한다. 인종에 대한 공포는 흑인에 대한 연쇄적 공황으로 보상받을 수 없고, 포웰의 레토릭에서 카타르시스를 느낄 수도 없으며, 더욱 더 강경한 이주민 입국 통제 조치로도 진정이 안 된다. 이 공포는 이제는 '게토'에 대한 공포나 흑인 학교, 흑인 실업자 혹은 흑인 범죄에 대한 공포로 다시 폭발한다. 1960년대 내내 비슷한 사회적 관심 영역에 관한 수많은 '도덕 공황' 전체에 대해서도 똑같이 말할 수 있다. 물론 여기에는 **범죄** 자체에 대해 공중이 연중행사처럼 꾸준히 느끼는 공황도 결코 빼놓으면 안 된다. 그렇다면 공중의 의식에서 '사회적 위기의 경험'이 처음으로 취하는 현상 **형태**가 **도덕 공황**인 셈이다.

　　두 번째 단계에서는 특정한 도덕적 공황들이 서로 수렴하고 중첩된다. 여기서 적은 수많은 얼굴을 갖고 있으면서도 **동시에** 하나다. 여기서 마약 거래, 포르노그래피 확산, 여성 운동과 가족 비판의 성장은 국가에 대한 위협, 사회적 삶 자체의 붕괴, 혼란 도래, 무정부 상태 시작 같은 더 큰 쐐기의 상대적으로 무딘 날로만 경험되고 의미작용된다. 이제 악마들은 증식해 가는데, 더 무서운 사실은 이들이 똑같은 전복적 가족에 속한다는 것이다. '한꺼풀만 벗기면 형제 사이'요 '동일한 실체의 본질적 부분'인 셈이다. 여기서는 사회적 불안감이 구체적인 적을 지목하고 이름을 거론할 수 있기 때문에, 이 점은 표면상으로는 더 구체화된 공포의 무리처럼 보인다. 그러나 사실 이러한 이름 대기는 기만적이다. 왜냐하면 적은 **어디에나** 잠복하고 있기 때문이다. [남성인] 적(혹은 점차 여성인 적도 늘어나고 있다)은 '모든 일의 배후에' 도사리고 있다. 바로 이 지점에서 위기는 가장 추상화된 형태, 즉 '일반적 공모'로 등장한다. 위기이긴 한데 아마겟돈의 모습으로 위장한 위기다.

　　여기서 **도덕 공황**의 주기는 **법과 질서형 사회**로 직접 진입한다. 왜냐하면 사회에 대한 '밑으로부터의' 위협이 동시에 내부로부터의 국가 전복이기도 하다면, 오직 권위와 규율의 일반적인 행사만이, 국가에게 '사태를 바로 잡으라'며 내린 아주 광범위한 지침만이 그나마 성공할 가능성이 있다. 좀 더 느긋하던 시절 우리가 모두 누린 특정한 자유는 필요하다면 잠시 희생할 수도 있다. 이 사회는 힘들게 쟁취한 어떤 개인적인 소극적 자유와 적극적 자유를 완강하게 고수해왔고 자유주의 국가 안에서 소중하게 유지해왔다. 그런데 이 사회는 이러한 형태로 '철의 시대'라는 시기를 겪어야 하는 불유쾌한 과업을 떠맡는 실수를 저지른다. 그 일을 맡은 사람들은 위기의 계기를 맞아 '정상을 넘어서는 질서'를 확보하기 위해 용기를 내서 '정상을 넘어서는 법'을 행사하는 불유쾌하면서도 필요한 일에 착수하는데, 그들이 애쓰는 소리는 이 땅 어디서든 들을 수 있다. 대처 여사는 그 과업을 이렇게 표현하고, 키스 조셉 경은 저렇게 표현하며, 캔터베리 대주교는 교회의 권위를 끌어와 또 다른 방식으로 표현한다. 여기에는 대중주의와 사회 민주주의 변종도 있다. 이 별개의 여러 목소리에서 폐쇄가 진행되는 소리를, 즉 서로 맞물린 메커니즘이 닫히고 문이 덜커덕거리며 닫히는 소리를 들을 수 있다. 사회는 '장기간' 위기를 견뎌내야 할 사태에 대비하고 있다. 터널 끝에 불빛이 보이기는 한데 그다지 많이는 아니고 그나마 너무 멀리 있다. 여하튼 국가는 신속하게 조치를 취하고 빠르고 단호하게 진압하고 도청하고 치밀하게 감시하고 물고문하고 고소하거나 혐의 없이 구금하고 의심만으로도 조치를 취하고 몸과 어깨로 밀어붙이고 사회를 똑 바로 편협하게 유지하는 등의 행위를 할 권리를 확보했고 실로 그러한 의무까지도 계승했다. 자의적 권력을 저지할 마지막 보루인 자유주의는 후퇴하고 있다. 자유주의는 중단됐다. 예외적인 시절이다. 위기는 진짜다. 우리는 '법과 질서형' 국가 내부에 들어와 있다. 바로 이런 것이 1970년대에 일어난 사회적 반응의 사회적, 이데올로기적 내용이다. 이는 또한 **노상강도의 계기**이기도 하다.

## 주와 참고문헌

1   A. Gramsci, 'Notes on Italian History', in *Selections from the Prison Notebooks*, Gramsci, p. 61.

2   K. Marx, 'The Crisis in England and the British Constitution', in *On Britain*, Marx and Engels, p. 424.

3   D. Humphry and G. John, *Because They're Black* (Harmondsworth: Penguin, 1971).

4   Manchester C.R.C. letter in the *Sunday Times*, 18 January 1970.

5   *Guardian*, 7 February 1970.

6   *Sunday Times*, 8 February 1970.

7   *Guardian*, 7 February 1970.

8   *Sunday Express*, 1 February 1970.

9   *Sunday Express*, 8 February 1970.

10   *Sunday Express*, 22 February 1970.

11   *Sunday Times*, 8 February 1970에서 재인용.

12   Lord Hailsham; *Guardian*, 12 February 1970에서 재인용.

13   *Sunday Express*, 8 March 1970.

14   *Sunday Times*, 5 April 1970.

15   *Sunday Times*, 14 June 1970.

16   Ibid.

17   *Sunday Times*, 7 June 1970.

18   *Sunday Times*, 11 August 1970.

19   *Sunday Times*, 6 December 1970.

20   *Sunday Times*, 12 July 1970을 보라.

21   *The Listener*, 8 October 1970.

22   J. Lambert, *Crime, Police and Race Relations*.

23   D. Humphry, *Police Power and Black People*.

24   Ibid.

25   Ibid.에서 재인용.

26   *Sunday Times*, 1 February 1970.

27   R. Bailey, *The Squatters* (Harmondsworth: Penguin, 1973)를 보라.

28   *Sunday Times*, 18 October 1970.

29  *Sunday Express*, 26 July 1970.

30  R. Blackburn, 'The Heath Government: A New Course for Capitalism', *New Left Review 10*, 1971을 보라.

31  A. Buchan, *The Right to Work* (London: Calder & Boyars, 1972: 49)에서 재인용.

32  *The Times*, 22 July 1972.

33  Stuart Hood in *The Listener*, 25 February 1971.

34  Buchan, *The Right to Work*, p. 71에서 재인용.

35  B. Cox, *Civil Liberties in Britain* (Harmondsworth: Penguin, 1975)을 보라.

36  Bunyan, *The History and Practice of the Political Police in Britain*을 보라.

37  인용문은 Stuart Hood in *The Listener*, 14 January 1971을 참고하라.

38  Cox, *Civil Liberties in Britain*.

39  T. Palmer, *Trials of Oz* (London: Blond & Briggs, 1971)에서 재인용.

40  *Sunday Express*, 2 May 1971.

41  Cox, *Civil Liberties in Britain*.

42  *Sunday Times*, 3 January 1971.

43  M. Muggeridge, 'Foreword', in F. Dobbie, *Land Aflame* (London: Hodder & Stoughton, 1972).

44  *Viewers and Listeners*, Summer 1970 (NVALA Newsletter).

45  R. Wallis, 'Moral Indignation and the Media: An Analysis of N.V.A.L.A.', unpublished ms (University of Stirling, 1975)를 보라.

46  *The Times*, 21 December 1970.

47  *Viewers and Listeners*, Spring 1971.

48  *The Times*, 27 April 1972.

49  Whitehouse, *Who Does She Think She Is?*.

50  Ibid.: 110.

51  Ibid.

52  Lord Longford, *The Longford Report: Pornography* (London: Coronet, 1972: 26).

53  ibid.: 22에서 재인용.

54  Cox, *Civil Liberties in Britain*, p. 117.

55  *The Times*, 18 October 1971.

56  *Sunday Times*, 21 November 1971.

57  *Current Law Statutes Annotated 1971* (London: Sweet & Maxwell, 1971).

58  Bunyan, *The History and Practice of the Political Police in Britain*.

59  Ibid.를 보라.

60  F. Kitson, *Low Intensity Operations* (London: Faber, 1971).

61  Ibid.

62  *Time Out*, 29 August-4 September 1975; *Guardian*, 16 July 1976을 보라.

63  *Time Out*, 29 August-4 September 1975.

64  *Guardian*, 16 July 1976.

65  *Sunday Times* Insight Team, *Ulster* (Harmondsworth: Penguin, 1972).

66  T. Rose ed., *Violence in America* (New York: Random House, 1969).

67  G. Carr, *The Angry Brigade* (London: Gollancz, 1975).

68  *London Evening Standard*, 25 September 1972에서 재인용.

69  *The Times*, 30 December 1972.

70  Ibid.에서 재인용.

71  E. McCann, *War and an Irish Town* (Harmondsworth: Penguin, 1974).

72  R. Clutterbuck, *Protest and the Urban Guerrilla* (London: Cassell, 1973: 234).

73  Ibid.

74  *Daily Telegraph*, 16 February 1967.

75  Hiro, *Black British*, *White British*, p. 222.

76  Ibid.

77  *Daily Mirror*, 15 February 1968.

78  *Sunday Times*, 18 February 1968.

79  R. Moore, *Racism and Black Resistance in Britain* (London: Pluto Press, 1975)을 보라.

80  이것이 흑인 공동체에 미친 직접적인 영향에 관한 설명으로는 *inter alia*, ibid., 혹은 *Race Today*, *passim*을 보라.

81  *Sunday Express*, 6 February 1972.

82  Ibid.

83  *Sunday Times*, 2 April 1972.

84  A. Maude, 'Now Anarchy Has Shown Its Face', *Sunday Express*, 30 July 1972.

85  *Sunday Times* editorial, 8 June 1972.

86  *Sunday Times* editorial, 23 July 1972.

87  *Sunday Express* editorial, 30 July 1972.

88  A. Barnett, 'Class Struggle and the Heath Government', *New Left Review* 77, 1973.

89  Ibid.

90  I. Birchall, 'Class Struggle in Britain: Workers against the Tory Government, 1970-1974', *Radical America* 8(5), 1974.

91  P. Johnson, 'The Know-Nothing Left', *New Statesman*, 26 September 1975; P. Johnson, 'Towards the Parasite State', *New Statesman*, 3 September 1976.

92 *Guardian*, 12 January 1976.

93 *Guardian*, 21 May 1975.

94 *Sun*, 27 February 1975.

95 *Guardian*, 9 June 1975.

96 *Birmingham Evening Mail*, 12 June 1975.

97 *Guardian*, 17 October 1975.

98 J. Griffith, 'Hailsham - Judge or Politician?' *New Statesman*, 1 February 1974.

99 Ibid.에서 재인용.

100 J. Arnison, *Shrewsbury Three* (London: Lawrence & Wishart, 1975).

101 G. Robertson, *Whose Conspiracy?* (London: N.C.C.L. Publications, 1974).

102 Ibid.

103 *New Statesman*, 3 August 1973.

104 J. C. Alderson and P. J. Stead eds, *The Police We Deserve* (London: Wolfe, 1973) 를 보라.

105 *Observer*, 16 March 1975.

106 *Guardian*, 26 November 1975를 보라.

107 *Guardian*, 7 November 1975.

108 *Guardian*, 18 March 1975.

109 *Observer*, 23 March 1975.

110 Robertson, *Whose Conspiracy?*; Bunyan, *The History and Practice of the Political Police in Britain*.

111 *New Statesman*, 13 June 1975.

112 *Spectator*, 26 April 1975에는 그렇게 기술되어 있다.

113 *Sunday Times*, 20 October 1974.

114 *Guardian*, 5 February 1976.

115 Ibid.를 보라.

116 Centre for Policy Studies, *Why Britain Needs a Social Market Economy* (London: C.P.S. pamphlet).

117 'Why High Marx Means Low Marks', *Sunday Telegraph*, 12 October 1976을 보라.

118 Poulantzas, 'Marxist Political Theory in Great Britain', *New Left Review* 43, 1967.

119 Gramsci, *Selections from the Prison Notebooks*, p. 161.

# '노상강도'의 정치

이 책은 '노상강도'에 관해 다룬다. 그렇지만 왜 혹은 어떻게 개인으로서의 노상강도범이 노상강도질에 나서는지에 관한 책은 **아니다**. 기존의 직접 경험에 근거한 설명을 활용하긴 해도 '노상강도'의 동기나 경험을 내부에서 재구성하려 하지 않는다. 분명 그러한 책도 쓸 수야 있겠지만 우리보다 그 작업을 더 잘 할 위치에 있는 사람은 많다. 우리는 사회 현상으로서의 '노상강도'를 다른 관점에서 보여주고 싶었기에 그러한 종류의 재구조화된 설명을 의도적으로 배제했다. 우리의 목적은 '노상강도'를 그 현상이 발생하는 배경이 되는 사회의 시각에서 검토하는 것이었다. 마지막 장에서는 '노상강도'의 의미와 직접 대면하게 되지만, 여기서도 우리의 목적은 '노상강도범'과 피해자의 개인 생애 측면에서 확정적인 해답을 제시하는 데 있지 않으며, 그보다는 어떤 지형에서 질문에 대한 해답을 찾을 수 있고, 그러한 설명에 포함해야 할 요소는 무엇인지 확인하는 데 있다.

이렇게 하기 위해서는 1972－3년과 현재 사이의 중간기에 애매하게나마 '노상강도'와 동일시된 사회 집단, 즉 흑인 청년의 위상을 반드시 검토할 필요가 있다. 물론 '노상강도'라는 명칭의 범죄로 유죄 판결을 받은 사람이라고 해서 모두 흑인인 것은 결코 아니다. 앞서 인용했지만 좀 더 최근 기간의 공식 통계를 보면 흑인 정착민의 비중이 그다지 높지 않은 일부 도시 구역에서도 '노상강도'란 이름의 범죄가 상당히 증가했음을 알 수 있다. 신문은 흑인뿐 아니라 백인 청년의 '노상강도'도 계속해서 보도한다. 하지만 현재 모든 실질적 측면에서 '노상강도'와 '흑인 범죄'라는 용어들이 사실상 동의어라는 사실을 부인하는 이는 거의 없을 것이다. 앞서 설명했듯이 첫 번째 '노상강도' 공황에서 '노상강도'는 인종과 범죄의 주제가 계속 붙어다녔지만 이들의 연결은 명시화된 적이 없다. 이제는 더 이상 그렇지 않다. 양자는 아주 밀접하게 연결되어 있다. 공기관이나 공중의 의식에서 모두 두 단어는 서로 지칭하는 관계에 있다. 양자는 특히 런던 지역에서 흑인 주민이 밀집된 특정 구역과 동일시된다. 포웰 씨는 이 문제들에 관해 좀 더 솔직한 견해를 밝힌 인물인데, "노상강도는 영국 일부 대도시의 주민 구성 변화와 연관된 범죄 현상이다"라고 발언했다. 포웰은 캠브리지 엠마누엘 대학에서 열린 경찰연맹 세미나에서 이렇게 말했다. "경찰이 그 문제에 관해 발언하기 시작했을 뿐 아니라 그렇게 자명한 사실에 대한 발언을 꺼리는 사람들을 비판하기 시작했다는 사실을 깨닫고는 감동을 받았다. … 조잡하지만 효과적인 단어를 사용하자면 문제는 인종적인 것이다."[주 1] 잠시 후에는 이러한 규정을 낳게 한 여건을 살펴볼 것이다.

그렇다고 해도 '노상강도'와 '흑인 범죄' 간의 이 등식이 정확히 **의미하는** 바가 무엇인지는 결코 뚜렷하지 않다. 아마 흑인 청년이 흔히 그리고 별생각 없이 '노상강도'란 이름이 붙은 종류의 길거리 범죄에 실제로 더 많이 연루되었다는 뜻일 수도 있다. 특히 공식 범죄 통계에서는 이 점이 사실이라는 증거도 일부 있다. 흑인 청년이 연루된 온갖 사소한 범죄에 '노상강도'라는 공포스러운 이름표가 붙은 것일 수도 있다. 날치기, 소매치기, 길거리 절도 등에도 모두 '노상강도' 딱지가 따라붙은 것으로 보아 이 점에도 어느 정도 증거가 있다. 실제로 백인 청년도 종종 노상강도를 저지르는데도, 이제는 '노상강도'를 전형적인 '흑인 범죄'로 이해하려는 것일 수도 있다. 여기에도 어느 정도 근거는 있다. 따라서 일부 도시 구역에서 발생하는 '노상강도' 규모의 증가도 겉으로 보이는 것처럼 딱히 단순한 '사실'은 아니다. 여기에는 적어도 두 가지 과정이 연루된 것 같다. 첫째, 공식 통계에서 그 정도를 정확히 측정할 수는 없지만, 일부 도시 구역에서 흑인 청년들이 '노상강도'라는 이름이 붙은 범죄를 포함해 사소한 범죄에 연루됐다. 둘째, 그러나 '노상강도'는 모호함의 여지도 없이 흑인 범죄로 분류되고 흑인 도시 구역의 삶의 여건에 배치되며 그 여건에서 발생하는 것처럼 간주된다. 이하에서는 두 번째 전개 사항을 먼저 살펴보자.

## ▌억압당한 것의 귀환

앞서 살펴보았듯이 '노상강도'는 1971－2년 기간 동안 특정한 부류의 범죄를 지칭하는 이름표로 영국에 수입되었는데, 이때 이미 인종적 지칭을 풍부하게 함축하고 있었다. 그러나 초기에는 이 측면을 완곡한 어법으로 세심하게 다루었다. 핸즈워스 사건에서 법정에 송치된 세 소년의 혼종적 정체성은 이 잠재된 주제를 가시성의 수준으로 끌어올리는 데 기여했다. 그러나 인종적 요소를 환기하면서 동시에 비껴가는 '공적 이미지'는 여기서도 이 주제를 부분적으로 무효화하거나 포섭해 버린다고 우리는 앞서 주장했다. 이 이미지는 제4장 결론에서 논의한 '게토 구역'의 이미지였다. 이 단계에서 '노상강도'와 인종은 정교한 숨바꼭질 게임을 벌인다.

1972－3년 '노상강도' 유행 직후 이 용어는 사실상 신문 기사에서 사라진다. 하지만 1974년 가을부터 다시 한 번 변덕스럽게 그리고 간헐적으로 등장하기 시작한다. 그리고 다시 한 번 아주 부정확하게 사용되어 좀 더 고전적 형태의 '노상강도'로 구체적으로 식별 가능한 실체보다는 무분별한 훌리건주의를 지칭하는 포괄적 이름표가 된다. 예컨대 노상강도는 버스와 지하철 승무원에 대한 공격 문제와도 연결된다. 〈데일리 텔리그래프〉에서 따온 이 시기의 기사는 그 범위를 예시해준다. 일부 기사 제목은 다음과 같다.

- 지하철, 버스 훌리건이 된서리를 맞다 (1974년 10월 21일)
- 경찰 단속반이 지하철 노상강도범을 단속하다 (1974년 10월 21일)
- '깡패들에게 강경하라'라고 교통경찰 수장이 지시하다 (1974년 11월 5일)
- 폭력을 단속하라고 엘윈 존스(Elwyn Jones)[1]가 말하다 (1974년 11월 16일)

---

1 엘윈 존스는 법률가이자 노동당 정치인으로 해롤드 윌슨 정권하에서 1964년부터 1970년까지 검찰총장을 지냈다. 이후 1974-9년 사이에는 대법원장을 역임한 인물이다. ─역주

- 지하철 훌리건을 화면으로 감시한다 (1974년 12월 15일)
- 젠킨스 장관이 버스 폭력 대책 마련 중 (1975년 1월 31일)
- 노상강도범은 지하철을 먹이감으로 삼는다고 경찰이 밝혀 (1975년 2월 11일)

　　여기서 인종 주제는 아주 불균등하게 등장한다. 일부 기사는 흑인 범죄라기보다 '백인' 범죄인 축구 훌리건주의를 언급한다. 적어도 하나의 사례에서는 피습당한 버스 기사가 흑인이고 가해자가 백인이었다. 하지만 브릭스턴, 클래팜 같은 특정한 **지역**을 구체적으로 거명하면서 이전과 이후 기억과의 연상이 다시 활성화된다.

　　동일한 시기에 흑인 **범죄**에 대한 관심이 수그러들 것처럼 보일 때에도 흑인 도시 구역에서 경찰과 흑인 청년 간의 충돌은 더 공개적이고 정치화된 형태를 띠고 있다. 이 무렵 발생한 수많은 유사한 사건 중 가장 많이 보도된 것 중 하나는 브록웰 파크(Brockwell Park) 사건이었다. 이 사건에서는 흑인 성인 공동체가 경찰과 흑인 청년 간의 갈등에 직접 개입해 사건을 범공동체 이슈로 바꿔놓았다. 간단히 소개하자면 브릭스턴 도심에서 반마일 떨어진 브록웰 파크에서의 불꽃놀이 구경은 난투극으로 끝났고, 그 와중에 백인 청년 한 명이 칼에 찔렸다. 경찰이 현장에 도착했는데 '적대적인' 흑인 군중에 포위되고 숫자도 밀린다는 느낌을 받았다. 이후 몸싸움과 주먹질이 이어졌고, 그 와중에 경찰관들이 냉정을 잃고는 화가 치솟아 군중의 일부 흑인과 난투극을 벌였다. 그리고 몇몇은 혼전 중에 심하게 폭행을 당했다. 경찰은 보충 병력이 도착했을 무렵 흑인 청년 한두 명을 지목해 기소했다. 흑인 청년들의 체포 소식이 퍼지자 공원 앞에서는 경찰과 흑인 군중 사이에 오랫동안 치열한 싸움이 벌어졌다. 경찰은 몇몇 청년을 중대한 폭행 혐의로 고소했다. 경찰은 중앙형사재판소 회부를 선택했고, 1974년 3월 중형 선고를 받아냈다. '게토의 일상적 삶'을 일상화된 방식으로 반복한 사례가 되었을지도 모르는 이 사건을 독특하게 만든 세 가지 사항이 있었다. 첫째, 이제는 경찰과 (어른을 포함한) 흑인 공동체 전체 사이에 양극화가 등장했다. 둘째, 상당한 수준의 조직화된

정치적 형태의 공동체 저항이 판결과 항소에 이어서 발생했는데, 이 반응
에는 지지 시위와 학생들의 등교 거부도 포함되었다.[주 2] 셋째, 이 사건
때문에 말썽과 불만의 출처를 구체적으로 흑인 도시 지역 내에서 지목하
는 효과가 발생했다. 흑인 범죄는 지리적으로나 인종적으로나 도심 빈민
지역 '게토'의 흑인 청년에게 특유한 현상으로 **배치되고 맥락화되었다.** 이
사건은 1975년 초부터 오로지 '남 런던의 흑인 범죄' 문제를 중심으로 방
향이 설정된 대대적이고 극적인 뉴스 발발을 미리 예시해주었다. 이렇게
해서 이전의 '노상강도' 취급(제4장의 분석을 참고하라)에서 교묘하게 서로 얽
히게 된 세 가지 주제(즉 범죄, 인종, 게토)가 이제는 단일한 주제로 융합됐
다. 따라서 이 시점 이후로는 설명의 패러다임도 바뀌어 흑인 범죄 문제
의 사회적, 경제적, 구조적 사전 요건을 이전보다 더 명시적으로 드러내
며, 이를 통해 범죄와 인종주의를 위기와 융합하는 연쇄의 마지막 연결고
리를 완성하는 데 기여한다.

　　브록웰 파크 사건은 그 자체로만 떼놓고 보아서는 안 된다. 일찍이
1973년 12월 경찰−이주민 관계 백서는 조만간 일자리 기회 부족에 불
만을 품고 "미국 흑인 공동체 사이의 행태를 모방하고 싶어 안달이 난
듯해 보이는" "극소수의 젊은 유색인"으로부터 "근면하고 준법 정신이
투철한 대다수 시민"을 격려할 필요성이 있다고 경고했다.[주 3] '근면'이
라는 구절은 별생각 없이 언급한 게 아니었다. 이 시기에는 상당한 규모
의 흑인 청년 실업이 존재했을 뿐 아니라 '노동'에 대한 불만이 늘어났고
심지어 적극적으로 '취업을 거부'하는 경향이 특히 이민 제2세대 흑인 사
이에서 만연했다는 증거가 넘쳐났다. 〈오늘의 인종〉은 이 추세를 '무임
금층의 반란'으로 표현하고 정리했다. 이 시기에는 취업 중인 이주민도
강성 노사 분규 행동에 적극적으로 가담했다. 제국 타자기 회사(Imperial
Typewriters)의 장기 파업은 아시아 여성 노동자들이 상당히 강경하게 주
도했는데, 1974년 중반에 14주간이나 지속되었고 그 효과는 이듬해까지
이어졌다.[주 4]

　　1975년 1월 '노상강도' 공황이 재개됐다. 주기의 완전히 새로운 단계

가 시작된 것이다. 데릭 험프리는 남 런던 흑인 범죄에 관한 저술의 서문에서 자신이 다시 정리한 사실이 편견을 강화하는 용도로 사용되지 않았으면 하는 희망을 밝혔다.[주 5] 그러나 이는 가망이 없는 희망이었다. 험프리가 파악하기로 범죄 숫자 배후의 기본적인 문제점은 "빈곤, 열악한 주거, 일자리 부족, 결손 가정" 등이었다. 그러나 이 문제점들은 램베스의 길거리 범죄가 "5년 새 세 배로 늘었고 1974년에는 역대 최악의 기록이었다"라거나 1974년 레위삼에서 일어난 "203건의 노상강도 중 … 172건이 흑인 청년 소행"이라는 사실보다는 덜 극적이고 인용하기도 덜 적합했다. 조심스레 표현하기는 했지만 이 글은 대단히 논란의 여지가 큰 '범죄' 이슈를 논의의 출발점으로 삼았고 "기본적 문제" 배후에 존재한 인종주의의 제도화된 속성을 짚어내지 못했기에 선택적으로 인용되며 악용되었다. 어쨌든 이 글은 흑인들 내부에서 적개심을 유발했는데, 부분적으로는 문제를 제기하는 방식 때문이었다. 왜냐하면 〈런던 이브닝 뉴스〉가 이 이슈에 관한 4회용 '양면에 걸친 기사' 중 첫회 분을 시작했을 때 사용한 언어와 말투가 거침이 없었고 조심스레 단서조항을 붙인 곳도 별로 없었기 때문이다. 1월 12일자 첫 번째 기사는 "런던의 삶의 폭력적 진실"이라는 식으로 아주 적나라했다. 기사는 "뉴욕보다는 램베스에서 노상강도를 당할 가능성이 더 크다"라는 아주 낯익은 비교로 시작했다. 최근 발생한 사건 목록을 제시하고 〈선데이 타임스〉 통계도 발췌해서 실었다. 사실 〈런던 이브닝 뉴스〉의 피처 내용은 제목만큼 완전히 선정적 수준에는 미치지 않았다. 존 블레이크(John Blake)가 쓴 1월 12일 자 기사는 "공포에 질린 지역 주민"에 초점을 맞추긴 했으나 "사람들을 공포에 질리게" 하지 않도록 조바심을 내는 지역 관리를 다수 인용했다. 이 두 기사를 비롯해 함께 실린 다른 기사들도 주기의 이전 단계에서 나온 대다수 피처보다는 '환경적' 원인을 훨씬 더 많이 강조했다. 이들은 "젊은이들은 놀지도 못하고 휴가도 못 가보고 선물도 받아보지 못해 출발점부터 잘못 됐다", "흑인들은 갈수록 소외감을 느낀다" 그리고 흑인들은 "흑인의 문제점을 이해하지 못 하는 듯한 교육 체제와 이들에게 모욕적인 정체성을 강요하는 듯한 백

인 사회 사이에 갇혀 있다"라는 것이다. 이렇게 변화된 패턴이 보편적이
지는 않았다. 같은 시기에 〈버밍엄 이브닝 메일〉이 이 주제를 다시 다루
었을 때 (1974년 12월에서 1975년 1월 사이의 1면 머리기사 두 건을 포함해) 사용한
일반화된 '노상강도' 이름표는 1972−3년의 패턴—"불량배, 노상강도범,
반달과 과시병자 등이 지하도를 점거했다"—과 구분할 수 없을 정도였다.

그러나 다른 곳에서는 의미작용 패턴에서 주목할 만한 변화가 **일어
났다**. 지금까지 모호하게 보이던 흑인 범죄 시나리오를 명쾌하게 초점을
맞춰 정리해 제시한 것이다. 흑인 범죄를 인종적으로 묘사했다는 사실은
의심의 여지가 없다. 피해자는 중년 백인이고, 가해자는 흑인이며, 범행
장소는 남 런던의 구체적인 지역이다. 이전의 논쟁을 지배했던 형사 정책
문제는 대부분 등장하지 않았다. **사회적 문제**라는 시각이 거의 보편적으
로 채택된 것이다.

강조점과 설명 방식의 이러한 변화는 그 출처를 추적해 보아야 한
다. 험프리가 기사를 집필하게 된 계기는 런던광역경찰청이 작성해 내무
부에 제출한 남 런던 길거리 범죄 관련 특별 보고서(이 자료는 공중에게 전면
공개된 적이 없다)였다. 흑인 범죄 수치의 급증에 대한 **공황뿐 아니라** 사회
문제, 환경주의식 범죄 설명도 이 보고서와 보고서에 관한 후속 공식 발
언에도 모두 등장한다. 험프리를 비롯해 여러 사람이 보고서에서 인용한
수치는 다음과 같은 사실을 확인해주었다. 첫째, (범죄 통계에서 중요하면서도
지금까지 주목받지 못한 사실인데) 경찰은 이제 '작전 목적으로' 범죄 사건에서
피해자와 가해자의 인종을 기록한다. 둘째, 두려움을 자아내는 비교 통계
를 무수하게 집계한다는 사실이다. 이 두 가지 특징은 남 런던 다른 행정
구역에서도 거의 램베스와 레위섬 만큼 길거리 범죄가 많고, "가해자의
80%가 흑인이고, 피해자의 85%가 백인이며", "사람으로부터의 절도" 범죄
수치는 이미 1972년의 정점을 추월했고, 이 중 상당수는 흑인이 저지른다
는 사실을 시사했다. **그러나** 보고서는 또한 "이 범죄는 경찰 활동 문제가
아니다. 급증하는 길거리 범죄는 서인도계 청년들이 백인 사회에서 광범위
하게 소외된 데서 유래한다"[주 6]라고 주장했다고 한다. 당시 런던광역경찰

청 공동체 관계 부서 책임자이던 마샬 경무사(Commander)는 수치에 관해 언급하면서 수고스럽게도 도시의 스트레스, 높은 실업률, 세대 차, 문화적 정체성 문제와 "흑인 과격파 목소리"의 영향을 기여 요인으로 거론했다. 험프리는 이 경찰의 인터뷰가 다음과 같은 식의 주장을 확증해준다고 말했다. "오늘날엔 구할 수 있는 일자리가 많지 않을뿐더러 흑인에게는 어차피 차례가 돌아가지 않는다"(페켐Pekham 청년 운동가인 노리스 리처즈Norris Richards 의 발언에서 인용)는 것이다. 여기서 주목할 부분은 경찰-범죄-통제식 시각과 사회 문제식 시각이라는 두 가지 별개의 언뜻 모순되어 보이는 시각을 동시에 채택했다는 점이다. 나머지 언론은 무엇보다 흥분되는 수치에 집중했지만, "처음으로 경찰이 인구, 주거, 학교, 실업 통계를 범죄 데이터와 나란히 배치했다"라고 언급한 곳은 거의 없었다.

1972-3년 기간의 강조점에 비해, 이제는 이처럼 이중적 시각을 사용하게 되었다는 점은 추가로 검토가 필요하다. 게토 구역에서 흑인 공동체—특히 청년—와 경찰 간의 대립과 적개심은 계속해서 심해졌다. 경찰의 마구잡이식 괴롭힘에 대해 흑인이 보인 **반응**의 속도와 성격은 바뀌고 있었다. 이 반응은 더 격렬하고 즉각적이고 거칠어졌으며 무엇보다 더 조직화되고 집단적이고 **정치화**했다. 인종 의식의 이러한 정치화는 또한 흑인 구역에서는 좀 더 **지역화**했다. 1970년대 초반 이후 경찰은 흑인 주민 사이의 이처럼 광범위한 불만을 통제하고 저지하며 그 불만을 흑인 구역 내에 묶어두는 책임을 사실상 떠맡았다. 하지만 1974년 이후의 시기에는 흑인 봉기가 싹트기 시작하는 이 상황이 새로운 요인들 무리 때문에 더 복잡해졌다. 왜냐하면 점차 경제적 불황이 심화되면 흑인 노동력은 노동력에서의 구조적 위치 때문에, 특히 처음 취업에 나선 어린 흑인 학교 중퇴자들 때문에, **인종적으로 구분된 계급 분파**, 즉 실업의 바람에 **가장 취약하게 노출된** 집단을 이루게 되기 때문이다. 이 추세는 노사 분규에서 흑인 노동자의 강경성이 강화되는 징후와 동시에 진행됐다. 이와 더불어 불황에 따라서 공공 부문과 복지국가 부문의 지출도 삭감되었는데, 이 조치는 대개 흑인 밀집 지역이기도 한 이 도심 빈민 지역에 직접 영향

을 미치도록 계산된 것이었다. 따라서 이미 흑인 의식 측면에서 활성화된
인구 부문은 이제는 가혹해진 경제 불황의 위험에 가장 노출된 부문이기
도 했다. 요컨대 여기서 우리가 목격하는 변화는 바로 인종과 위기의 계
급적 측면의 동시화다. **흑인**에 대한 경찰 활동은 **빈곤층**에 대한 경찰 활
동, **실업자층**에 대한 경찰 활동 문제와 서로 얽히게 될 기미가 보였다. 이
세 가지는 모두 정확하게 똑같은 도시 구역에 집중되었는데, 이 사실은
물론 전투적 의식의 탄생을 촉진하는 지리적 동질성의 요소를 조성해주
었다. 흑인에 대한 경찰 행동이라는 현재 전개 중인 문제는 모든 실제적
측면에서 **위기 관리**(policing the crisis)라는 더 광범위한 문제와 동의어처럼
되었다(1976년 3월 19일 일할 권리 행진Right to Work March이 진행되는 동안 경찰이 실업자
들을 공격하는 바람에 불행하게도 이 결론을 입증한 셈이 됐다). 경찰 활동 전개의 성
격에서 일어난 이처럼 근본적인 변화에 직면해, 전반적 상황에 대한 최종
책임을 맡은 국가 수준, 즉 정부와 정치인이 인종 문제의 사회적, 경제적
차원을 직시하고 사회 불안의 잠재적 비용을 떠맡게 될까봐 경찰과 내무
부가 조바심을 낸 것도 놀랄 만한 일은 전혀 아니다. 그러므로 국가는 책
임 위계의 더 고위층 수준에서 문제를 검토하도록 하고 준거틀의 폭도 넓
혀, 예컨대 범죄와 공적 질서 문제뿐 아니라 도시 지원과 치유적 사회복
지 문제도 포함하는 조치를 취했다. 범죄 지표와 더불어 사회적 지표도
검토하게 된 것은 바로 이처럼 **위기의 다양한 측면의 동시화**에 대한 대책
모색을 지향한다. 마샬 경무사를 비롯한 여러 사람이 주장한 바와 반대
로, 흑인의 소외를 유발하는 사회 여건이 갑자기 '경찰'의 관심사로 떠오
른 것은 흑인과 흑인 구역 자체가 훨씬 더 광범위한 부류의 경찰 활동 문
제로 바뀔 기미가 보였기 **때문이다.**

　이상의 지적은 공식적 반응의 성격을 설명하는 데도 도움이 된다.
경제 불황이 심화됨에 따라 우리가 등장을 목격한 바 있는 두 시각을
결합하려는 이중 전략이 시도되고 있다는 증거도 있다. 특히 도시 '말썽
지점'에서의 길거리 경찰 활동 강화를 통해 강경하고 거칠며 강도 높은
통제를 유지하려는 조치뿐 아니라 '상황을 진정시키도록' 고안한 여러 전

략도 등장했다. 도시 지원 프로그램 확장, '풀뿌리' 흑인 복지 제도에 대한 직접 지원 확대, 실패하긴 했지만 공동체 발전 프로젝트(Community Development Projects) 단계 시행, 심지어 가장 최근에는 환경부 장관 피터 쇼어(Peter Shore) 씨와 야당 그림자 내각의 같은 직책인 화이트로 씨가 '도심 빈민가 지역'을 표적으로 삼아 함께 추진한 파격적인 경제적 지원이 그 예다. 집중적인 빈곤 대상 지원과 **더불어** 공적 질서 유지를 위한 강력한 경찰 활동을 병행하는 이 결합 전략은 노동당 정부의 재집권과 함께 '사회적 우려'가 강화된 시기가 정확하게 어떤 성격을 띠고 있었는지 규정해준다. 이 전략의 특성은 또 다른 방향에서 '중층결정'되었다. 공동체 관계, 백인 자유주의자, 인종관계 기관들은 게토 구역에서 갈수록 열악해지는 상황을 적극적으로 강조해왔는데, 노동당은 아마도 이들의 새로운 로비에 좀 더 우호적이었을 것이다. 그러나 바로 이 시기에 흑인 공동체에서 공동체를 기반으로 하는 풀뿌리 수준의 저항이 전개되면서, 전문화된 인종관계 기구에 대한 신뢰성, 믿음, 정당성이 하락하고 마침내 주도권이 좀 더 행동파인 흑인 조직과 좀 더 정치화된 흑인 전략으로 넘어가는 변화가 동시에 전개됐다는 강력한 증거도 있다. 이 시기에는 흑인 공동체에 굳건하게 뿌리를 내린 흑인 신문의 성장, 강경한 흑인 지지 집단의 성장도 전체 그림의 핵심적이면서 인상적인 일부다. 그렇지만 이러한 추세는 주도권이 완전히 강경파 수중에 넘어가지 않도록 하려면, 국가와 흑인 공동체 사이를 중재하는 이 중요한 '공동체 관계' 기구들의 정당성을 강화하면서 더 고위층 차원에서 몇몇 대응 조치를 마련해야 할 것이라는 뜻이다. 침체한 경제 분위기에도 불구하고 도시 지원 프로그램은 지속되고 신설 기회평등위원회(Equal Opportunities Commission)를 통해 인종관계를 다루는 '기성체제'가 재건되었는데, 모두 진정과 억제라는 동일한 전략의 산물이다. 그렇다면 1974년의 사건들로 시작된 이 시기 내내 '사회통제'와 '사회 문제' 중심적 시각이 짝을 이루게 된 것은 도시 인종 문제내에서 대단히 모순된 세력들이 작용한다는 사실에서 비롯된다. 이 도시인종 문제는 위기 때문에 격화된 것이지만 위기의 압력에서 발생한 것이기도 하기 때문이다. 하지만 위기가 장기화하고 심화함에 따라 '규율화된 억제'의 이 마지막 구사까지도 공식적 경계를 슬금슬금 벗어나 버렸고, 이에 따라 사회는 통제를 벗어나고 있는 위기의 틀 안에서 인종ー계급 문제 간의 예기치 않은 우연의 일치를 전면적으로 활용할 수밖에 없게 됐다. 우리가 추적해 온 장기적인 '헤게모니의 위기'의 다른 모든 계기에서도 그렇듯이 **인종**은 위기와 객관적으로 관련이 있는 실체를 이루게 되었다. 전 위기의 총체성이 사회 전체에 미치는 효과로 조성된 복합적인 공포, 긴장, 불안감을 가장 편리하게 명시적으로 투사하고 완곡어법적으로 표현하자면 '처리할' 수 있는 장이 바로 인종이다.

영국 답게도 그러한 '해결책 모색'은 법원에서 시작되었다. 1975년 5월 그윈 모리스(Gwyn Morris) 판사는 서인도 출신 청년 5명을 5년간의 수감 혹은 구류형에 처하는 판결을 내렸을 때 브릭스턴과 클레팜을 지칭하면서 다음과 같이 주장했는데, 그의 발언은 "젊은 흑인에 대한 선전포고"라고 묘사해도 과장이 아닐 것이다.

> 기억하기로는 이 구역은 평화롭고 안전하며 살 만한 곳이었다. 그러나 지난 25년간 일어난 이주민 재정착으로 이 환경은 근본적으로 변해 버렸다. 법과 질서 유지 관계자들은 엄청난 어려움을 겪고 있다. 이 사건은 해진 후 거리를 홀로 걸어가는 정직하고 무고하며 근면한 여성들이 처한 위험을 부각하고 강조했다. 서인도 출신 여성은 단 한 명도 공격 당하지 않은 것으로 안다.[주 7]

이처럼 흑인 도시 주민 전체를 대상으로 광범위하고 포괄적으로 공격을 가하는 바람에 후폭풍이 이는 가운데, 판사는 "나는 이 나라에 정착해 흠잡을 데 없이 법을 잘 지키는 시민이 된 절대다수의 이주민을 비판하지는 않았다"라고 주장했다. 아무리 좋게 봐줘도 이 해명을 발언 내용 자체와 조화시키기는 어렵다. 어쨌든 발언 배후의 동기가 무엇이든, 이 발언은 조금도 줄어들거나 완화되지도 않고 그해 내내 지속되고 점차 속도가 빨라져 1976년까지 이어진 전면적인 '흑인 공황'으로 묘사할 수밖에 없는 현상의 서막이었다.

1975년 10월 국민전선은 이스트 엔드 지역을 관통하는 행진을 준비했다. 이 행진은 **흑인 노상강도**를 콕 찍어서 겨냥했는데, 어떤 단서조항이나 따옴표도 망설임도 없었다. 이 행진은 흑인들이 조직한 반대 행진과 맞닥뜨렸다. 경계에 나선 경찰은 두 시위대가 부닥치지 않도록 정리해서 분리시켰다. 인종 이슈가 거리로 나온 것이다. 노골적인 파시스트 조직들은 물론 1950년대 초부터 인종 이슈에서 이용할 건덕지를 물색하고 있었는데, 전쟁 전에 유대인에 초점을 맞추었던 것처럼 이제는 흑인을 기반으로 삼았다. 오스왈드 모슬리(Oswald Mosley)2 같은 파시스트들은 1958년 노팅힐 인종 폭동에 적극 가담했다. 반이민 조직들은 인종주의 선전물을 작성해 뿌리면서 1960년대 내내 편견의 토양을 개간하고 있었다. 1966년에는 국민전선이 공식 결성되었는데 5개 극우단체를 통합한 것이었다(제국애국리그the League of Empire Loyalists,3 대영국운동the Greater British Movement,4 대영국민당the British National Party,5 인종보존협회the Racial Preservation Society, 잉글랜드국민당the English National Party). 국민전선은 존 틴덜(John Tyndall)과 마틴 웹스터(Martin Webster)를 지도부로 앞세워 풀뿌리 수준에서 공개적으로 인종적 파시즘을 전파하는 가장 적

---

2 오스왈드 모슬리는 1918년부터 1931년까지 하원의원으로 활동한 유명 정치인이었는데, 보수당에서 독립당, 나중에는 노동당으로 당적을 바꿔가면서 활동했다. 어느 순간 주류 정치에 환멸을 느끼고 극우로 전향해 영국파시스트연합(British Union of Fascists)을 창당했다. — 역주

3 제국애국리그는 영국에서 1960년대에 활동한 극우 성향의 정치적 압력단체로 독자적인 세력이기보다는 보수당 내에서 극우 성향을 대변하는 당내 압력단체로 시작했다. 1954년 당시 보수당의 중도 선회에 반발해 결성되었으며, 소련의 볼셰비즘뿐 아니라 반유대주의 음모론에 입각해 미국의 자본주의에도 비판적이었다. 대영제국 해체 저지, 이민 반대 등의 활동에서 성향을 엿볼 수 있다. — 역주

4 대영국운동 역시 영국 내 극우 정치운동의 한 갈래로 인종주의적 극우 정치 이념과 영국 민족주의가 결합된 성격을 띠었다. 1964년 존 틴덜의 주도로 결성되어 국민전선이 결성되는 1967년까지 활동했다. <선두>라는 기관지를 발행했다. 단체 이름은 저명 극우파 정치인인 오스왈드 모슬리가 1932년 출간한 <더 위대한 영국(The Greater Britain)>에서 따왔다. — 역주

5 대영국민당은 영국에서 1960년대에 활동했던 극우 네오 나치 정당이다. 1960년 존 빈(John Bean)이 주도해 창당했으며 1967년 국민전선에 흡수 통합되었다. 나치의 인종 이데올로기를 확고하게 고수해 반이민 관련 이슈에 주력했다. — 역주

극적인 기관이 되었다. 그리고 노동계급과 중하층 계급 지역과 학교에서 꾸준히 지지자를 확보해갔다. 이 정당의 출판물인 〈선두(Spearhead)〉와 〈대영국민뉴스(British National News)〉의 판매부수는 늘어나고 있었다. 1968년에는 액턴(Action) 중간선거에 첫 후보자인 앤드루 파운테인(Andrew Fountaine) 씨를 내보냈고 형편없는 득표율을 기록했다. 하지만 그 후 선거에서는 상당한 실적을 올렸다. 세 차례 연속해서 총선에 출전해 매번 후보자 수를 늘렸고 매번 득표율도 늘려갔다. 국민전선 후보자나 그 동조자는 수많은 시의회 의석을 차지했다. 1976년 5월 지역 선거에 참가했을 때는 (34개 선거구에서 176명의 후보자를 등록해 49,767표를 얻어) 충격적일 정도로 성공적인 결과를 기록했다. 21개 선거구에서는 자유당을 추월했다. 레스터에서는 득표율이 23.2%에 달했고 해링기(Haringey)에서는 13.1%, 이슬링턴에서는 9.4%였다. 블랙번에서는 국민전선 동조자인 존 리드(John Read) 씨가 지역의회에 선출되었다. 국민전선에 대한 지지는 런던, 서부 미들랜즈, 레스터셔, 요크셔, 랭카셔처럼 다양한 지역에서 늘어나고 있다.[주 8] 국민전선은 전쟁 전의 파시즘과 관련된 상대적으로 낡은 이슈는 폐기하고 노골적으로 인종주의적인 반이민 정책을 채택했다. 전면 송환과 법과 질서에 대한 강경한 정책을 옹호했으며 이 정책들을 국가 사회주의 레퍼토리에서 따온—금융가, 거대기업과 노동조합을 **반대하고** 억압당하는 '소시민'을 **옹호하는**—일부 고전적인 프티 부르주아 주제들과 결합해 제시했다. 이 주제들은 경제적 불황기를 맞아 불특정 다수의 백인 노동계급이 느끼는 분노를 자극하도록 철저하게 계산된 것이다. 국민전선은 흑인 단체와 반파시스트 좌파 조직과 길거리에서 충돌하면서 발생하는 홍보효과와 논쟁을 물론 환영했다. 국민전선은 (의회 바깥의 주변부에 국한되지 않고) 규모는 작을지라도 강한 인상을 주면서 정치 무대에 등장해 공개적으로 인종주의 방향으로 대중의 정서를 양극화하는 가장 강력한 세력 중 하나를 이루게 되었다. 국민전선은 1976년 초 이래로 인종주의가 잠깐씩 발작적으로 정치체 전체에 파장을 일으킬 때마다 더러는 주도적이고 더러는 주변적인 역할로 모습을 드러냈다. 1976년 한해에는 일반적 위기와 인종주의의 온도 변화표가 **내부적으로 연계되어** 있음을 입증하는 데 굳이 어떤 정교한 주장도 필요 없었다. 이때는 가장 극단적인 형태의 경제적 환원론에 빠지고 싶은 유혹을 느낄 만한 상황이었다. 왜냐 하면 위기의 정치적, 경제적 지표가 조금이라도 움직일 때마다 인종 지표가 즉시 뒤따라 요동쳤기 때문이다.

1976년에는 마치 지진처럼 사회 전체를 관통한 인종 이슈의 전개 순서나 강도가 어떠했는지, 전국적이든 지역적이든 미디어 보도가 이 이슈들을 어떤 규모와 성격, 강도로 다루었는지 적절하면서도 간략하게 전달하기는 어렵다. 3월에 런던광역경찰청의 인종관계 부서는 새로 조사를 실시해 하원 인종관계 특별위원회에 참고자료로 제출했다. 이 보고서는 브릭스턴에만 초점을 맞추었는데, 가해자의 인종적 정체성에 관한 피해자의 진술이 경찰의 세부적인 체포 기록과 부합한다는 사실을 밝혀냈다. 두 자료 모두 이 구역에서 흑인이 저지른 강도는 "80% 수준의" 것임을 보여주었다.[주 9] 포웰 씨는 캠브리지의 경찰연맹 '범죄 세미나'에서 앞서 언급한 연설을 했는데, 여기서 노상강도는 "분열된 사회의 [결과이고] 사회해체와 관련이 있다"라고 거침없이 선언했다. "노상강도에는 연속적이고 영구적이며 전통적인 측면도 있기는 하지만 …"이라면서 단서를 붙이긴 했는데, 발언의 전반적 요지를 재확인하는 한도까지만 유보조항을 달면서 "이 단어는 특히 새로운 현상을 기술하고 있다. 새로운 현상은 … 국내 어떤 대도시의 인구 구성에서 일어난 변화와 연계되어 있다"[주 10]라고 주장했다. 같은 세미나에서 데본과 콘월의 경찰국장이자 전 브램실경찰대학(Bramshill Police College) 학장인 존 앨더슨(John Alderson) 씨는 "실업자층에서 선발해 특수 훈련을 시킨 자원 순찰자"의 도움을 받으면 길거리 범죄와 더 잘 싸울 수 있을 것이라고 제안했다. 4월과 5월초에는 말라위에서 추방된 영국 여권 소지 아시아인이 대거 영국에 정착하려 한다는 소식이 전해졌다. 이전의 우간다 아시아인 사례에서 그랬듯이 이 소식에 공황 수준의 격렬한 반응이 일어났는데, 여러 전국지는 이 반응을 체계적으로 표현하였다. 1973년 이후로 아시아인 부양가족 입국에 관한 이민 규정은 이민 절차에서 아시아쪽이나 영국쪽이나 모두 특히 엄격하게 해석되었다. 입국 대기자 숫자는 늘어났고, 허가 교부 전까지 한없이 늘어지는 조사에 대한 불평뿐 아니라 입국장 수속 절차에서 발생하는 모욕적인 경험에 대한 불만도 치솟았다(예컨대 1974년 수속 지연에 관해 하원의원이 관계 부서에 보낸 항의 서한만 1,722통이었다).[주 11] 그러나 떠돌이 아시아인의 새로운 '홍수'라는 유령은 새로운 반응의 물결을 가동시켰다. 이 반응은 이제는 거의 고전이 된 속죄양 이야기에 의해 유발됐다. 크롤리의 사회복지 부서(Crawley Social Services)가 임시로 4성급 호텔에 수용한 슐레만과 사크라니 가족의 사례인데, 아시아인의 '홍수 공포'와 복지국가 기생족에 대한 '공황'을 융합해 인종주의 히스테리의 '시즌 개막'에 대한 완벽한 핑계거리를 제공한 이야기다. "주당 600파운드를 쓰는 이주민 스캔들: 4성 호텔에서 거주하는 두 가족에게 엄청난 지출"이라는 제목으로 〈선〉이 먼저 터뜨렸다. 다른 신문들도 잇따라 보도했다("예산이 더 필요해. 이를테면 주당 600파운드 쓰는 아시아인용으로" 〈데일리 메일〉, 1976년 5월 5일; "이주민들은 단지 복지수당을 받으러 왔다" 〈데일리 텔리그래프〉, 1976년 5월 5일). "추가로 4,000명이 더 오고 있다"라고 〈선〉은 단언했다. 곧 무려 145,000명에 달할 수도 있을 것이라고 〈데일리 익스프레스〉는 그달 말 경고했다. "아놀드 씨네는 이웃의 인도인 가족을 피해 테라스 달린 오두막집을 내놓았다. 배링턴 씨 가족은 바로 이웃집에 인도 가족이 살아도 참고 지내지만 … 이들이 거기 없었으면 하고 바란다"[주 12]라고 〈데일리 메일〉은 이야기를 꾸며냈다. 반인종과 반복지국가 주제를 혼합한 이 언론보도의 지속적인 공격에서 위기의 두 가지 측면이 다시 한 번 확인되었다.

　　포웰 씨는 이 뜨거운 솥에다 또 다른 폭발물을 투척했다. 이민 문제 전담 차관보인 도널드 홀리(Donald Hawley) 씨가 개인적으로 작성한 외무부 보고서를 입수해 폭로하는 대단한 무용담을 달성한 것이다. 이 보고서에 의하면 아시아에서는 이민 규정 위반이나 편법이 자행되고 영국에서도 규정을 너무 느슨하게 적용하고 있어, 그 결과 인도 대륙에서 '이민 물결 고조'의 위협이 우려된다고 했다. 이 보고서는 사실 정부 내부 갈등의 산물이었다. 노동당 내무부 차관으로 역시 이민을 담당하는 알렉스 라이언(Alex Lyon) 씨는 아시아 출신 부양가족이 갈수록 증가하는 데 오랫동안 골머리를 썩다가 "이 나라 흑인들에게 약간의 정의를 구현"하려는 시도에 나섰다.[주 13] 노력의 보람도 없이 라이언은 공직에서 해임되었다. 라이언 씨는 홀리 문서의 사실적 근거에 강하게 의문을 제기했고, 사실 〈선데이 타임스〉도 보고서를 철저하고 세심하게 분석했다.[주 14] 그러나 포웰의 폭로 이후 이어진 하원 논쟁에서 전 노동당 하원 특별위원회 부위원장인 아서 보텀리(Arthur Bottomley) 씨는 "보고서에 상당한 진실이 들어있다"[주 15]라고 선언했고, 대다수의 신문도 이 자극적인 폭로 내용을 다음과 같은 제목 하에 보도했다. "진실은 드러날 것"(〈데일리 텔리그래프〉), "이주민들 — 영국은 어떻게 기만당했는가", "어떻게 영국은 속았는가", "속임수를 멈춰야할 때", "영국에 몰려들려고 계획을 꾸미는 사람들의 행렬", "약혼자 대사기극"(5건 모두 〈데일리 메일〉에서 따옴).[주 16]

이 시기에 마침내 미디어의 인종 보도 전체가 흑인 언론인과 일부 미디어 분석가의 신랄하고 혹독한 비판 세례를 받았다.[주 17] 홀리 문서 유출에 관한 하원 논쟁에서 로이 젠킨스는 영국 도시의 인종 폭력이 벨파스트 수준에 이를 것이라는 포웰의 예언에 개탄했다. 그러나 전 노동당 원내총무인 로버트 멜리시(Robert Mellish) 씨는 이제 좀 그만 하면 됐다며 "우리 국민은 모두 후회할 행동을 취할 것이다"[주 18]라고 발언했다. 같은 날 〈데일리 텔리그래프〉는 브렌트, 레위샴, 브릭스턴, 혹은 브래드포드(Bradford)와 리버풀 같은 지역에서 흑인 실업자는 "전국 평균보다 적어도 두배"이며, 런던 일부에서는 "이주민 실업이 무려 50%에 달한다"라고 보도했다.

〈버밍엄 이브닝 메일〉은 5월 14일 일주일간 이어진 "핸즈워스-분노하는 교외 지역"에 관한 피처 시리즈를 마감하는 사설에서 "분노하는 흑인 청년 실업자들은 … 불황의 피해자이지 원인이 아니다"라는 의견을 피력했다. 신문은 독자들에게 그 대신 서부 미들랜즈의 일자리 고갈에 책임이 있는 인사들, 즉 "고집불통 정치인, 사악한 경영진, 마르크스주의 노조원, 게으른 노동자와 탐욕스레 자기 몫만 요구한 우리 모두" 등을 비난하라고 촉구했다. 그러면서 "버밍엄은 늘 다인종 도시였다"라고 독자들에게 확인해주었다. 하지만 포웰 무용담의 여파로 노동당 평의원이자 서부 미들랜즈 주 의회 의장인 빌 자비스(Bill Jarvis)는 서부 미들랜즈 지역에 유입되는 모든 이민을 중단하라고 촉구했다. 그리고 실로 포웰의 폭로 몇 주 전에도 이 지역에서 인종 주제는 이미 한계점에 도달했다. 5월 초 로버트 렐프(Robert Relf)라는 사람이 리밍턴(Reamington)의 자택 앞에 '영국 가족에게만 판매함'이라는 표지판을 세웠다가 인종관계법 위반 판결을 받았다. 그런데 표지판을 제거하라는 법원 명령을 거부해 법정모독죄로 수감되었다. 그는 단식 투쟁에 돌입했다. 국민전선은 즉시 렐프 씨를 인종과 나라를 위해 나선 자수성가하고 자립적인 '토박이 영국인'(Briton)의 상징으로 추켜세웠고 그를 '우파의 데스 워런'(Des Warren)6으로 불렀다. 렐프가 여러 차례 법정에 출두하는 장면은 국민전선과 반파시스트, 흑인 집단 간에 벌어진 여러 치열한 대치의 무대가 되었고 결국 윈슨 그린 감옥 앞의 난투극으로 이어졌다. 6월 21일 렐프는 표지판 강제 철거 명령 취소 없이 판사 직권으로 풀려났고, 국민전선은 환호성을 질렀다.[주 19] 영국의 불독식 개인주의가 다시 승리를 거둔 것이다. 한참 뒤에 가서야 〈선데이 타임스〉는 렐프 씨의 인종주의가 심각하고 자의식적 성격을 갖고 있음을 폭로했다. 렐프 씨는 자신이 생각하기에 사회보장 수당을 너무 많이 받는 것 같은 동아프리카 출신 병약자에게 다음과 같이 썼다. "그러니까 이 욕심꾸러기 흑인 돼지야. 이 밉살스런 성병 투성이 흑인 쓰레기야. 내 마음대로 할 수만 있다면 너의 살 찐 비열한 목에 동아줄을 둘러 국가와 다른 열심히 일하는 영국인들에게 호의를 베풀어줄 텐데."[주 20]

　　6월 4일 사우샐(Southsall)에서 백인 청년 갱이 18세 난 펀잡 출신 구르딥 싱 차가르(Gurdip Singh Chaggar)를 살해했다. 아시아 출신 청년에 대한 백인 청년의 공격 물결은 그해 초 점차 격화되다가 '말라위-아시안 4성

---

6　데스 워런은 영국의 건설노동자이자 노동운동 활동가로서, 1972년 슈롭셔에서 피켓 시위를 주도했다가 '협박 공모'죄로 투옥된 쉬루스베리(Shrewsbury) 2인방 중 한 명이다. ─역주

호텔 이주민 공황' 중에 점점 강도가 세졌으며 마침내 이 사건으로 정점
에 달했다. 지금까지 두 '흑인' 공동체 중에서 상대적으로 더 조용하고 덜
전투적이라는 스테레오타입을 갖고 있던 아시아인 공동체에서는 공동체
시위의 물결이 폭발적으로 증가했다. 아시아인들은 이른바 '더 사나운'
서인도 형제들이 전개한 유사한 저항 운동 만큼 비타협적인 태도를 보였
으며 그 운동보다 오히려 더 조직적으로 투쟁했다. 아시아 공동체의 정치
적 역할에서 이 핵심적인 전환점이 되는 사건의 결과는 나중에 영국의 인
종 투쟁에서 철저하게 체감하게 된다. 이 전환점과 더불어 차가르 살해
사건의 선구자격이자 살해에 이르게 되기까지 벌어진 일련의 야만적인
공격의 전체 시퀀스는 중요한 분석 대상이 될 만한데도 대중지에서는 아
예 무시되거나 진지하게 다루어지지 않았다. 사우샐 경찰 본부에 대한
'아시아인의 공격'과 '광란의 복수'는 물론 여러 신문에서 1면기사로 부
각되었다(〈선〉, 〈데일리 미러〉). 8월 공휴일 기간 동안 노팅힐에서 개최된 전
통적인 3일간의 캐리비언 축제는 예측한 대로 흑인과 경찰 사이의 격렬
하고 노골적이며 통제 불능의 폭동으로 끝났다. 돌과 병이 난무하고, 노
팅힐 역이 공격당했으며, 95명의 경찰관이 부상당하고, 75명 이상이 체포
되었다. 거의 10년간 다소 영구적인 포위 상태에 있던 노팅힐·래드브로
크 그로브(Ladbroke Grove) 게토의 장기적이고 끝이 없고 견딜 수 없는 삶
의 조건은 마침내 너무나 예측 가능한 충돌로 귀결되었다. 20년간의 '공
동체 관계' 기간에 노팅힐에서 일어난 **두 번째** 인종 폭동이었다. 10월에
포웰 씨는 정부가 각 이민자 가족에게 모국 송환의 대가로 '새출발' 장려
금 1,000파운드를 지급하자고 제안했다. 이 제안은 일종의 위장된 "개발
도상국 지원"으로 제시되었다. 마치 영국에서 전후 인종관계의 전환점마
다 어떻게 극단주의자의 진술이 공적 논쟁에서 새로 통용되는 기본선을
확립하는 데 성공했는지, 그리고 어떻게 매번 공식적인 인종 차별 정책
채택에 근접해갔는지 예시하려는 듯이 미디어는 그 제안을 기꺼이 열렬
히 수용할 만큼 일부 진취적인 흑인 가족은 과연 없는가 하면서 소리 높
여 외치기 시작했다! 그리고는 "런던광역경찰청 보고서는 노상강도의 대

대적 증가를 입증했으며" 대부분 "현재 직업이나 취업 전망이 없는 제2세대 서인도 출신 이주민 10대"[주 21] 소행으로 추정할 수 있다는 선언이 나왔다. 뒤이어서 그윈 모리스 판사는 자신이 그 구역의 '망연자실한' 여성들에게서 받았다고 주장하는 '수백 통의 편지'[주 22]에 비추어 볼 때 그 '갱들'이 초래한 '엄청난 사회문제'를 숙고하기 위해 남런던의 중년과 연로한 백인 여성을 강탈한 6명의 서인도 청년(16세에서 17세 사이)에 대한 판결을 연기하는 이례적 조치를 취해 다시 한 번 논란의 중심에 섰다. 그가 주말 동안 숙의한 결과 연기된 판결 안건과 별도로 17세 된 '주동자'에게 보스탈에서 7년 형에 이르는 형량을 선고했고, 형을 선고하면서 "아마도 … 어떤 형태로든 자경단이 … 필요하게 될 것이다"[주 23]라고 주장했다.

이전 시기에서처럼 연이어 나온 양적 지표는 흑인 범죄에 대해 높아진 새로운 관심의 주기를 지속시키고 부각했다. 런던광역경찰청은 1969년과 1973년 사이에 램베스의 '노상강도'는 147% 증가했고, 사람으로부터의 절도는 143%가 늘었다고 보고했다. 이 사례들은 압도적으로 백인 피해자를 대상으로 한 흑인 가해자의 범죄였다. 앞서 제시한 '노상강도' 범죄 통계에 대한 일반적인 비판을 여기서 반복하지는 않겠다. 이렇게 계산하고 이 형식으로 공개된 수치는 (로버트 마크 경 자신도 이후에 이 형식이 인종적 요소를 부당하게 강조했다고 비판했다) 사실적 근거가 무엇이든 간에 도덕적 우려와 교정적 통제의 나선에 '확실한' 양적 근거를 제공했고 곧 수치가 설명하려 한 나선 자체의 일부가 됐다. 수치는 현재 상태보다 더 신뢰성 있게 집계할 수도 있겠지만, 더 넓은 관점에서 보면 수치 자체는 상관이 없다. 흑인 청년은 분명히 이 구역에서 어떤 사소한 길거리 범죄에 연루되어 있고, 관련 비율도 10년 전에 비해 더 높은 것은 당연하다. 이 구역의 흑인 공동체와 사회 복지사도 이 점이 사실이라고 믿으며, 이 인상은 수치보다 더 믿을 만하다. 문제는 수치가 아니라 바로 **왜**라는 부분이다. 이 사실의 의미, 중요성, 역사적 맥락은 무엇인가? 정말 이 수수께끼를 풀려고 한다면 이 범죄 지표를 다른 관련 지표에서 분리해 파악해서는 안 된다. 맥락 속에서 검토해보면 이 다양한 지표는 흑인 범죄, 흑인 노동,

흑인 구역의 상황 악화 사이의 중요한 교차점을 가리킨다. 심지어 이 점 역시 사회가 빠져들고 있는 경제적, 사회적, 정치적 위기라는 적절한 틀 안에서 배치해 맥락화해야만 한다. 경제적, 정치적 온도가 상승함에 따라 흑인 주민과 관련된 이 수치도 함께 상승한다. 그렇다면 변화는 통계적인 것이 아니라 질적인 것이다. 양적으로 조사할 문제가 아니라 구조적으로 검토할 문제인 셈이다.

이 질적인 변화에서 가장 두드러진 특징은 문제점의 **지역화**다. 이제 '노상강도'는 의문의 여지없이 구체적인 계급 분파나 (흑인 청년) 노동 범주, 복합적 측면에서 빈곤화된 도심 빈민 구역이란 구체적인 종류의 지역과 동일시된다. 이러한 지역화 움직임에서 '흑인 범죄'의 사회적, 경제적 측면은 심지어 범죄 통제 기구들에게도 눈에 띤다. 구체적으로 지목된 구역들은 복지 지원, 범죄 예방과 통제의 문제점을 보여주는 고전적인 도시 '말썽 지점'이면서 동시에 사회적 규율과 공적 질서의 문제점도 갖고 있는 곳이다. 여기서 악명높은 '빈곤화의 주기'는 흑인이든 백인이든 노동 계급과 추락하는 임시 구호 대상자층 같은 빈곤 부문에 체계적으로 영향을 미친다. 이곳은 이전부터 남아 있던 층뿐 아니라 새로 공급된 실업자 군의 저수지다. 바로 대처 여사가 말한 '복지국가 기생족'과 키스 조셉 경의 '싱글 엄마' 거주자의 숫자가 갈수록 늘어나는 곳이다. 그리고 복지와 공공 부문 지출, 교육과 사회적 지원에 대한 압박의 실제적인 피해를 가장 절실하게 느끼는 곳이다. 이곳이 범죄학자들이 좋아하는 고전적인 '범죄 취약' 지구라면, 경제 불황이 심화되는 여건에서는 사회적 불만이 배양되는 잠재적 장이기도 하다. 대도시에서는 압도적으로 흑인 구역이기도 하다. 그리고 흑인 인구는 이 모든 세력이 교차하는 지점에 위치한다. 민간 주민 중에서 소외된 부문이자, 이제는 점점 늘어나는 무임금 군의 중요한 부문이기도 하며, 사회적 빈민화의 가속화에 취약한 부문이기도 하다. 종말의 수많은 전조는 경제적 위기가 민주적 계급 사회의 토대를 잠식하고 그 내부의 모순을 폭로할 수도 있음을 끊임없이 우리에게 환기해준다. '라틴 아메리카식 해법'의 이 예언들은 주로 편의성 정치 담론의 장식용으로 고안된 데 불과할 뿐이지만 여기에 전혀 알맹이가 없지는 않다. 히드 씨가 1972년에 깨달았듯이 실업이 급등하는 시기 한복판에 자신이 신봉하는 '사회적 시장 철학'을 전면 가동시키려 한다면, 위기는 적대관계를 악화시키고 언뜻 포기한 듯한 방어 장치를 일깨울 수도 있다. 보수당 역시 곧 이 점을 깨닫게 될 것이다. 위기는 '정상적' 합의 메커니즘을 흔들어놓으며 위기 관리 비용을 어떻게, 어디서 부담할 것인지를 놓고 벌어지는 계급 투쟁을 격화시킬 수도 있다. 위기는 치유하고 최악의 결과는 저지하거나 완화해야 한다. 또한 통제해야 한다. 거칠게 표현하자면 위기는 **관리해야** 한다. 국가의 '평화 유지자'로서의 전통적인 위상이 잠식되는 데 민감해진 경찰로서는 이 일은 수행하긴 해도 내키지는 않는 역할이다. 경찰이 자신의 사회적, 경제적 차원에 관해 좀 더 공개적으로 발언하기 시작한 것은 이 때문일 수도 있다. 방식은 다를지라도 정부와 야당 그림자 내각 모두 이 사실을 안다. 광범위한 사회적 이슈에 관한 권위주의적 합의가 구축된다면 그 합의를 발판으로 삼아 만약 필요할 경우 공중의 지지하에 그러한 조치를 시작할 수도 있을 것이다.

따라서 현재 상태의 위기는 이제 흑인 '집단 거류지' 구역과 흑인 주민에게 직접 그리고 혹독하게 압박을 가한다. 여기서 모순된 결과가 발생한다. 해고가 증가함에 따라 그리고 흑인 학교 중퇴자의 절대다수가 반영구적인 실업 상태로 전락함에 따라, 흑인 공동체 내에서 근면한 다수와 일하기 싫어하는 소수 간의 전통적 구분은 사라진다. 동시에 흑인 빈곤층과 백인 빈곤층 사이의 격차는 더 벌어진다. 이는 단일한 추세가 아니다. 위기를 '조성한' 수많은 핵심 산업 분규—예를 들면 자동차 산업—에서 그동안 흑인과 백인 노동자는 공동 투쟁에 참여했다. 사실 흑인 고용노동자의 노조 가입율(61%)은 백인 동료보다(47%) 더 높다. 그러나 노동 상황을 벗어나면 이들의 유대감은 아직 남아 있는 인종주의의 격렬함과 교차된다. 흑인과 백인 빈곤층이 객관적으로는 똑같은 위치에 있지만, 두 집단이 살고 있는 세계는 서로 부정적 준거 집단을 제공하도록, 상대 집단의 불행의 '표면적 원인'으로 보일 수도 있도록 이데올로기적으로 구조화되어 있다. 경제적 상황이 빼듯해지면 노동자 간의 경쟁도 격화되는데, 인종과 피부색 구분 측면에서 구조화된 경쟁은 [백인 노동자에게] 상당한 이점이 된다. 당시 국민전선은 바로 이 점을 건드리고 있었고 [백인에게] 상당한 효과도 거두었다. 그래서 노동계급의 위기는 다시 한 번 인종주의의 구조적 메커니즘을 통해 노동계급 **내부의** 위기이자 노동계급 **사이의** 위기로 재생산된다. 이 위기는 식민화된 부문끼리 서로 반감을 갖도록 조장한다. 노동당은 오래전에 지역 단위 정당을 다소 비효율적이긴 해도 순수한 선거 장치로 전환시켰기 때문에, 설혹 뜻은 있더라도 이러한 효과를 조장하는 흐름을 저지할 수 있도록 손을 쓸 만한 어떤 정치적 수단도 장악하지 못하고 있다. 이러한 여건에서 흑인들은 이 모순된 결과를 '감당하는 층'이 되고, 흑인 범죄는 도시 집단 거류지 위기의 **기표**(signifier)가 된다.

## ▍ '이차성'의 구조

위기는 사회 내에서 흑인의, 특히 흑인 청년의 곤경을 격화시킨다. 그러나 전후 이민 전체 기간 동안 흑인 노동과 관련해 작동하고 있던 구조적 세력과 메커니즘을 은폐하도록 방치해서는 안 된다. 흑인의 곤경은 흔히 피부색과 인종에 근거해 흑인에게 자행되는 '차별'의 지표 측면에서 측정한다. 차별은 이 사회에 사는 흑인에게 주요한 삶의 사실이며, 그 사례는 이미 널리 자주 알려진 바 있다. 그러나 차별의 정도를 측정해 보면 (유감스럽게도 많기는 하지만) 주거, 교육, 고용, 일상적 사회 생활에서 차별적 관행을 겪게 되는 사람들의 숫자화를 제외하면 영국 사회의 핵심 구조에 관한 한 흑인 남녀가 백인 동료에 비해 사실 다를 바 없는 위치에 있다는 식으로 결과가 나오는 경향이 있다. 이 시사점은 잘못된 그림을 제시한다고 믿는다. 이 그림은 인종주의와 차별적 관행을 대체로 만족스런 '규칙'에 대한 개별적 예외로 취급하기 때문이다. 그 대신 우리는 특히 흑인 청년을 대상으로 삼아 상시적이고 일상적인 구조가 어떤 것인지, 그 동안 그 구조가 미친 효과는 어떠한 것이었는지 검토하고자 한다.

무엇보다도 학교와 교육 체제는 노동계급의 다양한 부문을 선별적으로 '숙련화'해서 직업 위계에서 열악한 위치에 흑인을 배치하는 기능을 주로 수행한다. 교육 체제는 계급적으로 구조화된 분업 내에서 임금 생활자를 재생산하고, 기술적 분업 구조 내에서 각 부문에 대략 적합한 문화적 숙련도를 배분하며, 대다수의 숙명이 될 피예속과 이차성(secondariness)의 위치에 적합한 집단적 문화 정체성과 성향을 구축하려 한다. 학교는 '노동자 재생산'과 노동 조건 생산의 역할을 잘 할 수도 있고 잘 못할 수도 있는데, 순응을 달성할 수도 저항을 유발할 수도 있다는 말이다. 그러나 이 성과의 차이 때문에 노동과 작업의 세계와 관련해 학교가 전반적으로 수행하는 기능의 중요성이 줄어들지는 않는다. 심지어 학교가 학문적 성향이 떨어지는 학생들에게 무심코 배양하는 듯한 '저항의 문화'(이는 학업 성취 능력이 있듯 없든, 그러한 능력을 갖추지 않기로 선택한 학생도 **갖게 되는** 능력이다) 조차도 반항하면서도 결국 예속적일 수밖에 없는 노동계급의 저숙련 육체 노동 세계로 이들을 성공적으로 이행시킬 수 **있게 해주는** 일종의 매개적인 문화 공간이 될 수도 있다고 폴 윌리스(Paul Willis)는 최근 주장했다. [주 24] 흑인 청년과 관련해서 보면 교육 체제는 고용과 교육에서 승진의 일반적 기회를 차단하고 이를 통해 젊은 흑인 노동자를 고용, 생산과 숙련도에서 최하층의 노동으로 '재생산하는' 결과를 초래했다. 표면적으로는 이 점에서 백인과 흑인 노동계급 남녀 간에 거의 차이가 없는 것처럼 보일 수도 있다. 일반적인 경향으로는 사실일 수도 있지만, 그렇게 되면 이 과정의 구체성을 간과하는 위험을 각오해야 한다. 교육 체제는 노동계급 내에서도 두 성별에 다른 효과를 미쳐 성적 분업을 계급 결정적인 사회적 분업의 구조적 특징으로 재생산하는데, 이는 남녀 흑인 청년에게도 똑같이 적용할 수 있다. 교육에서 인종에 특화된 다양한 메커니즘은 부분적으로 흑인에게 불리한 교육적 상황을 재생산하기도 한다. 종종 부지불식간에 흑인 부문의 '문화 자본'을 실제적으로 평가절하하는 방식으로 흑인 부문의 문화 자본은 끊임없이 강탈당한다. 이 과정은 일부 교사와 교실 수준에서 더러 일어나는 잘난체하기, 스테레오타입 혹은 인종적 태도

형태를 띠기도 한다. 때로는 구체적으로 강의 계획이나 교과서를 통해서
뿐 아니라 학교의 전반적인 '문화'에서 역사와 문화에 대한 근본적으로
그릇된 인식 형태로도 작용한다. 이 점은 압도적인 흑인 거주 지역의 흑
인 혹은 거의 흑인 위주의 학교에서 특히 그러한데, 이 학교들은 재학생
의 종족적 정체성과 문화와 무관하게 오로지 낮은 능력 수준에서 백인의
문화적, 기술적 숙련도를 재생산하는 데 맞춰진 '백인' 학교로 남아 있다.
또 다른 중요한 차원은 언어다. 언어는 문화 자본의 주된 전달자로서 이
때문에 문화 재생산의 핵심적 매체다. 공식적으로는 본질적으로 외국어일
수밖에 없는 새 문화의 구어와 문어 해독 능력을 추가로 개발하도록 설계
된 조치겠지만, 실제로는 흔히 그 대신 흑인이 기존에 갖고 있던 언어 능
력을 해체하고 박탈해 '형편없는 언어 구사력'으로만 평가하는 수단이 된
다. 어떤 것이든 아이들이 구사하는 방언이나 크레올(Creole)[7] 버전에 표준
영어를 필요한 제2 언어로 추가하는 대신에 흔히 원래 언어를 그냥 수준
이하의 언어로 간주해 제거한다. 수많은 흑인 학교에서 이 시도에 대한
저항이 어느 정도 강하게 전개되고 있는지는 카리브 지역 크레올이 소멸
하기는커녕 오히려 더 늘어나고 확산하는 것을 보면 짐작할 수 있다. 더
구나 부모들과 달리 주변에서 토착어를 '정상적 대화'에 사용하는 것을
들은 적도 없는 세대에서 이러한 움직임이 일어나고 있다. **언어를 통한
[이] 저항**은 학교를 아주 글자 그대로 문화적 전쟁터로 규정한다. 숙련도
와 자질에서 엄청난 탈구와 불연속성이 작동한다는 사실은 어떤 좀 더 효
과적인 교정 조치 부족 때문에 비정상적일 정도로 많은 흑인 아이들이 교
육적으로 자질 미달이거나 '평균 이하' 범주로 분류된다는 점에서도 드러
난다.[주 25] 압도적으로 흑인이 다수인 학교들은 적극적 선택 사항으로서

---

7  크레올 언어, 혹은 크레올은 비교적 짧은 시간 동안 여러 언어가 혼합, 단순화하는 방식으
   로 해서 자연스럽게 탄생한 언어를 말한다. 유럽의 제국주의 침략 시절 식민지 지역에서 수
   많은 크레올어가 탄생했다. 원래 영어나 프랑스어 등에서 진화되어 나오긴 했지만 독자적인
   문법, 어휘 등을 갖고 있고 제2세대 아이들은 크레올을 모국어로 배우고 자라나기도 했다.
   — 역주

다양한 문화적 지류의 혜택을 거의 반영하지 않고 있다. 원래 문화적 '출신지'가 어디든 상관없이 학교는 학생들을 편협한 여과장치로 밀어 넣어 단일하고 일방적이며 사전에 처방된 문화적 흐름으로 만들어버리는 경향이 있다. 흑인 아이를 백인의 문화적 정체성 속에 체계적으로 포섭하는 광경이 대표적인 사례다. 이 경향이 주로 영국 학교에서 흑인을 '교육시키는' 방식에서 비롯한 의도치 않은 결과라는 점은 그리 중요치 않다.

　　학교, 교육 성취도, 직업 위치 간의 연계는 잘 확립되어 있다. 이 연계는 전반적으로 각 노동자를 노동력에서 거의 예외없이 일정하게 구분된 위치로 배정하는 역할을 했다. 흑인 노동자는 전체 인구에 비해 '미숙련 노동자' 비율이 더 높고 반숙련 집단에서도 차지하는 비율이 과도하게 높다. 아래에서도 주장하듯이 부문별 분포가 중요하긴 하지만, 흑인의 비중은 이른바 '숙련 노동'에도 잘 반영되어 있다. 실제로 여기서는 부문에 따라 흑인이 상당히 집중된 곳도 있고 그렇지 않은 곳도 있다. 지위 위계에서 이보다 더 높은 모든 위치에 흑인은 상대적으로 적게 포함되어 있다. 다음과 같은 일반적인 특징 규정은 대체로 정확하다. "토착 노동자는 흔히 숙련된 직업에 더 집중된 반면에, 노동계급 내부에서 흑인은 가장 낮은 층위를 형성하는 경향이 있고 주로 비숙련과 반숙련 직업에 집중되어 있다."[주 26] 하지만 자본의 다양한 부문별 흑인 노동 분포는 더욱 더 중요하다. 흑인 노동은 기계 산업의 일부 부문, 즉 주물 작업, 섬유, 특히 건설 업종의 일반 노동자, 교통, 서비스 산업의 최저임금 직종, 의료 서비스 산업에 심하게 집중되어 있다. 특히 아시아인의 노동을 여기에 포함한다면 세 가지 유형의 노동이 이들의 직업 위치에서 특징을 이룬다. 첫째는 흔히 중소 규모 자본과 관련된 노동 착취적 여건에서 일하는 소규모 생산적 노동이다. 이 노동은 낮은 도급제 임금, 저조한 노동조합 가입률, 노동자 집단 간의 치열한 경쟁을 특징으로 한다. 흔히 작업장 전체를 이주민 노동에게 '하도급'으로 하청주기도 하는 것 같은데, 여기서 종종 이주민 여성들은 아예 모국어로 작업 지시를 받는다. 두 번째 유형은 케이터링과 서비스 부문의 저숙련 노동에 전형적인 고된 여건 하의 장시간 노

동이다. '서비스' 직업이긴 하지만 이 노동의 상당 부분은 '대량화' 기반
으로 조직된다(예를 들면 대규모 케이터링이나 런던 공항의 청소 인력). 셋째는 고도
로 기계화되고 대규모 자본이 투입되고 단순노동화하고 반복적인 조립
라인 유형의 노동으로 대기업이나 다국적 기계 플랜트 부품 기업의 '지
역' 지사에서 이루어진다. 이 유형은 비싼 기계로 노동 착취를 극대화할
수 있도록 노동과정을 선진화하고 조립 라인 방식으로 조직화한 고도로
자본화한 산업 부문이다. 겉보기에는 '선진화한' 조건에도 불구하고 그러
한 노동은 주로 생산의 꾸준한 흐름을 확보하기 위해 상대적으로 '숙련
도'가 낮고 호환성 높은 작업과 정기적인 교대제 작업을 포함한다. 이 '세
부화한 노동자' 유형은 일부 **선도적인** 현대 생산 부문—예를 들면 자동
차 산업—에 고용되지만, 바로 이 노동 유형이야말로 '탈숙련화'와 '대량
화'라는 가혹한 과정에 노출되어 있다.[주 27] 일반적인 예상과 반대로 종업
원 500백 명 이상을 고용한 플랜트에서 토착 백인 노동자가 29.5%인 데
비해, 흑인 노동자는 43%다. "흑인 노동자의 거의 3분이 1이 교대제 근무
를 하는데, 이는 백인 노동자 비율의 **두 배** 이상이다."[주 28] 현대 생산의
이 선진 부문에서 상당히 많은 흑인 노동의 존재는 경제에서 흑인 노동
일반에 대한 착취율의 강도를 보여준다. 이와 관련된 수많은 기업은 국제
적이고 다국적인 업종으로 부품 공장이 영국 전역뿐 아니라 국제적으로
도 흩어져 있다. 여기서 영국 흑인 노동은 남부 유럽의 값싼 '백인' 이주
노동이 '황금의 삼각형'(번창하는 북 유럽 자본주의 국가들)의 노동자와 맺는 것
과 정확히 똑같은 관계를 현대 국제 자본과 맺고 있다. 그러므로 근년에
와서 흑인 노동자는 영국 산업의 변두리에 국한되기는커녕 그 '전위'에서
도 상당히 큰 부문을 이루었다. 이 노동자들은 일부 주요 산업의 노사 분
규에도 상당히 깊이 연루되었다(예를 들면 포드 자동차, 코톨즈 섬유Courtaulds, ICI,
제국 타자기, 스탠다드 전화, 맨스필드 양품Mansfield Hosiery 등).

　　여기서는 두 가지 과정이 작동해 흑인 노동의 대대적인 해체와 재구
성이라는 양면적 효과를 가져왔다. 이 점에서 대단히 중요한 결과를 낳은
과정인 셈이다. 첫째는 불황과 실업의 좀 더 직접적인 효과다. 불황이 심

화하면서 실업은 위기에 찌든 영국 산업의 특징이 되었는데, 이는 이미
영국에 정착한 흑인 노동에도 즉각적인 영향을 미쳤다. 고용부 수치는
"이주민 실업은 전국 평균인 5.5%의 두 배에 달할 수도 있는데 ⋯ 1975
년 이래의 증가율도 이와 비슷하게 더 빠른 수준이었다"[주 29]라고 말해준
다. 흑인 학교 중퇴자의 실업은 전국 평균의 네 배에 달하고 수많은 도시
구역에서는 최근 중퇴자의 60% 이상이 현재 직장이 없다. 이처럼 취업
기회 부족은 흑인을 직업 숙련도 위계에서 더 하향으로 밀어내는 효과를
가져왔다. 불황이 끝날 때쯤이면, 그리고 만약 끝난다면 노동력에서 흑인
의 일반적 위치는 토착 노동자에 비해 전반적으로 더 추락했을 가능성이
매우 크다.

두 번째 과정은 좀 더 장기적이지만 결국에는 더 중요한 부분이다.
1950년대 초반 영국의 산업이 한참 확장되고 인력이 부족했을 때에는 카
리브와 인도에서 잉여 노동을 빨아들였다. 이 시기에 (그리고 실로 전체 주기
를 통틀어) 이주민 노동자와 빈 일자리 숫자 간의 상관관계는 불가사의할
정도로 밀접하다. 불황기, 특히 현 단계에서는 이주민 숫자가 줄어들었다.
들어오는 숫자도 줄고, 이미 유입된 노동자 중에서도 더 높은 비율이 실
업 상태로 바뀌었다. 요컨대 고용에서 흑인 노동의 '공급'은 영국 자본의
수요와 직접 관련을 맺으면서 등락을 거듭했다. 흑인 노동은 자본 축적의
변동이나 등락과 직접 관련을 맺으면서 글자 그대로 흡수하기도 하고 추
방하기도 하는 대상이었다.

이 과정에서 경제적, 정치적, 이데올로기적 요인들이 서로 수렴한다.
흑인 노동의 '흐름'을 주로 지배한 것은 영국 자본에 내재하는 리듬과 필
요사항이다. 그러나 흐름을 **규제한** 것은 물론 법적 (즉 정치적) 행동이다.
그리고 인종주의(이데올로기)의 성장은 이처럼 흑인 노동을 영국 산업에서
유동적이고 끊임없이 '가변적' 요인으로 활용할 수 있도록 기반을 마련해
주었다. 여기서 흑인 노동의 위치는 자본 자체의 부문 재구성이라는 훨씬
더 광범위한 맥락을 배경으로 파악할 필요가 있다. 점차 자본주의 유럽
전체가 남부 유럽—이탈리아, 포르투갈, 스페인, 터키, 북아프리카—으

로부터의 이주 노동 체제에 의존하게 되었다. 이 '초빙 노동자'는 대단히 저렴한 경제 단위다. 거주자가 아니고 부양가족도 데려오지 않고 존 버거(John Berger)가 〈제7의 인간(Seventh Man)〉8에서 생생하게 묘사한 일시적 존재로서 삶을 영위하기 때문이다.[주 30] 이주 노동자들은 생산자로서의 생애의 정점 상태에서 채용된다. 그러나 선진 자본은 이들의 노동력 재생산 비용을 전혀 부담하지 않는다. 이주 노동자들의 '흐름'은 선진 부문의 산업 인력 수요에 맞춰 좀 더 정교하게 조정하고 규제할 수 있을 뿐 아니라 이주 노동자는 비영구성, 종속성, 고립 때문에 취약하고 온순한 노동력이 되어 쉽게 조립 라인 여건에 맞게 조직할 수 있다. 1960년대 중반까지 영국의 패턴은 이와 달랐고 다른 유럽 국가에 비해 영국의 거래 조건은 '더 나빴다'. **영국이 채용한** 이주 노동력은 시민으로서의 권리, 부양가족을 갖춘 정착자였고, 영국은 이 노동력의 '재생산 비용'(교육, 의료, 연금 권리 등)을 책임지게 되었기 때문이다. 그러므로 1960년대 중반 이후의 이민 입법은 이주 노동 공급을 더 엄격하게 규제하기 위한 사전 조건으로서 흑인 노동자의 시민으로서의 권리와 지위를 공격한 것으로 이해해야 한다. 따라서 이민 분야에서 일련의 입법 조치는 구체적인 숙련도 요건을 낮추고 엄격하게 강화했다. 부양 가족 입국의 가혹한 규제, 이주 노동의 지위를 ─ 부계·비부계, 구 영연방·신 영연방 국가 구분을 통해 ─ 정착민에서 '초빙 노동자'로 변형시킨 조치가 그 예다. 똑같은 시기에 흑인 노동력의 흐름이 엄격하게 제한됨에 따라 '적절한 외국인', 즉 더 빈곤한 유럽 국가 출신 '초빙 노동자'에게 발급되는 바우처는 급격하게 증가한다. 암발라바네르 시바난단(Ambalavaner Sivanandan)이 간결하게 표현했듯이 "1971년 법 이전에 영연방에서 온 사람들은 … 이주민이 아니라 정착민, 흑인 정착민이다. 법 통과 이후에 온 다른 사람들도 있다. 이들은 그냥 이주 노동자, 흑인 이주 노동자다."[주 31] 흑인에 대한 정치적 제약, 인종주의 이데올로기

---

8  〈제7의 인간〉은 존 버거가 글을 쓰고 장 모어(Jean Mohr)가 사진을 담당해 1975년에 공저로 출간한 책 이름이다. 유럽의 이주 노동자 문제를 다루었다. ─역주

와 명시적으로 반이민적인 조직의 성장, 흑인 거주 지역에서 사회적 규율
의 강화, 흑인 주민의 전반적인 '불안정화' 등은 그러므로 오로지 특정한
개인이나 고용주 측의 '차별적 태도' 탓으로 돌릴 수 없다. 이 추세는 전
후 시기 흑인 노동이 중심부 자본에 흡수되는 방식에서 두드러진 구조적
특징이다. 이전에도 그랬듯이 자본 자신은 흑인 노동의 대대적인 **재구성**
을 추진하고 자본의 장기적 '필요'에 맞춰 정치적, 이데올로기적 세력을
정렬시키는 데에 경제적 불황 여건을 활용하고 있다. 그러므로 흑인 노동
자의 위상과 그들의 노동을 '차별'이라는 단기적이고 우연적 측면에서 파
악하려 하는 것은 무의미한 일이다. 우리가 여기서 다루는 것은 현대 자본
의 구조적 특징, 그리고 재구성의 주요 단계에 있는 자본 중심부에서 흑인
노동력이 수행하는 핵심적 역할이다. 우리가 여기서 간략하게 묘사한 것은
독점 자본의 **구조적** 경향을 나타낸다고 스티븐 캐슬즈(Stephen Castles)는 최
근 주장했다(물론 이 현상이 어느 정도 새로운 것인지 정확하게 평가할 수 있으려면 이
전의 이주 양상과 여성 노동의 고용 진입과 퇴출의 움직임이라는 맥락 안에서 파악해야 할
것이다).[주 32] 이제 이주 노동은 가장 높은 착취율에 노출된 노동 부문을
공급한다고 캐슬즈는 덧붙인다. 그가 지적한 이 특징은 이윤율 하락 경향
이 두드러진 이 단계의 독점 자본 시대에 더 높은 관련성을 갖게 되었다.
이주 노동 일반은 고도로 자본화된 (즉 자본의 유기적 구성**9** 비율이 높은) 자본
주의 생산 유형에서 확장과 불황의 주기적 운동과 밀접하게 통합되어 있
다. 이 노동 유형은 또한 자본주의 불황기에 인플레이션 효과를 감소시키
는 요인으로 핵심적 역할을 수행한다고 캐슬즈는 주장한다. 이 기능은
'슬럼프플레이션'을 특징으로 하는 경제에서 위기 관리의 핵심 메커니즘
중 하나다.

---

9　자본의 유기적 구성(organic composition of capital)이란 자본의 구성에서 가변 부분(노동
　력)에 대한 불변 부분(생산수단)의 비율이다. 자본주의가 발전하면서 생산기술의 혁신으로
　불변 자본은 증가하고, 상대적으로 가변 자본의 비중이 줄어든다. 이렇게 되면 자본의 유기
　적 구성이 증가하고 이에 따라 평균이윤율은 하락해 자본 축적에 주기적인 위기를 가져오게
　된다. — 역주

흑인 이주민 인구의 거주지 집중은 이들의 구조적 위치를 드러내는 가장 중요한 특징 중 하나다. 서인도 출신 노동자는 당연히 도심 빈민 지역에 압도적으로 집중되었는데, 이곳만이 상대적으로 주거 비용이 저렴하고 다가구 방식의 거주가 가능하며 초기에는 월세 방식의 입주도 가능했기 때문이다. 이후의 이주도 이 패턴을 강화하는 경향이 있었다. 친구, 친척, 연대 고리 찾기, 흑인의 저임금 수준과 다른 구역의 치솟는 주거비용 간의 격차, 도심 지역 시의회의 주거 정책, 일부 부동산 거래업자와 모기지 회사의 차별적 관행도 마찬가지로 그랬다. 다 쓰러져 가는 주택을 대거 사들여 단기적인 투기성 이윤을 노리는 부재 지주 때문에, 주택 노후화와 관리 소홀, 갈취성 지주의 강탈 전술—때때로 이 지주들은 자신도 이주민이며 흑인이든 백인이든 흑인 가족의 취약한 위치를 악용하는 인간들이었다—등은 대다수 흑인 주민의 주거 여건에서 변함없는 특징이었다. 1970년대의 주택 가격 인플레이션 동안 지주들은 임대 주택에 관한 새로운 법 때문에 꼼짝 못하게 되자 흔히 이 건물들을 허물고 신축하거나 재개발용으로 팔아치우는 손쉬운 방법을 택했는데, 이 때문에 흑인 가족과 가장 관련성이 높은 바로 그 주택 시장에서 임대 주택 공급 하락을 더 부추겼다. 싱글 흑인 남녀나 주택 시장에 갓 뛰어든 새 가족이 괜찮은 숙소를 찾기가 지금까지보다 더욱 더 어려워졌다.[주 33] 흑인 성인의 주거 상황이 더 악화함에 따라 독립해서 분가하려는 젊은 싱글 흑인 남녀의 상황은 심지어 더 빠른 속도로 나빠졌다. 젊은 흑인 성인이 자력으로 괜찮은 주거를 적당한 가격에 구하는 일은 사실상 불가능해졌다. 여하튼 이 중에서 실업자 비율이 점점 더 높아감에 따라, 설혹 '합리적인' 임대료라 하더라도 부과된 집세를 납부할 여력도 없게 됐다. 따라서 '길거리에 나와 떠돌아다니기', 아무데서나 자기와 '홈리스', 무단점거 현상의 증가 저변에는 현대 영국 산업 도시의 주택 시장에서 흑인이 처한 구조적 위치가 요인으로 작용했다.

지금까지 다룬 각 구조적 영역에서 노동계급 전체의 계급 위치와 분업이 재생산되는 일반적 방식은 흑인 노동 층위와의 관계 속에서 구체적이고 분화된 형태를 취한다는 점을 알 수 있다. 일반적 분업 내에서, 그리고 그 분업의 구조적 특징으로서 거의 '인종적 분업'으로 보이는 현상을 재생산하는 역할을 하는 구체적 메커니즘이 존재한다. 이 메커니즘은 인종적 특수성을 띨 뿐 아니라 흑인 노동력 **내에서도** 다양한 성별과 세대에 차별화된 영향을 미친다. 따라서 이 메커니즘은 계급을 인종적으로 파편화된 계급이나 계급 분파로 정치적으로 파편화하는 현상을 지지, 보강하고 이들을 서로 경쟁시키는 역할을 한다. 그러므로 인종 자체를 계급의식의 경험적 범주로서 뿐 아니라 이 흑인 노동력의 위치와 재생산의 구조적 특징으로 간주할 필요가 있다. 흑인 노동력에게 인종이란 현대 자본주의 사회 질서에서 핵심적인 구조다.

　　역사는 이 이야기에서 중요한 역할을 수행한다. 상업적 식민지 착취 시기, 그리고 뒤이은 군사적, 경제적 제국주의 시기는 영국의 과거와 현재의 경제적 위치를 확보하는 데 중요한 기능을 수행했다. 이 시기는 생산과 잉여 탈취 영역 안팎에서 영국 사회 풍토 전면에 걸쳐 인종적 우월성의 명제를 각인시켜 놓았다. 영국 노동계급 전체가, 만일 아니라면 적어도 '노동 귀족'이 '제국주의 전성기'(high imperialism)[10]에서 경제적으로 혜택을 입었는지를 놓고 논쟁이 계속되고 있다. 식민주의는 영국 노동계급 내부의 (예를 들면 면화 산업 노동자와 다른 부문 간의) 내적인 대립과 경쟁 관계를 확립했을 뿐 아니라 영국 중심부 노동계급 전체와 식민지 노동력 간의 대립 관계도 작동시킨 것은 분명히 사실이다. 더구나 제국주의 시기는 지배계급이 활용하기 좋은 가장 효과적이고 철저한 이데올로기 수단의 하나를 제공했다. 제1차 세계대전 발발 전까지의 계급 갈등 분열기에 지배계급은 이 도구를 활용해 특히 대중적 제국주의와 인종 우월성 이데올

10　'제국주의 전성기'는 19세기 말에서 20세기 초까지의 제국주의 시기를 일컫는 용어로서, '신 제국주의'(New Imperialism)라고도 한다. 당시는 유럽 강대국 간의 식민지 경쟁이 치열했던 시기로, 각국이 새로운 기술을 활용한 혁신과 경제 성장을 추구하는 동시에 식민지에 대한 '문명화의 사명'을 표방하는 이데올로기적 정당화도 전개하던 시기였다. 1815년 이전까지 스페인이나 포르투갈 등 식민지 교역에 초점을 두던 중상주의적 제국주의의 첫 단계와 구분하기 위해 '신 제국주의'라는 이름이 붙었다. ─역주

로기라는 수단을 통해 점차 강력하고 단결되고 자신감에 찬 프롤레타리아에 대한 헤게모니 확대를 추구했다. 제국이 쇠퇴하고 전후 국가 독립 운동이 부상하는 동안 이 '식민지 관계'는 이민 노동 수입을 통해 내부화됐다. 영국과 식민지 노동계급 간의 차별화된 계급 이익 구조는 국내 경제에서는 복잡한 방식으로 재생산되었는데, 가령 완전 고용이 달성된 여건 하에서는 흔히 토착 노동력이 더 이상 맡기 꺼려하는 일자리를 채우는 데 이주민 노동을 수입해 활용하는 방식이 채택되었다. 자본주의는 이처럼 내부적으로 구분된 형태로 노동을 오늘날까지도 계속해 재생산해오고 있다. 전후 시기의 이 과정에서 한 가지 중요한 측면은 백인 국내 노동력의 좀 더 선진화된 부문이 투쟁에서 흑인을 희생하고 이득을 쟁취했다는 점이다. 인종은 내부적으로 구분된 노동력의 이 재생산을 노동력 자체의 안팎에서 달성하는 주된 메커니즘 중 하나다. 이러한 역사에 비추어 볼 때 영국 지배계급이 얻은 '혜택'에는 그러므로 해외 식민지 경제의 직간접적 착취, 경제적 확장기에 이 식민지 노동력이 토착 노동력을 보충해준 핵심적 역할뿐만 아니라 경제 불황과 쇠퇴기에 노동력을 인종 구분선을 따라 서로 고립시킨 내부 분열과 갈등의 역할까지도 포함해서 계산해야 한다. 이 불황기에는 실업, 조업 단축, 임금 패키지와 사회적 임금 삭감 등의 대책이 일반적이었는데, 계급 전체의 단결만으로도 자칫 이 나라를 그와 다른 '해결책'으로 몰아붙일 수 있는 위험이 존재했다는 점을 감안하면 더욱 그렇다.

　　다양한 구조들이 어떻게 결합해서 구체적인 역사적 형태로서의 흑인 프롤레타리아를 '재생산하게' 되는지 지금까지 간략히 논의했는데, 도시의 흑인 청년은 이 프롤레타리아 중에서 가장 가시적이고 취약한 부분일 뿐이다. 지금까지는 다양한 종족적 집단 간의 사회 관계에서 늘 두드러진 경향을 이루는 인종적 스테레오타입과 태도에 근거한 차별적 실천을 강조해왔다. 그러한 태도가 아무리 비참하고 인간의 품위를 떨어뜨리며 비인간적이라 할지라도 우리는 그러한 차별적 관행을 열거하는 것과는 다른 차원에 관심을 두었음을 강조하고 싶다. 우리가 강조하는 부분은 흔히 가해지는 '제도화된 인종주의' 비판과도 차별화된다. 물론 인종주의는 사회 관계와 태도 수준에 국한되지 **않고** 주거와 고용 시장 같은 제도적 영역의 구조 자체에도 내재화된 특징이라는 주장(말하자면 인종주의는 이 시장들이 기능하는 방식의 체계적 특징이며 단순히 그 시장을 관리하는 사람들의 '인종주의적 전망' 탓으로만 돌릴 수 없다는 주장)은 분명 사실과 부합한다. 하지만 우리는 다양한 구조가 어떻게 **함께 작동해** 확장된 규모의 전 사회적 계급 관계를 구체적인 형태로 재생산하게 되는지 지적했다. 그리고 이처럼 복잡한 사회적 재생산 과정에서 각 부문의 구조적 특징으로서의 인종이 노동계급을 인종적으로 계층화되고 내부적으로 서로 적대적인 형태로 어떻게 '재생산'하는 역할을 하는지도 주목했다. 그러므로 우리의 접근방식을 다른 수많은 환경적 개혁주의 유형과 구분하고자 한다. (앞서 매스 미디어에 관해 검토하면서 살펴보았듯이) 그러한 환경론적 개혁주의는 사실상 서로 떼놓을 수 없이 서로 연계된 구조를 별개의 분리된 제도들로 취급하고, 이 구조를 계급의 객관적인 사회적 조건을 재생산하는 데서 수행하는 임무 측면에서가 아니라 우연적인 (따라서 현저하게 개혁의 여지가 있는) '개인의 차별적인 태도' 측면에서 다룬다. 우리가 다루고자 하는 구조는 지배적인 자본의 '논리' 안에서 작동하면서 흑인 노동계급의 사회적 조건을 생산, 재생산하고 그 계급의 사회적 우주와 생산의 세계를 형성하며, 그 구성원과 행위자를 그 세계 내부의 구조화된 예속적 위치에 배치한다. 우리는 영국 노동계급 전체의 '생산 조건의 재생산'이라는 이 핵심적 과업을 수행하는 구조는 또한 그 계급을 인종적으로 분열되고 파편화된 형태로 생산할 수 있도록 작동한다는 점을 보여주려고 노력했다. 인종은 계급 관계의 이러한 재생산에서 핵심적 구성요소라고 주장했는데, 이는 단지 어떤 종족 범주에 속하는 집단이 다른 집단을 인종적으로 차별적인 방식으로 대우하기 때문이 아니라 인종은 이데올로기로서의 '인종주의'가 번성하는 물질적, 사회적 토대를 제공하는 요인 중 하나이기 때문이다. 인종은 노동계급의 모든 새 세대가 '주어진' 삶의 물질적 조건의 한 측면으로서 대면하게 되는, 주어진 경제적, 사회적 구조의 중요한 요소가 되었다. 각 세대의 흑인 청년은 고립된 개인의 무리로서 시작해서 우연히 특정한 방식으로 교육받고 살아가고 노동하며, 그러다가 성인이 되어가는 과정에서 인종차별을 경험하게 되는 것이 아니다. 흑인 청년은 매 세대마다 자신이 만들지 않은 한정적 과정에 의해 객관적 형태로 생산되어 주어진 계급 위치에서 출발한다. 그리고 동일한 계기에서 그 계급 위치는 인종적이거나 종족적 위치이기도 하다.

　　그러나 인종은 이중적 기능을 수행한다. 인종은 그 계급의 흑인 구성원이 자신의 구조화된 피예속을 '삶으로 체험하고' 경험하고 이해하고 이를 통해 그 예속 상태에 대한 **의식을 형성하게** 해주는 주된 존재양식이기도 하다. 바로 이 인종의 존재양식을 통해 흑인은 자신이 처한 계급 상황의 객관적 특징인 착취를 파악하고 대처하고 그리고는 저항하기 시작한다. 그러므로 인종은 '구조'의 한 요소일 뿐 아니라 흑인 노동의 계급투쟁에서 핵심 요소이며 따라서 그들의 **문화**에서도 핵심적이다. 바로 인종, 피부색, 종족성의 저항 이데올로기를 통해 흑인 노동계급은 자신의 객관적 상황의 모순을 의식하고 '끝까지 투쟁을 계속'하기 위해 조직하게 된다. 지금 흑인 청년의 상황은 특히 더 그렇다. 인종은 한편으로는 '운명'이 된 이차성과 예속의 구조화된 위치, 이 계급 부문의 위치에 각인된 '숙명'과, 다른 한편으로는 이들의 경험, 자신들이 이등계급 국민에 불과하다는 의식 사이를 매개해주는 연결고리다. 구조가 체계적으로 착취하고 배제하고 예속시키는 사람들은 바로 인종의 존재양식 속에서 자신이 착취당하고 배제되고 예속 당한 계급이라는 사실을 발견하게 된다. 따라서 저항과 대립, 봉기는 주로 인종의 존재양식 속에서 또 그 양식을 통해서 **처음으로** 표현된다. 가장 단순하고 가장 명백하며 표면적인 수준에서 보면 의식 구조에서 인종이 이처럼 중심적이라는 사실은 젊은 흑인 남녀 자신의 직접적인 설명에서 포착할 수 있다. 즉 어떻게 인종이 내부로부터 그들의 사회적 경험의 전 범위를 구조화하는지 볼 수 있다. 예를 들면 18세의 폴이 노동에 관해 이야기하는 것을 들어보자.

늘 겪는 일인데요. 이를테면 일자리를 구하러 갔는데 그 사람이 이러는거죠. "너보고 흑인 자식이나 원주민, 깜둥이나 뭐 그런 식으로 불러도 괜찮겠지? 그냥 농담이니 말야." 나는 그냥 당신 일이나 신경 쓰라고 말했죠. 그 사람이 "난 피부색엔 편견이 없어"라고 했어요. 늘 이런 식이죠. 그러나 그런 질문을 대놓고 하는 것은 멍청한 짓이지요.

아니면 폴의 경험에 관한 레슬리의 말을 들어보자.

　　여기 있는 폴이 일자리 구하러 갔는데, 백인이 너 아프리카 헤어스타일을 했네. 머리 스타일을 바꿔야해 이러는 거예요. 나였다면 그놈을 걷어차 버렸을 거요. 확 차버렸을 거라니깐요. 그놈의 거시기를 차버렸을 걸, 나쁜 자식. 난 백인놈을 위해 일하고 싶지 않아요. 오랫동안 흑인은 백인 밑에서 일했죠. 그들을 위해 일하고 싶지 않아요. 백인을 미워한 적은 없어요. 아직도 그들을 모두 미워하지는 않아요. 그러나 나에게 미워하는 법을 가르친 건 백인들이에요.[주 34]

## ▍ 문화, 의식과 저항

　　이제는 이 두 번째 질적 차원, 즉 의식, 이데올로기와 문화에서의 변화, 흑인 저항과 봉기 양식의 변화를 좀 더 자세하게 살펴본다. 여기서는 부모 세대나 아시아 청년과 비교해 흑인 서인도 청년이 차지하는 위치의 차이를 다시 한 번 주목할 필요가 있다. 남성이든 여성이든 아시아인들도 앞서 서인도 출신 노동자 대상으로 설명한 것과 유사한 **구조적** 우주 속에 살고 있다. 어떤 점에서는 '아시아인' 공장 등에서의 물리적 격리 메커니즘을 통해 아시아인은 어느 편이냐 하면 인종적 구분선을 따라 좀 더 체계적인 착취를 당해 왔다. 아마도 그 결과로 아시아인의 투쟁 양식이 더 이른 단계부터 조직화된 집단 산업 분규 형태를 취했을 수도 있다. 하지만 아시아인의 '이주' 문화는 카리브 문화와 다른 식민주의와 종속 경제의 산물이다. 일찍부터 시행된 이주, 노예, 플랜테이션 사회를 통해 카리브인들은 좀 더 가혹한 문화적 파편화 과정을 겪었다. 그러므로 아시아

문화는 상대적으로 더 결속력이 있고 청년에 대해서도 뒷받침을 더 잘해준 셈이다. 생산직 노동에 고용된 아시아인 외에도 상당히 많은 독립 부문―상인, 자영업, 소규모 무역―이 존재해 아시아 청년에게는 독립 자영업을 포함해 서인도 청년보다는 좀 더 넓은 범위의 고용 유형을 제공할수 있었다. 하지만 제2세대에 이르면 이 구분이 붕괴되기 시작한다는 뚜렷한 징후가 있다. 또한 현재의 흑인 아프리카계 카리브 출신 청년의 위치는 제1세대 카리브 이주민과 상당히 다르다. 계절적이거나 영구적인 실업자뿐 아니라 고용된 노동자까지 포함해 카리브 출신 노동력의 운명은오래전부터 중심부의 경제와 연결되어 있었다. 두 세계대전 사이의 경제불황은 서인도의 주된 경제적 수출 작물인 설탕의 장기적인 추락과 결합해 영국보다는 더 늦게 카리브 지역을 강타했다. 전후 여건에서 노동력이부족하던 영국 경제에 이끌려 들어온 서인도인은 많은 측면에서 중심부전후 번영의 반대 측면이자 대안적 모습이었다. 식민지의 실업자, 카리브도시의 뜨내기 노동자와 실업자, 플랜테이션 출신 농촌 노동자, 시골 오지 주민 출신의 자급자족농 등이 그 모습들이다. 실업과 반실업은 이들의물질적 삶의 조건에서 일반적이고 영구적으로 보이는 특징이다. 토착화된식민지의 빈곤에 질려서, 또한 모국 땅이 제공할 수 없는 경제적, 사회적보상이 절실하게 필요해 이민을 떠났기 때문에, 서인도 노동자는 입국하는 순간부터 임금에 의해 철저하게 규율을 따르도록 순화되어 있었다. 다커스 호우는 〈펀치(Punch)〉의 한 호(1965년 8월 21일 자)에서 시사점이 큰 발췌문을 인용하는데, 이 글은 초창기 흑인 노동에 대한 냉혹한 자본의 논리를 다음과 같이 폭로했다.

> 모든 이민자는 자본의 비품에 해당한다. 한 사람을 생산직 고용 용도로 키우고 교육시키고 훈련시키는 데 4000파운드가 들고, 이 액수는 이주가 발생하는 곳이면 어디든 자유로운 수출품으로 이전된다. … 영국은 완전 고용 상태인데다 감당해야 할 엄청난 재건 계획이 있어 시급하게 이민자가 필요하다. 우리는 인구가 5천만이고 노동 인구는 2500만인데, 이 생산적 집단이 모든 우리

아이들과 연금 생활자를 먹이고 입히고 재워준다. 일하는 모든 새 이민자가 인구의 비생산적인 절반을 부양하는 데 도움이 된다. 독일인이 1945년의 잿더미에서 어떻게 번영을 일구어냈는지 물어보라. 열심히 일해서? 그렇긴 하지. 그러나 바로 수백만의 이민자를 보강한 노동력이 있어서 가능한 일이었다.[주 35]

　　임금은 낮지만 규율은 엄격했다. 흔히 최악이고 최저임금이긴 했지만 이주민들은 일자리를 얻었다. 도심 빈민 지역 어딘가에서 수준도 형편없고 쓰러져가는 상태긴 하지만 살 곳도 찾았다. '스스로 삶을 꾸려가기' 위해 우호적이지 않은 분위기와 우호적이지 않은 문화에 정착했다. 공장의 일은 고됐다. 런던 대중 교통에서 장시간 힘들게 일했다. 여성들은 부엌과 다른 서비스 산업에서 푹푹 찌는 열기 속에서 힘든 일을 했다. 노동하고 청소도 하고 저숙련 공장 노동도 했다. 카리브 노동계급 '재형성'의 역사에서 극적이고 가슴 아픈 일화였다. 이 시기에 흑인 이민자의 운명은 노동과 임금, 임금과 노동에 의해 체계적으로 중층결정되었다. 그럼에도 불구하고 흑인 밀집 지역인 패딩턴(Paddington)이나 브릭스턴, 모스 사이드(Moss Side)를 중심으로 흑인 노동의 혹독함과 나란히 카리브 노동의 삶이 '집단 거류지'에서도 서서히 번성하기 시작했다. 남 보기에 번듯한 서인도 노동계급 가정에서 이는 처음에는 흔히 사적인 행사로 시작되었다. 바깥은 춥고 캄캄할 때 창에 커튼을 내리고, 이웃이 엿보지 못하게 사람들이 조심스레 들락거리고, 여성들은 퇴근 후 가게에 갈 때 얼굴을 가렸다. 아이들은 어두워진 후 학교에서 서둘러 귀가했고, 겨울의 저녁은 4시에 시작됐다. 그러나 일부 구역에서는 좀 더 다채로운 '집단 거류지' 문화가 형성되기 시작해 '번듯하게 사는 사람들'의 소박한 성취뿐 아니라 도시 실업자, 반실업자, 클럽 운영자, 도미노 게임장 사람들의 좀 더 화려하고 좀 더 토속적인 리듬도 표현했다. 이 구역들에서는 서 킹스턴(West Kingston)의 빈민가나 고향 포트 오브 스페인이 일부나마 재현되었다.

　　자메이카 주사위 게임이 주가 되는 도박장은 노동자의 임금이 실업자의 호

주머니에 들어갔다 나가는 곳이었다. … 실제로 직접 생산에 종사하는 서인도
인들은 국가의 법을 따라 노동시간에 맞춰 운영되는 기관인 공공 시설과 빙고
게임장의 엄격한 운영시간을 피해갈 대안을 발견했다. 따라서 노동 시간의 리
듬과 무관하게 그 시간을 어기고 국가의 법을 무시한 채 운영되는 무허가 선
술집의 도박 시간은 노동자를 공장에서 뿐 아니라 삶의 모든 시간 동안 통제
하는 경향이 있는 자본에게는 큰 장애였다. 1955년 무렵에 이르면 이 기관들
은 노팅힐에 잘 자리 잡았다. … 1957년에 이르면 신문 제목은 "흑인들 매춘
굴 운영에 마약까지"라고 외치며 "서인도 공동체에서 우후죽순처럼 생겨나는
클럽을 더 엄격하게 감독"해야 한다고 촉구했다.[주 36]

그리고는 서인도 공동체를 겨냥해 처음으로 노골적인 인종주의의 공
격이 가해졌는데, 바로 1958년의 인종 폭동이었다. 전후 영국 내 카리브
노동의 역사에서 역사적 전환점이 되는 이 사건을 다른 곳에서 좀 더 자
세히 논의했다. 물론 몸싸움, 투석, 길거리의 욕설, 창문 파손, 서인도인
주택에 나치 문양 낙서 등의 행동은 백인 젊은이들이 주동하고 조직화된
파시스트 운동이 세심한 계획하에 개입해 부추긴 것이다. 하지만 이 폭동
은 흑인과 테디보이 사이뿐 아니라 흑인과 백인 공동체 사이의 '우호적
관계'에서 큰 전환점에 해당했다는 사실만은 여기서 기억할 필요가 있다.
따라서 이 사건은 흑인이 갖고 있던 순조로운 정착의 희망과—'신경 끄고
나 혼자 잘 살자'식의 정책—피부로 느낀 가혹한 현실 사이의 분수령을
이루었다. '노팅힐' 사건은 흑인 공동체가 공격당하는 광경을 연출했고, 그
결과 처음으로 흑인 공동체의 조직적인 정치적 대응과 지역 서인도 단체
와 집단들의 집회가 벌어졌다. 그뿐만 아니라 이를 계기로 경찰도—그리
고 그 직후부터 경찰의 차별대우에 대한 공포도—통제 세력으로서 흑인
동네에 직접 진입해 그 후에도 결코 물러나지 않고 자리를 지켰다.

1950년대 말이 되면 여전히 자유주의 사회 정책에서는 목표로 남아
있긴 했지만 대다수의 흑인에게는 현실적인 생존방식으로서 **흑인 동화**
(black assimilation) 전략의 실현 가능성이 이미 배제되었다. 흑인은 설혹 원
한다고 해도 외모, 스타일, 문화 등에서 '백인'이 될 수가 없었고 실제로

도 그랬다. 그렇게 될 수 없는 이유는 부분적으로는 한 집단이나 계급이
그냥 생각만으로 자신의 문화적 정체성을 떨쳐버릴 수 없기 때문이었다.
또한 부분적으로는 객관적으로 흑인은 동화 모델을 제시했어야 할 백인
주민 부문과 서 있는 지형도 아주 다르고 소속된 사회적, 경제적 세계도
상당히 달랐기 때문이다. 부분적으로는 백인들의 지도자와 대변인이 무슨
소리를 하든 흑인이 동화 목표로 삼았어야 할 백인 사회가 실제로는 그러
한 일이 일어나길 바라지 않기 때문이기도 했다. 전략의 단계를 더 내려
가면 **수용**(acceptance) 전략이 존재했다. 수용이란 흑인 공동체가 자신에게
주어진 이등 시민으로서의 역할을 떠맡고 기정사실로 받아들이는 것을
의미했다. 여기에는 백인 공동체가 자신과 다르지만 흑인들이 구분된 채
로 끼리끼리 살아간다면 기꺼이 수용한다는 전제도 따랐다. 이 타협책에
서 주 이슈가 된 것은 흑인 공동체를 번듯한 백인 노동계급 속으로 **차별
적으로 포섭**한다는 발상이었다. 이 해결책의 결과는 피예속 계급 문화와
융합이 아니라 그 내부의 '비공식적 격리'가 되었을 것이다. 제1세대의
수많은 서인도 가족은 성공 정도는 다소 차이가 있지만 이 타협책을 수용
했다. 여기에는 이행기의 선구적인 부지런한 서인도 가족도 포함됐다. 나
름대로 어려움을 겪지만 번듯한 백인 노동계급과 나란히 지내고 임금의
규율을 받아들이고 자신과 아이들을 위해 '번듯한 삶'을 영위하며 자기
일에만 몰두하는 방식이었다. 그다지 훌륭한 삶은 아니다. 그렇지만 거부
와 상대적 실패의 경험이 자기 인종의 체계적인 운명이 반드시 될 필요는
없다는 믿음, 부모는 결국 실패할 수밖에 없었지만 '자식'은 그 방식으로
성공할 가능성이 있을 것이라는 믿음하에 견뎌낼 수는 있었다. 흑인의 끊
임없는 인내는 지금도 이처럼 잘 검증된 경로로 계속되고 있다.

　또 한 가지 가능한 전략은 '수용' 해결책 특유의 **분리성**(separatedness)
과 주변성을 좀 더 완전한 형태로 발전시키고 확장하는 것이었다. 그러나
'서인도 문화'가 영국에서 뿌리를 내리고 생존하려면 확고한 틀과 물질적
토대가 필요했다. 바로 서인도 고유의 공동체 건설, **집단 거류지 사회**의
탄생이었다. 한 가지 수준에서 보면 게토 '집단 거류지' 형성은 방어적인

공동 대응이었다. 이 전략은 흑인 공동체의 고립화를 의미했다. 1960년대 내내 '집단 거류지' 경계 바깥의 사회에서 공개적인 인종주의가 빠르게 발전해 가자, 이에 대응해 이처럼 방어적 공간에 대한 강조는 더 두드러지게 되었다. '집단 거류지의 삶'이란 구현된 형태로 보면 1964년 스메스윅 선거, 1960년대 중반의 반이민법 제정, 포웰주의와 송환제 로비의 탄생으로 점철된 공식적 인종주의에 대한 방어적 대응—'결속 강화'—에 불과했다. 다른 측면에서 **집단 거류지 사회**의 설립은 게토 지역 경계 내에 있는 일반 흑인 주민 내부의 내적인 문화적 결속과 유대의 성장을 뜻했다. 즉 흑인의 대안적인 사회적 삶이 번창할 수 있는 환경이 되는 문화적 공간의 탈취인 셈이다. 따라서 내적 집단 거류지는 다음과 같은 문화적 부활의 물질적 토대가 되었다. 첫째는 단지 머리나 기억 속에서만 살아 있지 않고 거리에서 가시적으로 보이는 '서인도인 의식'의 부활이었고, 둘째는 (미국 흑인 봉기의 여파로) 강력하고 재생된 '흑인 의식'의 부활이었다. 여기서 어떤 길거리, 동네, 카페, 주점의 '집단 거류지화'가 시작되었다. 복고주의 교회, 한낮의 일요일 성가 합창, 지역 수영장에서의 대규모 세례 행사가 늘어나고, 인도인 가게에는 카리브 지역 과일과 채소가 넘쳐나고, 무허가 선술집과 토요일 밤 블루스 파티, 사운드 시스템 구축이 유행하며, 블루스, 자메이카 스카(ska)와 소울을 흑인 레코드 가게에서 판매하기 시작했다. 한마디로 영국 도시 한복판에 '원주민 구역'이 탄생한 것이다.

흑인 '집단 거류지' 재건은 흑인 공동체 내부에 새로운 범위의 생존 전략을 개척했다. 대다수는 매일 집단 거류지 바깥으로 출근해 생계를 꾸렸지만, 게토 내부에 영구적으로 자리 잡고 살아가는 사람도 있었다. 번 듯한 흑인 노동자의 임금은 이제 점점 더 흑인 '집단 거류지' 자체 내에 유통되는 경향이 커졌고, 이에 따라 흑인만의 독특한 사회 세계가 성립할 경제적 토대가 마련되었다. '집단 거류지'는 또한 새로운 종류의 의식, 즉 내부적으로 생성된 흑인 문화 정체성의 물질적, 사회적 토대를 제공했다. 흑인은 모국이 아닌 땅에서 사는 영구적 이주민으로서 힘겹게 생계를 꾸려갔지만 자신의 처지에, 즉 모국과 유산을 갖고 그와 더불어 흑인인 서

인도 사람이라는 데 대해 더는 후회하지 않았다. 어느 서인도 출신 소녀는 "그들이 나를 흑인 개자식이라 부르면 '나는 흑인이고 그것이 자랑스럽지만 개자식은 아니다'라고 대답해요"[주 37]라고 말했다.

　'집단 거류지의 삶'은 힘든 노동과 저임금이라는 번듯한 경로의 **대안이 되는** 생존방식의 가능성도 열어주었다. 무엇보다 비공식적 거래, 법에서 다소 벗어나는 관행, 밀매, 그리고 고전적으로 게토의 삶에서 **협잡질로** 알려진 소규모 범죄 등의 범위에 속하는 것들이다. 협잡질은 전혀 모르는 사람에게는 생소하고 이상하게 보일지 몰라도 '집단 거류지' 거주자에게는 흔하고 필요하며 익숙한 생존 전략이다. 협잡질은 흔히 직업 범죄와 동일한 것처럼 잘못 간주되기도 한다. 자유주의적 견해는 인구 비율로 보면 흑인이 연간 범죄 수치에서 적게 대표되고 있다는 사실을 종종 환기시켰다. 그러나 1950년대 후반과 1960년대 초 '집단 거류지'는 **특정한 범위의** 사소한 범죄와 동일시되는데, 이 중 가장 흔한 범죄는 매춘굴 운영, 비도덕적 수입으로 생활하기와 마약 밀매였다. 다커스 호우가 인용하는 1957년 3월의 내무부 보고서는 '대규모 범죄', '백인과의 결탁 정도', '불법성 관련 사실', '매춘굴 운영' 그리고 흑인 '집단 거류지'에서 '이들의 생활 여건' 등에 관한 증거를 제출하라고 경찰에게 요청했다.[주 38] 내무장관이 1958년 인종 폭동에 관한 진술문을 발표했을 때 '부분적으로는 악습을 통해' 생겨나는 '어려움'을 언급하면서 진술을 시작했고, 정부는 '불순분자'를 추방하는 조치를 취해야 할 것이라고 주장했다는 사실도 호우는 환기해준다. 번듯한 흑인과 '바람직하지 못한 요소' 사이의 구분은 인종의 구문론에서는 일상사처럼 되었다(앞서 언급했듯이 이 구분은 19세기 초반에서처럼 '자격 있는 빈곤층'과 '위험한 계급' 사이의 구분이나 그 세기말에서처럼 '남 보기에 번듯한 노동계급'과 '쓰레기' 사이의 구분처럼 다양한 계급 분파 간에 쐐기를 박아 넣으려는 초창기 시도를 연상시킨다). 하지만 '협잡질'을 범죄와 단순하게 동일시하는 태도와 마찬가지로 '착한 흑인'과 '바람직하지 못한 흑인' 사이의 이 구분은 '집단 거류지'에서 살아갈 수밖에 없는 사람들에게 협잡질이 제공하는 선택권의 속성을 왜곡한다.

협잡질은 직업 범죄나 조직범죄와 상당히 다르다. 물론 법이 허술하게 미치는 곳이나 법의 시각지대에서 발생하는 것은 분명하다. 협잡꾼은 임기응변으로 살아간다. 그러니까 위험한 직업에서 살아남으려면 한 지형에서 다른 곳으로 옮겨 다니며 이전의 협잡질은 버리고 새것을 꾸며낼 수밖에 없다. 이따금 '이 위험한 직업'에는 밀매, 뚜쟁이 짓이나 좀도둑질이 따를 수도 있다. 그러나 협잡꾼은 기존 인맥을 유지하고 '집단 거류지'의 기반은 건드리지 않는 사람이기도 하다. 늘 아는 사람이 있고 일을 잘 처리하고 희소한 재물을 손에 넣을 수 있고, '집단 거류지' 사회에서는 번듯한 사람들의 떳떳하지 않은 '수요'를 '처리'하고 서비스해줄 수 있는 사람이기도 하다. 협잡꾼은 클럽 주변에서 어슬렁거리다 블루스 파티도 주선하고 카지노 게임도 마련하며 어느 요일에 백인의 불법 증류소가 럼주를 생산하는지도 안다. 협잡꾼은 체제를 움직이고 동시에 체제가 움직이도록 한다. 그러니까 '집단 거류지'에는 필수적인 인물이다. '집단 거류지'에 살지만 다른 데서 일하는 사람들과 달리 협잡꾼은 '집단 거류지' 자체에서 살면서 거기에 기대서 생존하기로 선택했다. 꾸준하고 틀에 박혀 돌아가는 노동을 포기하고 그 대신 좀 더 불안정한 경제적 존재의 부침을 택하기로 했다. 일이 잘 풀릴 때면 협잡꾼은 일시적 행운을 눈에 띠게 과시하면서 길거리를 **멋 부리며** 돌아다니는 사람, 즉 '멋쟁이'다. 그러나 이 직업에서는 오랫동안 성공을 유지하는 사람은 극소수다. 모든 게토 협잡꾼 중에서 가장 유명인사인 말콤 엑스는 길거리 삶에서 엘리야 무하마드(Elijah Muhammad)로 '전향'한 후 이전의 근거지를 방문했던 일을 이렇게 회상한다.

그렇게 많은 다른 친구들이 대개 어떻게 풀렸는지도 들었어. 총알, 칼, 감옥, 마약, 질병, 광기, 알코올 중독 … 내가 옛적에 길거리의 하이에나와 늑대로 알고 있던 친구 중 생존해 있는 그렇게 많은 사람들이 이제는 그리 가여운 신세가 됐어. 빈틈이 없던 친구들이지만 한꺼풀 밑으로는 가난하고 무식하고 배운 것도 없는 흑인일 뿐이었어. 삶이 그들의 기력을 빼앗아가고 그들을 속인거야.

내가 잘 알던 이 옛 동료 중 25명을 우연히 만났는데. 9년 사이에 게토에서 별
볼일 없는 처지로 전락해 집세와 밥값이나 겨우 버는 조무래기 협잡꾼이 된 거
야. 몇몇은 시내에서 심부름꾼, 수위, 뭐 그런 류의 일이나 하고 있었어.[주 39]

　　말콤은 미국 게토 중에서도 그나마 가장 잘 자리 잡고 가장 번창하
며 잘 조직된 할렘(Harlem) 이야기를 하고 있는 것이었다.

　　1950년대와 1960년대 영국의 '집단 거류지'에서는 길거리 일을 전업
으로 하는 친구들에게 괜찮은 돈벌이가 될 만한 일거리가 없었다. 어떤
스타일은 나름대로 존재했다. 좀 더 번듯하게 살아남으려 발버둥 치지만
겨우 입에 풀칠이나 하는 사람들의 너무나 뻔한 모습으로 둘러싸여 있는
남성들에게 '멋지고' '유능'하게 사는 스타일이 어느 정도 매우 강렬한 문
화자본을 부여하는지 과소평가해서는 안 된다. 말콤의 최신 유행 옷차림
과 보수적인 은행가 구두보다는 낭만적 구석이라고는 전혀 없는 떠돌이,
실업, 홈리스가 영국 협잡꾼의 더 전형적인 특징이었다. 영국의 '집단 거
류지'에서 전업으로 정말 성공한 협잡꾼은 더 적다. '협잡질'은 그보다는
'생존 전략'으로 보아야 할 것이다. 이 중 절대다수는 단지 고정적인 일자
리를 얻지 못한 사람들이다. 이들은 계급의 실업자 부문, 즉 흑인 노동
'예비군'의 선발대이기에 협잡질에 뛰어들었을 따름이다. 이 집단에게 소
규모 범죄와 우발적 범죄, 혹은 밀매 가담 간의 선택은 생존과 굶주림의
차이에 불과하다. '집단 거류지'에서 협잡질로 살아가는 숫자는 그러므로
흑인 실업 증가 곡선과 더불어 꾸준히 증가했다. 협잡질에 몸 담은 사람
의 또 다른 부류는 단지 '거물'을 위해 꾸준하고 반복적인 종류의 노동을
감수할 수 없거나 하지 않으려는 사람들이다. 이 부류의 사람들은 백인의
'거지 같은 일자리'를 받아들이느니 차라리 길거리 일을 택하거나 실업
수당으로 버티는 쪽을 택해 운을 걸어보기로 한다. 이들의 숫자 역시 증
가했다. 세 번째 집단은 '집단 거류지'의 삶을 움직이게 하고 원활히 돌아
가게 하며 주변적인 문화 활동의 전 범위가 활발하게 순환되도록 하는 일
에 종사하는 사람들인데, 이 활동을 통해 비록 물질적으로 가난하긴 해도

'집단 거류지'를 대리 공동체이자 가정과 같은 곳으로 바꾸어놓으려 한다. 이 세 종류의 사람들 사이에는 잡범, 사기꾼, 뚜쟁이, 갈취범이 산재해 있다. 더 넓은 의미에서 보면 '집단 거류지'에 사는 모든 사람은 '밀매'에 가담하고 있다. 번듯해 보이는 흑인 가족도 협잡꾼만큼이나 밀매에 의존한다. 협잡꾼이 경제적으로 생존하기 위해 '위험한 직업'이 필요하다면, 번듯한 흑인 가족은 문화적으로 생존하기 위해 가담한다. 자연스럽게 협잡질의 연결망에는 번듯하고 교회에 다니는 서인도 가족이라면 알고 싶어 하지 않을 불유쾌한 부분도 있다. 제1세대가 보상은 적더라도 꾸준한 노동에 헌신했다면, 제2세대는 노동보다는 길거리와 협잡의 삶에 헌신했는데, 이 두 가지 방식은 흑인 공동체에서 '세대 격차'가 표현되는 **주된** 형식이다. 하지만 경찰 감시와 통제, 실업, 공식적 혹은 제도적 인종주의로부터 '집단 거류지' 공동체에 가해지는 압력이 꾸준히 증가함에 따라 '집단 거류지' 내에서 젊은이와 노인 사이에 번듯한 경로를 택한 층과 협잡과 생존을 택한 층 사이에 존재하던 분열도 감소했고, 공동의 적대적 위협에 직면해 내부적으로 결속을 다져가는 경향이 강화되고 있다. 원래 '집단 거류지'는 무차별적인 백인 적개심의 위협적 세계에 대처하기 위한 방어적 대응이었으나, 지금은 흑인 공동체 전체적으로 새로운 생존 전략 마련을 위한 방어적 토대가 되었다.

흑인 청년은 첫 이민 물결이 개척한 전략 범위 중에서 하나를 선택해 생존을 모색하고 삶을 꾸려가야만 했다. 그러나 이들은 소속된 계급의 역사적 진화에서 이전과 다른 단계에서 피예속 상태를 대면하게 된다. 따라서 흑인 청년들이 집단적으로 발전시킨 경제적, 문화적 대응은 원래 부모 세대에게 주어졌던 것과 상당히 다르다. 첫 세대는 '집단 거류지'를 건설했고, 두 번째 세대는 '집단 거류지' 속으로 태어났다. 제2세대는 집단 거류지의 진정한 첫 계승자다. 이들에게 다른 고향은 없다. 부모 세대는 이행기의 모든 이주 계급에게 공통된 이중적 의식을 지니고 있었지만, 제2세대는 흑인 '집단 거류지'만의 의식을 지니고 있다. 이 흑인들이 처음으로 경험한 집단 거류지는 백인 사회 한복판에서 사방에 적으로 둘러 싸

인 흑인만의 고립지 같았다. 그래서 인종 분리를 삶의 사실로 받아들인
채 성장했다. 딜립 히로가 지적했듯이 젊은 흑인은 자신이 살고 있는 성
인 세계에서 인종 간의 사회적 통합을 가시적으로 보여주는 기호를 전혀
목격하지 못했다. 이 젊은이는 어른들이 인종적으로 뒤섞인 채 거리를 걷
거나 주점을 드나드는 것을 보지 못했다. 가족을 방문하는 백인 친구도
없었다. 흑인 젊은이가 접하는 유일한 백인은 업무상 만나는 사람이거나
(우체부, 교사, 계량기 측정사) 복지 관련 공무원과 사회복지사뿐이다.[주 40] 학
교에서 흑인 인구는 늘었지만 상호 동의에 의해 인종 구분선을 따라 서로
격리하는 경향이 있었다. 흑인 청년에게는 부모가 겪지 못한 경험도 있었
는데, 바로 학교 체제를 통한 문화적 박탈이다. 학급의 백인 동료와 나란
히 숙련, 반숙련 노동 반열의 자리를 차지할 만큼 교육적 기술을 더 잘
갖추었다고 하더라도 흑인 청년은 직업과 기회의 구조가 자신에게 차단
되는 것을 느낀다. 능력이 아니라 인종을 근거로 차단이 이루어지기 때문
에 더욱더 심각하게 느끼는 것이다. 영국의 인종주의는 물질적 구조이자
이데올로기적 실체여서 일시적 일탈이자 멍청한 백인의 일시적 변덕의
결과라고 흑인 청년들에게 둘러댈 수는 없다. 흑인 청년이 경험하기에는
영국 사회 **자체가** '인종주의적'이며 **인종을 통해 작동한다.** 흑인 청년은 제
1세대 이주민이 갖고 있던 주된 낙관주의의 원천, 즉 시간이 지나면 모두
나아질 것이라는 기대에 기대서 살아갈 수는 없다. 사실은 시간이 지날수
록 눈에 띄게 훨씬 더 나빠졌다. 일상적인 차별과 취업 기회 박탈에다 이
제는 백인 적개심의 정치적 동원, 친지들의 이동을 막는 법률 개악, 무엇
보다 길거리에서 경찰에 의한 괴롭힘의 끊임없는 압력이 추가되어야 한
다. '점령군'의 영구적 주둔만큼 '집단 거류지'에 살고 있음을 절감하게
해주는 것은 없다. 이 젊은이에게는 되돌아갈 더 초록빛 고향에 대한 기
억이 없다. 이 젊은이에게 '고향'은 윌즈던 교차점(Willesden Junction), 핸즈
워스, 패딩턴, 모스 사이드, 세인트 앤즈(St Annes) 등 뿐이다. 이 사람들은
영구적으로 내부에 유배된 자들이다. '폴'이 피터 길먼(Peter Gillman)에게
이야기했듯이,

나는 바르바도스(Barbados)를 고향이라 불러요. 여긴 고향이 아니에요. 나는 아프리카를 고향이라 불러요. 그곳이 고향이죠. 내가 여기 속하지 않기 때문이죠. 여기서 태어났지만 여기 속하지 않고 나 자신도 영국인으로 자처하지 않아요. 사실 나는 영국 인종과 아무 상관이 없다고 하죠. 그들은 나를 이방인으로 여기고, 그래서 나 자신도 그들의 나라에 있는 이방인이라고 여기죠.[주 41]

이 부정적인 그림은 여기서 추가로 설명할 필요가 없다. 좀 더 긍정적 측면에서 보면 이 '집단 거류지' 세대는 부모 세대가 그랬던 것보다는 중심부의 삶의 현실에 얼굴을 덜 붉힌다는 점 역시 사실이다. 견뎌내고 인내하면서 살아가려는 의사도 더 약하고, 백인 사회에 경의를 덜 표하며, 자신의 정체성에 대해 좀 더 공격적일 정도로 자신감을 갖고 있다. 이러한 의미에서 '집단 거류지'는 긍정적인 대안적 문화 정체성을 구축할 토대를 제공했다. 수많은 제1세대 흑인들은 이 이행점을 고통스럽게 통과해야 했다. 서인도 출신의 목수인 월레스 콜린스(Wallace Collins)의 자서전은 이 점을 다음과 같이 유려하게 표현한다.

나는 백인 사회의 환멸, 무자비하면서도 무례한 무도함을 그만 두기로 결심했다. … 마침내 우리 민족과 교류하기 시작할 때까지 이 변신은 나도 모르는 새에 나 자신의 내부에서 일어나고 있었다. … 내가 속한 … 우리 민족이 나를 필요로 하고 원한다는 것을 느꼈다.[주 42]

제2세대는 그냥 흑인 세대**이고** 자신이 흑인이라는 사실을 자각하며 흑인 이외의 존재가 될 생각도 하지 않는다. 이 세대의 의식은 라스타파리안들의 말마따나 근본적이고 필요한 지식에 '뿌리 내리기'를 받아들였다. 그래서 이 세대가 기꺼이 동화의 길로 발을 내디딜 가능성은 거의 없다. 집단적 해결책으로서 동화라는 선택은 백인 사회에 의해 공식적으로 거부되었을 뿐 아니라 흑인 자신도 적극적으로 내부로부터 그 가능성의 문을 닫고 열쇠로 잠궈 버렸다. 우리가 '수용' 전략이라 부른 선택도 더 이상 추천할 만한 부분이 없다. 흑인 청년은 부모의 무한한 인내를 너무

무저항주의적 대책이라고 여기게 되었다. '백인 거물'에게 너무 숙이고
들어가 굴복하는 모양새라는 것이다. 부모 세대는 내키지 않아도 수용해
야 했지만, 흑인 청년은 저항하고 거부하는 주 영역 중 하나가 노동 영역
자체다. 17세인 어느 기계 공장 도제는 딜립 히로에게 이런 이야기를 들
려줬다. "십장이 바닥을 청소하라는 거예요. … (원래 청소 일을 하는) 백인
노동자가 아무 일도 없이 빈둥거리고 있었어요. 그래서 못 하겠다고 했
고, 전 잘렸어요. 아버지에게 이야기했더니 이러는 거예요. '청소를 했어
야지.' 아버지에게 이랬죠. '아버진 속아 넘어갔어요. 영국 놈들이 아버지
정신을 타락시켰어요.'"[주 43] 18세인 '폴'은 피터 길먼에게 이렇게 말했다.
"집에서 쫓겨났어요. 내가 하는 일에 아버지가 못 마땅해 했거든요. 나는
협잡질이나 하러 다니고 여기저기서 돈을 조달하고 노동은 안 했어요. 아
버지는 그게 싫다고 해서 나는 집을 나가겠다고 했어요. 토요일 밤에 떠
났는데, 아버지는 문을 잠근 후 나를 다시는 들여보내지 않았어요."[주 44]
또 다른 젊은이는 이를 달리 표현했다.

내 꿈은 아버지가 런던 대중교통에서 일을 그만두게 하는 거예요. … 아버
지가 거기서 일하는 게 부끄럽지는 않아요. 아버지는 일하는 사람이고 대가족
을 먹여 살렸으니 별로 부끄러운 일은 아니죠. 아버지는 그 일만으로도 존경
받아 마땅해요. 그냥 아버지가 그 버스를 타고 하루 종일 차표를 수거하는 거,
그게 너무 모양새가 초라한거죠. 나는 그냥 어느날 아버지에게 다가가 "아빠.
그 일 넘기고 쉬세요. 일 그만 두고 그냥 쉬세요"라고 말하고 싶었어요. 아버
지는 열심히 일하는 거와 모든 게 자랑스럽다지만, 누가 진짜 이 나라에서 이
추운 날 버스로 출근하는 거 좋아하겠어요. 아무도 없을걸요. 그리고 아버지가
무슨 말을 하든 난 알아요. 그건 내가 물어봤기 때문이고, 아버지는 아무 생각
없이 그랬을걸요. 그러나 아버지도 이렇게 말하긴 너무 늦었다는 것을 알걸요.
"얘야, 나 일 그만 둔다. 이제 협잡질 하거나 이런 일 할 거다. 아니면 음악가
가 될란다. 예술가나 도박사가 될란다." 너무 늦었죠. 아버지에게는 책임감이
있겠지만, 젊은이로서는 그를 쳐다보며 이렇게 말할 수밖에 없어요. "자, 우리
영감님 좀 봐. 일확천금을 노리고 이 나라에 와서는 매일 버스 계단을 오르내
리며 '표 안 낸 분!' 하며 외치는 거 좀 봐." 말하자면 이 체제가 돌아가는 방식

대로라면 나는 그보다는 한 단계 올라갈 거고, 그리되면 내 아들은 나보다는 한 단계 더 높이 올라가야 하고 … 뭐 그런 식이죠. 이 집안에는 출세하는 사람이 한 명 있어야 해요. 그러면 집안 전체가 올라가는 거죠.[주 45]

노동시장이 흑인 학교 중퇴자를 흡수할 여력이 있는 한 직업 스펙트럼에서 '거지 같은 일자리'라 불리는 자리에 이들을 체계적으로 배정하는 경향이 있었다. 그러나 실업이 심화하면서 노동자 무리의 맨 밑바닥으로 가던 사람은 그 계급의 실업 예비군이 된다. 한때 이 흑인 중퇴자까지도 노동자로 필요로 하던 체제는 이젠 심지어 그 자리에도 이들을 더 이상 원하지 않으며, 그래서 이들의 객관적 위치는 더 추락했다. 그러나 한 가지 역동적 요인은 노동자들이 이 객관적 과정을 집단적으로 이해하고 거기에 저항하는 방식에서 일어나는 변화다. 따라서 '무직'의 사회적 내용과 정치적 의미는 내부로부터 철저하게 변형되고 있다. 노동을 할 수 없게 된 사람들은 그러한 여건하에서는 노동을 하고 싶지 않다고 깨닫기 시작한다. 실업자는 취업이 불가능한 여건을 중심으로 새로운 형태의 '부정적 의식'을 발전시키고 있다. 물론 이 의식은 일시적 상황일 수도 있고 따라서 과도기적인 의식 형태일 수는 있다. 이 다음에는 만일 그렇다면 그러한 위치에서 일시적인 체제 부정에 그치지 않는 무엇인가를 조직해낼 수 있는지 논의할 것이다. 하여튼 '즉자적' 계급의 이 흑인 부문은 정치적으로 '대자적인'(for itself) 세력으로 바뀌어가는 과정을 경험하기 시작했다.

> 경제적 조건은 … 처음에는 이 나라의 거대 대중을 노동자로 변형시켰다. 자본의 결합은 이 대중에게 공통된 상황, 공통된 이해관계를 조성했다. 이 대중은 이미 자본과 대립한 상태의 계급이지만 아직 대자적이지는 않다. 투쟁에서 … 이 대중은 단결하여 스스로 대자적 계급을 이루게 된다. 이들이 수호하는 이익은 계급적 이익이 된다. 그러나 계급에 대항한 계급의 투쟁은 정치적 투쟁이다.[주 46]

이 변화는 중대한 것이다. 물론 이 변화가 마르크스가 설명한 고전적인 경로를 따르지는 않는다. 물론 아직 고용 상태의 부문에서도 호전성의 속도가 상당한 진전을 이루었기는 하지만, 사회적 재생산에서 결합의 규율보다는 '무직 상태'라는 공통된 경험이야말로 촉매를 제공하는 것으로 보인다. 이 질적인 변화가 자연발생적으로 일어나지는 않았다. 여기에도 역사가 있다. 흑인 정체성의 발견, 좀 더 구체적으로는 이주 경험 내부에 존재하던 '집단 거류지' 삶의 아프리카적 기원에 대한 **재**발견으로 변화는 시작됐다. '집단 거류지' 주민 사이에서 일어난 '아프리카'의 부활은 전후 아프리카 민족주의 혁명에서 자극받고 힘을 얻었다. 그러나 이 움직임의 긍정적 내용은ー또한 그 내용을 '집단 거류지'의 삶과 경계 내에서 뚜렷하게 구현한 것은ー1960년대 초 이후로 내내 전개된 미국 흑인 해방운동에서, 그리고 '검은 것이 아름답다'와 '블랙 파워'라는 동원 구호하에 게토 전역으로 번진 흑인 봉기에서 힘입었다.

> 한때 나는 다른 모든 사람과 똑같다고 생각한 적이 있다. 그러나 그후 갑자기 깨닫기 시작했다. 그 첫 번째는 1965년 와츠(Watts)에서 폭동이 일어났을 때였다. 나는 전 세계에서 일어나는 모든 사태를 주시하기 시작했고, 나도 흑인처럼 행동해야 하며 흑인이라는 사실과 모든 것을 자랑스럽게 여겨야 한다는 사실을 깨달았다.[주 47]

이 시기는 정치적 행동가에 의해 흑인 공동체의 적극적인 정치화가 아주 철저하게 진행된 시점이기도 하며, 그 계기에는 스토클리 카마이클(Stokely Carmichael)[11]과 말콤 엑스의 영국 방문도 포함된다. '집단 거류지'에서 흑인 청년의 상상력을 먼저 사로잡은 것은 정치적 교의로서의 '블랙

11　스토클리 카마이클은 미국의 흑인 인권운동가이자 범아프리카 운동을 주도한 인물이다. 1960년대 블랙 파워 운동에서 주도적 인물로 활약하면서 독립적인 흑인 정치 조직 결성에 노력했고, 특히 도발적 연설과 뛰어난 글로 명성을 떨쳤다. FBI는 카마이클을 말콤 엑스의 뒤를 잇는 '흑인 메시아'로 주목하기도 했다. 1969년 아프리카 가나로 피신한 후 가나와 기니아에서 활동했는데, 특히 범아프리카인민혁명당(All-African People's Revolutionary Party) 결성을 위해 헌신했다. ー 역주

파워'라기보다는 블랙 팬더 같은 집단이 개발한 흑인 저항의 스타일, 바비 실, 엘드리지 클리버(Eldridge Cleaver),[12] 휴이 뉴턴(Huey Newton), 조지 잭슨(George Jackson),[13] 안젤라 데이비스(Angela Davis)[14] 같은 지도자들이 만들어낸 긍정적인 종족성 이미지였다. 영국과 미국의 상황 전개 사이에서 가장 중요한 동일시 지점 중 하나는 바로 미국의 운동이 '게토 부흥의 정치'를 기반으로 구축되면서 '협잡꾼'에게 새로운 정치적 중요성을 부여했다는 데 있었다. 흑인 노동계급에 대한 이처럼 완전히 부정적인 스테레오타입적인 역할이 1960년대의 흑인 문화 르네상스에서는 긍정적인 의미로 새로 규정되었다. 미국 흑인 봉기의 수많은 저명한 지도자와 옹호자 중 상당수가 길거리 범죄의 삶에서 경력을 시작했을 뿐 아니라 이 운동의 전체 목적이 흑인 사이에서 밑바닥에서부터 추진되는 정치 운동을 구축하도록 설계되어 있었다. 이러한 방식은 '집단 거류지' 내부의 토대에서, 게토의 방어적 공간에서 시작한다는 뜻이었다. 블랙 팬더가 장악하기 희망할 수 있는 유일한 '군대'는 게토 노동계급 출신의 룸펜 흑인뿐이었다. '무기를 든 전우'는 길거리의 형제 자매였다.

　　1960년대 말과 1970년대 사이에 문화적 저항의 씨앗이 영국 전역의 '할렘'에서 싹텄을 뿐 아니라 이제는 두드러지게 아프리카 카리브식 형태

---

12　엘드리지 클리버(1935-1998)는 미국의 흑인 운동가이자 작가였다. 1968년 <빙판 위의 영혼(Soul on Ice)>으로 필명을 떨쳤다. 미국 블랙 팬더당 초기에 주도적 인물이었으나 오클랜드 경찰관 습격 사건으로 수배자 신세가 되어 쿠바, 알제리 등지에서 7년간 망명 생활을 했다. 팬더당의 공식 기관지인 <블랙 팬더(The Black Panther)>의 편집인으로 당내에서 큰 영향력을 행사했다. ─ 역주

13　조지 잭슨(1941-1971)은 1960년대와 1970년대 초 미국에서 활동한 흑인 운동가였다. 1961년 무장강도 사건으로 수감해 옥중에서 마르크스주의 혁명 사상에 눈떴고, 그가 쓴 글이 <솔레다 형제: 조지 잭슨의 옥중서한(Soleda Brother: Prison Letters of George Jackson)>이라는 책으로 출판된 후 베스트셀러가 되면서 유명세를 떨쳤다. 1970년 옥중에서 간수 살해 혐의로 다시 기소되었고, 이듬해 집단 탈옥을 시도하다 살해되었다. ─ 역주

14　엔젤라 데이비스는 미국의 진보적인 흑인 학자였다. 브랜다이스 대학에서 공부하다가 독일 프랑크푸르트 대학으로 유학해 허버트 마르쿠제 문하에서 철학을 공부했는데, 이 때 극좌 정치사상에 눈을 뜬다. 이후 미국 캘리포니아대 샌 디에이고 캠퍼스를 거쳐 동독 베를린의 훔볼트 대학에서 박사학위를 받았다. 이후 미국 공산당에 가입해 다양한 진보운동에서 활동했는데, 1969년 UCLA에 교수로 채용되었으나 공산당 가입 전력 때문에 해고됐다. ─ 역주

로 꽃을 피우기도 했다. 이제는 북미 게토의 스타일이나 이미지를 글자 그대로 빌려올 필요도 없었다. 영국의 길거리 풍토는 그 나름대로 독특한 아프리카 카리브식 토양에 뿌리를 두고 있었기 때문이다. '집단 거류지' 흑인 사이에 라스타파리안주의의 묵시록적인 종교정치, 앵글로 카리브식 '집단 거류지' 음악 — 록 스테디(rock-steady) 블루비트(Blue-beat), 스카와 레게 — 의 사운드 그리고 자메이카 '루드 보이' 음악의 '강렬한' 스타일의 부활은 서로 결합해 저항의 새로운 어휘와 구문론을 제공했다. 이러한 저항적 어휘와 문법은 길거리의 표류하는 삶을 살아갈 수밖에 없는 사람들의 부상하는 의식과 물질적 존재에 좀 더 긴밀하게 맞춰져 있었다. '드레드 헤어스타일'(dreadlocks)의 복고주의적 상상, 수탈당한(이들은 브릭스턴이나 핸즈워스에서 뿐 아니라 킹스턴에서도 그만큼 수탈당했다는 점을 덧붙여야겠다) 자들의 음악 그리고 레게 사운드 시스템의 일관되고 격렬한 비트 속에서, 또한 그러한 요소들을 통해 '바빌론'으로부터 해방의 희망이 도래했다. 아프리카 귀환 운동 파벌인 라스타파리의 '문화'가 여기서 중요하다. 최근 브릭스턴과 킹스턴에서는 한때 주변적이고 조롱거리이던 집단의 옷차림, 신념, 철학과 언어가 도시 흑인 청년 분파 사이에 흑인 의식의 일반화와 급진화의 토대를 제공했다. 철저한 흑인 문화 민족주의의 원천이 된 것이다. 레게의 리듬과 상상 속에 구현된 바로 이 '피억압자의 종교'는 젊은 흑인 남녀들의 정신과 육체를 사로잡았다.[주 48] 흑인이 억압당하는 곳인 한 영국은 '고통받고 있다'. 흑인들이 **살고** 있지만 **속하지는** 않은 땅, 소외와 약탈과 잔혹성의 나라는 라스타파리안 신조의 '바빌론'을 완벽하게 압축한 곳이다. 자신들의 '집' 내부에서는 형제들이 '평화와 사랑'으로 서로 인사를 나눌 수 있다. 그러나 음악은 '바빌론'에 대해서는 '교정의 회초리'를 장담하고, 형제들에게는 '힘'을, 즉 **권력은 몰락할지어다**라고 약속한다. 이 문화적 대격변은 램베스와 서 킹스턴을 똑같이 훑고 지나가면서 백인 지배의 모든 기호를 그 부정적이고 대립되는 것으로 뒤집어 바꿔놓고 '풀뿌리'로부터 올라오는 억압의 문화를 고통과 투쟁의 문화로 재해석하는데, 그 여파로 이 변화가 스쳐간 모든 행동은 새로운 내용을 부여받고 새로운 의미도 갖게 된다. 이 대격변은 흑인 사이에 신사회운동의 이데올로기적 기원이 되는 지점이자 조직화되지 않은 정치적 저항의 씨앗이 된다. '집단 거류지'에 대한 가혹한 경찰 감시, 젊은 흑인에 대한 자의적이고 잔혹한 '괴롭힘', '젊은 이주민'과 범죄를 겨냥해 늘어나는 공중의 불안과 도덕 공황, 게토의 긴장을 완화하고 문제점을 '진정'시키려고 도입된 풍부한 복지와 공동체 프로젝트 같은 것은 아직 제대로 표현하긴 어렵지만 '정치적' 전쟁터가 조성되고 있다는 인상을 '집단 거류지' 안팎에 오히려 굳혀주는 역할을 할 뿐이다.

　　수많은 남 보기 번듯한 흑인 어른들은 여전히 '무직'과 사소한 범죄를 전업으로 하는 삶을 공동체가 직면한 생존 문제에 대한 필사적이고 불법적인 대책으로 여긴다. 어른들은 이 삶이 일시적이길 희망하고 기도한다. 동시에 '집단 거류지'의 젊은이를 점차 이 선택으로 내모는 착취 수준에 분노하기 시작했고, 다른 어떤 방식으로도 생존할 수 없는 아이들에 대해 이제는 관행화한 통제식 대응이란 자의적 억압이 가해지는 데에도 분노했다. 범죄에 들락거리는 일이 불안정하고 위태로운 경제적 존립에서 이미 안정된 측면이 되어버린 사람들은 '집단 거류지'에서도 일부지만 이전부터 있었다. 흑인 청년과 관련된 상황은 이 두 가지 성향과 차이가 있는 것으로 보인다. 예를 들면 몇 명의 흑인 학교 중퇴자가 일자리를 구할 수가 없는지, 그런 부류의 일자리라면 받아들이지 않겠다는 젊은이는 얼마나 되는지, 어느 정도의 젊은이가 적극적인 정치 전략으로서 노동 거부를 택했는지 현재 시점에서는 판단할 수가 없다. 미숙련 공장 노동의 예측 가능한 단조로움보다는 '협잡질' 생활의 불확실성이 더 나을 수도 있다. 어쨌든 현재 처음으로 노동시장에 뛰어든 대다수에게는 그냥 선택의 여지가 없다. 이러한 상황에서 세분화된 구분을 하려는 시도 자체가 쓸데 없는 일일 수도 있다. 이 시도는 선택 자체가 조건화되는 방식을 고려하지 않는다. 그리고 생존의 구체적인 물질적 이슈를 마치 자유 행위자에 의한 합리적 선택의 분명한 셈법 대상인 것처럼 취급한다. 이 시도는 현재 법적 경계 구분이 이루어지는 방식과 우연히 일치하는 것뿐인 보편적

인 도덕 기준의 틀에서 판단해 사회적 행위를 머릿속의 결정 수준으로 환
원시킨다. 흑인 청년이 범죄와 맺는 애매한 관계는 이런 식으로 이해해서
는 안 된다. 지금까지 나와 있는 설명을 보면, 힘든 노동과 범죄 중의 분
명한 선택에 직면해 어떤 한 가지 전략을 영구적으로 선택하게 되는 흑인
젊은이는 거의 없음을 분명히 알 수 있다. 선택을 재촉하는 요인 중 하나
는 바로 두 세대 사이에 생존 문제를 대하는 태도에서 차이가 있다는 것
이다. 젊은 흑인들은 일을 할 수도 없고 내키지도 않아 하며 좀 더 자유
로운 길거리 삶에 끌리는 바람에 부모 집에서는 갈등 없이 지내기가 어려
워진다. 그러나 일단 집을 나오면 살 장소도 없고 실업을 버텨 낼 일정한
수입원도 없다. 이 조건에서는 홈리스, '노숙'과 떠돌이 생활과 마찬가지
로 협잡질이나 가끔씩의 좀도둑질이 단기적이며 대단히 예측 가능한 임
시방편이 된다. 모든 흑인 집단 거류지에는 흑인 젊은이들에게 더러 제공
되기도 하지만 대개 이들이 그냥 점령해버리는―거류지화하는―방, 카
페, 호스텔이 존재하는데, 눈치 빠르고 영리한 흑인 젊은이들은 여기서
두꺼운 코트와 털실 모자를 눌러쓰고 그냥 위기를 버텨낸다. 종종 동네
흑인 카페 주인이 이 젊은이들을 가엽게 여겨 적어도 몸을 녹일 수 있는
방이나 공간을 비워주기도 했다. 다른 구역에서는 흑인 공동체 운동가가
사실상 자원도 전혀 없이 이 젊은이들의 영구적인 '자유 시간'을 조직화
해서 일종의 유용한 혹은 수익성 있는 행동으로 만들려고 시도한다. 그러
나 정치 없이 떠도는 뜨내기의 삶은 끝이 없다. 흑인 노동계급 중 이 분
파는 무임금과 무노동이라는 전통적 활동에 종사하고 있는데, 말하자면
아무 것도 하지 않고 시간을 때우며 살아남으려 애쓸 뿐이다. 이러한 배
경에서 볼 때 '흑인들은 왜 범죄를 저지르나' 하는 질문은 사실상 말도
안 된다고 해도 과언이 아닐 것이다.

　　여기서 일정한 패턴이 보이기 시작한다. 범죄 구분이 애매한 회색지
대에 첫발을 디디는 행위는 간헐적 좀도둑질, 즉 상품 가판대나 수퍼마켓
에서 슬쩍하는 행위에서 시작한다. 두 번째 단계는 좀 더 큰 벌이의 유혹
인데, 소매치기, 쇼핑 바구니 낚아채기, 지갑털이가 그런 것이다. 공개된

거리나 눈에 잘 안 띠는 도시 공간과 허름한 공터, 아니면 지하철역의 인파 속이라면 성공 가능성은 더 커지고 벌이도 더 좋다. 어느 정도 '도심' 진출이 본격화하고 행동에는―조를 짜서 작업하거나 훔친 지갑을 전달해 처리할 수 있는 연결망의 주선 등―좀 더 사회적인 조직과 좀 더 안정된 인맥이 꼭 필요해진다. 이 시도의 성공에 삶을 점점 더 의존하게 된다. 이렇게 해서 계급 중 일부는 **범죄자화하고 있다.** 어떤 증거를 살펴봐도 합법적 삶의 언저리에서 이제 이런 식으로 살아갈 수밖에 없게 된 사람의 숫자는 실업자 수와 직접 비례해 증가하고, 연루된 범죄자의 연령 하한선은 내려가고 있음을 알 수 있다. 이 소년들 중 일부는 이제 직업 범죄 세계로 본격적으로 뛰어들 채비가 되었는데, 그 세계에서는 불규칙적이고 간헐적인 날치기가 아니라 빈집을 계획적으로, 흔히 대낮에 침입하는 범죄로 종류가 바뀌며 범죄가 상시적인 직업, 즉 **대체 직업**이 될 가능성이 크다. 좀도둑질과 날치기에 연루된 숫자는 한정된 연령대에 국한된다. 이 범위를 넘어서면 특히 운이 좋아 일자리를 구해 범죄에서 손을 털거나 좀 더 안정된 범죄자 라이프 스타일로 점차 빠져드는 경향이 있다. 아직 범죄의 '회색지대'에 연루된 동안에는 대다수 젊은이가 여전히 정기적으로 일자리를 구하고 있다는 사실을 모든 증거가 뚜렷하게 가리킨다. 좀 더 폭력적이고 계획적이고 무자비한 생존 범죄 형태인 '노상강도'는 이 더 큰 패턴에서 극소수만을 대변하고, 떠돌이 인구에서 좀 더 대담한 부문만이 저지르며, 전통적인 범죄로 뛰어들 수밖에 없든 아예 손을 털든 대다수는 감히 손대지 못하는 경향이 있는 범죄다.

　이처럼 대대적으로 중층결정된 선택권이 그 선택 논리에 사로잡힌 사람들의 의식에서 어떻게 재발견되고 변형되는가 하는 것은 전혀 다른 문제다. 왜냐하면 이 젊은이들은 잘 개발되고 사전에 배정된 예속 의식을 이미 갖춘 평범한 백인 소년, 소녀가 아니기 때문이다. 이들은 지배적인 백인 세계에서 배제된 흑인 집단이다. 점점 강화되는 흑인 의식 덕분에 흑인 젊은이는 자신을 어떤 경로로 몰고 간 세력의 체계적인 성격에 관해 아무리 초보적이라 해도 일종의 자각을 갖게 되었고, 자신을 희생자로 만든 인종주의의 구조적인 원칙의 작동에 대해서도 깨닫게 됐다. 백인 사회에 대한 하나의 정치적 복수 형태로 범죄를 의식적으로 **선택하는** 젊은 흑인은 거의 없다. 그러나 의식과 동기란 그런 식으로 작동하지 않는다. 자신이 선택할 수 있는 얼마 남지 않은 생존 전략 중 하나로 떠밀려가거나 내몰린 상황에서, 이 청년들은 주변 상황에 대한 집단적 정의를 개발하고, 그렇게 하는 와중에 인종주의와 그 체제에 대한 강렬한 감정과 정서의 저장고에 접하고 거기에 의존하게 되는 식이 될 가능성이 더 크다. 흔히 구체적 경험 속에서 행동, 의미나 동기의 이유와 합리적 근거, 어휘는 실제 행동보다 선행하기보다는 그 후에 생겨난다. 그렇다고 해서 이 이유나 근거 따위가 단지 편리한 변명이거나 핑계거리로 둘러댄 이야기에 불과하다는 뜻은 아니다. 어떤 행동 패턴은 점진적으로 떠오르는 의미에 비추어 회고적으로 설명하고 재해석할 수 있다는 뜻이다. 처음에는 환경의 산물―운명―로 보이는 것이 점차 특정한 사회적, 역사적 제도의 산물로 파악된다. 인간을 조건의 담당자로 규정하는 구조 속에서 타성적으로 불변이자 '주어진 것'인 양 깃들기만 하던 존재 양식은 이렇게 해서 좀 더 적극적인 행위자나 실천으로 변형될 수 있다. 따라서 흑인 청년 사이에서 범죄에 대한 태도나 이해는 대단히 모호하게 남아 있게 되는데, 이 태도나 이해방식은 이들의 삶의 모든 측면을 구속하는 인종주의의 기풍으로 가득 차 있으면서도 의식적이거나 조직된 정치 전략으로 뚜렷이 촉진되지는 않은 상태로 남게 된다. 범죄에 가담한 흑인 중 일부는 범죄에 대해 아무런 감정도 느끼지 못하는 것 같다. 이게 흑인들이 사는 방식이고, 경찰의 일은 그들을 저지하거나 체포하는 것이다. 만일 붙잡히면 아마 특별하고 가혹하며 험한 취급의 표적이 될 것이라는 사실도 안다. 직업 범죄자는 살아남는 조건으로서 경찰의 손아귀에서 어떻게 벗어날지에 골몰한다. 한 동안의 감옥살이는 이 직업에 따르는 위험 중 하나다. 하지만 다른 많은 사람에게 범죄의 회색지대로 진입하는 데 대한 압박감은 더 넓은 지형의 일부로 볼 때만 이해가 된다. 이 흑인들이 접하는 백인―피해자나 경찰―은 자신들을 체계적으로 착취하고 배제하는 사회의 대표자나 '의인화'로 간주된다. 따라서 범죄는 모호하지만 좀 더 정치화된 감정과 관념을 갖게 된다. 범죄는 백인 억압에 대항한 투쟁과 저항의 새로운 수단을—흔히 나지막한 소리로, 일반화되고 묵시론적 방식으로—표현하는 동시에 게토에서 '불량배'와 '거친 남자'가 누리던 전통적인 지위와도 관련이 있다. 두 가지 감정 구조는 똑같은 행동 패턴 내부에 공존하는데, 이러한 양면성은 대낮에 붐비는 장소에서의 강도처럼 뻔뻔스러울 정도의 무모함과 의도적으로 백인 피해자를 선택하거나 게토에서 벗어나 런던 웨스트 엔드의 더 부유한 절도 대상을 계획적으로 물색하는 행위가 결합되는 방식에서도 드러난다.

> "우리는 흑인은 손대지 않아요. 흑인에게 범행을 할 생각은 해본 적이 없어요"라고 한 젊은이는 실토했다. "흑인이라면 나한테 그런 짓을 하지 않을 거예요. 그러나 백인이라면 그리할 것이라는 건 알아요. 흑인은 우리가 모두 똑같은 고통을 겪고 있다는 것을 알아요. 우리는 모두 우리 방식대로 노력하고 협잡질도 하는거죠"라고 두 번째 젊은이는 말했다.[주 49]

사소한 범죄의 삶에 어떤 광채가 잠시 일어나는 것처럼 보일 수도 있다. 그러나 이런 방식으로 오랫동안 생존해야만 하는 사람들, 혹은 구류소나 교도소에서 지금 썩고 있는 사람들의 설명은 범죄에는 조금도 낭만적인 부분이 없다는 사실을 분명하게 보여준다. 범죄자란 동기가 무엇이든 모든 가담자를 야수화하는 폭력을 언제든 행사할 태세로 살아가는 불안정하고 무계획적이며 필사적인 존재다. 범죄는 그 여파로 경찰의 끊임없는 주목과 괴롭힘을 초래하는데, 경찰은 해진 뒤 우연히 거리를 지나가는 젊은 흑인도 모두 이 범주에 쓸어 담는다. 범죄의 공통되는 근본적 원인을 추적해보면 단순하고 순전히 물질적인 욕구로 귀결된다. 런던 하람비(Harambee)의 허만 형제(Brother Herman)15의 다음과 같은 주장은 분명

---

15 허만 에드워즈(Herman Edwards)는 카리브 이주민 출신으로 영국 흑인 상조운동 창시자이며 보통 '허만 형제'라는 애칭으로 불렸다. 1970년대 초 이슬링턴 시의회 후원으로 흑인들

히 옳은 말이다.

> 여기에는 어떤 직업 범죄 차원의 의도는 전혀 없다. 어떤 시점에서 이들은 그냥 배고프고 돈이 필요할 뿐이다. 어떤 소년이 걸거리에 사는데 먹을 음식도 지낼 곳도 없다. 내가 매일 법원을 방문하면서 보는 부류의 소년과 범죄의 속성에서는 어떤 범죄자로서의 능력도 전혀 발견하지 못했다. 그러나 법원이 이들의 곤경을 이해하는 것 같지는 않다.[주 50]

젊은 흑인이 '노상강도'라는 해결책에 도달하게 된 구체적인 생애사적 경로를 일일이 재구성할 수는 없지만, 이러한 부류에서 전형적인 생애담을 구성하기는 그다지 어렵지 않다. 여기 학교를 그만둘 무렵의 흑인 미성년자가 있다. "학교에 가면 차이점을 깨닫는다. 너는 그 차이를 결국 실현하도록 되어 있다. 그들은(백인 아이들) 너를 지목한다. 처음에는 사탕, 아이스크림, 세금으로 뇌물을 주어서 무마하려 한다. 그러나 어느 날 더이상 견딜 수가 없어진다. 악이 받치고 정말 악독해져서 그놈들을 패버린다."[주 51](그 소년이 어느 날 저지를 수도 있고 신문 제목과 판사의 설교, 내무부 통계는 맥락을 제거한 채 추상화해버리게 될 '노상강도'라는 폭력은 그의 머릿속에서 아직 범죄자 커리어의 가능성이 아무리 요원하다 할지라도 이미 이 생애담에 각인되어 있다). 그의 미래 전망은 전혀 좋지 않고 갈수록 더 나빠진다. 운이 좋다면 장기간의 실업 상태로 점철되는 일련의 '막다른' 직업을 갖게 될 가능성이 점차 커지지만 심지어 그것조차 쉽지 않다. 아이의 부모들도 자식이 힘든 시간을 보내게 될 것이라는 사실은 알지만, 일정한 직업을 구하지 못하면 어떤 일이 기다리고 있을지도 쓰라린 경험을 통해서 안다. 자식은 친구들과 어울려 떠돌아다니기 시작하고, 집에서는 말다툼이 갈수록 더 심해지고 잦아진다. 집에 머물기에는 이미 너무 커버렸고 독립하기에는 너무 가난하

---

의 주거 공동체 마련 운동에 나섰다. 런던에서 하람비 호스텔로 불리는 이 공간은 흑인들의 상조 공동체 성격을 띠는 곳이었다. 하람비는 스와힐리어로 '상부상조'(working together)를 의미한다. ─ 역주

다. 그러나 별일이 없다면 조만간 집을 떠날 것이다. 이 흑인 아이는 이제 영구적인 길거리 생활을 시작한다. 친구와 함께 할 수도 있고, 흑인 호스텔에서 잠자리를 구할 수도, 아무데서나 눈을 붙일 수도 있다. 길거리에는 그다지 자주 모습을 비치지 않는다. 경찰이 야간에 그를 발견하면 불러 세운 후 검문하고 아마 몸수색도 하게 될 것이다. 이 아이에게는 일정한 주소가 없다. 아직 범죄를 저지르지는 않았지만 좋든 나쁘든 해진 후 아무런 목적도 없이 어슬렁거리는 흑인 청년 무리는 서 있는 표적이다. 경찰은 이들의 외모, 걸음걸이, 눌러 쓴 비니 모자, 태도, 건방진 자세까지 모두 마음에 들어 하지 않는다. 청년들은 헬멧을 쓴 백인 공무원 다운 얼굴 모습을 그다지 좋아하지 않는다. 양자는 상대가 먼저 움직이기를 기대한다. 대개는 누군가 그리한다(이 소년은 아직 '범죄자'가 아니고 '평화를 깨뜨리는 자'도 아니다. 그러나 결국엔 경찰 조서 담당관이 이 두 가지 정체성을 믿어 의심치 않고, 판결을 내리는 판사도 지겨운 훈계거리로 삼을 것이라는 사실은 이미 그의 운명에 각인되어 있다). 마침내 '경찰'과 싸움이 벌어지고 소년들은 도망친다. 이제 이 젊은이들은 도피자 신세지만 더 멀리 가는 것 외에는 달아날 곳이 없다. 밤공기 속에 '깜둥이라는 조롱'이 아직 생생하게 들린다. "별안간 이 녀석이 눈게 띠자, 당신은 이를테면 … 라고 부른다."[주 52]

그러나 범죄가 점점 더 많은 젊은이를 범죄 대열에 끌어들이는 환경을 변혁하고 심지어 바꿔놓을 수도 있는 저항의 토대를 제공**할 가능성이** 있을까? 협잡질과 사소한 범죄는 실행 가능한 계급 전략의 잠재적 토대가 **되는가?** 아니면 '범죄자 의식'은 단기적이고 자생적인 저항의 토대를 제공할 뿐 아니라 범죄를 현실성 있는 '해결책'으로 생산하고 재생산하는 바로 그 구조에 **순응**하도록 유도하는 준 정치적인 의식 형태로만 남을 수밖에 없는가? 범죄는 잉여 노동계급의 추방된 부분을 집어삼키면서도 그 부문을 자신의 운명에 구속시켜, 즉 **범죄자화하고 학대**하여 정치적으로 무력화하는 바로 그 형태는 아닐까? 이는 의식 측면만으로 대답할 수 있는 질문은 아니다. 오로지 범죄 자체에만 집착해서는 풀 수 있는 질문이 아니라는 것이다.

## ▌흑인 범죄, 흑인 프롤레타리아

이 시점에서 우리는 흑인 청년의 일정 부문을 '노상강도식 해법'으로 몰아넣는 단기적 논리에서 출발해야 한다. 정치적 전략으로서 '범죄'의 실행가능성을 평가하려면 흑인 노동력에서 범죄자화한 부분을 흑인 노동계급 전체와 관련해서, 또 그들의 위치를 지배하고 결정하는 관계와 연계해서 재검토해야 한다. 즉 무엇보다 자본제 생산양식의 현 단계에서 흑인 청년들이 차지하는 근본적 위치, 사회적 분업, 잉여 노동의 탈취와 실현에서 수행하는 역할 측면에서 검토할 필요가 있다. 현재 국면에서 범죄가 정치적 투쟁과 맺는 관계를 평가할 때에는 이 구조적 관계를 반드시 포함해야 한다.

최근 사회사학자들은 서유럽 선진 산업 자본주의 사회의 고전적 프롤레타리아 이외의 계급들이 채택한 사회적 저항과 정치적 봉기 형태에 점차 주목하게 되었다. 이 저항은 부분적으로는 그러한 사회에서 노동계급의 장기적인 정치적 억제의 결과이자 프롤레타리아 이외의 계급이 선도한 다른 곳의 큰 역사적 변혁 사실도 원인으로 작용해 발생한 것인데, 중국 혁명에서 농민이 수행한 역할은 가장 중요한 한 사례일 뿐이다. 그후 농민 혁명 연구와, 상당한 농민 부문과 발전 중인 산업 노동계급 부문을 동시에 포함하는 사회에서 (예컨대 라틴 아메리카) 발생하는 전략 문제에 관한 연구 외에도, 산업사회 이전의 폭동과 저항, 도시 군중, 농촌 소요, 사회적 도적 등 다른 사회적 저항 형태에 관한 연구도 나왔다. 그럼에도 불구하고 발전된 산업 사회에 관한 한 정통적 견해에서는 빈곤층과 룸펜 계급의 '저항' 혹은 범죄 요소와 '위험한 계급'의 활동에 각인된 준 정치적 저항 형태는 근본적인 사회 운동에 관심있는 연구자에게 장기적인 흥밋거리는 되지 못한다는 인식이 지배적인 듯하다. (원시적 반란, 토지 무소유 프롤레타리아의 봉기, 사회적 도적 등에 관한 저서로)[주 53] 위에서 언급한 연구에 크게 기여한 홉스봄 교수는 경탄할 정도로 명쾌하게 그 한계를 지적했다. 범죄자의 지하세계는 "지배적 가치와 자신의 가치를 의도적으로 대립시

키는 한 반사회적이다"라고 홉스봄은 주장한다. 그러나

> (이를테면 농민 도적과 구분되는 형태로서의) 지하세계는 적어도 서 유럽에
> 서는 더 폭넓은 사회적, 혁명적 운동에 좀체 가담하지 않는다. … 특히 어떤
> 환경에서는 (대도시 슬럼 구역, 준 프롤레타리아 빈곤층 밀집지, '이방인' 소수
> 자의 게토 등) 명백하게 중복이 발생하기도 한다. 비사회적 범죄자는 사회적
> 저항의 대체 존재가 되거나 그 자체로 대체 존재로 이상화될 수도 있지만, 대
> 체로 이 범죄성 유형은 사회 운동과 노동운동 역사가에게는 단지 주변적 관심
> 사에 그칠 뿐이다.[주 54]

이러한 현상이 발생하는 이유는 선진 산업 자본주의 사회에서 근본
적인 혁명적 계급은 자본에서 자본에 의해 형성된 프롤레타리아이기 때
문이다. 또한 프롤레타리아가 자본과 벌이는 투쟁은 임금 규율과 사회적
노동의 조건과 관계에 의해 이미 훈련된 계급의 투쟁이라는 점에서 집단
적이고 '일사불란'하게 조직된 상태이기 때문이다. 현존하는 계급 갈등사
의 단계 구분에서는 조직화된 노동의 투쟁을 자본주의 발전의 현 단계에
서 가장 선진화된 투쟁 형태를 갖춘 역사적 행위자로 규정한다.

> 의식화된 사회 운동과 특히 노동운동이 발전함에 따라 물론 '정치적 범죄'
> 와 관련된 사례를 제외하고는 '범죄적' 형태의 사회적 저항의 역할은 줄어든
> 다. … 노동운동 역사가에게 '사회적 범죄성'의 연구는 노동하는 빈곤층 운동의
> 전사나 형성기 동안, 산업화 이전 국가에서 그리고 아마도 거대한 사회적 격
> 동기 동안에는 중요하겠지만, 그 외에는 연구자에게 아주 지엽적인 관심사에
> 그칠 것이다.[주 55]

다른 곳에서 홉스봄은 다음과 같이 주장했다.

> (그 이름이 암시하듯이) 지하세계는 '올바른' 사회의 가치를 뒤집어놓음으
> 로써 존재하는 반 사회이지만 ─ 그 자신의 구절을 빌리자면 '부정직하다' ─
> 올바른 사회에 기생한다. 혁명적 세계 역시 '올바른' 세계다. … 주로 도시의

일정한 구역에서 위험한 계급이 노동계급과 혼동되는 일이 발생하는 한에서만, 그리고 당국이 흔히 반란자와 봉기자를 범죄자와 무법자처럼 취급한다는 이유 때문에 지하세계는 혁명의 역사로 접어들게 된다. 그러나 원칙적으로 양자 간의 구분은 뚜렷하다.[주 56]

이 주장 때문에 광범위한 중요성을 갖는 질문들이 제기된다.

홉스봄을 비롯한 학자들은 '범죄자 빈곤층'의 운동을 그람시의 말대로 '유기적'이라기보다는 '국면적'인 운동으로 만들 수도 있는 것처럼 보이는 조건을 지적한다. 여기에는 세 가지 명제가 따른다. 범죄 계급은 그러한 사회 운동에서 근본적인 역할을 할 수 없는데, 첫째 이유는 이들의 위치가 이러한 부류의 사회구성체의 생산적 삶과 생산관계에서 주변적이기 때문이다. 둘째, 역사를 돌이켜 보면 이 범죄자 빈민층은 정치 투쟁 무대에서 자신 대신에 중심을 차지한 프롤레타리아에 비해 주변적이었기 때문이다. 셋째, 전통적으로 이 계층이 발전시킨 의식 형태는 하나의 생산양식을 다른 양식으로 대체하는 일을 목적으로 삼는 계급에게 필요한 의식 형태로서는 부적합하기 때문이다. 따라서 '위험한 계급'의 삶과 가치가 부르주아 세계의 정반대를 대변하긴 하지만, 이들은 부르주아 세계에 의해 결국 차단되어 있다. 즉 그 세계에 의해 한정되고 결국에는 그 위에 기생하게 된다. '마르크스주의 범죄 이론'의 개발에 관한 이 정통적인 해석이 미친 효과는 이미 주목받은 바 있다. 예컨대 앨빈 굴드너는 다음과 같이 논평했다.

범죄자와 일탈자를 계급 투쟁에서 아무런 결정적 역할을 못할 룸펜 프롤레타리아로 간주하고 실로 반동적 세력에 넘어가 이용되기 쉬운 존재로 여기기 때문에, 마르크스주의자들은 대개 범죄와 일탈에 관해 체계적인 이론을 개발해야 할 동기를 느끼지 못했다. 요컨대, 프롤레타리아도 부르주아도 아니고 중심적인 정치 투쟁의 변두리로 멀리 떨어져 있어 범죄자와 일탈자는 기껏해야 집사와 하녀, 무기 운반자, 아마 화려한 배우일 수도 있겠지만 이름 없는 존재이자 최악으로는 역사적 '임무'를 갖고 있지 못한 존재다. 권력, 정치 투쟁과

　　계급 갈등 같은 좀 더 '중요한' 이슈 연구에 몸바친 사람이라면 이들을 무시할
　　수도 있고 실로 무시*해야 한다.*[주 57]

　　범죄와 일탈 문제를 '사고'하는 데 필수적인 바로 그 개념들은 마르
크스의 개념적 장과 실로 상관이 없고, 이론으로서 사적 유물론의 문제들
과도 무관하다고 일부 마르크스주의 저술가는 주장할 것이다. 이러한 근
거에서 정의상 '마르크스주의 범죄 이론'은 존재**할 수 없다**고 폴 허스트
(Paul Hirst)는 주장한다.[주 58] 마르크스는 후기 저작, 즉 핵심적으로는 〈자
본론〉에서 도덕적 비판과 결별하고 그 대신 완전히 유물론적 시각의 과
학적 명제에 근거한 범죄관을 채택한다고 허스트는 주장한다. 이 틀 안에
서 범죄(절도)는 단순히 재분배적 성격을 띨 뿐이다. 매춘, 도박이나 갈취
처럼 범죄는 '생산적' 노동이라기보다는 '비생산적' 노동의 한 형태다. 정
상적인 자본제 관계를 지배하는 규범과 관련해서는 '불법적'일 수도 있지
만 아주 흔히 '자본주의적' 형태를 취해 (예컨대 조직화된 범죄 기업) 기생의
숙주로 삼는 체제에 적응되어 있다. 범죄의 '주변적' 위치에 관한 이 분석
은 마르크스가 '범죄자 계급'에게 부여한 역할과 성격을 살펴보면 더 확
장할 여지도 있다. 자본주의 생산 양식의 어떤 변혁에서든 프롤레타리아
가 중심성을 차지하는 것은 이 집단이 생산에서 잉여가치의 원천으로서
수행하는 역할 때문이다. 이 위치는 생산 양식에 의해 프롤레타리아에게
귀속된 것이다. 마르크스는 〈철학의 빈곤(The Poverty of Philosophy)〉[주 59]과
다른 초기 저작에서 집단적 역사적 행위자가 의식을 갖게 되는 과정에 관
해 이야기했는데, 그 과정보다는 바로 이 **위치**가 생산적 노동이야말로 자
본제 양식을 사회주의로 변혁시키는 투쟁을 완수할 수 있는 유일한 계급
으로 규정해준다. 이제 이 틀에서 프롤레타리아와 부르주아는 근본적인
정치 세력이다. 다른 계급의 존재는 모든 사회구성체가 한 가지 이상의
생산양식으로 구성된 데서 나오는 결과다. 그러나 다른 계급들은 정치적
계급 투쟁에서 결정적 세력이 될 수 없다. 어떤 투쟁의 계기에서 프롤레
타리아는 다른 피예속 계급과 동맹을 추구할 것이라고 마르크스는 주장

한다. 이 동맹에는 프티 부르주아, 도시 룸펜 프롤레타리아, 소농민이나 농업 노동자가 포함될 수도 있다. 그러나 마르크스는 룸펜 프롤레타리아가 신뢰할 만한 계급 동맹이 아니라고 믿었다고 허스트는 결론짓는다. 룸펜 프롤레타리아는 절도, 강탈, 구걸, 매춘과 도박을 통해 노동계급에 기생해서 살아가는 경향이 있기 때문에, "이들의 이익은 노동자의 이익과 정반대로 대립한다." 더구나 룸펜 프롤레타리아는 불안정한 경제적 위치 탓에 "지배계급과 국가의 반동적 요소에" 매수되기 쉽다. 따라서 개별적 범죄 행동은 자본주의 희생자가 자기 의지와 무관하게 벌인 행동이며 "결과적으로 기존 질서에 대항한 정치적 저항 형태가 아니라 그 질서에 대한 반동적 순응에 다소 가깝다"[주 60]라고 주장은 전개된다. 심지어 러다이트 운동가(Luddites)의 기계 파괴처럼 좀 더 명백하게 '정치적인' 범죄도 직접적이고 자연발생적이긴 하지만 궁극적으로 부적절한 투쟁 형태를 나타낸다. 왜냐하면 이 행위는 "부르주아적 생산 여건을 겨냥한 것이 아니라 생산 여건 자체에 대한" 투쟁이기 때문이다. 혁명적 투쟁의 토대로서 그러한 행동은 아무 쓸모가 없다. 유일한 과업은 "투쟁의 그러한 형태와 이데올로기를 변혁"하는 것이다.[주 61]

　　룸펜 프롤레타리아의 구성과 성격에 관한 마르크스의 분석은 어느 정도 역사적으로 구체성을 띠었는가? 마르크스와 엥겔스는 집필 시에 빅토리아 중기 영국과 파리의 '위험한 계급'을 염두에 두었음에 분명한 듯하다. 핵심 구절 중 하나는 1851년 위기에서 룸펜 프롤레타리아가 수행한 역할에 관해 마르크스가 〈브뤼메르 18일〉에서 제시한 분석이다. 이 생생한 구절에서 룸펜 프롤레타리아는 **모든** 계급의 범죄자 쓰레기로, 즉 인간 군상의 맨 밑바닥에 있는 낙오자로 나온다.

　　　생활 수단도 불분명하고 출신도 의심스러운 타락한 방랑자, 몰락하고 모험심 강한 부르주아 분파와 나란히 떠돌이, 퇴역 군인, 출옥한 전과자, 탈출한 갤리선 노예, 사기꾼, 야바위꾼, 노숙자, 소매치기, 속임수 마술사, 도박꾼, 뚜쟁이, 매춘업자, 수위, 글쟁이, 길거리 악사, 넝마주이, 칼 수선공, 떠돌이 수리

공, 거지 등 요컨대 프랑스인들이 라보엠(la boheme)이라 부른 집시이자 여기
저기 내팽개쳐진 무한하게 많은 해체된 대중 군상이다.[주 62]

　　엥겔스의 〈영국 노동계급의 여건(Conditions of the Working Class in
England)〉[주 63]이나 동부 런던의 삶에 관한 헨리 메이휴의 설명[주 64]에서도
익숙한 목록을 발견할 수 있을 것이다. 이처럼 세세한 사회적 구성에 근
거한 계급 층위의 존재를 독점 자본주의 조건하에서 과연 그리 쉽게 확인
할 수 있을 것인지는 의문이다. 단순히 마르크스의 역사적, 정치적 예측
이 시대에 뒤떨어졌다는 말은 아니다. 마르크스와 엥겔스가 가끔씩 프롤
레타리아의 동맹으로 좀 더 낙관했던 구 프티 부르주아의 숫자는 크게 줄
었지만 아직 남아 있다. 프티 부르주아가 정치 무대에 등장할 때에는 마
르크스가 그들의 위치에서 예측 가능하다고 믿었던 반동적 역할을 수행
하는 경향이 있다. 예를 들면 프랑스에서 다양한 유형으로 나타난 푸자드
주의(Poujadism)16와 1930년대에 득세한 파시즘이 그 예다. 그러나 독점 형
태로 이행한 결과로 자본제 생산이 근본적으로 재조직되면서 여기서 새
로운 층위가 구 프티 부르주아와 나란히 등장했는데, 때때로 '신 프티 부
르주아'라 규정되는 존재였다. 이 계급의 경제적 정체, 그 정치적, 이데올
로기적 성격은 현대 마르크스주의 이론에 실제적이면서도 복잡한 문제점
을 던져준다. 계급의 층위와 구성에서 일어나는 그러한 내부 변화는 마르
크스가 후기작에서 제시한 성찰과 완벽하게 조화를 이룬다. 마르크스는
〈자본론〉의 원고가 중단되는 곳에서 그러한 복합성 분석으로 막 뛰어들
려는 참이었다. 그렇다면 현대 자본주의 사회구성체에서 룸펜 프롤레타리
아는 누구이며 어떤 성격을 지니는 집단인가 하는 문제는 한가로운 사변
에 그치지 않는다. 삶의 방식으로 범죄에 가담하는 모든 이가 분석적으로

---

16　푸자드주의는 프랑스 포퓰리스트 정치인 피에르 푸자드(Pierre Poujade)의 이름에서 딴 우
　　파 정치 이념으로 1950년대에 유행했다. 주로 장인과 소상인의 이익을 대변하여 프랑스 세
　　금 제도를 비판했다. 이후에는 소규모 사업가의 이익을 옹호하는 우파 대중주의 운동을 가
　　리키는 일반적인 용어로 사용되고 있다. ─ 역주

'룸펜' 범주에 속하는가 하는 추가적인 질문도 단순히 경험적 관찰 문제
가 아니라 진지한 이론적, 개념적 작업이 필요한 사안이다.

　　자본제 생산의 경제적 관계에서 구성되는 계급과 이 계급들이 정치
적 계급 투쟁 무대에서 정치적 세력으로 등장할 때 취하는 형태 간의 관
계 역시 특히 마르크스의 좀 더 후기 이론의 관점에서 살펴볼 때 결코 단
순한 사안은 아니다. 자본 축적의 경제적 형태와 관계에 관해 〈자본론〉에
서 수행한 분석인 후기 작업은 마르크스의 초기 저작 일부와 특히 자본제
생산의 '운동 법칙'과 관련해 노동계급의 위치에 관한 내용에서 차이가
있다. 마르크스가 초기 저작에서는 프롤레타리아를 억압자와의 정치 투쟁
에서 '억압당한' 계급으로 간주하는 경향이 있었던 반면에, 〈자본론〉은
자본제 생산 자체와 그 자기 확장 회로의 지형에 관한 이전 주장을 철저
히 재구성한다. 바로 생산 내부에서 발생하는 노동자 착취, 그리고 노동
력을 '상품'으로 규정하는 행위 위에 모든 과정이 의존하며, 이 행위 때문
에 결국 잉여 노동은 '자본'으로 실현되는 잉여가치의 원천이 된다. 이러
한 설명은 〈자본론〉에서 마르크스가 말한 '철저한 이론적 혁명'의 토대가
된다. 자본에게는 노동력을 착취하고 잉여가치를 추출하는 방법이 무수하
게 있다. 첫째는 노동 시간을 연장하는 방식이다. 둘째는 고정 자본 형태
로 선진화된 기계의 생산력을 증가시키고 그 아래에 노동자를 점차 직접
포섭해 노동력 착취의 강도를 높이는 방법이다. 그러나 어떤 형태를 취하
든 생산이 없다면 자본은 단 하루도 존립할 수 없을 것이다. 계급적으로
구조화된 자본제 생산 관계에서 생산적 노동의 착취가 없이는 생산도 불
가능했다. 그래서 마르크스는 자본주의 사회의 근본적 메커니즘을 근본적
관계, 즉 생산 '력'과 '관계' 사이의 관계에서 발생하는 모순 속에서 파악
했다. '자본의 순환'을 확보하려면 생산 영역 자체 외에도 수많은 다른 형
태가 필요했다. 시장, 교환과 순환 관계, 임금을 통해 노동력이 재생되는
가족 영역, 이 생산 양식이 자리 잡고 있는 사회를 감독하는 국가 등이
그러한 형태다. 결국 자본제 생산의 회로 전체는 이 다른 관련 영역―이
른바 '재생산 영역'―과 이 영역들이 착취하는 다양한 계급과 계급 층위

에 의존했다. 그러나 생산관계는 복잡한 전체 회로를 '최후의 심급에서' 지배했다. 다른 착취 형태, 다른 사회관계는 궁극적으로는 생산 수준의 본질적 모순이란 측면에서 파악해야 했다. 마르크스는 〈자본론〉의 몇 군데에서 이렇게 주장한다.

> 직접 생산자에게서 무임금 잉여노동을 갈취하는 구체적인 경제적 형태는 지배층과 피지배층의 관계를 결정한다. 하지만 물론 이 형태는 생산 자체에서 발생하고 다시 생산에 결정적 요소로서 영향을 미친다. … 생산 조건의 소유주가 직접 생산자와 맺는 직접적 관계 — 이 관계는 항상 노동 방법과 그에 따른 사회적 생산성의 일정한 발전 단계와 자연스럽게 상응한다 — 는 항상 전 사회의 가장 은밀한 비밀과 숨겨진 토대, 그리고 그와 더불어 주권과 종속 관계의 정치적 형태, 즉 상응하는 구체적인 국가 형태까지도 보여준다. 그렇지만 똑같은 — 주된 여건의 관점에서 볼 때 똑같은 — 경제적 토대에서도 셀 수 없이 다양한 경험적 상황, 자연 환경, 인종관계, 외부의 역사적 영향 등 때문에 현상 형태에서는 무한한 차별화와 변종으로 나타날 수는 있다.[주 65]

이 시각에서 보면 범죄에 관한 이전 논의와 위에서 설명한 룸펜 프롤레타리아가 던져주는 엄격한 함의에서 출발한다 하더라도, 범죄와 더불어 살아가는 계급 부문에서 발생하는 정치 투쟁은 분석적으로는 그 생산 관계에서 유래하는 모순에서 그다지 중심적일 수는 없다는 결론이 나온다. 가장 단순한 분석 수준에서 그러한 현상은 그냥 자본의 '운동 법칙'과 관련해 전략적으로 중요한 위치에 있지 않다. 하지만 그렇게 되면 한 계급 중 범죄화한 부분이 그 계급의 생산적 부문인 **임금 생활자**에게 구조적으로 어떤 역할을 수행하는가 하는 질문을 빠뜨리게 된다. 그리고 이렇게 해서 우리는 현재 형태의 자본과 관련해 흑인 노동력에서 '임금 생활자'와 '무임금층' 간에 어떤 관계가 성립하는가 하는 질문으로 되돌아오게 된다. 마르크스는 〈자본론〉에서 자신의 말마따나 '노동 예비군' — 실업자의 다른 층위 — 이 자본 축적의 근본적 리듬과 맺는 관계 측면에서 이 점에 관해 중요한 지적을 했는데, 이 부분은 잠시 후 다시 논의할 것이다.

첫째, 그렇지만 마르크스의 자본 이론을 본질적으로 이른바 **생산지상주의**(productivist) 이론의 한 형태로 취급하지 않도록 간략히 경고해야겠다. 생산지상주의는 자본에게는 '생산적 노동'에 **직접** 관련된 노동 대중 부문을 제외하면 그 어떤 것도 중요하지 않은 것처럼 여기는 시각을 말한다. 마르크스는 고전파 정치경제학자의 정의를 따르면서도 정의를 달리 내리면서 '생산적' 노동과 '비생산적' 노동의 구분을 사용했다. 생산적 노동이란 잉여가치 생산에 직접 참여하고 자본을 상대로 직접 교환하는 부문이었다. 다른 많은 노동력 부분은 똑같이 자본에게 착취당하지만 잉여가치를 직접 생산하지는 **않았으며** 자본을 상대로 하지 않고 수입을 상대로 교환했다. "순수한 순환 과정의 노동은 사용 가치를 생산하지 않으며, 따라서 가치나 잉여가치를 추가할 수 없다. 이러한 비생산적 노동자 집단과 나란히 하인이든 국가 피고용인이든 수입에 의해 직접 부양되는 모든 노동자가 존재한다."[주 66]

생산적 노동과 비생산적 노동 이론은 마르크스주의 이론에서 가장 복잡하고 논란이 많은 영역 중 하나인데, 그 세부 갈래는 여기서 우리의 직접적인 관심사는 아니다. 마르크스가 알고 있던 자본주의에서 '비생산적 노동'은 상대적으로 미발전된 상태였고 흔히 무위도식층이나 다른 이의 노동에 기생하는 층, 혹은 주변적 생산자에 국한되었다. 현대적 자본주의 형태에서는 똑같이 말할 수가 없다. 여기서는 노동력에서 서비스와 '비생산적' 부문이 엄청나게 확장되어 분명히 자본의 **핵심적** 기능에 해당하는 역할을 수행하고, 노동자의 가장 큰 비율은 수입을 상대로 교환 행위를 하며(예컨대 국가 피고용인), 잉여가치의 직접 생산에 종사하는 비율은 갈수록 작아지는 것으로 보이기 때문이다. 마르크스에게는 상대적으로 단순해 보였을지 몰라도 이러한 환경에서는 '생산적' 노동과 '비생산적' 노동을 뚜렷하게 구분하기가 점차 어려워졌다. 그럼에도 불구하고 이 구분은 현대 노동계급에서 수많은 새로운 층위와 계층의 위치와 정체성을 규정하는 데 중요할 수도 있다. 하지만 심지어 마르크스도 그랬듯이 분명이 구분에 대한 오해 때문에 그러한 주장이 혼란스러워진 것도 확실한 듯하다. '비생산적' 노동은 이따금 마르크스의 경멸적이고 좀 더 경박한 의미로만, 즉 경제적으로나 정치적으로나 중요하지 않은 것처럼 해석되었다. 마르크스가 순환과 재생산을 자세하게 다룬 〈자본론〉 제2권을 해독해보면 곧 드러나듯이, 이는 분명히 마르크스가 의미한 바는 아니었다. 〈자본론〉의 전반적인 주장은 자본의 잉여가치 생산 영역과 직접 결부되지 않는 관계가 자본의 실현, 그 확장과 재생산에 어느 정도 중요하고 필수적인지를 입증해준다. 이 관련 영역을 '통과하지' 않는다면 자본은 글자 그대로 그 이행이나 순환을 완결 지을 수가 없을 것이다. 나아가 자본이 **착취**하는 대상은 잉여가치를 직접 생산하는 계급 부문만이 아니라고 마르크스는 직접 진술했다. 비록 착취 형태가 잉여가치의 직접적인 추출이 아니라 하더라도 자본은 수많은 다른 계급 부문도 착취한다. 따라서 노동계급의 다양한 층위의 확인과 관련해 분석 목적으로는 '생산적'과 '비생산적'이라는 용어를 유지할 필요가 있지만, 관련 생산 외부에서 착취당하는 계급과 층위를 자본의 모순된 변증법을 초월해 불필요하거나 '잉여적' 계급으로 취급하는 시각은 마르크스에게서 근거를 찾을 수 없다.

> 마르크스가 생산적 노동과 비생산적 노동 개념을 개발한 목적은 노동자를 구분하기 위한 것이 아니었다. 정확히 그 반대다. … 이 개념들의 도움을 받아 마르크스는 가치가 직접적인 생산과정에서 어떻게 확장되고 재생산과정에서 어떻게 순환되는지를 분석할 수 있게 되었다.[주 67]

자본과 관련해 여성가사 노동의 위치에 관해 마르크스주의와 페미니즘 운동에서 최근 벌어진 논쟁에서 이 주장은 큰 영향력을 미쳤을 뿐 아니라 거기서 좋은 예시도 찾을 수 있다. 초기에 월리 세콤브(Wally Seccombe)는 이 논쟁에 뛰어들면서 마르크스주의의 시각에서 볼 때 '가사노동'은 '비생산적' 노동으로 판단한다고 주장했고, 그 이유로 자본에 타격을 입힐 수 있는 어떤 결정적인 정치 투쟁도 그 토대 위에서 조직할 수 없을 것이라고 시사하는 듯했다[주 68](이와 비슷한 유추에 의하면 흑인 무임금층, 본질적으로 재분배성 '범죄' 활동에 가담한 흑인 협잡꾼, 주로 서비스업과 '비생산적' 부분에 국한된 흑인 등으로 구성된 토대 위에서는 자본에 영향을 미칠 수 있는 어떤 근본적인 정치 투쟁도 전개할 수 없을 것이라고 주장할 수도 있다). 세콤브의 주장은 길고 중요한 이론적 논쟁이 전개되는 과정에서 여러 측면에서 반박을 받았다.[주 69] 그 이후의 기고에서 세콤브는 입장을 좀 더 명쾌하게 다듬었다.[주 70] 가사노동은 엄격히 말해 '비생산적'일 수는 있지만, "노동계급의 주부는 상품 ─ 노동력 ─ 재생산에 기여하고 … 이 과정을 통해 사회적 생산에 참여한다."[주 71] 실로 가족과 성적 분업을 통한 노동력 재생산은 마르크스의 엄격한 관점에서 볼 때 자본제 생산양식의 근본적인 존재 조건 중 하나다. 자본은 노동자에게서 추출한 일부를 ─ 가변 자본 ─ 노동력 재생산에 투입하고 노동자와 가족에게 임금 형태로 '선금'을 지불하는데, 이 조치는 이러한 '재생산'이 도출될 수 있도록 하기 위한 것이다. 가사노동은 '비생산적'일 수도 있지만 가치를 생산한다는 데에 세콤브는 동의한다. 자본은 가사노동을 착취하고 실로 성적 분업을 통해 이중으로 착취한다. 그래서 가사노동은 자본의 운동 법칙에 근본적인 부분이다. 바로 성적 분업을 통해 자본은 "경제뿐 아니라 다른 모든 사회 영역도 장악할 수 있고 … 가치는 자본의 직접적인 관할을 넘어서 수행되는 노동까지도 규제한다."[주 72]

우리의 주된 주장과 직접 연결되지는 않지만 가사노동에 관한 이 곁갈래 논의는 우리가 고려하는 문제에도 일부 의미 있는 보상을 준다. 주부는 생산적 측면에서는 '아무 일도 하지 않는' 것처럼 보인다. **일**을 하긴 하지만 **노동**에 종사하는 것처럼 보이지는 않는다는 것이다. 주부의 영역 ─ 가정 ─ 은 따라서 언뜻 자본의 생산적 중심부에서 보면 스펙트럼 반대편 끝에 ─ 잉여의, 주변적인, 쓸모없는 ─ 존재하는 것처럼 파악된다. 하지만 노동력 재생산에 기여하고 가족의 소비 행위자 역할을 수행함으로써 주부는 자본주의의 재생산에 필요하면서 핵심적인 관계를 유지한다. 중요한 점은 가사노동이 엄격한 의미에서의 생산과정으로부터 격리되고 파편화되고 분리되며 칸막이가 쳐진다는 것이다. 이 관계를 연결 지어주면서 동시에 은폐하는 것은 **사회적** 분업 내의 구조인 **성적** 분업의 매개다. **이러한 구체적 형태로** 자본은 그렇게 보이지 않으면서도 '그 영향권'을 확대한다. 여성이 어쩔 수 없이 가정 바깥에서 일을 하게 될 때에는 상당 부분 직업 스펙트럼에서 가장 미숙련이고 비노조화되고 '비생산적'인 업종에 취업할 뿐 아니라 가정 바깥에서 일할 뿐 흔히 '가사노동'이나 '여성의 노동'과 성격이 비슷하거나 그러한 노동처럼 경험되는 노동 유형에 종사한다(서비스 업종, 섬유, 케이터링 등). 미국 경제에서 여성은 "최고의 보충 노동 저장고"가 되었다면서 이 움직임이 본질적으로 "임금도 형편없고 천하며 '보충적' 직업"으로 향하고 있다고 해리 브레이버만(Harry Braverman)은 주장한다.[주 73] 자본이 가사 노동에 대한 지배력을 확장하는 핵심적 방식의 하나는 이 중 어느 정도 비율을 '생산적 노동'에 투입하거나 다시 퇴출시킬지 규제하는 데 있다고 세콤브는 지적한다. "[자본은] 노동 인구와 산업 예비군의 관계를 구조화하는데, 주부는 이 산업 예비군 중에서 잠재적이면서도 자주 활성화되는 구성요소를 이룬다."[주 74] 양자 간의 비교를 너무 무리하게 밀어붙이려 하지 않더라도 다음 사항은 지적할 수 있다. (1) 여성과 흑인의 투쟁은 **부문별** 투쟁을 좀 더 일반적인 계급 투쟁과 정렬시키는 데서 심각한 전략의 문제점을 야기한다. (2) 이 점은 양자가 모두 구조적으로 지엽적인 위치를 차지한다는 사실과 관련이 있거나 '이중 구조'를 통한 자본주의적 착취와 관련되어 있다. 여기서 첫 번째는 계급 관계 내부의 **성적** 구분이고, 두 번째로는 계급 관계 내의 **인종적** 구분이다. (3) 양자의 관계를 푸는 열쇠는 각 층이 직접 **임금**을 수령하는가 아닌가 하는 문제가 아니다. 왜냐하면 나머지는 '무임금' 상태로 있는 반면, 각 층의 일정 비율은 언제든 고용 상태가 되어 '임금 수령층'이 되기 때문이다. (4) 핵심은 각 층이 **노동 예비군**으로 드나드는 움직임을 자본이 통제하는지와 관련되어 있다.

세콤브와 벌어진 논쟁에서 가사노동을 '생산적' 노동으로 간주하는 데 가장 강력하게 찬성하는 주장은 셀마 제임스(Selma James)와 마리아로사 달라 코스타(Mariarosa Dalla Costa)가 〈여성의 권력과 공동체 타도(The Power of Women and the Subversion of the Community)〉[주 75]에서 제기하였다. 두 사람이 보기에 "가사노동에 대한 임금"은 자본을 직접 겨냥한 전복적 잠재력을 지닌 여성주의 동원 전략이었다. 셀마 제임스의 〈섹스, 인종과 계급 (Sex, Race and Class)〉은 이 분석을 흑인 투쟁으로 확장한다.[주 76] 이전에 나온 소책자(〈여성의 권력과 공동체 타도〉)의 서론은 노동 거부의 전략적 가치를 강조해 그 주장의 핵심을 명쾌하게 표현했다.

> 자본주의 하의 가족은 … 본질적으로 *사회적 생산*의 … 중심이다. 이전에 이른바 마르크스주의자들은 자본주의 가족이란 자본주의를 위해 생산하지 않으며 사회적 생산의 일부가 아니라고 말했는데, 이는 결과적으로 여성의 잠재적인 *사회적 권력*을 부인한 셈이었다. 아니면 가정에 있는 여성은 사회적 권력을 보유할 수 없을 것이라 단정하는 바람에 가정의 여성도 생산을 했다는 점을 깨닫지 못한 것이다. 당신의 생산이 자본주의에게 핵심적인 것이라면, 생산을 거부하고 *노동*을 거부하는 것은 사회적 권력의 근본적인 수단이다.[주 77]

〈성, 인종과 계급〉에서 셀마 제임스는 이 주장을 확장해서 여성과 흑인 같은 집단이 수행한 투쟁이 어떻게 계급 투쟁 전체와 연관되는지에 관한 참신한 해석으로 발전시켰다. 이 주장은 본질적으로 **신분**(caste)과 **계급** 개념의 각색에 근거한다. "매뉴팩처는 노동 권력의 위계를 발전시키는데, 차등화된 임금 척도는 바로 여기에 상응한다"[주 78]라고 마르크스는 〈자본론〉에서 주장했다. 국제적 분업은 '노동 권력의 위계'에서 노동계급을 인종, 성, 국가, 세대 간 구분선을 따라 세분하고, 계급 전체에서의 위치와 무관하게 각 계급 부문을 이 '신분제' 내의 위치에 국한시켜 강조하는 방식에 이르게 된다고 셀마 제임스는 주장한다. "개별 노동자들은 전유되어 평생 한정된 기능을 부여받는다. … 위계의 온갖 업무는 태생적 자질과 후천적 능력에 따라 노동자들 사이에 배분된다"[주 79]라고 마르크스는 덧붙였다(물론 마르크스는 여기서 자본주의 발전의 초기 단계에 관해 쓰고 있었다. '현대적 산업'은 이와 **다른** 분업 구조를 포함한다고 마르크스는 주장했다. 셀마 제임스는 '노동력 위계' 개념을 자본주의 발전의 이처럼 더 후기 단계로 확장한 데 대해 이유를 밝히지는 않는다). 계급의 이러한 파편화 — 노동력의 위계 — 는 자본과 직면해서는 취약성을 드러낸다. 그러나 현재로서는 어떤 대안적인 '일반적' 계급 전략도 가능하지 않다고 주장은 이어진다(아마도 지금까지 가장 영향력있고 유력한 카리브 지역 마르크스주의자라 할 만한 C.L.R. 제임스는 레닌주의 형태의 어떤 전위 당도 그렇게 내부적으로 분열된 계급을 '대변한다'고 우길 수 없다고 강조했는데, 이 지점에서 셀마 제임스의 주장은 바로 제임스의 주장을 비슷하게 따르고 있다). 따라서 투쟁의 강조점은 (셀마 제임스 자신의 강조점과 보조를 맞추어) 각 계급 부문의 자발적인 자율 활동에 주어진다. **각 부문**은 먼저 자신의 '자율적 권력'이 실감될 수 있도록 해야 하고, 그 다음엔 "그 경험의 구체성을 활용해 계급과 계급 투쟁 자체를 재정의한다. … 우리가 보기에는 정체성 — 신분 — 이야말로 계급의 실체 자체다."[주 80] 오로지 각 부문의 자율적 투쟁을 통해서만 '계급 [전체의] 권력'이 체감될 수 있게 된다. 〈오늘의 인종〉[주 81]에서 이론적으로 개발한 이러한 논지는 영국의 행동파 흑인 집단 내부에서 가장 강력한 정치적 경향이 되었다. 이 주장은 투쟁 중인 흑인 집단의 자율성과 자율 활동을 전제로 삼으며, 흑인 실업자 사이에서 증가하는 '노동 거부'야말로 이 투쟁의 가장 중요한 주제라고 규정한다. 젊은 흑인의 높은 실업 수준은 여기서 의식적인 정치적 '노동 거부'의 일부로 재해석된다. 이 노동 거부는 자본을 공격한다는 점에서 중요하다. 이 현상은 이 계급 부문이 이미 생산적 노동에 종사하는 이들과 경쟁 관계에 들어가길 거부한다는 뜻이다. 그러므로 이 전략은 '노동 예비군'의 전통적 역할을, 즉 기존 노동 종사자의 협상력을 파괴하거나 약화시키는 데 사용되는 도구로서의 역할을 **거부한다**. 따라서 노동 거부는 "이주민 노동력에서 최대한의 잉여가치를 추출하려는 자본의 계획을 무너뜨렸다."[주 82] 주로 이 '일자리 없는' 계급 층위를 겨냥한 경찰 활동은 무임금층을 다시 임금노동자로 끌어오려는 시도로 정의된다. '무임금층'을 지리멸렬하고 무규율 상태인 전통적 '룸펜 프롤레타리아'와 동일시해서는 안 된다. 이 거짓된 동일시가 발생하는 이유는 오직 흑인 노동계급을 오로지 영국 자본과 관련지어서만 이해하기 때문이다. 그러나 사실 흑인 노동은 또한 카리브 지역에서

'식민지적' 자본 형태에 대항해 결속된 사회적 세력으로 이미 발전한 계
급으로 간주할 때에만 역사적으로 적절하게 이해할 수 있다. 식민지 배경
에서 '무임금성'은 이 집단의 핵심 전략 중 하나였다. 이 무임금 부문이
중심부 '집단 거류지'에서 상호 부조적인 제도적 연결망과 문화를 재구성
했다는 사실은 놀랍지 않다. 마지막으로 젊은 제2세대 흑인의 "실업자 계
급 진입은 숫자 증가뿐 아니라 계급 구성에서 질적인 변화도 나타낸다."
이 새로운 세대는 이제 '무임금성'을 통한 투쟁에 새로운 자신감과 대담
성을 불어넣고 있다.[주 83]

    여성권력집단(Power of Women Collective)의 소책자 〈노동만 하고 임금
은 없다(All Work and No Pay)〉[주 84]는 셀마 제임스의 〈성, 인종과 계급〉에서
원래 구상한 입장을 더 확장하고 발전시켰다. 여기서는 흥미롭고 관련성
높은 논의를 추가하긴 했지만 '노동력의 위계'에 관한 원래 주장을 되풀
이한다. 이제 가사노동의 무임금성은 이 노동이 자본주의 상품 생산으로서
갖는 실제 성격을 은폐하며, 남성 노동자에게 지불되는 '가족 임금'은 남
성에 대한 여성 노동력의 종속성을 구조화한다는 주장이 제시된다. 그리고
는 이 지불 방식을 '임금의 가부장제'라 부르면서 그 산물의 하나가 성차
별주의(sexism)라고 본다. 이와 비슷한 유추에 근거해 보자면 백인 노동계
급에 비해 흑인 노동 전반의 구조적으로 차별화된 위치는 비슷하게 구조
화된 종속의 한 형태로 파악할 수 있다. 이 종속 형태의 산물 중 하나가
인종주의이며 신조어를 사용하자면 '임금 관계의 인종주의'라 할 수 있다
(그러나 여성 노동과 가내 노동의 분석이 생산과 이데올로기, 구조와 상부구조 사이의 아
주 직접적인 동질성, 혹은 완벽한 상동관계를 가정한 채 이루어질 수 있는지 의문을 제기
한 바바라 테일러Barbara Taylor의 예리한 비판을 보라.[주 85] 이 점은 또한 알릭 캠브리지Alrick
Cambridge와 세실 거츠모어Cecil Gutsmore가 〈흑인 해방자〉에서 〈오늘의 인종〉을 겨냥해 전개한
비판 요지 중 하나다).

    〈오늘의 인종〉의 입장에서는 중심부 자본주의 발전의 현 단계에 관해
완전하게 이론화된 설명이 아직 존재하지 않는 것은 사실이나, 흑인의 위
상에 관한 이들의 분석에서 일부는 현대 이탈리아 마르크스주의 이론에서

한 가지 중요한 흐름이 발전시킨 논의(때때로 '이탈리아학파'라 불리는 논의)[주 86]
와 아주 비슷하다. 아주 조잡하긴 하지만 이 경향은 현재의 자본주의 발
전 단계를 마르크스가 〈자본론〉 제3권에서 규정한 대로 '사회적 자본'으
로 본다. 사회적 자본이란 방대하게 확장된 재생산 과정에 근거해 '수많
은 자본'을 하나의 자본으로 포섭하는 현상을 포함한다. **사유** 재산으로서
의 자본은 점진적으로 폐지되고 축적 과정의 사회화가 달성되며 전 사회
가 자본을 위한 일종의 '사회적 공장'으로 변형된다. 이 단계에서 국가는
점진적으로 사회적 자본과 동의어처럼─사회적 자본의 '사고하는 머리'
가─되고 지금까지 어느 정도는 자본 자체가 책임지던 통합, 조화, 합리
화, 억압의 기능을 떠맡는다. 이처럼 대대적인─국제적 규모에 걸친─
자본 집중은 프롤레타리아의 점진적인─이것 역시 국제적 규모로─집
중과 대량화와 동시에 전개된다. 자본의 유기적 구성이 커질수록 노동자
의 '프롤레타리아화'도 심화한다. '사회적 자본'의 노선을 지향하는 자본
의 재구성은 주로 세 가지 요인에 의해 달성되었다. 즉 생산에 '포드주의'
기술을 적용해 노동과정의 재조직화, 경제적 관리에서 케인즈주의 혁명,
사회민주주의와 개혁주의를 통해 노동계급의 조직화된 기구 '통합'이다.
그러므로 자본의 재구성은 다시 노동계급 '재구성'도 낳았다. 노동계급을
점진적으로 탈숙련화하고 대량화한 생산 과정으로 포섭하는 경향은 '대중
노동자' 조성으로 나아가고 있다. 선진화한 생산 양식 속에서 작업하긴
하지만 '대중 노동자'는 이전 단계 자본주의의 숙련 노동자가 아니라 글
자 그대로 파편화하고 자동화한 노동과정의 한 부분에서 다른 부분으로,
한 나라에서 다른 나라로 (유럽의 좀 더 선진화한 자본주의 국가에서 이주 노동자 사
용이 그 핵심적 사례다) 재배치될 수 있는 노동자에 불과하다. 계급의 이 '생
산적' 재구성에는 정치적 재구성도 따른다. 이전 단계에 속하던 낡은 계
급 투쟁의 습관적 관행과 조직은 해체되고, 계급 투쟁은 새로운 노동과정
의 착취에 직접 맞서 흔히 일선 '생산 지점'에서 새로운 형태의 강경한
저항으로 이어지는 경향이 있다. 그러므로 지금까지는 신디컬리즘의 성격
을 지닌다고 간주되던─'조직화된 자발성'에 근거한─수많은 직접적인

노동자 저항 형태는 이제 자본주의 축적과 생산의 새로운 조건과 정면으로 맞선 선진화된 투쟁 양식을 나타낸다. 이 '대중 노동자'는 마르크스가 말한 '추상적 노동자'의 구체적인 구현체다. 이 주장을 더 깊이 파고들지 않더라도 이 분석을 현대 영국 산업의 '선진화한' 부문에서 흑인 노동(그리고 다른 이주 '노동')의 구체적인 위치를 조명하는 데 어떻게 확장 적용할 수 있는지 즉시 간파할 수 있다. 또한—노동 거부처럼—'직접적인 저항' 형태가 노동계급의 주변 부문이 아니라 핵심 부문의 계급 투쟁 형태로서 어떻게 아주 다른 의미와 전략적 위치를 갖게 될 수 있는지도 알 수 있다.

　이 지점에서 〈흑인 해방자〉 편집진이 흑인 노동과 흑인 무임금층의 위치에 관해 제시한 전혀 다른 분석을 다시 살펴보면 유익한 점이 많을 것이다. 캠브리지와 거츠모어는 〈오늘의 인종〉의 입장에 비판적인데, 이들이 전개한 비판의 주 요지는 다음과 같다. 흑인 노동, 특히 흑인 청년층의 노동 거부는 실재 현상이지만 정치 투쟁이 아니라 이데올로기 투쟁에 해당한다. 노동 거부가 '자본을 [직접] 전복'하지는 않는다. 설혹 흑인이든 백인이든 전 노동계급이 고용된다 하더라도 자본에 의한 노동 착취율이 반드시 강화되지는 않기 때문이다. 그러므로 두 사람은 흑인 노동자를 좀 더 고전적인 관점대로 (특별하게 인종적으로 구분된 유형의) '노동 예비군'으로 파악했다. 이 노동자는 생산적이든 비생산적이든 자본의 수요와 리듬에 맞춰 활용된다. 흑인 노동자는 그 자체로서는 일반 노동계급의 흑인 **하위 프롤레타리아 층위**(sub-proletarian stratum)를 구성한다. 자본이 이들을 생산적으로 고용할 때에는 상대적으로 더 높은 수준의 잉여가치를 이들에게서 추출한다는 점에서 '과잉 착취'(over-exploit)하는 셈이다. 흑인 노동은 두 가지 다른 수준에서, 즉 흑인 노동자로서(과잉 착취), 인종적 소수파로서(인종주의) 착취와 억압을 당한다. 이 부문과 관련해 경찰의 기능은 계급 투쟁 조건을 **직접** 규제하고 노동계급을 임노동에 묶어두는 것이라는 주장은 (위에서 언급한 대로) 국가 (정치) 수준을 경제 수준으로 잘못 환원시키는 발상이라는 이유로 설득력이 없다. 이들이 채택한 입장은 가내 노동에 관한 세콤브의 주장과 직접, 명시적으로 조화를 이룬다.[주 87] 그리고 적어도 이 무임금층의 '노동 거부'를 완전히 성숙한 계급의 시각이 아니라 기껏해야 준 정치적인 저항으로 간주한다는 점에서 허스트의 주장과도 **일정 부분** 공통점을 갖고 있다.[주 88] 여기서 두 입장 사이에는 이론적 분석에서 중요한 차이가 있는데, 양자는―필연적으로―흑인 정치 투쟁의 발전에 적합한 전략을 놓고서도 전혀 다른 정치적 평가에 도달한다. 〈오늘의 인종〉의 입장은 흑인 투쟁 전개에서 자기 활성화적 역동성을 강조하고 흑인 무임금층은 분명히 이 투쟁에 핵심 지지 세력의 하나가 된다고 본다. 반면에 캠브리지와 거츠모어는 〈흑인 해방자〉에서 착취와 억압에 대항해 전개되는 흑인들의 산업과 공동체 수준의 투쟁을 지지하긴 하지만, 이 시점에서는 이 투쟁을 어쩔 수 없이 '경제주의'나 조합주의 형태로 규정할 수밖에 없다고 보았다.[주 89] 하지만 양자는 다양한 흑인 노동 부문이 '과잉 착취' 상태에 있다고 규정한다는 점에서는 의견이 일치한다. 양자 모두 흑인은 예컨대 허스트가 주장한 전통적인 룸펜 프롤레타리아 개념이나 성격과 달리[주 90] 인종적으로 구분되는 계급 층위를 이룬다고 분석한다.

마르크스가 룸펜을 "사회적 쓰레기이자 구 사회의 가장 낮은 층위가 폐기한 수동적으로 썩어가는 대중"[주 91]이라 불렀다는 사실은 기억날 것이다. 엥겔스는 룸펜을 다음과 같이 규정했다.

> 룸펜 프롤레타리아, 대도시에 둥지를 틀고 있고 모든 계급에서 타락한 요소로 된 이 쓰레기는 모든 잠재적 동맹 중에서는 최악이다. 이 어중이떠중이는 절대적으로 부패했을 뿐 아니라 절대적으로 뻔뻔스럽기까지 하다. … 이 악당들을 호위병으로 활용하거나 이들의 지지에 의존하는 모든 노동자 지도자는 이 행동만으로도 스스로 운동의 배신자임을 입증한다.[주 92]

이 묘사는 다커스 호우가 다음과 같이 제시한 그림과는 전혀 딴판이다.

그리고 이제 나는 구체적으로 실업자에 관해 이야기하고자 한다. 카리브 지역에서 실업자란 단지 굶주림과 총체적인 타락 속에서 매일 매일 떠돌아다닌다는 뜻이 아니다. 이는 절대로 사실이 아니다. 사람들이 그런 식으로 생각한다는 사실은 백인 좌파에게서 처음 들은 것 같다. 사람들이 실업자에 관해 이야기할 때는 스스로 노동계급 부문을 구성하지는 못하지만 어떤 식으로든 자체적인 투쟁을 수행하는 불쌍하고 짓밟히고 상처받은 인구를 지칭한다. 그래서 카리브에서 내가 말하는 실업자란 임금이나 어떤 부류든 공식적으로 임금은 받지 못하고 재산도 없지만 생동감 있고 강력한 사회 부문이다. 지금까지늘 그랬다. 문화적으로 스틸 밴드(steel band),17 칼립소(Calypso),18 레게는 그 인구 부문에서 왔다. 카리브 지역에서 그나마 있는 *국민적* 문화는 그 인구 부문의 생동감에서 유래했다.[주 93]

이 계급 부문은 전형적으로 '협잡질'에 기대어 생존을 이어가는데, 호우는 이를 무임금 세계에서 으레 범죄에 의존하지 **않고** 생존방안을 '별충'하는 행위로 묘사한다. 노동이라는 굴욕의 회피를 적극적으로 강조하고 그러한 행동에 의해 계급 **규율을 유지하는** 방식을 취한다는 점에서도 똑같은 생동감이 드러난다.

내가 보기에 소수자는 강도나 절도 같은 따위의 의미에서 범죄라 불리는 행동을 수행하고 있을거요. 그 때 일반적으로는 어떻게 해서든 전 사회적 퍼스낼리티가 작은 임금 몫을 버는 데 쓸 만한 기술을 개발해내지요. 갱 두목으로서 물리적 힘이나 아니면 머리를 쓰든지요. 그래서 그 노동계급 부문은 '협잡질'이라 불리는 그 일반적 용어와 형식에 의해 규율이 잡혀요. 자메이카의 마리화나 같은 거죠. 내 생각엔 마리화나는 그러한 의미에서는 범죄가 아니에요. 모두 방식은 다르지만 내가 보기에 일종의 굴욕이 따르지 않는 식으로 생계를 이어간다는 거죠.[주 94]

---

17 스틸 밴드는 카리브 연안 트리니다드에서 유행한 집단 연주 음악을 말하는데, 주로 냄비나 드럼통 등 금속 타악기를 활용해 연주한다. — 역주
18 칼립소는 카리브 연안 앤틸리스 제도의 트리니다드에서 발생한 음악으로 인근의 자메이카, 바베이도스 등지에서 널리 유행했다. 주로 풍자적인 노래 형식을 띤다. — 역주

이러한 수단에 의한 생존은 **정치적** 자각을 낳는다. 트리니다드 수상과 경찰청장이 가장 치열했던 지역 갱 전쟁 중 하나를 종결짓기 위해 개입한 일을 언급하고, 충돌보다는 갱에 대한 '설득'으로 이 과업을 해낼 필요가 있다고 강조하면서 호우는 이렇게 말한다.

> 노동계급의 그 부문은 대체로 민족주의 운동이나 민족주의 운동 아프리카 부문의 군사 조직이었기 때문에 [정부가] 정면충돌을 선택할 수는 없었다. 그래서 인도인들이 아프리카 정치 지도자를 집회 같은 데서 총기로 공격하려 할 때 우리는 아프리카 부문의 군사 조직을 꾸렸다. 그래서 그들은 늘 우리 비위를 맞추어야 했다. 그래서 전쟁을 끝내기 위해 수상까지 나서 갱 지도자와 경찰과 협상을 한다. 그 계급은 그 지점에서 이제 가공할 만한 권력을 지닌 부분임을 스스로 자각하기 시작하고, 그래서 우리는 실업 문제를 제기하기 시작한다.[주 95]

일반 고등학교 졸업장를 가진 젊은이들이 꾸준히 무임금층 반열에 흘러 들어간 덕분에 계급 구성도 많이 바뀌었다. (대개 실업자로 구성된) 군대가 1970년 트리니다드 정치 위기 동안 대중 시위 진압 명령을 거부한 데서도 이 변화는 드러난다.

> 그래서 이 노동계급 부문은 자본제 생산 바로 그 메커니즘에 의해 규율화, 조직화, 통일되지는 않았지만 협잡질을 통해 필연적으로 결집되고 사회화되었기에, 어떤 일종의 준 규율화된 방식으로 사회에 개입하고 군을 저지하며 노동계급이 무대에 오를 여지를 마련해줄 수 있었다.[주 96]

물론 호우는 그처럼 단순한 정치적 병행관계를 제시하는 위험성을 인식하면서도, 트리니다드 무임금층의 이렇게 호명된 역사가 영국 상황을 이해하는 데에도 직접 관련성이 있다고 주장한다. 더구나 이 계급 부문이 부정적 경향을 보인다는 사실을 (예컨대 범죄 분자는 경찰 끄나풀에서 대다수를 차지한다) 부인하지 않는데도 그렇다. 그러나 이 경향은 계급 전체에도 존재하며 무임금층에만 특수한 사항이 아니라는 주장도 덧붙인다. 이 흑인 무임금층 개념은 〈흑인 해방자〉 편집자들이 제시하는 개념과 큰 차이가 있다. 이 편집자들은 흑인 프롤레타리아 **전체**를 **하위 프롤레타리아**로 파악해야 마땅하다고 본다. **과잉 착취**와 **인종적 억압**이라는 두 가지 구체적 메커니즘의 대상이 되는 노동계급 층위라는 것이다.

> 이 구체적인 메커니즘들이 *상호 결합해* 작동하는 방식을 보면, *착취율* ― 즉 과잉 착취 ― 이 하위 프롤레타리아에서 특히 높게 나타나는 식으로 이 메커니즘은 *잉여가치* 추출의 재생산 과정에서 보편적으로 작동한다. 그리고 실업자 군 내에서도 흑인 대중은 *노동 예비군*에서 압도적으로 높은 비율을 차지하는 양상이 보인다. 흑인 대중의 계급 투쟁은 *인종적 억압*과 *문화 제국주의*에 대항하면서 구체적으로 토착 백인 노동계급은 실행하지 않는 저항 형태를 결합한 양상을 띤다.[주 97]

"중심부 경제에서 흑인 노동자에게 특유하게 작동한다고 규정된 잉여가치 추출 방식은 아직 연구가 더 필요하다"라고 캠브리지는 덧붙여 주장한다. 하지만 그는 **노동 예비군** 개념과 더불어 실업자 중에서도 흑인 대중이 압도적 부분을 차지한다는 사실에 주목하면서 〈오늘의 인종〉의 '무임금층' 관련 주장과 단호하게 결별하게 된다. 캠브리지는 예비군을 이렇게 정의한다.

> 자본 축적은 노동계급의 잉여 노동에 의해 조성된 *자본제 생산양식*에게 생명의 원천일 뿐 아니라 *생산 조건의 확장된 재생산*에도 핵심적이다. 그 자본 축적과 더불어 자본의 착취 수단(고용)뿐 아니라 자본 자신의 가처분성(실업)의 재생산도 진행된다. *자본제 생산 양식*의 재생산은 끊임없이 새로운 시장을 발견해내는 데 의존하며, 생산의 비생산적 부문은 사라져야 한다. 이 관계에서 자본주의는 이중적 수요를 갖고 있다. 한편으로는 생산 규모에 차질을 주지 않고 대규모 생산적 노동자를 결정적인 생산 지점에 투입할 수 있도록 항상 착취에 가동할 대규모 노동력을 필요로 한다. 다른 한편으로는 착취가 더 이상 이윤을 낳지 않을 때 이 노동자를 처분할 필요가 있다. 그러므로 자본제

생산은 노동력의 일부를 '*실업자*'와 '*저고용되고*' 처분 가능한 '산업 노동 예
비군'으로 끊임없이 전환하는 데 의존한다. 제국주의가 지배하는 세계 경제에
서 실업이 존재하는 곳에서는 *흑인 대중*이 노동의 이 산업 예비군에서 상당
한 부문을 이룬다. 하지만 중앙 집중화된 자본의 맥락에서 노동 생산성이 증
가함에 따라 그러한 노동 예비군은 생산에 더 이상 활용되지 않을 가능성이
점차 커진다.[주 98]

이제 이 입장들을 나란히 놓고 보면 일부 분석적 난점이 전면적으로
드러나기 시작한다. 특히 이 입장들은 모두 마르크스주의의 틀 안에 자리
잡고 있음을 주목해야 한다. 마르크스와 엥겔스는 분명히 룸펜 프롤레타
리아와 '위험한 계급'을 '쓰레기'로, 즉 모든 계급의 타락한 요소로 간주
한다. 결속력 있는 계급만이 생산 체제 진입점에서 혁명적 투쟁을 수행할
수 있고 자본의 지배를 제한하고 격퇴할 수도 있을 것이다. 그런데 룸펜
프롤레타리아는 경제적 존재 양식에서 기생적 성격을 띠기에, 자신을 그
러한 결속력 있는 계급으로 연마하고 단련해줄 수 있는 생산적 노동의 틀
에서 벗어나 있다. 다커스 호우는 이 요소를 모든 계급의 찌꺼기와 침전
물이 아니라 노동계급에서 엄연한 한 부문으로 간주한다. 이 부문은 서인
도와 영국에서 **모두** 무임금성의 위치로 배치되었으며, 그러한 토대 위에
서 경제적, 정치적 측면에서 무임금 전략을 통해 자본에 심각한 타격을
입히고 그 목적을 '괴멸'시킬 수 있는 자생적 투쟁 수준을 발전시켰다. 이
러한 특징은 고전적 마르크스주의가 룸펜 프롤레타리아에 관해 기술한
내용과 의미가 완전히 다르다. 캠브리지와 거츠모어는 흑인 노동력 전체
를 프롤레타리아 중에서 **과잉 착취당한 층위**로 간주한다. 흑인 노동력은
거의 영구적으로 차지하는 위치가 구조적으로 백인 노동계급 아래에 있
다는 이유로 **하위 프롤레타리아**가 된다. 흑인 노동력에 대한 착취는 그렇
다면 인종적 착취와 억압에 의해 '중층 결정된다'. 이 하위 프롤레타리아
의 무임금층 부분은 마르크스와 엥겔스가 부여한 '룸펜'의 성격도, 〈오늘
의 인종〉이 예측한 전략적인 정치적 역할도 갖지 못한다. 고전적으로 표

현하자면 이 흑인 무임금층은 **현재로서는 자본이 고용할 수 없는 흑인 하위 프롤레타리아 부문**이다. 따라서 흑인 노동력은 '노동 예비군'이라는 고전적 기능을 수행한다. 그래서 임금 부문의 위상을 약화시키는 데 사용될 수도 있겠지만, 이들 자신의 무임금성은 자본에게 타격을 입히는 토대를 구성하기는커녕 자신들의 속박 상태를 보여주는 상징일 뿐이다.

이 주장들이 서로 차이를 보이는 주된 원천 중 하나는 자본주의 발전의 역사적 시기와 단계에서 이들이 참고하는 대상의 차이에서 유래한다. 마르크스와 엥겔스는 가내 노동에서 공장 노동으로 가는 이행기와 '고전적인' 자본주의 발전의 역사적 시기를 관찰하고 있었다. 농촌 인구의 공장 생산 중심지 유입, 공장 노동 규율 발전과 구 생산 체제 붕괴는 그 여파로 한편으로는 최초의 산업 프롤레타리아를 만들어냈고, 다른 한편으로는 임시구호 대상 빈민과 궁핍한 계급을 양산했다. 홉스봄과 루드의 연구에 의하면[주 99] 18세기 말 등장하는 윌크스(Wilkes),[19] '왕과 조국'(King and Country), 도시 '폭도'와 '군중'은 — 쇠퇴하는 업종의 숙련된 장인과 잡범들과 더불어 — 후자의 집단이 정치 무대에서 주도적 역할로 등장하는 마지막 사례다. 그 후에는 확실히 자본주의 체제의 이 인간적 폐기물 — 그 방대한 희생자 목록 — 은 오두막집과 대도시 밀집 지역에 축적되었고, 흔히 (홉스봄이 주장했듯이) 도시의 어떤 슬럼에서는 '노동계급'과 거주 지역이 중첩되기도 했지만 이미 그 역사적 중요성이 퇴조하고 있었다. 〈오늘의 인종〉과 〈흑인 해방자〉는 모두 분석을 자본주의의 그 **이후** 단계, 즉 레닌이 '제국주의'라는 제목하에 자본주의의 '고도의' — 그리고 희망컨대 최후의 — 단계로 규정한 독점 성장기의 설명에 근거한다. 레닌 명제의

---

19 존 윌크스(John Wilkes, 1725-1797)는 영국의 급진주의 정치인이자 정치적 언론인이다. 유권자의 권한을 옹호해 의회 개혁에 앞장섰고 출판인의 권리를 옹호하는 등 진보적 정치 이상을 위해 투쟁했다. 미국 독립전쟁에서도 식민지 주민의 입장을 지지했다. 미국 헌법에서 언론자유의 절대적 권리를 보장하게 된 것은 윌크스의 영향이 크다. 그래서 영국뿐 아니라 북미에서도 정치적 급진주의자들의 영웅처럼 통했다. 하지만 1780년 고든 폭동(Gordon Riots) 진압을 지휘한 사건 이후 급진주의자 사이에서 인기를 잃고 점차 보수화하게 된다. — 역주

주요 요지는 너무나 잘 알려져 있어 자세히 반복할 필요가 없을 것이다. 가령 생산의 점진적 집중, 경쟁이 독점으로 대체, 자본의 지배 분파 내에서 권력이 산업 자본에서 금융 자본으로 이동, 과잉생산과 과소소비의 위기 심화, 수익성 있는 자본 투자를 위해 해외 시장과 해외 판매처를 둘러싼 경쟁 격화 도래, 그리고 이에 따라 '제국주의 국가 간 경쟁'과 세계대전의 시기 등으로 요약할 수 있다.[주 100] 우리에게 중요한 부분은 레닌이 자본주의 발전의 이 새 단계가 프롤레타리아의 내부 구조와 구성에 미칠 것이라고 추정한 영향이다. 해외 투자와 글로벌 자본주의에 의한 배후지 착취를 통해 얻을 수 있는 훨씬 더 높은 이윤 덕분에 지배계급은 국내 프롤레타리아의 '상위' 층을 입막음하거나 매수할 수 있고 이들을 제국주의의 올가미 속에 포섭해서 그 혁명적 예봉을 꺾어버릴 수 있게 될 것이라고 레닌은 주장했다. 이 때문에 프롤레타리아 **내부에서는** '상층' 부문과 '하층' 부문 사이에 구분이 **더 뚜렷해질** 것이다. 이런 식으로 매수에 넘어가버린 층위를 위해 레닌이 고안한 용어가 바로 '노동 귀족'이었다. 이 때문에 영국 프롤레타리아 **전체**(상층과 하층)와 제국주의 연결망의 다른 극단에 있는 '과잉 착취당하는' 식민지 프롤레타리아 사이의 격차도 더 커질 것이라고 레닌은 믿었다. 프롤레타리아의 분파주의와 내부 분열을 설명하는 방안으로서 '노동 귀족'은 새로운 개념이 아니었다. 이 구절은 "적어도 19세기 중반부터 다른 프롤레타리아보다 임금도 더 높고 대우도 더 낫고 일반적으로 좀 더 '번듯'하고 정치적으로 온건한 어떤 두드러진 노동계급 층위를 기술하는 데 사용된 것으로 보인다"[주 101]라고 홉스봄은 지적한다. 사실 레닌은 엥겔스가 마르크스에게 보낸 편지(1858년 10월 7일) 귀절을 인용하면서 동의를 표했는데, 이 글에서 엥겔스는 이렇게 주장했다. "영국의 프롤레타리아는 실제로 점점 더 부르주아가 되어가고 있다. 모든 국가 중에서도 가장 부르주아적인 국가는 궁극적으로 부르주아와 **함께** 부르주아 귀족과 부르주아 프롤레타리아의 획득을 목표로 삼는 듯하다. 전 세계를 착취하는 나라에게 이 목표는 물론 어느 정도 납득이 간다."[주 102] 다음은 엥겔스의 역설적인 분개 속에 이미 포함되어 있는 내용이다. (a) 중심부 노동계급 내부에 새로운 내부적 계층화가 등장하고, (b) 제국주의 권력의 프롤레타리아는 경제적으로 식민지 프롤레타리의 과잉 착취에서 이익을 얻는다(그리고 지배계급은 정치적으로 이익을 얻는다)는 주장의 단초가 그렇다. 밑으로부터 보면 자본주의 체제의 글로벌한 틀 안에서 국내 프롤레타리아를 달래는 데 사용할 초이익을 생산하기 위해 과도하게 착취당한 식민지 프롤레타리아는 구조적으로는 **이미** 중심지 프롤레타리아의 **하위 프롤레타리아**다. 그렇다면 이후 단계에서 식민지 프롤레타리아 부문들이 중심부 일자리로 유입될 때 분파적으로 적절한 역할의 생산 관계 속으로, 즉 **내부화한** 하위 프롤레타리아로 편입된다는 사실은 전혀 놀랍지 않다. 이 흑인 하위계급이 역사적으로 중심부 백인 노동계급에게 늘 수행했던 종속적인 경제적 역할이 중심부에서도 재생산된다. 이 재생산은 부분적으로는 인종주의에 근거한 이데올로기적 구분을 통해 이루어지는데, 그 결과 예속을 이데올로기적으로 중심부 경제 내에서 재생산하고 그 예속을 노동계급 전체 내에서 '영구적인' 구분―혹은 신분―으로 정당화하게 된다. 그러나 이주 전 식민지 프롤레타리아가 구성되는 밑바닥 여건을 살펴보기 전까지는 전체 그림이 완성되지 않는다. 그리고 여기서는 물론 과잉 착취가 이루어지는 데 상시적이고 언뜻 **필요 조건**으로 보이는 '무임금성'의 여건이 존재한다.

　　현대 제3세계의 주요 특징 중 하나는 시골과 소도시 출신 이주자로 구성된 도시 인구의 폭발적 증가다. 이 이주민들은 만성적 실업이나 저고용 상태로 살기 때문에 직업 측면에서는 확정된 프롤레타리아가 아니며, 정착된 도시 노동자의 라이프스타일과 사고방식을 아직 흡수하지 않았다는 점에서 정치 문화 측면에서도 역시 그렇다. 인도와 중국 같은 나라들은 실로 압도적으로 농민 사회다. 그러나 아르헨티나, 칠레, 베네수엘라, 우루과이에서는 인구의 40%나 그 이상이 주민 수 20만 이상의 도시에 산다. … 매년 수천 명이 새로 빈민가, 슬럼가, 판자촌, 달동네 같은 곳으로 몰려들어 판지나 눌러 편 석유 드럼통, 낡은 포장용 상자로 얼기설기 숙소를 급조해서 산다. 이 사회 범주를 묘사하는 데 무슨 용어를 사용하든 상관없지만, 흔히 통용되면서도 대단히 모욕적이고 부정확하며 분석적으로도 모호한 마르크스주의 용어인 룸펜 프롤레타리아만은 폐기할 때가 되었다. '산업화 없는 도시화'의 이 희생자들의 특징을 규정하는 데는 '하위계급'(underclass)이나 *하위 프롤레타리아*'가 더 적절해 보인다.[주 103]

　　피터 워슬리(Peter Worsley)가 중요한 논문에서 묘사하는 대로 그러한 '하위계급'은 구성원이 정규적인 생산직 고용 상태에 있지 않기에 엄격한 측면에서는 '비생산적'일 수도 있다. 그러나 판자촌이 삶의 영구적이고 구조적인 특징인 제3세계에서는 이 계급을 어떤 다른 의미에서도 '주변적'으로 간주할 수 없다. 숫자도 많을뿐더러 계속 증가하기 때문이다. 이 계급의 경제 활동은 일시적이고 불안정하다 할지라도 전 사회에 핵심적인 중요성을 갖고 있다. 그리고 대개 규모도 아주 작고 때로는 거의 존재하지 않는 고전적인 의미의 도시 프롤레타리아와 비교해 이들의 큰 비중에 주목해야 한다. 포르투갈령 아프리카의 지도자인 아밀카 카브랄은 "뿌리없는 층" 내부의 **두** 범주에 관해—"시골에서 최근 도착한 젊은층"과 "거지, 부랑자, 매춘부 등"— 이야기하면서 후자의 범주에 관해서는 "만약 기니아에 제대로 된 프롤레타리아라 할 수 있는 집단이 존재했다면 [후자를] 우리의 룸펜 프롤레타리아로 손쉽게 규정하고 아무 어려움 없이 그렇게 부를 수도 있을 것이다"[주 104]라고 말했다. 정치적 역할에 관한 한 물론 일자리를 얻었다 잃었다 하면서 만성적으로 실업이거나 저고용 상태에 있고 영구적인 생존의 경계에서 무슨 수단을 써서든—올바른 수단, 불법적 수단, 그 중간—삶을 가까스로 이어가는 바로 이 도시 무산자 집단이야말로 "피식민 민중 중에서 가장 자생적이고 가장 급진적인 혁명 세력 중 하나"를 이룬다고 파농은 믿었다.[주 105] 농민과 더불어 이 집단이야말로 '대지의 버림받은 자들'(the wretched of the earth)이었다.

　　여기서는 흑인 노동계급의 성격과 위치, 그리고 이들에게 가능한 정치 투쟁 유형과 정치의식 형태를 이해하는 두 가지 언뜻 상반된 방식이 존재한다. 이 상반된 방식은 다음과 같이 요약할 수 있다. 만약 **무임금성**

을 점점 더 큰 비율의 흑인 노동이 처한 영구적이고 격화되는 여건으로
강조하면서도 중심부 영국의 맥락에 국한해서 다룬다면, 무임금층은 자본
에게 불필요한 존재로 빈곤의 나락에 떨어지면서 쇠퇴해가는 계급 분파
로 보이게 된다. 그렇다면 일찍이 마르크스와 엥겔스가 묘사한 고전적인
룸펜 프롤레타리아에 흑인 무임금층을 분석적으로 포함시키려는 유혹은
설득력이 있다. 〈오늘의 인종〉은 흑인 노동을 두 가지 '역사' 측면에서 재
정의하면서 이런 식의 분류와 결별한다. 첫째, 흑인 노동은 **카리브 지역**
노동의 일부이며 그 자체로도 원래 출신지인 카리브 노동계급의 투쟁사
와 특유한 여건에 핵심적인 부분이다. 둘째, 흑인 노동은 탈숙련되고 과
잉 착취당하는 '대중 노동자'로 중심부의 자본제 관계에 편입되는 경향이
있다. 말하자면 흑인 노동의 역사적 경계를 이런 식으로 재설정하기 때문
에 〈오늘의 인종〉 편집진은 — 두 가지 다른 맥락에서의 — '무임금성'을
수동적이기보다는 적극적 투쟁 형태로 재규정할 수 있게 된다. 즉 무임금
성은 '주변적인' 노동계급이 아니라 다수의 경험에 속하기에 문화적으로
나 이데올로기적으로 철저하게 **채워지고** 증폭될 수 있으며, 따라서 실행
가능한 계급 전략의 토대를 제공할 수 있는 위치라는 것이다. 이처럼 제3
세계와 '제1세계의 시각을 결합한 관점에서 보면 흑인 무임금층은 전통
적 룸펜의 '수동적이고 타락한 쓰레기'와 실로 아주 다른 존재가 된다.
〈흑인 해방자〉 역시 〈오늘의 인종〉처럼 카리브와 '제3세계' 정치에 관심
을 기울인다. 그렇지만 영국 내 흑인 노동의 위치를 주로 이주 노동력을
직접 흡수한 영국 자본의 현재 계급관계와 관련지어 분석한다. 말하자면
과거 '식민지' 자본의 메커니즘이라는 역사적 관점에서가 아니라 현재 국
면에서 영국 자본의 메커니즘이라는 구조적 관점에서 접근한다. 중요한
것은 흑인 노동이 어떻게 해서 중심부 자본의 영향하에 — 즉 하위 프롤레
타리아로 — 포섭되었는가, 그리고 이들과 자본 간의 관계는 어떻게 관리
되는가, 즉 '무임금성' 전략에 표현되는 문화적 투쟁의 관점이 아니라 좀
더 고전적인 노동 예비군의 메커니즘을 통해서 어떻게 관리되는가 하는
문제다.

　　투쟁의 **경제적** 실천 수준과 **정치적, 이데올로기적** 실천 수준이 흑인 노동에 미치는 결정성을 좀 더 세심하게 구분하는 것도 동일한 지형을 검토하는 또 다른 방안이 될 것이다. 이 시점에서는 이 주장을 더 자세히 논의할 수 없고, 여기서 발생하는 가능성만 간략히 소개하는 정도로 충분할 것이다.

　　어떤 시점에서 흑인 노동계급 무임금 부문의 규모를 결정하는 요인은 소수파가 '더 이상 거지같은 일자리를 수용하지 않겠다'고 작심하는 식의 정치적 전략보다는 마르크스가 분석했듯이 '노동 예비군'의 다양한 층위의 규모와 성격을 구조화하는 근본적인 경제적 리듬과 더 관련이 있다. 그렇지만 그러한 위치(경제적 계급관계)로 배정된 노동자들이 이 위치를 좀 더 적극적인 계급 투쟁 전략으로 (정치적, 이데올로기적으로) 발전시키는 일은 여전히 가능하다. 그렇다면 **정치적** 계급 투쟁 형태는 그 계급이 기본적으로 중심부로 이전하기 전에 갖고 있던 과거의 생존·저항 양식과 관련이 있게 될 것이다. 후자의 입장은 처음에는 그렇게 보일지 몰라도 그렇게 엄격하게 '기원의 역사'에 구속되지는 않는다. 왜냐하면 흑인 노동이 그러한 토대에서 이 부류의 정치 투쟁의 전개 가능성을 새로 조성하는 데는 **현재의** 정치적 요인이 작용할 가능성이 있기 때문이다. 다음 절에서는 현재 국면에서 중심부 자본과 맞선 정치 투쟁 형태를 결정하는 데 기여했을 수도 있는 일부 요인을 추적해본다. 다른 한편으로 이러한 유형의 설명은 '역사주의' 경향에 흐른다는 비판을 받을 가능성이 있다. 이 설명 방식은 **현재의** 투쟁 형태를 과거에서 유래하는 전통의 관점에서 설명한다. 이 시점에서는 오늘날 흑인 무임금층의 규모와 위치를 결정하는 데 근본적이고 한정적인 세력의 효과를 낳는 것으로 보이는 경제 메커니즘을 반드시 유념할 필요가 있다. 이 부분에서 우리는 노동 '예비군'에 관한 마르크스의 분석으로 다시 돌아간다. 마르크스가 보기에 매뉴팩처에서 자본이 '실질적으로 통제'하는 현대 산업으로 이행이 이루어지고난 후에야 비로소 노동의 산업 예비군('상대적 잉여 인구')은 자본 축적의 영구적 특징이 된다. 현대 산업에는 "산업 예비군 혹은 잉여 인구의 지속적인 형성,

크고 작은 흡수나 재형성"이 반드시 필요하다. 자본이 새로운 생산 영역
으로 진입하게 되면 "다른 영역의 생산 규모에 타격을 주지 않고도 결정
적 시점에 수많은 대중을 갑자기 폐기할 수 있는 가능성이 확보되어야 한
다."[주 106] 따라서 자본주의는 처분 가능한 노동 예비군을 필요로 할 뿐
아니라 그 규모와 성격도 지배하려고 시도했다. 즉 자본 축적에 맞춰서
생산에 투입하거나 실업으로 퇴출시키는 비율도 통제하려 했다. 따라서
마르크스가 보기에 예비군 문제는 자본제 축적 주기와 핵심적으로 연계
되어 있었다. '산' 노동에 비해 '죽은' 노동의 (노동자에 비해 기계의) 비율이
증가함에 따라 자본이 필요한 대로 그리고 필요할 때에 다른 곳에서 활용
하도록 임금 노동력의 일정 부문을 '풀어주었다'. 따라서 예비군의 존재
는 고용 상태 노동력의 조건과 임금을 결정하는 데도 영향을 미쳤다. 예
비군이 많을 때에는 고용된 노동자도 더 낮은 임금을 수용할 수밖에 없었
다. 자신들이 대체용 노동자로 손쉽게 대체될 수 있을 것이기 때문이다.
'영구적인' 예비군의 존재는 그러므로 피고용인에게 경쟁적 효과를 미쳐
노동력이 자본에게 갖는 가치를 낮추는 경향이 있는 것으로 간주되었다.
예비군이 적으면 노동자는 더 높은 임금을 요구하기에 유리한 위치에 선
다. 그러나 그 결과 이윤과 자본 축적의 하락은 다시 노동자를 실업 상태
로 내몰고 이에 따라 예비군이 증가하고 임금 수준은 하락하거나 완만하
게 상승하는 결과로 이어진다.[주 107] 이 주기의 다양한 단계마다 자본은
자신만의 역동적 움직임을 통해 노동계급을 계속 구성하고 재구성한다.
이 경향이 다른 어떤 식으로든 반전되지 않는 한, 그러한 움직임에 필연
적인 특징으로 일정 수준의 실업은 생산된다. 여기서는 '노동력의 재구성'
관련 주장이 중요하다. 일시적으로 예비군으로 쫓겨난 임금층 부문이 반
드시 동일한 생산 부분에나 동일한 숙련도 수준에 재고용된다는 보장이
없기 때문이다. 그러므로 '탈숙련화'와 대체—한 노동 부문을 더 저렴한
부문으로 대체하는 것—는 예비군의 형성과 해체 과정에서 중심적인 측
면이다. 이 때문에 노동이 예비군에서 생산으로 유입될 때 "노동계급의
일부가 되는 노동의 출처는 어디인가 하는 질문이 제기된다". 반면에 "퇴

출의 경향은 고용 상태든 실업 상태든 노동자의 운명은 어떻게 될 것인가 하는 문제를 야기한다(예컨대 일부 노동자 집단의 주변화 경향)."[주 108]

사실 마르크스는 '예비군' 내부에서도 여러 다양한 층위를 구분했다. 이 중 **유동적**(floating) 층위는 생산 부문의 핵심 생산에서 추방되고 다시 유입되는 층위다. **잠재적**(latent) 층위는 주로 자본주의가 농업 경제로 진출하는 과정에서 대체되는 농업 생산 종사자다. **정체적**(stagnant) 층위는 '영구적으로' 비정규적으로 채용되는 사람들이다. 이 세 층은 모두 룸펜 프롤레타리아, 즉 '위험한 계급'과 구분되며, '**빈민**', 즉 "타락하고 초라한 자와 일할 수 없는 자 … 산업의 희생자"와도 구분된다. 빈민은 "현역 노동군의 병원이며 산업 예비군의 부담이다"[주 109]라고 마르크스는 덧붙였다. 앞으로 보게 되겠지만 이 메커니즘이 글로벌 체제로서의 자본주의 중심부뿐 아니라 주변적 축에서도 ― 즉 식민지 배후지에서 ― 작동해서는 안 된다는 본질적인 이유는 없다. 따라서 이제는 앞서 설명한 주장을 조금 수정해야 하겠다. 식민지 프롤레타리아의 실업자, 무임금층, 반고용층과 '주변화된' 부문의 규모와 중요성은 중심부의 상대와 다를 수는 있다. 그러나 식민지 자본과 관련해서 보자면 이 층의 형성 역시 당연히 마르크스가 〈자본론〉에서 핵심적 주장을 통해 제시한 부류의 리듬에 의해 지배된다.

실업자라는 산업 예비군은 생산적 '노동 군'의 규모만큼이나 자본 축적 법칙에 근본적인 부분이다. 그러나 전후 시기 서유럽 선진국에서는 적어도 최근까지는 고전적 형태로 실업자 집단을 유지하기 점차 어려워졌다. 여기서 되풀이 설명할 수는 없지만 ― 노동운동 자체의 점진적인 강세를 포함해 ― 복잡한 요인군의 결과 자본주의는 존립을 위해 지속적인 생산 확장과 토착 노동력의 '완전 고용'을 목표로 삼아야 했다. 이 점은 '예비군'의 필요성에 역행했다. 그러므로 대체용 '예비군'이 필요했다. 바로 자본주의의 주기적 운동에서 유래하던 실업이 당시 그랬던 것처럼 비용이 많이 들거나 정치적으로 금기시되지 않는 실업이 필요했다. 현대 자본주의는 두 가지 주된 '예비' 출처를 활용했는데, 바로 여성과 이주 노동이

었다. "서유럽 자본주의가 이 문제 해결책으로 채택한 방안이 남 유럽 저
개발 지역이나 제3세계 출신 이민 노동자의 고용이었다."[주 110] 이 대책은
늘 일부 역할을 했지만 (브레이버만에 의하면 미국 전후 경제에서 라틴 아메리카와
동양의 노동이 그랬듯이) 전후 여건에서는 이 사회의 경제 구조에서 **영구적인**
특징이 되었다. 이주 노동자는 이제 **현대 산업 예비군의 영속적인 토대를**
형성하고 있다. 생산 확장의 시기에는 카리브와 인도의 노동력이 흡수되
어 생산에 흘러들어갔다. 점차 경제 불황의 효과가 나타나기 시작하자 좀
더 억제적인 실천이 시행되어, 그 결과 '예비군'의 일부는 원래 있던 카리
브와 아시아 모국에 머물 수밖에 없게 됐다. 이제 경제 위기가 극에 달하
면 '예비군' 주기의 반대편 극단에 접어드는데, 바로 통제와 추방의 단계
다. 그 중간기에는 여성과 일부 남 유럽 노동이 이미 흑인 예비군을 '대
체'하기 시작했다. 1970년대에 이르면 '완전 고용'에 대한 정치적 공격이
정치적 장벽을 무너뜨렸고 '예비군' 층위의 재구성이 전속력으로 진행된
다. 영국의 도시 거리에서 일자리를 찾아서 어슬렁거리는 흑인 젊은이는
가장 최근의 그리고 가장 적나라한 신규 실업자들이다.

## ▍'대지의 버림 받은 자들'

　　지금까지 제국주의가 작동시킨 중심부 노동계급의 새로운 계층화에
서 시작해, 제국주의와 신제국주의를 통해 아주 이질적인 배치 양상을 갖
게 된 제3세계 식민지 사회의 노동력 층위 배치에 이르기까지 살펴보았
다. 이제는 식민지 노동력과 영국 흑인 노동계급 간의 연계 부분을 추가
로 살펴보아야겠다. 첫째는 흑인 노동계급 전체는 **두 가지** 다르면서도 서
로 교차하는 역사에―카리브 노동의 역사와 영국 노동계급의 역사―속
한다는 사실과 관련된 주제를 다뤄보기 위해서다. 한 가지 논지는 이 두
역사를 연계지어 보려는 시도에서 파생된다. 영국 자본의 확장 단계에서
끌려 들어온 흑인 노동이 불황의 결과 일시적으로 혹은 영구적으로 실업
상태로 내팽개쳐질 때, 이들은 백인 '예비군' 혹은 룸펜 프롤레타리아와

비슷해 보이면서도 **다른** 이전의 식민지 역사 측면에서 파악해야 더 적절할 생존 방식, 전망, 계급 투쟁 양식을 개발한다는 것이다. 따라서 계급의 이러한 '이중적 자리매김'이란 명제는 좀 더 자의식적인 계급 층위가 잠재적으로 취할 수 있는 정치와 궤도를 평가하는 방식까지도 새롭게 조명하게 해준다. 둘째, 제3세계와의 연계는 실업, 주변성과 **범죄 간의** 관계를 새로운 시각에서 조명하도록 해준다. 영국에서는 마르크스, 엥겔스 등이 '룸펜'으로 묘사한 부문과 실업 예비군으로 일시적으로 내몰린 생산적 노동 부문 간의 구분이 계속 뚜렷하게 유지될 수도 있다. 그러나 예를 들면 식민지 (아크라$^{Accra}$의 니마$^{Nima}$20에서) 하위 프롤레타리아에 관한 (물론 늘어나고는 있지만) 소수의 연구 중 하나에서 키스 하트(Keith Hart)는 심지어 '실업자'와 '저고용자'의 범주까지 아예 거부해버리고 그 대신 '공식적', '비공식적' 소득 기회로 파악하는 쪽을 택한다. 고용 노동자까지도 형편없는 소득을 벌충해야 하기 때문에 "대부, 겸업, 친지에게 빌붙기, 빚으로 생활하기, 도시 내 텃밭 경작, 범죄 등은 일상적인 경제 풍토에서 중심적인 특징이 된다"[주 111]라고 하트는 주장했다. 셋째, 파농이 주장한 이론처럼 식민지 경제의 '뿌리 없는' 빈곤층의 잠재적 정치적 역할과 의식에 관한 이론은 **중심부** 흑인의 부상하는 의식에 과거에 이미 큰 영향을 미쳤을 수도 있다. 예를 들면 영국에서 파농주의의 시각은 부분적으로는 아프리카 혁명을 통해서, 부분적으로는 미국 흑인 운동의 매개를 통해 영향을 미쳤다. 따라서 몇 가지 수준에서 볼 때 식민지 '하위계급'이나 룸펜 프롤레타리아 문제는 지금 영국에서 점차 주변적이거나 범죄자화한 형태로 나타나는 흑인 '하위계급'의 위치와 잠재적인 정치의식에 관한 어떤 논의에든 직접 관련이 된다. 식민지 도시의 뿌리 없는 빈곤층의 규모, 사회적 형세, 경제적 위치는 물론 같은 제3세계라도 지역마다 상당한 차이를 보일 것이다. 크리스 앨런(Chris Allan)은 유용한 요약성 글에서 식민지 도시 빈곤층의 전형적인 대규모 부문을 실업 상태에다 지위도 낮고, 다른 지배적

---

20 아프리카 가나의 도시 이름이다. — 역주

사회 집단과 거의 접촉이 없고, 한계성 경제적 존재로서의 삶을 영위하고, 대개 도시의 독특한 구역에 살며, 대체로 나머지 공동체에게 '사회적으로 버림받은 자' 취급을 받는 존재로 묘사한다.[주 112] 이 '버림받은 자' 내부에서도 앨런은 그 지위로 태어난 사람―'버림받은' 슬럼 구역에서 태어나 자란 '버림받은' 가족의 아이들―과 '버림받은 자가 되어가는' 과정을 거친 사람들을 구분한다. 그 다음엔 일자리를 잃고 영구적으로 혹은 반영구적으로 실업자가 된 사람과, 도시로 흘러온 이후 실제로 한번도 고용된 적이 없는 사람도 구분한다. 두 가지 범주에서 다수는 시골에서 온 내부 이주민(마르크스의 '예비군' 범주 중 하나)일 것이다. 두 부류의 버림받은 성인 집단은 수많은 임시직, 잡동사니 행상질 그리고 범죄로 끼니를 이어 갈 것이다. 아프리카의 경험을 언급하면서 앨런은 이렇게 쓰고 있다.

> 점차 사실이 되어가는 일이지만 어떤 종신 직업을 구하지 못한다면 이주민은 여러 군데 아는 곳과 줄줄이 접촉을 시도하게 될 것이다. 처음에는 친지, 그 다음에는 아는 사람에게 빌붙어서 살다 떠나기를 반복하다가 마침내 그 무리에서 어떤 사람의 도움도 받지 못하게 되고 오로지 기생적 직업으로 살아가야 한다. 간헐적인 잡동사니 행상, 세차, 경비, 구걸, 뚜쟁이짓, 매춘, 좀도둑질, 정치 지도자를 위한 궂은 일, 구두닦이, 병 세척, 짐꾼 등의 일을 하고 간혹 비숙련 노동을 하기도 한다.

이 직업 목록을 조금만 조정하면 예컨대 자메이카 서 킹스턴의 '버림받은 자들'의 구역에 즉시 적용할 수 있을 것이다. 이 집단에는 솔 텍스(Sol Tax)가 '푼돈 자본주의'(penny capitalism)라 부른 경제 활동에 연루된 임시 혹은 길거리 행상도 포함할 수 있을 것이다.[주 113] 앨런은 이 집단 전체의 이질성과 버림받은 자들의 다양한 존재 양식을 모두 강조한다.

> 실업자는 기피 대상이 되고 값싼 주거 지역으로 옮겨간다. 살기 위해 도둑질도 하고, 전업 범죄자가 될 수도 있으며, 그러다 도시의 좀 더 후미진 구역으로 주거를 옮긴다. 흑인은 일자리도 주거지도 구하기 어려우며, 어떤 경우든

대다수 사람에게 사회적으로나 심리적으로 버림받은 자 취급을 받는다. 그러
한 버림받은 자는 누구든 파농의 말을 빌리자면 "자살과 광기 사이를 맴도는
인간성의 가망없는 쓰레기"가 될 수도 있다.[주 114]

　　더 최근에 와서 라틴 아메리카 경제학자들은 영구적으로 '주변화된
노동력'의 성장을 연구하고 있다. 경제의 한 부문이 점차 국제 자본주의
시장에 적응해가는 동안, 다른 끝에 존재하는 상당히 대규모의 노동력 부
문은 경제의 '주변적 축'을 향해 내몰린다. 예를 들면 아니발 오브레곤
(Anibal Obregon)은 스스로 명확하게 "예비 잉여 인구"[주 115]라 이름 붙인 이
증가하는 층위의 위상을 살펴본다. 그러한 인구는 다시 마르크스의 구분
에 상응하는 몇 가지 형태로 존재한다고 오브레곤은 지적한다. 경제적 확
장과 수축 주기에 따라 고용 상태 진입과 퇴출을 거듭하는 '유동적' 부문
들이 있다. 농촌 노동자로서 고용에서 퇴출되거나 시골에서 일자리를 얻
을 수 없어 도시로 흘러 들어오는 층처럼 '잠재적'(latent) 부문도 있다. '간
헐적'(intermittent) 부문은 영구적이지만 부정기적인 고용 상태로서 예컨대
외주노동자가 이에 해당한다. 그 다음엔 '룸펜 프롤레타리아'나 거친 프
롤레타리아가 있는데, 이들은 흔히 방랑자, 매춘부, 범죄자로 구성된다.
그리고 빈민층은 완전히 실업 상태로서 어떤 수입원도 없고 영구적인 빈
곤 상태로밖에 살 수 없는 운명이다. 오브레곤은 나아가 자신이 검토한
특수한 환경에서는 (선진적이고 주도적인 자본주의 부문을 갖춘 라틴 아메리가 경제
상황에서는) 이 '잉여 인구'가 엄격히 말해 더 이상 '예비군'이 아니라고 주
장한다. 이 잉여 인구는 심지어 경제적 호황기가 다시 오더라도 재고용될
가능성이 없기 때문이다. 그러므로 이 잉여 인구는 여러 가지 측면에서
더 이상 자본에게 '지렛대' 구실을 하지 못한다.

　　다양한 '하위계급' 층위 사이의 내부적 구분이 뚜렷하게 정의되지 않
고 사회 유형마다 상당히 다르다 보니 룸펜 프롤레타리아라는 포괄적 이
름표가 붙는 경향이 있다는 사실 때문에 오히려 혼선이 빚어진다. 이렇게
해서 이 다양한 층위에는 마르크스와 엥겔스가 '룸펜'이라는 한 부문만을

위해 마련한 경멸적 기술이 따라붙는데, 이 용어는 19세기 중반 서유럽 산업 도시의 빈곤 계급이라는 아주 구체적인 역사적 환경 여건에서 따온 것이다. 이 때문에 용어를 수정하려는 시도가 나왔는데, 이는 마치 그 이론의 고전적 혹은 정통적 버전에 거스르는 것처럼 여겨졌다. 사실 이러한 수정은 경제적이라기보다는 정치적 성격의 것이다. 특히 1917년 이래로 혁명이 결코 '순수'하거나 고전적 형태를 띤 적이 없었다는 사실에서도 어느 정도는 수정의 필요성이 유래한다. 혁명적 투쟁의 장소가 유럽에서 제3세계로, 즉 서유럽과 엄청나게 다른 경제적, 계급적 구조를 갖춘 사회로 결정적으로 이동했다. 이 제3세계 상황에서는 산업 프롤레타리아가 상대적으로 미약하고 규모도 작을 뿐더러 때로는 아예 존재하지 않기도 한다. 그러므로 이 이동은 특히 사회 혁명보다는 민족주의가 지배하는 시기에는 피억압 계급과 '민족 부르주아' 간의 동맹 형태라는 성가신 문제를 전면에 부각했다(물론 이 구분은 결코 그리 명쾌하지 않다). 실천에서 이 질문에 대한 해답은 다양하게 나왔고 해답의 배경도 달랐다. 그러나 아시아든 라틴 아메리카든 아프리카든 각 해결책 형태는 어떤 분명히 '비마르크스주의적'이거나 수정주의적인 갈래를 포함한다. 중국은 민족주의 투쟁의 한 예를 보여주는데, 여기서는 그 과정에서 농민과 당, 적군이 주도해서 결국 군사적 승리로 귀결되는 사회 혁명을 달성했다. 중국은 또한 '모택동주의'의 이론적 정교화를 통해 객관적 조건과 대비되는 집단적, '주관적' 의지의 압도적 중요성을 강조하고 (반드시 프롤레타리아 당의 지도하에서) 농민 자체로서 농민이 핵심적 역할을 해야 한다고 강조한 구체적 사례였다. 여기에는 마오 자신이 낙오 분자(군인, 산적. 강도 등)라고 부른 집단을 혁명적 투쟁에 열렬히 영입한 조치도 포함되었다. 예를 들면 스튜어트 슈람(Stuart Schram)은 이렇게 언급한다.

　왕과 유안 일화[당과 군 간부를 '노동자화'하라는 중앙위원회 지침을 어기고 1928년 마오가 연합한 두 산적 두목을 지칭한다]는 사실 폭넓은 함의를 갖고 있다. 이 일화는 여전히 마오식 마르크스주의의 특징인, 객관적 요인보다는 인간의 의지에 대한 강조를 반영한다. 얼마 후 군에 극도로 높은 비율의 낙오분자가 존재한다는 사실을 언급하면서 유일한 해결책은 "이 요소에서 결정적인 변화가 발생할 수 있도록" 정치 훈련을 강화하는 것뿐이라고 마오는 단언했다.[주 116]

쿠바 사례에서는 피델 카스트로가 이끄는 혁명 지도부가 정치적, 군사적 전략의 교묘한 결합에 의해 순수한 유럽식 혁명 모델에서 추가로 '라틴화'한 일탈을 달성했다. 여기서 주 관심사는 수시로 바뀌는 소규모 게릴라 거점의 활용에 근거한 군사적 해결책이었는데, '위로부터'의 민족주의 혁명이 성공한 후에는 사회적 혁명에 도달하는 방식을 추구했다. 이 전략은 레지스 드브레이(Régis Debray) 같은 저술가들이 정교화한 것으로, 적어도 게바라가 볼리비아 정글에서 사망하는 시점까지는 라틴 아메리카에서 직접적으로 큰 영향력을 행사했다. 드브레이는 〈게릴라 전쟁(Guerilla Warfare)〉 서문에서 게바라가 이 소규모 거점 전략의 전제 조건을 어떻게 설명했는지 환기해준다.[주 117]

> 쿠바 혁명은 세 가지 점에서 라틴 아메리카 혁명 전략에 근본적으로 기여했다. 1. 대중 세력도 정규군과 **전쟁**에서 승리할 수 있다. 2. 혁명의 모든 조건이 충족될 때까지 늘 기다릴 필요는 없다. 봉기의 중심이 이 여건을 조성할 수 있다. 3. 저개발 상태의 아메리카에서 무장 투쟁의 지형은 기본적으로 시골이어야 한다.[주 118]

라틴 아메리카에서 무엇보다 정치적, 군사적 투쟁에 주로 참가할 계급 구성 측면에서 이 시나리오가 고전적 시나리오에 비해 얼마나 독특한지 보여주기 위해 이 전략의 성공과 실패, 그 전략이 봉쇄되면서 생겨난 재평가 내역을 일일이 추적할 필요는 없다.

하지만 알제리와 다른 아프리카 투쟁에 관해 쓴 파농의 '수정' 내용이야말로 우리의 관심사에 가장 잘 맞다. 파농은 식민지 억압 문제에 대한 (순수하게 군사적인 해법과 반대되는) **폭력적** 해법을 특히 강조했다. 왜냐하면 폭력의 실천은 개인적으로는 "토착민을 열등감과 좌절, 무력감에서" 해방시켜주고 "토착민에게 두려움을 없애주며 자존감도 회복해"줄 뿐 아니라 피식민지인 "전체를 하나로" 결집시켜주기 때문이다.[주 119] 파농은 비조직적인 표현 차원의 폭력이 아니라 "사회적 실천으로서의" 폭력을 전파한 사도라고 워슬리는 중요한 지적을 했다.[주 120] 우리와 좀 더 관련성이 높은 부분으로, 파농은 식민지 투쟁의 핵심 사회계급을 "이 나라에서 유일하게 자생적인 혁명 세력"인 농민과 "식민지 민중의 가장 자발적이고 급진적인 혁명 세력"인 룸펜 프롤레타리아로 지목했다.

> 봉기에서 도시의 선봉대는 바로 룸펜 프롤레타리아의 핵심인 이 인간 대중, 이 빈민가의 민중 내부에서 등장할 것이다. 왜냐하면 부족과 씨족에서 뿌리 뽑힌 굶주린 인간 군상인 룸펜 프롤레타리아는 식민지 민중 중에서 가장 자발적이고 가장 급진적으로 혁명적인 세력 중 하나를 이룬다. … 룸펜 프롤레타리아는 일단 구성되고 나면 도시의 '안전'을 위협하는 모든 세력을 이끌어내고 식민 지배의 핵심에 늘 존재하던 구제 불능의 쇠락, 부패의 기호가 된다. 그래서 뚜쟁이, 훌리건, 실업자, 잡범들은 배후의 선동만 받으면 강건한 노동자와 마찬가지로 해방 투쟁에 투신하게 된다.[주 121]

파농은 혁명적 민족주의자, 즉 '불법주의자'의 역할이 핵심적이라고 간주했다는 점도 유념할 필요가 있다. 이 민족주의자들은 개혁적 민족주의 정당에 환멸을 느끼고는 시골로 물러나 농민과 함께 하면서 그들에게서 배움을 얻고, 혁명적 연합 세력에서 전위 층위, 즉 "강력한 정치적 세력" 역할을 하게 된다.[주 122] 자발적 농민 봉기 그 자체만으로는 혁명 전쟁에서 승리할 수 없을 것이라는 점에는 파농도 수긍했다. "억압자들은 … 룸펜 프롤레타리아의 … 무지와 어리석음을 대단히 영리하게 활용할 것"[주 123] 이라는 점도 파악했다. 룸펜 프롤레타리아는 "배후에서 선동해야"한다고 파농은 말했다. 파농의 분석에서 룸펜 프롤레타리아는 분명히 아주 광범위하고 다소 불명확한 범주다. 그럼에도 불구하고 룸펜 프롤레타리아는 반동적일 수도 있지만 혁명적인 정치적 역할도 할 수 있다고 파농은 확신

했다. 알제리에서는 "도시 슬럼의 수만 명에 달하는 불만에 찬 하층 인구
가 무질서하고 가망 없고 탈정치화된 대중에서 혁명의 예비대로 변신했
는데",[주 124] 파농의 저술은 분명 이 알제리의 경험에서 출발해 일반화를
시도하고 있었다.

　　파농이 사망한 후 그의 명제는 상당한 비판을 받았다. 예를 들면 워
슬리는 카브랄이 룸펜 프롤레타리아와 낙오자 일반의 역할에 관해 내린
좀 더 냉정한 평가가 파농의 진단보다는 역사적으로 더 정확했다고 했는
데, 워슬리의 이 판단은 옳은 것 같다. 기니아의 구체적 여건에서 다양한
계급 층위의 정치적 역할을 결정하는 데 기여한 특수한 사회적, 문화적 요
인은 파농이 아니라 카브랄의 다음과 같은 진단이 가장 섬세하게 잘 읽어
낸 듯하다. "리마는 비사우(Bissau)가 아니고, 비사우는 캘커타가 아니다."
그렇지만 또한 특정한 의식 형태, 투쟁 양식, 혁명적 스펙트럼에서의 위
치 등은 어느 한 부문에 **영구적으로 귀속시킬** 수 없다는 점을 이 사례들은
드러낸다고 워슬리는 주장한다. "역사에서는 여성, 흑인, 프롤레타리아,
식민지 민중 등에 관해서도 비슷한 평가가 내려졌다." 룸펜 프롤레타리아
의 의식 형태는 기껏해야 조합적이거나 '공동체적'인 **경향을 보일** 것이긴
하지만, 슬럼의 삶은 사실 고도로 조직화되고 구조화된 존재 형태이지
"빈곤의 문화" 속에 사는 사람에게 조성된 "총체적인 사회 해체"는 아니
라는 사실을 워슬리는 환기해준다. 룸펜 프롤레타리아 사이에 존재하던
무력감의 악순환을 깨뜨리고 진정한 정치적 투쟁의 토대를 개발하기 위
해 조건, 조직, 리더십이 이들의 물질적 존재 양식에 개입한다면, 룸펜 프
롤레타리아 역시 이전과 다른 투쟁 양식으로 설득해 끌어**들일 수** 있다.
흔히 다른 근거에 기대 주장을 펴는 사람들은 주변적 계급이 주도하는 집
단 행동의 잠재력에 대해 좀 더 냉소적이었다.[주 125]

　　하지만 파농의 주장은 자신의 토착지인 알제리와 전혀 다른 곳에서
가장 큰 공감을 얻었다고 워슬리는 지적하는데, 특히 "파리와 베를린에서
는 직접 행동의 부활에서, 그리고 무엇보다 파농의 책이 수천 권씩 팔린
미국 흑인 게토에서" 그랬다. 백인 청년 혁명가들이 어떻게 파농주의의

시각을 '채택'하게 되었는지는 여기서 우리의 직접 관심사는 아니다. 테러리즘과 폭력을 혁명의 수단으로 활용하고 룸펜 프롤레타리아의 핵심적 역할을 강조하는 전략은 아나키즘의 어떤 역사적 전통 내부에서 중심적인 갈래를 이룬다. 이 아나키즘 사조는 1960년대와 1970년대에 서구 공산당이 혁명적이고 의회 외적인 극좌파 집단에 밀려나면서 전면으로 부상했다. 이 사조는 특히 학생 운동이 제3세계 혁명 투쟁과 이데올로기적으로 동일시하려는 경향에서도 유래했다. 그러나 여기서는 미국 **흑인** 운동 내부에서 파농주의를 채택해 응용하게 된 사실이 좀 더 직접적인 관련성이 있다. 첫째로는 영국을 포함해 모든 곳에서 흑인 의식 개발에 영향을 미쳤다는 점에서 그렇다. 둘째로는 파농주의는 식민지 사회와 투쟁 측면에서 시작된 정치 분석이 선진국 도시 자본주의 상황에 있는 흑인 소수파의 여건에도 적용, 이전 가능하다는 사실을 시사했기 때문이다. 미국 흑인 운동이 정점을 이루던 동안 흑인들 사이에서는 패권을 다투는 수많은 레토릭과 이데올로기가 늘 넘쳐 났다. 그러나 이러한 경쟁에도 불구하고 결정적인 변화는 민권 운동 단계의 개혁주의적이고 통합주의적 시각에서 벗어나 블랙 파워, 아프리카계 미국인의 문화 민족주의자, 무슬림, 그리고 (똑같은 방식으로 '분리주의'는 아니었지만) 블랙 팬더와 동일시되는 혁명적이고 분리주의적인 단계로 옮아간 것이다. 흑인 운동 내부의 이처럼 다양한 경향 중 다수에 공통된 핵심적 이데올로기 요소를 재구성해 보면 어떻게 아프리카의 환경에서 미국의 환경으로 이전이 시도되었는지, 말하자면 클리버의 룸펜 프롤레타리아가 파농의 룸펜에 어떻게 접목되었는지를 발견할 수 있다.

　　미국의 흑인 운동에게 아프리카와의 동일시는 흑인이자 아프리카계의 공통된 역사적 문화적 정체성의 재발견을 의미했다. 이는 동시에 저개발, 억압, 과잉 착취에 대한 재발견도 가져왔다. 미국 흑인 인구는 이 모든 것을 도시 흑인 게토에서 가장 뚜렷하게 발견할 수 있었다. 그러므로 이 흑인 게토는 단지 정태적으로 사회 해체가 진행되는 '자원 고갈 상태의 고립지대'로 더 이상 간주되지 않고 **내부 식민지**로 재구성되었다. 균등한 기회 확대를 통해 백인의 경제적, 사회적 체제로 통합한다는 발상은 제국주의 '중심지'에서 흑인 '식민지'21를 해방시키려는 투쟁에 비교할 때 이제 경험적으로 타당성이 부족해 보이게 되었다. 워슬리가 지적하듯이 이 내부 식민지는 사실 '제1세계' **내부**에 존재하는 제3세계의 일부로 파악되었다. 이리하여 '제3세계'라는 용어는 지리적 공간보다는 일련의 특유한 경제적, 사회적, 문화적 착취관계를 의미하게 되었다. '해방 전쟁을 고향으로 가져오기' 위한 전략을 개발하는 데는 다른 투쟁, 예컨대 베트남 전쟁이 좀 더 중요성을 띠게 되었을 수도 있다. 그러나 파농의 사상은 흑인 사이의 '식민지 멘털리티'를 분석하고, 이 멘털리티가 게토 문화 이해에 갖는 관련성을 찾아내며, 이 멘털리티 변혁을 제한적인 '권리'란 목표에서 좀 더 확장된 '해방'이란 혁명적 목표로 발전시키는 투쟁의 가능성으로 보는 명제를 제시했다는 점에서 매우 중요했다.

경제적 측면에서 미국의 흑인 인구는 더 광범위한 (백인) 노동계급 내부에서도 독특하면서 과잉 착취당하는 계급이다. 이 중 상당수는 언제든 직업 사다리에서 가장 낮은 단계로 충원되고, 상당수는 영구적으로 주변적 고용, 저고용, 혹은 실업 상태에 머무른다. 그러므로 흑인 정치는 결코 선진 산업의 전위만을 대상으로 가능하거나 생산 지점만을 중심으로 발전할 수가 없었다. 흑인 정치는 대상층에 대해 좀 더 '대중주의적' 접근 방식을 취하거나 **공동체** 기반으로 작동할 수밖에 없었다. 여기서 게토에 기반을 마련하고 실업자를 정치화하는 작업이야말로 핵심적이고 중요한 정치적 요인이 되었다. 예컨대 블랙 팬더는 광범위한 비분파주의적 강령에 기반을 두고 실업자를 투쟁에 동원하는 데 나섰는데, 이 전략은 무엇보다 집단 거류지 '협잡질'의 삶과 낭만적 일체감을 느끼기 때문이 아니라 실업자야말로 잠재적 지지 세력의 대표적 조건이자 경험이기 때문이었다. 블랙 팬더는 이 전형적인 오합지졸 같은 계급 층위에게 어느 정도 정치적 규율과 조직을 갖추게 하는 데 따르는 어려움을 철저하게 자각한 채 실업자층에게 다가갔다. 인종적 억압은 이 계급이 자신의 물질적, 문

---

21 여기서 'colony'는 집단 거류지이자 식민지라는 중의적인 뜻으로 해석할 수 있다. —역주

화적 삶의 조건을 경험하는 과정을 매개해주는 **유일한** 구체적 매개체였고, 그러므로 인종은 이 계급 층위의 자의식을 구성해낼 수 있는 중심적 양식이었다. 이 부문 전체에게는 삶을 구조화하는 특징으로서 인종이 중요하다는 사실은 결코 부인할 수가 없다. 실로 빈곤지원 계획(Poverty Programme) 시기 동안 일부 흑인들이 소중한 성과를 달성한 것은 분명하지만, 그 개혁 조치가 흑인 노동자의 구조적 빈곤을 개선하지 못했다는 사실은 인종이 흑인 억압의 핵심 구성요소로서 중심적 위치를 차지한다고 깨닫는 데에 긍정적으로 기여했음에 틀림없다.

　　그러나 블랙 팬더가 게토의 정치화에 착수하기 위해서는 게토의 주경제 활동인 협잡질에 대해 어떤 전략, 긍정적인 문화 정체성과 정치적 역할도 반드시 마련해야 했다. 협잡꾼은 인종주의와 실업이 결합해 나온 산물이었다. 그러나 협잡꾼은 그 구역의 젊은 흑인에게 얼마 되지 않은 긍정적 역할 모델, 즉 억압에 주눅들지 않고 저임금 빈곤 상태의 고난에 예속되지 않는 모델도 제시했다. 게토의 모든 사람이 협잡꾼인 것은 결코 아니었다. 그러나 협잡꾼의 이미지는 긍정적으로 **인증을 받았는데**, 이 점이 핵심적으로 중요한 사항이다(흡스봄의 '사회적 도적'을 전통적인 범죄자와 구분해준 것은 공동체 내에서 '인증된' 위치에 있다는 점이었다).[주 126] 휴이 뉴턴과 바비 실을 비롯해 블랙 팬더 지도부는 흑인 정치의 변혁을 도모하면서 저임금 노동, 협잡질, '민권'식 중간계급 정치와 문화적 민족주의의 분리주의에 대한 대안으로 혁명적인 흑인 정치 형태를 제시했다. 다시 말해 기존의 생존 전략에 아직도 집착하고 있던 흑인을 끌어들인다는 뜻이었다. 그러나 블랙 팬더가 채택한 해법은 흑인 아버지의 세계도 아니고 흑인 노동자의 세계도 아니라 최근 들어 깨어난 흑인 **형제**의 세계에 기반을 두었다. 변함없이 협잡꾼이기도 한 이 '형제'의 인증 받은 위력을 대체해 정치적 대안이 장악력을 구사하려면 이 대안은 '룸펜 정치'**이어야만 했다**. 비록 블랙 팬더가 이 시각을 대다수보다 더 진전시켰고 큰 성공을 거두긴 했지만, 이 시각은 블랙 팬더 당의 전술에만 국한되지는 않았다. 말콤 엑스, 엘드리지 클리버, 조지 잭슨이 협잡질과 범죄에서 개과천선한 것처럼 유명한 사례들은 무수하게 많은 다른 예 중에서 가장 널리 알려진 일부에 불과하다. 룸펜 정치란 우선 가장 직접적인 억압의 특징에 맞서 게토의 방어 공간 내에 저항을 조성한다는 뜻이었다. 이 전략은 흑인 행동가와 경찰 사이의 공개적인 전쟁으로 곧 바로 이어졌다. 게토 내에서 행사되던 '집단 거류지' 경찰 활동이라는 전통적 역할이 이 과정에서 정치적으로 부각됐다. 다른 혁명 투쟁에서 끌어온 사례들과 더불어 이 현상은 '무장 자기 방어'라는 보완적 전략을 낳는 데 기여했다. 구체적으로 팬더 구성원에게 이 방어는 단순히 자생적 폭력을 모험주의적으로 채택한다는 뜻은 아니었다. 오히려 경찰이 흑인 공동체에 가혹한 압력을 가하는 데 필요로 했던 것은 바로 이 자기 방어 조치였다. 이 전략은 **본보기성 작업**이기도 했다. 만일 자신의 힘을 행사하고 권리를 주장하며 "필요한 어떤 수단이든 행사해서" 자신을 지킬 각오를 한다면 가장 직접적인 억압 형태는 저지할 수 있을 것이라는 점을 공동체에게 과시하는 데 목적이 있었다. 식민지 예속의 멘털리티에 익숙해져 무력한 공동체를 이러한 방식으로 조직화되고 자의식이 강하며 적극적인 사회 세력으로 바꿔놓을 수 있을 것이다. 두 번째 전략은 활동을 공동체 자조에 근거하게 하려는 시도였다. 아울러 여기엔 두 가지 측면이 있었다. 하나는 공동체 내부에 초보적이나마 대안적인 사회적 토대를 마련하는 것이고, 다른 하나는 스스로 진정한 자율 활동 형태를 조직하고 통제하고 개발할 자질이 있다는 인식을 공동체에 심어주기 위한 것이다. 여기서 언급할 만한 중요한 사항은 블랙팬더 지도부 같은 집단의 전략이 두 가지 목적을 동시에 달성할 수 있도록 설계되었다는 점이다. 즉 한편으로는 게토 집단 거류지에 있는 대다수의 삶의 조건에 **뿌리 내리려는** 것이고, 다른 한편으로는 의식적인 정치 실천을 통해 이 여건을 **변혁하려는** 목적이었다. 이 두 가지 측면은 꼭 유념할 필요가 있다. 왜냐하면 최근에 와서 [유감스럽게도] 게토 사람들이 억압에 직면해 선택하는 그 어떤 행위이든 자동적으로 옹호하는 식의 더 단순한 시각과 이 시각을 동일시하는 사례도 나타났기 때문이다. 정치적 변혁의 적극적인 과정 없이도 흑인 대중이 택하는 생존 전략이라면 모두 정

치적 효과를 볼 수 있을 것이라고 팬더는 결코 믿지도 않았고 그렇게 주장한 적도 없다.[주 127]

흑인 운동의 좀 더 복잡한 정치에 비해 이 운동의 '무장 투쟁' 측면은 최근에서 와서 더 크게 주목을 끄는 경향이 있었다. 이는 부분적으로는 블랙 팬더와 다른 흑인 운동이 경찰과의 정면대결에서 말살되고 파괴된 이후 도시 테러리즘과 게릴라전이 서구 선진국 세계에서 투쟁 양식으로 더 널리 채택되었기 때문이다. 그러나 블랙 팬더 운동이 선진국 다른 부분의 흑인에게 미친 영향을 평가하는 데서 이 두 가지 다소 차별화된 경향을 혼동하면 이해에 도움이 되기보다는 방해가 된다. 물론 바비 실, 뉴턴과 클리버는 자신들이 혁명 투쟁에 관한 어떤 고전적인 처방과도 결별하고 있다는 사실을 완벽하게 깨달았다. '룸펜 프롤레타리아'라는 이름표를 적극적으로 환영한 클리버의 저술을 보면 이 점은 분명해진다. 아니면 실의 글에서는 "룸펜 프롤레타리아인 아프리카계 미국인이 블랙 팬더 당의 이데올로기를 만들어내는 것을 마르크스와 엥겔스가 목격한다면 아마 무덤 속에서 돌아누울 것"[주 128]이라고 언급한 적이 있다. 이 블랙 팬더 지도자들은 산업 자본주의 중심부에서 이러한 흑인 정치 강령을 마련하려면 여러 복잡한 갈래와 문화적 영향 요인을 정교하게 짜 맞춰야 한다는 사실도 깨달았다. 바비 실은 다음과 같이 기록한다.

> 아내 아티가 남자아이를 출산했을 때 나는 이렇게 말했다. "이 깜둥이 녀석의 이름은 말릭 응크루마 스타골리 실(Malik Nkrumah Stagolee Seale)이다." 왜냐하면 스타골리는 잽싸게도 되바라진 나쁜 검둥이가 되어버려 아무도 그에게 함부로 대하지 못했기 때문이다. 이제 남은 것은 그를 말콤 엑스처럼 잘 키워서 정치적 의식을 갖도록 하는 일이다. … "감옥에서 나온 깜둥이 녀석 *뭐 좀 아네*"라고 휴이는 말하곤 했다. "감옥에서 나온 깜둥이는 인간을 적나라하게 확실히 목격했고, 감옥 출신은 정신만 똑 바로 차린다면 말콤 엑스가 출옥했을 때처럼 되어서 나올 거다. 그 녀석 걱정은 안 해도 돼. 당신과 함께 할거야." 그게 휴이가 한 말이고 나는 이렇게 말했다. "말콤처럼 말릭[말콤의 무슬림 이름은 엘 하지 말릭 샤바즈<sup>El Hajj Malik Shabazz</sup>였다] 응크루마, 스타골리 실."[주 129]

# ▌ 할렘에서 핸즈워스로: 고향으로 돌아가기

이 장에서는 '노상강도'의 사회적 내용을 탐구하고 이를 통해 흑인 투쟁과 관련해 그 투쟁의 '정치'에 관한 몇몇 질문을 제기하고자 했다. 우리의 목적은 확실한 해답을 제시하려는 것이 아니라, 설명의 구성요소로 보이는 사항들을 검토하고 이를 통해 정치적 판단의 토대를 살펴보는 데 있었다. 여기서는 단지 지금까지 주장이 전개된 경로를 요약 형태로 정리하고자 한다.

'노상강도'라는 이름이 붙은 범죄 행위 그리고 '노상강도'를 포괄하는 흑인 범죄 패턴은 단지 이 검토의 출발점에 해당할 뿐이다. 반드시 범죄 행위 **배후로 들어가** 흑인 범죄를 하나의 효과로 생산하는 여건을 살펴보아야 한다고 우리는 주장한다. 그래서 이 범죄 패턴과 가장 크게 관련된 사회 집단, 즉 흑인 청년에게 직접 영향을 미치는 구조를 간략히 검토했다. 흑인 청년은 하나의 계급 분파, 즉 연령과 세대에 의해 정의될 뿐 아니라 전후 흑인 이민사와 중심부 흑인 노동계급 구성사에서의 **위치**에 의해서도 정의되는 분파로 볼 때에만 제대로 이해할 수 있다. 그 다음에는 이 계급을 흑인 임금 노동자 계급으로 생산, 재생산하고 구체적 메커니즘을 통해 이들을 현대 중심부 자본주의 사회의 사회적, 경제적 관계 안에서 특정한 위치에 배치하는 구조를 짚어보았다. 그리고 이 구조를 '인종 차별적' 특징을 보이는 별개의 기관군이 아니라 **인종을 통해 작동하는** 서로 맞물린 구조군으로 정의했다. 교육 체제, 주거 시장, 직업 구조, 분업을 통한 계급 관계 재생산의 측면에서 규정되는 흑인 청년의 이 위치는 인종주의의 틀을 적용하지 않고서는 제대로 분석할 수가 없다. 인종주의는 단지 흑인이 접하게 되는 조직 구성원들의 차별적 태도가 아니다. 그보다는 한 세대에서 다음 세대로 인종 구속적인 장소와 위치에서 흑인 노동력을 '재생산하는' 구체적인 메커니즘이다. 이 복합적인 과정의 결과 흑인은 현대 자본주의의 계급관계 안에서 특정한 위치에 배치되는데, 이 위치는 (흑인 노동이 한 부분으로 속한) 노동계급에서 백인 노동계급과 대략 비숫하면서도 동시에 이들과 서로 다른 분절로 구분되어 차별화된다. 이러한 관점에서 볼 때 종족적 관계는 끊임없이 계급관계에 의해 중층결정되지만 양자는 단일한 구조로 통합할 수가 없다. 인종과 계급의 이 결합에서 유래하는 위치를 우리는 **이차성**의 위치라 불렀다. 앞서 두 장에서 규정한 현재의 위기 국면에서는 노동계급 전반의 위치가 압박을 받고 있다. 이 사회를 급진적으로 변혁할 수 없다면, 모든 핵심적 차원들 내에서 이 위치는 계속해서 악화할 것이다. 경제적으로 볼 때 이 계급은 위기의 비용과 해결 형태 모색의 부담을 져야할 수밖에 없을 뿐 아니라 점차 더 광범위한 실업 위험으로도 내몰리고 있다. 정치적으로는 이전 시기에 불균등한 개혁 과정을 거쳐 획득한 성과들이 근본적으로 흔들리거나 폐지되고 있다. 이데올로기적으로는 노동계급과 그 대표자 조직의 가장 진전된 위치가 헤게모니의 위기 상황에서 체계적인 이데올로기적 공격 대상이 된다. 이 공격은 강력한 대책과 반동적 정책을 강제하기에 유리하도록 이데올로기 지형을 '권위주의적 합의'로 바꿔놓는 것을 목표로 삼았다. 자본의 과정에 예속된 흑인 노동의 위치는 자본의 구체적 논리에 따라 악화하고 있고 더 빠르게 악화할 것이다. 범죄는 이 과정에서 나오는 한 가지 완벽하게 예측 가능하고 상당히 납득할 만한 결과일 뿐이다. 이 결과는 '의도한 것은 아니라' 할지라도 마치 낮이 가면 밤이 온다는 사실만큼이나 확실하게 구조가 작동하는 방식의 산물이다. 지금까지 제시한 설명이나 이론 수준에서는 아무런 문제점도 없다. 물론 전략과 투쟁이라는 가장 막중하고도 중요한 문제는 남아 **있다**. 즉 체제에게 억제와 통제의 문제를 제기하는 '이른바 흑인 범죄 증가률'은 흑인에게도 문제가 된다. 바로 계급의 상당히 큰 부분이 거의 영구적으로 **범죄자화하는** 것을 어떻게 막을 것인가 하는 문제다.

그런데 바로 여기서 문제가 시작된다. 왜냐하면 남성이든 여성이든 흑인 노동자를 하위 프롤레타리아로 재생산하는 구조가 인종을 통해 작동하는 것처럼, 이 구조에 대응해 모습을 드러내기 시작한 저항과 투쟁 형태 역시 — 자연스럽고 옳은 일이지만 — **인종과 관련된 형태로** 구체화하는 경향이 있기 때문이다. 다름 아니라 인종주의의 작동을 통해 흑인은 체제가 작동하는 방식을 파악하기 시작한다. 바로 구체적 종류의 '흑인 의식'을 통해 흑인은 자신의 계급적 위치를 수용하거나 '의식을 형성하게' 되며 거기에 대항해 조직화하고 '투쟁을 전개하게' 된다. 인종이 흑인 노동을 체제로 이어주는 통로라면, 또한 바로 이 회로를 거슬러 올라가면서 계급 투쟁과 저항 양식이 전개되기 시작할 수도 있다. '노상강도'를 포함해 흑인 범죄는 이 계급 저항과 '저항의식' 형태와 복잡하고 **모호한** 관계를 맺고 있다. 흑인 '집단 거류지'는 그 자체가 이전의 '이차성' 단계에 대한 대응으로 생겨난 방어 전략이었다. 이 거류지가 형성되는 역사를 살펴보면서 범죄, 준범죄, 의심스러운 거래, 협잡질이 흑인 공동체에서 적절한 생존양식으로 자리잡아가는 복잡한 과정을 보여주려고 하였다. 따라서 어떻게 지형과 연결망이 형성되고, 어떤 문화 전통이 정착되며, 이를 통해 '집단 거류지' 외부인에게는 소수파의 범죄 풍토로만 보이는 행위가 흑인 주민 전체의 생존과 융합되지는 않더라도 어떻게 떼놓을 수 없을 정도로 연계되는지도 보여주려 하였다. **범죄** 자체는 흑인 노동자가 직면한 문제점에 대한 해결책을 전혀 담고 있지 못하다는 사실은 너무나 명확하다. 비록 사회적, 경제적 착취에서 발생하긴 해도 결국에는 빈곤에 대한 공생적 적응에 불과한 범죄 종류는 무수하게 많다. 특히 그 계급적 위치가 범죄자와 거의 구분이 안 될 정도인 사람들을 범죄의 희생자로 삼는 상황에서 범죄 자체는 정치적 행위가 아니다. 심지어 꼭 '준정치적인' 행위라고도 할 수 없다. 그러나 어떤 상황에서는 대항적 계급 의식의 일부 측면을 표현하거나 그러한 표현으로 규정할 수 있게 된다. 범죄를 흑인 노동계급의 이차성 문제에 대한 해결책으로 찬양하지 않는다 하더라도 절망적인 흑인 청년 실업자 부문이 백인 피해자를 대상으로 감행하는 절도, 소매치기, 날치기, 폭력적 강탈 행위가 어떻게 해서 영구적인 배제의 경험에 대한 말 없는 대리 표현이 될 수가 있는지는 잠시만 생각해보면 깨달을 수 있다. 여기서는 표현되는 정치적 내용을 그 표현이 등장할 때 가끔씩 취하는 '범죄적' 형태로 환원시키지 않도록 유념할 필요가 있다.

　그렇다면 범죄와 흑인 청년 문제는 우리로 하여금 다시 전체 흑인 계급—흑인 하위 프롤레타리아—에 대한 검토로 일관되게 유도하는데, 물론 일시적으로든 영구적으로든 범죄에 가담한 사람들은 이 계급 중에서도 범죄자화한 일부에 불과하다. 이 흑인 노동계급의 위치를 어떻게 이해할 것인가? 범죄 문제를 이들의 투쟁 형태와 어떻게 관련지어서 볼 것인가?

　여기서 우리는 한 가지 매우 설득력 있는 해석과 마주치게 된다. 양자 간의 연계는 '범죄'라는 사실이 아니라 **무임금성**의 위치에 있다는 것이다. 범죄가 '표현'하면서 동시에 은폐하는 부분은 흑인 프롤레타리아의 무임금성이 증가하고 있다는 사실이다. 그러나 '무임금성'의 조건과 더불어 무임금성을 토대로 발생하거나 발생할 수도 있는 정치적 조직과 이데올로기적 의식 형태를 파악하는 데는 두 가지 방식이 존재한다. 한 가지 해석은 주로 '무임금성'에서 이미 자리 잡은 준정치적 의식의 존재를 읽어내는데, 바로 '노동 거부' 증가로 표현되는 새로운 대중 노동자—흔히 이주 노동자—의 의식이다. '노동을 거부'하는 사람들도 계속 생존해야 하기에 범죄는 '무임금층'에게 남은 극소수의 생존 양식 중 하나임에 분명하다. 그러나 이 점은 체제를 규정하는 주된 구조 중 하나를—즉 흑인 노동자를 탈숙련화된 노동자 반열에 체계적으로 배치하는 체제의 생산관계를—거부하는 행위로 드러난 적극적인 '이차성' 거부에 비해 부차적인 부분이다. 자본주의 체제가 흑인 노동자에게 제시하는 한정된 노동 기회에 대해 흑인들의 반감이 늘어나고 있다는 증거는 풍부하다. 이 경향은 거기에 필연적으로 따르기 마련인 인종주의 억압 형태에 기꺼이 저항하고 투쟁하며 거부하려는 의지가 강화되는 추세와 우연히 시기를 같이 했다는 점도 분명하다. 그러므로 이 해석은 현재 흑인 공동체에서 진행되는 불균등한 의식 변화의 물질적 토대를 '이해'하는 데 도움을 준다는 장점이 있다. 말하자면 이데올로기적, 정치적 수준의 사태 전개를 파악하는 데 도움이 된다는 뜻이다. 그러나 불황이 심화하면서 '노동을 거부하는' 흑인의 숫자는 당연히 더 늘어났는데, 이들은 마지못해 하는 일로 사실상 허세를 부리는 격이 되고 말았다. 젊은 흑인 학교 중퇴자가 거부할 만한 일자리는 거의 남아 있지 않다. 길거리의 협잡질 생활로 생존할 수 있다고 판단한 부문의 숫자가 커진 만큼이나, 기회를 주기만 한다면 기꺼이 일할 흑인 숫자도 **더 늘어났다**. 따라서 현재 계급 재생산이 전개되는 경제적 수준의 이해에 관한 한 '무임금성' 주장은 설득력이 약해 보인다. 한정된 경제적 투쟁 형태를 놓고 마치 자본과의 전면적인 경제적, 정치적, 이데올로기적 대결인 양 받아들이는 경향이 있다. 흑인 노동은 하나가 아니라 **두 가지** 교차하는 역사의 산물이라는 주장은 앞의 주장에 분명히 핵심적으로 중요한 사항을 추가했다. 중심부에서 흑인 이주 노동의 직접적인 포섭과 더불어 제국주의를 통해 식민지 흑인 프롤레타리아까지 전 세계적 규모의 자본에 확장 포섭하게 된 역사도 파악해야 한다. 이 주장은 영국 흑인 노동계급의 어떤 핵심적인 특징을 구체적으로 설명해준다. 그러나 **현재** 상황에서, 현재의 국면에서, 특히 이 계급의 경제적 관계 수준의 사회적 재생산을 지배하는 메커니즘은 무엇인지를 적절하게 설명해주지는 못한다.

이 수준에서는 대안적 설명이 더 큰 설명력을 지니는 것 같다. 이 설명은 흑인 노동을 인종적으로 구분된 상태로 중심부 자본주의 생산 관계에 편입하고, 이에 따라 이들이 백인 노동계급의 하위 프롤레타리아 위치에 놓이게 된 것을 현재 자본이 흑인 노동력을 착취하는 방식에서 중심적이고 대단히 중요한 특징이라고 본다. 이 구조적 위치는 자본과의 구조적 관계를 설명해줄 뿐 아니라 다른 프롤레타리아 부문과의 내부적으로 모순된 관계도 규명해준다. 따라서 증가하고 있는 '무임금성'의 여건을 자본 축적과 그 주기의 고전적 메커니즘, 즉 '노동의 산업 예비군' 구성이라는 측면에서 설명할 수 있다. 산업 부문이든 다른 부문이든 흑인 노동자가 전개하는 투쟁, 임금 계급 부문이든 '무임금층'이든 이 계급 부문이 벌이는 투쟁은 이 계급의 투쟁을 위한 결속력, 호전성과 역량 강화 측면에서 핵심적인 정치적, 이데올로기적 중요성을 갖는다. 그러나 이 위치에서 볼 때 이들은 경제적 수준에서는 중요성이 감소한다. 즉 '자본의 논리' 전체에 대항하기보다는 그 내부의 투쟁을 추구한다는 점에서 여전히 '조합주의적'

성격을 띠는 것은 분명하다. 그래서 여기서는 흑인 노동이 노동 예비군에서 수행하는 역할에 관한 질문들이 제기되었다. 가령 노동 예비군 형성에 대한 자본의 의존성 문제라든지 모든 선진 자본주의에서 — 흑인이든 남유럽인이든 북아프리카인이든 라틴 아메리카인이든 — '이주 노동'이 현재 수행하는 역할 문제가 있고, 주기의 현 시점에 생산적 노동에서 빠르게 퇴출되는, 즉 주변화하는 노동자의 위치에 관한 질문도 있다. 이 질문을 여러 가지 시각에서 검토해보면 자본은 다양한 층위를 착취할 **필요**가 있음을 입증할 수 있다. 여기에는 생산적 노동에 잔류하는 노동자뿐 아니라 생산에서 퇴출되어 실업 후 빈곤 상태에 빠지거나 거의 영구적인 '주변성'의 위치로 전락하는 노동자, 자본의 변덕스런 생산 주기에 다시 채용될 때에는 이차적 노동시장의 작동을 통해 흡수되는 층까지도 포함된다.

그런데 이 메커니즘에 체계적으로 악용되는 것처럼 보이는 — 자본주의 불황기에는 이주 노동자가 어디서든 존재하기 때문에 — 한 계급 분파의 전체 위상을 파악하는 데는 몇 가지 방안이 있는데, 이 중 하나는 전통적인 룸펜 프롤레타리아의 관점에서 보는 것이다. 이들이 주된 생존 방식으로 범죄와 위험한 길거리 생활에 점점 더 의존하고 있다는 사실을 감안하면 이러한 배치는 그럴듯해 보인다. 그러나 이들이 그 어떤 고전적이거나 유용한 의미에서도 룸펜 프롤레타리아가 아니라는 사실은 분명하게 입증할 수 있다. 이 층위는 자본과의 관계에서 룸펜의 위치도 의식도 역할도 갖고 있지 않다. 오히려 자본주의가 저발전시킨 식민 배후지의 룸펜 프롤레타리아에 더 가까울 수도 있다. 그렇지만 그 어떤 유의미한 측면에서도 이 집단 역시 전통적인 룸펜 프롤레타리아는 아니며, 그렇게 부른다면 식민지와 탈식민지 세계에서 자본의 근본적 메커니즘 중 일부를 호도하는 격이 될 것이다. 이 지역에서 '주변화된 노동'의 성장세, 규모, 위치는 소규모의 몰락 중이고 거의 기적적 소생이 필요할 정도로 절망적인 상황인 분파의 운명에만 국한되지 않으며, [모든 분파에] 공통되고 필연적이고 급속하게 확장되는 여건을 이룬다. 식민지 도시에서 이 층위는 마르크스가 말한 **잠재적** 예비군 층위, 즉 자본의 불균등한 부침에 의해 농업 노동에서 퇴출된 층과 정확히 일치한다. 이 부문과 전통적인 룸펜 프롤레타리아가 모두 부분적으로 범죄로 생계를 유지한다는 사실만으로는 중심부에서든 주변부에서든 이 층위가 자본과 어떤 관계를 **맺고 있는지** 확인하는 방안은 될 수 없다.

이처럼 좀 더 '고전적' 부류의 분석에서 발생하는 문제는 첫 번째 주장의 정반대다. 이 분석은 경제적 관계와 생산적 혹은 '비생산적' 관계 수준에서는 상당한 설명력을 갖추었다. 그러나 정치적, 문화적, 이데올로기적 수준에서의 현상을 충분히 설명해주지는 못한다. 영국에서 흑인 노동의 '무임금' 부문이 '예비군'의 유동적이거나 정체된 층위일 수는 있다. 그렇지만 이 층위의 전통을 이루는 정치 의식 형태를 보여주지는 않는다. 바로 이 지점에서 우리는 다시 한번 논지를 수정할 수밖에 없었다. 우리가 '대지의 버림받은 자'라 부른 층위와 이들의 현대 정치 투쟁사를 검토한 후, 이제 경제적 수준에서는 규명되고 어느 정도 '수정된' 상태에서 영국 흑인 사이에서 최근 전개된 일부 사태를 설명하는 데 도움이 될 만한 상황적 역사를 그림에 다시 끌어들이려 시도했다. 이러한 시도는 기껏해야 불명확한 역사 기술에 불과하니 해결책에 어느 정도 의미있는 기여를 한다손 치더라도 제기된 문제점에 대한 '해답'을 제시하지는 못한다. 이 투쟁의 가장 크고 가장 철저한 성공은 자본주의 중심부의 핵심에서 멀리 떨어진 곳에서 성취되었다. 이 투쟁은 가장 선진화된 자본주의 발전 형태에 가까운 곳에서 발생할수록 보여주는 정치적 가치가 줄어든다. 아프리카, 중국, 쿠바의 변혁은 그렇다고 치자. 미국 흑인 대중의 투쟁은 영웅적이었지만 그동안 이 투쟁이 변혁에 미친 영향력은 심각한 한계가 있었다. 이 사례가 중심부의 전투적인 흑인 청년 사이에서 전개되는 사태를 설명하는 데는 다소 도움이 된다고 해도 분명히 즉각적인 성공의 가능성은 전혀 제시하지 못한다. 심지어 미국의 사례와 비교할 때에도 여기서 이 투쟁이 갖고 있는 약점은, 지금까지 '범죄자' 의식을 정치적 의식으로 변화시키는 데 대체로 실패했다는 점만으로도 부분적으로나마 정확히 판단할 수 있을 것이다.

그렇다면 상황을 과장하지는 않더라도 우리에겐 분석이라는 어려운 문제가 남은 것 같다. 이론적으로 해박한 정치적 실천과 전략 개발이란 수준에 적절한 효과를 미칠 수 있는 분석말이다. 이 숙제는 흑인 노동계급과 관련해 사회구성체의 다양한 수준 간의, 즉 경제적, 정치적, 이데올로기 수준 간의 불연속성, 괴리, 불일치 문제다. 이 질문을 놓고 현재 널리 토론이 벌어지고 있지만, 그러한 이론적 이슈를 여기서 더 깊이 다룰 생각은 없다. 그보다는 이 논쟁의 실천적, 전략적, 정치적 결과를 지적하고자 한다. 직설적으로 표현하자면 흑인들은 구조의 모순을 겪는 당사자인데, 우리가 지금 직면한 문제는 이 구조에 **적합한** 흑인의 정치 투쟁 형태를 어떻게 개발할 것인가 하는 문제다. 이 정치적 난제를 여기서 해결할 수는 없다. 실로 이 책은 교본도 아닌데, 마치 이 전략과 투쟁 문제에 즉각적인 해결책을 제공할 수 있는 체 할 수는 없다. 이 문제는 지면으로 보다는 투쟁 속에서 해소해야할 일이라고 믿기 때문에, 우리는 이 질문에 직접 뛰어드는 일은 의도적으로 자제했다. 그럼에도 불구하고 우리의 주장이 어떤 측면을 부각하고 어떤 지형에서 해답을 구해야 할지 규명하는 데 도움이 되었기를 바란다.

하지만 이 절에서 제기한 이슈들을 새롭게 사고하기 시작할 때 준거로 삼아야 할 한 가지 차원이 있다. 이 장 앞부분에서 **인종**의 전략적, 구조적 위치를 강조했다는 점을 독자들은 기억할 것이다. 흑인 노동을 재생산하는 구조는 그냥 인종에 의해 채색된 것이 아니라고 우리는 주장했다. 이 구조는 인종을 통해서 작동한다. 자본주의의 생산관계가 사회구성체의 각 수준이나 ─ 경제적, 정치적, 이데올로기적 ─ 심급에서 각기 독특한 방식으로 계급을 접합하는 것으로 생각해볼 수 있다. 이 수준들은 자본주의 생산양식의 구조가 낳는 '효과'다. 수준들의 '상대적 자율성' ─ 수준들 간의 필연적 상응관계의 부재 ─ 에 관해서는 앞서 논의했다. 사회구성체의 각 '수준'은 각기 독립된 '재현 수단'을 필요로 하는데, 계급 구조화된 자본주의 생산양식은 이 수단을 통해서 경제적 계급 투쟁, 정치적 투쟁, 이데올로기적 투쟁 수준에서 '모습을 드러낸다'. 인종은 흑인 노동계급이 각 수준에서 **복합적으로 구성되는** 방식 자체에 내재한다. 인종은 남성이든 여성이든 흑인 노동이 경제적 실천 수준에서 경제 행위자로 분배되는 방식과 그 결과 발생하는 계급 투쟁에도 개입한다. 또한 흑인 노동계급 분파가 '정치 무대'에서 일련의 정치 세력으로 구성되는 방식과 그 결과인 정치 투쟁에도 개입한다. 나아가 그 계급이 부상하는 이데올로기와 의식 형태의 집단적, 개인적 '주체'로 접합되는 방식과 거기서 결과로 발생하는 이데올로기, 문화, 의식을 둘러싼 투쟁에도 개입한다. 이러한 이유로 인종과 **인종주의** 문제는 흑인 노동에 영향을 미치는 모든 관계와 실천에서 실천적으로나 이론적으로나 중심적인 위치를 차지하게 된다. 이 계급 분파를 계급으로 구성하는 방식, 그리고 그 계급을 규정하는 **계급 관계**는 **인종관계**로 기능한다. 양자는 서로 분리할 수가 없다. 인종은 계급이 생생히 체험되는 존재양식이다. 계급관계를 경험하게 해주는 매체이기도 하다. 인종이 어떤 침해를 즉시 치유하거나 간극을 메워줄 수는 없다. 그러나 전체 계급이 자신의 존재 조건과 맺는 관계가 이제는 인종에 의해 체계적으로 변형된다는 점에서 인종은 **전체 계급**에도 영향을 미친다. 인종은 몇몇 투쟁 양식도 결정한다. 투쟁이 변혁시키려 추구하는 구조에 비추어 투쟁의 **적합성**을 평가할 때 하나의 기준을 제공하기도 한다.

　　이 점은 우선 현재 '인종 구분선을 따라' 표현된 노동계급 내부의 내적 균열에 대해 사고하고 저항을 위해 조직화하는 방식에 영향을 미친다. 이 구분은 단순히 위로부터 강제된 것이 아니다. 설혹 자본에 도움이 된다고 해도 자본의 교묘한 속임수 중 하나는 아니다. 정교화되어 실천적 이데올로기로 변형되고 백인 노동계급의 '상식'화한다고 해도 백인 노동계급이 개별 인종주의자의 속임수에 넘어갔거나 인종주의 조직의 올가미에 걸려들었기 때문인 것은 아니다. 노동계급 의식을 인종주의 이데올로기의 구문론에 접합시키려 하는 사람들은 물론 이데올로기 수준의 투쟁에서 핵심적인 행위자로 적절한 효과를 본 사람들이다. 그러나 이들이 선택한 조치에 성공한 것은 악마를 불러내는 기술을 잘 썼기 때문이 아니라 실재 관계 위에서 실행하고 구조의 실재 효과로 작업했기 때문이다. 그러므로 인종주의는 '고통을 겪을' 수밖에 없는 흑인만의 문제는 아니다. 그 오점으로 감염될 수도 있는 백인 노동계급 분파나 계급 조직만의 문제도 아니다. 자유주의식 접종을 넉넉히 주입하면 치유될 수 있는 바이러스처럼 극복할 수 있는 것도 실로 아니다. 자본은 인종에 의해 구조화된 계급 전체를 재생산한다. 자본은 부분적으로는 내적 균열을 통해서 분열된 계급을 지배하는데, 그러한 내적 균열의 효과 중 하나가 '인종주의'다. 부분적으로는 자본이 계급 대표 조직을 인종 구속적이고 인종의 한계와 장애를 극복하지 못하는 전략과 투쟁에만 국한시키는 방식으로 그들을 억제하고 무력화한다. 자본은 사실상 계급 **전체**를 적절하게 대변하는, 즉 **자본주의에 대항하고 인종주의에 대항해** 계급을 대변하는 조직을 정치적 수준에서 구축하려는 시도를 인종을 통해 계속해서 격퇴한다.

계속해서 등장하는 분파주의 투쟁은 자본과 직면한 상태에서 내부적으로 균열된 계급에 **필연적인** 방어 전략이다. 그러므로 이 투쟁은 자본이 계속해서 지배력을 행사하는 장이기도 하다. 백인 노동계급과 그 경제적, 정치적 조직(이 계급은 현재 자신을 적절하게 대변하는 이데올로기적 조직을 **전혀** 갖추지 **못했다**)은 동료의식이나 형제적 유대감에서 '우리 흑인 형제들'을 위해 인종주의 반대 투쟁에 나서기도 하는데, 이들은 이때 자신과 자신의 위치에 대해 근본적으로 착각하고 있다. 흑인 조직들이 백인 동지들과 전술적 동맹을 결성할지를 놓고 논쟁을 벌일 때 자신의 투쟁의 성격을 착각하는 것도 이와 마찬가지다. 이 시도는 분명히 연합 투쟁, 공동 전선의 전술적 요청으로, 즉 "흑인과 백인 모두 단결해서 싸우자!"식으로 해석해서는 **안 된다. 이 시점에서는** 이러한 형태의 투쟁을 발전시키는 일이 불가능하다는 사실을 처절하게 직시할 수밖에 없다. 선진 자본주의의 전후 계급사에서 모든 결정적 계기마다 투쟁은 개별적인 전략적 부분들로 **필연적으로 균열되었다**는 사실을 철저하게 자각했기에 이렇게 말하는 것이다. 그러나 분석에는 결론에 이를 때까지 유지되어야 하는 어떤 논리가 작용한다. 투쟁이 다시 한번 균열된 형태로 등장할 때마다 자본은 그 틈새를 파고들어 장악해버린다는 사실을 **덧붙여야만** 하겠다. 이론적 주장의 논리를 따

라가자면 계급의 모든 분파는 다른 분파와의 유대감에서가 아니라 **하나의
대자적인 계급**으로서 자본과 대결해야만 한다고 말할 수밖에 없다. 그렇
지 않다면 마르크스가 〈브뤼메르 18일에서〉에서 주장했듯이,

> 수백 만의 가족이 삶의 방식, 이해관계, 문화 측면에서 다른 계급과 분리되
> 고 이 다른 집단과 적대적 대립 상태에 처하게 되는 경제적 존재조건하에서
> 살아가는 한 이들은 하나의 계급을 구성한다. 이들 간에 지역적 상호연계만
> 존재하고 … 이들의 이해관계의 정체성이 어떤 공동체나 국가적 결속, 정치적
> 조직 결성도 초래하지 않는 한 이들은 계급을 구성하지 않는다. 따라서 이들
> 은 자신의 이름으로 계급적 이익을 주장할 수가 없다.

　　여기서 우리는 다시 범죄로 되돌아간다. 왜냐하면 흑인 범죄가 어떻
게 해서 이 균열의 한 매개체로 기능하는지 이제 파악할 수 있기 때문이
다. 흑인 범죄는 계급을 물질적 근거 위에서 흑인과 백인으로 분리한다.
왜냐하면 (다수의 백인 노동계급 범죄에서 그렇듯이) 상당수의 흑인 범죄는 계급
의 한 부분이 물질적으로 다른 부분을 '사취'하기 때문이다. 범죄는 이 분
리에 이데올로기적 인물상을 제공한다. 범죄의 발생 원인인 계급 빈곤을
아주 이해하기 쉬운 인종의 구문론으로 바꿔놓고 흑인 노상강도범이라는
거짓된 적을 설정하기 때문이다. 따라서 흑인 범죄는 정치적 분리를 지속
시킨다. 왜냐하면 흑인 조직과 흑인 공동체가 괴롭힘을 당하는 흑인 청년
을 옹호하는 순간 정치 무대에서는 '길거리 범죄자의 옹호자'로 보이게
되기 때문이다. 하지만 체계적으로 범죄로 내몰리고 있는 계급 부문을 옹
호하지 않는다면 이 부문을 영구적으로 범죄자화한 사람들의 반열에 내
팽개치는 것이나 마찬가지가 된다.
　　우리는 이 연구 내내 '노상강도' 공포에서 언뜻 단순한 출발점으로
보이는 데서 전개되는 논리를 추적하려 했다. 할 수 있는 한 완벽하게 이
논리를 재구성해보려고 노력도 했다. 그렇다고 해서 어떤 단순한 도덕적
방식으로 '노상강도'를 승인하거나 하나의 전략으로 적극 추천하거나 '일

탈적 해결책'으로서 범죄와 낭만적으로 동일시한다는 뜻은 아니라는 사실은 분명해졌을 것이다. 〈오늘의 인종〉 편집진이 표현했듯이 "이 시점에 노상강도를 감행한다는 것은 백인 노동계급 구성원의 돈을 강탈하거나 몰래 훔치는 행위가 자본주의 노동의 노예제에 대항한 자신의 투쟁을 무너뜨린다는 사실을 젊은이들이 깨닫지 못했음을 보여준다. 돈을 갖고 있는 것은 백인 노동자가 아니다." 아울러 범죄에 때때로 연루되는 폭력은 그 폭력이 주로 겨냥하는 적에게 '복수하는' 순간과 동시에 범죄를 저지르는 사람도 무력화하고 타락시키는 효과를 낳는다. 이렇게 파악한다면 흑인에 의한 '노상강도'는 다른 젊은이가 범하는 '노상강도'와 동일한 부류의 행태적 행동으로 보일 수도 있다. 그러나 흑인 계급 전체의 문제틀과 관련해 범죄의 사회적 내용과 위치라는 측면에서는 똑같지 **않다.** 〈오늘의 인종〉 편집진은 또한 다음과 같이 덧붙였다. "우리는 노동 거부자들을 공개적으로 지지한다. 이 행동이 어떻게 전체 계급에게 권력의 원천이 되는지는 설명했다. 우리는 단호하게 노상강도를 반대한다. 노상강도 행위는 무력감의 구현 형태이자 임금 없는 상태의 결과라고 본다."[주 130] '노상강도'는 단순하고 한눈에도 알 수 있는 '도덕적 이슈'라고 믿는 사람, 가장 직접적인 표면적 모습만으로도 투명하게 의미를 해독해내는 식으로 사회적 의미를 파악할 수 있다고 생각하는 사람에게만 여기에 포함된 두 명제는 서로 모순되게 보일 것이다.

이 여건은 본질적으로 "전체 계급에게 권력의 원천"이라고 표현했을 때 과연 그런 지 충분히 의심을 품을 만했다. 범죄 자체가 아니라 가능한 정치 전략의 토대로서 범죄를 생산하는 경제적, 정치적, 이데올로기적 조건을 대면할 때 이슈는 필연적으로 더 복잡해진다. 이 이슈는 전략, 분석과 실천 등 가장 어려운 문제들을 결집한 것이다. 우리가 분석한 내용을 납득하지 못하는 사람이라도 우리가 문제를 검토하는 방식은 유용하게 여겼기를 바란다. 분석은 바로 그러한 정신에서 수행되고 그러한 목적을 지향했다. 바로 그러한 계급 층위가 의미 있는 정치적 투쟁의 토대를 이루게 **된** 중요한 역사적 선례가 존재한다는 것을 우리는 목격했다. 그러나 그 때의 여건은 이곳에서 지배적인 여건과 다소 다르다. 물론 계급 전체가 자본의 영향력하에 포섭되는 방식도 여기서는 다르다면 좋겠지만 말이다. '알제리 전투'에서 승리한 것은 질로 폰테코르보(Gillo Pontecorvo)[22] 영화의 룸펜 주인공인 알리 라 포앙트(Ali-la-Pointe)가 아니라 프랑스 공수부대였으며, 독립 투쟁은 성공했지만 알제리 땅을 계승한 것은 룸펜이 아니었다고 워슬리는 환기해주었는데, 이는 옳은 지적이다. 블랙 팬더는 자본주의 세계의 심장부에서 흑인을 정치적으로 조직하려는 가장 진지한 시도 중 하나였지만 결국 말살되고 파괴되었다. 엄연한 사실은 흑인 무임금층의 사실상의 봉기에 적절하게 결정적으로 **개입할** 수 있을 만한 그 어떤 적극적인 정치도, 조직화된 투쟁 형태도, 전략도 아직 존재하지 않는다는 것이다. 그러한 전략은 현재처럼 범죄를 통해 억압에 거짓 대응하는 방식과 **단절을 가져올** 수 있어야 하는데, 이는 곧 범죄자화한 의식을 정치적 의미에서 좀 더 지속적이고 철저한 무엇인가로 바꿔놓을 핵심적인 변화를 말한다. 이 영역에서는 정치적 작업을 수행하는 데 실패했다고 주장하려는 것은 분명히 **아니다.** 그러나 이 주장은 원형적 정치의식에 불과한 것을 조직화된 정치적 계급 투쟁과 실천으로 착각해서는 안 된다는 점을 힘주어 환기하려는 것이다. 본질적으로, 저절로, 단절과 변혁보다는 자연적 진화에 의해 현재의 저항이 자생적으로 다른 상태로 바뀔 수 있다고 희망하면서 현재의 저항 양식을 단순히 지지하는 데 기반을 둔 전략이 있는데, 이 책의 주장은 그러한 모든 전략에 꼭 필요한 경고를 제시하고자 한다.

---

22  질로 몬테코르보(Gillo Montecorvo)는 이탈리아의 영화 감독으로 1966년 개봉된 <알제리 전투>로 유명해졌다. 이 영화는 프랑스로부터의 알제리 독립투쟁을 다룬 네오리얼리즘 계열의 영화로 다큐멘터리 스타일로 촬영되었다. 출연배우는 대부분 일반인이었고, 실제 저항운동 참여자가 출연하기도 했다. 영화의 초점 역시 지도자보다는 알제리 원주민에게 초점을 맞추었다. 가장 대표적인 반제국주의 영화로 이후 다른 영화에도 널리 영향을 미쳤다. —역주

## 주와 참고문헌

1 *Daily Telegraph*, 12 April 1976.

2 *Race Today*, June 1974에 나온 완벽하고 자세한 설명을 보라.

3 I. MacDonald, *Race Today*, December 1973을 보라.

4 F. Dhondy, *Race Today*, July 1974; 또한 *Race Today*, March 1975도 보라.

5 'Danger Signals from the Streets of Lambeth', *Sunday Times*, 5 January 1975.

6 *Sunday Times*, 5 January 1975에서 재인용.

7 *Daily Mail*, 16 May 1975에서 재인용.

8 *The Times*, 2 July 1976.

9 *Sunday Times*, 28 March 1976; 또한 M. Phillips, 'Brixton and Crime', *New Society*, 8 July 1976도 보라.

10 *The Times* and *Guardian*, 12 April 1976.

11 *Race Today*, June 1976을 보라.

12 *Daily Mail*, 24 May 1976.

13 *Daily Telegraph*, 26 May 1976.

14 'The Facts and Myths', *Sunday Times*, 30 May 1976.

15 *Daily Telegraph*, 26 May 1976.

16 *Daily Mail*, 25 May 1976.

17 C. Husband ed., *White Media and Black Britain* (London: Arrow, 1975); Critcher *et al.*, *Race and the Provincial Press*를 보라.

18 *Daily Mirror*, 25 May 1976.

19 *Birmingham Evening Mail*, 21 June 1976을 보라.

20 *Sunday Times*, 4 July 1976.

21 *Sunday Telegraph*, 17 October 1976.

22 *Daily Telegraph*, 23 October 1976을 보라.

23 *Daily Mail*, 26 October 1976을 보라.

24 Willis, *Learning to Labour*.

25 B. Coard, *How the West Indian Child is Made Educationally Sub-Normal in the British School System* (London: New Beacon Books, 1971)을 보라.

26 S. Castles and G. Kosack, *Immigrant Workers and Class Structure in Western Europe* (London: Oxford University Press/Institute of Race Relations, 1973: 116).

27  Braverman, *Labor and Monopoly Capital*; A. Gambino, 'Workers Struggles and the Development of Ford in Britain', *Red Notes Pamphlet*, I, 1976을 보라.

28  C.I.S. and Institute of Race Relations, *Racism: Who Profits?* 1976 (강조점은 필자 추가).

29  Ibid.

30  J. Berger, *The Seventh Man* (Harmondsworth: Penguin, 1975).

31  A. Sivanandan, *Race, Class and the State* (London: Institute of Race Relations, 1976).

32  Castles and Kosack, *Immigrant Workers and Class Structure in Western Europe.*

33  Notting Hill People's Association Housing Group, *Losing Out*, 1972, Notting Hill People's Association Housing Group, 60 St Evan's Road, London W.10; J. Greve, D. Page and S. Greve, *Homelessness in London* (Edinburgh: Scottish Academic Press, 1971)을 보라.

34  할러웨이(Holloway) 하람비 호스텔(Harambee hostel)의 흑인 청년에 관한 P. Gillman의 설명은 'I blame England', *Sunday Times*, colour supplement, 30 September 1973에서 재인용.

35  D. Howe, 'Fighting Back: West Indian Youth and the Police in Notting Hill', *Race Today*, December 1973.

36  Ibid.

37  Gillman, 'I blame England'에서 재인용.

38  Howe, 'Fighting Back'.

39  Malcolm X and Haley, *The Autobiography of Malcolm X*, pp. 315-6.

40  Hiro, *Black British, White British*, p. 81.

41  Gillman, 'I blame England'에서 재인용.

42  Hiro, *Black British, White British*, p. 80에서 재인용.

43  Ibid.

44  Gillman, 'I blame England'에서 재인용.

45  'The Black Youth Speak', *Race Today*, April 1975.

46  Marx, *The Poverty of Philosophy.*

47  Gillman, 'I blame England'에서 재인용.

48  D. Hebdige, 'Reggae, Rastas and Rudies: Style and the Subversion of Form', *C.C.C.S. Stencilled Paper No. 24*, C.C.C.S., UniversityofBirmingham, 1974를 보라; 위의 글은 요약본이 *Resistance through Rituals*, ed. Hall and Jefferson에 재수록되어 있다; R. Nettleford, *Mirror, Mirror* (London: Collins-Sangster, 1970).

49  Gillman, 'I blame England'에서 재인용.

50  Ibid.

51  Hiro, *Black British, White British*, p. 79.

**52** Gillman, 'I blame England'에서 재인용; 또한 V. Hines, *Black Youth and the Survival Game in Britain* (London: Zulu Publications, 1973)도 보라.

**53** E. J. Hobsbawm, *Primitive Rebels* (Manchester University Press, 1959); Hobsbawm, *Labouring Men;* Hobsbawm, *Bandits.*

**54** Hobsbawm, 'Conference Report'.

**55** Ibid.

**56** Hobsbawm, *Bandits*, p. 98.

**57** A. Gouldner, 'Foreword', in Taylor, Walton and Young, *The New Criminology*, p. XII.

**58** P. Q. Hirst, 'Marx and Engels on Law, Crime and Morality', in *Critical Criminology*, ed. Taylor, Walton and Young.

**59** Marx, *The Poverty of Philosophy.*

**60** Hirst, 'Marx and·Engels on Law, Crime and Morality', p. 218.

**61** Ibid.: 219.

**62** Marx, *'The Eighteenth Brumaire of Louis Bonaparte'*, p. 267.

**63** F. Engels, *The Condition of the Working Class in England* (London: Panther, 1969).

**64** Mayhew *et al.*, *London Labour and the London Poor*, vol. IV.

**65** K. Marx, *Capital*, vol. III (London: Lawrence & Wishart, 1974: 791-2); 관련된 논의로는 J. Gardiner, S. Himmelweit and M. Mackintosh, 'Women's Domestic Labour', *Bulletin of the Conference of Socialist Economists* IV(2(11)), June 1975를 보라.

**66** I. Gough, 'Productive and Unproductive Labour in Marx', *New Left Review* 76, 1972.

**67** P. Howell, 'Once more on Productive and Unproductive Labour', *Revolutionary Communist* 3/4, November 1975.

**68** W. Seccombe, 'The Housewife and her Labour under Capitalism', *New Left Review* 83, 1973.

**69** 예를 들면, M. Benston, 'The Political Economy of Women's Liberation', *Monthly Review*, September 1969; P. Morton, 'Women's Work is Never Done', *Leviathan*, May 1970; S. Rowbotham, *Woman's Consciousness, Man's World* (Harmondsworth: Penguin, 1970); J. Harrison, 'Political Economy of Housework', *Bulletin of the Conference of Socialist Economists*, Spring 1974; C. Freeman, 'Introduction to "Domestic Labour and Wage Labour"', *Women and Socialism: Conference Paper 3*, Birmingham Woman's Liberation Group; J. Gardiner, 'Women's Domestic Labour', *New Left Review* 89, 1975 (*Women and Socialism: Conference Paper 3*, 1974의 논문을 재수록); M. Coulson, B. Magas and H. Wainwright 'The Housewife and Her Labour under Capitalism - A Critique', *New Left Review* 89, 1975 (*Women and Socialism: Conference Paper 3*, 1974의 논문을 재수록); Gardiner, Himmelweit and Mackintosh, 'Women's Domestic Labour'.

**70** W. Seccombe, 'Domestic Labour: Reply to Critics', *New Left Review* 94, 1975.

71 Coulson, Magas and Wainwright, 'The Housewife and her Labour under Capitalism'.

72 Seccombe, 'Domestic Labour'.

73 Braverman, *Labor and Monopoly Capital.*

74 Seccombe, 'Domestic Labour'.

75 S. James and M. Dalla Costa, *The Power of Women and the Subversion of the Community* (Bristol: Falling Wall Press, 1972).

76 S. James, *Sex, Race and Class* (Bristol: Falling Wall Press, 1975).

77 James and Dalla Costa, *The Power of Women and the Subversion of the Community*, p. 6.

78 Marx, *Capital*, vol. I.

79 Ibid.

80 James, *Sex, Race and Class*, p. 13.

81 예를 들면 Howe, 'Fighting Back'; I. MacDonald, 'The Creation of the British Police', *Race Today*, December 1973; F. Dhondy, 'The Black Explosion in Schools', *Race Today*, February 1974.

82 Howe, 'Fighting Back'.

83 Ibid.

84 Power of Women Collective, *All Work and No Pay* (Bristol: Falling Wall Press, 1975).

85 B. Taylor, 'Our Labour and Our Power', *Red Rag* 10, 1976.

86 M. Tronti, 'Social Capital', *Telos*, Autumn 1973; M. Tronti, 'Workers and Capital' in *Labour Process and Class Strategies*, Conference of Socialist Economists pamphlet, 1976; S. Bologna, 'Class Composition and the Theory of the Party', in *Labour Process and Class Strategies;* Gambino, 'Workers Struggles and the Development of Ford in Britain'; G. Boldi, 'Theses on the Mass Worker and Social Capital', *Radical America*, May-June 1972를 보라.

87 A. X. Cambridge, 'Black Workers and the State: A Debate Inside the Black Workers' Movement', *The Black Liberator* 2(2), 1973-4, p. 185n을 보라.

88 Hirst, 'Marx and Engels on Law, Crime and Morality'.

89 A. X. Cambridge and C. Gutsmore, 'Industrial Action of the Black Masses and the Class Struggle in Britain', *The Black Liberator* 2(3), 1974-5를 보라.

90 Hirst, 'Marx and Engels on Law, Crime and Morality'.

91 Marx, '*The Eighteenth Brumaire of Louis Bonaparte*', p. 44.

92 F. Engels, 'Preface to "The Peasant War in Germany"', in *Marx- Engels Selected Works*, vol. 2, p. 646.

93 Howe in a personal interview.

94 Ibid.

95 Ibid.

96 Ibid.

97 A. X. Cambridge, 'Glossary', *The Black Liberator* 2(3), 1974-5, p. 280.

98 Ibid.: 279.

99 G. Rude, *Paris and London in the Eighteenth Century* (London: Fontana, 1952); G. Rude, *The Crowd in The French Revolution* (Oxford University Press, 1959); Rude, *Wilkes and Liberty;* Rude, *The Crowd in History;* Rude and Hobsbawm, *Captain Swing* 등을 보라.

100 V. I. Lenin, 'Imperialism, the Highest Stage of Capitalism', in *Selected Works in One Volume* (London: Lawrence & Wishart, 1969); 또한 R. Owen and B. Sutcliffe eds, *Studies in the Theory of Imperialism* (London: Longmans, 1972)도 보라.

101 Hobsbawm, *Labouring Men*, p. 272; 또한 J. Foster, *Class Struggle and Industrial Revolution* (London: Weidenfeld & Nicolson, 1975)도 보라.

102 Lenin, 'Imperialism, the Highest Stage of Capitalism', p. 247에서 재인용.

103 P. Worsley, 'Fanon and the "lumpenproletariat"', in *Socialist Register 1972*, ed. Miliband and Saville.

104 Ibid.에서 재인용.

105 F. Fanon, *The Wretched of the Earth* (New York: Grove Press, 1963).

106 Marx, *Capital*, vol. 1, p. 633.

107 Castles and Kosack, *Immigrant Workers and Class Structure in Western Europe*, p. 4를 보라.

108 V. Beechey, 'Female Wage Labour and the Capitalist Mode', unpublished mss, University of Warwick, 1976.

109 Marx, *Capital*, vol. 1, pp. 600-2.

110 Castles and Kosack, *Immigrant Workers and Class Structure in Western Europe*.

111 Worsley, 'Fanon and the "lumpenproletariat"', n. 23에서 재인용.

112 C. Allan, 'Lumpenproletarians and Revolution', *Political Theory and Ideology in African Society*, seminar proceedings, Centre for African Studies, University of Edinburgh, 1970.

113 S. Tax, *Penny Capitalism: A Guatemalan Indian Economy* (Washington, D.C.: Smithsonian Institute, 1953).

114 Allan, 'Lumpenproletarians and Revolution'.

115 A. Q. Obregon, 'The Marginal Pole of the Economy and the Marginalised Labour Force', *Economy and Society* 3(4), 1974.

116 S. Schram, *Political Leaders of the Twentieth Century: Mao Tse-tung* (Harmondsworth: Penguin, 1966: 127).

117 C. Guevara, *Guerrilla Warfare* (Harmondsworth: Penguin, 1969).

[118] R. Debray, 'Castroism: the Long March in Latin America', in *Strategy for Revolution*, R. Debray (Harmondsworth: Penguin, 1973: 39)에서 재인용; 또한 R. Debray, *Revolution in the Revolution?* (Harmondsworth: Penguin, 1968)도 보라.

[119] Fanon, *The Wretched of the Earth*, p. 73.

[120] Worsley, 'Fanon and the "lumpenproletariat"'.

[121] Fanon, *The Wretched of the Earth*, pp. 103-4.

[122] I. L. Gendzier, *Franz Fanon: A Critical Study* (London: Wildwood House, 1973: 207).

[123] Fanon, *The Wretched of the Earth*, p. 109.

[124] Worsley, 'Fanon and the "lumpenproletariat"', p. 40.

[125] 예를 들면 R. Cohen and D. Michael, 'Revolutionary Potential of the African Lumpenproletariat: A Sceptical View', *Bulletin of the Institute of Development Studies* 5(2-3), October 1973을 보라.

[126] Hobsbawm, *Bandits*를 보라.

[127] Seale, *Seize the Time;* H.P. Newton, *Revolutionary Suicide* (New York: Ballantine Books, 1974)를 보라.

[128] B. Seale, 'Foreword', in *Seize the Time*, Seale.

[129] Ibid.: 4.

[130] 'The Police and the Black Wageless', *Race Today*, February 1972.

## ▌인종, 범죄와 경찰 활동 (토니 제퍼슨)

종종 도덕 공황과 범죄자화에 관한 책으로만 여겨지기도 하지만 〈위기 관리〉는 노상강도 범죄에 관한 마지막 장도 포함하고 있다. 이 글은 (어쩔 수 없이 단순화하기는 했지만) 범죄자화와 범죄라는 두 이야기의 내용을 보충하고 양자가 어떻게 서로 얽혀있는지 설명한다.

우리의 이야기가 끝나는 1976년 무렵 강도 통계(이 중 대다수는 노상강도로 간주되었다)와 청년 실업률은 나란히 증가하고 있었고, 흑인 청년과 노상강도는 마치 동의어처럼 되었다. 경찰은 주로 젊은 흑인 남성을 겨냥해 국지적인 검문과 검색 권한, 호랑이 담배 먹던 시절의 '거동수상자 검문 검색법'까지 활용해 공격적으로 '흑인' 구역을 이 잡듯이 뒤지고 있었고, 대담해진 국민전선은 흑인 노상강도를 특정해 반대 시위까지 벌였다.

1980년대에 들어서 대처와 대처리즘의 등장은 사태를 상당히 더 악화시켰다. 대처의 권위주의, 비용 절감, 신자유주의 의제는 격렬한 노사분규, 전면적인 탈산업화, 불평등 심화, 대량 (특히 청년) 실업, 반이민 정서 강화, 주기적인 도심 빈빈가 폭동 등을 초래했고, 폭동 사태는 브리스톨, 브릭스톤, 톡스테스(Toxteth), 토트넘, 핸즈워스 등 각지로 번졌다. 브릭스턴 폭동은 "본질적으로 경찰에 대한 흑인 청년층의 분노와 반감의 폭발"이라는 스카먼(Scarman) 보고서1의 결론[주 1]은 두루 옳은 지적이었다. 1981

---

1 스카먼 보고서는 브릭스턴 폭동에 관한 조사 내용을 담은 공식 보고서다. 영국 내무부가

년 브릭스톤에서 사태에 즉각적으로 불을 당긴 것은 10일 넘게 이어진 대규모 검문검색 작전이었다. 1985년 토트넘에서는 경찰이 마약 긴급 단속에서 흑인 여성을 거칠게 다루는 바람에 치명적인 심장마비를 유발한 사건이 일어났다. 스카먼 보고서에 대응해 런던광역경찰청은 런던 노상강도가 주로 흑인의 소행임을 입증하는 수치를 공개하고 '상징적 장소', 즉 (흔히 흑인인) 청년 실업자가 모이는 곳('흑인 구역'으로 읽힌다)을 표적으로 삼는다는 구상을 내놓았다.

고대의 '거동수상자 검문검색법'은 결국 폐기되었지만 1984년의 경찰범죄증거법(Police and Criminal Evidence Act)은 경찰에게 [전국적인] 검문검색 권한(S1)을 새로 부여했고 이 권한 행사에는 범행을 의심할 만한 '상식적인 근거'만 요구되었다. 아일랜드 테러리즘과 싸우기 위해 도입한 새로운 테러리즘방지법(1989) 역시 사전에 의심할 만한 사항이 없더라도 누구든 검색하는 데 활용될 수 있었다. (2000년 대체된 테러리즘법 44조에 따른 권한과 마찬가지로) 두 법은 점차 흑인 청년을 검문검색하는 데 원용되었다. 그러한 권한 남용에 대한 핑계는 아직도 강도 통계가 증가하고 있다는 것이었다. 강도 건수는 1980년과 1989년 사이에 연간 평균 11% 증가했다.[주 2]

신자유주의 정책은 대처보다 오래 살아남았고, 폭동 역시 마찬가지였다. 폭동은 노골적으로 정치성을 띤 런던 인두세 폭동에서 시작해 1991년 카디프, 옥스퍼드, 타인사이드(Tyneside)의 백인 빈민 지역으로 번졌고,[주 3] 그 다음 1995년과 2001년에는 브래드포드로, 2001년에는 번리(Burnley)와 올드햄(Oldham)의 아시아인 구역으로 확산했다. 아시아 구역의 폭동은 부분적으로 반경찰 폭동의 성격을 띠지만 불만에 찬 남성성의 표현이자 인종주의 공격에 대한 반응이기도 했다.

1990-3년 사이에는 강도 수치가 전국적으로 60% 증가했다. 이 시

---

1981년 4월 레슬리 조지 스카먼 경(Sir Leslie George Scarman)에게 위촉하여 위원회가 결성되었고 그해 11월에 보고서가 출간되었다. 이 보고서는 폭력 시위를 유발한 "복합적인 정치적, 사회적, 경제적 요인들"에 주목했다는 점이 특징이지만 경찰의 인종주의 등 뿌리깊게 제도화된 인종주의를 원인으로 지목하지는 않았다. ─ 역주

기 런던에서 수치의 증가는 상대적으로 낮은 검거율과 결합해 점차 런던 광역경찰청의 우려를 자아냈다.[주 4] 당시 런던광역경찰청장이던 폴 콘던(Paul Condon)에 의하면 런던 노상강도의 대다수는 흑인 청년 소행이었다. 이 문제에 대처하기 위해 1995년 독수리 눈 작전(Operation Eagle Eye)이란 새로운 전략이 도입되었다. 폭력과 무기 소지 우려를 이유로 경찰은 일정한 상황에서 (1994년 형사공공질서법Criminal Justice and Public Order Act 60조에 따라) 무작위로 검문검색할 수 있는 더 폭넓은 권한을 갖게 되었다.

　　이민 관련 강경 발언과 인종주의 대영국민당의 부상에 자극받은 백인 빈민의 불만 표출은 인종주의 공격을 증가시킨 요인이 되었다. 심지어 공식 보고서가 문제점의 심각함을 폭로한 후에도 이 단체의 행사에는 악명 높을 정도로 경찰의 개입이 드물었다.[주 5] 결국 1993년 인종주의자가 스티븐 로렌스(Stephen Lawrence)를 살해한 사건을 계기로 공식 조사가 시작되어 [주 6] 경찰이 제도적인 인종주의라는 잘못을 자행하고 있음을 밝혀냈고, 여기에는 왕립경찰청장도 동의했다. 이후 행동강령(Codes of Practice), 지침, 특수 훈련을 받은 공동체안전반(Community Safety Units)2 등의 수많은 개혁조치가 이어졌다. 잠깐 동안 검문검색 숫자가 줄어들자 강도 수치가 급증했는데(1999–2001년 사이에 39% 상승), 주로 휴대전화 절도 증가를 이유로 들 수 있다. 이 때문에 '현장에서는' 원래 관행으로 되돌아갔다. 1998–9년과 2001–2년 사이에 새 법 60조에 의한 수색 권한 행사는 거의 세 배로 뛰었는데, 백인에 비해 흑인은 28배, 아시아인은 18배나 검문을 당할 확률이 높았다.[주 7] 1996년 4월부터 용의자와 범행자의 종족적 출신을 경찰이 의무적으로 기록하게 됨에 따라 종족별로 과대 대표되었다는 의심을 받았던 이전의 추정치는 이제 정확히 계량화할 수 있게 되었다.

　　신임 노동당 정부는 맥퍼슨 조사위원회(Macpherson Inquiry)3를 설치했

---

2　공동체안전반은 공공안전 검찰부(Ministry of Public Safety and Solicitor General) 산하의 정부 부서로 마리화나 거래 문제를 전담하는 곳이다. ― 역주

3　맥퍼슨 조사위원회는 스티븐 로렌스 살해 사건의 수사를 둘러싼 논란을 조사하기 위해 결성된 위원회. 윌리엄 맥퍼슨 경(Sir William Macpherson)을 위원장으로 하여 1997년에 출

을 뿐 아니라 '범죄에 강경' 대처하겠다는 공약도 실행에 옮겼다. 정부는 1998년의 범죄치안방해근절법(Crime and Disorder Act)에서 '인종적인 가중' 폭행을 다루는 권한을 경찰에게 새로 부여하고, 1998년 도로교통법(Road Traffic Act)에서는 이유 불문하고 차량을 검문할 수 있는 권한을 허용했다. 그리고 2002년에는 (강도에 최우선 순위를 둔) 또 다른 길거리 범죄 퇴치 정책 (Street Crime Initiative)을 대대적으로 전개했고 '갱' 진압 계획도 시행했으며 나중에는 여기에 (경찰 검문에 크게 의존한) 흉기 범죄 단속까지 포함했다. 각 사례에서 주목 대상은 (놀랄 만한 일은 아니지만) 토니 블레어(Tony Blair) 수상 자신의 말을 빌면 "흑인 아이들"이었다. 인종적으로 범주화된 새 형사 통계 는 꾸준하게 강도 수치에서 흑인의 과대 대표를 보여주고 있었다. 수감자 숫자도 꼭 마찬가지였다. 2004-5년 무렵 런던의 통계 대상 범죄(notifiable offence)의 체포 건수 중 3분의 1이 흑인이었다. 2005년에는 영국의 흑인 남성 수감자의 거의 절반이 강도나 마약 범죄로 수감되어 있었다.[주 8] 2008-9년에 이르면 검문검색법에 따른 수색자, 체포, 수감자 숫자에서 흑인의 비율은 모두 갈수록 더 높아지고 있었다.[주 9] 상황을 악화시킨 요 인 중 하나는 9/11 사태와 그 후 벌어진 '대 테러 전쟁'이었다. 이 전쟁의 주된 효과는 아시아 청년의 범죄자화였겠지만, 흑인 청년 역시 계속해서 '과잉 단속에 걸려들게' 된다.

　　2011년 8월에는 또 다른 경찰이 흑인 남성을 살해한 사건이 제대로 처리되지 못하는 바람에 토트넘에서 폭동이 다시 일어나 전국으로 번졌 다. 한달 후 한 신문 기사 제목은 이렇게 선언했다. "런던광역경찰청이 학교 노상강도 순찰에 1000명을 배치하다."[주 10] 6개월이 지난 뒤에는 "젊 은 흑인의 절반이 실업 상태. 실업률은 지난 3년 동안 28.8%에서 55.9%

---

범되었고 1999년 2월에 보고서를 발간했다. 살인 사건 수사 과정에서 백인 용의자를 제대 로 수사하지 않는 등 인종주의가 개입했다는 점을 밝혀냈으며, 그 결과 살인 사건에 한해 일사부재리(double jeopardy) 원칙을 폐지하도록 권고했다. 실제로 2003년 개정된 형사법 에 따라 이 조항이 폐지되는 등 이 위원회를 계기로 현대 형사법 사상 획기적인 개혁 조치 가 이루어졌다는 평가가 나왔다. ─ 역주

로 두배로 늘어"[주 11]라는 기사가 떴다. 그 달 말에는 "경찰관이 끝없는 욕설로 괴롭히는 장면을 흑인이 휴대전화로 녹화한 후"[주 12] 폭로해 런던 광역경찰청 내에서 '새로운 인종주의 스캔들'이 불거졌다.

　　우리 이야기가 시작된 1972년에 하원 인종관계 이민 특별위원회는 인구 비율 상으로는 토착 인구보다 서인도인의 범죄자 수가 적다고 보고했다. 우리가 살펴보았듯이 40년 후 아프리카계 카리브인은 수많은 형사 통계에서 꾸준히 과대 대표되고 있다. 이러한 사태 전개를 파악하고 나서는 잠깐 동안 인종과 범죄 통계에 관한 매도성 논쟁이 뒤따랐다. 이 논쟁에서는 좌파도 흑인 범죄의 '현실'을 인정할 필요가 있다는 좌파 현실주의자와, 차별적 경찰 활동과 이에 따른 범죄자화를 핵심 이슈로 보는 이른바 좌파 이상주의자가 뚜렷한 대비를 이루었다.[주 13] 1996년 이후로는 인종적으로 범주화된 새로운 통계의 의미에 관해 점차 정교화된 논쟁이 전개되었다. 가령 흑인 청년에 대한 과도하게 많은 검문검색 문제를 평가할 때 적절한 비교 측정 인구는 '영주' 인구인가 '실제 거주' 인구인가, 또 범죄 통계인가 '검거율'(체포에 이른 비율)인가?[주 14] 런던의 입건된 길거리 범죄에서 흑인 남성이 과도하게 높은 비율로 등장하는 현상을 설명하려 하면서 매리언 피츠제럴드(Marion FitzGerald), 잰 스톡데일(Jan Stockdale)과 크리스 헤일(Chris Hale)은 소득 불평등, 아동 빈곤, 인구 이동 같은 변인을 (통계) 모델에 포함할 경우 종족성은 요인으로 나타나지 않는다고 결론지었다.[주 15] 여기서 이 이슈들을 논의할 지면은 없지만,[주 16] 통계적 정확성 문제와 상관없이 흑인이라는 사실은 불평등과 아동 빈곤 수준이 높고 검문검색이 일상사인 장소에 밀집해 산다는 뜻이라는 점은 분명하다. 또한 젊고 남성이라는 사실은 경찰이 겨냥하는 부류의 범죄를 저지를 위험에 처한다는 뜻이고, 내가 다른 곳에서 '범죄자화의 인종주의'라고 부른 현상에 노출될 위험을 감수한다는 뜻이기도 하며, 경찰의 역사적인 길거리 범죄 통제 임무에 어울리는 '범죄적 타자'로 재생산될 수도 있다는 뜻이기도 하다.[주 17]

　　여기서 우리는 다시 원래 출발점인 민중의 악마로서의 흑인 노상강도범 문제로 되돌아간다. 지난 40년 동안 범죄자화와 범죄와 관련된 모든 해당 지표가 빈곤하고 위험한 구역에 사는 사람들에게는 더 나빠졌다. 강제적 국가 권력, 사회경제적 조건, 미디어가 부추긴 공중의 공포, 범죄 수치 자체도 그렇다(1970-97년 사이에 강도는 905%가 늘었는데, 그후 집계 규칙이 바뀐다). 이처럼 악화하는 시나리오에 맞춰 현대의 '민중의 악마'는 더 이상 흑인에만 그치지 않고 모든 불만에 찬 청년을 포함하도록 확장되었다고 주장해도 좋다. '하위계급', '젊은 하층계급 뺀질이'(chavs),4 '후드족'(hoodies) 그리고 9/11 이후에는 아시아 '테러리스트'도 있다. 〈위기 관리〉에서 탐구한 국면이 그랬듯이 구조적 불평등과 실업, 사회적 배제, 인종주의, 범죄자화, 가학성 폭력은 현재 국면의 독성 징후들로 존재하고 있다. 위기의 종류는 다를 수 있겠지만 여전히 경찰 활동을 통한 위기 관리는 치열하게 전개되고 있다.

## ▌뉴스 미디어와 도덕 공황 (채스 크리처)

〈위기 관리〉의 중심적인 주제는 뉴스 미디어가 노상강도를 도덕 공황으로 보도하는 데서 수행한 역할이었다. 이 글은 이후에 일어난 논쟁의 네 가지 측면을 검토한다. 첫째, 도덕 공황 정의의 출처는 어디인가, 둘째 뉴스 주제로서 범죄의 특이성은 무엇인가, 셋째, 도덕 공황에서 공중은 어떻게 불러내는가, 그리고 마지막으로 뉴스 미디어의 실천에 디지털 커뮤니케이션은 어떤 함의를 주는가 하는 것이다. 예시용 사례들은 지난 30년 동안의 주요 도덕 공황 영역에서 가져올 것이다. 에이즈(AIDS), 아동성애를 포함한 아동 학대, 강성과 연성 마약, 이민과 난민, 미디어 폭력, 폭동과 치안 불안, 길거리 범죄와 갱 등이 그 예다.

우리가 다룰 첫 번째 측면은 노상강도라는 용어의 출처와 그 용어가

---

4  'chavs'는 영국에서 경멸적인 의미로 사용되는 속어로서, 디자이너 옷을 입고 멋을 부리고 다니면서 싸움을 거는 하층 계급의 젊은 훌리건을 말한다. — 역주

갖고 있는 인종, 게토, 무작위적 폭력이란 함축적 의미다. 우리는 이미 경찰과 언론을 경과해 미국에까지 용어의 출처를 추적했다. 광범위한 이슈에 걸쳐 이러한 사회 문제의 수입은 지속되었다. 흑인 갱단 범죄, 총기와 도검, 아동의 신체적 학대, 이른바 의례적 성적 학대와 아동성애, 마약과의 전쟁, 대테러 전쟁 등이 그 예다. 이 모든 사례에서 미국의 출처가 정의를 제시하고 만연 정도를 추정하고 처방까지도 주장했다.

　　그러나 정의는 국내 근처에서도 등장한다. 뉴스 미디어는 권력층의 정의를 체계적으로 재생산한다고 앞서 주장했다. '구조화된 예속'의 위치에서 뉴스 미디어는 정치적, 경제적, 사회적 이슈를 일차적으로 해석할 때 공인된 출처에 의존한다. 그러니까 일차적 정의에 대한 이차적 규정자 역할을 한다. 이 틀은 엘리트 내부의 차이나 이들이 미디어 보도에 영향을 미칠 수 있는 능력 차이의 여지를 남겨두지 않는다고 필립 슐레진저(Philip Schlesinger)는 주장했다. 여기서는 일차적 규정자가 채택한 전략 차이의 여지도, 시간 경과에 따라 일차적 규정자의 범위가 변화할 여지도, 미디어가 일차적 규정자와 대립하는 역할을 할 여지도 허용하지 않는다. 미디어 텍스트만 보고는 그러한 복잡성을 바로 읽어낼 수가 없을 것이다.[주 18]

　　우리의 원래 주장은 소재나 이슈에 따라서나 정의 과정이 일상적 조건 혹은 이례적 여건에서 발생하는지에 따라 정의를 둘러싼 논쟁의 여지를 남겨두었다. 예를 들면 폭동이나 재판 중에는 폭동 참가자가 논란의 여지없이 기회주의적 범죄자로 규정될지 모르지만 폭동에 관한 조사에서는 폭동이 사회 저변에 깔린 문제점을 드러내는 징후라는 정의가 등장하게 된다. 위기 시점에는 이 대안적 정의가 묵살되지만 정상 상황이 회복되고 나면 다시 등장한다. 2011년 이후에도 1981년 이후와 똑같은 패턴이 발생했다.

　　도덕 공황은 도덕 질서에서 발생했다고 지각된 위기이며, 엘리트는 문제에 대한 단일한 정의를 수용하고, 미디어는 그 정의를 재생산하는 경향을 강화한다. 하지만 정의를 내리는 엘리트층은 달라질 수도 있다. 예컨대 아동 학대 이슈에서 지배적 정의는 사회복지 전문가, 아동 구호 기구, 정부 부서 간의 동맹에서 등장했다. 경찰은 길거리 범죄, 아동성애, 마약에서는 정의를 내리는 핵심 기관이며 대개 정치인과 언론의 지지를 확보하기 위해 애써야 한다. 이민과 난민처럼 도덕 공황이 되는 일부 이슈는 정부를 당혹스럽게 한다. 여기서 일차적 정의는 언론, 야당 정치인과 캠페인 집단의 어떤 결합에 의해 발생할 가능성이 더 크다. 어떤 이슈에서든 언론은 스스로 일차적 규정자의 역할을 취할 수 있다. 그럼에도 불구하고 일탈의 일차적 규정자는 권위 있는 직책의 인물이 될 가능성이 가장 크며, 미디어는 특히 지각된 위기 시에는 보통 이들을 따를 것이다.[주 19] 도덕 공황을 규정하는 특성은 이 공황에 기여하는 행위자가 지배적인 문제의 정의를 반드시 수용해야 하며, 그렇지 않을 경우 악의 옹호자로 간주될 위험을 감수하게 된다는 것이다.

우리가 주목하는 두 번째 측면은 뉴스 소재로서 범죄가 갖는 특이성이다. 범죄, 특히 강력 범죄는 스티브 치브널(Steve Chibnall)이 확인했듯이[주 20] 뉴스 제작의 거의 모든 필수사항을 충족하기 때문에 뉴스 미디어의 단골소재라고 〈위기 관리〉에서는 주장했다. 뉴스가치의 틀은 계속해서 수정되더라도[주 21] 뉴스 미디어와 범죄 간의 공생관계는 변함없이 유지된다. 〈위기 관리〉는 또한 범죄는 도덕적으로 투명한 이슈로, 이 때문에 이데올로기적으로 봉쇄된 이슈라고 주장했다. 논쟁은 엘리트와 미디어 의견이 지정한 도덕적 분노의 틀 안에서만 허용되었다. 테러리즘에 대해서도 똑같은 양상이 나타난다. 그 다음엔 아일랜드 공화주의가 그랬고, 지금은 무슬림 근본주의가 그렇다.

우리는 선별된 전국지와 지역지에서 나타난 노상강도 공황의 경험적 검토를 통해 이 주장을 입증하려 했다. 일차적 뉴스 기사, 특히 제목과 사진을 자세하게 분석했다. 그리고 사설도, 신문 고유의 뉴스가치를 지닌 피처 기사도 분석했다. 일부 진영으로부터는 문학 비평이라는 조롱도 받았지만, 우리는 당시에 구할 수 있는 도구를 활용했다. 그 뒤에는 좀 더 정교한 도구가 개발되었는데, 언어학에서 유래한 도구가 특히 주목할 만하다. 이 도구는 방송[주 22]과 신문[주 23]에 모두 적용되었다. 신문은 독자투고의 '논증 구조'를 확인하는 모델이 된다. 우리는 추가로 악성 편지에도 관심을 기울였는데, 이는 현재 정규적으로 공적 세계의 인물을 겨냥하고 있는 악성 블로그와 트윗에 대한 관심사의 전조가 된다. 이 모든 것은 흔히 폭력적 편견에 차 있는 잠복한 담론을 표면에 드러내 주지만, 익명성은 이것들을 파장으로부터 보호하는 방패 구실을 한다.

다른 언어학자들은 사설에서의 전달 양식을 파악하는 법을 제시했다. [주 24] 신문의 피처와 독자투고란, 텔레비전과 라디오 시사보도와 다큐멘터리[주 25] 등 다른 뉴스 관련 포맷에 관한 작업은 개발이 훨씬 더 미흡했다. 기사 제목 배후의 이슈 탐구를 목적으로 이 연구자들은 범죄 전문가의 이론적 틀과 상식 이데올로기에 모두 의존하는 설명을 탐색했다. 이에 상응하는 미디어 포맷들은 모든 형태의 아동 학대, 테러리즘, 오락성 마약 탐닉, 폭동, 그리고 폭음 같은 주변적 이슈도 다루었다. 도덕 공황 분석가가 주로 하드 뉴스에만 집착할 필요는 없다. 다른 장르도 중요하다.

세 번째로 다룰 측면은 도덕 공황이 공중을 어떻게 불러내는가 하는 문제다. 우리는 뉴스 미디어가 공식 담론을 어떻게 대중적 은어('공중의 용례')로 번역해서 공중을 대변하는 양('공중의 목소리를 취하는') 책임을 떠맡게 되는지에 초점을 맞추었다. 따라서 미디어는 여론을 대변하지 않는다. 그보다는 여론을 구성하고 조율해 상식을 대변하는 것처럼 자처한다. 이러한 방향의 연구는 거의 개발되지 않은 것 같다. 예외적으로 로드 브룩스(Rod Brookes) 등의 연구는 2001년 선거에서 지상파 텔레비전 뉴스의 여론 구성 방식을 검토했다.[주 26] 공개적인 의견 표명이 금지되어 있지만 언론인은 그럼에도 불구하고 여론조사를 선별적으로 사용한다든지 시민 의견을 자의적으로 선택하거나 공중의 분위기에 관해 입증도 되지 않은 개인적 주장을 활용해서 여론을 구성하려 했다. 즉 "미디어를 통해 생산된 여론의 재현은 중요한 이데올로기적 결과를 초래한다."[주 27]

우리의 주장은 동의 확보에는 여론 탐색이 반드시 필요하지는 않으며 여론을 불러내기만 하면 된다는 것이었다. 우리는 〈위기 관리〉 집필을 설계하면서 뉴스 미디어의 메시지를 수용자가 어떻게 이해하는지에 관한 논의를 포함하지 않았다. 수용자가 일탈의 위협에 관한 뉴스 미디어 메시지를 기꺼이 믿는 것처럼 가정했다는 이유로 도덕 공황 분석을 비판하는 이도 있었다.[주 28] 글래스고미디어집단(Glasgow Media Group)의 에이즈 연구는 이 모델이 전반적으로 너무 도식적이어서 분석적 활동도가 낮다고 결론지었다.[주 29] 그렇지만 도덕 공황식 접근방식은 원칙적으로 기호화/기호 해독(encoding/decoding) 패러다임[주 30]과 완벽하게 양립 가능하며 관련 경험적 연구와도 그렇다.[주 31] 이 모델의 어떤 부분도 도덕 공황에 대한 공중의 지지가 과연 발생하는지, 발생한다면 어떻게 왜 발생하는지에 관한 질문을 차단하지 않는다.

    우리가 주목하는 네 번째 측면은 디지털 커뮤니케이션의 영향이다. 1970년대 중반의 미디어 지형은 오늘날과 매우 달랐다. 그후 지역지는 급속하게 쇠퇴했지만 당시 전국지의 존재감은 높았다. 그러나 전국 텔레비전 뉴스 채널은 세 군데밖에 없었고, 인터넷도 소셜 미디어도 없었다. 디지털 테크놀로지는 뉴스의 속성을 바꿔놓았다. 24시간 뉴스 채널, 신문의 웹판, 시민 언론인이 등장했고, 스마트폰을 활용해 목격자가 사건의 시청각 녹화를 할 수 있게 되었으며, 블로그와 트윗도 보급되는 등의 혁신이 이어졌다. 이 모든 변화는 "뉴스는 더 이상 거대 미디어 기업이 생산하는 협소한 대기업 중심적 정보 장르로 환원될 수 없다"[주 32]라는 사실을 시사한다.

    안젤라 맥로비(Angela McRobbie)와 새러 손턴(Sarah Thornton)은 그러한 새로운 미디어와 정치 형태 때문에 이전의 도덕 공황 모델의 개혁이 필요해졌다는 유명한 주장을 폈지만,[주 33] 그 모델을 대체하는 연구는 아직 등장하지 않았다. 뉴스 미디어 지형의 변화가 도덕 공황의 경로에는 제한된 영향을 미쳤을 뿐이라는 주장도 가능하겠다. 최근 일어난 두 가지 아주 다른 사례는 그러한 교훈을 줄 지도 모르겠는데, 메피드론이라는 신형 마약 금지[주 34]와 도심 빈민가 폭동에 대한 사회적 반응[주 35]이 그 예다. 두 사례에서 일탈적 행위자는 자신의 세계관을 공유하기 위해 소셜 미디어를 사용했지만 일단 공중의 시야에 드러나자 비난과 보복 일변도의 반응뿐이었다. 사이버 공간에서의 영향력은 없다 할지라도 미디어, 사회통제 기구, 정부의 중앙집권적 체제는 여전히 엄청난 문화적 권력을 보유하고 있다.

도덕 공황 미디어 분석에 뉴 미디어를 포함할 필요가 있는 것은 분명하지만 그 분석을 지배할 정도여서는 안 된다. 세 가지 다른 연구도 마찬가지로 생산적일 수 있다. 하나는 〈위기 관리〉 이후 개발된 분석 기법을 활용해 경험적 작업을 계속할 필요가 있다는 점이다. 난민 신청자 공황에 관한 최근 작업이 좋은 예다.[주 36] 두 번째로는 도덕 공황이 작동하는 장르를 내러티브 구조 측면에서 분석해보면 유익할 것이다.[주 37] 셋째, 위험, 특히 위험의 사회적 증폭에서 미디어가 수행하는 역할에 관한 작업과 연계해 볼 필요도 있다.[주 38] 그렇다면 〈위기 관리〉가 한때 그랬듯이 도덕 공황 분석은 미디어 연구 분야 전반에서 도움을 받을 수도 있고 기여할 부분도 있을 것이다.

## ▎〈위기 관리〉와 예외적 국가 (존 클라크)

〈위기 관리〉는 '예외적 국가'를 향한 움직임의 조건을 탐구했다. 즉 사회 통제의 균형이 어떻게 합의에서 강제의 축으로 기울어졌는지를 기술하고 이 변화를 "국가의 예외적 계기"로 규정했다. 하지만 이 용어는 아주 세련되지도 신뢰성이 높지도 않다. 우리가 이를 '계기'라고 부른 이유는 이 이행이 일시적이며 합의의 축이 결국 복원될 것이라고 단정했기 때문이다. 그렇지만 강제적 조치는 사라지기는커녕 제도화되었고 정상적 상태처럼 굳어졌다고 일부 논평가는 주장했다.[주 39] 이 판단을 입증하는 증거로는 반사회적 행위 규율 발명, 국가의 공적·사적 감시 일상화, 적절한 법적 절차없는 테러 용의자 수감, 검문검색 지속, 북아일랜드 사회 통제의 군사화, 정치적 시위에 대한 경찰 활동에서 '집단차단'(kettling)5과 다

---

5  영국의 시위 진압 방식의 하나로, 경찰이 밀집 대형을 활용해 시위대를 좁은 공간으로 밀어붙여 무력화하는 전략을 말한다. — 역주

른 '강경' 전략 구사, 수감자 수와 구류 중 사망자 수 증가 등을 들 수 있다. 이 현상은 국가 성격이 '예외적 국가'로 일시적이 아니라 영구적인 이행이 이루어졌음을 나타낸다고 비판가들은 주장한다.

그렇지만 독재, 권위주의, 단일 정당, 경찰 국가에서 기대할 수 있는 것처럼 비록 약화되긴 했어도 대의 정치의 절차와 법치주의는 중단되지 않았다. 이 '예외'의 성격에 관해서는 아직 결론이 나오지 않았으니 모순된 움직임을 무시한 채 한 부류의 경향들만 과장하는 일은 경계해야 한다. 강제의 '일상화' 추세를 입증하는 증거는 다양한 사태 전개에서 발견할 수 있는데, 국경 관리, 난민과 추방 절차 등에서 경찰 활동 강화와 더불어 경찰 기능을 민간 사업자에게 아웃소싱 한다든지 감옥 민영화와 민간 보안 회사 급증이라든지 하는 추세가 이에 해당한다. 강제의 정상화, 국가의 '신자유주의화', 점차 주변화되는 사회적·복지적 국가 기능 관리 간의 모순된 관계를 다루는 작업이 더 필요하다. 이러한 부류의 모순은 자유주의 체제에서 드물지 않기에 반드시 설명이 필요하다. 〈위기 관리〉의 재간행이 이 문제들을 규명하는 과업에 도움이 되기를 바란다.

그렇다면 이제 동의, 강제, 위기, 권력, 정치와 국가 간의 관계의 복합체에 관해 어떻게 사고해야 할까? 40년 동안 정치적으로나 분석 작업에서나 진전이 이루어진 결과 이제는 무엇이 달라졌는가 하는 질문에 도달하게 된 것인가? 사회민주주의적 합의 이후 급진화된 법과 질서 정치가 중심적인 위치를 차지하게 되었고, 정치 실행 양식으로서 권위주의적 대중주의가 부상했음을 확인했다는 점에서 〈위기 관리〉는 의미가 있었다. 〈위기 관리〉가 도입한 관점은 여전히 중요하다고 보지만 이 관점이 구현되는 방식은 새롭게 주목해볼 필요가 있다.[주 40]

가장 두드러지게는 '위기'의 (혹은 좀 더 정확하게는 복수의 위기 간 연결의) 성격이 달라졌다. 〈위기 관리〉가 영국 자본주의, 그 사회구성체, 정치적 대의의 혼란과 국가의 문제점을 중심으로 발생한 복수의 위기를 추적했다면, 지금은 자본과 자본주의를 전후 안정화의 '속박'으로부터 해방시키려 한 대처리즘·신자유주의 전략의 누적된 실패와 결과를 다루어야 한다.[주 41] 대처리즘은 (그리고 그 계승자는) 새로운 (탈산업화에서 부채 의존적인 소비 호경기, 급속하게 심화되는 부와 소득 불평등에서 대영 연합 왕국United Kingdom 해체에 이르기까지) 경제적, 사회적, 정치적 혼란과 적대를 초래했다. 이전의 아직 해결되지 않은 적대와 모순에 덧붙여 이 적대와 모순의 축적은 결국 '대처 이후' 어떤 새로운 대대적인 정치적 안정화도 존재하지 않는 상태를 가져왔다.[주 42] 새로운 동의 형태를 생성하려는 노력은 부분적으로만 성공을 거두었으며 불안정한 상태는 계속 유지되고 있다. 그리하여 제레미 길버트(Jeremy Gillbert)가 "불만에 찬 동의"(disaffected consent)라는 멋진 이름을 붙인 상태가 조성되었다. 복수의 위기는 일부 핵심적 측면에서는 차이가 있지만 지속적인―그리고 해결되지 않은― 권위의 위기로 표현되고 있다.

이 모든 사태 전개는 이전과 달리 국제화된 관계, 흐름, 세력의 장 안에서 발생했기 때문에 순수하게 영국의 위기라고 말하기 어려울 정도다. 대처의 '자유화'는 이전과 다른 방식으로 영국 자본의 글로벌 경제 편입을 추진했는데, 이 때문에 지난 30년 동안 경제 위기가 줄줄이 발생할 만한 여건이 조성되었고 그 결과 2008년에는 글로벌 금융의 대대적인 혼란이 발생하고 말았다. 이러한 위기들은 글로벌화한 경제 제도 안에서 글로벌한 규모로 발생했지만, 오늘날에는 '국가화한' 형태를 취해 국가 부채, 공공 부문 지출, 정부 책임 등의 문제로 나타났다. 이 문제들은 정상적인 국가를 엉성하고 무책임한 국가와 구분해 줄 수 있는 이슈가 되었다. 위기의 이 '국가화'는 긴축정책 추구와 맞물려 다양한 형태의 권위주의적 대중주의를 재구성할 수 있는 풍부한 토양 구실을 했다.[주 43]

1970년대에 등장하고 있던 강제의 담론과 실천은 다른 모든 곳에서도 확장, 심화되어 말하자면 스테로이드를 복용한 상태처럼 되었다. 달리 표현하자면 우리가 1970년대에 추적한 예외적 혹은 '법과 질서형' 국가를 향한 움직임은 이제 철저하게 보편화했다. 아담 크로포드(Adam Crawford)가 주장했듯이 국가가 민영화되거나 기업화된 '보안' 서비스 형태로 보완되는 추세라 할지라도, 가장 폭넓은 의미에서 경찰 활동은 그동안 국가 권

력이 위축되지 않은 한 가지 영역이다.[주 44] 범죄 통제와 감시 기구 확장은
—아마 예측 가능한 일이었겠지만—범죄에 대한 공중의 불안감을 완화해
주지 못했다. 정반대로 대중적 미디어와 권위주의적 대중주의 정치가 영구
적으로 보이지만 항상 놀라울 정도로 새로운 '법과 질서'의 위기를 재발견
해내는 식의 악순환으로 그러한 불안감은 오히려 지속되고 구체적으로 구
현되었다.

여기서 우리는 관련된 존재로서 중요성이 커지고 있는 '안보'(security)
와 위기 관리가 교차하는 중요한 지점을 발견하게 된다. 특히 9/11 이후 위
기, 강제, 동의, 권력은 이 안보를 통해 새로운 형태로 재구성되었다.[주 45]
안보는 외부적, 내부적 위협을 결합해 새로운 이름을 붙인다. 이 위협은
어디서 왔든 서구·문명·자유 세계·우리 나라를 공격할 지도 모르는 테러
리스트가 될 수도 있는데, 대단히 골치 아프게도 이 위협이 내부에서 올
수도 있다. 안보 위기에 대한 경찰 활동은 외부 개입(전쟁에서 '경찰 활동'까
지), 국경 강화, 의심스런 주민 대상의 국내 감시와 개입 강화를 포함한다.
[주 46] 〈위기 관리〉가 버밍엄에 뿌리를 두고 있다는 점을 감안할 때 2010
년 발샐 히드(Balsall Heath) 주변에 (감시 카메라의) '강철 고리'를 설치한 사
건은 언급할 만하다. 이 조치는 공개적으로는 범죄와 반사회적 행동 예방
용으로 정당화되었지만 정부의 대 테러리즘 계획에서 예산 지원을 받고
그 기구에 정보를 제공했다.[주 47] 목적과 대상주민을 고의적으로 뒤섞어
꾸며낸 데 대해 공중의 분노가 치솟자 이 감시망은 일부 해체되었다.

이러한 사태 전개는 범죄가 어떻게 통치와 국가 권력 조직의 초점
구실을 하는지에 대한 학술적 관심의 증가에 반영되었는데, 이 연구들은
우리의 관심사를 새로운 분석, 새로운 시대, 새로운 이론화 방식으로 확
장했다.[주 48] '법을 지키는 다수' 시민과 다양한 '내부의 적'의 구분에 근
거한 정치 수사는 지난 30년간 영국, 유럽, 북미의 대중주의 담론에서 일
관된 줄거리를 이루었는데, 앞서 언급한 연구들은 범죄가 이러한 움직임
에서 중심적인 정치 수사로 어떻게 동원되는지 검토했다. 대다수의 북대
서양 연안 사회에서는 국가 문제(그 상상된 구성, 경계, 구성원의 조건)가 국내

정치에서 점차 중심적 공간을 차지하게 됨에 따라, 이 '범죄의 문제점' 담
론―그리고 이와 관련된 범죄자화 실천―은 엄청나게 인종화했다. 그러
한 담론은 다양한 형태의 '국민적 대중성'(national-populars)이 지속적으로
재발명되는 과정에서 핵심적 역할을 했다. 여기에는 프랑스의 니콜라스
사르코지(Nicolas Sarkozy)가 '인간 쓰레기'(racaille)를 비난한 사례는 물론 '영
국스러움'을 정의하고 주입하려는 정부 차원의 반복적인 노력에 이르기까
지 다양한 예가 있다. 이 담론들은 미국에서도 '도시 위기'[주 49]의 형태 진
화라든지 '불법' 이주민의 범죄자화 강화 등에서 중요한 역할을 했다.

　　그러한 사태 전개는 국가 구성체에서 일어나는 변화의 한 가지 측면
을 지칭하고 있다. 다소 뜻밖의 추세는 '사회성의 통치'[주 50] 전략에서 비
국가 기구와 조직의 중요성이 커지고 있다는 점이다. 우리는 이전의 통념
이던 공적―사적 경제를 넘어서 새로운 조직 배열(파트너십, 지역 기반 조직,
혼합형 기구 등)을 통해 작동하는 새로운 권력, 통제, 개입 형태가 복잡한
형태로 (공동체 안전, 청소년 관련 치안, 반사회적 행동 규율, 그리고 사회적 순응과 실적
을 포함하는 새로운 조건부 복지 형태 등) 발전하는 것을 목격했다.[주 51] 그러한
'비국가' 기구에 대한 새로운 분석적 접근방식은 거버넌스라는 정치학적
관심사에서뿐 아니라 미셸 푸코에게서 영감을 얻은 통치성(governmentality)
에 대한 관심에서도 등장했다. 두 접근방식은 모두 이유는 아주 다르지
만 국가의 역할을 과소평가하거나 국가의 쇠퇴를 과장하는 경향이 있다.
이에 대응해 변화하는 제도적, 조직적 형태는 고려하지 않은 채 국가와
국가 권력의 연속성을 강조하는 주장의 반박도 더러 나왔다. 이 시각은
권력과 담론에서 새로 등장한 중요 양상을 간과하는 위험을 안고 있다고
생각한다.[주 52]

　　이 변화를 분석하다보면 초점 문제가 제기된다. 오직 강제 기구나
다른 변화의 강제적 요소에만 집중할 경우, 푸코의 관점에서 볼 때 행위
가 수행되는 복합적 방식, 표적 집단에 따라 구사 전략이 달라지는 복합
적 양상을 놓치게 될 우려가 있다.[주 53] 따라서 징벌적 처벌을 신자유주의
의 핵심으로 본 로익 바캉(Loic Wacquant)의 탐색은[주 54] 어떻게 해서 신자

유주의가 문제시하는 인구층을 표적으로 삼아 범죄자화와 수감 과정을 확장하게 되는지에 관한 질문을 더 발전시켰다. 하지만 단순화하는 이분법(국가 대 거버넌스, 강제 대 동의, 혹은 바캉과 부르디외가 제시한 국가 내의 좌파와 우파 기구인 복지주의 대 강제·처벌 간의 구분)을 피하기만 한다면 이러한 전략, 권력 형태, 조직 배열의 변화를 더 잘 파악할 수 있을 것이라고 생각한다. 변화하는 국가 구성체 내에서는 새로운 전략, 새로운 조직 배열, 새로운 권력 행사 양식들이 혼종이나 복합체 형태로 결합되고 있는데, 이러한 변화에 관한 사고는 정치적으로 뿐 아니라 분석적으로도 시급한 과제로 남아 있다. 이 문제들은 '지금은 무엇이 달라졌는지'를 판단하는 데 핵심적인 이슈라고 생각한다.

## ▌구조, 문화와 생애사 (브라이언 로버츠)

〈위기 관리〉는 '노상강도'의 의미를 전통적인 접근방법보다 더 완전하고 역동적으로 탐구하는 데 필수적인 관계적, 구조적, 역사적 '지형'을 두루 기술하려 시도하였다(pp.183-4, 321). 마지막 장에서는 이전의 이론에서 따온 세 가지 차원, 즉 구조, (하위)문화, 생애사주 55]를 서로 관련짓는 방식으로 도심 빈민 지역 청년의 경험을 살펴보았다. 돌이켜보면 이 시도는 하나의 도전을 제시한 셈이었다. 이후의 접근들이 길거리 범죄의 '차원들'을 설명하려면 광범위한 접근방식에서 따온 요소들을 결합해 사용해야 마땅할 것이다.

〈위기 관리〉에서는 개인의 통제를 벗어나는 부와 권력 분포를 반영하여 핵심적인 '이차성의 구조들'(노동, 계급, 인종, 젠더 등)을 기술한다(pp.333-41). 그러나 (이전의 일부 '인종관계' 연구에서처럼) 인종·종족성, 인종주의에 대한 '구조적' 접근은 지금도 그렇지만 그때도 필연적인 불이익의 윤곽을 제시하긴 해도 실제 사회문화적 경험을 간과할 수도 있다고 주장한다. 이와 비슷하게 최근 행위자, 정체성·혼종성, '새로운 인종주의'의 이슈를 둘러싸고 '문화적' 접근방식에서 이루어진 발전 역시 가족, 동네,

학교, 노동, 국지적·전국적 단위 국가 등의 '구조화하는' 효과와 결합하지 **않는다면,** '문화, 의식과 저항'(pp.341–55)과 현재의 불이익을 이해하는 데 제약이 될 수도 있다. 이전의 '거시적–구조적 분석'은 인간의 삶을 단순히 사회구조적 요인에 대한 반응으로 환원시키게 될 수도 있었다. 그러나 '문화적' 접근방식은 '인종'을 둘러싼 문화적 동학과 담론에 관한 지식을 신장하고 이전의 거시적–구조적 분석의 단점을 잘 비판하긴 해도 개인 경험의 복잡성을 대변하지 못할 수도 있다.[주 56] '문화적' 설명은 정체성 형성의 유동적이고 복잡하고 맥락적이며 복수적 성격을 강조하면서도 구조 역시 **삶을 통해 체험되고** 문화도 **제약을 가한다**는 점을 강조해야만 한다.

〈위기 관리〉에서는 '흑인 노상강도범'의 '민중의 악마' 혹은 '상징적 이미지'와 씨름하면서 사회적 시각에서 본 '노상강도'에 가장 주된 초점을 두었긴 하지만 상당히 다른 모습의 '생애사'도 제시했다. 이 생애사에서는 개인의 위치, 결정, 궤도가 활용 가능한 여러 문화적 대안 내에서 '구조화된다'(pp.159–60, 321, 333–41). 개연성 있는 가족 문제, 친구 관계, 학교 적응 문제, 경찰과의 접촉 등을 포함해서 '전형적인' 생애사적 경로를 구성한다(p.354). 따라서 청년의 행동을 설명할 때에는 구조적 불이익도 문화적 가치도 충분한 설명을 제시하지 못 한다고 주장한다. 1970년대 브리스톨에서 서인도인의 라이프스타일에 관한 켄 프라이스의 민속지학 연구가 힘주어 주장했듯이 상황에 대한 '반응'은 단순하게 결정되지 않는다.[주 57] 그러한 시각에서 보면 '노상강도'는 '끝없는 압력'에 직면해 가능한 몇 가지 경로 중 하나이자 범죄적, 비범죄적 선택 내부에서의 '표류'다.[주 58] '거시–구조적 조건'의 영향은 예를 들면 열악한 고용 전망을 통해 **다양한** 라이프스타일의 여건을 형성한다.[주 59] 앤소니 건터(Anthony Gunter)가 '흑인 남성성'의 다양성에 주목하면서 최근 주장했듯이, "수많은 흑인 남성은 다양한 '표현적 행태'에 창의성의 초점을 두는 식으로 쓰라림, 실패, 좌절, 사회적 주변화를 극복한다."[주 60] 이 행태에는 옷차림, 섹슈얼리티, 동작 등이 포함될 수도 있다. 이데올로기와 사회 제약이 결합해 남성성, 여성성과 기타 정체성의 형성에서 그리고 공간의 규정에서 '작동하는' 방식

의 복잡성도 여기에 얽혀 있다. 도심 빈민가 청년들은 어느 정도 공통성
도 갖고 있지만 그럼에도 불구하고 연령, 젠더, 가족, 종교, 종족성, 교육
등의 구조에 대한 문화적 경험에서 사회적으로 서로 차별화된다. 동시에
청년들은 문화적-구조적 '자리매김'(positioning)과 정체성 형성에서 순응
하고 저항하고 재해석하고 타협한다는 사실도 분명하다.[주 61]

  〈위기 관리〉는 '도심 빈민가' 구역을 살펴보는 과정에서 '공적인 인
종주의'에 직면해 저항을 '표현하는' 문화 형태를 포함해 '서인도인 고립
지'가 생겨나는 것을 목격했다(pp.343-4). 이후의 공동체 행동에 중요한
부분으로는 1974년 경기불황 후 대규모 공동체 캠페인에서 두드러지듯이
좀 더 지역화되고 조직화된 '종족 의식'이 성장했다.[주 62] 더구나 흑인에
대한 경찰 활동은 도시 구역의 약자층에 대한 경찰 활동과 '맞물리게 될
우려가' 커졌다고 〈위기 관리〉는 판단했다(pp.325-6). 이 '맞물림'은 특히
2011년 폭동에서 두드러진 것으로 보인다(이 후기의 '인종, 범죄, 경찰 활동' 절
을 보라).

  불평등 심화는 늘 반복해서 등장하는 공적 이슈였다. '분열된 사회'
라는 개념은 특히 1980년대의 불경기와 폭동에서 현저하게 드러났고, 이
때 이와 비슷한 논쟁이 재개되었을 수도 있다. 정부가 임명한 〈폭동 공동
체 피해자 패널 보고서(Riots, Communities and Victims Panel Report)〉[주 64]는 교
육과 취업 기회, 공기구의 비효율성과 낮은 신뢰, 공동체 유대 붕괴, 청년
대상의 '공격적 마케팅과 물질주의' 등의 이슈를 지적했다. 보고서에서
많은 인터뷰 참가자들은 분에 넘치는 상품 절도에서 기회주의적 태도를
보였음을 인정했지만, 다른 이들은 이를 기회, 돈의 부족이나 전반적인
차별 대우에 따른 부당함에 대한 항의 표시였다고 밝혔다.[주 65]

  2011년 폭동에 대한 설명에서 물질주의 득세와 기대 박탈감을 지목
한 부분은 최근 영국 길거리 강도에 관한 연구에서도 강한 공감을 얻고
있다. 이 작업은 범행자, 사회 통제, 희생자 표적화 그리고 정책 조치 등
'종합적' 설명을 추구했다. 저자들은 다양한 이론, 가령 하위문화, 합리적
선택, 잭 캇츠(Jack Katz)의 '범죄의 유혹', 통제 이론들의 요소를 통합해 범

죄를 좀 더 '완전하게' 설명하려 했다.[주 66] 전반적으로 길거리 강도 연구
는 공통적인 (머튼식의) '문화적 주제'를 다루고 있다. 그러한 연구에서는
'길거리 문화'에 소비자주의 가치가 '만연한데' 기회의 차별 때문에 정당
한 수단으로는 값비싼 '길거리 스타일'에 대한 '욕망'이 충족되지 않는다
는 식으로 설명한다.[주 67] 이 상황에서는 순응에서 불법성에 이르기까지
어떤 다양한 '적응 방식들'이 가능하다. 흥미롭게도 포스트모던 (그리고 '글
로벌') 이론이 청년 연구에서 소비자주의 '스타일'을 강조하는 데도 불구하고
(구역·계급과 연계된) 어떤 '하위문화' 개념[주 68]은 여전히 길거리 강도 연구
자에게 중요하다.[주 69] 이 연구와 나란히 '갱 집단'(존재, 정의, 활동, 종족적
젠더적 구성 등)과 관련된 '예방 조치'에 관한 학술 연구도 부활했는데, 아마
부분적으로는 '갱 문화'에 대한 정치적·공적 우려가 강화된 덕분일 것이
다.[주 70] 심각한 '집단 폭력과 강도'는 분명히 발생하고 있으며, 자세하고
세심한 연구도 반드시 필요하다. 하지만 공적 토론 내에서 갱 구성원을
'민중의 악마'로 구성하는 것은 청년문화, 범죄, 도심 빈민가의 구조적−
문화적 맥락을 더 깊이 이해하는 데 제약, 왜곡, 방해가 될 뿐이다. 이는
'노상강도 공황'에서도 이미 목격한 과정이다.

　　길거리 강도와 폭력에 관한 최근 연구는 범행자의 '동기화'에 크게
주목했다. 필자들은 수많은 요소를 확인했는데, '길거리 문화 스타일' 충
족을 위해 현금이 필요했다든지, 자극 추구라든지(가령 도박이나 마약), '남성
성·명성' 과시(즉 지위, 존경)와 범행에 대한 '합리화'가 거론되었다. 여기서
'동기화'의 이론적 복잡성을 좀 더 고려할 필요도 있는데, 하위문화 개념
을 좀 더 발전시킨 개념들(예를 들면 '중립화', '여가적 가치', '자포자기')을 예로
들 수 있다.[주 71] 아울러 지금까지 이어지고 있는 시카고학파식·상호작용
론적 '전통'에서 빌어온 개념들(예컨대 '개인사life history', '일탈적 커리어') 역시
적용 가능성이 매우 높다.[주 72] 마지막으로 생애사적·내러티브,[주 73] '사
회심리적' 접근방식[주 74]에서 우리 주제와 관련해 나온 중요한 성과도 있
다. 이러한 이론적 적용은 사회문화적 요인들(즉 가족, 젠더, 계급, 종족 집단,
연령)을 특정한 (도심 빈민가) 맥락에서 생애사적으로 경험한 '동기의 레퍼토

리'의 선택 범위와 연결해 '동기화'를 더 잘 규명할 수도 있을 것이다 (pp.352–3).[주 75] 이러한 성과들에 힘 입었다면 〈위기 관리〉의 생애사적－문화적－구조적 설명은 더욱 풍부해졌을 것이다. 다른 출처, 즉 프라이스의 동시대적 연구나 이후 질적 연구 성과가 제공한 심층적인 자료(예를 들면 비주얼 자료)를 활용하거나 그 지원을 받아 독자적으로 자료를 개발했다면 (이차 자료에만 의존한) 〈위기 관리〉의 민속지학적 접근 역시 큰 도움을 얻었을 것이다.[주 76] 그러나 이처럼 자료 간의 '균형'이 달라졌다면 이 책의 주 분석에서 세부사항, 설득력, 의도가 일부 상실됐을 가능성도 있다.

    '경기 침체'와 정부 '긴축' 정책이 진행되는 현 '국면'에서는 청년의 기회가 더 줄어들고 있다. 한편 폭동과 길거리 강도에 대한 한 가지 핵심적 설명은 소비자주의 가치가 만연한 결과라는 것이었다. 그러나 이 가치들이 **실제로** 어떻게 행동에 영향을 미치는가? 청년들은 '욕망하는' 라이프스타일에 대한 집착과 일상의 '현실' 간의 차이를 어떻게 '관리'하는가? '소비자주의 가치' **그리고** 다른 가치는 그냥 단순히 수용되거나 실행되지 않고 가족, 거리, 동네, 종족 집단 등의 맥락에서 해석되고 차별적으로 '채택된다'. '표류'는 청년들이 인식한 선택 여지뿐 아니라 신념, 동기, 합리화, 감정(욕망, 부당함, 절망 등)에 따라서도 발생한다. 오늘날에는 구체적 맥락에서 (가족, 학교, 노동 등) 문화적, 구조적 '재생산'을 이해하려는 시도가 시급하게 필요하다. 즉 청년이 어떻게 물질적, 사회적 자본을 활용해서 정체성을 구성하고 지역－글로벌 '연결망' 안에서 (즉 스타일, 음악, '정치적' 표현에서는 인터넷 사이트에서) 행동하는지 규명할 필요가 있다. 도심 빈민가든 다른 곳이든 모든 청년의 생애사적 경험이 형성되는 과정에서 미시－거시 관계가 상호 관련성을 맺는 방식에 대한 분석도,[주 77] (핵심적으로는) 포섭적－배제적 과정에 관한 분석도, 사회적 봉쇄와 의식적 도전에 관한 분석도 필요하다. 그러나 길거리 강도 참여 양상에 대한 설명을 시도한다면 반드시 〈위기 관리〉처럼 민속지학적으로나 이론적으로나 구조적－문화적 틀 짓기 안에서 가능한 '생애사적 경로' 선택권에 초점을 맞추어야 한다.

    마지막으로 〈위기 관리〉에서 주장했듯이 길거리 범죄의 '일시적 영광'이 무엇이든, 오랫 동안 '살아남은' 사람들에게 이 범죄는 '낭만적이지' 않으며 그보다는 "동기가 무엇이든 참여하는 모든 이를 학대하는"(p.353) '자포자기적 존재'에 불과할 뿐이다.

## 주와 참고문헌

1 Lord Scarman, *The Scarman Report* (Harmondsworth: Penguin, 1982: 78).

2 노상강도는 아직 공식적인 범죄가 아니기 때문에, 강도 수치가 이에 가장 근접한 숫자를 제공한다. 특별히 명시하지 않는 한, 모든 숫자는 다음 출처에서 따온 것이다. *Recorded Crime Statistics 1898- 2001/02* and *2002/03- 2006/07*, compiled by Chris Kershaw and supplied by Steve Farrall.

3 B. Campbell, *Goliath* (London: Methuen, 1993)을 보라.

4 J. E. Stockdale and P. J. Gresham, *Tackling Street Robbery* (London: Police Research Group, Home Office, 1998: 7).

5 Home Office, *Racial Attacks* (London: HMSO, 1981).

6 W. Macpherson, *The Stephen Lawrence Inquiry* (London: Home Office, 1999).

7 B. Bowling, A. Parma and C. Phillips, C. 'Policing Ethnic Minority Communities', in *The Handbook of Policing* 2nd edn, ed. T. Newburn (Cullompton, Devon: Willan, 2008).

8 M. FitzGerald, 'Young Black People and the Criminal Justice System', Unpublished Briefing Paper, *House of Commons Home Affairs Committee on Young Black People and the Criminal Justice System*, 2006: 27-8, 55.

9 M. FitzGerald, 'Ethnicity and Crime', Unpublished Lecture, 2010: 10.

10 *Guardian*, 5 September 2011.

11 *Guardian*, 10 March 2012.

12 *Guardian*, 31 March 2012.

13 이 입장들을 조화시키려는 시도로는 T. Jefferson, 'Discrimination, Disadvantage and Police-work', in *Out of Order?* ed. E. Cashmore and E. McLaughlin (London: Routledge, 1991)을 보라.

14 B. Bowling and C, Phillips, 'Disproportionate and Discriminatory', *The Modern Law Review* 70(6), 2007: 944.

15 M. FitzGerald, J. E. Stockdale and C. Hale, *Young People's Involvement in Street Crime* (London: Youth Justice Board, 2003).

16 그러나 C. Phillips and B. Bowling, 'Racism, Ethnicity, Crime and Criminal Justice', in *The Oxford Handbook of Criminology* 4th edn, ed. M. Maguire, R. Morgan and R. Reiner (Oxford: Oxford University Press, 2007)를 보라.

17 T. Jefferson, 'The Racism of Criminalization', in *Minority Ethnic Groups in the Criminal Justice System*, ed. L. R. Gelsthorpe (Cambridge: Institute of Criminology,

University of Cambridge, 1993).

18  P. Schlesinger, 'Re-thinking the Sociology of Journalism', in *Public Communication*, ed. M. Ferguson (London: Sage, 1990).

19  M. Welch, M. Fenwick and M. Roberts, 'Primary Definitions of Crime and Moral Panic', *Journal of Research in Crime and Delinquency* 34(4), 1997: 474-94.

20  S. Chibnall, *Law and Order News* (London: Tavistock, 1977).

21  P. Brighton and D. Foy, *News Values* (London: Sage, 2007).

22  M. Montgomery, *The Discourse of Broadcast News* (London: Routledge, 2007).

23  J. E. Richardson, *Analysing Newspapers* (Basingstoke: Macmillan, 2007).

24  R. Fowler, *Language in the News* (London: Routledge, 1991).

25  J. Corner, *Television Form and Public Address* (London: Edward Arnold, 1995).

26  R. Brookes, J. Lewis and K. Wahl-Jorgensen, 'The Media Representation of Public Opinion', *Media, Culture and Society* 26(1), 2004: 63-80.

27  Ibid.: 64.

28  Y. Jewkes, *Media and Crime* (London: Sage, 2004); J. Kitzinger, *Framing Abuse* (London: Pluto, 2004).

29  D. Miller, J. Kitzinger, K. Williams and P. Beharrell, *The Circuit of Mass Communication* (London: Sage, 1998).

30  S. Hall, 'Encoding/Decoding', in *Culture, Media, Language*, ed. S. Hall, D. Hobson, A. Lowe and P. Willis (London: Hutchinson, 1980),

31  D. Morley, *The 'Nationwide' Audience* (London: BPI, 1978).

32  J. Jones and L. Salter, *Digital Journalism* (London: Sage, 2012: 171).

33  A. McRobbie and S. L. Thornton, 'Re-thinking "Moral Panic" for Multimediated Social Worlds', *British Journal of Sociology* 46(4), 1995: 559-74.

34  J. Collins, 'Moral Panics and the Media', paper delivered to conference on *Moral Panics in the Contemporary World*, Brunel University UK, December, 2010.

35  G. Scambler and A. Scambler, 'Underlying the Riots', *Sociological Research Online*, 2012 (http://www.socresonline.org.uk/16/4/25.html).

36  J. Banks, 'Unmasking Deviance', *Critical Criminology* DOI 10.1007 /s10612-011-9144-x, 2011; J. Matthews and A. R. Brown, 'Negatively Shaping the Asylum Agenda? *Journalism* DOI: 10.1177/1464884911431386, 2012.

37  H. Fulton ed., *Media and Narrative* (Cambridge: Cambridge University Press, 2005).

38  N. Pidgeon, R. E. Kasperson and P. Slovic eds, *The Social Amplification of Risk* (Cambridge: Cambridge University Press, 2003).

39  예를 들면, P. Hillyard, 'The "Exceptional" State', in *State, Power, Crime*, ed. R. Coleman, J. Sim, S. Tombs and D. Whyte (London: Sage, 2009); R. Coleman, J. Sim, S. Tombs and D. Whyte, 'Introduction', in *State, Power, Crime*, ed. Coleman, Sim,

Tombs and Whyte.

40  J. Clarke, 'Of Crises and Conjunctures', *Journal of Communication Inquiry* 34(4), 2010: 337-54.

41  B. Jessop, *The Future of the Capitalist State* (Cambridge: Polity, 2002).

42  신자유주의가 '실패를 향해 전진하는'(fail forwards) 경향에 관해서는 Peck, *Constructions of Neo-Liberal Reason* (Oxford: Oxford University Press, 2010)을 보라.

43  J. Clarke, 'Austerita e Autoritarismo', *La Rivista delle Politiche Sociali* N.l, 2012: 213-30.

44  A. Crawford, 'Networked Governance and the Post-regulatory State?' *Theoretical Criminology* 10(4), 2006: 449-79.

45  J. Huysmans, *The Politics of Insecurity* (London: Routledge, 2006).

46  E. Balibar, *We, the People of Europe?* (New Jersey: Princeton University Press, 2004).

47  P. Lewis, 'Surveillance Cameras Spring Up in Muslim Areas - the Targets? Terrorists', 2010 (http://www.guardian.co.uk/uk/2010/jun/04/birminghamsurveillance-cameras-muslim-community), date accessed 13 March 2012; 좀 더 일반적 논의로는 S. Graham, *Cities under Siege* (London: Verso, 2010)를 보라.

48  Coleman, Sim, Tombs and Whyte eds, *State, Power, Crime;* D. Garland, *The Culture of Control* (Chicago: University of Chicago Press, 2001); J. Simon, *Governing through Crime* (Oxford: Oxford University Press, 2007).

49  M. Ruben and J. Maskovsky, 'The Homeland Archipelago', *Critique of Anthropology* 28(2), 2008: 199-217.

50  N. Rose, *Powers of Freedom* (Cambridge: Polity, 1999).

51  K. Stenson, 'Governing the Local', *Social Work and Society* 6(1), 2008 (http://www.socwork.net/2008/1/special_issue/stenson).

52  J. Newman and J. Clarke, *Publics, Politics and Power* (London: Sage, 2009); A. Sharma and A. Gupta, 'Rethinking Theories of the State in an Age of Globalization', in *The Anthropology of the State*, ed. A. Sharma and A. Gupta (Oxford: Blackwell, 2006).

53  J. Clarke, 'New Labour's Citizens', *Critical Social Policy* 25(4), 2005: 447-63; J. Clarke, 'Subordinating the Social?' *Cultural Studies* 21(6), 2007: 974-87.

54  L. Wacquant, *Punishing the Poor* (Durham, NC: Duke University Press, 2009); 그러나 N. Lacey, 'Differentiating among Penal States', *British Journal of Sociology* 61(4), 2010: 778-94를 보라.

55  C. Critcher, 'Structures, Cultures and Biographies' in *Resistance through Rituals*, ed. Hall and Jefferson.

56  A. Gunter, *Growing up Bad?* (London: Tufnell Press, 2010: 13-14).

57  K. Pryce, *Endless Pressure.*

**58** Ibid.

**59** E. Cashmore and B. Troyna eds, *Black Youth in Crisis* (London: Allen & Unwin, 1982); M. Fuller, 'Young, Female and Black' in *Black Youth in Crisis*, ed. Cashmore and Troyna.

**60** Gunter, *Growing up Bad?* p. 7.

**61** Hall and Jefferson eds, *Resistance through Rituals;* S. Hall, 'The Question of Cultural Identity' in *Modernity and Its Futures*, ed. S. Hall, D. Held and T. McGrew (Cambridge: Polity, 1982).

**62** B. Roberts, 'The Debate on "Sus"', in *Black Youth in Crisis*, ed. Cashmore and Troyna.

**63** L. Scarman, *The Scarman Report;* Archbishop of Canterbury's Commission on Urban Priority Areas, *Faith in the City* (London: Church House Publishing, 1985).

**64** The Riots, Communities and Victims Panel, *After the Riots* (London: The Riots, Communities and Victims Panel, 2012).

**65** *Guardian/LSE, Reading the Riots*, 2011 (http://www.guardian.co.uk/uk/series/reading-the-riots); 또한 K. Dunnell, *Diversity and Different Experiences in the UK* (London: Office of National Statistics, 2008)도 보라.

**66** J. Katz, *Seductions of Crime* (New York: Basic Books, 1988); T. Bennett and F. Brookman, 'The Role of Violence in Street Crime', *International Journal of Offender Therapy and Comparative Criminology* 53(6), 2009: 617-33; S. Hallsworth, *Street Crime* (Cullompton, Devon: Willan, 2005).

**67** M. Barker, J. Geraghty, B. Webb and T. Key, *The Prevention of Street Robbery*, Home Office: Police Research Group, Crime Prevention Unit Series, 40 (London: Home Office, 1993); R. Wright, F. Brookman and T. Bennett, 'The Foreground Dynamics of Street Robbery in Britain', *British Journal of Criminology* 46(1), 2006: 1-15; J. Young, 'Merton with Energy, Katz with Structure', *Theoretical Criminology* 7(3), 2003: 389-44.

**68** Hall and Jefferson eds, *Resistance through Rituals.*

**69** G. Martin, 'Subculture, Style, Chavs and Consumer Capitalism', *Crime, Media, Culture* 5(2), 2009: 123-45.

**70** S. Batchelor, 'Girls, Gangs and Violence', *Probation Journal* 56(4), 2009: 399-414; T. Bennett and K. Holloway, 'Gang Membership, Drugs and Crime in the UK', *British Journal of Criminology* 44(3), 2004: 305- 23; S. Hallsworth and T. Young, 'Gang Talk and Gang Talkers: A Critique', *Crime, Media, Culture* 4(2), 2008: 175-95; I. Joseph and A. Gunter, *Gangs Revisited* (London: Runnymede, 2011).

**71** D. Matza, *Delinquency and Drift* (New York: Wiley, 1964).

**72** B. Roberts, *Biographical Research* (Buckingham: Open University Press, 2002: 33-51); B. Roberts, *Micro Social Theory* (Basingstoke: Palgrave, 2006: 30-61); D. Matza, *Becoming Deviant* (Englewood Cliffs, NJ: Prentice-Hall, 1969).

73  Roberts, *Biographical Research*, pp. 115-33.

74  D. Gadd and T. Jefferson, *Psychosocial Criminology* (London: Sage, 2007).

75  또한 Gunter, *Growing up Bad?*도 보라.

76  Pryce, *Endless Pressure*.

77  Roberts, *Micro Social Theory*.

## [ 저자 소개 ]

**스튜어트 홀**(Stuart Hall, 1932-2014)은 대표적인 문화 이론가 중 한 명이자 영국 문화 연구, 버밍엄학파의 창시자로 꼽힌다. 1932년 자메이카에서 태어나 영국으로 건너가 옥스퍼드대학에서 공부했다. 박사과정을 중단하고 반핵운동을 비롯해 신좌파 운동에 뛰어들어 핵심 인물로 활동했고, 〈대학과 좌파 평론〉과 〈뉴레프트 리뷰〉 편집장으로 활동했다. 이후 버밍엄대학교 현대문화연구소 소장, 개방대학교 교수 등을 지내면서 〈의례를 통한 저항 (Resistance through Rituals)〉, 〈위기 관리(Policing the Crisis)〉, 〈대처리즘의 문화 정치(The Hard Road to Renewal)〉 등 영국 문화연구에서 대표작으로 꼽히는 저서들을 펴냈다. 학술적 저술뿐 아니라 〈오늘의 마르크스주의〉 등의 잡지 기고나 텔레비전 출연 등 현실 참여를 통해 영국 노동당 정책과 현실 정치에 큰 영향을 미쳤다.

**채스 크리처**(Chas Critcher)는 버밍엄대학교 현대문화연구소에서 공부했고, 현재 영국 쉐필드 할람대학교 명예교수다.
**토니 제퍼슨**(Tony Jefferson)은 버밍엄대학교 현대문화연구소에서 공부했고, 현재 영국 키일대학교 명예교수다.
**존 클라크**(John Clarke)는 버밍엄대학교 현대문화연구소에서 공부했고, 현재 영국 개방대학교 사회정책학 교수다.
**브라이언 로버츠**(Brian Roberts)는 버밍엄대학교 현대문화연구소에서 공부했고, 현재 영국 더램대학교 응용사회과학학부 초빙교수다.

## [ 역자 소개 ]

**임영호**는 서울대학교 신문학과에서 학사와 석사학위를, 미국 아이오와대학교에서 언론학 박사학위를 받았다. 현재 부산대학교 미디어커뮤니케이션학과 명예교수이며, 문화연구, 저널리즘, 지식사 등을 연구하고 있다. 〈왜 다시 미디어 정치경제학인가〉(2022), 〈학문의 장, 지식의 제도화〉(2019), 〈한국 에로 비디오의 사회사〉(2018, 공저) 등의 저서와 〈문화와 사회를 읽는 키워드: 레이먼드 윌리엄스 선집〉(2023), 〈장르와 내러티브〉(2020), 〈문화, 이데올로기, 정체성: 스튜어트 홀 선집〉(2015), 〈언론학의 기원〉(2014), 〈대처리즘의 문화 정치〉(2007) 등 다수의 번역서가 있다.

한국연구재단 학술명저번역총서 서양편 802

## 위기 관리 2: 노상강도, 국가, 법과 질서

| | |
|---|---|
| 초판발행 | 2023년 5월 10일 |
| 지은이 | Stuart Hall, Chas Critcher, Tony Jefferson, John Clarke, Brian Roberts |
| 옮긴이 | 임영호 |
| 펴낸이 | 안종만·안상준 |
| 편 집 | 사윤지 |
| 기획/마케팅 | 노 현 |
| 표지디자인 | 이영경 |
| 제 작 | 고철민·조영환 |
| 펴낸곳 | (주)박영사 |
| | 서울특별시 금천구 가산디지털2로 53, 210호(가산동, 한라시그마밸리) |
| | 등록 1959. 3. 11. 제300-1959-1호(倫) |
| 전 화 | 02)733-6771 |
| f a x | 02)736-4818 |
| e-mail | pys@pybook.co.kr |
| homepage | www.pybook.co.kr |
| ISBN | 979-11-303-1013-8 |
| | 979-11-303-1007-7  94080 (세트) |

copyright©한국연구재단, 2023, Printed in Korea

＊파본은 구입하신 곳에서 교환해 드립니다. 본서의 무단복제행위를 금합니다.

정 가    27,000원

이 번역서는 2020년 대한민국 교육부와 한국연구재단의 지원을 받아 수행된 연구임
(NRF-2020S1A5A7084793)